高等学校经济管理类主干课程教材

◀市场营销系列▶

战略品牌管理

企业与顾客协同战略

何佳讯 著

中国人民大学出版社

·北京·

前 言
Foreword

在加快发展新质生产力、实现经济高质量发展的国家战略背景下，企业如何基于品牌是新生产要素和战略资源的新认识，进而以新站位实施战略品牌管理也进入新阶段。对于经济管理类学生和从业人员，需要掌握战略品牌管理的理论和方法。虽然有关品牌的图书汗牛充栋，但仔细探究，仍缺少立足国家发展战略和适合中国课堂的“战略品牌管理”教材。为此，我在当前时代背景下，以新的理论逻辑撰写本教材，希望给广大读者带来有益的帮助。在开卷前，我对本书的新思想、在理论知识和逻辑体系上的新突破、全书的结构和章节安排，以及使用本书的指引，做简要介绍。

新的思想

本书是继让－诺埃尔·卡普费雷尔（Jean-Noël Kapferer）和凯文·凯勒（Kevin L. Keller）这两位欧美学者之后，出版的新“战略品牌管理”教材[①]。在世界范围的品牌与品牌化理论体系中，目前有三种理论思想。卡普费雷尔的教材是企业的视角，凯勒的教材则是顾客的视角[②]，而我主张创立企业与顾客协同的新视角。这并不是简单的加法，而是建立新的理论思想和体系。这也不仅是切实反映书名定位上“战略”二字的需要，更是在洞察商业逻辑的前提下，基于品牌是新生产要素和战略资源的认识和站位，创立真正能够实施品牌战略、建立和提升品牌价值的理论和方法的需要。

无论在西方还是中国，在商学内部学科细分和分支方向上，取得了蔚为壮观的、足以让我们自豪和欣慰的理论成果，形成了极为成熟的各自领域的学术共同体。但新技术

① 卡普费雷尔和凯勒两书的首版分别是：Kapferer J N. Strategic Brand Management：New Approaches to Creating and Evaluating Brand Equity. New York：The Free Press，1992；Keller K L. Strategic Brand Management：Building，Measuring，and Managing Brand Equity. Upper Saddle River：Prentice Hall，1998.

② 有关企业视角和顾客视角分析的出处，请参见：何佳讯. 品牌与品牌化研究的取向、格局及趋势 // 何佳讯. 长期品牌管理. 上海：格致出版社，2016。此序也受邀单独发表于《品牌研究》杂志，2016 年第 2 期，第 4–25 页。四年后，西方学者也提出企业视角和顾客视角的分类，请参见 Swaminathan V，Sorescu A，Steenkamp J B，et al. Branding in a Hyperconnected World：Refocusing Theories and Rethinking Boundaries. Journal of Marketing，2020，84（2）：24–46。

革命下日新月异的商业实践，对加强问题导向、服务国家需求的知识创新和学科建设提出了极为迫切的高要求。教育部推进新文科建设，其基本精神之一就是要加强学科交叉。分支纵深是基础，联结横跨是必然。在商业世界，品牌是承载高水平生产要素协同的价值综合体，品牌与品牌化问题具有综合和全局的本性。因此，品牌教材的立意不能局限于某个公司职能模块，对教材体系和课程目标进行简单的内容定位，这正是传统品牌管理教材存在的缺陷和不足之处。

如果读者认同品牌同时具有战略驱动和顾客导向的本性，就不难理解我提出企业与顾客协同战略理论的价值所在。在这个理论视角下，我提倡在管理范畴而不是局限于市场营销领域，认识和理解战略品牌管理应有的理论视野、思维格局和行动取向。我把这个理论视角称为企业与顾客协同品牌化（firm-customer synergistic branding，FCSB），其核心基础是企业级品牌战略理论（见第 2 章第 4 节）。这个理论思想贯穿全书。

新的改变

在上述理念和思想下，本书在框架结构和章节内容上做了诸多新的安排，建立了新的知识模块，对一些理论逻辑进行了调整，也修正了一些长期以来的误解或不甚了然。这些新的改变是基于我过去近三十年来在高校从事战略品牌管理教学科研所积累的经验和思考，特别是 2007 年以来，我连续主持五项国家自然科学基金面上项目所发表的成果[①]。大致有如下六个重要的方面。

第一，定义“战略品牌管理”。战略品牌管理是在企业级层面把品牌作为企业战略而形成的管理理念、制度、方案和行动过程。简单地说，战略品牌管理是品牌战略的管理组织及其实现过程。其实质是站在战略高度对品牌和品牌化进行长期管理的科学与艺术。因此，“战略品牌管理”教材和课程不同于以往的“品牌管理”或类似名称的教材和课程。“战略品牌管理”是立足加快发展新质生产力、实现经济高质量发展的宏观国家战略，在企业战略和管理的微观层面，对品牌管理类教材的全面改革和创新。

第二，创新理论知识点。我提出的新理论新思想贯穿于全书各章，这不是中国视角的需要，而是贡献于品牌与品牌化整体知识体系的努力。这些新理论、新思想包括：品牌两重本性论、品牌化原理、3C 战略架构（第 1 章）；企业与顾客协同品牌化、企业级品牌战略理论、企业与顾客协同共建品牌理论（第 2 章）；品牌价值观定位（第 3 章）；品牌身份来源（第 4 章）；中国消费者-品牌关系质量（第 5 章）；运营管理和系统创新建

---

① 这五项国家自然科学基金面上项目分别是：全球消费者文化、国家文化资产与中国品牌战略创新的理论与实现路径研究（批准号 72072059），2021.1—2024.12；品牌与国家的联结：数字化时代新兴市场跨国公司创建全球品牌资产的新战略研究（批准号 71772066），2018.1—2021.12；品牌价值观的结构与融合：中国跨国公司品牌价值增值机制及全球化定位战略研究（批准号 71372177），2014.1—2017.12；国家认同、国家品牌资产与“中国制造”态度评价：重大活动的影响机制（批准号 71072152），2011.1—2013.12；文化价值观影响下的消费者品牌态度：世代差异与代际影响研究（批准号 70772107），2008.1—2010.12。

立品牌资产（第 6 章）；平台服务品牌（第 7 章）；品牌组合的定位层级（第 8 章）；传承和创新动态管理（第 10 章）；国家冠军品牌、全球品牌资产测量（第 11 章）；品牌价值排行榜效度检验（第 13 章）；等等。

第三，界定创立品牌资产的逻辑。在第 2 篇中，本书先介绍定位品牌价值，再阐述创建品牌身份。这两个先后步骤的安排，在理论上体现企业与顾客协同品牌化的思想，在实践上切合创新创业逻辑与实践的规律，即先有聚焦顾客价值创新的总体战略，再有把业务落实于品牌行动的规划。需要指出的是，我在战略品牌管理体系中，澄清了“brand identity”的真实内涵，在中文语境中把它对应为“品牌身份”，而非“品牌识别”。前者的依据是我建立的品牌化原理逻辑（见第 1 章第 3 节）。后者是通常的商标或符号设计导向。

第四，确定建设品牌资产的新范畴。凯勒所著教材体系的一个特色，是介绍如何运用市场营销工具建设品牌资产。这固然重要，但对于企业真正建立品牌而言，仍是狭隘的立场，这无法实现品牌作为战略资源的目标。因此，我们需要站在企业级层面，在理论知识上建立市场营销与整体管理分支领域必要的呼应和关联，以帮助我们形成对品牌战略综合和全局性的理解和把握。在第 3 篇中，本书确立了建设品牌资产的新路径、新格局，包括顾客视角、企业级层面（重点包括运营管理和系统创新）、平台战略（商业模式和数字化战略角度）、品牌架构战略。

第五，提出品牌管理制度框架。在卡普费雷尔和凯勒的教材体系中，并没有品牌战略的管理制度章节。这是十分遗憾的。本书从组织领导和知识产权法律两个方面，建立了管理制度的基本内容。事实上，对于战略品牌管理的初学者，掌握商标法的基本精神是基础和前提；对于有志于从事品牌事业的专业人才，理解品牌组织制度和跨国公司架构也是必要的。

第六，概括品牌商业化运营要务。把品牌战略放在超越市场营销，立足于企业战略和增长发展的层面，还需要把握品牌的商业化运营。这对于在企业级层面理解品牌战略也是必要的。我组织了四个重点领域：零售商自有品牌、品牌授权与特许经营、品牌联盟战略和品牌兼并收购。在国内外的教材中，还没有哪位作者系统梳理这方面的内容。然而，商业化运营对于品牌实践仍是不可或缺的工作，需要加以重视。

新的结构

本书共设 5 篇共 15 章。其基本逻辑是：让读者先理解背景与理论（第 1 篇），再掌握核心方法论（第 2、第 3 和第 4 篇），最后从深度和广度上提出更高要求，安排第 5 篇作为基本内容外的拓展。

第 1 篇“背景与理论”包括两章内容。第 1 章介绍品牌、品牌化与品牌战略，从解释品牌的定义及其概念理解的演进开始，阐述为什么品牌对于消费者、企业、地区和国家具有重要价值，接着重点介绍品牌化的原理，最后对“战略品牌管理”进行界定，提出基本的理论思想和框架。第 2 章纵览品牌与品牌化的理论流派，概括企业取向与顾客取向。在此基础上，我提出新理论，即企业与顾客协同品牌化战略。

第 2 篇“创立品牌资产”也包括两章内容。从第 3 章开始，在企业与顾客协同品牌化理论思想下，逐步介绍战略品牌管理的实践行动。第 3 章首先介绍品牌定位的理论和方法。由于品牌定位的实质是确定品牌带给顾客的具体价值，因此，本章简称为“定位品牌价值”。接着第 4 章介绍品牌身份系统的建立。第 3 章和第 4 章内容构成品牌平台制度的核心，是创立品牌的基础性工作。

第 3 篇“建设品牌资产”安排 4 章内容。这 4 章内容反映品牌资产管理的新思想，是企业与顾客协同品牌化战略的集中体现。第 5 章是常规的顾客视角，以品牌资产金字塔为框架介绍相应的方法。第 6 章站在全新的企业级层面，从市场营销、运营管理、商业模式、系统创新四个方面阐述如何建设品牌资产。这是本书独特的安排。第 7 章介绍如何运用平台战略建设品牌资产，不同于通常的数字化营销工具角度。第 7 章的逻辑包括两个主要的方面，一是运用数字化交互平台作为服务品牌，二是借助数字化平台模式开展品牌战略。它们对于建设品牌资产都是极为重要的行动方案。第 8 章从品牌与产品组合矩阵的角度介绍品牌架构战略。

第 4 篇“提升品牌资产”由第 9 章、第 10 章和第 11 章组成，分别从品牌延伸管理、长期品牌管理和全球品牌管理进行阐述。第 9 章可以看作第 8 章内容的深入，介绍品牌通过不同产品类别和产品线进行扩张的业务路径和细节问题，第 10 章和第 11 章分别从时间和地域空间的层面介绍品牌成长和企业发展模式。

第 5 篇“管理与经营品牌资产”有 4 章内容。第 12 章介绍从顾客和市场角度对品牌资产进行测量的方法。第 13 章则是从财务角度对品牌价值进行衡量的方法。第 14 章分别从组织和法律两大方面介绍品牌管理制度，在组织制度方面介绍品牌经理制度、战略品牌管理架构以及全球品牌管理架构；在法律制度方面，着重介绍商标的国际注册与保护、驰名商标和地理标志的保护。第 15 章讲述品牌商业化运营，把品牌资产、资本运营和商业方法结合起来，通过各种生产和资源要素的运作和创新，实现品牌资产变现、品牌价值增值和品牌经济效益。

配合上述 5 篇共 15 章内容，本书还安排了 10 个品牌科学专栏和 20 个品牌实践案例，分布在各章中。品牌科学专栏是配合章节主体内容的延伸阅读资料，绝大部分是我的学术发表成果或手稿的概括和精练介绍。这是本书架构和各章安排的重要支撑。与纯理论性的品牌科学专栏相对应，本书还安排了品牌实践案例，这些案例的选择尽量考虑不同行业和领域的代表性和典型性（介绍德国品牌实践的《从“德国制造”到“工业 4.0”》为概要介绍，不在此列），具体包括：互联网和平台（哔哩哔哩、Keep、韩都衣舍、豆瓣与知乎、盒马鲜生、网易严选）、科技（大疆创新、小米集团、美的集团）、高端品牌和奢侈品（卡萨帝、BURBERRY）、食品饮料（青岛啤酒、M&M’s、农夫山泉）、服务业（浦发银行、锦江集团）、生活类用品（百雀羚、匡威、云南白药）。

使用建议

本书定位于为经济管理类专业本科生、研究生（含 MBA/EMBA）进行课程教学，以及为 EDP 学员开展培训用的教材。教师在使用本教材的时候，可以针对不同层次学员的教学需要，在全书 15 章内容的基础上，根据教学课时安排，有所侧重。具体建议如下：

第一，本科生教学。第 1 篇、第 2 篇、第 3 篇、第 4 篇为基础，第 5 篇中的章节可以做适当选择。对市场营销专业的学生，强化第 3 篇的教学；对工商管理专业的学生，强化第 5 篇的教学。

第二，研究生教学。要求掌握全书各章内容；对第 2 章展开深入研讨；研读所有品牌科学专栏内容的原始文献。

第三，MBA/EMBA 教学。侧重第 2 篇、第 3 篇和第 4 篇的教学，对品牌实践开展案例研讨教学。

第四，EDP 教学。分别以第 2 篇、第 3 篇、第 4 篇、第 5 篇为单位，设计相应的教学主题。

本书也适合所有的在职人士、经理人和高层管理者自学。在学习过程中，可以先学习领会各章品牌实践案例，再阅读理解章节正文，最后可以试着回答各章后的思考和讨论题。这些题目的答案并非直接出现在书中的某处，也并不是见仁见智的观点。如果读者能融会贯通，给出确信的回答，那么恭喜您——在掌握战略品牌管理专业理论和方法的道路上迈出了坚实的步伐。

何佳讯

华东师范大学二级教授、博士生导师

亚欧商学院中方院长 国家品牌战略研究中心主任

目 录
Contents

01 第 1 篇 背景与理论

第 1 章 品牌、品牌化与品牌战略 ······ 002

第 1 节 品牌的定义与演进 ······ 002
一、品牌与品牌资产的概念 ······ 003
二、品牌与产品的关系 ······ 003
三、品牌概念理解的演进 ······ 005

第 2 节 品牌的重要价值 ······ 006
一、品牌与消费者的关系 ······ 007
二、品牌与企业的关系 ······ 008
三、品牌与区域和国家的关系 ······ 009

第 3 节 品牌化原理、步骤与范畴 ······ 010
一、品牌化的基本原理 ······ 010
二、品牌化的基本步骤 ······ 014
三、服务的品牌化 ······ 017
四、高科技产品的品牌化 ······ 019
五、城市和国家的品牌化 ······ 020

第 4 节 战略品牌管理 ······ 022
一、品牌战略的发展阶段 ······ 023
二、战略品牌管理架构 ······ 024
三、战略品牌管理的步骤 ······ 026
四、战略品牌管理的理念 ······ 027
五、战略品牌管理的组织关系 ······ 028

品牌科学 1-1 品牌与国家的联结 ······ 029

品牌实践 1-1 从“德国制造”到“工业 4.0” ······ 030

第 2 章 品牌理论流派与新理论 …… 033

第 1 节 品牌化的理论视角 …… 033
一、整体理论版图 …… 033
二、企业取向的理论视角 …… 035
三、顾客取向的理论视角 …… 036
四、企业与顾客视角的兼顾 …… 037
五、品牌资产理论 …… 038

第 2 节 企业视角的理论 …… 039
一、品牌身份理论 …… 039
二、品牌导向构念 …… 042

第 3 节 顾客视角的理论 …… 043
一、基于顾客的品牌资产 …… 044
二、品牌个性理论 …… 049
三、消费者-品牌关系理论及其拓展 …… 053

第 4 节 企业与顾客协同品牌化战略 …… 056
一、企业与顾客协同战略的理论基础 …… 056
二、企业级品牌战略理论 …… 058
三、企业与顾客协同共建品牌理论 …… 063
品牌科学 2-1 基于顾客的品牌资产研究演进 …… 066

02 第 2 篇 创立品牌资产

第 3 章 定位品牌价值 …… 072

第 1 节 战略、品牌与产品的定位 …… 072
一、定位概念的起源 …… 072
二、定位的三个层面 …… 073
三、品牌定位与产品定位 …… 073
四、品牌定位的竞争范畴 …… 074

第 2 节 品牌定位方法 …… 075
一、品牌定位思想演进 …… 075
二、品牌定位战略方法 …… 078
三、运用品牌定位分析工具 …… 082

第 3 节 以品牌价值观进行定位 …… 084
一、品牌价值观定位的重要性 …… 084
二、品牌价值观的基本框架 …… 085
三、品牌价值观定位的方法 …… 086
第 4 节 品牌价值主张 …… 087
一、品牌价值主张“三性” …… 088
二、如何发展品牌价值主张 …… 089
品牌实践 3 - 1 哔哩哔哩 …… 091
品牌实践 3 - 2 卡萨帝 …… 093

第 4 章 创建品牌身份 …… 097

第 1 节 如何创建品牌身份 …… 097
一、品牌身份的来源 …… 097
二、品牌身份系统模型 …… 102
三、在线环境下创建品牌身份 …… 105
第 2 节 品牌命名方法 …… 107
一、品牌命名的准则 …… 108
二、品牌命名的策略 …… 110
三、品牌命名的步骤 …… 112
四、创造性解决品牌命名问题 …… 114
第 3 节 品牌标志设计 …… 116
一、品牌标志的设计原则 …… 116
二、品牌标志的设计风格 …… 117
三、品牌标志的设计取向 …… 118
四、品牌标志的设计方法 …… 120
五、标志色的运用 …… 122
第 4 节 建立品牌平台制度 …… 125
一、品牌平台的构成 …… 125
二、建立品牌平台的思路和要求 …… 126
三、品牌身份的管理保障 …… 126
品牌科学 4 - 1 英文品牌名称的转换策略 …… 130
品牌实践 4 - 1 大疆创新 …… 131
品牌实践 4 - 2 豆瓣与知乎 …… 134

03 第3篇 建设品牌资产

第5章 顾客视角建设品牌资产 …… 138

第1节 建立品牌知名度 …… 138

一、品牌知名度的层级与价值 …… 139

二、建立品牌知名度的策略 …… 141

第2节 理性路径的策略 …… 142

一、理性路径的构成 …… 142

二、感知质量的内涵与价值 …… 144

三、建立感知质量的策略 …… 145

第3节 感性路径的策略 …… 147

一、感性路径的构成 …… 147

二、品牌联想的内涵与价值 …… 150

三、创造品牌联想的策略 …… 152

四、品牌联想的方向与管理 …… 155

第4节 锻造品牌关系质量 …… 159

一、品牌忠诚的层级与价值 …… 159

二、维护品牌忠诚度的策略 …… 162

三、锻造品牌关系质量 …… 164

品牌科学 5-1 价值观影响品牌资产评价 …… 174

品牌实践 5-1 Keep 运动社交平台 …… 177

第6章 企业级层面建设品牌资产 …… 180

第1节 市场营销建设品牌资产 …… 180

一、品牌营销的实质 …… 180

二、营销组合策略 …… 181

三、整合营销传播策略 …… 183

四、间接品牌联想杠杆策略 …… 186

第2节 运营管理建设品牌资产 …… 191

一、运营管理的构成 …… 191

二、运营管理建设品牌资产的路径 …… 193

第3节 商业模式建设品牌资产 …… 193

一、商业模式的构成 …… 194

二、商业模式支撑建立品牌的条件……195
三、商业模式建设品牌资产的路径……195
第 4 节 系统创新建设品牌资产……197
一、创新的基本理论范式……197
二、创新建设品牌资产的路径……199
品牌实践 6-1 盒马鲜生……201
品牌实践 6-2 云南白药……203
品牌实践 6-3 网易严选……205

第 7 章 平台战略建设品牌资产……210

第 1 节 平台商业模式与平台品牌……210
一、平台的定义与功能……211
二、作为供应品的数字化交互平台……212
三、平台品牌及其优势……213
第 2 节 品牌平台化与平台服务品牌……214
一、品牌平台化……214
二、平台服务品牌……215
三、平台服务品牌的价值……216
第 3 节 数字化平台模式下的品牌战略……218
一、用户生成内容……218
二、顾客融入与共创……220
三、品牌社群与品牌公众……222
四、品牌生态圈战略……225
品牌实践 7-1 浦发银行……228
品牌实践 7-2 韩都衣舍……230

第 8 章 设计和实施品牌架构战略……234

第 1 节 发展品牌架构……234
一、界定品牌发展潜力……234
二、选择品牌化战略模式……235
三、建立品牌组合战略……235
四、发展品牌层级战略……238
第 2 节 设计品牌化战略……241
一、品牌化战略的基本模式……241

二、品牌化的决策过程……246
三、公司品牌化……250
第3节 规划公司品牌政策系统……252
一、确定品牌系统目标……252
二、确定公司品牌和产品品牌的合理关系……253
三、确定合理的品牌数目……254
四、制定品牌指导方针……254
品牌实践8-1 青岛啤酒……255
品牌实践8-2 小米公司……257

04 第4篇 提升品牌资产

第9章 品牌延伸管理……262
第1节 品牌延伸原理……262
一、品牌延伸的概念和类型……262
二、品牌延伸评价机制……266
三、品牌延伸力与品牌杠杆力……268
第2节 品牌延伸决策与评价……270
一、品牌延伸的决策原则……270
二、品牌延伸的决策步骤……271
第3节 产品线延伸决策……273
一、产品组合决策……273
二、产品线分析方法……274
三、产品线长度与延伸策略……276
第4节 品牌类别策略……278
一、品牌类别的焦点……278
二、品牌类别的三种策略……279
品牌科学9-1 品牌个性与品牌延伸……280
品牌实践9-1 M&M's……284
品牌实践9-2 农夫山泉……286

第 10 章 长期品牌管理 …… 288
第 1 节 长期品牌管理的精髓 …… 288
一、基于品牌两重本性论的战略 …… 289
二、长期品牌管理的理论 …… 290
三、品牌活化矩阵 …… 292
第 2 节 品牌强化与品牌活化 …… 294
一、品牌强度实现路径 …… 294
二、品牌强化战略 …… 294
三、品牌活化战略 …… 295
四、传承与创新动态管理 …… 298
第 3 节 品牌身份的时间管理 …… 299
一、为什么要进行时间管理 …… 300
二、品牌身份金字塔模型 …… 301
三、修改品牌识别的时机 …… 303
四、品牌重建 …… 304
品牌科学 10－1 代际品牌资产 …… 304
品牌实践 10－1 百雀羚 …… 310
品牌实践 10－2 匡威 …… 311

第 11 章 全球品牌管理 …… 314
第 1 节 全球品牌化与全球品牌 …… 314
一、全球品牌化的动力 …… 314
二、世界性营销的基础理论 …… 315
三、全球品牌认识演进 …… 317
四、全球品牌资产 …… 319
第 2 节 全球品牌定位 …… 321
一、全球消费者文化定位 …… 321
二、全球和本土价值的结合 …… 322
第 3 节 建设世界级品牌 …… 323
一、发展全球品牌的基本步骤 …… 323
二、确立品牌的国家冠军地位 …… 325
三、迈向世界级品牌的战略方向 …… 328
品牌科学 11－1 全球化与中国元素 …… 330
品牌实践 11－1 美的集团 …… 333

05 第5篇 管理与经营品牌资产

第12章 品牌资产测量……340

第1节 品牌资产测量系统……340

一、三种测量取向……341

二、品牌资产的来源与结果……342

三、测量方法体系……342

第2节 品牌资产测量方法……344

一、扬罗必凯品牌资产评估法……344

二、明略行公司的方法……345

三、品牌资产评估十要……346

四、品牌关系质量测量……346

第3节 品牌形象测量……348

一、品牌形象测量方法群……349

二、为什么需要投射技术……350

三、投射测验图片法的运用……353

四、其他投射测验方法的运用……356

第4节 全球品牌资产测量……359

一、对品牌在全球范围内的资产进行测量……360

二、对全球品牌特有的资产进行测量……361

品牌科学12-1 品牌依恋和品牌至爱……361

品牌科学12-2 品牌情感双维度测量……363

第13章 品牌价值评估……367

第1节 理解品牌价值……367

一、厘清相关概念……368

二、为什么要评估品牌价值……370

三、两类品牌价值评估……372

第2节 会计方法……373

一、成本法……373

二、市价法……374

三、收益法……374

第 3 节 咨询公司的评估方法 …… 375
一、Interbrand 公司的方法 …… 375
二、明略行公司的方法 …… 378
三、评估结果效度检验 …… 379
品牌科学 13 - 1 品牌的社会价值 …… 381

第 14 章 品牌管理制度 …… 385

第 1 节 品牌组织制度 …… 385
一、品牌经理制度 …… 385
二、战略品牌管理架构 …… 390
三、全球品牌管理架构 …… 393
第 2 节 知识产权制度 …… 399
一、知识产权与商标权 …… 399
二、知识产权与无形资产 …… 401
三、商标权与品牌资产 …… 401
第 3 节 商标的国际注册与保护 …… 402
一、《保护工业产权巴黎公约》…… 403
二、《与贸易有关的知识产权协定》…… 405
三、《商标国际注册马德里协定》…… 406
四、驰名商标的保护 …… 408
五、地理标志的保护 …… 410
品牌实践 14 - 1 BURBERRY …… 411

第 15 章 品牌商业化运营 …… 414

第 1 节 零售商的品牌化 …… 414
一、零售商品牌的发展轨迹 …… 415
二、零售商自有品牌的类型 …… 415
三、零售商自有品牌的战略 …… 417
第 2 节 品牌联盟与跨界合作 …… 418
一、品牌联盟的基本原理 …… 419
二、品牌跨界合作 …… 421
第 3 节 品牌授权与特许经营 …… 423
一、品牌授权与特许经营的界定 …… 423
二、品牌授权经营 …… 426

三、特许经营 …… 428
第 4 节　品牌并购与整合 …… 430
一、并购前的目标品牌选择 …… 431
二、并购后的品牌整合 …… 433
品牌实践 15-1　锦江集团 …… 434

01

第 1 篇

背景与理论

第1章

品牌、品牌化与品牌战略

品牌在现代经济社会中越发彰显出其重要的地位和作用。人们的生活世界充满着各式各类的品牌，经典品牌历久弥新，新兴品牌层出不穷。从公司和组织的角度，把各种产品和服务品牌化，围绕品牌战略，开展品牌管理，能为消费者、企业和社会带来更大的、长远的价值。品牌、品牌化与品牌战略，是商业逻辑和实践的制高点。

本章从介绍品牌的定义及其概念理解的演进开始，解释为什么品牌对于消费者、企业、地区和国家具有重要价值；接着重点介绍品牌化的原理，并通过代表性的领域（服务、高科技、城市和国家）具体阐述；最后，作为一门学科和相应的教学课程，对“战略品牌管理”进行界定，提出基本的理论思想和框架。

第1节　品牌的定义与演进

品牌（brand）与品牌化（branding），在数个世纪前是制造商用于把自己的产品与其他制造商的产品区别开来的手段。英语中的“brand”这个词很可能出现在中世纪（公元476—1453年），起源于古挪威语的“brandr”，意思是“燃烧”。中世纪的商品上一般有三种标识：工匠名、行会名和城市名。我国类似的区别性标志，可追溯到北宋的“白兔”商标。

在19世纪早期，西方的酒庄把区别性标志刻在盛放威士忌酒的木桶上。随着时间的推移和环境的变化，“品牌”这个概念如陈年佳酿，内涵愈发丰富，散发出迷人的魅力。在现代品牌理论诞生的西方国家，一百多年前市场杠杆由批发商牢牢把握，它们决定零售商应当卖什么以及生产商应当生产多少。那时没有品牌，商品之间没有多大区别，相互替代性很强。批发商常常逼迫生产商降低价格。为改变贸易中的被动地位，一些聪明的生产商决定通过竞争来使自身的产品有所区别。它们改进产品，使其具有自己的特点，并用取得专利的手段来保护产品的独占性。这些独占的产品被赋予名字，于是品牌与品牌化的雏形就产生了。

一、品牌与品牌资产的概念

对品牌的定义有很多，不同的定义反映了对品牌概念理解的不同侧面，也反映了对品牌重要性和本质认识的进化。下面是一些代表性的提法：

奥美（Ogilvy & Mather）的创始人大卫·奥格威（D. Ogilvy）认为，品牌是一种错综复杂的象征，它是品牌的属性、名称、包装、价格、历史、声誉和广告风格的无形组合。品牌同时也因消费者对其使用的印象及自身的经验而有所界定。这个定义反映了品牌形象的影响因素。

美国市场营销协会（AMA）在其 1960 年出版的《营销术语词典》上把品牌定义为：用以识别一个或一群产品或劳务的名称、术语、象征、记号或设计及其组合，以和其他竞争者的产品或劳务相区别。这个定义指出了品牌的基本作用，但并未区分品牌与商标的差异。

菲利普·科特勒（P. Kotler）认为，品牌包含多方面的内容，至少有以下六个方面：属性、利益、价值观、文化、个性以及用户。这个定义概括了品牌营销的多层次要素。

对上面的定义进行概括和提炼，可简单地认为品牌是产品价值和产品之外附加价值的总和[①]。我们对品牌的理解从外在的符号标识转变到品牌所拥有的内在价值，对品牌的认识产生了革命性的跃变，其标志是“brand equity”概念的出现。

戴维·阿克（D. Aaker）对“brand equity”的定义是：“一组与一品牌的名字及符号相连的品牌资产（assets）与负债（liabilities），它能增加或扣减某产品、服务所带给该企业或其顾客的价值。”[②] 这个定义体现了资产负债权益会计等式：资产 = 负债 + 所有者权益（assets = liabilities + equity）。通常我们把品牌与资产而非负债结合起来，因此，为了能够准确表达事实上的品牌资产（brand assets），我们可将“brand equity”称作品牌资产，而非品牌权益[③]。以货币金额表现的品牌价值（brand value）就是财务性的品牌权益（financial brand equity）。

围绕着“品牌资产”（brand equity）这个核心概念，相应的品牌与品牌化理论研究陆续开展起来，30 多年来在世界范围形成了极为丰富的成果。我们将在第 2 章中详细介绍。

二、品牌与产品的关系

理解品牌要从它与产品的区别和联系开始。加德纳（Gardner）和利维（Levy）在《哈

---

① 何佳讯．品牌的逻辑．北京：机械工业出版社，2017：自序 6-8.

② Aaker D A. Managing Brand Equity.New York：The Free Press，1991.

③ 有关 brand equity、brand asset、brand value 的详细比较，详见第 13 章第 1 节有关内容。本书依照惯例，对于“brand equity”统一使用“品牌资产”的表达。

佛商业评论》发表《产品与品牌》一文，指出品牌带给产品质量之外微妙感觉的综合[①]。产品是能被提供用来满足某种欲望或需要的一切东西，包括有形物品、服务、体验、事件、人物、地点、财产、组织、信息和想法等，而产品通过品牌化，使得品牌具有产品之外的附加值，比如情感性价值。“品牌资产”概念正是从理论上描述品牌附加值的来源，以及其产生的价值。

一组经典实验数据有助于我们进一步理解品牌带来的附加值（见表 1－1）。当被试品尝没有瓶身标识的百事可乐和可口可乐时，喜欢百事可乐的有 51%，喜欢可口可乐的有 44%，不确定的有 5%。但是，加上瓶身标识后，喜欢可口可乐的上升到 65%。前后两次的区别在于第一次被试没有受品牌影响，评价的是可乐这个产品；在第二次有标识的情况下，被试则受到品牌和产品的共同影响。百分比的差异即是品牌名称带来的影响——这就是产品附加值的作用。因此有人说，可口可乐公司即使在大火中化为灰烬，也会马上东山再起，原因是其品牌的商誉仍然存在，投资人愿意对它再投资。

表 1－1 品牌（名称）带来的作用

	没有品牌	加上品牌
喜欢百事可乐	51%	23%
喜欢可口可乐	44%	65%
态度同等 / 不确定	5%	12%
总计	100%	100%

资料来源：Business I. How Pepsi Went from Coke’s Greatest Rival to an Also-Ran in the Cola Wars. [2020-10-11]. https://www.businessinsider.com/how-pepsi-lost-cola-war-against-coke-2012-5#the-cola-wars-heated-up-in-1975-with-the-pepsi-challenge-a-blind-taste-test-1.

产品是品牌的基础，但品牌超越产品。它增加的部分是消费者对于该产品的特性、功能、声誉及相关企业等因素的整体认知，赋予了产品本身之外的资产净值（equity）。一个品牌里必定包含至少一种产品，但一种产品未必能成为一个品牌。下面有三点需要强调：

第一，产品是具体的存在，而品牌存在于消费者的认知里。品牌是在消费者心中被唤起的想法、情感及感觉的总和。因此，成功的品牌具有这样一个共性：以始终如一的方式将品牌的价值与消费者心理上的需要连接起来，将品牌的定位信息明确地传递给消费者。例如，高露洁牙膏使人联想到可信赖的牙齿护理。品牌不仅告诉人们能干什么，而且还告诉人们意味着什么。这使得相同功能的产品被冠上不同的品牌后，具备不同的利益成为可能。

第二，产品重在研发和制造环节，而品牌形成于整体企业运营环节[②]。详见笔者提出的企业级品牌战略理论（第 2 章第 4 节）。品牌对顾客的承诺是由企业运营和管理的所有环节保证的：每个环节都传达一致的、优异的和易于感受的信息，反映清晰的品牌定位，

① Gardner B B，Levy S J. The Product and the Brand. Harvard Business Review，1955（3-4）：33-39.

② 这也正是为什么本书在第 3 篇“建设品牌资产”中，不仅仅局限于市场营销范畴，而是立足于企业运营和管理层面。

这牵涉到公司每一个部门。例如，通过整体运营控制的成本最终体现在品牌的价格上，它的高低被人们看作品牌档次的一个标准；销售渠道影响人们形成对品牌的看法，通常人们认为专卖店出售的是较高贵的品牌，而杂货店出售的是大众化普及的品牌。

第三，产品立足于质量，而品牌建立依靠整体表现。与产品质量相对应，品牌的“质量”在于企业的整体表现。功效是建立品牌最为重要的因素。如没有稳固的功效为基础，其他一切努力（如不遗余力地做广告或新颖的宣传活动等）都是难以奏效的。要达成卓越的功效，公司必须为产品确立独特的价值定位，将其始终如一地交付给消费者，并与消费者清晰地沟通该价值。

品牌与法律上的商标（trademark）也有区别，商标是品牌的法律基础，但品牌不等同于商标。在商标变成品牌之前，它的价值仅与注册时所花的费用相当。一双真正的阿迪达斯鞋价值远远高出一双仿冒的阿迪达斯鞋，这完全是由品牌化带来的附加价值，而不是一个商标标记带来的。品牌拥有无限的发展空间，能够在信任、忠诚度、商誉等无形资产方面不断提升；商标也有不断扩展的方向，它是存在并发展于品类（扩大注册的品类范围）和地域（在不同国家实施注册）上的。

三、品牌概念理解的演进

把品牌作为区分标志、信息代码，或者是承诺和保证、无形资产，或者是资源连接器，反映了学界和业界对品牌内涵理解的不断深化和发展。但这些理解之间并不是非此即彼，而是相互交融，在不同的场合和情境中显示了不同的重要性和作用。

（一）品牌作为区分标志：识别功能

美国市场营销协会的定义表明了这一点。这是作为一个品牌最基本的条件，也反映在品牌起源的历史中。在古希腊和罗马时期，地址、吆喝声、姓名、简单的图画等都用来作为区分货物提供者的标志。而现代对这一区分功能有了新的要求与措施，即一方面把品牌命名、设计、包装等作为形成品牌形象个性要素来考虑；另一方面，品牌名称、标志又受到法律的保护，即品牌经过法律程序向政府机关申请注册可成为享有专用产权的商标，这时商标的显著性特征成了品牌排他性的基础。

现在，我们要认识到，品牌所提供的识别功能不仅依靠它的标志或名称，更依赖它所提供的核心价值。价值识别差异是品牌身份的中心内容（在第 4 章中介绍），这种差异要通过持之以恒的努力才能建立起来。

（二）品牌作为信息代码：认知功能

品牌是一种错综复杂的象征，它把一个符号、一个名称、一个客体、一个概念同时集于一身，把各种象征符号如标识、象征、色彩、包装和设计都综合到一起。因此它包含了多种多样信息的浓缩。生产商把品牌作为区别于其他竞争者的标识，目的是引起买主对自己产品的注意与识别。从消费者认知角度来看，品牌作为一种速记符号，与产品类别信息和其他相关信息一同存储于消费者头脑中，品牌成为他们展开联想和搜寻记忆的线索，帮助他们进行评价和决策，成为他们在产品类别中选择特定产品的提示符号。品牌定位论的早期思想和方法正是基于这个基础（见第 3 章第 2 节）。

（三）品牌作为承诺和保证：关系功能

承诺是品牌为顾客提供的关于产品或服务的一种保证，也是品牌能够卓尔不群的关键。在信息不对称的市场上，顾客需要在信息有限的前提下做出购买决策，品牌正是以自身的声誉为代价向顾客做出承诺和保证，帮助有限理性的消费者做出购买选择，也帮助企业减少交易成本。在制度缺失的不成熟市场和缺乏诚信的社会环境中，品牌作为承诺和保证的“安全”功能发挥了尤为突出的功效，从而建立长久顾客关系。

（四）品牌作为无形资产：价值功能

品牌所代表的品质和意义是产生品牌价值的基础。品牌能给顾客提供比一般产品更多的利益或价值——功能性的、象征性的或体验性的；它们产生于品牌与消费者的关系之中。错综复杂的因素影响着这种关系的联结。而强劲的、特殊的关系使得品牌形成了除产品功能价值外的其他无形价值：让顾客愿意为购买一个品牌产品而支付溢价，从而帮助企业提升边际利润率，在分销渠道中获得杠杆力，对恶劣的市场环境产生抵抗力，获得利益相关者的支持和拥护，构筑长期竞争优势和壁垒等。

（五）品牌作为资源连接器：平台功能

在互联网带来商业模式大变革的背景下，品牌被理解为“资源连接器”（hub），即品牌是一个通过整合所有的相关资源所做的平台。所谓平台品牌（platform brand），是指以互联网技术为基础，联结产品（服务）交易或信息交互的双方或多方，并整合各方资源，为其提供直接交易、信息互动的服务中介，通过品牌化在同类平台中开展竞争并赢得优势[①]。它可划分为平台企业品牌（如淘宝、京东、亚马逊等）、平台产品品牌（如苹果手机）和平台服务品牌（如微信、招商银行掌上生活等）。平台品牌具有跨市场的“网络效应”，规模越大产生的价值越多——网络越大，平台中供给和需求的匹配性越高，从而吸引更多的使用者。在第 7 章中，我们详细展开讨论。

第 2 节　品牌的重要价值

随着对品牌认识和研究的不断深化，企业和商业界逐渐形成了关于品牌战略的共识，即品牌不仅是消费者识别商品或服务来源的符号，而且是商品或服务的市场信誉、市场占有率和市场竞争力的集中体现，其发展水平乃是衡量一个地区、一个国家的经济和科技水平的重要标志。因此我们可以从三个层面来认识品牌的价值：品牌与消费者、品牌与企业、品牌与区域和国家之间的关系。

① 何佳讯. 品牌的逻辑. 北京：机械工业出版社，2017：121-125.

一、品牌与消费者的关系

品牌是消费者选择产品时的一种简单的标准和工具。由于品牌的存在，消费者的购买决策变得更容易，更放心，也更满意。消费者也因此从三个途径回报品牌：购买产品、显示忠诚、付出较高的价格。

（一）建构自我身份

自我可以看作一种象征设计，即个人需要使用可行的象征材料积极地构建自我。自我身份是后现代消费最关键的决定因素。“自我”在后现代社会中是个人积极创造的东西，尤其是通过消费的途径来创造。消费者运用自由意愿建立自己想要的理想形象。

在后现代社会中，消费者不再单独地根据产品的功能做出选择，还根据产品的象征意义做出选择。产品的象征意义功能表现在两个方面：向外是构建了社会世界，即社会象征意义；向内则构建了自我身份，即自我象征意义。在消费者的个人和社会世界的产生与维持中，消费扮演了一个提供意义和价值的核心角色。这些文化意义被传递并赋予品牌，从而使得品牌经常被用来作为建立和维持身份的象征性资源。

当品牌与某些特定类型的人联系在一起时，便能反映不同的价值观或特质。对品牌产品的消费是消费者与他人，甚至是与其自身交流信息的一种手段——他们是何种类型的人以及想要真正成为哪种类型的人。

（二）减少交易成本

消费者喜欢品牌，是因为品牌所构成的意义提供了一种较容易选择的方式，消费者无须劳神费力地思考、搜寻和评判。与商品的外在属性（品牌名称、包装、价格）对应，商品的内在属性可分为可感知的搜索属性（search attribute）和不可感知的经验属性（experience attribute）。前者是指消费者在购买品牌商品前可以评价的商品特征；后者则是指那些在购买前不可以评价的商品特征。当内在属性不易被感知时，品牌的作用就更为突出。

在市场经济中，参与交易的买卖双方除了按商品价格支付货款外，为了完成交易还需支付的其他费用称为交易成本。它包括搜寻商品的信息（如比较价格、质量）和购买后可能发生的法律诉讼等时间和金钱成本。消费者可以有多种方法来应对购买决策时各种潜在风险，如功能风险、身体风险、财务风险、社交风险、心理风险和时间风险等，但他们理所当然地会采用购买知名品牌的方式来加以规避。因为知名品牌是卓越产品、高服务质量、高企业信誉、高知名度和高市场占有率等综合优势的象征，可以使消费者买得放心，大大节省交易成本。

（三）减少认知不协调

消费者在进行一次较重大的购买活动之前或之后，都可能会问自己：“我买对了还是买错了？”这种担忧往往会形成不协调的感觉。但如果买的是可信赖的产品，人们在购买时不仅可以用该品牌消除自己的疑问，还能感觉到一种非常荣耀的自我满足。例如，有

100多年历史的旁氏化妆品公司针对消费者的这一心理特征推出一则广告："你可以在所有的时候愚弄某些人。你可以在某些时候愚弄所有人。可是你不能愚弄每个人达123年之久。"这个广告直接起到了帮助消费者在购买时进行自我协调的作用。

上面三个方面的作用，使得消费者产生更大的购买可能性，通过感知到品牌带来的更大价值，从而产生满意和忠诚度，对品牌化的产品（branded product）愿意支付溢价。

二、品牌与企业的关系

品牌对企业的根本意义在于其代表着很高的经济效益，是长远可持续的产品高附加价值的来源，是未来的现金流量。一个著名品牌本身就是企业巨大的无形资产。

（一）创造市场占有权

企业通过品牌而达到对某一市场的占有权，并赢得市场份额，包括通过品牌延伸开发新产品、进入新市场，获得顾客的忠诚，冲破地区、国别市场的各种壁垒等，实现企业发展的战略目标。联合国工业发展组织的一项调查表明，著名品牌在所有产品品牌中所占比例不足3%，但著名品牌产品所拥有的市场份额高达40%以上，销售额占比更是超过50%。

（二）形成竞争性防线

品牌的差别是竞争对手难以仿效的，因为它融合多种差别化利益于一体，是企业综合实力和素质的反映。强势品牌能够使企业长期保持市场竞争的优势：对竞争对手的正面进攻，品牌资产筑起森严的壁垒；对未进入市场者，品牌资产代表的品质以及消费者的推崇往往会使其放弃进入市场的念头。

（三）提供合作中的杠杆力

企业通过资源的整合和利用形成竞争力。这需要开展大量商业合作。知名品牌为企业在各种合作和联盟关系中带来更大的条件优势。例如，在与渠道的合作中，知名品牌的压力较轻。渠道商往往更乐意与知名品牌打交道，因为它们知道自己需要让顾客可获得知名品牌产品，否则可能失去顾客（消费者因得不到所需品牌产品而选择其他渠道）。因此，一个强势品牌在争夺货架空间位置以及在获得渠道更好的合作上都占得优势地位。

（四）影响现金流状况

品牌拥有的资产净现值对公司的现金流产生多方面的正面作用，继而影响股东价值。第一，加速现金流周转。有研究表明，品牌资产可以通过提高外部市场对营销努力的反应速度来加快现金流的周转。第二，增加现金流。品牌资产带来的良好顾客关系和渠道关系等可以降低劳动成本和固定投资，从而增加现金流。反之，生产能力过剩或仓库闲置则会导致效率低下，继而减少现金流。第三，提高现金流的稳定性。品牌资产带来的稳定的顾客关系可使公司留住老顾客，其成本比吸引新顾客的成本更容易预期，即减少影响现金流的不确定因素。第四，增加现金流的剩余价值。剩余价值指超过预期价值部分的净现值，它与未来期望的现金流相关。品牌资产能影响现金流的剩余价值。例如某产品的早期使用者不仅可能继续购买该产品，还可能购买该公司的其他产品，甚至还会向他人推荐这些产品，这使得由该产品带来的现金流大大超过公司的预期，产生剩余价值。

（五）获得更高的边际收益

美国的一项调查表明，领导品牌平均获利率是位居第二品牌的四倍，而这一数据在英国更是高达六倍。消费者在许多情况下乐意为购买知名品牌而支付更高的价格。一方面，定价被作为质量的暗示认知，品牌资产所体现的品质支持更高的定价；另一方面，追求拥有知名品牌的满足感与优越感使消费者不介意支付更多金钱。

（六）应对环境变化

品牌资产提供了公司与品牌面对恶劣环境的适应性与应变性。当面临较高通胀、原料与能源短缺、消费者偏好变化与新竞争者介入等环境变化时，拥有品牌资产强有力的支持，意味着品牌与公司有较充裕的时间进行技术革新、重新定位和战略战术调整，支持企业度过低谷周期。

三、品牌与区域和国家的关系

据联合国工业发展组织的不完全统计，当今世界知名品牌产品的 90% 以上所有权，归属于工业发达国家和亚太新兴工业国家或地区。知名品牌的多寡，尤其是世界级品牌的多寡，是一个国家或地区综合经济实力的重要标志。2016 年 6 月 20 日，印发《国务院办公厅关于发挥品牌引领作用推动供需结构升级的意见》(国办发〔2016〕44 号)，要求发挥品牌在中国经济中的引领作用，推动供给结构和需求结构升级。从 2017 年开始，每年 5 月 10 日设立为“中国品牌日”。以此为标志，品牌战略上升成为国家层面的战略。

（一）影响区域和国家经济发展

大量研究表明，品牌价值更大的地区往往也是经济更为发达的地区，这表明发展品牌经济能够成为提升各区域尤其是经济欠发达地区经济发展质量的有效路径[①]。一个国家或地区的经济越发达，对建立品牌的投入和资源供应有更好的支撑条件，有利于发展更多具有市场竞争力的优势品牌。区域本身也可以形成特定的区域品牌，成为一个地区的附加吸引力，给区域内的企业、产业和各类生产要素带来附加值。

（二）反映区域和国家的形象

品牌与国家形象之间是一种相互作用的关系。一个国家在国际上的品牌声誉和知名

① 例见：郭美晨．中国品牌发展的区域差异及动态演进．数量经济与技术经济研究，2020（4）：165–180.

品牌的多寡反映了国家形象和经济实力；反过来，国家形象又不断扶持、强化品牌的国际地位。这种作用和反作用的力量是一个国家经济发展的催化剂。

在中国制造向中国创造转变的过程中，品牌建设是重中之重。对于当前中国来说，培育和扶植更多的世界级品牌，其意义已经超越了发展经济本身。从某种角度上来说，世界级品牌是一个国家的"名片"，是在世界市场和人类命运共同体中"国家品牌"的重要支撑。就如人们看到"奔驰"品牌，会联想到诞生过贝多芬、黑格尔、马克思等历史巨匠的德意志民族一样。

第3节 品牌化原理、步骤与范畴

所谓品牌化（branding），就是在消费者心智中对营销实体建立品牌资产的过程。通俗地讲，就是如何把普通产品变成品牌产品。从消费者的角度，品牌化的结果是在消费者思维中建立了品牌与产品相关联的特定信息结构；从企业的角度，品牌化的结果是产生了产品之外的附加值和相应的价值效应。战略品牌管理的实质是站在战略高度对品牌和品牌化进行长期动态管理的科学与艺术。

通常，市场营销的实体包括十种类型：有形物品、服务、体验、事件、人物、地点、财产、组织、信息和想法。理论上它们可以被品牌化，但是具有不同的基本考虑、规律和特殊性。下面，我们首先阐释品牌化的基本原理和步骤，再选择一些重要的领域展开介绍。

一、品牌化的基本原理

品牌有两重本性，与之相对应有两种战略。第一个本性是品牌基因，就是在诞生的时候，品牌拥有身份。这个身份首先不是品牌名称和符号识别，而是品牌拥有的意义和内涵。第二个本性是品牌成长。就像一个人，诞生下来就传承了父母的基因，但是自己要不断成长，要适应环境，学习新事物。对于品牌，主要就是通过创新的方式，不断满足时代的需求，建立跟当下消费者之间的相关性。这两重本性不是简单的两分法，而是交融、互动和叠加，类似于周易太极图①。品牌的两重本性论，是品牌化基本原理的基础。笔者提出，品牌化的基本原理由以下五大方面及它们之间的相互关系构成。

（一）品牌身份

品牌一旦诞生，它就拥有了身份。品牌身份是品牌基因的管理工作表达。品牌基因

---

① 有关品牌两重本性的思想和观点，笔者在2020年第四个中国品牌日即将到来之际（5月8日），应邀为教育部工商管理类学科专业教指委、中国高等院校市场学研究会、清华大学出版社等联合举办的战疫公益讲堂中直播讲授的"品牌战略与企业增长"专题中讲解。之后部分核心内容公开发表，见：何佳讯．品牌战略助企业历久弥新．中国名牌，2020（6）：28-30；何佳讯．关于推进国家品牌战略的十项建议 // 何佳讯．品牌的智慧：为企业和政府建言献策．上海：格致出版社，2020：主编前言12-14。

来自创始人或创业团队、来自品牌诞生地的自然资源或文化资源，或是某项专利或技术秘密，也可以完全是后天人工的基因，比如从一开始就确定并坚持品牌的定位价值。品牌有了基因，就在发展中遗传和继承，品牌把时间上的过去、现在和未来连接起来。

因此，品牌可理解为类似于理解一种遗传程序，早期行为会产生结构性的影响[①]。品牌的内容产生于品牌行为的累积记忆，而这些行为由一致的概念和指导原则控制。例如，家乐氏（Kellogg's）名下有许许多多产品，它们都是在统一的原则下展示着某种价值和属性：新颖、创新、健康和高品质。所有这些产品的开发都经过精心安排和策划，它们都维护着品牌的核心精神，从而使品牌具有敏锐的识别力。

由于不同世代的人在不同的时间点认识品牌，品牌形象可能随世代而变化。不管是吉列、雪铁龙、可口可乐还是力士，如今我们对其的个人印象与上一代人相比差别明显。然而正是记忆因素使得人们可以保持他们的偏爱，就算时间已过去 10 年 20 年，人们仍会选择他们小时候的品牌。品牌是人们对于产品的记忆，而这种记忆是持久的、稳定的参考[②]。大众汽车曾为了解决其脸书上粉丝过少的问题，发起了一个名为“FANWAGEN”的活动，将其 20 世纪 20 年代的两款明星车型推至社交网络，号召粉丝对其进行投票、定制改装以及作品分享。之后大众汽车决定将粉丝的定制版虚拟汽车实施生产，并作为奖品送给参与这次定制活动的资深粉丝。

品牌是产品的记忆和未来。在长期发展的过程中，品牌的遗传基因刻画了它运作的机制和未来的图景。品牌印象的再现包括将来发展的计划、以后模式的特征、未来的共同特征、系列产品的相似程度及各自的特征。通过对一个品牌规划方案的理解，我们可以找到它合理的发展和延伸领域，以及不能涉及的领域——这都是由品牌的内涵决定的。品牌化工作就是要把品牌基因转变为品牌身份管理。

（二）品牌实体

产品是品牌身份的发展实体。也就是说，品牌必须要有实体才能体现它的价值，否则就是虚拟的资产。品牌身份决定了产品发展的意义和方向，品牌的内涵展现了产品存在的理由、以前和将来的意义与发展方向，也给出了产品的指导原则。

意义对品牌十分重要，因为它告诉消费者该品牌所致力的研究、创新及其他努力的方向。处于支配地位的品牌意义给人们留下了自己独特的痕迹。在每一个市场中，重要的品牌都显著地拥有自己的意义。例如，在汽车品牌中，“沃尔沃”给人安全、可靠、高品质的印象，“奔驰”则给人豪华、高端和成功的印象。在家电品牌中，“西门子”给人耐用、严肃、信赖的意味，让人想到细心、一丝不苟的德国工人的形象；“ Hotpoint”则代表着实用、使用快乐，如一位看着孩子们长大的亲密朋友。

意义，正是品牌与产品的差别所在。产品是实在的、客观的和理性的，人们对它的看法和评价建立在逻辑和科学的基础上；而品牌是虚拟的、主观的和感性的，人们对它的看法和评价建立在形象和人文的基础上。品牌是为产品“说话”。品牌给了产品想象的

---

① Kapferer J N. Strategic Brand Management：New Approaches to Creating and Evaluating Brand Equity. New York：The Free Press，1992.

② 同①.

翅膀，给了产品活跃的生命。产品趋于同质，而品牌趋于异质。

在工业社会中，大多数技术革新都会从一个品牌快速传递到别的品牌，不同品牌的同类产品或服务不可避免地产生竞争，在市场上出现相同的基本产品或服务，例如每个银行都有基本的储蓄业务。然而，这些基本的产品或服务只代表了一个品牌提供的有限边缘（见图 1－1）。品牌的存在打破了相似性，为基本的产品增加了额外的内容——实质性的与意义上的，引导产品以自己的方式发展[①]。例如，沃尔沃和宝马都使用了相同的防抱死刹车系统，但两个品牌的识别意义完全不一样：沃尔沃始终追求它的“安全”，而宝马追求它的“杰出表现”。品牌的发展，要始终坚持自己的一致性，经受住来源和识别的考验。

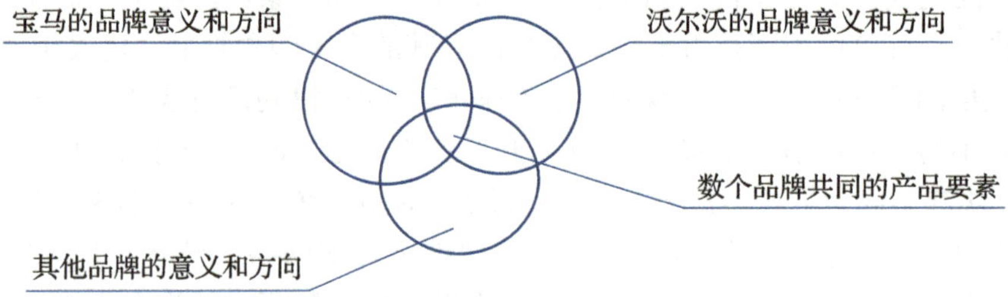

图 1－1 各品牌衔接的产品边缘

资料来源：Kapferer J N. The New Strategic Brand Management（5th edition）. London：Kogan Page Limited, 2012.

在这里，笔者举一个汽车方面的例子，让读者进一步了解品牌（名称）带给产品的独特作用。美国通用汽车公司在德国的子公司欧宝（OPEL）在 2012 年推出紧凑型 SUV 代表作 MOKKA，自上市以来，它的动感外观、领先技术以及准确的市场定位，为它赢得了良好的口碑。该型车采用欧宝独立研发、具有全球顶级科技水平的 ECO-TEC 1.4T 四缸涡轮增压发动机和通用汽车最新研发、带自动启停技术的六挡手自一体变速箱。但是，鲜为普通消费者所知的是，该车在中国市场还有另外两个孪生兄弟——别克昂科拉和雪佛兰创酷。也就是说，美国通用汽车公司把同样的产品做出了三个不同的品牌，以完全不同的品牌定位与身份，卖给不同的目标市场顾客。详见表 1－2。

表 1－2 品牌（名称）赋予汽车产品不同的意义和价值

品牌名称	产品售价范围（最低配置和最高配置）	上市时间	销量	备注
欧宝 MOKKA	22 250 ～ 26 210 欧元	2012 年	2012—2016 年全球总计销量 50 万台	主要在北美和欧洲销售
别克 昂科拉	13.99 万～ 16.99 万元人民币	2012 年	年均销量 7 万台	该车仅在中国市场销售
雪佛兰 创酷	9.99 万～ 14.99 万元人民币	2014 年	年均销量 4.5 万台	该车仅在中国市场销售，品牌定位和价格略低于别克昂科拉

① Kapferer J N. The New Strategic Brand Management（5th edition）. London：Kogan Page Limited，2012；卡普费雷尔．战略品牌管理：第 5 版．何佳讯，等译．北京：中国人民大学出版社，2020.

（三）品牌市场

品牌身份通过产品实体，使得品牌意义开花结果，为顾客带来价值。因此，品牌化要有明确的目标市场。在品牌诞生初期，需要瞄准特定的细分市场。

每一家公司总是在寻求更好的途径以满足特定顾客群的期望，品牌提供了区别于竞争者战略目标的综合价值，向市场提供了一个理想化属性的利益集合，包括功能性的与象征性的、可见的与不可见的。公司想要在一个既定的领域里留下印记，就要在目标顾客的心里打上烙印。具体来说，即界定品牌给产品或服务注入的意义和价值：产品或服务存在什么属性？有什么优点？提供了何种利益？目标市场具有什么样的总体形象？品牌的用户与品牌的意义如何产生联结，是否存在一致性？如何激发用户与企业一起共创品牌的意义？事实上，用户自身的形象就反映了品牌的形象。

品牌化的工作起步于细分市场，但要超越细分市场，成为独特的价值象征。把品牌定位与某个特定的目标市场等同起来，这是一种误区。品牌的价值超越细分市场层面的特定需求。

（四）品牌创新

品牌想要不被变化的时代、变化的消费者和创新的科技所淘汰，就不能一成不变。为了紧跟时代，一个品牌必须逐步改进生产，提升品质，使产品和服务不断进步。在今天，把品牌当作一种在类同化市场上区别产品的手段，这种认识是肤浅的，因为它忽视了时间因素和竞争推动创新的趋势。品牌化的工作应该建立在长期运作的基础上，坚持不懈地通过创新创造差异。但品牌创新不同于产品创新、技术创新，品牌创新要以品牌基因为基础，体现品牌在时间维度上的承上启下和继往开来。

创新反映了所有路径和方法建立品牌资产的核心特征。一个品牌代表着不断地创新，代表着对其产品不断地更新换代。创新使品牌得以延续下来；而品牌保护着公司的创新，使它成功地领导着竞争。坚持不懈的创新行为赋予了品牌新的意义、内容和特征，同时，积累并显示了品牌长期的、时时刻刻的差异性。

在目前的市场上，任何一种技术革新带来的品牌创新很快就会被竞争者仿效，任何进步很快就会成为消费者所习惯的标准。在短期内，创新的品牌当然会取得垄断地位，但这并不容易持续，因为处于竞争中的品牌若想不落后于市场期望就必然要适应新标准。

品牌化的任务就是通过品牌名称带来的“心理专有权”，保护品牌的创新。这里举个例子加以说明。家乐氏曾发明了一种新的早餐食品，集“天然”和“富含纤维素”两种现代营养概念于一体，获得了人们的高度评价。在它成功的同时，其他生产者也推出了类似的产品。如果家乐氏草率地赋予它一个普通的名字，如“自然纤维谷物”，那么，消费者会很快发现制造商桂格（Quaker）和销售商玛莎百货（Marks & Spencer）、奥乐齐（Aldi）等也都有自己的“自然纤维谷物”。幸运的是，家乐氏给该产品取了一个富有情调的名字“乡村储藏”（Country Store），使这一创新变得专有化，有效地抵制了模仿。

（五）品牌承诺

品牌是一种契约。一个品牌只有经历持久和重复才能变得可靠。品牌通过创造“满意”和“忠诚”，带给顾客一种始终的承诺，与顾客建立起一种契约关系。作为交换，品牌也从市场上得到了开发新产品的好意见。这种相互关系的存在，使品牌得以长久生存，尽管产品生命力会不断衰退。

品牌所建立的契约是经济上而不是法律上的关系。在这点上，品牌不同于品质标签和证书等其他品质证明。品质标签或标记是证明机关签发的集体标志，证明生产是按照规定程序进行的，表明了一个产品满足以前官方、制造商和消费者有关要求的特征，而这些特征保证了产品具有一种区别于其他同类产品的高品质水平。

品牌的契约意味着某种约束，具有某种强制力。管理品牌的组织要把各种职能——研发、生产、运营、营销、后勤和财务等，服务于一个一致的目标，使得品牌行为的方方面面符合品牌身份的要求，实现品牌承诺。总之，一个强有力的品牌能够把内部动力和外部吸引力连接在一起，驱动公司成长和发展。

品牌基因、品牌实体、品牌市场、品牌创新和品牌承诺，是品牌化的五大构成要素。它们交融在一起的相互作用过程，正是在消费者心智中对营销实体建立品牌资产的过程。

二、品牌化的基本步骤

学者们对当今国际上成功品牌所做的研究发现，它们的优势地位来源于一些共同点：拥有丰富的身份含义和明确的专有技术，具有品牌个性和一套价值体系，折射出消费者的自我概念。它们都朝着一个明确的方向发展——品牌名下所有的产品或服务的开发都认识到该方向，维护着品牌的核心内涵和价值。这些体现了品牌化的基本原理要求。在品牌创立伊始，就要把它看成是一个拥有基因、有明确意义的品牌。通常，品牌化工作的开展，有如下一些基本步骤①。

（一）界定品牌身份

推出新产品之时，要明确一些基本的问题，包括目标市场、产品定位（不同于其他产品的优势及竞争的范畴）、消费者期望的承诺和利益。创立品牌就是要为产品“说话”（为产品说话的不是广告）。创立品牌所要明确的问题包括：这个品牌是谁？在评估有关产品取得的预期效果之前，必须首先明确“谁”在说话？这个品牌为什么存在？它的价值、目标是什么？也就是要界定品牌身份。详见表 1－3。

表 1－3　界定品牌身份的检核纲要

1. 品牌的存在理由
如果品牌不存在，消费者将会失去什么？
2. 立场

① 这些步骤是品牌化工作的基本方面，有助于我们从实践的角度简单理解品牌化原理，见：Kapferer J N. Strategic Brand Management：New Approaches to Creating and Evaluating Brand Equity. New York：The Free Press，1992。这与战略品牌管理架构是不同的。

品牌站在什么立场说话？

3. 愿景

与产品类别或这个世界相关的品牌愿景是什么？

4. 价值

品牌的核心价值是什么？

5. 使命

品牌要给人们的生活带来什么变化？

6. 范畴

在完成使命时品牌的合理范畴是什么？属何种或哪些产品类别？

7. 稳固的行为或产品

什么行为或产品能最好地传达品牌的使命和价值？哪些行为或产品最能代表品牌计划？

8. 品牌风格与语言

品牌典型的语言和风格要素是什么？

9. 品牌想象中的顾客

不是实际的购买者，而是符合品牌身份的顾客。

资料来源：Kapferer J N. Strategic Brand Management：New Approaches to Creating and Evaluating Brand Equity.New York：The Free Press，1992.

从表 1-3 中可看出，界定品牌身份并非简单地归结为品牌个性或性格的定义，更不是简单地为产品取个品牌名字或设计一个标志。推出品牌首先从创立一个完整的身份识别系统开始。

在公司品牌的品牌化中，品牌身份需要与公司状况保持一致的文化特征，如果不一致则要进行修改。确切地说，在两者之间存在一座可以沟通的桥梁，即公司文化中的一个焦点、一项或两项价值观，它渗透于品牌之中，表明品牌对世界的看法，激励品牌的行为。这个来源价值把意义传递给公司品牌。

（二）确定品牌名称

尽管品牌包含所有具有显著性的符号，如名称、标识、象征、色彩、个性甚至口号等，但品牌名称扮演了一个突出的角色。因此，在创立品牌的时候，我们应该首先把注意力集中在选择一个优秀的名字上。

我们总希望新创品牌占得市场的先机，那么，是否存在一种最佳的命名方式呢？考察市场上著名品牌的名称，并不能总结出一致的规律，如飞利浦（Philips）以创始人的名字命名（创始人杰拉德·飞利浦（Gerard Philips）），“可口可乐”（Coca-Cola）是两种成分的名称组合，“麦斯威尔”以产地命名（“ Maxwell House” 原为一家高级旅馆），“金霸王”（Duracell）是现成词的变异组合（durable 与 cell），“柯达”（Kodak）是创始人杜撰的，IBM（国际商用机器公司）及 BMW（宝马）分别是公司名称的缩写。这似乎表明创造一个大品牌，完全可以起任何形式的名字。

但是，这并不意味着在为品牌命名时放弃谨慎的努力，仍要强调时间对品牌的意义——它是品牌占领市场的关键因素。选择一个深具吸引力的名字，可以大大缩短品牌创立和发展壮大的时间。在第 4 章第 2 节中，我们将详细介绍品牌命名的方法。在这里，我们首先提出品牌命名需注意的一些基本原则。

第一，避免描述产品。绝大多数的商家都希望品牌名称可以描述品牌所包含的产品，但这是对品牌名称使命的肤浅理解。如果品牌名称局限在描述产品的品质和特征上，这无疑造成了一种浪费。相反，品牌名称应该用来提供进一步的意义——品牌自身的灵魂。产品的生命周期是有限的，最终要迭代更新，但品牌可以永续存在。因此，必须明确品牌的使命在于揭示和激发“品牌代表什么”，品牌的意义是什么。

第二，抵抗模仿。除非受专利权的保护，每个重要的产品都不可避免地被模仿。而且专利权总是有期限的。在中国，发明专利的保护期限是 20 年，实用新型专利和外观设计专利的保护期限是 10 年，专利产品最终将进入公共领域，成为普通产品。如果市场需要，同样的产品会被许许多多商家复制出来，此时保持公司差别化利益并继续获得投资回报的武器就是品牌名称。如果品牌名称是描述产品有关特征的，那么它会变成一类产品的通用名称，无法发挥区别功能。“通用名称”商标事件屡见不鲜，如“木糖醇”口香糖、“小肥羊”火锅、“双黄莲蓉”月饼等。涉及行业“通用名称”的商标纠纷，时常引发行业内的大动荡。

在海外市场中，许多商家喜欢使品牌名称从产品的名称中演变而来。例如，一种饼干的品牌叫作“Biscuito”（由 Biscuit 加 o 组成），于是竞争者可以类似地取个诸如“Biscuita”的名字。在汉堡包品牌中有“Quickburger”“Starburger”“Burger King”等，它们均含有“Burger”（汉堡包）的核心词，因而都是相似的名称（为此 Burger King 已采用缩写形式 BK）。但“McDonald's”（麦当劳）这个名字是原创的，所以无法被模仿。

第三，思考国际化。品牌名称决定品牌的长远命运。一个真正充满内涵的品牌名称有助于产品打入国际市场，延长产品的生命周期，并带来产品发展的宽广空间。因此，品牌名称的选择要避免带来空间和时间的限制。许多品牌在进入国际市场时受到了名称的限制，例如耐克（Nike）在某些阿拉伯国家被拒绝注册；世界性公司 CGE 在美国不能得到保护，因为著名品牌“GE”（通用电气）已经注册。可靠的应对办法是从一开始就考虑到国际化，赋予品牌以国际化的潜力。仔细思考品牌的发音能力，以及在世界各地可能唤起的形象，尽可能使它在任何地方都适用。

（三）确定品牌的形象来源与有代表意义的产品

对当今成功的国际品牌进行考察就会发现，它们的品牌身份往往不是建立在功能性价值的基础上，而是依靠“想象”和特定的意义。缺少想象价值和特殊意义，品牌就退化成一个标签或一个产品的名称，仅仅表示商品的来源。这就违背了品牌战略的基本原则——品牌一定要表达出明确的意图、方向和领导的力量——这也正是中国公司在品牌建设中没有充分重视的方面。许多本土品牌的竞争力弱，一大原因在于它们无法唤起消费者丰富的联想。

品牌越想赢得声望和价值系统，就越要重视对产品或服务选择的仔细程度。在发起品牌战役的时候，要认真挑选那些最能体现品牌意图、支持品牌潜力及带来创新变革的产品（并非所有产品都能做到）。品牌战役只能被那些能反映品牌形象的产品所支持。

产品设计能够有效地传达品牌身份。例如，苹果的系列产品 iPod、iPhone 与 iPad 在设计上都遵循简单、极致的风格，符合苹果公司对自身品牌的定位。除了产品设计外，产品特征和包装也能有效地提供对品牌身份的潜在支持。在服务业中，无形的服务往往被冠以一个名称，以创造出一种有形的实体。如中国建设银行为个人购房提供贷款项目“乐得家”，它进一步强化了中国建设银行在信贷方面的品牌价值。

（四）选择基本的传播战略

无论一个品牌是在何时创立的，都有两种基本的传播战略可供选择。第一种战略是传播品牌的意义，即形象化的内涵及其直接针对消费者的意图。传播的重点在于品牌的理念，往往通过简洁而引人注目的口号来概括。第二种战略是通过推广一种有代表性的产品来间接地树立品牌，让产品成为传播的主角。这时需要公司选出一种能传达整个品牌意义的产品。

这两种战略适用于不同的情况。当产品或服务没有什么显著差异或进步时，往往采用第一种战略，通过象征性的符号来表明它的价值和特点；而当产品有革命性突破时，往往采用第二种战略。事实上，在品牌传播战略的长期发展过程中，一般不会使用单一战略，“品牌理念”和“产品主角”的传播运动往往是交替进行的。

在广告运动中，为了达到品牌战役的目的，传播时往往使用一个概念，如耐克的“Just do it”（想做就做）、阿迪达斯的“Impossible is nothing”（没有不可能）。但品牌身份具有丰富的意义，它不能被压缩为一个词或一个概念。也就是说，展现品牌魅力的途径有很多，比如表现它的目标群体、它与顾客的关系、它的文化及个性等；当然首先是通过它的产品或服务。苹果公司的“麦金塔”产品是表现顾客关系的一个典型，这个原创性的名字不同于传统的表达计算机身份的称谓。再比如海尔的“真诚到永远”和荣事达洗衣机的“轻松洁净没问题”等，都是传递品牌身份的有效沟通——因为语言是价值的表现。

随着通信技术的迅猛发展和计算机文化的深刻影响，在信息传播中，影像比文字更强烈地左右着年轻一代。不难发现在今天的广告中，视频与图像的比重越来越大，“形象”的需要超越了“说理”的需要。品牌语言早已不再是单一的文字形式，还包括各种视觉语言——而它们往往是比文字解释更直接、精练和有效的沟通方式。

创立品牌，必须选择个人化的品牌语言，这是确定品牌身份的基本条件。但“个人化的语言”并不意味着在传播中重复使用同一个词语或影像。“重复”反而会使传播成为一种信息接受的障碍，使人们对品牌信息麻木甚至拒绝；同时，由于过度渴望使用共同的符号规则，每次传播运动想要传达的特定信息被遮掩掉了。因此，我们要认识到，“个人化的语言”确定了品牌沟通的范畴，但它允许品牌沟通保持某种自由度。

品牌语言最终是以分权决策的执行方式为品牌服务的。每一家分公司、每一个部门都进行着品牌的传播工作，都会对品牌身份意义产生影响。因此，有必要建立品牌传播的指导规范（也称为品牌纲领或品牌操作手册），即界定品牌传播的共同语言（或称传播密码）。原则是，传播密码要在品牌身份的自由性和凝聚性之间取得平衡。具体的做法不是简单地做某种说明或确定传播中的一致要素，而是要对品牌传播的风格、文字及视觉效果给出专门化的控制规定。

三、服务的品牌化

接下来，我们介绍某些特定领域的品牌化工作。首先是服务的品牌化。虽然我们可以把所有营销的实体统称为产品，但确切来说，服务不同于产品，前者是无形的，后者是有形的商品。

国际服务贸易已经成为全球三大贸易的重要支柱，因此，服务的品牌化在国际上非常流行。我国第三产业在国民经济中的比重越来越大，给服务的品牌化带来很大的发展空间。服务的品牌化有两层意思，一是制造商可把它作为产品提供的附加服务品牌化，二是属于服务行业的企业把它的“产品”——服务给予品牌化。与前面所述的制造商产品的品牌化相比，服务品牌化在策略和方式上具有特殊性。

（一）使服务有形化

服务具有无形性，因此服务提供者的任务是“管理展示”以及“化无形为有形”，在其抽象供应上增加有形展示。这正好与产品经营者的做法相反。服务的“有形化”通过场所、人员、设备、沟通材料、象征及价格等体现，并强化了公司的定位。人员（people）、有形展示（physical evidence）和过程（process），在服务营销中被称为“建立服务传送差异化”的 3P。当然，服务企业也可以创造它们的差别形象，特别是通过符号和品牌来达到此目的。

最具挑战性的是找到代表服务本质的符号。例如，新加坡航空公司用其空乘服务人员的图片来总结其周到服务的特色，而且这一特点一直贯穿在其广告中，把以周到、迷人、细致的个人服务为核心价值的服务表现得非常完善。为了保证服务承诺实施的连续性，公司对员工进行严格的挑选和培训。

（二）管理消费者

服务具有不可分割性，它的生产和消费是同时进行的。如果服务是人提供的，这个人就是服务的一部分。提供者和顾客的相互作用是服务的一个特征，双方都对服务的结果有影响。而降低双方相互作用误差的一种方法是，达成限定人员应该做什么、说什么的协议，这需要通过认真挑选和培训员工来解决。公司要鼓励员工将其个人感情投入工作中，以促进发展顾客和服务提供者之间的和睦关系。通过培训，向员工反复灌输对品牌意义的真正理解，以及有关员工应如何将这些意义传递给消费者。

为了避免服务的不可分割性所引起的问题，还必须学会管理消费者。这在一定程度上是过程设计的问题，要确保该过程不至于出现消极影响；在一定程度上也取决于在出现消极影响后，如何提供附加利益来减轻其后果。在欧洲的迪士尼乐园，人们在排长队等候游览车时，一些表演者的表演会使他们不感到乏味。

（三）发展持久的关系

服务具有高度的可变性，因为它依赖于谁提供服务，以及何时、何地提供服务。作为服务企业，质量控制的主要措施是花费巨资来训练员工以提供优良服务；在整个组织机构中统一服务绩效；通过顾客建议和投诉系统、顾客调查和担保购买，追踪了解顾客的满意情况。目的都是发展持久的关系——这其实是所有品牌追求的目标。

新加坡航空公司利用科技手段改进服务过程的质量，他们将可能得到的每个商务旅客的需求资料存储在数据库中并调用。空姐微笑着招呼姓名，提供最喜欢的饮料，保证在需要的时刻送来喜欢的食物。这一切构成了超级服务，与品牌价值的建立休戚相关。

由上可知，与制造商相比，服务企业在营销和品牌化中存在更多的影响因素，如环境、外在要素（陈设、规模、家具配置等）及符号（图片、标志等）都能影响顾客以及员工对服务的态度。从这种复杂性来看，服务品牌化不仅要求开展外部营销，还需要开展内部营销和互动营销。外部营销通常是公司做的为顾客准备、定价、分销和促销服务的工作。内部营销是公司做的有关培训激励员工以使他们更好地服务于顾客的工作。营销部门可能做的最大贡献就是"特别善于促使组织中的每一个人都进行市场营销"。

四、高科技产品的品牌化

相对于传统的消费品而言，高科技公司更需要重视品牌化工作。这是因为高科技产品面临更为激烈的市场竞争，它们的产品生命周期更短，产品更新换代速度快，这就需要品牌建立市场优势；此外，产品研发成本大，高投入要求通过品牌收益赢得回报，而强势品牌可以获得消费者的信任和较高的回报率。

（一）谨慎对待技术导向和竞争导向

在高科技公司中，充满了技术导向的文化。所谓技术导向，是指企业积极获取新技术，并在新产品研发过程中使用复杂技术，体现在企业新产品开发中尖端技术的使用、新技术一体化的速度、开发新技术的积极性等方面。以技术为导向的企业被定义为具有技术背景，并拥有将技术应用于新产品开发的能力和意愿的企业。技术导向还意味着企业可以利用其技术知识推出新的技术解决方案，以满足用户的新需求[①]。

对于高科技公司来说，接受品牌化理论往往是非常困难的一件事——认为科技要求的不断变化与品牌要求的一致性是完全相反的两个方面，它们似乎是相互抵触的。其实这种观点是落伍的。根据品牌化原理，领先的、变化的科技是品牌的载体，而品牌一致性的关键在于品牌的意义，两者可以和谐相处。

与此同时，在高科技行业充满着高度的竞争，高科技公司容易采用竞争导向。竞争导向反映了管理人员以竞争对手为基准，强调战胜竞争对手。一个以竞争为导向的公司倾向于将自身的能力和产品与竞争对手相比较，通过制定决策实现超越竞争对手的目标[②]。过于注重竞争导向，容易跟从竞争对手而走偏方向。相反，我们要重视品牌导向和顾客导向，从品牌的核心价值出发，根据顾客需求的变化，开发顾客适用的好产品，让技术真正为顾客服务。

（二）公司品牌化优于产品品牌化

高科技行业的产品更新迭代速度快，产品生命周期较短，在产品品牌层面投入过

---

① Gatignon H，Xuereb J M. Strategic Orientation of the Firm and New Product Performance. Journal of Marketing Research，1997，34（1）：77–90.

② Armstrong J S，Collopy F. Competitor Orientation：Effects of Objectives and Information on Managerial Decisions and Profitability. Journal of Marketing Research，1996，33（2）：188–199.

大，并不是一种高效益的做法。因此，高科技公司应致力于塑造公司品牌，优先于产品品牌。与此同时，要通过品牌架构管理处理好公司品牌和产品品牌之间的关系（详见第8章）。

高科技对社会产生的影响越来越大，因此要有高度的使命感和社会责任感。通过对公司品牌进行价值观定位，可以很好地开展公司品牌化工作。我们的研究表明，成功的高科技公司品牌普遍具备以下特征：以“选择、创造、探索”为价值指引，推崇独立的思想和行为，注重创造性和创新能力；整合科技与互联网资源，形成自身的竞争优势，获得社会认可并形成巨大的影响力；注重客户体验，以顾客为中心，并始终围绕顾客的需求进行产品研发，致力于为顾客创造更好的体验和更好的生活；理解、欣赏、包容并维护全体人民的生活和幸福，致力于打造公正公平、和谐美好的社会①。下面选取较有代表性的四大高科技公司进行简要解读。

（1）苹果。苹果的价值观是挑战权威，持续创新、与众不同，改变世界、向世界灌输其价值观。苹果公司继承了乔布斯的“基因”，乔布斯成了公司创造力、想象力以及持续创新的终极标志。

（2）谷歌。谷歌的价值观是注重创新、创造性地解决问题；成为最大的网络公司，影响人们生活的方方面面；致力于以最快的速度为用户提供最准确的信息。它的价值观口号是“不作恶”。

（3）亚马逊。亚马逊的价值观是独立的思想、独立地选择目标、创造性地解决问题，富有野心、渴望成为世界上最大的零售商，永远以客户为中心。

（4）脸书。脸书的价值观是创造性地使人们更好地进行交流；成为世界上最大的社交网站，成为仅次于谷歌的第二大网络公司；注重更好的用户体验，致力于打造善意的互联网社交环境。脸书说“别做差劲的事”，正是对应谷歌公司的口号“不作恶”。

五、城市和国家的品牌化

像产品和人一样，地理位置或空间区域也可以成为品牌，即城市和国家可以品牌化。通过引入专门的品牌化工作和品牌战略，一座城市或一个国家可以更好地提升软实力。

（一）城市品牌化

城市品牌的建立是一项社会化的系统工程，不仅仅是发展一套名称、标志象征和口号，更重要的是要从全社会发展和城市竞争的角度找到自己的核心价值和品牌定位，培育和提炼城市自身的独特个性魅力，整合全社会的资源，持续不断地经营和推广自己的核心价值。香港城市品牌“飞龙在天”就显示了较为成熟、规范的操作模式，其品牌化过程包括如下步骤：

（1）战略规划组织：成立政府跨部门工作小组，包括政务司、推广署、贸易发展局、旅游发展局等，并聘请国际上著名专业公司组成品牌顾问团（包括美国博雅公关公司、朗涛策略设计顾问公司等）。

① 何佳讯．高科技公司的品牌价值观//何佳讯．品牌的逻辑．北京：机械工业出版社，2017：64-67.

（2）战略分析评估：聘请全球著名的市场调查公司沃斯林全球公司（Wirthlin Worldwide）在全球范围内进行长时间的广泛性专业调查和研究。

（3）品牌价值与定位：品牌核心价值表述为“文明进步、自由开放、安定平稳、机遇处处、追求卓越”。品牌定位是活力与创新的“亚洲国际都会”。品牌个性则被界定为“大胆创新、都会名城、积极进取、卓越领导、完善网络”。

（4）规划品牌身份系统：标志巧妙地隐含了中文“香港”和香港英文的缩写“HK”，飞龙的流线形态和强烈的动感，象征香港不断变革和开放的城市精神。它既凸显了香港的历史背景和文化传统，又反映了国际都会的现代风尚。

（5）品牌传播推广：在香港各主要商业活动场所开展了系列性的大规模推广活动，利用各种公关场合，将香港品牌推广到世界各地。

（二）国家品牌化

在国家的层面上，也可以开展国家品牌工作。在全球化环境下，塑造国家品牌成为提高国家竞争力的重要战略之一。韩国政府在国家品牌化方面做出了范例，在 2009 年成立了国家品牌委员会，确立了五大战略领域：提高国际社会贡献度、扩大尖端技术及产品、培养文化及观光产业、加强对异国联姻的多文化家庭和外国人的关怀，以及培养地球村公民意识。

国家品牌建设的目的是不断地提升国家品牌资产。对国家品牌资产可以有三种不同的理解，派生出相应的三大国家品牌战略路径[①]。

第一，国家品牌所具有的独立的资产。如果要下个定义，就是“与一个国家、国家名称及其象征有关的一系列资产和负债，这些资产和负债能够增加或扣除该国产出物对其不同的内外公众提供的价值”。换种简单的说法，就是“与特定国家有关的真实的或（和）被感知的资产和负债，使该国与其他国家区分开来”。根据这种理解，我们通常需开展专门的国家品牌战役以建立国家品牌资产。

例如，早在 1991 年，战略管理大师迈克尔·波特（Michael Porter）对新西兰政府及企业界精英提出建议，认为新西兰作为一个岛国，必须寻找自己独特的利基，建立国家竞争力。于是，新西兰把自己定位在“干净环保”和“注重品质”，展开以“新西兰方式”（The New Zealand Way）为价值主张的国家品牌战役。经过评估合格的新西兰产品或服务都可以使用这个受法律保护的国家品牌标识。专门性国家品牌战役的关键是确定国家品牌的价值，或者把国家价值观、国家精神赋予其中，这样才能让国家品牌成为普遍有效的价值增值手段。

第二，与产品 / 品牌关联的国家资产。这是反映由个体消费者感知的、将特定国家名称与品牌或产品联系所产生的附加值，也可理解为同一个国家的产品 / 品牌所共享的形象或联想。品牌咨询公司 Interbrand 研究指出，不同的国家形象给其代表性产业及品牌带来了独特的影响。美国是探究、自由、实用、理性和科学；日本是微型、精致、有序和顾客第一；法国是情调、特有气质、高贵和自由；韩国是挑战性、正直和实用。西方

---

① 何佳讯．国家品牌的三大战略 // 何佳讯．品牌的逻辑．北京：机械工业出版社，2017：176–182；何佳讯，吴漪．国家品牌资产：构念架构及相关研究述评．外国经济与管理，2020，42（5）：3–16.

发达国家在其财富的长期创造过程中形成了独特的价值，给本国的产品和服务带来了独特的无形资产。因此，在世界人民的心中有所谓“瑞士的钟表、意大利的时装、法国的香水、德国的汽车”等类似说法。

建立与产品/品牌相关的国家资产，通常是在经济与产业领域直接创建国家级品牌，或者发展国家级战略。例如，澳大利亚政府于1982年开始使用“澳大利亚制造”（Australian Made）和“澳大利亚种植”（Australian Grown）标志（简称AMAG）。这两个标志已经出现在超过1万种在澳大利亚本土生产并销往世界各地的产品上，而且每天都会有新产品注册，消费者可以在“澳大利亚制造”网站上找到所有的产品目录。

第三，融入品牌资产中的国家资产。我们可以把品牌资产区分为品牌相关的资产和国家相关的资产这两个部分。这样，内含于品牌中的资产（即传统的品牌资产概念）与品牌来源于国家的资产被区分开来。在这个概念前提下，我们在实践中所开展的战略是把国家相关的资产融于产品品牌中，两者合而为一。在实践中，我们可以把来源于国家及特定地区的独有元素（包括文化遗产、工艺传统和其他有形资源），通过营销组合的方式，使之内化于品牌产品之中，成为品牌附加值的组成要素。事实上，这是一种更为普遍、渗透性更强、潜移默化地利用并提升国家资产的战略。具体有如下几种方式：

一是体现在品牌名称中。例如，哈根达斯（Häagen-Dazs）这个名字是创始人鲁本·马特斯（Reuben Mattus）根据北欧语系创造的，因为他年幼时曾在丹麦尝过他认为最好的冰淇淋。这个斯堪的纳维亚风格的名字可以唤起人们对新鲜、天然、健康及高品质的联想。

二是体现在产品设计（包括外观、包装和成分）中。经典的例子有瑞士维氏（Victorinox）军刀（瑞士国旗的红底白十字图案）、英国的博柏利（苏格兰格纹）、法国的依云矿泉水（依云小镇水源地）、哥伦比亚咖啡（地理标志和原产地）等。

三是体现在营销传播（广告）中。这是最普遍的方式。例如，Foster啤酒曾在美国实施“如何说澳大利亚语”的广告战役，以强调品牌的来源国是澳大利亚。近年来，随着中国文化作为国家软实力的影响力不断提升，“中国元素”在品牌战略中的各种运用广泛流行。代表性品牌有：佰草集（中药成分）、上海滩（中式裁剪工艺和面料）、上下（中国文化符号和手工艺）等。

第4节 战略品牌管理

“品牌战略”已成当下频繁使用的商业用语。但是，如果稍稍探究一下那些正在开展品牌战略的企业或组织所做的事情，就不难发现种种名不副实的情况。这并不奇怪。在特定的环境和企业发展阶段背景下，品牌战略的内涵和构成是存在差异的。战略品牌管理是在企业级层面把品牌作为企业战略而形成的管理理念、制度、方案和行动过程。简单地说，战略品牌管理是品牌战略的管理组织及其实现过程。

一、品牌战略的发展阶段

在过去近一个半世纪的历史中，品牌管理存在多个阶段的划分。以美国为例，20 世纪 80 年代中期以来大量企业兼并和收购活动的发生，使得华尔街的金融家努力为投资者和接管者寻求可以得到的品牌价值；迫于行业激烈竞争的压力，企业对品牌化期望谋求更为长远的利益。于是，出现了“品牌资产”(brand equity）的概念①。这个概念提高了过去相对为人所忽视的品牌在整个营销战略中的作用，引发了营销人员对于品牌管理的兴趣和研究人员对品牌研究的重视。

在中国，品牌发展历程也与社会经济大环境的变迁紧密相连。在计划经济时代，市场几乎不存在竞争，品牌缺乏生存的土壤；改革开放以来，随着市场经济制度的建立与发展，竞争日益加剧，越来越多的本土企业开始关注品牌。我国品牌的发展历程大致可以分为以下阶段，依次为：品牌意识启蒙、自主品牌创立、品牌市场竞争、品牌国际化，以及品牌全球化与数字化。在不同阶段，品牌的角色以及品牌管理的目标、任务与能力要求，都存在明显差异。笔者概括提出品牌战略的三个发展阶段，即品牌作为传播，品牌作为营销，以及品牌作为战略。这三个阶段的基本对比见表 1－4。国内大多数中小企业目前正从第一阶段迈向第二阶段。下面，笔者将展开阐述。

表 1－4　品牌战略的发展阶段

比较	阶段		
	品牌作为传播	品牌作为营销	品牌作为战略
管理理念	销售导向	营销导向	品牌导向
品牌目标	建立品牌知名度	建立品牌定位	建立品牌领导地位
常用称谓	品牌推广	品牌管理或品牌战略	战略品牌管理
衡量指标	品牌知名度	品牌资产	品牌价值
管理提升路径	整合营销传播	全方位营销管理	战略管理（企业与顾客协同）
品牌价值链*重点	第一模块	第二和第三模块	第二、第三和第四模块

* 品牌价值链由凯勒（Keller）和莱曼（Lehmann）于 2003 年提出。根据该模型，品牌价值的产生始于公司的营销活动（第一模块），它影响顾客心智（第二模块），转而影响产品市场上的品牌业绩（第三模块），最终被金融市场确定价值（第四模块）。详见第 2 章第 3 节。

（一）品牌作为传播

这是品牌战略的初级阶段，或称准备阶段。这个阶段的核心特征是，企业把品牌作为销售（推广）的工具，以品牌知名度提高产品的市场占有率。这个阶段的品牌管理人员往往是企业基层员工。企业如果处于这一阶段，提升管理的方式是以完善营销管理职能、强化整合营销沟通（integrated marketing communications，IMC）为核心进行品牌管理。这种管理模式适合大多数中小企业，特别是刚创立的新公司。中小企业往往资源和实力有限，不可能进行大规模的品牌投资，因此，宜以强化营销沟通职能、提升整合营销沟

① 阅读何佳讯著《长期品牌管理》（上海格致出版社，2016 年）自序《品牌与品牌化研究的取向、格局及趋势》，可以更深入地理解“品牌资产”概念提出的来龙去脉。

通水平为品牌管理的核心任务。这个阶段的品牌管理实际是品牌传播，基本上可有三个阶段的推进。首先是把品牌传播当作广告和其他传播手段的交叉使用；其次是着眼于塑造品牌形象的传播；最后是真正的整合营销传播，表现为外部沟通与内部沟通保持一致，线上传播与线下传播联动整合。其中一个核心的要求是，从终端用户而非公司的角度来规划传播，即从以产品类别为基点转变到以目标市场为基点。

（二）品牌作为营销

这是品牌战略的中级阶段，或称基本阶段。这个阶段的核心特征是，企业把品牌作为营销工具，以品牌定位建立营销战略，并通过品牌体验建立良好长久的顾客关系，衡量指标是品牌资产。这个阶段的品牌管理人员往往是企业的中层管理人员。企业如果处于这一阶段，提升管理的方式是以强化营销管理职能、推行全方位营销（holistic marketing）管理为核心进行品牌管理。这种管理模式适合已有较长时间品牌传播经验，但往往还存在着营销职能不全、缺乏营销战略计划等情形的企业。这类企业要实施品牌管理，当务之急是建立一个强大的市场营销部门。除了销售部门外，营销部门要依赖大量的市场调研和商业分析从事新产品开发、包装设计、顾客服务、通路设计等。企业在不断完善营销职能、提高营销水平的过程中进行品牌管理。在当前环境下，迫切需要建立和完善数字营销职能，甚至成立独立的数字营销部门。

（三）品牌作为战略

这是品牌战略的高级阶段，或称理想阶段。这个阶段的核心特征是把公司战略与品牌战略融合起来，以建立品牌领导地位、提升品牌价值为目的进行全方位管理。这种模式适合我国基础管理良好的大型企业（集团），尤其是上市公司。这类企业比较强大，拥有竞争优势，在行业中排名靠前，正迈向或者已经国际化，追求更高、更长远的发展。它们有完善的营销管理职能以及各方面的营销专家，有明确的战略目标。在这一阶段，品牌管理人员处于企业的高层位置，或者直接由 CEO 负责品牌战略，往往建有一个专门的部门（委员会）或团队来负责品牌管理。它们的主要职责是把公司战略落实到品牌战略中，具体包括：制定品牌政策（包括品牌并购），建立品牌身份系统，导入并实施品牌导向，规划品牌架构和品牌系统，建立业务战略与品牌战略的关系，进行品牌审计、品牌战略性监控和品牌价值评估，等等。在品牌作为战略阶段，企业还需要认真研究公司治理、内部控制对品牌战略发展与价值变化的关系，特别需要重视大股东的动机、背景和情感如何在产品市场绩效对股东价值影响的过程中起到特别作用。

二、战略品牌管理架构

国家及各地政府部门也已经认识到企业品牌建设对经济发展的重要性，出台各种政策扶持和促进企业做好品牌建设工作。有相当一部分企业已走过了品牌建设的初级阶段，进入品牌综合提升阶段，但还有更多的企业期望在营销与管理的某个职能方面得到加强，如技术、质量、市场、渠道、传播、法律等方面。

事实上，在企业中，品牌的角色并非只限于市场或法律的某个职能范畴。“品牌”无处不在，每个部门、每位管理者、每位员工都对本公司的品牌表现产生影响，例如，财务部针对不同顾客推出柔性的支付方式，人力资源部调整薪酬方案激发员工的积极性，研发部开发产品的新功能，物流部门有效地改进送货的速度，这些不同职能部门的工作都会改善顾客最终对品牌的体验，进而提高顾客忠诚度，最终有助于提升企业的营业收入和资产回报率。

因此，企业品牌建设应具有全局性的战略地位，“品牌管理”应转变为“战略品牌管理”，即把品牌建设作为企业战略，确立品牌在企业管理中的领导地位，建立以品牌为中心的企业组织，实现品牌价值对于企业价值贡献的最大化。

笔者提出 3C 战略架构以指导我国企业开展规范、整体性的战略品牌管理工作。3C 战略架构是本书内容安排的核心组成，体现在相关的章节中。3C 战略架构把战略品牌管理的核心结构分为循环性的三大步骤——创立、建设和改善，每个步骤都有其特定内涵界定。作为对核心结构的扩展，还有两个方面十分重要：一是价值理念，由三个要素构成——承诺、创造和竞争；二是组织关系，也由三大要素构成——消费者、公司和合作联盟。具体见表 1 - 5。

表 1 - 5　战略品牌管理的 3C 架构

3C 构成	第一个 C	第二个 C	第三个 C
核心结构：战略步骤	创立（creating） ——创立品牌资产	建设（constructing） ——建设品牌资产	改善（changing） ——提升品牌资产
	• 建立品牌定位与价值 • 规划品牌身份系统 • 建立品牌使命和愿景 • 通过新产品规划品牌上市	• 塑造品牌形象和个性 • 全方位执行品牌定位 • 建设消费者品牌关系质量 • 建立协调一致的营销组合 • 维护品牌身份的一致性 • 建立品牌化模式和架构	• 保持品牌创新和新鲜感 • 不断改善营销组合 • 利用品牌杠杆进行品牌延伸 • 开拓新的细分市场 • 保持创新和传承的动态平衡 • 实现品牌全球化
延伸结构一：价值理念	承诺（commitment）	创造（creativity）	竞争（competition）
	• 给消费者明确的价值承诺 • 提供完整的品牌价值体系 • 维护品牌与消费者的关系	• 始终投入品牌智慧 • 产品和技术等不断创新 • 组织和管理创新 • 创造新的专属资产	• 以差异化建立品牌竞争优势 • 保持品牌独一无二的品质 • 不断扩大竞争范畴 • 维护品牌长期的竞争优势
延伸结构二：组织关系	消费者（consumer）	公司（corporation）	合作联盟（cooperation）
	• 洞察消费者的需求 • 跟踪目标市场的变化 • 管理顾客满意度 • 顾客数据库管理 • 建立高效消费者回应（ECR）系统	• 建立品牌领导地位 • 建立品牌管理制度 • 管理公司品牌 • 管理品牌系统结构 • 内部品牌化	• 建立与渠道的良好关系 • 发展与合作伙伴的战略关系 • 发展品牌平台化与平台品牌 • 与其他品牌的合作（跨国联盟）

三、战略品牌管理的步骤

战略品牌管理围绕不断提升和维护品牌资产进行，强调透过缜密的思考、严谨的分析以及整合性的规划，使品牌的价值日益扩大。战略品牌管理的步骤是创立、建设以及提升；提升的结果是对品牌资产的基础做出改进。因此，这三个战略步骤是循环往复的，分别对应于本书第 2 篇、第 3 篇、第 4 篇各章内容。

（一）创立品牌资产

创立品牌从建立品牌定位与价值、规划品牌身份系统开始。品牌身份系统不仅仅是创造符号，更是建立品牌核心价值和理念。从品牌的长期战略来看，品牌精神内涵是比视觉设计更长久、更令人崇拜的品牌生命要素。因为品牌代表着对消费者的意义与价值，是牵引消费者选择某一特定商品的原动力与驱动力。在消费者的认知里，品牌代表什么意义，其重要性超过该品牌能“做些什么”。这就是品牌不同于产品之处。

品牌身份系统确定了品牌未来的发展方向，唯有如此，才能让品牌具有长久优势。品牌身份系统也使得所有的公司人员对品牌产生共识，维护品牌的核心价值。建立品牌使命和愿景就是为了更好地贯彻这一点。确定品牌愿景要考虑品牌是什么，品牌的机会在哪里，品牌要如何发展即如何投资，品牌建立的时间长度等。

创立品牌不仅仅是为产品取个好听的名字。它需要一个完整的营销组合设计，以卓越的产品为基础，首次代表品牌推向市场的新产品尤为重要。

（二）建设品牌资产

品牌建设阶段的任务是累积品牌资产，其重要的实现路径和方法是根据企业级品牌战略理论（详见第 2 章第 4 节），在企业整体层面上把品牌的逻辑和手段渗透到经营管理和发展的所有环节与过程中，通过企业的管理系统和基础系统的协调开展，支持并执行品牌定位和价值；通过运用整合营销传播工具以及全方位管理与顾客的接触点，塑造品牌形象和品牌体验，驱动品牌资产。在这个阶段，有两大核心的任务：执行品牌定位与塑造品牌个性。

品牌定位决定品牌的市场价值位置，它体现品牌身份，积极地传播品牌形象。而品牌个性使消费者对品牌产生认同和崇拜，深深地影响与消费者的互动关系。有关调查显示，消费者选择某一产品而非另一个产品的原因在于，消费者更多的是在购买品牌的个性，而不是产品本身。个性处于发展之中，但要循序渐进。

（三）提升品牌资产

达尔文揭示动物世界里的进化论“物竞天择，适者生存”同样也可以解释商品市场中的“优胜劣汰”机制。为了品牌的持续发展，品牌要不断“提升”。这是一个综合的概念。品牌必须保持新鲜感与时代感，特别是随着时间的推移，销售的增幅变缓，产品逐渐丧失了优势，这时需要企业寻找新的利益点，需要研究和开发的支持。具体路径是产品、技术和商业模式不断创新，包装不断更新，传播和创意不断求新。

提升还包括不断开发新的细分市场，包括国际市场和全球市场。为了实现这些目标，品牌显然要不断进步和发展。在不断提升的同时，还要维护品牌的核心价值。无论是产品和技术的创新、包装的更新还是传播和创意的求新均要集中力量，持续耕耘，让品牌资源效应发挥至极大。

四、战略品牌管理的理念

在实施品牌战略过程中，要牢牢记住战略品牌管理的理念。它有三大本质要求，分别是承诺、创造和竞争。如何有效地坚持贯彻这三大价值理念，关系到战略品牌管理的成败。

（一）承诺

品牌的承诺建立起品牌与消费者的契约关系。承诺能让品牌进入消费者心扉，并被偏爱、珍爱。要做到这一点，品牌必须是温馨的、关心的、聪明的与贴心的。

承诺不是一句口号，而是一个完整的价值体系。创建品牌等于向顾客承诺提供其能感受到的特殊产品价值，例如更好的产品、更方便的包装、更周到的服务等。成功的品牌实际上是从选择原材料到为顾客提供最后服务的一个商业体系——消费者乐于购买的是这样一个完整的体系，而不仅仅是零售商货架上陈列的东西。不变的承诺是维护品牌与消费者长久关系的坚实基础。

（二）创造

管理大师彼得·德鲁克（Peter F. Drucker）认为，工商企业有且只有两项基本职能：市场营销和创新。市场营销和创新产生出经济成果，其余的一切都是“成本”。战略品牌管理要以创造力为基础，不断为品牌注入创新智慧，以企业创新支撑品牌发展。本书强调系统创新，详见第 6 章第 4 节。

在营销方面，创新智慧体现在产品、传播和通路等具体的执行上。在产品上不断“造”新，在传播上不断“翻”新，在通路上不断“展”新，使品牌呈现出一派欣欣向荣的景象，在迎合消费者日益求新的过程中，实现创新智慧的价值。因此，作为品牌管理者，要适时适地“推陈出新”，方能维护和提升品牌价值。

（三）竞争

没有竞争，就不需要品牌。品牌是竞争的工具，品牌战略要始终坚持竞争导向。品牌创造价值，必须是较竞争者有更多的优势，而且该优势还要能够长期保持下去。

坚持竞争的价值导向，必须使品牌具有独特性和优越性。独特性是竞争对手不能模仿的资源，这样可以减少竞争威胁，更可持续不断地获利，否则只能成功一时。优越性从品牌与竞争对手的比较中得出。当衡量自己公司的资源时，主管易犯的最大错误往往是没有与竞争者比较，清点核心竞争力时像在做一场“感觉真好”的游戏。很多公司主管在衡量核心竞争力时，往往仅凭直觉而缺乏严密细致的分析，以致无法得到正确的答案。在一个不断变革的世界里，品牌必须不断扩大竞争的范畴，锻造自身更强的竞争力。

五、战略品牌管理的组织关系

在战略品牌管理的整体架构中，有三大组织关系要素：消费者、公司和合作联盟。如何有效地对之组织和管理，关系到战略品牌管理的成效。本书第5章、第6章和第7章的安排即是体现这个组织关系逻辑。

（一）消费者

通俗地讲，品牌资产就是消费者与品牌的关系。品牌的竞争力来自消费者的支持、肯定与欣赏。唯有和顾客建立长久而亲密的关系，才能掌握持久优势。因此，在创造品牌价值的时候，应该把消费者当作战略的核心，经常与消费者保持接触，展开调查，洞察消费者需求的变化。

消费者处于松散的状态，但对于品牌管理者来说，消费者具有明确的轮廓和画像。对消费者管理的状态直接关系到品牌的市场地位。在越来越大的市场竞争压力下，品牌要生存和发展就必须随时对多变的市场状况与问题做出快速、准确的对策。因此，战略品牌管理要通过在线环境和技术，建设发展顾客数据库，建立高效消费者回应系统，从而更好地管理顾客满意度。

（二）公司

公司是品牌战略的主体。品牌战略需要企业在组织上予以保证，设立品牌管理系统。每个品牌由一位品牌经理负责，并配备品牌工作团队，全面负责品牌管理的各项工作，如制定品牌的各项计划，负责组织产品的设计开发、市场（特别是竞争对手）调查，协调生产、储存、原料采购、产品销售和售后服务等。

在传统的经营组织模式下，各职能部门各司其职，这给品牌发展带来很大的障碍。解决之道是树立“全方位品牌管理”理念，把品牌战略与业务流程紧密联系起来。营销、业务、财务，甚至后勤和人事等，彼此间形成网状组织，共同接受战略品牌管理训练，在“品牌即企业”共同理念下，使品牌目标得以全方位落实。所有的经营流程都应以品牌战略为中心，有机、协调地运转。每一个职能部门应该清楚地认识到自己在支持品牌战略的整体经营流程中起何种作用。当品牌工作团队里的每一个人都能不断提升、带进并聚合与品牌相关的知识、智慧和经验时，品牌自然会富有竞争力，变为强势品牌。

（三）合作联盟

战略品牌管理除了公司主体和消费者客体外，还有许多合作单位参与其中。与合作单位的关系状态，影响到品牌决策的效力。通常，品牌建设和发展要与渠道商、传播代理商（也包括品牌顾问公司等）、其他品牌和跨国联盟等建立关系。

在数字化环境下，传统企业要积极创立数字化交互平台，实现数字化转型。数字化交互平台已有丰富的存在形式，比如手机下载使用的应用程序。这种产品被赋予特定名称，从而拥有特定的品牌身份，即以品牌的方式开展服务，我们称之为平台服务品牌，比如招商银行信用卡的手机应用程序是“掌上生活”，浦发银行信用卡的手机应用程序是“浦大喜奔”，从而在同行公司之间展开了同类服务产品之间的竞争。由于平台的基本特性是资源的连接器，因而平台如何组织资源并有效提供给顾客，成为竞争优势的焦点所在。

不论是纯数字化企业，还是传统企业，构建数字化交互平台都是企业提高利润、提升顾客体验、创造竞争优势的有力手段。传统企业应当把握顾客经营和能力建设两大关键点，优化数字化新模式和新功能的使用体验。这就要求企业在通过建立平台吸引多边参与者的过程中，设立更加健全的机制调动供应方的积极性，同时转变竞争思路，将与其他企业的竞争性关系逐步转变为合作共生的关系，以丰富构成生态圈的业务模式和商家资源，完善数字化交互平台的功能，实现数字化转型。

品牌科学 1-1

品牌与国家的联结

国家品牌战略研究中心的研究表明，品牌与国家之间存在相互影响的关系。国家资产为该国的商业品牌带来无形资产，强大的商业品牌群体反过来也正面影响他国人士对该国国家形象的印象和评价。

我们的一项研究（何佳讯、朱良杰和黄海洋，2017）以英美发达市场消费者为数据，探究中国国家形象对“中国制造”的影响机制和对国家形象产生作用的条件。我们通过两项实证研究，结论如下：

第一，中国国家形象对“中国制造”的评价和购买意愿的作用机制是：中国国家宏观技术形象和经济形象直接影响微观国家形象，进而对“中国制造”的评价和购买意愿产生正向作用。同时，对“中国制造”的评价正向促进了消费者的购买意愿。而中国国家宏观政治形象并不能直接影响微观国家形象并对“中国制造”的评价和购买意愿产生影响。研究结论具有跨国的稳定性，在英、美两个发达国家的消费者样本中都得到了验证。

第二，中国国家形象对“中国制造”的评价和购买意愿产生作用的影响条件是：国家认同负向调节了微观国家形象对“中国制造”的评价和购买意愿的影响，即消费者对其自身国家的认同水平越高，微观国家形象对“中国制造”的评价和购买意愿的影响就越低。而价值意识正向调节“中国制造”的评价对购买意愿的影响，即高价值意识会促进消费者的购买意愿。

我们的另一项研究（何佳讯、黄海洋和何盈，2020）以中国为新兴市场的品牌全球化为基本背景，从商业品牌资产角度探究全球品牌资产对国家品牌形象的影响及其在消费者品牌态度上的溢出效应。

实证结果表明，感知品牌全球性正向影响品牌感知质量、品牌声望和品牌知识，并由此进一步影响整体国家形象、产品国家形象和类别国家形象。此外，相对于整体国家形象和产品国家形象，类别国家形象产生更大的溢出效应，影响消费者对产品品类内的品牌态度，并进一步影响产品品类外的品牌态度。总体上，上述发现在理论上构建起产品品牌资产影响国家品牌资产的逆向影响路径及溢出效应，在实践上为中国企业在国家品牌战略背景下推进品牌全球化战略，以及中国政府以商业路径提升国家品牌形象提供了战略指引。

我们建立了品牌与国家联结的理论框架，也对国家品牌资产构念进行了新的建构（何佳讯、吴漪，2020；He，Wang，and Wu，2021），提出并论证国家品牌资产构念在整体上按宏观、中观和微观三个层面有三种视角的相应界定，即独立的国家品牌资产、与产品/品牌关联的国家品牌资产，以及融入品牌资产中的国家品牌资产。基于该构念框架，国家品牌资产存在不同的测量方法及作用结果。

参考文献：何佳讯，黄海洋，何盈，2020. 品牌全球化、国家品牌形象与产品品类内外溢出效应. 华东师范大学学报（哲学社会科学版），52（6）：162-176；何佳讯，吴漪，2020. 国家品牌资产：构念架构及相关研究述评. 外国经济与管理，42（5）：3-16；何佳讯，朱良杰，黄海洋，2017. 国家形象战略的有效性：国家形象如何影响"中国制造"的态度评价？：基于英美消费者的角度. 华东师范大学学报（哲学社会科学版），49（5）：124-135；He J X，Wang C L，Wu Y，2021. Building the Connection between Nation and Commercial Brand：An Integrative Review and Future Research Directions.International Marketing Review，38（1）：19-35.

品牌实践 1-1 从"德国制造"到"工业 4.0"

德国，一个人口不足 9 000 万，国土面积仅为 36 万平方公里的国家，却拥有 2 300 多个享誉全球的品牌，在世界范围内拥有良好的国家形象。一谈起德国企业，人们就会联想到奔驰、宝马、大众和西门子等世界级知名品牌，大到汽车，小到一颗螺丝钉，德国高品质的产品和服务早已深入人心。德国产品是世界上公认的质量最过硬的产品，"德国制造"已成为精准、可靠、高品质的代名词，融入了"工匠精神"的"德国制造"也已成为德国对外形象的重要名片。然而早在 19 世纪，德国还处于从农业经济向工业革命转型的时代，以偷学技术和仿造产品为主，当时的德国产品质量低劣，价格低廉。英国为了保护本国市场，甚至在 1887 年修改了《商标法》，要求所有出口进入英国的德国产品必须注明"德国制造"，加上第二次世界大战刚结束时留下的负面影响，"德国制造"曾一度被看作一个带有侮辱色彩的标志。那么，从一个农业国到工业强国，德国是如何成功转型的？"德国品牌"又是怎样造就的？

第二次工业革命以来，刚实现统一的德国全力投身于工业建设中，"德国制造"作为这一期间的国家品牌其实是一个落后的标识。但德国很快意识到了"德国制造"对于德国国家品牌建设的重要性，通过不断加强德国制造的产品及服务的质量，摸索出了构建"德国制造"的国家品牌之路。19 世纪，德国明确提出"理论与实践结合"的国家战略，重新整合资本与劳动力，将世界一流的科学家、工程师和技术工人聚集在一起，基于德国雄厚的科研基础，重点发展应用科学，为德国的工业经济带来突破性、跳跃式的提升。2008 年金融危机之后，主要发达国家开始重新重视制造业以寻找促进经济增长的新出路，欧盟整体上开始加大制造业科技创新扶持力度，在德国总理默克尔的领导下，德国大力发展机械、汽车、化工、电气等先进制造业，重视实业而非虚拟经济。从数据上可以看出，2008 年以来制造业在美国、德国 GDP 中的占比正在明显提升，到 2010 年德国制造业对国内生产总值的贡献达到了 20%[①]。2009—2012 年欧洲深陷债务危机，德国经济却依然坚挺不受影响，其增长动力正是来自德国基础产业——制造业所维持的国际竞争力，制造业成为德国工业增长的关键因素。

德国制造业的强势并非仅仅体现在奔驰、宝马和西门子这样的知名国际化大企业身上，其实力的集聚实际来自分布在各行业领域的“隐形冠军”——中小企业身上。中小企业占到了德国企业总数的 99%，遍布化工、医疗技术、电子设备和专用设备等各个领域，被称为“散落在德国各地的珍珠”，一般较少被公众和媒体熟知，正是这些技术创新走在同行前沿的“隐形冠军”成为德国经济发展和品牌成功的坚实基础，成为“德国制造”的灵魂。他们通常将业务聚焦在非常专业的细分领域，瞄准利基市场，采用精准定位，高度重视产品的核心质量和价值，追求精益求精，将“完美”和“执着”的德国“工匠精神”注入企业的生产经营活动中。此外，他们还非常重视研发与创新，拥有多项专利，提供“专有技术”，技术人员与研发人员比例较高。他们的成功和源源不断的创新动力与德国政府在国家战略方面的高度重视及一以贯之的特别支持密切相关。2008 年 7 月，德国公布了中小企业创新核心计划，到 2010 年底资助的经费达到 3 亿欧元；德国成立了“联邦高科技和创业园区协会”，专门负责园区建设工作，为中小企业提供服务；德国为中小企业创新提供制度保障，从中央到地方建立相关的帮扶制度[②]。尽管这些企业大多名气不大，却在各行各业中独具特色，富有活力。上百年来德国产品的优质使德国经济持续保持全球领先地位，造就了人们对这个国家的整体印象。

随着新一轮工业革命的孕育兴起，移动互联网、云计算、大数据、物联网等与现代制造业逐步结合，万物互联为制造业带来了“工业 4.0”。为继续保持“德国制造”的国际竞争优势，“工业 4.0”成为德国对于先进制造业发展方向和升级路径的最新决策。所谓“工业 4.0”，是以智能制造为主导的第四次工业革命，旨在通过深度应用信息技术和互联网、物联网，引导制造业向智能化转型。德国“工业 4.0”战略从酝酿到出台主要经历了六个关键阶段：2010 年 7 月，德国政府发布《德国 2020 高技术战略》，并重点推出 11 项德国未来发展的项目，其中一项就是要支持工业领域中制造技术的革命性研发和创新。2011 年 1 月在德国科学-产业经济研究联盟的倡导下，德国开始研究 11 项未来项目中的未来制造业。2012 年德国政府发布“《德国 2020 高技术战略》行动计划”，将 11 项未来项目缩减为 10 项，“工业 4.0”一词首次出现，并计划投资 2 亿欧元。随后，德国科学-产业经济研究联盟联合德国国家科学与工程院着手制定“工业 4.0”发展战略。2013 年 4 月，德国政府在汉诺威工业博览会上正式发布“工业 4.0”发展战略，激起了制造领域技术革命的新一轮浪潮，引起世界各国的高度重视与关注，并宣布由 VDMA、BITKOM、ZVEI[③] 等机构组成秘书处，共同组建“工业 4.0”平台。紧接着，2014 年 4 月“工业 4.0”实施计划于“工业 4.0”平台发布，从平台发布的文件内容来看，德国“工业 4.0”战略的核心之一就是提供高品质的产品和服务。在战略实施成效上，据媒体报道，

① 数据来源于联合国国民核算主要总量数据库。

② 孙新．德国政府怎样“力挺”中小企业．理论导报，2016（7）．

③ VDMA，德国机械设备制造业联合会；BITKOM，德国信息产业、电信和新媒体协会；ZVEI，德国电子电气制造商协会。

西门子总裁乔·凯飒（Joe Kaeser）正在带领公司进行一场“工业 4.0”变革，他认为“过去，我们要做的是贴近客户，现在更多的是要能够满足客户的需求，比如说在医疗领域和能源领域，价值链有了进一步的变化，在这种情况下必须要改变方法以满足客户的需求”①。思爱普（SAP）全球高级副总裁、全球研发网络总裁柯曼（Clas Neumann）认为，在“工业 4.0”里，所有的事情都数字化了。每个产品都有自己的独立识别码，企业可以突破地理空间的限制，实现远程操作与服务，在生产过程中，企业也能够实现更好的能源管理和弹性生产。德国工程师协会（VDI）中负责“工业 4.0”推广工作的达格玛·德祖斯（Dagmar Dirzus）女士表示，德国 GDP 的 1/4 依赖制造业，要通过推动“工业 4.0”尽早实现大规模定制。

“德国制造”的国家品牌形象源于德国对技术和创新的追崇，而德国“工业 4.0”是德国政府的战略支柱，是制造业强国在新的竞争环境和时代背景下的战略抉择。其在战略制定和促进政策的设计上立足于自身优势、目标明确、措施务实、发展路径清晰。主要期望便是继续领跑全球制造业，保持德国制造业的全球竞争力，进一步强化与提升“德国制造”国家品牌形象。

资料来源：何佳讯．品牌的逻辑．北京：机械工业出版社，2017：186-189.

思考与讨论

1. 在品牌概念理解的演进中，品牌所具有的不同功能之间的关系是什么？
2. 对于品牌与国家之间的联结，请列举实践中的例子加以讨论。
3. 品牌化原理由哪五大方面组成？对于初创公司，你认为最重要的方面是什么？
4. 产品成分可以品牌化吗？有哪些成功的例子？总结它们的实践方法。
5. 什么是战略品牌管理？它与通常的品牌管理有何区别？与品牌战略的关系又是怎样的？

① 德国企业怎么看工业 4.0．中国经济网，2015-07-07.

第 2 章

品牌理论流派与新理论

在第 1 章中，我们介绍了品牌的定义和概念演进、品牌化的基本原理，以及战略品牌管理的定义和架构。在此基础上，本章集中阐述品牌与品牌化的理论流派与笔者提出的新理论。笔者建立了分析理论流派的维度，即企业取向与顾客取向，并在企业与顾客兼顾的基础上，提出并具体介绍企业与顾客协同战略这一新理论。

市场营销界的学者为品牌理论建立和发展做出了最为重要的贡献。但是，从品牌、品牌化与品牌战略是商业逻辑和实践的制高点看，品牌理论发展需要有整合性的高度。在本书中，笔者把品牌与品牌化视为管理的理论，而非仅是市场营销的理论。企业与顾客协同战略这一新理论呼应了这样的思想。

第 1 节　品牌化的理论视角 *

在上一章中，笔者已提出品牌化的定义，即它是营销实体在消费者心目中建立品牌资产的过程。品牌化已成为成功企业不可或缺的工作，它是包括公司资源和所有职能在内的总过程中的核心要务，旨在将一切行动统筹于在顾客和利益相关者心中建立品牌的目标。品牌化的结果是在顾客心中开设一个“账户”，管理和营销人员依靠各种手段和路径在“账户”里存入有关产品或服务的各种资产，顾客借由品牌信息的吸收和产品使用经验，在“账户”里存入对产品价值的判断和对品牌的认知，形成所谓的“品牌资产”。

一、整体理论版图

品牌（brand）与品牌化（branding）的关系，正如市场（market）与市场营销（marketing）

* 本节内容及相关引用出处，请参见：何佳讯．品牌与品牌化研究的取向、格局及趋势 // 何佳讯．长期品牌管理．上海：格致出版社，2016.

的关系一样。通常认为，品牌化属于市场营销的范畴，但事实上，品牌和品牌化工作涉及企业层面的所有运营和管理。品牌化不单单是起个名字或是为产品或服务留下一个组织印象的外在标记，它是囊括公司资源和所有职能在内的总过程中的最高目标，即集中所有行动于一个战略目标：创立独特价值。

笔者提出，品牌与品牌化理论研究有两个对应的取向①。如果画一个坐标轴，那么向左走是企业（战略）角度，由卡普费雷尔（Jean-Noël Kapferer）教授建立并主张；向右走是顾客角度，由凯勒（Kevin Lane Keller）教授确立并主导。在这个坐标轴的中间，则是企业与顾客兼顾，由戴维·阿克（David A. Aaker）教授开创并坚持。这三种理论视角构成了完整的版图，蕴含了品牌创建与品牌资产测量的实践逻辑，十分重要。综合理解三者有助于我们理解品牌与品牌化理论视角的全貌。三种理论视角的基本比较见表 2－1。

需要指出的是，两种理论视角取向和三种理论视角并无取代关系，而是存在叠加状态，在不同场合和情境下，相应的理论视角发挥更大的作用。相对而言，企业与顾客兼顾的理论视角存在更大的适用范围，在新的宏观环境下具有更优的发展和应用趋势，在中国这样的新兴市场和特定的品牌发展阶段尤其需要。

表 2－1　品牌与品牌化研究的三大理论视角

比较项	企业取向	企业与顾客兼顾	顾客取向
奠基人	卡普费雷尔	戴维·阿克	凯勒
开创之作	《战略品牌管理：创建和评估品牌资产的新方法》（1992）	《管理品牌资产》（1991）	《基于顾客的品牌资产的概念化、测量和管理》（1993）
核心构念	品牌身份	品牌资产＋品牌身份	基于顾客的品牌资产
对品牌的理解	“品牌是条件性资产”（即品牌是产品加上产品之外的附加值）	企业战略之脸（A brand is the face of a business strategy）（2014）	品牌知识导致顾客对营销活动的差异化反应（即品牌是产品之外的附加值）
核心管理模型	品牌身份棱镜（1992）	品牌资产（1991） 品牌身份规划模型（1996a）	品牌规划模型（包括：品牌定位模型、品牌共鸣模型、品牌价值链模型）（2013）
品牌战略制定的起点	品牌身份	战略品牌分析	品牌定位
品牌建立范式的侧重点	自上而下建立品牌	自上而下建立品牌	自下而上建立品牌
品牌资产测量的视角	财务角度	顾客与财务联合的角度；市场角度	顾客角度

① 笔者提出企业取向和顾客取向的理论视角，已被学界接受和引用（例见：蒋廉雄．数字化时代建立领导品牌．北京：社会科学文献出版社，2020；卢泰宏．品牌思想简史．北京：机械工业出版社，2020.）。四年后，西方学者也提出类似的角度，参见 Swaminathan V，Sorescu A，Steenkamp J B，et al. Branding in a Hyperconnected World：Refocusing Theories and Rethinking Boundaries. Journal of Marketing，2020，84（2）：24–46。

续表

比较项	企业取向	企业与顾客兼顾	顾客取向
派生的理论流派	• 品牌导向（Urde，1999；Urde，Baumgarth，and Merrilees，2013） • 基于企业内部视角的品牌管理（布曼，王煦逸，哈拉斯佐维奇，2015） • 基于雇员的品牌资产（Tavassoli，Sorescu，and Chandy，2014）	• 信息经济学视角（Erdem and Swait，1998） • 品牌资产的财务价值（Aaker and Robert，1994；Mizik and Jacobson，2008；Mizik，2014） • 利益相关者聚焦的品牌逻辑（Merz，He，and Vargo，2009） • 基于雇员的品牌资产（Tavassoli，Sorescu，and Chandy，2014） • 全球品牌（Steenkamp，2014） • 品牌价值共创（Ramaswamy and Ozcan，2015）	• 消费者-品牌关系（Fournier，1994） • 品牌个性（Aaker，1997） • 品牌社群（Muniz and O'Guinn，2001） • 文化品牌化（Holt，2004） • 品牌体验（Brakus，Schmitt，and Zarantonello，2009） • 品牌依恋（Park et al.，2010） • 品牌之爱（Batra，Ahuvia，and Bagozzi，2012） • 品牌价值观（Torelli et al.，2012）

资料来源：何佳讯．品牌与品牌化研究的取向、格局及趋势 // 何佳讯．长期品牌管理．上海：格致出版社，2016.

二、企业取向的理论视角

卡普费雷尔出版了世界上第一本《战略品牌管理》（*Strategic Brand Management*）教科书。他在《战略品牌管理》第一版（1992）和第二版（1995）的序言中指出，品牌化不应该是一种战术性决策，即在营销过程的最后，通过像广告、包装之类的传播建立品牌；也不是一开始所关注的品牌名称、标识、设计等事情。“真正的品牌管理，无论如何，在很早阶段就以一种战略和一个持续一致的愿景开始了。”“它的中心概念是品牌身份（brand identity）[①]，而不是品牌形象。”因此，卡普费雷尔在建立战略品牌管理的逻辑体系时，是由品牌身份开始的。他用数章篇幅介绍品牌身份的概念、构面和来源，以及如何随时间因素管理品牌身份的一致性和变化。需要指出的是，在卡普费雷尔的理论中，品牌身份首先不是那些设计性的识别元素，而是帮助确定产品来源的意义和方向，在时间和空间上定义产品的身份。

时隔十年后，卡普费雷尔推出《战略品牌管理》第三版（2004）。他在序言中坦言，第三版反映了自己思想的演进，核心是把品牌和公司业务整合起来。品牌是业务盈利增长的工具——品牌建立的目的即为此。因此，企业战略和品牌战略之间的相互关系需要强调，这是公司运作的方式。卡普费雷尔指出，关键要记住的是，无论一个品牌的形象与知名度如何，如果无法为公司产生额外的现金流，那就没有价值。在该书第四版

① “brand identity”常被翻译为“品牌识别”。为了更好地体现其理论思想，本书中译为“品牌身份”，但视不同场合的需要，使用两种不同的翻译。

（2008）的前言中，卡普费雷尔指出，要把品牌看作战略性资产。战略的目的是建立持续性竞争优势，品牌则是非常少数的实现方式之一。在该书第五版（2012）的序言中，卡普费雷尔一开始就直接指明该书的独创性：它是企业取向的，与其他任何品牌管理书籍都不同。卡普费雷尔认为，品牌是一种条件性资产（conditional asset）——它以产品的存在为前提，离开了产品，品牌的价值就无法实现。因此，我们可以简单地概括为：在卡普费雷尔的逻辑中，品牌是产品加上产品之外的附加值。

纵观卡普费雷尔的理论体系，可以看出他强调的一些要点，包括：品牌组合投资（brand portfolios）、产品与品牌的关系、品牌与商业模式、品牌的财务评估与会计等。这些都是企业取向的品牌管理所需要重视的内容。

三、顾客取向的理论视角

与卡普费雷尔的企业（战略）角度对应的另外一个取向即是顾客角度。这个角度强调品牌价值的来源是消费者对品牌的认知、情感和态度。它解释了为什么在产品同质化的情况下，不同品牌的产品具有不同的溢价水平。事实上，在很多情况下，品牌的无形资产价值部分要远高于有形资产价值部分。这就是为什么在 20 世纪 80 年代后期开始的西方公司兼并收购浪潮中，收购方愿意支付账面值的数倍价钱来购买公司——其看中的是公司所拥有的品牌价值，但其并不体现在资产负债表中。例如，1988 年，瑞士雀巢食品公司以总额 10 亿多美元买下了英国罗特里（Rowntree）公司，收购价是其财务账面总值的 6 倍。雀巢公司因此获得了罗特里公司的宝路（Polo）、奇巧（KitKat）和八点以后（After Eight）等产品品牌[①]。

在这样的背景下，学者们开始研究品牌价值以及品牌价值的来源，其核心概念便是品牌资产（brand equity）。1988 年，美国营销科学研究院（MSI）召开关于品牌资产[②]主题的会议，并把品牌资产列为优先研究课题，推动了学术界对此问题的研究[③]。在此后的十多年间，“品牌资产”成为影响营销界最有震撼力的概念之一[④]，并成为营销学的核心构念和理论。1989 年，法夸尔（Farquhar）发表题为《管理品牌资产》（*Managing Brand Equity*）的重要文章，他在开篇就指出，品牌资产是一个品牌赋予产品的“附加值”[⑤]。

凯勒（Keller，1993）建立了顾客角度的品牌理论体系。他提出“基于顾客的品牌资产”（customer-based brand equity，CBBE）构念，定义为由品牌知识（brand knowledge）引起的消费者对品牌营销的不同反应。一个品牌可能拥有正面或负面的品牌资产，这取决于相比没有标明品牌（或标注虚拟品牌）的产品或服务，消费者对拥有品牌的产品或服

---

① 何佳讯．品牌形象策划：透视品牌经营．上海：复旦大学出版社，2000：103-104.

② “品牌资产”的英文是 brand equity，国内也有学者译为品牌权益，但在更多的情况下使用“品牌资产”的译法。

③ 直至 20 世纪 70 年代末，研究者主要对产品和品牌产生的整体效果感兴趣，他们一般不把产品对消费者产生的效果和品牌对消费者产生的效果区分开来。因此，我们可以认为 1979 年斯里尼瓦桑（Srinivasan）所写的论文是品牌资产研究的奠基性作品之一，该文证明品牌具有独立于产品之外的自身附加价值（效用）(Jourdan，2002）。

④ 多个期刊曾辟专辑讨论，如 *International Journal of Research in Marketing* 1993 年第 1 期，*Journal of Marketing Research* 1994 年第 5 期和 1995 年第 2 期，*Journal of Consumer Marketing* 1995 年第 4 期。

⑤ Farquhar P H. Managing Brand Equity. Marketing Research，1989（9）：24-33.

务具有积极还是消极的反应。品牌知识由品牌意识（分为品牌再认和品牌回忆）和品牌形象（一系列独特、强烈和令人喜爱的品牌联想）组成，在基于顾客的品牌资产的定义中处于核心地位。只有消费者意识到某个品牌并且在记忆中对之形成喜爱、强烈、独特的品牌联想时，我们才说该品牌具有基于顾客的品牌资产。

有意思的是，尽管凯勒对品牌理论的取向是彻底的顾客角度，但他的教材取了与卡普费雷尔著作相同的书名《战略品牌管理》，只是副标题不同[①]。凯勒的理论体系，非常强调如何设计与实施品牌营销项目（包括品牌元素、营销组合、营销传播、次级联想杠杆等）以建立品牌资产（品牌附加值）。对于品牌资产测量方法，凯勒把品牌资产的来源与结果区分开来，我们可以很清楚地看到基于顾客认知的品牌原动力。

四、企业与顾客视角的兼顾

与卡普费雷尔的企业取向和凯勒的顾客取向不同的是，阿克对品牌理论的研究结合了企业和顾客两种取向。在向左走是企业（战略）取向、向右走是顾客取向的坐标轴上，阿克的研究似乎处在中间，兼容了两个理论视角，其核心构念同时包括品牌资产（Aaker，1991）和品牌身份（Aaker，1996a）。

在阿克的第一本代表作《管理品牌资产》（*Managing Brand Equity*）一书中，他提出了对“品牌资产”的开创性定义：“品牌资产（权益）就是一组与一品牌的名字及符号相连的品牌资产（assets）与负债，它能增加或扣减某产品、服务所带给该企业或其顾客的价值。”品牌资产包括品牌忠诚度、品牌意识（知名度）、感知质量、品牌联想和其他专属性品牌资产五大方面，这些品牌资产为顾客和公司两方提供价值。从时间上看，阿克提出品牌资产理论早于凯勒提出“基于顾客的品牌资产”理论。

阿克在第二本代表作《创建强势品牌》（*Building Strong Brands*）中提出“品牌身份规划模型”，该模型以品牌身份系统为核心，包括核心识别和延伸识别，它们来源于产品、组织、人员与象征这四大方面。这个品牌身份模型与卡普费雷尔界定的品牌身份更为接近，即强调品牌内涵与意义的识别，而非外在表现元素的识别；而在凯勒的定义中，品牌身份是指整套品牌元素，强调外在形式上的识别。之后，阿克和乔基姆塞勒（Joachimsthaler）在《品牌领导》（*Brand Leadership*）一书中进一步明确了品牌的战略性地位，提出要把经典的品牌管理模式从战术性取向转变为战略管理取向，而这种转变需要把品牌身份作为品牌战略的基石，并以品牌架构、品牌建设方案、组织结构和过程等作为完整系统，保障实现品牌的领导地位。

阿克在 2004 年还专门出版了《品牌组合战略》（*Brand Portfolio Strategy*）。他在该书的前言中指出，成功的企业战略必须关注品牌组合战略。如果品牌组合战略模糊不清、不连贯，就会妨碍甚至破坏企业战略的实施。在品牌组合的目标中，阿克结合了顾客评价的因素。时隔七年后，阿克又出版了《品牌相关性》（*Brand Relevence*）一书。在该书中，阿克把企业取向和顾客取向很好地融合在一起——基于竞争战略的视角，又运用了

① 卡普费雷尔的奠基之作从第三版（2004）开始，把书名调整为《新战略品牌管理》（*The New Strategic Brand Management*）。

顾客认知评价的基本原理。该书的核心思想是，在品牌竞争中，可以不是通过让品牌的偏好程度超过竞争对手的方式赢得竞争，而是通过创立新的品类或子品类，让竞争对手变得不相关因而不被消费者所考虑的战略，彻底赢得竞争。2014 年，阿克出版了《阿克论品牌》(*Aaker on Branding*)，总结了 20 条驱动品牌成功的原则。这些原则是阿克以往著述的总结和提炼，综合了企业和顾客两大取向。

企业与顾客视角的兼顾视角关注品牌资产的财务价值。在阿克和雅各布森（Aaker and Jacobson，1994）进行开拓性研究后，米齐克和雅各布森（Mizik and Jacobson，2008）以及米齐克（Mizik，2014）分别研究了感知品牌属性的财务价值和品牌资产的整体财务绩效，证实了基于顾客心智集合的计量正向影响当前的财务绩效，并且品牌资产大部分作用于公司未来的而非当前的盈利能力①。

五、品牌资产理论

阿克是品牌资产理论的奠基人。品牌资产理论在后期所有理论流派和分支的发展中，具有基础性地位。在前面所述定义的基础上，他构建了品牌资产模型，包括品牌忠诚度（brand loyalty)、品牌知名度（brand awareness)、感知质量（perceived quality)、品牌联想（brand associations）和其他专属性品牌资产（other proprietary brand assets）②，见图 2 - 1。下面具体介绍。

品牌忠诚度反映了消费者与品牌关系的强度，是品牌资产的核心，可以作为评估品牌资产其他指标的根据。拥有忠诚的顾客，企业就建立了竞争壁垒，可以从容应对竞争对手的进攻，并能够维持适当的溢价，避免价格战。

品牌知名度指品牌为消费者所知晓的程度。知名度的强弱从消费者记忆品牌的不同程度反映出来，包括知道（我以前听过或看过这个品牌)、记得（我能够记得并说出这个品牌的产品)、最记得（这是该类产品中第一个让我想起的品牌）和完全被主导（在该类产品中我只知道这个品牌)。

品牌的感知质量指消费者在购买和使用产品或服务以后对其质量的实际感受。它是企业与消费者长期互动的结果，以产品的实际质量为基础，但与之不完全等同。因为消费者在购买和使用产品或服务以后，会根据自己的实际经验对其质量做出主观评判。

品牌联想是消费者从品牌中获得的印象。通常包括关于产品特征、原产国或地区、竞争者、产品的档次、消费者构成、生活方式、个性、消费者利益以及企业能力等方面的印象。消费者对不同品牌产生不同的联想，使品牌之间的差异得以显露。

其他专属性品牌资产指与品牌密切相关的、对品牌的竞争优势和增值能力有重大影响、不易准确归类的特殊资产，如商标、专利、专有技术和分销渠道等。

品牌资产的五个维度通常可以为顾客提供价值，如帮助顾客理解、处理并存储大量

---

① 有关这个领域的研究参见：Aaker D A，Jacobson R. The Financial Information Content of Perceived Quality. Journal of Marketing Research，1994，31（5）：191-201；Mizik N，Jacobson R. The Financial Value Impact of Perceptual Brand Attributs. Journal of Marketing Research，2008，45（1）：15-32；Mizik N. Assessing the Total Financial Performance Impact of Brand Equity with Limited Time-Series Data. Journal of Marketing Research，2014，51（6）：691-706。

② Aaker D A. Managing Brand Equity. New York：The Free Press，1991.

的产品信息和品牌信息；同时也能为企业创造价值。具体如图 2－1 所示。

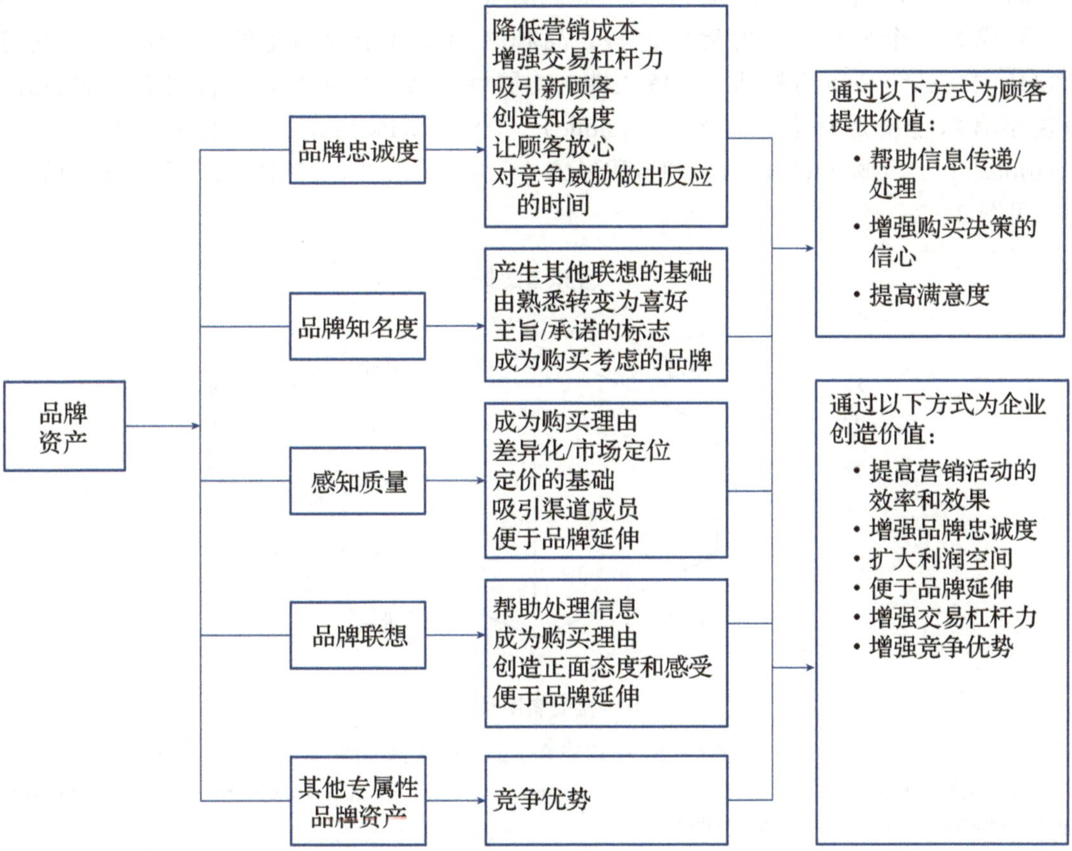

图 2－1　品牌资产如何产生价值

资料来源：Aaker D A. Managing Brand Equity. New York：The Free Press，1991.

第 2 节　企业视角的理论

顾客取向学派把品牌理解为产品之外的附加值，重在通过营销建立品牌；而企业取向学派则把品牌理解为产品价值加上产品之外的附加值，重在通过整体战略建立品牌。前者的代表性构念是"基于顾客的品牌资产"，后者的代表性构念是品牌身份。企业视角强调品牌导向。品牌导向是由内向外（inside-out）和身份驱动（identity-driven）的，它将品牌看成是企业和企业战略的中心；这与通常的市场导向不同，后者是由外向内（outside-in）和形象驱动（image-driven）的。

一、品牌身份理论

卡普费雷尔提出品牌身份模型。他认为，每一种市场的状况促成了与其相适应的概念和方法的产生。当产品不丰富时，简单地求助独特的销售主张（unique selling proposition, USP）[1] 就可以了。之后由于市场的变化，才又相继经历了形象、定位和品牌个性的时代。而现在，我们已经进入品牌身份的时代。

要成为一个强势品牌并得以保持，品牌必须忠诚于它的身份。身份概念的陈述必须建立在三个品质的基础上：持久性、协同性以及现实主义。卡普费雷尔的品牌身份模型有六个度量标准：体格（physique）、个性（personality）、文化（culture）、关系（relationship）、反映（reflection）和自我形象（self-image）[2]。它们构成一个品牌身份的棱镜，见图 2－2。

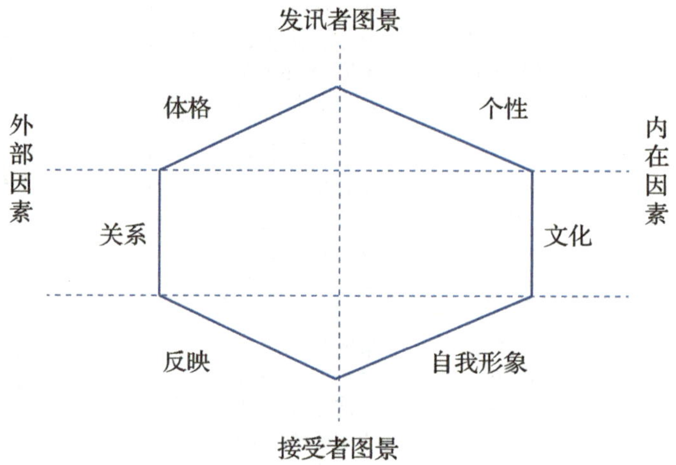

图 2－2　卡普费雷尔的品牌身份模型

资料来源：Kapferer J N. Strategic Brand Management：New Approaches to Creating and Evaluating Brand Equity. New York：The Free Press，1992.

（一）体格

体格是指品牌的功能和作用。但它比字面上的品牌有形特征宽广得多，它是品牌的基础和中心目的。

（二）个性

个性是指品牌所具有的拟人化的性格。品牌建筑在一个活生生的个性之上。这个要素自 20 世纪 70 年代以来在跨国广告公司中广泛使用。例如，葛瑞集团（GERY Group）将个性作为对品牌的定义，灵智整合行销传播集团（Euro-RSCG）将体格和个性作为所有品牌传播的两大基础，并认为是传播风格的来源。不过随着市场形势的新变化，跨国广告公司的这些做法又有了新的提升。

"个性"识别在具体运用中要注意可能发生的意义改变。例如，国际品牌常常使用名

① 独特的销售主张由罗瑟·瑞夫斯（Rosser Reeves）在 20 世纪 50 年代提出，指广告商应向消费者提出一个有说服力的、竞争者无法媲美的产品购买理由。即强调广告应该注重说什么（信息和诉求），而不是怎么说（创意或实施）。

② Kapferer J N. Strategic Brand Management：New Approaches to Creating and Evaluating Brand Equity. New York：The Free Press，1992.

人塑造个性，但名人有其自己的生活，因此需要约定一种尺度和象征的使用，以防止名人的行为与品牌战略的利益相抵触。这就是为什么香奈儿（CHANEL）要与名人签订合同，使其在私生活中遵循某些原则（如某种方式的着装或在特定饭店用餐等）。

（三）文化

品牌从每个产品中提炼出自己的文化。文化可以属于品牌本身，也可以属于拥有该品牌的母公司，这使得品牌和公司本身联系起来。文化在汽车品牌识别中担当着灵魂的角色，如梅赛德斯-奔驰就有其文化色彩非常浓厚的一面：卓越的技术和可靠性得到高度评价，而较为时髦的款式特点被视为浮华。每款奔驰车型的背后都渗透了设计师们的智慧和创意，同时又尊重“奔驰的传统”，哪怕是一个小小的细节改动都要从文化和理念上找到依据。可以说，外表庄重典雅的奔驰轿车包裹着激情澎湃的设计，只是释放时十分理智，如开启水闸的一丝缝隙，始终保持着“西装革履”的形象。可口可乐的过人之处在于它挖掘出根深蒂固的美国文化内涵，并可谓煞费苦心地把传统文化延续到现代。为了取悦青年人，它不惜背叛正式英语，大量使用各类俚语、俏皮话、涂鸦文体和变形文体。

文化与掌控品牌的外部符号（产品和传播）的基本原则相关联。文化不仅影响而且渗透于重要的品牌之中。

（四）关系

品牌是一种关系。它常常为人与人之间的无形交流提供良机，这在服务部门和零售商的品牌中尤为显著。企业已经认识到，在品牌和其使用者之间建立一种稳定的长期联系是健康和有益的。正如通用电气公司的前任董事长兼首席执行官杰克·韦尔奇（Jack Welch）所言：“当质量、品种、价格这些‘正式价值’已和竞争对手不相上下时，营销的着力点就在于建立品牌与顾客关系之‘非正式关系’。”通用电气推行的“亲情营销”策略就是在这一识别理念下的形象体现。

（五）反映

品牌反映了消费者的形象，即可以看出品牌所瞄准的消费者类型——但它没有必要和营销计划中描述的目标市场完全一致。因为很多“反映”只是一种愿望，种种愿望显示的是使用者愿意成为或所追求的那种类型。例如，广告大师奥格威曾经将穿哈撒威（Hathaway）衬衫的男人塑造成“独眼龙”——在阿拉曼（第二次世界大战战场）战场上受伤的英国上校，但这并不意味着其目标市场受众就是这类人。

（六）自我形象

它是对“反映”的一种内在看法。人们所购买的品牌在某种程度上反映他们对于自我的看法，即把品牌当作自我投射的载体。研究表明，购买法国鳄鱼（Lacoste）品牌的人会把自己看成是运动俱乐部的成员，即便他本身不是运动型的人（见图 2－3）；运动俱乐部并不存在种族、性别或年龄的差别。

这六个侧面构成一个有机的整体，即品牌身份的棱镜模型。这个模型结构强调了一个基本观点——品牌拥有发言权，即不进行传播，品牌就不能生存。但还是要强调：强势品牌必须拥有一种持久的、协同一致的身份要素。企业必须创造出这种具体而细微的品牌身份，在广度和深度上确保品牌的连续性，将该身份通过富有创意的沟通设计传达给目标消费者。

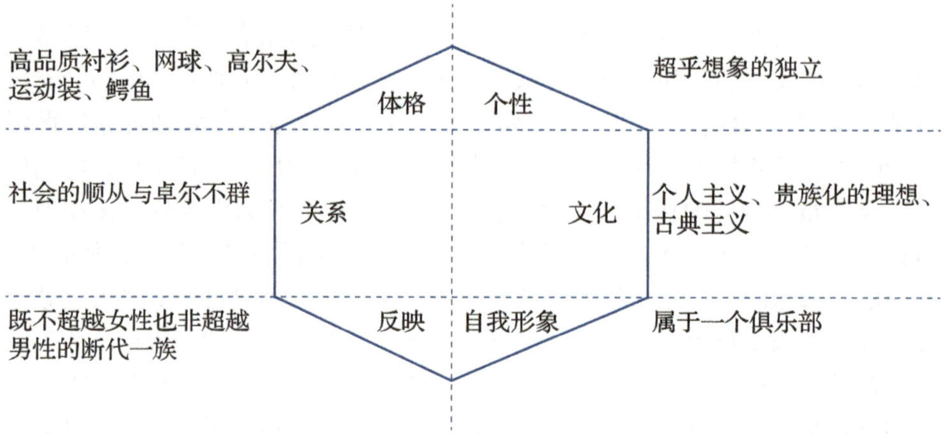

图 2－3 法国鳄鱼的品牌身份棱镜

资料来源：Kapferer J N. Strategic Brand Management：New Approaches to Creating and Evaluating Brand Equity. New York：The Free Press，1992.

二、品牌导向构念①

品牌导向是建立在品牌身份理论基础上的，进一步成为企业视角指导品牌行为的理论。品牌导向的概念最早由乌尔德（Urde，1994）提出，他认为品牌导向是企业面临产品差异性降低、媒体成本增加、市场整合威胁时的生存策略，并将其定义为一种方法，即“组织在与目标客户持续互动的过程中围绕品牌身份的创建、发展和保护，以实现品牌的持久竞争优势的一种方法”（Urde，1999）。王和马丽里（Wong and Merrilee，2005）的定义与乌尔德（Urde，1999）的行为视角观点相一致，指出品牌导向是指“企业营销战略和活动以品牌为中心的程度，这些活动反映了企业在其品牌构建的方法方面所采取的行动，品牌导向型企业将品牌作为业务决策和方向选择的依据，通过强调营销组合和人力资源的部署，从而传达给客户一个独特的品牌”。

相比之下，汉金森（Hankinson，2001）从理念视角出发，将品牌导向定义为“组织将自身视为品牌，以及接受品牌构建理论和实践的程度”。进一步地，汉金森（Hankinson，2012）指出，品牌导向的核心理念是，整个组织围绕品牌的核心价值重新定位。因此，品牌导向使品牌成为组织价值主张不可分割的一部分，并且是将品牌作为战略资产发展的核心。

考虑到上述单一视角的不足，部分学者综合了行为和理念两个视角来理解品牌导向

① 本部分内容及相关引用参见：何佳讯，葛佳烨. 企业高管如何影响品牌战略？——基于企业高管价值观与企业品牌导向关系的实证研究. 上海：华东师范大学，2020.

的内涵。尤因和纳波利（Ewing and Napoli，2005）将品牌导向定义为“在组织范围内产生和维持共享的品牌意义的过程，为利益相关者提供卓越价值，为组织提供卓越绩效”。该定义反映了组织对建立和维持强大品牌所需的内部和外部活动的关注，帮助组织和利益相关者建立共同的品牌知识，并实现强大品牌所能带来的利益。埃文斯等（Evans et al.，2012）将品牌导向定义为“组织在文化层面上接受品牌，并将其作为决策指南以指导品牌行为的程度”。具体而言，品牌导向是将关注品牌作为组织内文化变革的一部分，通过创造更注重品牌的文化使得所有部门朝着一个共同目标努力，以及将品牌充当指南并指导组织战略方向的能力。

总而言之，品牌导向是一种由内而外的，将品牌视为资源和身份表达的视角，强调将品牌视为战略思维和组织流程的核心（Urde，1999；Urde et al.，2013；Gromark and Melin，2011）。这种视角对组织如何感知、优先排序、组织、开发和保护其资源基础产生影响。原则上，品牌导向应优于客户需求，这对市场导向理论中“实施响应客户需求的战略”“客户永远是对的”“品牌成为企业对客户需求的无条件反应”提出了挑战（Noble et al.，2002；Urde，1999）。品牌导向与市场导向存在的区别，在图 2－4 中很清楚地反映出来。

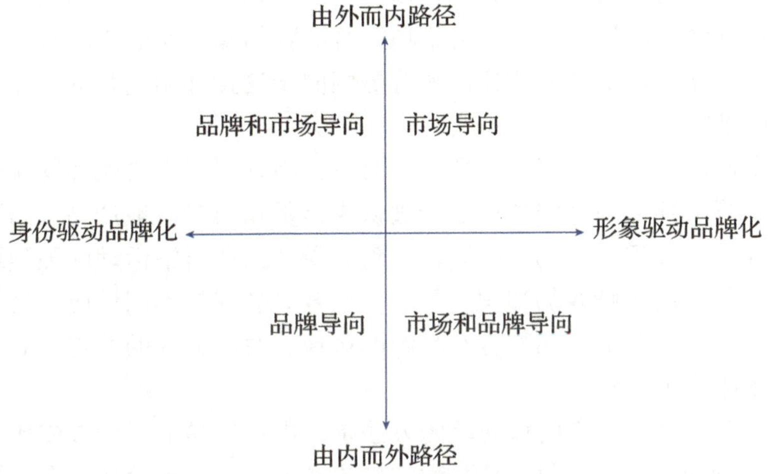

图 2－4　品牌导向与市场导向

资料来源：Urde M，Baumgarth C，Merrilees B. Brand Orientation and Market Orientation：From Alternatives to Synergy. Journal of Business Research，2013，66（1）：13–20.

然而，品牌导向的提出并不意味着客户需求被忽视，而是不再单方面地指导品牌的发展，因此，品牌导向可被定义为一种特殊类型的市场导向，其特征是相对稳定、一致，与客户相关且能与竞争对手明显区分开来（Urde，1999；Baumgarth et al.，2010）。

第 3 节　顾客视角的理论

顾客视角的理论立足于市场营销的范畴。市场营销理论的核心是顾客导向和顾客价值。因此，顾客视角的品牌化理论解释如何通过理解消费者来建立品牌强度，其原理是消费者对品牌的认知、情感、态度和关系是产生品牌价值的基础。代表性的成果有基于顾客的品牌资产、品牌个性、消费者-品牌关系等。

一、基于顾客的品牌资产

凯勒在《基于顾客的品牌资产的概念化、测量和管理》① 一文中，提出“基于顾客的品牌资产”的定义：消费者对品牌的知识（brand knowledge）引起的对该品牌营销的不同反应。他后来出版教材《战略品牌管理》②。在该书中，凯勒建立了系统性的品牌资产管理框架，即“建立—评估—管理”，解决了如何将品牌资产意识落实到品牌资产管理实践中的问题。他的主要贡献是在品牌资产（brand equity）理论的基础上，提出了独创性的“基于顾客的品牌资产”，切中了品牌资产来源的本质问题。

（一）品牌资产的来源

凯勒认为，营销的核心在于理解顾客的需要和要求并加以满足，因此营销人员必须理解不同的品牌对顾客而言意味着什么，以及这种认识将如何影响他们对营销活动的反应，即“基于顾客的品牌资产”——由于顾客对品牌的知识而引起的对该品牌营销的不同反应。与没有标明品牌的产品相比，顾客更倾向于选择标明品牌的产品，并对它的市场营销做出更积极的反应。

基于顾客的品牌资产概念有三层含义：第一，品牌资产来自顾客反应的差异。如果顾客反应没有差异，那么该品牌的产品会被认为是货物或者一般产品。第二，不同的反应是由顾客对品牌的知识产生的。因此，尽管会受到企业营销活动的强烈影响，但品牌资产的最终形成仍取决于顾客的知识。第三，顾客对品牌的不同反应，具体表现在对品牌营销活动的态度和行为上，如顾客对品牌的选择、对广告词的回想、对促销活动的反应，或对品牌延伸的评价等。

证明基于顾客的品牌资产的最简单的方法是：进行产品抽样调查或比较测试—种典型的观察结果。例如，在未标明产品名称的口味测试中，一组消费者在不知道品牌的情况下品尝产品，另一组消费者在知道品牌的情况下品尝。虽然产品是完全相同的，两组消费者最终的看法和评价却会十分不同。

当顾客熟悉品牌且对其持有正面、强烈、独特的品牌联想时，品牌资产便建立起来了。所以，品牌知识是创造品牌资产的关键。品牌知识又由两部分特性组成，即品牌意识和品牌形象，见图 2－5。

1. 品牌意识

品牌意识（brand awareness）反映消费者在不同环境中识别出该品牌的能力，即品牌

---

① Keller K L. Conceptualizing, Measuring, and Managing Customer-Based Brand Equity. Journal of Marketing, 1993, 57（1）：1–22.

② Keller K L. Strategic Brand Management：Building, Measuring, and Managing Brand Equity（1st Edition）. Pearson Education, 1998.

元素能在多大程度上为识别产品服务。创建品牌意识，就要把品牌元素与产品类别、相关购买和消费或者使用环境联系起来，从而让产品有一个身份。

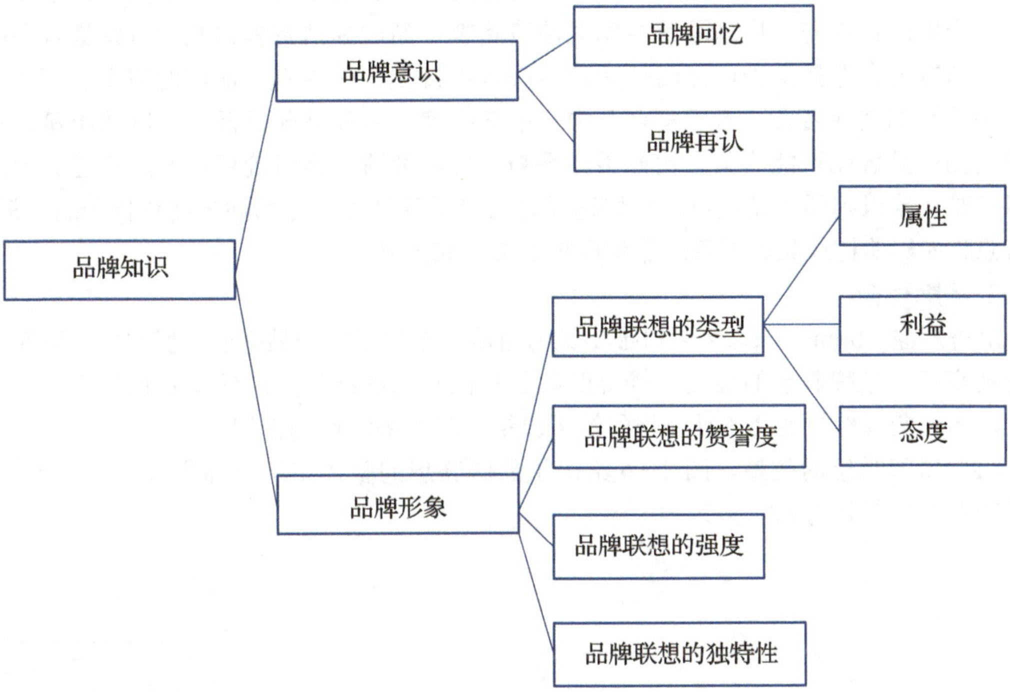

图 2－5　品牌知识概要

资料来源：Keller K L. Conceptualizing，Measuring，and Managing Customer-Based Brand Equity. Journal of Marketing，1993，57（1）：1–22.

（1）品牌再认（brand recognition）和品牌回忆（brand recall）。如图 2－5 所示，品牌意识由品牌再认和品牌回忆共同作用而成。品牌再认指当出示某个品牌时，消费者能加以辨认的能力。品牌回忆指当看到某一类产品，或某种需要得到满足，或身处某种购物、使用环境时，消费者从记忆中搜索出某个品牌的能力。以饮料消费为例，当口渴了想喝水，一个消费者头脑里面会出现“农夫山泉”“怡宝”等知名的品牌，这些属于品牌回忆；到超市之后，他发现还有许多品牌是见到过或者听到过的，可以识别出来，这些属于品牌再认。显而易见，品牌回忆要求的层次更高，对营销人员而言也更难实现。

那么，品牌回忆和品牌再认究竟哪个更重要？答案取决于在消费者选择产品时是否有品牌出现他的眼前。例如，当消费者去商店购物时，他的选择范围是所有陈列出来的品牌，那么品牌再认更加重要；而在销售点之外或者其他无品牌出现的场合中进行消费决策时，如果品牌不能被记起就基本上被排除在考虑之外，那么品牌回忆更加重要。

（2）品牌意识的广度和深度。品牌意识的特性可以从深度和广度两个方面来描述，品牌意识的深度指一个品牌元素被记起的可能性和容易程度。例如，一个很容易被记起的品牌比仅能被识别的品牌的认知度要深。品牌意识的广度指品牌元素可以在脑海中出现的购买与使用环境的范围，即在什么样的情景中消费者可以想起品牌。衡量品牌意识的这两个维度，要求企业不仅仅要让消费者很容易记起自己的品牌，还要了解消费者在什么时候、什么地点想起品牌，以及是否经常想起。

（3）品牌意识的作用。品牌意识在消费者的购买决策中起着重要的作用，主要基于以下三个原因：首先，提高品牌意识能使该品牌产品成为消费者购买“考虑集合”中的一个，消费者在选择某种产品时认为该品牌可以接受，并能满足他们的需求。其次，品牌意识能影响消费者在“考虑集合”中选中某品牌。一种情况是低参与度的决策，消费者只要知道品牌就可能购买，比如买口香糖；另一种情况是消费者对产品缺乏必要的知识或经验，难以判断产品质量，只好选择自己熟悉的品牌，比如购买高科技产品。最后，品牌意识能影响构成品牌形象的品牌联想的形式和强度。

2. 品牌形象

品牌形象（brand image）可以被定义为由消费者记忆中的品牌联想反映出的对于一个品牌的直觉。品牌联想的强度、赞誉度和独特性对构成品牌资产的差别化效应，尤其是对于那些消费者参与度高、动机强的购买决策，起着决定性的作用。

（1）品牌联想的类型。图 2-6 给出了品牌联想的整体结构，即品牌联想是由属性、利益和态度三部分构成的。

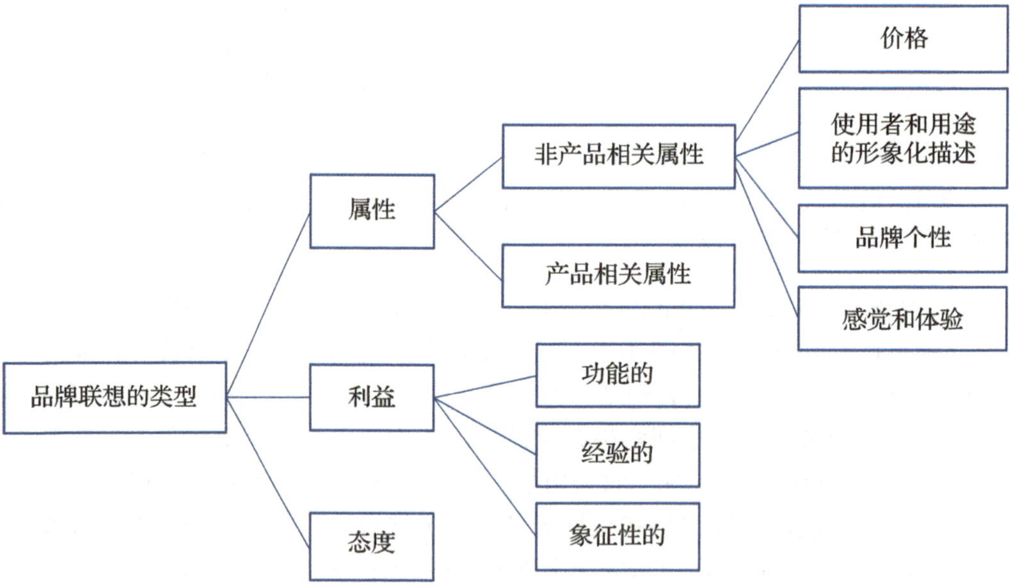

图 2-6 品牌联想的类型

资料来源：Keller K L. Conceptualizing，Measuring，and Managing Customer-Based Brand Equity. Journal of Marketing，1993，57（1）：1–22.

（2）品牌联想的强度。品牌联想的强度决定了消费者能够记起哪些信息，从而影响他们的品牌决策。消费者对品牌属性和利益看法的最主要来源是直接经验，只要消费者知道怎样分析自己的经验，这些信息将对其购买决策产生极为重要的影响。许多因素都能影响品牌联想的强度，最重要的是品牌信息的相关性和呈现给消费者所有信息的一致性。

在大部分情况下，最早对强烈的品牌联想做出贡献的是营销传播。留在人们脑海中的营销传播通过各种方式发挥作用：首先，有创意的宣传能使消费者关注品牌的相关信息，并适当地将该品牌与已有的知识体系联系起来；其次，反复的宣传起到“复述”的作用，传播的信息更容易被记忆；最后，持续的营销传播确保提供许多能提醒消费者回忆的线索。

（3）品牌联想的赞誉度。人们对各种品牌联想的赞誉度不尽相同。一个成功的营销计划意味着创造出了受赞誉的品牌联想。比如说，当消费者认为某品牌具有能够满足其需要和欲望的属性与利益时，一个积极的整体品牌态度就建立起来了——更进一步说，赞誉度是品牌联想的吸引力和传达能力的函数。

品牌联想对消费者的重要性决定了其吸引力的大小。比如，一个果酱生产商开发出了广口玻璃瓶的果酱（属性），这种设计决定了果酱较容易被取出（属性），消费者能够更加快速、方便地得到营养（利益），购买这种果酱的女士是聪明能干的好妈妈（利益）。从这个例子我们可以看出，挖掘某种产品大类中消费者的潜在动力对发现相关联想是十分有帮助的。

创造一个能获得赞誉的品牌联想还要求公司有能力传达理想的品牌联想。这种传达能力主要取决于产品实际或潜在的性能、当前或未来对该性能所做的宣传，以及今后这种实际的或宣传的性能的可持续性。

（4）品牌联想的独特性。品牌联想的独特性给消费者提供了购买这一特定品牌的充分理由。这类似于品牌定位，使品牌具有可持续性竞争优势（sustainable competitive advantage，SCA）[①] 或者“独特的销售主张”。品牌联想可能是某品牌特有的，也可能是与其他竞争品牌共有的，这取决于目标市场和竞争性质。在参照结构（目标市场和竞争环境）确定下来之后，需要选择合适的定位，树立正确的差异点联想和共同点联想。

差异点联想是那些深植在消费者头脑中并受到赞誉的、独特的品牌联想。这些差异点可建立在任何一种类型联想的基础上——属性、利益或者态度；联想的层次越高、越抽象，就越有可能成为一种长期的品牌资产来源。差异点的概念与“独特的销售主张”以及“可持续性竞争优势”等概念紧密相关。在现实生活中，消费者的品牌选择常常取决于感知到的品牌联想的独特性，这些差异点可以是产品相关或非相关的属性、利益或者态度等。总之，可能存在许多不同类型的品牌差异点联想。

共同点联想是那些不一定为品牌所独有，而可能与其他品牌共享的联想。它分为两种，一种是产品大类共同点联想，即在某特定的产品大类中消费者认为合理的、可信任的产品所必须具有的联想。这种联想至少应该存在于一般产品层次，最有可能存在于期望产品层次，比如消费者认为银行应该能提供从支票账户到支付计划等一系列的服务，并应提供保险箱、自助服务机器、电话或网络银行等。另一种是竞争性共同点联想，即那些用以抵消竞争对手差异点的联想。也就是说，某品牌针对竞争对手设计的品牌联想需和竞争对手的品牌联想一样深入人心，同时，又需建立另外的同样有力、受欢迎且独特的联想作为其差异点，由此该品牌才能占据比较有优势的竞争地位。通常，定位的关

---

① 可持续性竞争优势是一种资源、能力、资产、流程等，它具有一种特殊的属性，能够给客户特殊的吸引力，以便能够在与竞争对手的较量中获得独一无二的优势。

键更在于获得必要的或竞争性的共同点，而不是获得差异点。

（二）品牌资产金字塔

站在实践的角度，凯勒提出了品牌资产金字塔模型（后改称为品牌共鸣模型，见图 2－7），这是在基于顾客的品牌资产理论基础上所发展的关于如何建立品牌的实践模型。

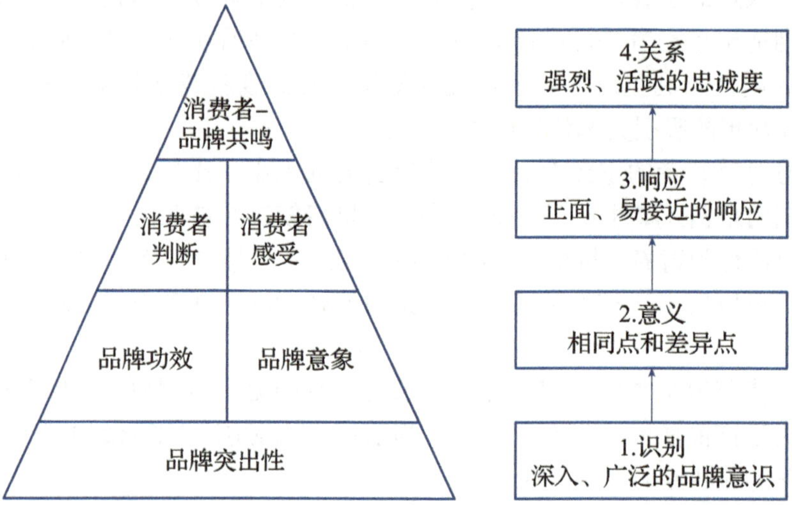

图 2－7　品牌资产金字塔模型

资料来源：Keller K L. Building Customer-Based Brand Equity. Marketing Management，2001，10（7-8）：14-18；Keller K L. Strategic Brand Management：Building，Measuring and Managing Brand Equity. Upper Saddle River：Prentice Hall，2003.

这个模型有四层两条路径，形象地表现了整个品牌创建的阶段过程。底层为品牌识别（品牌突出性），往上是品牌意义（包括表现和形象），再往上是品牌响应（包括判断和情感），顶端是品牌关系（品牌共鸣）。越是在底部越容易实现，越是到顶部越难达成。只有当品牌处于金字塔塔尖时，才能产生具有深远价值的品牌资产。

在整个过程中，金字塔左侧倾向于建立品牌的“理性路径”，金字塔右侧倾向于建立品牌的“感性路径”——理性的路径是做实际表现，感性的路径是做品牌形象。每一步都意味着品牌建立的基本过程，而每个阶段的策略和做法均不相同。品牌发展在初级阶段应该以理性为主，在高级阶段则应该以感性为主。组合路径是最常见的做法，效果也最好。比如汽车品牌将很多不同版本的广告轮换使用，就是两条路径同时走。成功的品牌都可以在金字塔模型中找到对应的策略要素来支撑。如强势品牌劳力士，它在六个板块都有一些独特的方法和策略要素支撑自己成为完整的、强大的品牌。

一个强势品牌的根基就在于有逻辑性地与顾客建构六个“品牌建立模块”，分别是突出性（salience）、功效（performance）、意象（imagery）、判断（judgments）、感受（feelings）和共鸣（resonance）。不难看出，这个模型完全是基于顾客角度。值得指出的是，凯勒模型中的“品牌识别”指品牌元素，目标是建立知名度。在凯勒的理论体系中，品牌战略的核心是建立品牌定位，这可以从他的教科书的章节安排中看出来。

（三）品牌价值链

凯勒和莱曼提出“品牌价值链”(brand value chain) 模型，见图 2 – 8[①]。后来，凯勒和莱曼又提出“品牌前因后果系统模型”[②]。两者的共同点在于都以营销活动、顾客心智集合、品牌业绩和股东价值这四大核心组成要素表达品牌价值产生的前因后果关系，不同之处在于后者在前者的基础上增加了反馈效应，并指出了实践中的复杂性和随机性。

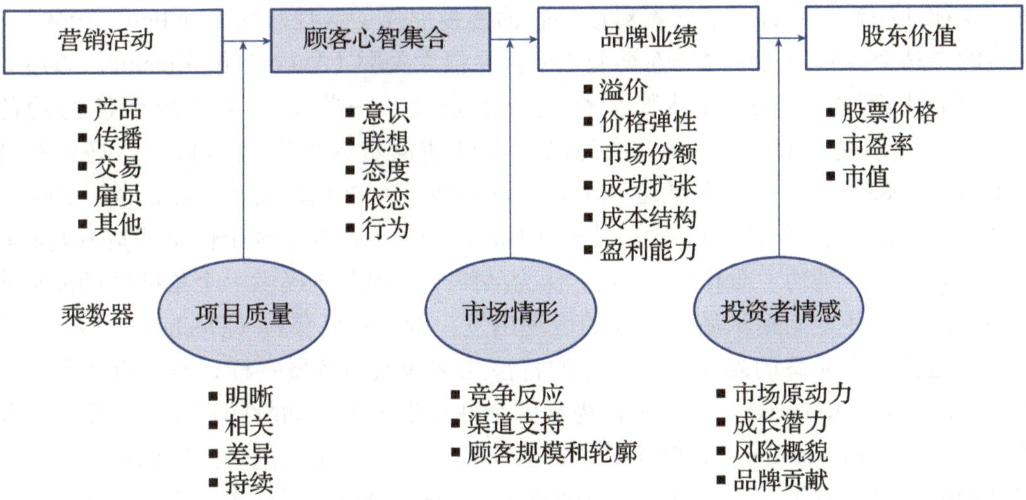

图 2 – 8 品牌价值链模型

资料来源：Keller K L，Lehmann D R. How Do Brands Create Value. Marketing Management，2003（5–6）：26–31.

品牌价值链模型以一个全面的、整合的途径表达品牌价值的产生过程。根据这个模型，品牌价值的产生开始于公司的营销活动，它影响顾客，转而影响市场上的品牌表现，最终被金融市场确定价值。在这个过程中，三个重要的“乘数器”调适了这些价值阶段的传递程度。这三个“乘数器”分别是项目质量、市场情形和投资者情感，它们的影响可能是正面的，也可能是负面的。为了实现品牌管理的获利性要求，成功地设计和执行品牌资产测量系统是十分关键的。

很显然，认为品牌价值产生于公司的营销活动存在局限性。事实上，按企业级品牌战略理论（见本章第 4 节），品牌价值产生于公司所有的经营和管理活动。

二、品牌个性理论

在心理学中，“个性”（personality，又称人格）一词有三层含义。第一，个体之间差异的、独具的特征，又称个性特征；第二，一个人稳定的个性特征，而非那些一时的、情境性的、偶然的表现；第三，它表现在个体对环境的行动与反应方式上。个性的概念运

① Keller K L，Lehmann D R. How Do Brands Create Value. Marketing Management，2003（5–6）：26–31.

② Keller K L，Lehmann D R. Brands and Branding：Research Findings and Future Priorities. Marketing Science，2006，25（6）.

用于品牌上，即是所谓的品牌个性。品牌个性既是特殊的也是永续的，了解品牌个性最简单的办法是将品牌拟人化。品牌个性是顾客视角的代表性品牌理论。

（一）品牌个性的定义①

马里诺（Marineau，1957）最早对产品个性概念进行了研究，而后学者维茨和约翰逊（Vitz and Johnson，1965）发现了品牌个性在消费行为中的作用。消费者喜爱的品牌和其自我概念往往一致，并且，消费者对该品牌的喜爱加强了自我概念（Dolich，1969）；厂商创造的产品个性和消费者的个性类型之间存在很大关联（Ackoff and Emsoff，1975）。

学者们从不同的角度对品牌个性进行了定义。一些定义从品牌个性的功能出发，例如：贝尔克（Belk，1988）认为品牌个性使消费者可以表达自己；马尔霍特拉（Malhotra，1988）认为品牌个性是一个理想的自我；布莱克斯通（Blackston，1992）认为品牌个性旨在描述拟人化的品牌；比尔（Biel，1993）认为品牌个性是消费者偏好和习惯的核心驱动力；凯勒（Keller，1993）认为品牌个性倾向于提供一个象征性的或自我表达的功能。另一些定义则从品牌个性的表现出发，例如：厄普肖（Upshaw，1995）认为品牌个性是指一个品牌的外在面貌，它的特性几乎和人的特质一样，它约等于品牌形象或声誉；麦克希（Macrcae，1996）认为品牌个性是借由人和动物的形态，使得品牌具有多变的属性；凯勒（Keller，1998）认为品牌个性可以反映出人们对品牌的感受，以及品牌“是什么”或“做什么”的想法；而阿克（Aaker，1997）则从实质出发，认为品牌个性是“与一个品牌相关联的人类特征的集合”。

（二）品牌个性、品牌形象与品牌定位

品牌形象是一个涵盖面更广的概念，不仅包括品牌个性，还包括产品属性、用户与品牌有关的利益。品牌形象与品牌个性之间的区别是：前者包括硬性和软性的属性，后者强调软性的属性。可以说，品牌个性是品牌形象中最能体现差异、最活跃激进的部分，通常用形容词加以描述。举例来讲，可口可乐的品牌形象包括独特口感、弧线瓶包装、历史悠久、质量过硬、真实、可信等，而它的品牌个性是真实和可信。

个性心理学家提出了许多形容词来描述人的各类个性特征（气质特征、性格特征、情绪特征等）。例如，描述气质特征的形容词有冒险型或谨慎型、交际型或独处型等；描

---

① 本部分相关引用参见：Ackoff R L，Emsoff J R. Advertising at Anheuser-Busch. Sloan Management Review，1975：1-15；Belk R W. Possession and the Extended Self. Journal of Consumer Research，1988，2：139-168；Biel A L.Converting Image into Equity//David A，Biel A. Brand Equity and Advertising：Advertising's Role in Building Strong Brands. Hillsdale，NJ：Erlbaum,1993；Blackston，Max. Observations：Building Brand Equity by Managing the Brand's Relationships.Journal of Advertising Research，1992，32（5-6）：79-83；Dolich I J.Congruence Relationships between Self-Images and Product Brands. Journal of Marketing Research，1969（6）：80-84；Keller K L. Conceptualizing，Measuring，and Managing Customer-Based Brand Equity.Journal of Marketing，1993，57（1）：1-22；Keller K L. Strategic Brand Management. New Jersey：Prentice Hall，1998；Macrcae C.The Brand Chartering Handbook. New York：Addison-Wesley Publishing Company，1996；Malhotra N K. Self Concept and Product Choice：An Integrated Perspective.Journal of Economic Psychology，1988，9（1）：1-28；Marinesu P. Motivation in Advertising.New York：McGraw-Hill，1957；Upshaw L B. Building Brand Identity. New York：John Wiley&Sona，Inc.，1995；Vitz P C，Johnson D. Masculinity of Smokers and the Masculinity of Cigarette Images.Journal of Applied Psychology，1965，49：155-159.

述性格特征的形容词有随和或暴躁、柔顺或执拗等；描述情绪特征的形容词有平静或激动、沉着或慌张等。在对品牌个性的描述中，也有一系列形容词，例见表 2 – 2。

表 2 – 2　著名品牌的个性描述

著名品牌	品牌个性描述
百事可乐	年轻、活泼、刺激
李维斯	纯真、刺激、称职、强壮
锐步	野性、户外、冒险、年轻、活力充沛
柯达	纯朴、顾家、诚恳
奔驰	自负、富有、世故
惠普	有教养、影响力、称职

品牌个性是以品牌定位为基础的。品牌人格化，即思考“如果这个品牌是一个人，它应该是什么样子”，并以独具一格、令人心动和历久不衰作为策略的评估标准。因此，品牌个性反映品牌定位，又往往是对品牌定位的深化。也即，两个品牌可能拥有相同的定位和完全不同的个性。例如，万宝路和云丝顿香烟的定位相同——竞争类别、口味（美式）、诉求对象（喜欢美式口味的吸烟者）和提供的利益点均相同，因而它们在执行上的表现方式也相近，都强调高质量与现代而出众的形象。但是，万宝路由于借助西部牛仔创造了鲜明的、单一的品牌个性——粗犷帅气、桀骜不羁，长久地在世界很多市场上遥遥领先于云丝顿香烟。这反映出，传统的定位并不保障一个成功的品牌形象。印度某学院 1989 年所做的一个研究证明了这点。该研究中用作比较的品牌是雀巢咖啡（Nescafe）和金牌咖啡（Gold Cafe），它们同样都是 100% 的纯正速溶咖啡，都有高密度广告支持，也都采用高定价策略，但是两个品牌带给被访者的个性感觉完全不同（见表 2 – 3）。

表 2 – 3　两种品牌咖啡的不同个性

雀巢咖啡先生	金牌咖啡先生
他被想象成一位中上阶层的年轻人。他受过良好教育，有很好的职业。他胸怀雄心壮志，希望出人头地。他的雄心来自他的能力。他具有很强的能力，充满自信。他性格外向，生活方式紧跟时代潮流，经常购买时装等。他更喜欢阅读罗伯特·陆德伦（Robert Ludlum）和阿瑟·黑利（Arthur Hailey）的作品，对艺术和文化没有明显的倾向。 作为一位充满活力的年轻人，他关注健康，喜欢网球、单打式墙网球等运动。总而言之，他是一位追求乐趣、西方化、积极向上、紧跟时尚的年轻人。	他被看成是一位绅士而不是一位青年，令人心生敬畏，好像容易被他征服。他是一位更年长的人，也许有灰白的鬓角，眉宇间透着一种老练和世故。在职业方面，他享有很高的声望，经济收入可观。他坚持培养自己更高的雄心。他很能控制自己的情感。他的老练和世故表现在他优雅的爱好上，他欣赏古典音乐和其他艺术。 作为一位中年人，他并不投身于高强度的体育锻炼，而是通过打打高尔夫球这样的运动来保持体形。总而言之，他是一位世故的、富有的、有着高雅品位及完美社交风度的中年男子。

（三）品牌个性的测量

测度和评价个性有许多方法，典型的是基于“特质”（trait）理论，将一个人或品牌的个性看成是特质的一个方式。特质理论由奥波特（Gordon Allport）提出，他从很多人的书信、日记与自传中分析出各种具有代表性的个性特质，即“个体区别于其他事物的相对持久、显著的方式”或“一个人的基本质量”。奥波特认为特质是个性的基础，他将人的特质分为以下三类，并认为最常被用来说明个体性格的是中心特质。

一类是首要特质。它是指足以代表个人最独特个性的特质。譬如只需“吝啬”二字就足以代表某人的性格，而且所有认识他的人都赞同。一般而言，具有首要特质的人并不多。

一类是中心特质。它是指代表个人性格的几方面的特征，构成个性特质的核心部分。比如评价某人时所用的“诚实的”“勤奋的”“乐观的”“开朗的”等形容词。一个人的中心特质有 5 ～ 7 个。

还有一类是次要特质。它是指代表个人仅在某些情境下表现的个性特征。比如，有些人虽然喜欢高谈阔论，在陌生人面前却沉默寡言。

基于特质论的方法被典型地用于人们日常生活中通过语言对个体的分类和评价（如友好的、有进取心的、诚实的）。学者们纷纷提出以特质为基础的个性评价尺度。类似于人格测量的五因素模型，阿克开发了品牌个性量表（brand personality scale，BPS），也包括五大个性维度——真诚、刺激、能力、高级和粗犷，几乎可以解释所有（比例达 93%）品牌之间的差异[①]。每种个性维度又各自拥有次级特质，如表 2－4 所示。

表 2－4　品牌个性量表：五大个性维度

五大个性维度	不同构面	词语描述
真诚（sincerity）（如金宝汤、贺曼、柯达）	务实	以家庭为重的、小镇的、大众的、蓝领的、全美国的
	诚实	真诚的、真实的、道德的、周到的、关爱的
	有益	新颖的、纯正的、永恒的、经典的、古老的
	愉悦	重感情的、友善的、温馨的、快乐的
刺激（excitement）（如保时捷、绝对伏特加、贝纳通）	勇敢	时髦的、刺激的、不寻常的、光鲜的、煽动性的
	朝气蓬勃	酷酷的、年轻的、活泼的、外向的、冒险的
	富有想象力	独特的、幽默的、意想不到的、艺术的、有趣的
	最新	独立的、当代的、创新的、进取的
能力（competence）（如 CNN、IBM）	可信赖	勤奋的、安全的、有效的、可信的、慎重的
	聪明	技术的、合作的、认真的
	成功	具有领导力的、自信的、有影响力的
高级（sophistication）（如雷克萨斯、奔驰、露华浓）	上流阶层	有魅力的、好看的、自命不凡的、精致优雅的
	迷人	女性的、柔顺的、性感的、温和的
粗犷（ruggedness）（如李维斯、万宝路、耐克）	户外	具有男子气概的、西部的、积极的、运动的
	强硬	粗犷的、强壮的、直截了当的

资料来源：Aaker J. Dimensions of Brand Personality. Journal of Marketing Research，1997，34（8）：347–356.

① Aaker J. Dimensions of Brand Personality. Journal of Marketing Research，1997，34（8）：347–356.

上述 15 个构面指标对品牌战略选择具有指导意义。一个在真诚维度得分高的品牌可能是由于在务实或愉悦构面得分高，而不同情况下个性目标和战略运用都是不同的。

三、消费者-品牌关系理论及其拓展

社会心理视角和关系方法认为，品牌资产来源于消费者与品牌关系的强度和深度[①]。随着关系营销逐步确立了新营销范式的地位，从消费者-品牌关系角度研究和管理品牌资产成为重要方向。这个学派表达“基于顾客的品牌资产”的术语有“消费者-品牌关系”（consumer-brand relationship）、“顾客-品牌关系”（customer-brand relationship）、“品牌-消费者关系”（brand-consumer relationship）等，也常被简称为“品牌关系”（brand relationship）。从“基于顾客的品牌资产”测量的角度看，关系方法的核心构念是品牌关系质量（brand relationship quality，BRQ）[②]，它对“基于顾客的品牌资产”的概念化总体上是以社会心理学的有关理论为基础，由若干相关构念组成，以多学科知识理论交叉为研究特征，呈现出彼此间相互影响又相对独立的整体图景。

（一）西方的消费者-品牌关系理论

福尼尔开创性地把品牌关系质量定义为：作为一种基于顾客的品牌资产测量，反映消费者与品牌之间持续联结的强度和发展能力[③]。她认为，由于总体评价测量几乎不能捕捉关系质量构念的丰富信息，只有开发多成分（构面）的模型把关系质量的来源具体化，才能够提供诊断的洞察力，满足管理目标的需求。她通过对人际关系概念的改造使之适合品牌领域，并结合定性研究数据，提出品牌关系质量的六个构面（见表 2－5）。在之后的研究中，她对此六个构面略有修改，并得到了实证结果的支持。她早期的实证研究表明，高水平的多构面品牌关系质量具有很好的关系维护和加强的效果，包括重复购买倾向、竞争性威胁的抵制、支持性的顾客反应（如肯定的口碑、品牌延伸品的适用和品牌犯规的容忍）等。

表 2－5　福尼尔的品牌关系质量构面

构面	定义
爱与激情（love/passion）	从热烈、喜爱到激情、迷恋、自私和强迫性依赖等范围内变动的爱的感觉
自我联结（self-connection）	反映品牌传达重要的身份关注、任务或主题，从而表达了自我的一个重要方面的程度
相互依赖（interdependence）	消费者与品牌相互影响的程度，与品牌相关活动的范围和多样性，以及个别交互作用事件的突出程度
承诺（commitment）	不管环境是可预见的还是不可预见的，与品牌保持长久关系的行为意图

① 何佳讯．品牌资产测量的社会心理学视角研究评介．外国经济与管理，2006（4）：48–52.

② Fournier S. A Consumer-Brand Relationship Framework for Strategic Brand Management. Florida：University of Florida，1994；Fournier S. Consumers and Their Brands：Developing Relationship Theory in Consumer Research. Journal of Consumer Research，1998（24）：343–368.

③ 同②.

续表

构面	定义
亲密（intimacy）	品牌信息个人化地存储于消费者的记忆中，诸如为品牌起爱称，虚构表现神话
伙伴质量（partner quality）	反映消费者对品牌在它的伙伴角色中的表现评价，包括五个成分：品牌带给消费者感觉的正面取向；品牌整体可靠性、可信性、可预言性的判断；对品牌坚持各种内隐关系契约原则的判断；品牌传达期望的而非令人担心的信任和信念；对品牌为它的行动负责的舒适感

资料来源：Fournier S. Consumers and Their Brands：Developing Relationship Theory in Consumer Research. Journal of Consumer Research，1998，24：343–368.

（二）中国消费者 – 品牌关系质量模型①

中国作为极具市场潜力的新兴发展中国家，不仅存在着与西方发达国家不同的品牌消费历史和环境差异，而且存在着影响品牌意义来源的文化价值差异。因此，来自西方的品牌关系质量模型不能完全适用于中国。笔者开展了中国社会文化背景下的本土化研究（indigenous perspective），在核心构念的研究上采用主位方法（emic approach），即从中国文化价值系统出发，探究研究构念的特殊性所在。这样的研究成果不但具有更强的解释能力，更重要的是，它能对解决当地实际问题提供更切实有效的帮助。

上述研究的成果是中国消费者-品牌关系质量（Chinese brand relationship quality，CBRQ）概念模型，它由六个构面组成：社会价值表达（social value expression）、信任（trust）、相互依赖（interdependence）、真有与应有之情（real and assumed emotions）、承诺（commitment）和自我概念联结（self-concept connection），具体定义见表 2 – 6。与福尼尔的模型对比，出现了两个新的构面："社会价值表达"（可理解为"面子感"）及"真有与应有之情"。这揭示了在中国社会文化背景中，消费者与品牌关系的特别之处，对于在中国市场中提升品牌强度具有特别的管理含义。两模型的比较见图 2 – 9。

表 2 – 6 中国消费者-品牌关系质量构面

构面	定义
社会价值表达	消费者对品牌给自己带来面子感大小和关系自我认同程度的评价
信任	消费者对品牌行为按照自己期望发生的认知和感觉程度
相互依赖	消费者基于成本和价值回报的比较，与品牌积极互动的心理期待和行为表现
真有与应有之情	消费者由对品牌喜爱产生的难以控制的正面情绪反应（真有之情），如高兴、愉快和乐趣等；以及受文化规范影响（如爱国主义、家庭和传统、场合和礼节）而产生的义务上的感情（应有之情）
承诺	不管环境是可预见的还是不可预见的，与品牌保持长久关系的行为意图
自我概念联结	反映品牌传达重要的身份关注、任务或主题，从而表达了自我的一个重要方面的程度

资料来源：何佳讯．品牌关系质量本土化模型的建立与验证．华东师范大学学报（哲学社会科学版），2006（3）：100–106.

① 何佳讯．品牌关系质量本土化模型的建立与验证．华东师范大学学报（哲学社会科学版），2006（3）：100–106；何佳讯．品牌关系质量的本土化模型：高阶因子结构与测量．营销科学学报，2006，2（3）：97–107.

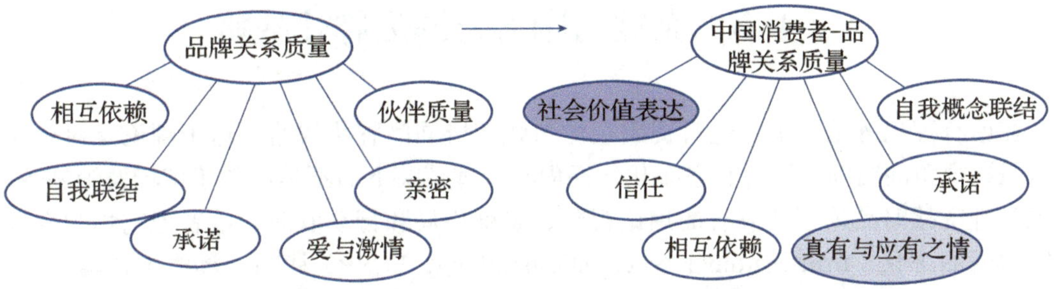

图 2－9　品牌关系质量模型与中国消费者-品牌关系质量模型比较示意

资料来源：Fournier S. Consumers and Their Brands：Developing Relationship Theory in Consumer Research. Journal of Consumer Research，1998，24：343–368；何佳讯．品牌关系质量本土化模型的建立与验证．华东师范大学学报（哲学社会科学版），2006（3）：100–106.

（三）拓展的理论视角

社会心理视角和关系方法放在更大的理论视野中，便是社会视角[①]。这个视角包括社会学的路径和文化的路径。它们关注品牌的意义和文化意义是如何产生、改变和动态再造的。品牌作为意义的轻便容器，从它被构想、生产、交易直到购买后的阶段，由机构和集体所塑造[②]。这个理论视角的一个重要概念是品牌社群[③]，其被定义为专门化的、非地理边界的社群，以品牌赞赏者之间一整套结构性的社会关系为基础。品牌社群的三个必要区分特征是同类意识、仪式和传统，以及道德义务。

文化路径中一个主要洞察是，品牌化的商品作为文化意义的生产者，提高了消费者的生活品质[④]。这一视角的研究侧重于标志性品牌[⑤]或注入文化参照物的品牌[⑥]如何促进受文化约束的消费实践[⑦]。

尽管品牌意义和文化意义有着复杂的形成方式，但最终还是存在于消费者心里，由消费者领会。在顾客视角的理论发展过程中，还有品牌体验[⑧]、品牌依恋[⑨]、品牌之爱[⑩]等重要构念和相应的测量方法。

---

① Swaminathan V，Sorescu A，Steenkamp J B，et al. Branding in a Hyperconnected World：Refocusing Theories and Rethinking Boundaries. Journal of Marketing，2020，84（2）：24–46.

② O'Guinn T C, Muniz A M, Paulson E.A Sociological Critique and Reformulation of Brands//Wherry F F，Woodward I. The Oxford Handbook of Consumption. New York：Oxford University Press，2018：127–50.

③ Muniz A M，O'Guinn T C. Brand Community. Journal of Consumer Research，2001，27（3）：412–432.

④ Miller D. The Comfort of Things. Cambridge，UK：Polity Press，2010.

⑤ Holt D B. How Brands Become Icons. Cambridge，MA：Harvard Business School Press，2014.

⑥ Cayla J，Eckhardt G M. Asian Brands and the Shaping of a Transnational Imagined Community. Journal of Consumer Research, 2008，35（2）：216–230.

⑦ Epp A M，Schau H J，Price L L. The Role of Brands and Mediating Technologies in Assembling Long-distance Family Practices. Journal of Marketing，2014，78（3）：81–101.

⑧ Brakus J，Schmitt B，Zarantonello L. Brand Experience：What Is It？ How Is Measured？ Does It Affect Loyalty？. Journal of Marketing, 2009，73（3）：52–68.

⑨ Park C，Whan D J，MacInnis J R，et al.Brand Attachment and Brand Attitude Strength：Conceptual and Empirical Differentiation of Two Critical Brand Equity Drivers. Journal of Marketing，2010，74（6）：1–17.

⑩ Batra R,Ahuvia A C, Bagozzi R P. Brand Love.Journal of Marketing，2012，76（2）：1–16.

第 4 节 企业与顾客协同品牌化战略

在已有理论的基础上，笔者提出企业与顾客协同品牌化战略。这个理论是对企业与品牌兼顾视角的明确、深入和系统化，提倡在管理范畴下而不是局限于市场营销领域内，认识和理解战略品牌管理应有的理论视野、思维格局和行动取向。笔者把它称为企业与顾客协同品牌化（firm-customer synergistic branding，FCSB）战略，具体包括两个理论：企业级品牌战略理论、企业与顾客协同共建品牌理论。

一、企业与顾客协同战略的理论基础

如果把视野从市场营销领域扩展到商学和管理范畴，我们不难发现，在理论上已有很多研究成果支持企业与顾客协同战略理论。这正是因为品牌之于企业的意义和价值远超营销职能本身。这些成果对于理解企业与顾客协同战略理论有重要参考价值。表 2－7 列举了 20 世纪 90 年代以来一些有重大影响的管理思想成果。

表 2－7 有重大影响的代表性管理思想

提出者	理论思想	核心观点	原始来源
C.K. 普拉哈拉德（C.K. Prahalad）	核心竞争力（与加里·哈默尔（Gary Hamel））	竞争优势的真正来源从以往及时把握顾客需求创造产品的能力，变为管理层整合整个公司的技术和生产技能的能力。树干是公司品牌，较小的枝杈是不同的业务单元，树叶和果实是终端产品，根系则是整合资源创造优势的能力	Prahalad C K，Hamel G. The Core Competence of the Corporation. Harvard Business Review，1990（5－6）：79–93.
	共创价值（与文卡特·拉马斯瓦米（Venkat Ramaswamy））	未来的竞争依赖于新的价值创造方法，即基于以个体为中心，由顾客与企业共同创造价值。价值存在于顾客特定时刻、地点和事件背景下共同创造的体验	Prahalad C K，Ramaswamy V. The Future of Competition：Co-Creating Unique Value with Customers. Harvard School Business Press，2004.
	创新之屋（与 M.S. 克里施南（M.S. Krishnan））	下一代企业必须具备两种核心竞争力：N＝1（独特的个性化体验）；R＝G（全球资源获取能力）。它们与企业的技术架构、组织架构、灵活有弹性的业务流程、聚焦式分析工具一起构成“创新之屋”的结构	Prahalad C K，Krishnan M S. The New Age of Innovation. McGraw-Hill Companies，2008.
迈克尔·马丁·哈默和詹姆斯·钱皮（M.M. Hammer and J.Champy）	业务流程再造	传统“分工理论”无法适应顾客经济时代企业的需要，为顾客创造价值是企业经营的出发点和归宿，因此它是企业再造的第一动力。企业再造是以流程为中心的再造。经过再造后，工作人员有了决定权，程序性延误减少，管理费用降低，对客户反馈更迅速	Hammer M M，Champy J. Re-engineering the Corporation：A Manifesto for Business Revolution. London：Nicholas Brealey Publishing，1993.

续表

提出者	理论思想	核心观点	原始来源
克莱顿・克里斯坦森（C.M. Christensen）	颠覆性创新	与延续性创新不同，颠覆性创新是通过不连续的变化，对传统的产品或服务进行完全改变。通常在起初立足的市场并不是现有的主流市场和重要客户，而是一些低端或新兴市场。一味满足重要客户而采用的各种流程及激励举措近乎完美地蒙蔽了领先企业，使它们错过了新兴市场上的各类重要新技术	Christensen C M. The Innovator's Dilemma：When New Technologies Cause Great Firms to Fail. Harvard Business School Press，1997.
W. 钱・金和勒妮・莫博涅（W.Chan Kim and R.Mauborgne）	蓝海战略	以同时追求买方价值差异化和低成本为价值创新的基石，以重建主义打破现有的价值与成本之间的权衡取舍关系，开创无人争抢的新市场空间和新需求，规避原有产业结构中的激烈竞争	Kim W. C，Mauborgne R. Blue Ocean Strategy：How to Create Uncontested Market Space and Make the Competition Irrelevant. Harvard Business School Press，2005.

上述学者及其管理思想的共同点都是以顾客价值为出发点，以创新为核心精神和价值观。这种创新并未以纯粹的顾客需求和顾客导向为原则，而是考虑长远竞争优势，并结合企业资源、能力和流程系统考量的整体战略和管理。

除了上面的重大管理思想外，我们也不难发现在各项具体研究中，很多有关品牌与品牌化的成果超越了市场营销的视角，与企业管理中的战略、创新、人力资源、财务等结合起来，表明品牌战略与企业整体管理之间的交融关系。下面列举若干成果。

战略管理视角的研究表明，制度因素会对新兴市场企业的全球发展战略产生重要影响，因此新兴市场企业进行全球企业收购时，应根据具体制度文化背景实施不同的品牌标准化或地区化战略①。

创新管理视角的研究认为，创新不仅能在短期内改变消费者的品牌态度，改善品牌知名度或品牌形象，从长远来看，它对品牌未来创新活动的成功也能产生间接影响。品牌的创新信用能为品牌提供比竞争对手更多的战略优势，并允许品牌采取更广泛的创新策略②。因此，对卓越创新和品牌领导力的追求显然已成为众多企业的优先管理事项，能帮助企业获取持续竞争优势并推动未来增长。

人力资源管理视角的研究构建了基于雇员的品牌资产（employee-based brand equity，EBBE）量表，帮助企业更有效地实施内部品牌管理，提高员工满意及组织效益③。相应地，基于雇员的品牌资产——品牌通过其对员工态度和行为的影响为企业提供的价值，

① Rao-Nicholson R，Khan Z. Standardization Versus Adaptation of Global Marketing Strategies in Emerging Market Cross-border Acquisitions. International Marketing Review，2017，34（1）：138–158.

② Brexendorf T O，Bayus B，Keller K L. Understanding the Interplay between Brand and Innovation Management：Findings and Future Research Directions. Journal of the Academy of Marketing Science，2015，43（5）：548–557.

③ King C，Grace D. Building and Measuring Employee-Based Brand Equity. European Journal of Marketing，2010，44（7/8）：938–971.

对高管薪酬很重要。因此，拥有强大品牌的公司可以接受大幅降低薪酬①。此外，一线服务员工行为与公司的品牌定位保持一致，可能正向作用于顾客对品牌的反应，即员工-品牌一致性可提高整体品牌评估和基于顾客的品牌资产②。

财务管理视角的研究则证实了品牌和财务指标呈现动态相关性，广告财务投入显著提高品牌资产，品牌资产投入反过来又会显著提高企业财务杠杆和融资能力，进而优化企业资本结构③。

通过梳理上述代表性的研究结论可知，品牌在企业中的角色并非只局限于某个职能范畴，而是和企业管理的各方面都息息相关。因而，品牌建设应当凸显出全局性，站在企业战略的思维高度加以规划。更具体来讲，品牌在企业管理中领导地位的确立，需要统筹考虑战略规划与建立公司品牌、战略能力与品牌核心价值、业务战略与品牌组合战略、财务评估和会计与长期品牌管理等多对关系。

二、企业级品牌战略理论④

企业级品牌战略（enterprise-grade branding strategy，EGBS）理论由笔者提出并不断完善，它对于解决中国企业在开展品牌战略中存在的普遍性问题，对于在经济增长方式转型背景下推进企业发展战略转型，真正发挥品牌战略引领企业增长的作用，具有重要的理论与实践价值。所谓企业级品牌战略，就是在企业整体层面上把品牌的逻辑和手段渗透到经营管理和发展的所有环节与过程中，实现品牌价值增值和企业长期发展。

（一）企业级品牌战略的结构

企业级品牌战略共分为自上而下三个层级和两大支撑性板块。

第一层是品牌战略的顶层设计，涉及品牌的专业性管理问题，通常可以理解为品牌定位和品牌身份，并且包括动态发展的品牌架构。品牌定位和身份所包含的基本要素可以概括为：品牌的灵魂，即初心；产品的价值，即匠心；与顾客之间的情感联系，即慧心。品牌战略要与公司战略结合起来。

第二层是企业的管理系统，应考虑的是如何依靠其为顾客创造价值。一是战略管理，通过机会识别和把握，建立动态竞争优势，为长期发展提供整体规划和战略实施；二是

① Tavassoli N T，Sorescu A，Chandy R. Employee-Based Brand Equity：Why Firms with Strong Brands Pay Their Executives Less. Journal of Marketing Research，2014，51（6）：676–690.

② Sirianni N J，Bitner M J，Brown S W，et al. Branded Service Encounters：Strategically Aligning Employee Behavior with the Brand Positioning. Journal of Marketing，2013，77（6）：108–123.

③ Fischer M，Himme A. The Financial Brand Value Chain：How Brand Investments Contribute to the Financial Health of Firms. International Journal of Research in Marketing，2016，34（1）：137–153.

④ 2018年8月3—5日，笔者受邀在海尔大学分享《品牌战略的三层系统论》；在2018年11月17日举办的上海市市场学会年度论坛上，笔者首次从理论的角度提出“建立企业级品牌战略”；在2019年11月22日举办的上海营销论坛上，笔者又延续这个主题，提出“在线平台环境下建立企业级品牌战略”；在2019年12月28日举行的中国营销跨年演讲暨第17届中国营销盛典上，笔者发表演讲《企业级品牌战略：中国力量的贡献》。在盛典上，笔者提出并创立的“企业级品牌战略”理论被授予“中国原创营销理论探索奖”。理论的核心内容已收入《营销的力量——中国营销25道原力与创新实践》一书中。参见：何佳讯．企业级品牌战略：理论与实践//《销售与市场》杂志．营销的力量：中国营销25道原力与创新实践．北京：机械工业出版社，2020：75–84.

营销管理，即围绕整个顾客价值的设计，从发现需求、发现价值、创造价值到传递和交付价值的全方位管理；三是运营管理，包括生产、物流和供应链，通过提升运作效率和流程管理来降低成本、提升质量、降低风险、增加利润空间，从而增强品牌竞争力；四是财务管理，通过改善成本结构、提高资产利用率、增加收入机会、提高顾客价值，实现生产率战略和增长战略，提高长期股东价值和社会价值。

第三层是企业基础系统，即资源和能力系统，它是管理系统的支撑，包括企业文化、历史渊源、创始人的愿景和使命、网络资源、人力和财务资本、信息技术和基础设施，以及研发和无形资产等方面。

此外，还有两大板块贯穿全局，它们是商业模式和系统创新，需要跨部门跨职能协同，通过不断创新支持品牌长期发展。这三个层面和两大板块的构成见图 2－10。

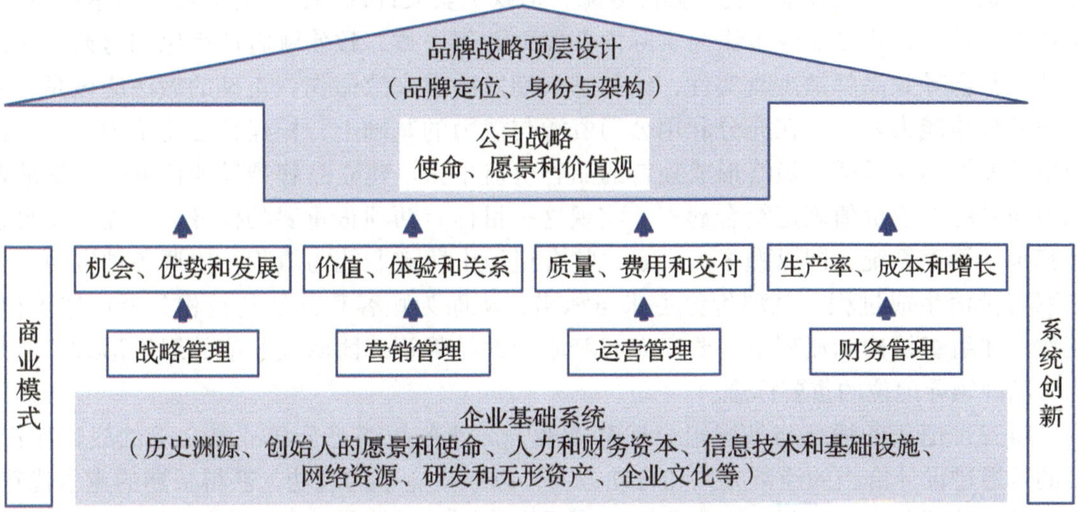

图 2－10 企业级品牌战略的层级结构

资料来源：何佳讯演讲《品牌战略的三层系统论》，海尔大学，2018 年 8 月 3—5 日；何佳讯演讲《建立企业级品牌战略》，上海市市场学会年度论坛，2018 年 11 月 17 日；何佳讯演讲《在线平台环境下建立企业级品牌战略》，上海营销论坛（复旦大学），2019 年 11 月 22 日；何佳讯演讲《企业级品牌战略：中国力量的贡献》，中国营销跨年演讲暨第 17 届中国营销盛典，2019 年 12 月 28 日；《销售与市场》杂志．营销的力量：中国营销 25 道原力与创新实践．北京：机械工业出版社，2020：75-84.

由该层级结构可知，真正的品牌管理，是以一种战略和一个持续一致的愿景开始，把品牌和业务整合起来。品牌是业务盈利增长的工具，是战略性资产，目的是建立持续性竞争优势。品牌建设应具有全局性的战略地位，即应把品牌建设作为企业战略。这需要确立品牌在企业管理中的领导地位。

（二）建立品牌领导地位

确立品牌领导地位，要建立以品牌为中心的企业组织，实现品牌价值对于企业价值贡献的最大化。具体来说，要从四大方面把品牌和企业层面的工作建立联系，使之结合。

第一，把战略规划与建立公司品牌相联系。战略管理过程的第一个要素是组织的使命陈述，包括确定公司存在的理由（愿景或使命）、价值观与行为标准、主要目标和目的；

而品牌化战略的重要工作是确定品牌愿景与宗旨，以及品牌核心价值。公司愿景或使命与公司品牌的愿景和宗旨应该是一致的，但若脱离了品牌化战略导向，公司愿景与使命就缺少了向外部市场沟通的动力与要求，淡化了进攻性与竞争性。建立品牌领导地位就是要把公司愿景或使命与建立公司品牌联系起来，在长期发展过程中打造公司品牌的不可替代性。首先，企业高管要通过建立公司品牌来凸显公司的使命、价值观和行为，不断扩散这些特定的附加价值，提升企业能见度。其次，要处理好公司品牌与产品品牌的关系，发挥公司品牌的独特之处与潜在力量，主要是用好历史遗产、资产与能力、人员与价值观等方面的组织联想，为产品品牌提供信任担保，塑造差异化形象。

第二，把战略能力与品牌核心价值相结合。很多时候，发展品牌价值主张或承诺被当作一项传播任务，由创意人员和代理公司操办，这往往导致两种后果：一是品牌口号的形式感很强，可能有差异化的修辞效果，但缺少实质性内涵；二是品牌口号承诺过度，企业无法兑现，或者品牌承诺与实际内部能力并不一致，致使顾客产生感知落差。这两种情况都会导致品牌缺少真实性，给品牌长期发展带来致命伤。正确的做法应该是，从公司的战略能力入手，在充分利用公司资源与能力的基础上，构建核心竞争力，再以此为根基发展品牌承诺，最终形成独特的品牌价值主张。建立品牌领导地位就是要把战略能力与品牌核心价值确定结合起来。实现这一目标有两项很重要的任务。首先，要打造品牌承诺管理系统，即以顾客为中心，整合组织中所有职能与流程，协调各种资源，支撑顾客价值生成过程，兑现价值主张与承诺，从而为顾客和其他利益相关者创造价值。其次，在组织结构和流程上，要建立起跨职能的品牌管理团队或相应的组织形式。这是检验品牌领导地位的重要标志。

第三，把业务战略与品牌组合战略相融合。业务战略是公司战略之下的战略层次，目的是通过设计恰当的经营方式和行动方案，以取得竞争的成功，获得长期的竞争优势。业务战略选择的基础包括三大方面：顾客需求、顾客群体与独特的竞争力。企业通过多业务战略，实施产业扩张，不断提高盈利能力。但在经典的战略管理教科书中，业务战略并不考虑品牌的角色与作用。而建立品牌领导地位，就是要把品牌组合战略与业务战略融合起来，不仅要把品牌作为建立业务竞争力的基本保障和手段，而且要实现业务战略下品牌组合价值的最大化。具体工作有二。首先，要确定品牌组合的目标，包括促进协调作用、发挥品牌资产的杠杆力，创立并保持市场的相关性，建设并支持差异化的、充满活力的品牌。其次，构建品牌组合战略，这需要考虑每个品牌使用的产品范围、对于产品的特定角色、在组合中所起到的作用、品牌组合的方式与结构等。

第四，把财务评估和会计与长期品牌管理相结合。长期以来，品牌被纳入营销的范畴，而传统意义上营销的主要目标是市场份额的增长，企业的营销活动都围绕这个目标展开。然而，市场份额目标存在很大的局限性，很多时候并不能与盈利能力对应。为此，我们要把品牌财务评估和会计纳入长期品牌管理范畴，把营销与财务结合起来，构建从品牌资产到品牌强度、从品牌强度再到品牌价值的整个过程链，最终实现为公司的总资产和市场价值做出最大化贡献的战略目标。实现这一目标，要做的重要工作有二：一是建立品牌资产跟踪系统，不仅要把握品牌资产、品牌强度、品牌价值的变动趋势，以及品牌作为无形资产在资产负债表中的比重及变动趋势，更重要的是，要建立起品牌资产、品牌强度和品牌价值关系之间的评价机制与决策机制。二是确立品牌投资与盈利模式。品牌利润是来自价格溢价、更强的吸引力和忠诚度，还是更大的成本优势？投资于生产和研发、市场研究与消费者洞察，还是采购和销售团队？这些是理解品牌如何为企业创造价值的重要方面，是把品牌战略与商业模式相结合的基本考虑。

（三）开展内部品牌化工作

品牌身份通过产品实体，使得品牌意义开花结果。品牌强度需要品牌一致性作为基本保障。而要做到品牌一致性，内部品牌化是十分必要的。但与外部品牌化相比，内部品牌化往往得不到重视。这种状况亟须改变。

那么，什么是内部品牌化呢？简单地说，内部品牌化是通过公司制度、人力资源管理与其他管理方式，在企业内部建立明确有效的品牌政策，统一并强化员工对品牌的认识与理解，激发并维护员工的组织公民行为，促使企业与员工的行为协调一致，与外部营销努力无缝对接，从而使得外部顾客对品牌具有持续一致的体验，并对该品牌产生积极的态度与行为意向。具体来说，企业开展内部品牌化，需要做好如下四项工作：

第一，建立企业的品牌导向。品牌导向把品牌当作资源和战略性集合中枢，它是企业围绕品牌身份的建立、发展和保护，并与目标顾客持续互动的过程，目的是以品牌的形式获取长期竞争力优势。如果说市场导向是从外至内、形象驱动的方式，那么品牌导向则是从内至外、身份驱动的方式（详见本章第 2 节）。在品牌导向下，企业不仅要力争满足顾客的需要和欲望，而且要强调品牌的重要性。在品牌导向下，企业需要建立品牌承诺，明确品牌的核心价值。品牌导向是品牌管理系统的核心构成，是企业开展所有品牌创建活动的前提和驱动力。贯彻和坚持品牌导向，使企业坚持明确的品牌战略发展方向，有助于在外部市场中提升品牌的一致性和强度。

第二，建设以公司价值观和愿景为核心的企业文化。简单地说，价值观是持久的信念。价值观影响企业的各个方面，包括对企业目标的承诺度、道德判断、对竞争行为的反应等。价值观是企业行为的底线，它指导企业行动，是企业做出各种决策的指南。愿景则是企业对未来的憧憬，是对未来目标的界定与描述。价值观引领企业实现愿景。内部品牌化工作，就是要在公司品牌的层面上，明确其价值观和愿景，以使企业通过实际行动，把价值观转化为作为，把愿景转化为现实。明确企业的价值观和愿景，有助于解决现实问题和实现美好愿景。值得指出的是，员工对价值观的一致理解需要一个过程，为此企业要重视培训活动，对价值观进行演绎，让员工在日常工作和行为中很好地体现出来。

第三，建立以员工满意度和内部品牌承诺为核心的人力资源管理系统。人力资源管理是内部品牌化工作的基本保障。但与通常的人力资源管理不同的是，在品牌导向指导下，人力资源管理要围绕员工的满意度来开展，把员工当作内部顾客，理解并洞察他们的需要和欲望，由此开展相应的管理工作，包括设计薪酬和激励机制，晋升与职业生涯发展，选拔、培训与企业文化建设，领导表率与团队管理等，并以建立和维护员工对品牌的内部承诺（internal brand commitment）为目标。员工满意度是工作动力与激情、敬业度和内部品牌承诺的重要保证，高满意度可以提高工作效率，降低管理成本，这对服务型企业尤其重要。根据服务价值链，员工对自己工作岗位和所在企业的满意度与情绪表达会通过各种途径传递给外部顾客，进而影响外部顾客的满意度。员工满意度还可以促进组织公民行为，让员工自主地充当品牌大使。

第四，建立以品牌定位、品牌身份和品牌架构为核心的品牌政策。品牌政策犹如品牌的宪章，它以书面的形式描绘公司对品牌核心价值的理解，界定品牌身份系统，规定各个品牌、各层级品牌使用的方式以及相互关系的处理（即品牌架构），明确各级人员和各个部门对品牌的责任，以及管理品牌的组织形式。品牌政策的核心实质是，它规定了在品牌的名义下，什么可以做，什么不可以做，以及如何做的基本精神，因此也可理解为品牌的行为规范。很显然，品牌政策有效地保证了组织内部各要素之间的协调一致性，继而在与外部市场沟通中，这种一致性也得以形成。当前，在企业的各项制度建设中，品牌政策的制定工作还较为薄弱。很多本土企业经过多年发展，已由单品牌（公司品牌）发展为多品牌，迫切需要理顺和规范品牌架构。品牌政策制定对于实施品牌战略的企业是必需的，迫切需要引起企业高层的重视。

研究表明，内部品牌管理的三大目标（品牌认知、品牌承诺和品牌员工行为）之间形成的协调关系，构成了品牌内部运营管理的核心。通过组织结构和过程的契合以及资源和专长的契合，能够调节品牌认知和品牌承诺对于品牌员工行为起到的作用[①]。

（四）企业级品牌战略的实施步骤

企业级品牌战略的实现共有五个步骤。第一步是组建品牌战略委员会。品牌战略委员会由公司 CEO 或总裁担任主席，负责市场、战略或财务的副总经理担任副主席，各职能部门经理为委员。通过跨部门协调机制解决品牌存在的问题，最终实现卓越的顾客品牌体验。

第二步是盘点现有品牌资产。在确定新的品牌战略之前，要对公司现有的所有品牌做一个全方位的体检，包括公司品牌、产品品牌和服务品牌。在开展诊断评估的过程中，要从内部人员、外部利益相关者和目标顾客（包括现有顾客和潜在顾客）等方面进行，了解他们对品牌的评价和态度。

第三步是建立品牌顶层系统。它是一幅规范化的品牌蓝图，描绘公司想要建立的各个品牌究竟代表什么：内容上包括品牌管理的两大关键支柱，即品牌身份和品牌定位；形式上要求清晰、简洁又准确。其作用是为公司内部的管理人员和外部的合作伙伴提供相关的工作指导。目的则是通过建立并利用共同的特性，使品牌系统产生整合性力量。

第四步是确定品牌发展战略。以品牌愿景为依据，确定品牌发展的中长期目标，以及与之适应的公司治理制度；以建立品牌领导地位为目标，把公司战略与品牌战略结合起来；以卓越品牌体验为目标，建立品牌顶层系统、企业管理系统与基础系统协调发展的战略方案。

第五步是实施品牌战略行动。公司品牌战略委员会对品牌发展战略进行修正并最终确定；在中长期目标的基础上，确立品牌发展年度目标和预算。所有职能部门提出落实

---

① 布曼，哈拉斯佐维奇，夏德．品牌管理：基于企业内部的视角：第 2 版．王煦逸，译．上海：上海财经大学出版社，2017：127–129.

品牌顶层系统相关的行动要领，针对品牌发展战略总体方案提出并梳理各种应由本部门实施的新手段和新路径。

三、企业与顾客协同共建品牌理论①

如果说企业级品牌战略是从企业和顾客整合视角对品牌战略和组织管理的整体设计，那么企业与顾客协同共建品牌（co-constructing branding，CoCB），则是在品牌创建和长期发展过程中，协同运用来自企业和顾客的两种力量，对以品牌意义为核心的品牌资产及其价值进行管理的理论和方法。

当今，高度互联世界对于消费者、品牌、消费者与品牌关系均产生重大影响，包括：消费者由被动变为主动，从参与者转变为驱动者，信息共享能力与创造力提升；品牌被赋予新角色，品牌与相关利益者的沟通方式改变，品牌产品形态处于动态变化中，品牌边界模糊及品牌边界扩大；消费者-品牌关系从关系导向转为互动导向，企业与消费者之间建立较强关系纽带，信息共享深度和频度增加。

传统的品牌创建方式是企业主导并创造品牌价值（何佳讯，2016）。社交媒体的兴起导致企业对市场中品牌意义的控制力减弱，在数字化赋能环境下，品牌意义是通过企业和顾客之间的积极对话和互动过程共同创造的（Black and Veloutsou，2017；何佳讯，2016；Herhausen et al.，2019；Iglesias et al.，2013；Ramaswamy and Ozcan，2015；Swaminathan et al.，2020；Vollero，Schultz，and Siano，2019），消费者对品牌价值共创的贡献显而易见。

在卡普费雷尔（Kapferer，1992）企业取向、凯勒（Keller，1993）顾客取向以及阿克（Aaker，1991）企业与顾客兼顾视角研究的基础上，笔者结合高度互联世界社交媒体情境，提出企业与顾客协同共建品牌理论。

（一）企业与顾客协同共建品牌理论内涵

高度互联世界中，企业与顾客打破界限，在共同的社会、文化环境中交织在一起，两者协商的目标是协同创造品牌与品牌价值。企业与顾客协同理论认为，在高度互联世界中，企业与顾客通过社交媒体平台持续对话与交互，从而在企业顶层设计的品牌塑造层面达成阶段性共识，在长期互动迭代中共同创造品牌意义。这解释了高度互联世界中品牌是由企业和顾客共同创建并维护的现象与机理。企业与顾客协同参与并渗透到品牌建设的各个环节中去，从而形成由企业战略与顾客驱动协同共创的品牌建设。

具体而言，企业在顶层战略中确定品牌定位与价值，建立商业模式；社交媒体平台为企业提供了一个客观地展现品牌身份和形象的空间，在这个平台环境中，顾客不仅可以通过观看品牌方发布的宣传广告及带货直播等认识品牌，还可以通过阅读他人的购物笔记、口碑评论等进一步了解品牌。同时，品牌方也可以通过相同的途径，及时快速了解顾客需求、把握市场动向及重塑企业顶层设计，从而快速打造品牌并调整品牌战略，

① 相关引用参见：何佳讯，张凡．高度互联世界的品牌与品牌化战略：企业-顾客协同理论新建构．上海：华东师范大学，2020.

迭代推出融合顾客反馈内容的品牌信息和战略。最终企业和顾客之间达到一个和谐、可持续的共建品牌状态。

企业与顾客协同共建品牌理论模型由三部分共同组成：企业及企业所构建的网络平台、顾客及顾客所构建的社交网络、企业与顾客接触空间（社交网络平台）所提供的企业与用户生成内容（user-generated content，UGC）。企业与顾客协同理论系统的建立遵循了在高度互联世界中企业与顾客互动平台情境下，双方持续互动并交换信息，不断达成阶段性共识并共创品牌价值的迭代过程。

该模型展示了在社交网络不断壮大的情境下顾客群体通过社交媒体产生产品需求和品牌口碑等内容，为企业创建品牌提供支撑，并使品牌方通过发布信息、接收需求与反馈和完善品牌等环节创造品牌的迭代过程。在此过程中，建立了顾客与顾客、品牌与顾客、品牌与品牌以及品牌与消费环境四组紧密的社交网络关系。

（二）品牌与顾客的连接

品牌与顾客连接是企业与顾客协同理论中最核心的关系。品牌的忠实顾客在接收到品牌方发布的信息后会通过社交媒体平台，发布个人购物笔记或口碑评价，品牌方可根据其反映的需求来完善品牌或打造符合市场需求的新品牌。当品牌方再次通过社交媒体发布信息时，顾客将会开始新一轮的需求和口碑反馈，为品牌创建做出贡献。值得注意的是，品牌方发布的信息可能直接触达顾客，也可能被其他顾客从已生成的凝聚顾客个人品牌意识、品牌形象、品牌情感和情绪的内容中间接获得。

企业可以利用价值观传递和情感策略来推进品牌意义共创的过程（Tierney et al., 2016）。顾客的情感受到品牌及其传播标志、符号、品牌初始价值观以及品牌互动和人际体验的刺激，这些体验在顾客与品牌接触的过程中会诱发主观情绪反应（Tierney et al., 2016）。当企业接收到顾客的这种情感后，再将其转化为企业价值观塑造的元素之一。这被视为品牌与顾客之间的一种语用互动形式，这种互动推进了企业的顶层设计。

现如今，品牌与消费者之间的对话转变为各方之间的积极辩论。在这场辩论中，消费者与品牌能够更好地表达自己的观点，从而更好地满足双方的需要。另外，品牌更多应担任的是一个支持性的促进者角色，并成为提供与消费者互动或消费者获取服务的中心（Quinton，2013），能够使越来越多的顾客享受智能互联对象提供的个性化、自主化和优化服务。例如，提供朋友式品牌互动方式（Keller and Swaminathan，2019），更能产生积极的品牌温暖感、品牌竞争力以及品牌依恋。此外，智能交互方式与品牌定位对品牌温暖度、品牌竞争力以及最终的品牌依恋都有交互作用（Wu，Chen，and Dou，2017）。在线口碑作为消费者对产品 / 品牌决策的一个关键因素，也同样受到了突出的关注；内容营销是一种互动的战略营销方法，其重点是创建和分发有价值的、相关的及一致的内容，以吸引和保留明确定义的受众，并最终推动盈利的顾客行动（Keller and Swaminathan，2019）。

（三）顾客与其他顾客的连接

顾客与其他顾客的连接是指体验过该品牌产品的顾客与未体验过该品牌产品的潜在

顾客之间建立的社交网络关系，这种关系可被解释为：其他顾客通过社交媒体如用户笔记、直播带货、口碑评论等接收到了该品牌顾客发布的信息，或者直接通过社交平台接触到了该品牌的品牌方发布的信息并进一步产生了购买意愿与行为后，转化成该品牌的顾客，并以同样或更广泛的渠道产生用户生成内容，以这样的裂变方式逐渐扩大该品牌的顾客群体和影响力。

数字化世界中品牌管理的核心理论是顾客融入（customer engagement）（Hollebeek，Glynn，and Brodie，2014），它是指在交易行为之外，顾客对品牌或公司的关注与专注（认知维度），与品牌互动过程中产生的灵感、归属与依恋感、责任感、身份感、沉浸感、幸福感与自豪感等（情感维度），以及付出的努力与活跃度（行为维度），如口碑、推荐、评论、赞助、分享、合作、建议、贡献等行为（何佳讯，2017）。品牌应该提供一个可以进行对话的空间，增加接触点；不仅与品牌对话，而且与其他消费者对话（Keller and Swaminathan，2019；Singh and Sonnenburg，2012）。在该环境中，营销传播管理者需要管理多种声音，以使品牌成为互动市场中的有效资源（Vollero，Schultz，and Siano，2019）。

（四）品牌与其他品牌的连接

品牌与其他品牌的连接指的是在高度互联的社交网络中，本品牌与其他企业的品牌之间建立的合作共赢的战略模式。企业从用户生成内容中获取顾客需求和意愿，利用社交网络中的可获得资源与其他品牌建立联系并达成战略联盟，以创造满足双方顾客需求的品牌和产品，并通过顾客社交网络扩大顾客群体与影响力。

在一个高度互联的世界中，网络价值的创造将需要与其他产品相连接（并作为网络或系统提供价值）的智能产品；也就是说，它们需要“可连接”并与其他品牌相连接从而创造更大价值（Novak and Hoffman，2019）。品牌跨界满足了消费者尤其是年轻消费者追求新鲜感的消费需求。当企业通过用户生成内容捕捉到自己的顾客与其他品牌顾客的期许与需求时，可立刻寻求并创造顾客需求中的与其他品牌的接触点，并创造联盟品牌和产品以全方位满足顾客需求。

（五）品牌与消费环境的连接

品牌与消费环境的连接指的是消费者和企业共同作用在一个高度互联的社会、文化环境中，企业根据用户生成内容的顾客需求和顾客口碑来制定品牌战略、确定产品来源、产品身份、产品方向和产品意义，完成企业的顶层设计，再借助社交媒体平台直接或间接地触达顾客或其他顾客的迭代过程。

消费者和企业的视角应该更多地关注消费者和企业作为网络的一部分，而不是关注其作为品牌的个人购买者或管理者的角色（Swaminathan et al.，2020）。随着数字媒体在消费者和组织生活中的传播，品牌管理需要确定在品牌和消费环境之间有互动的机会，并确保一致的核心能力的发展。社群模式将鼓励品牌管理者将品牌开发为可信赖的门户，消费者可以通过这些门户分享信息，建立和发展积极的网络效应，从而为品牌建立真实性和价值。社群模式中的品牌管理将考虑到接受新的外部机会，然后通过借鉴或培训以获得匹配这些机会所需的能力。

在高度互联的世界中，企业与顾客依托社交媒体平台持续交互形成动态循环。在这个过程中，顾客融入可以产生顾客终身价值、顾客推荐价值、顾客影响价值和顾客知识价值，这四大价值贡献于品牌，为企业创造价值。顾客融入也为顾客自身带来价值，包括顾客满意度、自我品牌联结、社会认同强化、情感体验收益等方面（何佳讯，2017）。二者在社会、文化环境中持续交互为企业的顶层设计与品牌意义创造提供支持；顾客与企业共同成为品牌塑造和品牌管理的一员，持续共创品牌价值。

品牌科学 2－1

基于顾客的品牌资产研究演进

凯勒（Keller，1993）提出基于顾客的品牌资产（Customer-based Brand Equity，CBBE）理论，这是对阿克（Aaker，1991）提出品牌资产理论后在顾客取向方面的纯化与推进。之后，这个构念和理论成为从消费者视角研究品牌资产来源和结果的主流。凯勒（Keller，2003）后来把品牌知识（品牌意识和品牌形象）扩展为更多的维度，包括品牌意识、品牌属性、品牌利益、品牌形象、品牌感受、品牌态度、品牌想象以及消费者经验。作为"基于顾客的品牌资产"的派生分支，福尼尔（Fournier，1998）提出了消费者-品牌关系理论。笔者曾将此界定为品牌资产的认知视角与关系视角，并均有文献回顾（何佳讯，2006a；何佳讯，2006b），之后又把它们总结归纳在品牌理论研究三大取向的"顾客取向"中（何佳讯，2016c）。

最近十余年来（2007 年至今），大量消费者关于品牌知识的无形潜在维度及其对购买决策的影响都得到了深入研究，代表性成果包括品牌个性（Mathur et al.，2012）、品牌拟人化（Aggrawal and McGill，2012）、品牌情感（Pham et al.，2013；Verrochi and Williams，2013）、感官营销（Krishna，2013）以及营销美学（Hoegg et al.，2010）。消费者品牌关系方面的研究也在不断深化（Batra et al.，2012；Cheng et al.，2012；Dommer et al.，2013；Dunn and Hoegg，2014；Fedorikhin et al.，2008；Swaminathan et al.，2007，2015；Thomson et al.，2005），包括生活方式品牌化（Chernev et al.，2011）等构念也被创造性地提出。通过对最近十余年来有关基于顾客的品牌资产研究的回顾，笔者认为在三个方面有明显的进展，并预示了未来的创新方向和机会。这三个方面分别是：CBBE 理论向动态结构化模型发展、CBBE 理论向多视角多领域深度发展，以及 CBBE 理论的跨国适用性论证检验。

一、CBBE 理论模型的动态结构化发展

CBBE 理论模型突破静态线性结构向动态复杂的高水平结构模型发展。从现有成果来看，很多 CBBE 理论研究都采用静态的线性关系来描述 CBBE 模型（Buil et al.，2013），这使得人们对品牌资产的解释过于简单化，甚至有所扭曲（Chatzipanagiotou et al.，2016），越来越多的营销实践问题也无从解决。事实上，凯勒（Keller，1993）就曾提出 CBBE 模型不是简单的线性或路径发展形式，但一直未能有实证研究来支持这一猜想。伍德赛德（Woodside，2014）首次采用综合结构化理论来验证 CBBE 模型的动态演

进式特征。在此基础上，有学者（Chatzipanagiotou et al.，2016）将品牌建设、品牌理解和品牌关系以子模块化形式重构CBBE模型，体现和包容其动态演进的根本特征，由此得出重要结论，即通过CBBE模型提升品牌资产不能简单使用同一种方法解决，应从消费者、企业和相关关系等多视角、多角度实施营销策略。凯勒（Keller，2016）也再次提出，CBBE理论应朝着更宽泛的动态化方向转变，单一化研究消费者虽然有助于提高品牌价值，却不能全面反映品牌化效应在市场中运行的丰富内容，应创建更高层次的品牌资产架构。

除此之外，由于消费者对社会责任的关注，近些年CBBE理论开始加入一些更为抽象的概念，如品牌宗旨、品牌叙事、品牌故事等。同时，企业关系资源（Davis and Mentzer，2008）和社会责任（Lai et al.，2010；Rodríguez et al.，2017）也被视作重要的品牌资产，并从生产商品牌逐渐扩展到零售商品牌领域的理论研究中。

二、CBBE理论向多视角多领域深度发展

首先，CBBE理论从品牌资产内部新来源扩展为多视角的研究。品牌价值链模型（Keller and Lehmann，2003）将品牌资产的测量方法分为顾客心智集合、产品市场和金融市场三类，并认为只有顾客心智集合的测量方法才能真正揭示驱动品牌资产形成的消费者因素，其他方法只能表明相关品牌资产的存在，这种典型的基于消费者驱动品牌资产的理论观点一度成为品牌资产研究的主导。当然这一主导思想也在不断被修正和完善，CBBE理论呈现多视角、多领域深度发展趋势。从品牌资产内部来源看，随着人才越来越成为企业获得竞争优势的关键，加普和梅里利斯（Gapp and Merrilees，2006）发现企业雇员对品牌承诺有直接的传递功能，其能力或表现的是否优秀对长期、稳定品牌资产的获得具有显著影响（Parker，2007），这有别于基于顾客的品牌资产来源。金和格雷斯（King and Grace，2005，2008，2009，2010）通过实证分析提出基于雇员的品牌资产理论，认为此类资产包括品牌公民行为、雇员满意、企业忠诚度和积极口碑等方面，并设计适用的理论框架和测量方法，增加了品牌资产研究的全新雇员视角。塔瓦索利（Tavassoli，2014）等在此基础上提出强势品牌因其品牌优势对管理人员有着超过薪酬的更大吸引力。该研究扩展了人们以往对品牌资产的认知，证明并发展了基于雇员的品牌资产理论。此外，上文还提到，达塔等人（Datta et al.，2017）提出基于销售的品牌资产(sales-based brand equity，SBBE）构念，这里不再赘述。

其次，CBBE理论从品牌资产外部新来源扩展为多视角的研究。品牌价值链模型（Keller and Lehmann，2003）中的外部利益相关者（包括渠道成员等参与者）在CBBE模型中都被归为基于顾客的品牌资产来源，但随着生产商、零售商以及互联网销售渠道的快速发展（Dawson et al.，2008；Dennis et al.，2010），生产商和零售商的关系愈发复杂，并和渠道两两之间形成错综复杂的共创品牌资产获得关系（Keller and Lehmann，2009；Richelieu et al.，2011），这使得单纯从消费者视角衡量生产商品牌、零售商和渠道的CBBE理论无法解释这种相互关系。朗多诺（Londoño，2016）等对生产商品牌、零售商和渠道的协同效应进行综合品牌资产测量，提出基于消费者的零售渠道品牌资产（consumer-based brand-retailer-channel equity，CBBRCE）理论，证明CBBRCE来自CBBRC意识、产品质量以及忠诚。该理论从参与者协同效应角度推进了CBBE理论的发

展和实践适用性。

三、CBBE 理论跨国适用性检验

CBBE 理论在跨国适用性上面临挑战。该理论研究长久以来都以美国背景为焦点（Christodoulides and de Chernatony，2010；Lehmann et al.，2008），但随着国际市场和跨国品牌的发展，现有模型和测量方法放之全球则可能无法通用。阿克（Aaker，1991）和凯勒（Keller，1993）的各品牌资产维度在不同国家文化背景下不能被清晰区分（Yoo and Donthu，2001；Buil et al.，2008；Broyles et al.，2010），故学者们开始研究和发展适合国际化背景下的 CBBE 创新理论。目前因处于初始研究阶段，该领域相关研究成果还非常有限，各国学者的焦点大多集中在比较本国与目标国市场的品牌和品类差异等问题上（Yoo and Donthu，2001；Whitelock and Fastoso，2007）。在研究方法上，最初较多采用学生样本作为研究对象，近几年有文献采用消费者真实数据对商品、服务和互联网等品类进行 CBBE 理论的验证（Christodoulides et al.，2015），检验准确性逐步提高。现有研究表明（Christodoulides et al.，2015；Pappu，2007），来源国不同会显著影响品牌资产各个要素，并且因国别不同，产品品类也会产生显著影响，CBBE 理论仅在实物性品牌上适用，却无法在服务和互联网品牌上获得相同结果。

参考文献：

何佳讯，2006a. 基于顾客的品牌资产测量研究进展：量表开发、效度验证与跨文化方法. 商业经济与管理，4：53–58.

何佳讯，2006b. 品牌资产测量的社会心理学视角研究评介. 外国经济与管理，4：48–52.

何佳讯，2016c. 品牌与品牌化研究的取向、格局及趋势 // 何佳讯. 长期品牌管理. 上海：格致出版社：1–41.

Aaker D A，1991. Managing Brand Equity. Capitalizing on the Value of Brand Name. New York：The Free Press.

Aggarwal P，McGill A L，2012. When Brands Seem Human，Do Humans Act Like Brands? Automatic Behavioral Priming Effects of Brand Anthropomorphism. Journal of Consumer Research，39（2）：307–323.

Batra R，Ahuvia A C，Bagozzi R P，2012. Brand Love. Journal of Marketing，76（2）：1–16.

Broyles A，et al.，2010. Brand Equity's Antecedent/Consequence Relationships in Cross-cultural Settings. Journal of Product & Brand Management，19（3）：159–169.

Buil I，Chernatony L D，Martínez E，2008. A Cross-national Validation of the Consumer-based Brand Equity Scale. Journal of Product and Brand Management，17（6）：384–392.

Buil I，Martinez E，Chernatony L D，2013. The Influence of Brand Equity on Consumer Responses. Journal of Consumer Marketing，30（1）：62–74.

Chatzipanagiotou K，Veloutsou C，Christodoulides G，2016. Decoding the Complexity of the Consumer-based Brand Equity Process. Journal of Business Research，69（11）：5479–5486.

Cheng S，White T B，Lan N C，2012. The Effects of Self-brand Connections on Responses to Brand Failure：A New Look at the Consumer-brand Relationship. Journal of Consumer Psychology，22（2）：280–288.

Chernev A，Hamilton R，Gal D，2011. Competing for Consumer Identity：Limits to Self-expression and the Perils of Lifestyle Branding. Journal of Marketing，75（3）：66–82.

Christodoulides G，Cadogan J W，Veloutsou C，2015. Consumer-based Brand Equity Measurement：Lessons Learned from an International Study. International Marketing Review，32（3/4）：307–328.

Christodoulides G，Chernatony L D，2010. Consumer-based Brand Equity Conceptualisation and Measurement：A Literature Review. International Journal of Market Research，52（1）：43–66.

Datta H，Ailawadi K L，Heerde H，2017. How Well Does Consumer-based Brand Equity Align with Sales-based Brand Equity and Marketing-mix Response?. Journal of Marketing，81（3）：1–20.

Davis D F, Mentzer J T, 2008. Relational Resources in Interorganizational Exchange : The Effects of Trade Equity and Brand Equity. Journal of Retailing, 84 (4): 435–448.

Dawson J A, Findlay A M, Sparks L, 2008. The Retailing Reader. Abingdon, VA: Routledge.

Dennis C, Morgan A, Wright L T, Jayawardhena C, 2010. The Influences of Social E-Shopping in Enhancing Young Women's Online Shopping Behaviour. Journal of Customer Behaviour, 9: 151.

Dommer S L, Swaminathan V, Ahluwalia R, 2013. Using Differentiated Brands to Deflect Exclusion and Protect Inclusion : The Moderating Role of Self-esteem on Attachment to Differentiated Brands. Journal of Consumer Research, 40 (4): 657–675.

Dunn L, Hoegg J, 2014. The Impact of Fear on Emotional Brand Attachment. Journal of Consumer Research, 41 (1): 152–168.

Fedorikhin A, Park C W, Thomson M, 2008. Beyond Fit and Attitude : The Effect of Emotional Attachment on Consumer Responses to Brand Extensions. Journal of Consumer Psychology, 18 (4): 281–291.

Fournier S, 1998. Consumers and Their Brands : Developing Relationship Theory in Consumer Research. Journal of Consumer Research, 24: 343–368.

Gapp R, Merrilees B, 2006. Important Factors to Consider When Using Internal Branding as a Management Strategy: A Healthcare Case Study. Journal of Brand Management, 14 (1–2): 162–176.

Hoegg J, Alba J W, Dahl D W, 2010. The Good, the Bad, and the Ugly : Aesthetic Influence on Information Processing. Journal of Consumer Psychology, 20 (4): 419–430.

Keller K L, 1993. Conceptualizing, Measuring, and Managing Customer-based Brand Equity. Journal of Marketing, 57 (1): 1–22.

Keller K L, 2003. Strategic Brand Management : Building, Measuring and Managing Brand Equity (2nd edition). Upper Saddle River, NJ: Prentice-Hall.

Keller K L, 2016. Reflections on Customer-based Brand Equity : Perspectives, Progress, and Priorities. Ams Review, 6 (1–2): 1–16.

Keller K L, Lehmann D R, 2003. How do Brands Create Value?. Marketing Management, 3: 26–31.

Keller K L, Lehmann D R, 2009. Assessing Long-term Brand Potential. Brand Management, 17: 6–17.

King C, Grace D, 2005. Exploring the Role of Employees in the Delivery of a Brand : A Case Study Approach. Qualitative Market Research: An International Journal, 8 (3): 277–295.

King C, Grace D, 2008. Internal Branding : Exploring the Employee's Perspective. Journal of Brand Management, 15 (5): 358 –372.

King C, Grace D, 2009. Employee Based Brand Equity : A Third Perspective. Services Marketing Quarterly, 30 (2): 122–47.

King C, Grace D, 2010. Building and Measuring Employee-based Brand Equity. European Journal of Marketing, 44 (7): 938–971.

Krishna A, 2013. Customer Sense: How the 5 Senses Influence Buying Behavior. New York: Palgrave Macmillan.

Lai C S, et al., 2010. The Effects of Corporate Social Responsibility on Brand Performance : The Mediating Effect of Industrial Brand Equity and Corporate Reputation. Journal of Business Ethics, 95 (3): 457–469.

Lehmann D R, Keller K L, Farley J U, 2008. The Structure of Survey-based Brand Metrics. International Marketing Review, 16 (4): 29–56.

Londoño J C, Elms J, Davies K, 2016. Conceptualising and Measuring Consumer-based Brand–retailer–channel Equity. Journal of Retailing & Consumer Services, 29: 70–81.

Mathur P, Jain S P, Maheswaran D, 2012. Consumers' Implicit Theories about Personality Influence Their Brand Personality Judgments. Journal of Consumer Psychology, 22 (4): 545–557.

Pappu R, Quester P G, Cooksey R W, 2007. Country Image and Consumer-based Brand Equity : Relationships and Implications for International Marketing. Journal of International Business Studies, 38 (5): 726–745.

Parker S K, 2007. 'That Is My Job' : How Employees' Role Orientation Affects Their Job Performance. Human Relations, 60 (3): 403–434.

Pham M T，Geuens M，Pelsmaker P D，2013. The Influence of Ad-evoked Feelings on Brand Evaluations：Empirical Generalizations from Consumer Responses to More than 1，000 TV Commercials. International Journal of Research in Marketing，30（4）：383–394.

Richelieu A，Pawlowski T，Breuer C，2011. Football Brand Management：Minor League versus Champions League. Journal of Sponsorship，4（2）：178-189.

Rodríguez P G，Valiño P C，Burguete J L V，2017. The Effects of Corporate Social Responsibility on Customer-based Brand Equity：Spanish Hypermarket Case. EkonomskaIstra•ivanja，30（1）：290–301.

Swaminathan V，et al.，2015. How，When，and Why Do Attribute-complementary versus Attribute-similar Cobrands Affect Brand Evaluations：A Concept Combination Perspective. Journal of Consumer Research，42（1）：45–58.

Swaminathan V，Page K L，Zeynep G C，2007. "My" Brand or "Our" Brand：The Effects of Brand Relationship Dimensions and Self-construal Effects on Brand Evaluations. Journal of Consumer Research，34（2）：248–259.

Tavassoli N T，Sorescu A，Chandy R，2014. Employee-based Brand Equity：Why Firms with Strong Brands Pay Their Executives Less. Journal of Marketing Research，51（6）：676–690.

Thomson M，MacInnis D J，Park C W，2005. The Ties that Bind：Measuring the Strength of Consumers' Emotional Attachments to Brands. Journal of Consumer Psychology，15（1）：77–91.

Verrochi C，Williams N P，2013. Feeling Like Myself：Emotion Profiles and Social Identity. Journal of Consumer Research，40（2）：203–222.

Whitelock J，Fastoso F，2007. Understanding International Branding：Defining the Domain and Reviewing the Literature. International Marketing Review，24（3）：252–270.

Woodside A G，2014. Embrace Perform Model：Complexity Theory，Contrarian Case Analysis，and Multiple Realities. Journal of Business Research，67（12）：2495–2503.

Yoo B，Donthu N，2001. Developing and Validating a Multidimensional Consumer-based Brand Equity Scale.Journal of Business Research，52（1）：1–14.

思考与讨论

1. 品牌与品牌化研究的基本取向是什么？企业与顾客兼顾的视角在实践中有什么优势？
2. 如何理解品牌资产理论对战略品牌管理实践的指导作用？
3. 品牌资产、品牌个性、品牌联想、品牌形象、品牌忠诚之间的联系和区别是什么？请画一个图来表示它们之间的关系。
4. 与西方市场相比，在中国市场中建立消费者-品牌关系质量的特定维度是什么？请举例说明。
5. 如何理解企业与顾客协同品牌化战略？它包括哪两个基本理论？

02

第 2 篇

创立品牌资产

第3章

定位品牌价值

在第 1 章中，笔者提出战略品牌管理的定义，它是在企业级层面把品牌作为企业战略而形成的管理理念、制度、方案和行动过程。其实质是站在战略高度对品牌和品牌化进行长期管理的科学与艺术。简单地说，战略品牌管理是品牌战略的管理组织和实现过程。在第 2 章中，我们详细阐述了品牌与品牌化的理论，在企业视角和顾客视角的基础上，笔者提出了企业与顾客协同品牌化战略新理论。

从本章开始，我们在企业与顾客协同品牌化战略理论思想和框架下，逐步介绍战略品牌管理的实践行动。首先，需要建立品牌战略平台，包括定位品牌价值、创建品牌身份。本章先介绍品牌定位的理论和方法。由于品牌定位的实质是确定品牌带给顾客的具体价值，因此，本章将其简称为“定位品牌价值”。

第 1 节　战略、品牌与产品的定位

定位（positioning）是一个常用又重要的战略和管理概念。在战略品牌管理领域理解品牌定位，要从公司战略定位开始，并注意战略定位、品牌定位与产品定位之间的联系和差异。这有助于我们更清楚地理解品牌定位的实质。

一、定位概念的起源

1972 年，艾 · 里斯（Ai Ries）和杰克 · 特劳特（Jack Trout）在美国《广告时代》（*Advertising Age*）杂志上发表名为《定位》的系列文章，后来集中反映在他们的第一本著作《定位：为你的心智而战》(*Positioning*：*The Battle for Your Mind*，1981）中。此后，“定位”一词成为营销和战略理论架构中的一个核心概念，在营销和战略实践中得到广泛而频繁的使用。

定位概念的内涵和应用也不断演化。最初，里斯和特劳特的观点是，“定位并不是要对产品做什么事”，“定位是你对未来的潜在顾客心智所下的功夫，也就是把产品定位在你未来潜在顾客的心中”。实际上，这个观点仅是把定位用于广告传播场合。在战略和营销领域，定位是指确定的价值，这个价值是具体的、明确的、能实现的，它面向市场需求方。需求方可以理解为顾客、客户、政府或者组织。面对某一需求方，定位要给其提供确定的价值。

定位概念提出后，在市场营销领域形成了从市场细分（segmentation）、目标市场选择（targeting）到定位（positioning）的三步骤，它们也通常被称为营销战略的构成。由此来看，“目标市场定位”这个说法严格来讲是不准确的，究竟是决定目标市场还是决定针对目标市场的价值，这是两个问题。所以“定位”前面不能冠以“市场”或“目标市场”。

二、定位的三个层面

定位基本上分为三个层面，第一个层面叫作战略定位，第二个层面叫作品牌定位，第三个层面叫作产品定位。战略定位是迈克尔·波特在他的竞争战略三部曲《竞争优势》(*Competitive Advantage*)、《竞争战略》(*Competitive Strategy*）和《国家竞争优势》(*The Competitive Advantage of Nations*）中提到的核心概念和方法。战略定位是公司确定发展战略前必须要回答的基本问题。战略定位是竞争优势的确定，即公司需要找到一种战略，使其通过明显的优势抵御现有竞争对手和新入侵者。它通常在公司级和战略业务单位(strategic business unit，SBU）层面比较公司与竞争对手的优劣势①。

一家公司可能是一个品牌，即公司品牌或集团品牌。或者它下面可能分布有不同的业务板块，这种业务板块也称为战略业务单位，可以简单理解为公司有不同的事业部，母公司下面有不同子公司，或者集团公司下面有不同的产业公司。此时，品牌的使用存在不同情况：如果所有的战略业务单位全部使用一个品牌，那么品牌定位跟战略定位结合在一起；但如果不同的战略业务单位使用不同品牌，那么每个品牌都要有其明确定位，即每个品牌本身要为目标市场（通常是多目标市场）提供什么样的价值。战略业务单位一定是跟品牌结合在一起的，正如卡普费雷尔强调的，品牌必须要跟业务整合起来②。

定位的第三个层面是产品定位，即战略业务单位下许多不同的产品各有其自身的定位。产品定位实际上可以视为等同于产品概念。产品要有独特的产品概念，这个概念中包含着该产品带给目标顾客的利益。产品处在竞争环境中，通过新的配方或者新的工艺形成的独特定位与价值，需要通过品牌对之实现保护。产品若没有申请专利，产品概念本身不受法律保护；但冠以品牌后，消费者会认识到产品的创新是某个品牌特有的，因此它就在消费者心目中有了“心理专有权”，从而受到了保护。

三、品牌定位与产品定位

品牌定位不同于产品定位。产品定位在于该产品的利益和价值。如果没有创新，那

---

① 波特．竞争战略．陈小悦，译．北京：华夏出版社，1997：58.

② 何佳讯．品牌与品牌化研究的取向、格局及趋势 // 何佳讯．长期品牌管理．上海：格致出版社，2016.

么这种利益和价值可能是品类共有的利益和价值。品牌定位则是品牌独特的价值。产品以实际的有形价值为基础，而品牌以产品存在为前提，它既包含有形的产品价值，也包含附加值，即品牌的无形资产。品牌定位不能局限于有形的产品价值，因为产品的范畴毕竟有限，如果局限在产品价值进行品牌定位，就会限制品牌的发展空间。因此，通常我们必须要从超越产品价值的层面对品牌进行定位，即品牌附加值定位，由此为品牌的长期发展奠定基础。

品牌定位和产品定位又存在联系。一个品牌下不同的产品各自拥有不同的定位，产品层面上的价值各不相同。不同产品如果使用同一个品牌名称，那么就必须要有一个在品牌层面上的定位，其价值要能够涵盖、适用于所有的产品定位。产品的不同定位不会影响到品牌的定位，因为品牌层面的价值定位是超越了产品的具体优势、具体功能之外的定位，它相对于产品定位更加抽象、宽泛。但是要注意一个问题，品牌层面的价值概念若为了涵盖不同的产品而宽泛到一定程度，则可能会使消费者感到过于空洞，不再是“确定的价值”。因此，恰当的做法是针对消费者需求做业务延伸时，产品要进行相关多元化，拥有发展主线，利用核心优势、核心技术、核心成分，遵循“以不变应万变”的原则，即在品牌层面上保有确定的价值。一个公司若要发展不相关多元化，通常采用多品牌策略。但并非在同一品牌下不能发展不相关产品或业务。这要视品牌的发展阶段确定。通常，在品牌创建初期，产品和业务要聚焦，以奠定品牌资产基础。

这里还涉及另外一个问题，即选择做大市场还是做大品牌。如果以同一个品牌名称发展不相关多元化，一般会导致业务做得很大、市场销售收入很高，但是品牌力不强，因为它的价值宽泛、空洞、不确定。如果一个品牌定位是确定的价值，开展某一类业务，此时市场也许不大，但是品牌力得到强化，因为它始终定位在一个确定的价值上。对于这个问题的考虑，类似于品牌应用到商业上的两种逻辑：一种是强调无形资产，另一种则是强调有形资产①。当然，在具体的公司实践中，我们总会寻找一个平衡点，而不是非此即彼，或顾此失彼。此外还需要因地制宜，根据当下的条件、资源与机会，甚至也包括经营者当下的心境来做出决策——这就是管理的复杂性。

四、品牌定位的竞争范畴

无论是战略定位、品牌定位还是产品定位，本质上都是竞争的需要。因此，定位需要确定竞争的范畴。定义竞争的范畴不要过于狭窄。如果过于狭窄，尽管定位容易在较小的范畴中建立优势，但由于领域小，这种定位并不能形成强大的优势地位。如果过于宽泛，那么即便自身实力较强，也难以形成强大的优势地位。

战略定位的竞争范畴可划分为三个层面，由小到大分别为：具体产品的层面，这时可称为品牌的“步局”；产业的层面，可称为品牌的布局；世界范围的层面，可称为品牌的格局。三个层面建立竞争优势所需要的资源和能力是不同的。

那么，如何理解品牌定位的范畴大小呢？我们可以从产品层级看，由大到小分别是

① 何佳讯．品牌的逻辑：经典与颠覆//何佳讯．品牌的逻辑．北京：机械工业出版社，2017：4–21.

产品家族（product family）、产品种类（product class）、产品线（product line）、产品类型（product type）和产品品目（product item）。

产品家族是能够合理有效地满足核心需要的所有产品种类。例如：日化用品。

产品种类是产品家族中的一组产品，被认为有某种功能上的相似之处。例如：个人护理用品。

产品线是指同一产品种类中一组紧密相关的产品，它们有着相似的功能，卖给相同的顾客群体，通过相同的销售网点或渠道销售，或在给定的价格范围内降价。一条产品线可能由不同的品牌组成，或只有单一家族品牌，或以个别品牌进行产品线延伸。例如：洗发水。

产品类型是一条产品线下的一组产品，它们具有多种可能的产品形式。例如：去头屑洗发水。

品目又叫库存单位（stockkeeping unit）或产品花色（product variant），是同一品牌线或产品线中的不同单位，以大小、价格、外观或其他属性区分。例如：300 克中度控油去头屑洗发水。

结合产品层级看，品牌定位的最小范畴是产品类型，比如海飞丝就是定位于去头屑洗发水。如果是公司品牌，那么定位的最大范畴可以是产品家族。通常产品品牌的定位，较为合适的竞争范畴是产品线或产品种类。

第 2 节　品牌定位方法

在市场营销领域，我们通常认为定位是公司为自己的产品或形象在目标顾客心目中占据一定的特殊位置而采取的行动。品牌定位就是通过确定本品牌的具体价值，在竞争范畴中赢得本品牌在顾客印象中的最佳位置，帮助实现公司潜在利益的最大化。所谓具体价值，通常包括产品价值和产品之外的附加值（形象）。在本节中，我们先介绍品牌定位思想的演进，再介绍品牌定位战略方法和决策分析工具。

一、品牌定位思想演进

笔者根据对定位思想演进的理解，把品牌定位战略分为三种：心理定位、竞争定位和全面定位[①]。理解它们之间的区别和联系十分重要。

（一）心理定位

该定位战略由艾·里斯和杰克·特劳特提出。心理定位战略认为定位的基本原则不是琢磨产品，而是洞悉并操纵顾客心中的想法。“……定位并不是要对产品做什么事……定位是你对未来的潜在顾客心智所下的功夫……也就是把产品定位在你未来潜在顾客的

① 何佳讯．品牌的逻辑．北京：机械工业出版社，2017．

心中。”这种“定位”是把功夫下在产品问世之后，目的是让产品在消费者心智中牢牢占据一席之地。举个典型的例子，美国维克制药公司的研究人员发明了一种能够治疗感冒的糖浆，不但能祛痰，也能止住泪水，但副作用很大，患者服用后昏昏欲睡。按里斯和特劳特的定位方法，不需要改进产品，只需为这种产品取一个对传达定位概念有特别联想的名字“夜宁”，广告只要强调它是“第一种夜间使用的感冒药”就可以了[①]。

心理定位的有效性建立在对消费者心理法则和心理机制的掌握和运用上。例如，有一个基本法则是“第一”容易被记忆，所以要把产品、品牌定位在第一。除此之外，还有一个法则叫作品类定位。如果原有的品类中已存在很多强大的成熟品牌，品牌在该品类当中缺乏竞争优势，很难在消费者心中占据独特的位置，那么可以选择开创新品类。这相当于通过创新品类来获得第一的地位，一旦成功就很容易在消费者心目当中占据位置，因为消费者有对事物进行分类的基本心理。所谓“方以类聚，物以群分”，其实也是类别化。在表 3-1 中，笔者对里斯和特劳特的心理定位方法进行了总结。

表 3-1　里斯和特劳特的心理定位方法

定位方法	具体解释
首次或第一	定位对象首次进入空白心智。赋予定位对象的主张内涵可以是多方面的，但对受众来说，这方面的信息要是心智第一次感知的。要占得最先与最大
比附（关联）定位	使定位对象与竞争对象（已占有牢固位置）发生关联，并确立与竞争对象的定位相反的（否定的）或可比的定位概念
特色定位	在遇有无敌地位的竞争对手的情况下，定位的策略是利用自己在潜在受众心智中所拥有的位置，并巩固之，使之确立为心智中同类对象的新位置
单一位置策略	处于领导地位者，要以另外的新品牌来压制竞争者，因为每一个品牌都在其潜在顾客心智中安置了所独自占据的一个特定处所
扩大名称	处于领导地位者，用更广的名称或增广其适用范围来保持其地位
寻找空隙策略	寻求受众心智中的空隙（而不是制造厂的空隙），然后加以填补。这需要反其道而想的能力。关于这空隙的概念有大小、价格（高低）、性别、年龄、一天中的时段、分销渠道、大量使用者的位置等
类别品牌定位	当一个强大的品牌名称成了产品类型名称的代表或代替物时，必须给公司的一个真正成功的新产品以一个新的名称，而不能采用“搭便车”的做法，沿袭公司原有产品的名称。这像“跷跷板”原理
再定位（重现定位）	打破产品在消费者心智中所保持的原有位置与结构，使产品按照新的观念在消费者心智中重新排位，调整关系，以创造一个有利于自己的新的秩序。这意味着必须先把一个旧的观念或产品搬出消费者的心智，才能把一个新的装进去。这与比较性广告不同。比较性广告未给竞争者重新定位，而是以它们作为自己品牌的基准点

心理定位战略的局限性表现在它只考虑心理法则而未解决产品、价格、渠道等其他问题。但心理定位战略并非没有价值，相反，它指导着品牌利用心理法则更好地定

① 参见最早的中译本：里斯，特劳特．广告攻心战略：品牌定位．刘毅志，译．北京：中国友谊出版公司，1991．原书为 *Positioning*：*The Battle for Your Mind*（1981），后有不同中译本出版。

位在消费者心里。这个问题对整个品牌定位来讲，是最后一公里；而产品、价格、渠道、促销等工作则是之前的十公里。前面的工作做得再好，仍然需要运用恰当的传播方式，以一个比较明确、直接、鲜明的说法，解决品牌进入消费者心里的最后一公里问题。

（二）竞争定位

心理定位战略的逻辑是产品问世之后再考虑定位，通过推广与广告手段促进达成销售。然而在今天，定位的逻辑步骤并非如此，也即采取了竞争定位战略。

竞争定位战略强调“必须从零开始，开发所有的 4P，使产品特色确实符合所选择的目标市场”。与上面的心理定位不同的是，这种定位先于产品问世，其实也就是战略大师迈克尔·波特提出的三种竞争战略之一，即差异化（differentiation）战略的实质。从实践的角度，我们可以从产品、服务、人员、渠道和形象等各个方面开发差异点，建立竞争优势；也即依据定位开发出产品、定价、渠道和促销，使各个元素协调一致地执行，恰如其分地整合在一起。以感冒药为例，“白加黑”通过产品概念创新，切切实实解决了消费者白天服用感冒药引起嗜睡的问题，赢得了市场。

营销管理框架的基本逻辑是：首先，进行宏观环境分析、中观环境分析和微观环境分析。其中微观环境即消费者行为分析，消费者行为的差异形成细分的变量，成为市场细分的基础。其次，进一步递进到市场细分、选择目标市场以及定位，简称营销战略（STP）。最后，在定位的基础上实施营销组合（4P）策略。我们不难发现，在该逻辑框架中，在进行定位的时候还未有产品面世，此时的定位只是一种抽象地存在于头脑中的价值、概念或者说谋略。事实上，战略层面均是无形的，只有推进到战术层面的营销组合要素才是有形可见的。

在按照营销战略的步骤选择目标市场的时候，要注意一个品牌绝不只是定位于一个目标市场，而是拥有若干个目标市场，并相应地在产品层面各有特色。不同的目标市场，有相应的产品概念和价值定位。而品牌定位超越产品定位，是确定在品牌层面上的独特价值，覆盖品牌名下的所有目标市场，但不是宽泛的所有消费者，否则价值不够明确。

品牌定位需要进行三方面的考虑：目标市场、竞争以及建立在功能利益和情感利益基础上的品牌价值主张。因此，选择目标细分市场之后应当考虑到与之相关联的竞争范畴。一是要根据自己的资源、基础和能力来进行选择；二是竞争范畴分为种类、产品线、类型等不同的层面，在选择时不能过于狭窄。这已在本章第 1 节具体阐述了。竞争范畴不同，涉及的定位概念不一样，品牌定位的价值也不一样。

（三）全面定位

公司通过差异化利益可以满足所选择的目标市场的需求，却并不能把竞争对手的目标市场吸引过来，因为它们需要另外的差异化利益。由于竞争定位战略存在这样的局限性，全面定位战略得到关注。它认为在一个定位的价值当中有两种利益或者两种联想，一个是差异点联想，另一个是共同点联想，二者共同影响到定位确定怎样的价值组合。若想全面赢得竞争优势，品牌需要对二者综合考虑。

差异点联想指的是那些深植入消费者头脑中并受到赞誉的、独特的品牌联想。这些差异点可建立在任何一种类型联想的基础上——属性、利益或者态度，联想的层次越高、越抽象，就越有可能成为一种长期的品牌资产来源。差异点的概念与“独特的销售主张”以及“可持续性竞争优势”等概念紧密相关。

共同点联想指的则是那些不一定为品牌所独有，而可能与其他品牌共享的联想。它分为两种。一种是产品大类共同点联想，即在某特定的产品大类中，消费者认为是合理的、可信任的产品所必须具有的联想，它帮助品牌建立起与品类的密切联系。这种联想至少应该存在于一般产品层次，最有可能存在于期望产品层次，比如消费者认为银行应该能提供从支票账户到支付计划等一系列的服务，并应提供保险箱、ATM 服务、电话或网络银行等。

另一种是竞争性共同点联想，即那些用以抵消竞争对手差异点的联想。也就是说，某品牌针对竞争对手设计的品牌联想要和竞争品牌的品牌联想一样深入人心，同时，又要建立另外的同样有力、受欢迎且独特的联想作为其差异点，这样该品牌才能占据比较有优势的竞争地位。换言之，关键在于将竞争对手的差异点化为已有。

值得重视的是，建立竞争性共同点联想相比建立差异点联想更难。通常意义上的品牌定位环节，与其说是建立差异点联想，还不如说是建立必要的竞争性共同点联想。只拥有差异化的优势，很多时候并不是一个很明显或强大的优势，因为差异点联想所对应的市场和发挥作用的机会较小。在很多情况下，尤其对于中小企业的初创阶段来讲，建立差异化优势是无可非议、常用并有效的；但如果品牌谋求其市场上的领导地位，那么建立共同点联想更为重要，实际也更难。通常，行业的标准与发展趋势是由大公司引领的，它们引领的即是竞争性共同点联想或者说品类共同点联想。所谓主流，即是指具有品类的共同点联想；而非主流，可以只考虑差异化优势。通常我们说的“短板”，指的是在竞争性共同点联想方面存在的欠缺。在品牌战略升级实践中，我们需要重视差异点加共同点的定位战略。

二、品牌定位战略方法

品牌定位战略方法的核心是在明确企业竞争优势的基础上，确定在品牌层面进行定位的差异点和共同点，并通过创新性的方式和手段，在顾客心中建立品牌的优势地位。主要的战略方法包括如下这些方面：

（一）明确潜在竞争优势

竞争定位的核心立足于竞争优势。按照波特的描述，所谓竞争优势产生于公司所能为顾客创造的价值，而这个价值量大于公司本身创造这个价值时所花费的成本。顾客愿意花钱购买的就是价值。以比竞争者低的价格销售，却获得等值效益，或者提供足以抵消较高价格的独特效益，这就是超值。因此，竞争优势有两种基本类型：成本优势和产品差别化。

波特提出价值链作为辨别潜在竞争优势的主要方法①。每个公司都是为设计、制造、营销、运输和支持其产品等而采取一系列活动的总汇。为了弄清某一公司和行业的成本特性及不同的现有资源与潜在资源，价值链将公司分解为在策略上相互关联的9项活动，这9项价值活动又分为5项主要活动和4项支持性活动。如图3-1所示。

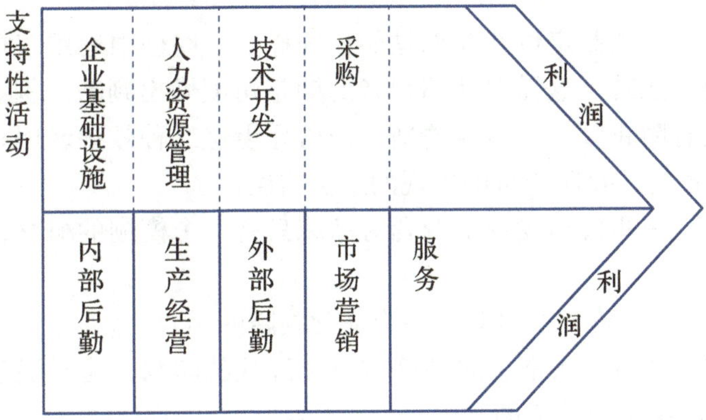

图3-1　波特的价值链模型

资料来源：波特．竞争优势．陈小悦，译．北京：华夏出版社，1997：37.

公司的任务就是稽核每一项价值活动的成本和运营情况，寻求改进措施。同时，它还应对竞争者的成本和经营情况做出估计，并以此作为本公司的基准点。只要能胜过竞争者，它就获得了竞争优势。

公司还要寻求公司价值链以外的竞争优势，如探索研究其供应商、配销商和最终顾客的价值链。比如，公司可以帮助一家大供应商降低成本，从而使自己从此项节约中受益；公司也可帮助顾客更好地或更廉价地从事某些活动，以此赢得他们的忠诚。

波特的价值链分析模型主要用于产品定位。而对于品牌定位来说，除了成本、产品差别两项实体优势外，还可以运用品牌的心理优势。为此，还需要对品牌和竞争品牌的形象做调查，以明确对顾客的潜在心理优势。

（二）选择竞争优势

在上述明确潜在竞争优势的基础上，要选择和确定竞争优势，主要考虑三个方面：确定差别化利益值得开发的前提条件、确定差别化利益的数量以及确定具体的差别化利益。

第一，确定差别化利益值得开发的前提条件。并不是所有的品牌差别都是有价值的，有的差别不能作为细分依据。因为每种差别都有可能增加公司的成本和顾客的利益，所以公司要细心选择每种区分自己和竞争对手的途径。一种差别化利益值得开发要满足以下这些标准：重要性——能提供给足够数量的顾客以高度的利益；区别性——它或者不是由其他公司所能提供的，或者是由公司以一种十分与众不同的方式提供的；优越性——它比用其他方式获得相同利益来得优越；沟通性——对于顾客来说是可以沟通的，

① 波特．竞争优势．陈小悦，译．北京：华夏出版社，1997：36-60.

并且是可见的；有优先权的——它不易被竞争者仿效；负担得起的——顾客能够支付得起这种差别性费用；盈利性——公司能发现介绍这种类别性是有利可图的。

第二，确定差别化利益的数量。许多营销人员倡导只向目标市场宣传一种利益，即所谓独特的销售主张，它强调每个品牌都应突出一种属性，并使自己成为该属性方面的“第一”。

然而事实上，单一利益定位并非总是最佳选择。一些公司运用双重利益定位甚至三重利益定位都获得了成功。这需要从消费者的期望角度做出判断。例如，对于牙膏，许多人都希望同时拥有防止龋齿、口味清新、洁白牙齿这三种效果。但是，随着公司不断扩大对品牌利益的宣传，要防止可能出现的定位错误：

（1）定位不够。一些公司发现消费者对品牌只有一个模糊的概念，消费者并不真正知道它的特殊之处。

（2）定位过分。消费者对品牌具有一个非常狭隘的印象。

（3）定位模糊。消费者可能会对品牌有一个混乱的印象，这一混乱可能是由于太多的说明或时常改变品牌定位造成的。

（4）定位疑惑。消费者可能会出于产品特征、价格或制造商的原因很难相信品牌的声明。

解决这些问题的关键是要恰当地使用定位战略战术——营销组合，使产品、价格、渠道和促销产生协调一致的定位意义。

（三）确定具体的差别化利益

假设公司已经找到了四种可供选择的差别化利益（竞争优势）：技术、成本、质量和服务。该公司有一个主要的竞争对手（见表 3－2）。两家公司在技术方面的得分都为 8 分（1= 最低分，10= 最高分），可见它们都拥有先进的技术。该公司进一步提高技术的收益不大，尤其是当成本固定时。而竞争对手在成本方面具有优势。这样一旦市场对价格更为敏感，公司的利益就会受到损害。公司的产品质量优于竞争对手，但两家公司的服务水平都很低。

表 3－2　竞争优势的选择方法

（1）竞争优势	（2）公司地位	（3）竞争对手的地位	（4）提高市场地位的重要性	（5）提供的能力和速度	（6）竞争对手提高市场地位的能力	（7）建议方案
技术	8	8	低	低	中	维持
成本	6	8	高	中	中	监控
质量	8	6	低	低	高	监控
服务	4	3	高	高	低	投资

从表面上看，公司这时应该追求成本或服务的差别化，以提高相对于竞争对手的市场吸引力，但这时产生了其他需要考虑的因素。首先，改善这些属性对目标顾客的重要

程度如何？第（4）栏表明降低成本和改进服务对顾客来说是非常重要的。其次，该公司是否有足够的资金进行这些革新？完成这些革新要多长时间？第（5）栏表明改善服务最易提供，且改进的速度最快。但是，如果公司这样做，竞争对手是否也能同样做到？第（6）栏表明，竞争对手改善服务的能力很低，这可能是因为竞争对手不重视服务或者资金不足。第（7）栏说明针对每种属性应采取的正确行动。可见，最重要的是公司要提高服务水平，服务对顾客是至关重要的，公司如能尽快投资改善服务，也许竞争者会一时无法赶上。借助于这个推理过程，公司能选择或增加真正的竞争优势。

（四）品牌相关性竞争①

戴维·阿克提出存在两种竞争方式及相应的定位：

第一种方式，也是目前最普遍的方式，被称为“品牌偏好”竞争，即需要说服消费者在所比较的各个品牌的范畴中选择自己的品牌。这种竞争常见于成熟的品类或子品类，竞争的焦点在于“我的品牌优于你的品牌”式的营销，试图通过持续渐进地改善产品吸引力、可靠性或价格来提升购买者的偏好。上述的步骤即是这种方式，着眼于偏好竞争。

第二种方式则是品牌相关性竞争，创造可以定义新品类或子品类的“必备要素”，而竞争对手与该品类没有相关性，因此自然就把竞争对手排除在外。这里的“必备要素”可以是某种性能、服务、应用、个性、价值或很多购买者认为必要的其他产品特征——任何缺少了“必备要素”的竞争品牌都不会被购买者考虑，因而变得不相关。此时的竞争焦点是如何赢得品类或子品类的竞争。例如，针织内衣品牌三枪提出“贴身衣物”新概念，五谷道场提出“非油炸方便面”，雅客开创了维生素果糖概念。

由于品牌相关性战略的本质涉及实质性创新甚至突破性创新（往往只有重大创新能创造必要条件，从而定义一个新的品类），其对企业提出了许多要求：对于市场变化和顾客生活变化的感知能力；对于新技术和产品的专业知识；具有开发一个新概念并将其市场化的坚定意志；将关注点从创建品牌转向创建一个新的品类或子品类，并建立进入壁垒以阻止模仿者。这种方式要求企业走出自己的舒适区，改变已有的目标市场、价值主张和商业模式。并非所有企业都愿意承担这种风险。

通俗来讲，品牌偏好竞争约等于努力成为“更好的”，而品牌相关性竞争则意味着努力成为“唯一的”。显然，第一种竞争方式比较方便易行，通过优化营销战术手段（如广告、促销、赞助活动等）就可予以支持。但是，从更为宏观和前瞻性的视角来看，营销上的投资和渐进性创新很难改变市场份额的格局。在成熟市场中，顾客认为就功能性利益来说，品牌都是相似的——多数情况下也确实如此，因而顾客没有倾向和动力去改变品牌忠诚。这种僵局是难以被营销活动打破的。结果，这类竞争往往演变成相互追赶、放弃利润的无止境的苦战。

第二种竞争方式虽然相比之下更难以实施，但它是寻求增长和利润的最好的、有时也是唯一的途径。那些成功开创了新品类并加以控制的企业将能享受到由增长、市场力量、品牌活力和盈利能力带来的巨大收益。

毋庸置疑，无论是销量、利润还是市场地位的成功，并非来源于品牌偏好优势，而

① 阿克．品牌相关性．金珮璐，译．北京：中国人民大学出版社，2014.

是通过创造新品类或子品类提供具有持续性差异的创新产品，最终赢得品牌相关性之战。

（五）创建与管理品类或子品类

创建与管理品类或子品类分为四个步骤：

首先，发现新概念。一个能引起实质性或突破性创新的、具有吸引力的概念，通常都以未满足的需求为中心。不过大多时候，未满足的需求是不明显的，它需要被洞察到。这便进一步对组织创造力提出了要求。

其次，对概念进行评估。每个组织的资源和风险承受能力都是有限的，因此有原则地筛选出最优创意很有必要。概念的评估需从三方面着手：是否真的存在市场机会？是否能参与并赢得竞争？新产品是否能保持市场领导者的地位？

再次，定义并管理品类或子品类。一个新的品类或子品类需要像品牌那样被定位。企业可以基于能够驱动价值主张的功能性利益对其加以定位，也可以基于顾客与品类或子品类之间的关系（超越产品的消费者-品牌关系），从功能性利益拓展到共同的兴趣、个性、激情或者社会活动等要素，而每一个要素都为品类或子品类的定义提供了一个潜在的“必需”部分。就管理品类或子品类而言，它需要由实质性或突破性创新推动。企业应当创建一种文化并保持长期良好执行；可能的话，使品牌获得品类或子品类的标杆地位，以建立品牌与之的连接和可信度。

最后，创建竞争壁垒，保护差异化。创建一个新的品类或子品类对企业来说是消耗资源、极富风险的。为了获取更大的直接利润和市场发展动力，企业有必要构筑起强大的竞争壁垒，包括投资壁垒、客户关系、凸显利益点以及建立品牌与品类或子品类的密切关联。

三、运用品牌定位分析工具

品牌定位是在一种竞争的参照范畴中反映一种品牌与其他品牌之间的地位关系。为了更好地找到品牌目前的位置，进而更好地确定品牌在市场上的位置，我们可以借助专门的定量分析工具。常用的有两种：知觉图（perceptual map）和排比图。它们从消费者需要和认知评价的角度为品牌定位提供有力帮助。其思考的顺序如表 3－3 所示。

表 3－3　品牌定位思考顺序

步骤	任务
第一步	在某品牌有可能被购买的市场领域中，对现有产品、品牌进行分析和分类，以把握产品特征
第二步	在这种产品类别中，分析该品牌是以什么样的认知观点被消费者所把握与评价的
第三步	分析在消费者认知结构中，对各种品牌具有何种印象，以及消费者需要的理想点情形
第四步	从该产品的特征来判断，分析可能的分类与市场的位置在何处，以及有没有新的分类和定位
第五步	根据消费者的理想点、竞争位置的强弱关系，分析何种定位能够充分吸引消费者

下面我们对知觉图和排比图分别加以介绍。①

(一) 知觉图

知觉图是一种直观、简洁的典型分析工具。一般利用二维坐标图上设定的各类评价因子对品牌形象和认知做比较。图上的各点对应市场上的主要品牌，它们在图中的位置代表消费者对其在评价因子上的表现。图3-2是一个关于美国某啤酒市场的调查例子。它把啤酒品牌形象和消费者的理想点的分布（1#～9#的圆）用“苦味—适度”和“淡啤酒—浓啤酒”这两个因子尺度表示。若考虑使新的品牌进入6#的消费者群位置，这时的品牌概念应成为“与Budweiser类似的浓淡以及适中的苦味”，竞争的品牌是在周围的Meister Bran，市场目标是4#、6#的消费者，其市场大小，可以从两圆的直径推算出来。

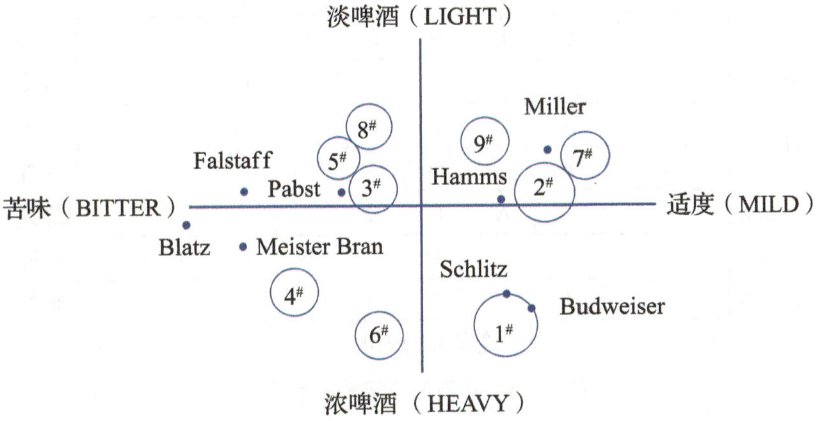

图3-2 美国某啤酒市场

那么，如何制作知觉图呢？

首先，确定关键的特征因子。它直接影响到知觉图评价的效果和结果。知觉图一般是两维的，因此要通过市场调查了解影响消费者购买决策的诸因素及各自的权重，然后通过统计分析确定重要性较高的并且能很好地区分出品牌差异的两个因子。

其次，确定各品牌在知觉图上的位置。其方法是把消费者对各品牌在关键因子上的表现评价量化。从市场调查中得到的数据往往相当复杂，需要借助计算机统计软件包的辅助。常用的是统计产品与服务解决方案（Statistical Product and Service Solutions，SPSS）。它提供了许多市场分析方法，其中的对应分析和多维尺度能有效支持知觉图的绘制工作。对应分析程序可将消费者对各品牌在评价因子上的数据转化为知觉图。利用多维尺度也能得出类似的图形，但需输入的原始数据是消费者对诸品牌两两之间的相似或差异程度的评价，其生成的图形可以是多维的（即在两种评价因子上做比较）。

知觉图直观地显示了消费者对品牌间特性差异的评价。在明确了自己品牌的位置以及与竞争对手的差异后，就可以确定定位的方向。这时，既要考虑品牌位置的独特性，又要注意各个细分市场的竞争激烈程度。

通过知觉图的分析，可能会发现目前的品牌形象与公司原本的品牌定位有所不符，

① 何佳讯. 品牌形象策划：透视品牌经营. 上海：复旦大学出版社，2000：300-302.

这意味着品牌传播中存在问题，为公司改进营销传播工作提供了参考依据。

（二）排比图

知觉图适用于两个关键因子的评价。但在实际中，影响消费者购买决策的因素有很多，因此用于品牌定位和塑造品牌形象的元素也需要更多。这时，使用知觉图就无法满足分析的需要了，比较好的方法是运用排比图。

所谓排比图，就是将各评价因子按其重要性程度排列出来，在每一因子上分别比较各品牌的表现，最后在此基础上确定品牌定位。图 3-3 给出了一个方便面市场的例子。

重要性		弱				竞争品牌表现					强	
高	8			E	D	C	A			B		口味
	7				E	D	C		B		A	花色
	6			C	E	B	D	A				价格
	5					C	A	B	D	E		质量
	4		D	A	C	E	B		B			包装
	3			E	A	D		C				广告
	2		C	E	A	B	D					营养
	1					A	C	B	D	E		历史
低	0			A		B	D	C		E		服务

图 3-3　方便面市场的品牌定位

从图 3-3 中可以看出，影响方便面品牌评价的因子按其重要性高低分别是口味、花色、价格、质量、包装、广告、营养、历史和服务。五个主要竞争品牌 A、B、C、D、E 在这八个方面的评价表现在图上一目了然。其中，B 品牌不失为最强的竞争对手，它在口味、花色、包装上表现不俗；A 品牌在花色上独树一帜；C 品牌和 D 品牌表现平平；而 E 品牌的营销策略存在较大的问题。因此对于要定位的品牌来说，价格不失为一个突破口。

以上两种分析工具从消费者需要和认知评价的角度为品牌定位提供了有力帮助。

第 3 节　以品牌价值观进行定位

品牌定位的高级阶段是采用价值观进行定位。品牌价值观定位也是品牌定位升级的常用手法。从价值观层面来考虑品牌定位，就是把品牌当作一个人来看待——品牌和人一样，可以建立并拥有明确的价值观。品牌价值观以一种持续性的价值赋予品牌恒久性，支持品牌坚持不懈地永续发展。

一、品牌价值观定位的重要性

按照通行的定义，价值观是一种外显或内隐的，有关什么是“值得的”的看法，影响人们对行为方式、手段和目的的选择。而品牌价值观从企业角度看，是指品牌开展所有实践的行为准则。企业围绕明确的品牌价值观建立相应的品牌形象和品牌定位，使其成为品牌资产的来源，进而为自身提供价值。从顾客角度看，消费者对特定品牌的选择意味着他们对品牌所反映象征意义的认同。消费者通过与体现其所崇尚观念的品牌产生密切联系，帮助他们表达自己想要的自我。进一步地，与消费者看重的价值观取得一致的品牌能够增强消费者对购买决策的信心，从而为顾客提供价值。着重强调品牌价值观的重要性，是出于以下四点考虑。

第一，价值观是人和人之间的纽带。在社交媒体时代，价值观的纽带特别重要，如果彼此的价值观一致，大家会联系得更紧密。

第二，品牌价值观是品牌发展高级阶段的需要。在品牌建立的初级阶段，可能主要是打造一个卖点、功能或利益；但在高级阶段品牌需要更多的附加值支撑，它依靠的是抽象的理念和目标，即价值观。例如品牌精神、品牌文化等，它们的重要组成就是价值观。

第三，品牌价值观能满足消费者的高级需要，帮助消费者实现自我价值。在某种程度上说，当今的时代已经越过了物质满足的时代，人们超越了底层的物质需要而寻求高层的自我实现的需要（马斯洛需要层次理论）。这种需要折射了消费观念升级之后个人多元化的价值观对满足自我实现的追求。

第四，在一个高科技发达、迅速发展的时代，品牌价值观的意义同样凸显出来。高科技的创新带来了极大的不确定性，反映到现实生活的各个层面就是产品的生命周期缩短、技术的生命周期缩短、媒体信息碎片化、信息传播路径多元化，因此特别需要品牌价值观来建立品牌强度与持久性的价值。

综上，企业建立品牌要考虑顶层设计来建立其价值观，即把价值观内化于品牌概念之中，使其成为长久性品牌价值主张的来源，并统领品牌的可持续性发展。

二、品牌价值观的基本框架

著名社会心理学家 S. H. 施瓦茨（S. H. Schwartz）在 1992 年提出了人类价值观框架，包含 11 项基本价值观范畴，即仁慈、关注自然、社会关注、自我导向、刺激、享乐主义、成就、权力、安全、传统和顺从。它们又可划分成四类高阶价值观维度，即自我超越、自我提升、保守和乐于改变。如图 3－4 所示，相邻的价值观彼此兼容，相对的价值观彼此冲突。对全球 20 个国家的调查证明，这一人类价值观框架在内容和结构上是稳定成立的。

近年的一项跨国研究显示[①]，当要求消费者用人类基本价值观框架表征品牌价值观时，除了少数个人价值项，品牌价值观的内容框架与图 3－4 大体相似。这表明，品牌价值观以人类价值观为隐喻来源，在反映和体现不同文化体中价值观存在的基本差异之外，更是具备跨文化的适应性。这里，我们借用手段-目的链（means-end-chain）略加解释。品牌的实际行为（即手段）千差万别，丰富多样，但它们在追求终极目标方面存在趋同性，

① Torelli C，Özsomer A，Carvalho S W，et al. Brand Concepts as Representations of Human Values：Do Cultural Congruity and Compatibility between Values Matter？. Journal of Marketing，2012，76（7）：92–108.

意即在高层面的价值观方面，存在普适性的框架能够加以概括和描述。按施瓦茨的研究，这一框架即为两级四象限，共 11 种类型的价值观。见图 3－4。

图 3－4　施瓦茨的人类基本价值观框架

资料来源：Schwartz S H. Universals in the Content and Structure of Values：Theoretical Advances and Empirical Tests in 20 Countries. Advances in Experimental Social Psychology，1992，25（1）：1-65.

目前，企业在品牌建设中一些常见的问题包括：第一，没有明确的品牌价值观，即品牌建设还未上升到高层次的价值观层面。如果缺乏品牌价值观，那么企业就很难在多变和不确定的商业世界中确定持久的品牌目标，也就无法建立起品牌强度和地位。第二，品牌价值观与品牌行为之间存在脱节，即企业虽有品牌价值主张，但仅限于营销推广，并未用于统率一切品牌行为。也就是说，品牌价值观并未上升至品牌宪章的高度。正是由于这种脱节，品牌价值观缺乏有效支撑，消费者感到品牌价值主张是空洞的，没有真实性。

三、品牌价值观定位的方法

要想建立既合乎企业发展又为消费者接受的品牌价值观，可以从三个来源进行考虑：产品与品牌特征、创始人理念和来源国文化。针对每一来源，企业可以依据其自身实际，识别对应的价值元素，然后再综合评估，选择确定合适的品牌价值观。对于这三个来源，两两之间可能会出现重合的情况，也可能在三者之间出现重合的地方，见图 3－5。

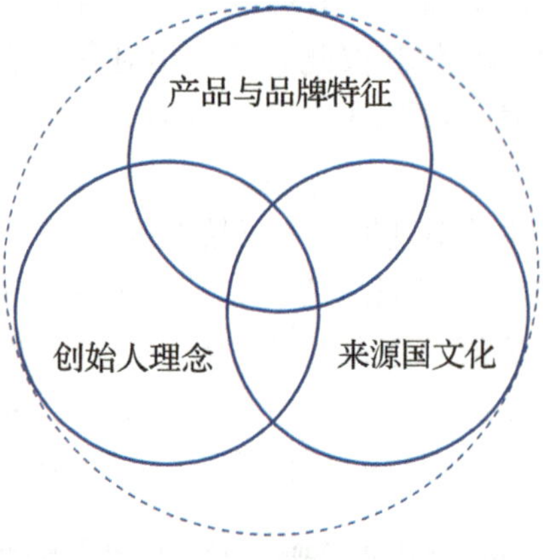

图 3－5　品牌价值观检视系统

（1）产品与品牌特征。企业需要基于品牌定位针对待建立价值观的品牌进行系统盘点，检查内容包括目标消费者需求、品牌化产品的自身优势、自身品牌有别于竞争对手的差异性特点等，从中分析得出品牌在三个方面的共同属性特征，进一步推演到该特征所对应的人类价值观上。不同的产品具有不同的属性，支撑不同的价值观目标。对于象征性品牌概念，从产品与品牌特征角度提炼价值观要素是非常重要的实现途径。

（2）创始人理念。需要指明的是，创始人或管理层的个人价值观并非构建品牌价值观的充分条件。一方面，对于很多企业而言，其领导者的形象对市场而言并不鲜明。另一方面，品牌始终面临着创始人影响力下降甚至创始人离开、离世的潜在危机。但是，如果创始人具有传奇色彩，或者有着特殊的身世和经历，或者有着独到的企业家精神和思想，则可以发展出明确的价值观，成为品牌价值观的构成要素。

（3）来源国文化。如果说产品与品牌特征和创始人理念是品牌创建价值观所应进行的基本考虑，那么，来源国文化则更有可能成为中国品牌区别于西方品牌的价值观来源。因而对于中国的全球品牌而言，来源国文化是需要更为关注的重点。

长期以来，世界上成功的品牌创建模式以欧洲和美国为代表。中国企业同样可以开拓源自本国文化的品牌创建新模式。这种模式不仅能够通过内蕴中国核心文化的价值观进行品牌定位，并以此影响全球消费文化，对西方市场消费者产生实质性影响，还可以为中国作为新兴市场国家在国际社会提升自身“软实力”提供战略性支持，即选取那些能够代表中国的独特文化价值观，通过商业活动影响世界，为人类贡献文化价值。我们的一项实证研究表明①，作为中国品牌的来源国，“中国”这一国家品牌具有的“传统”“仁慈”“安全”这三大价值观资源，可以成为商业领域品牌价值观概念的几大要素。这是一直以来被视作集体主义文化国家的中国所提供的文化财富。

需要指出的是，对品牌赋予象征意义以提高品牌形象附加值，并不是指对品牌随意地杜撰概念或虚拟故事的做法，那样会使品牌缺失世袭传统以及基础牢固的价值支撑而不具真实性（authenticity）。因此，我们主张的品牌形象附加值塑造是建立在中国核心文化价值观根基之上的，即把源于中国文化价值观的概念作为品牌概念定位元素，以在全球市场建立品牌的差异化。

第 4 节 品牌价值主张

品牌定位需要用文案表达出来，这个表现形式就是品牌价值主张。品牌价值主张是品牌身份系统的构成要素。它也可称为品牌口号、箴言或品牌识别语。它是品牌所专有的，能持续不断地建立并维护本品牌和竞争品牌之间的差异化。在本节中，笔者用“品牌价值主张”的提法，是为了清楚地表明它的核心实质，即要能明确反映品牌带给顾客的核心价值。

品牌价值主张与品牌名称和标志联合起来，构成品牌顶层设计和品牌资产的重要元素。但是，一个简单的词语和标志对建立品牌身份的贡献是有限的。例如，IBM 这个名称连同它的标志，不会加强它所构思的定位或再定位战略。但是，品牌价值主张则不同，“四海一家的解决之道”清楚地表明 IBM 在互联网兴起的时代中所承担的角色。因此，

① 何佳讯，吴漪. 品牌价值观：中国国家品牌与企业品牌的联系及战略含义. 华东师范大学学报（哲学社会科学版），2015，47（5）：150-166.

在建立品牌身份系统的时候，要重视品牌价值主张的确立，它的作用超越了通常的营销传播领域，而是品牌定位和品牌战略的灵魂与统帅。

一、品牌价值主张“三性”

品牌价值主张（brand value proposition）是品牌定位的沟通传达形式。认识品牌价值主张的“三性”，才能真正发挥它的作用，使之成为品牌顶层设计的重要组成。

第一，识别性和沟通性的平衡。品牌价值主张与品牌名称属于“姐妹”关系。在传播上，它们都担负着两种使命：识别性（表示与其他品牌的差异和联结）与沟通性（传达具体的信息和含义）。它们处在“跷跷板”上，一个作用强时，另一个的作用必然要变弱。一般情况下，两者的分工稍有些不同，品牌名称的使命首先是识别性，而品牌价值主张的使命首先是沟通性，可以补强品牌名称本身沟通性的不足。但品牌价值主张也有识别性的一方面。一个明显的佐证是在英美，企业把品牌标识语作为商标注册。例如IBM的“Solutions for a Small Planet”（四海一家的解决之道）；英航的标识语“The World’s Favourite Airline”（世界最受欢迎的航空公司）等。

相较而言，沟通性的获得更依赖于标识语本身的内容，即策略水平；而识别性的获得主要靠创意的形式，此外还依赖于传播的强度。认识不到标识语的识别作用，必然导致对标识语的沟通性要求过高。这是时下企业家们对品牌价值主张认识上的一个盲点。这个盲点引发的表现误区是：期待或要求品牌口号能反映品牌的所有特点或优势——“包办一切”。这不仅违反了品牌传播的一般原则，也是对语言功能有限性的忽视。在这种错误观念的引导下创作，必然导致标识语内容笼统或空洞，言之无物。

第二，统率品牌价值创造活动。由于品牌价值主张首先不是形式上的传播手段，而是具体传播的品牌含义的体现，因此，要求品牌主张的价值与顾客对品牌的全方位体验一致。要做到这一点，必须把品牌价值主张当作企业运营和管理的尚方宝剑，统率品牌价值创造活动，切忌品牌所说的与品牌所做的不一致。通过品牌价值主张统率所有价值创造活动，其实就是要做到品牌用行动来兑现承诺。比如，瑞幸咖啡的品牌价值主张是“好的咖啡，其实不贵”，要真正实现这个价值主张，就必须让顾客体验到，它的味道和品质与得到市场认同的好咖啡（比如星巴克）并无明显差异，同时它的售价明显便宜，而不是牺牲咖啡品质换取定价优势。这就需要瑞幸设计独特的整体商业模式，降低各个环节的运营成本，确保最终售价的优势。这是瑞幸品牌存在的独特价值，也是它的使命和面临的挑战。

第三，成为品牌强度的保障。品牌价值主张有明确的价值含义，保持持续不变的稳定性，就会在顾客心里不断强化主张的价值，最终形成市场竞争力。在全球市场上，很多著名的强势品牌，拥有传世隽永的品牌口号。比如，诞生于1839年的瑞士奢侈品手表百达翡丽（Patek Philippe），把品牌定位于“传家宝”，通过文字创意发展出极具魅力的品牌价值主张“You never actually own a Patek Philippe. You merely look after it for the next generation.”，翻译成中文就是：“你从来没有真正拥有过百达翡丽。你只是为下一代保管。”同样，美国的百年食用盐品牌莫顿（Morton），有闻名于世的经典品牌口号“When it rains it pours”（盐如雨洒），富有创意地传达它的价值：颗粒超细微，永不结块。还比如瑞典汽车品牌沃尔沃始终强调安全，德国大众汽车始终强调德国制造等，都是数十年坚持不懈地努力，不断重复强化，在顾客心中建立了品牌强度。

视国家不同，品牌价值主张可以受商标法、著作权法或反不正当竞争法的保护。例如，联合利华的一个著名人造黄油品牌的价值主张是“ I Can’t Believe It’s Not Butter! ”但它实际上是一个品牌名称，因为可以受商标法保护，品牌价值主张就成了品牌名称。品牌价值主张既能提供品牌识别的作用，又能为品牌提供额外的联想，传达更多的信息，而且它比名称和标志少了很多的法律限制和其他方面的限制。相对来说，品牌价值主张更加灵活，具有开发新价值的能力。

像品牌名称和标志一样，如果品牌价值主张很独特、很显著，那么可起到很强的差别化效果；如果它很有趣味、与产品类别有关、易被理解，那么就有很强的可记性，对扩大品牌知名度和销售很有帮助。当然，总体原则是，品牌价值主张要和品牌名称及标志联系在一起，形成协调一致的整体识别效力。

二、如何发展品牌价值主张

品牌价值主张一般要从 2 ～ 4 个方面精练概括品牌的精髓和核心内涵。它在捕捉品牌核心内涵的同时，还要从某些稍微不同的角度来诠释，要很好地把各个核心价值要素捏合起来，而不是简单地把一堆反映核心价值的词组串成一段话。通常用数个词语，或一句短语表现出品牌定位和品牌价值的绝对精髓或精神。结合实践中大家公认的、耳熟能详的成功例子，笔者概括出两种策略方向。

第一，理性特色导向或感性特色导向。前者体现品牌的功能性利益，后者表达品牌的情感性利益。无论是理性还是感性，都要在语言修辞技巧上下功夫，使价值主张充满识别的力量。

理性特色导向要抓住品牌的特殊利益点发展价值主张。如在国际上瞩目并得到全球一致性贯彻的有：“只溶在口，不溶在手”（ M&M 巧克力糖）；“终极驾驶机器”（宝马轿车，英语原文是“ The ultimate driving machine ”）；“滴滴香浓，意犹未尽”（麦斯威尔咖啡，英语原文是“Good to the last drop ”）。

感性特色导向是以消费者的情感和心理需要为依据，运用感性的诉求手法进行创意。这方面的例子有：“ Fly the friendly skies of United ”（搭乘联合航空，遨游友善天空）；“For all you do，this Bud’s for you”（为你所做的一切，这罐百威属于你）；“孔府家酒，叫人想家”；“人头马一开，好事自然来”；等等。

第二，坚持顾客价值导向，避免企业或产品导向。品牌价值主张要直接体现带给顾客（包括 B2B 业务的客户）的利益和价值，它完全是顾客导向的。但事实上，我们发现不少所谓的品牌口号是企业导向或产品导向的，表达企业的愿景和目标，或企业和产品的优势等。笔者以服装、银行和网站平台三个行业为例，比较这两类品牌口号的本质差异。表 3 - 4 呈现的是一些较为出色的顾客价值导向的品牌口号。

表 3-4 顾客价值导向的品牌口号

行业	品牌名称	品牌价值主张
服装服饰	安踏	永不止步
	海澜之家	男人的衣柜
	太平鸟	活出我的闪耀
	七匹狼	男人不止一面，品格始终如一
银行	汇丰银行	与你成就更多
	招商银行	因您而变
	中国工商银行	您身边的银行，可信赖的银行
	中国建设银行	善建者行
网站平台	阿里巴巴	让天下没有难做的生意
	京东	不负每一份热爱
	携程	携程在手，说走就走
	小红书	标记我的生活

但是，我们在实践中不难发现，不少品牌口号是站在企业角度的传播，它是企业导向的，因而不能直接让消费者明白从品牌中可以得到什么好处和利益。这类口号可以说是品牌口号，但并不是真正的品牌价值主张。见表 3-5。

表 3-5 企业导向的品牌口号

行业	品牌名称	品牌价值主张
服装	歌力思	打造“国际化轻奢时装集团”
	维格娜丝	中国时尚界的 Valentino
	波司登	畅销全球 72 国
银行	浦发银行	笃守诚信，创造卓越
	兴业银行	一流银行，百年兴业
	交通银行	交流融通，诚信永恒
网站平台	聚美优品	中国最大女性团购网站
	58 同城	一个神奇的网站
	天猫	上天猫，就够了

此外，我们还经常发现不少企业的品牌口号虽然是顾客导向，但在含义表达上空洞无物，或人云亦云，未能挖掘或聚焦于品牌独特的利益点，见表 3-6。这也是我们要力图避免的。

表3-6 空洞贫乏的品牌口号

行业	品牌名称	品牌价值主张
服装	雅戈尔	世界有你，更加精彩
	红豆	优质红豆，优质生活
	森马	穿什么就是什么
银行	中国光大银行	超越需求，步步为赢
	中国银行	中国银行，全球服务
	中信银行	用我们的智慧，为您创造财富
网站平台	大众点评	发现品质生活
	美团	吃喝玩乐，尽在美团
	猫扑	爱生活，爱猫扑

理解了品牌价值主张的“三性”，把握了品牌价值主张发展的主要策略方向，我们就可以避免步入品牌价值主张的常见误区。总体而言，就是笔者概括出的实践中的四个“不要”：

一是不要把广告口号当作品牌价值主张。品牌价值主张可以成为广告中的口号，但广告口号不是品牌价值主张。这是因为广告口号仅用于传播活动，而品牌价值主张要求能够统率企业的所有价值创造活动。

二是不要纯粹的识别性取向。其表现是，品牌口号在形式表达上很有趣，有助于识别和记忆，但言之无物，没有明确的价值含义。比如表3-6中提到的例子。

三是不要经常变化。品牌价值主张可以在形式上有变化，但要万变不离其宗，保持含义的一致性。比如海飞丝在不同时代的广告中，其口号是变化的，有“去头屑，让你靠得更近”“无屑，无限自由”“头屑去无踪，秀发更出众”等，但其始终强调核心价值“去屑”，这就使得品牌有了始终一致的价值主张。

四是不要脱离品牌实践。通常的情况就是品牌价值主张仅是宣传口号，并没有引领品牌行动，或者品牌价值主张与顾客得到的品牌体验存在差距，并不一致。

品牌实践3-1 哔哩哔哩

哔哩哔哩弹幕视频网站（以下简称B站）是目前中国年轻人高度聚集的视频平台与文化社区，于2009年创建，2018年在美国纳斯达克上市。B站以ACG（动画、漫画、游戏）文化起家，番剧、动漫等小众二次元文化一直是其在用户心中的标签之一。平台内容来源主要有UGC和买进版权保障。因承诺视频中不加传统的贴片广告以及包容多元的社区生态，B站吸引了大部分热衷动漫、游戏、“鬼畜”音乐等的年轻人，以及渴望表达、创意无限的视频创作者（以下简称UP主）。

B站的定位

B站的定位是年轻人的潮流文化娱乐社区，目标用户主要以90后、00后为主，其中90后为平台用户中的绝对主力。根据艾媒咨询（iiMedia Research）的报告，B站有

83.4%的使用者为出生在1990—2009年的用户群体，而这个群体在同样为视频网站的爱奇艺和腾讯视频的用户中的比例分别为67.7%和65.8%，这两个数字均远远低于B站用户中的比例。作为互联网的原住民，90后、00后群体对于娱乐的需求更大，对版权保护的意识更强，对新鲜事物的接受程度更高、包容性更大——年轻的用户群体成为B站最主要的优势之一。因此B站为了进一步巩固年轻化的品牌形象，采取了一系列措施。

B站在品牌标志和品牌形象的设计上充分迎合了用户群体的喜好。在网站建立之初，B站发起了一次关于选择品牌吉祥物的网络投票，由用户选出了B站的专属形象——二次元人物22娘和33娘，其形象既符合B站二次元受众群体的审美，又代表了B站的独特文化，使用户能够轻易区分B站与其他相似类型的视频网站。同时B站将官方宣传语设定为"哔哩哔哩（ ゜- ゜）つロ 干杯～"，把90后、00后喜欢的颜文字置于网站的醒目位置，不仅起到了良好的宣传作用，还逐渐成为B站忠实用户的常用语之一，增强了用户对于网站的情感联结。

品牌定位的结果是成功创造聚焦消费者的价值主张，为目标用户提供使用或者购买该产品及服务的理由。B站之所以能够拥有非常高的用户黏性，一方面在于其目标市场十分明确并且足够聚焦，认准年轻人市场深耕内容，使B站在用户心中与二次元、年轻化等关键词相关联，产生品牌联想，实现品牌的差异点创造；另一方面，顺应视频平台的行业趋势，在原先的基础上添加应有的影视资源，同时通过免广告的服务获得用户的认可，保障在行业内与其他竞争对手的共同点。差异点和共同点相结合，形成了B站有效的市场定位。

"内容＋品牌"模式传达顾客价值

随着近年的发展，B站已经向主流文化靠近，主站内目前拥有包括美食、美妆、古风等7 000多个文化圈层。但长期以来，B站这一品牌在大众消费者心中仍然代表着日系ACG等小众文化，它一直希望能够打破大众对其的认知局限。因此B站做出一些营销尝试，希望通过品牌营销让大众对其有新的、广泛的认知。

B站进行品牌营销的案例之一是2019年的跨年晚会《2019最美的夜》。它在与各大卫视跨年晚会的竞争中"异军突起"，获得了超过8 000万人次的直播观看量，在迅速扩大知名度的同时还使得B站在3天后的美股开盘中逆市上涨5.39%，成为跨年晚会中的最大赢家。这次的跨年晚会主要有以下特点：首先是多元文化的交汇，面向不同世代的人群，从《亮剑》主题曲到海外影视剧《哈利·波特》，从古风乐器演奏到流行金曲《哪吒》，这些意想不到的组合串起了各类人群的成长记忆。其次是B站独特的弹幕互动机制，增强用户融入感。最后，在晚会明星的选择上，没有一味邀请当下高热度的流量明星，而是注重与B站颇有渊源的人，例如在B站"鬼畜"视频分区播放量极高的"段子手"朱广权、深受B站用户喜爱的国乐大师方锦龙等，与B站的文化因子良好融合。整场晚会作为B站圈层内容，向大众实现品牌价值的强力输出，并随后通过运营活动，与用户互动、与UP主共创等，进一步沉淀品牌内容。

B站的另一个品牌营销则是2020年"爆火出圈"的《后浪》与《入海》的事件营销。对于视频网站而言，内容即广告，广告即内容，《后浪》是五四青年节时B站投放在《新闻联播》前的品牌广告，借助老一辈艺术家何冰之口表达了对青年人敢于追梦、积极自信态度的赞赏。在营销渠道上 B 站与主流官方媒体和央视合作，不再拘泥于圈内，而是面向关注这些媒体的主流大众。如果说《后浪》是一场代际对话与交接，随后的姊妹篇《入海》则完全面向青年一代，围绕毕业季的话题，以青年人的视角讲述毕业之后的种种心情，引起年轻一代的共情。B 站借助这两则视频广告，成功“破圈”，向更多元、更包容的品牌感知前进。

以二次元文化起家的 B 站，正在逐步从 ACG 小众视频网站的品牌定位向年轻人的潮流文化社区转变，其品牌营销主要依靠“内容＋品牌”的整合营销传播策略，在各渠道做到信息传递的一致性，注重品牌导向的传播，并且借助平台自身 UGC 与弹幕的优势，强调用户参与和用户融入，通过社群将用户聚集在一起，增加对品牌的黏性；同时借助一些事件营销在用户自我与品牌之间建立桥梁，让用户在视频广告中的某个瞬间看到自己的影子，借助次级品牌联想杠杆，增强用户与品牌的关系质量，将对事物的联想传递给品牌。B 站在一次次的营销尝试中，表达其作为青年人文化社区所呈现和传递的积极向上、多元包容的理念。

资料来源：刘冰凌．社群经济视角下的视频网站品牌建设：以哔哩哔哩为例．视听，2020（6）：152–153；吴奕萱．平台方打造内容生态助力营销策略探究：以哔哩哔哩弹幕网站为例．新闻研究导刊，2020，11（5）：212–213；邱奕飞．浅谈情感营销在哔哩哔哩弹幕网站中的应用．现代商业，2019（15）：14–15；张彤，张伟．“哔哩哔哩”新年晚会：青年亚文化和主流文化的双向“出圈”．声屏世界，2020（6）：57–58；B 站官网．哔哩哔哩的定位和转型．（2019–05–14）［2020–06–21］．https://www.bilibili.com/read/cv2680325/.

品牌实践 3－2　卡萨帝

中国优秀企业的重要品牌战略是“向上走”，即发展高端品牌。以海尔为例，其海外市场实施“三步走”战略，谓之“走出去、走进去、走上去”。卡萨帝（Casarte）就是海尔“走上去”的标志性成果。卡萨帝于 2007 年 9 月推出，定位于国际高端家电市场，引导高端家庭进入感知艺术的生活方式变革时代。在品牌创立初期，卡萨帝即整合全球资源和设计灵感，专注工艺品质，抢占高端用户的心智资源。2010 年，卡萨帝正式独立，不再以海尔背书。在多年发展过程中，卡萨帝不断追求产品实用性与艺术性的平衡，充分借助互联网与用户交互沟通，激发用户情感共鸣。其多项开创性产品包括多门冰箱、滚筒洗衣机、冰吧和酒柜等，赢得了高端家电市场份额第一的位置，确立了行业地位，2015 年实现销售额突破百亿元目标。

卡萨帝品牌创立后的前三年，以海尔作为背书，先从冰箱产品开始探索，到 2010 年下半年，卡萨帝与海尔完全独立，所有视觉识别设计与品牌传播中都不再出现与海尔相关的品牌信息。借助海尔资源所积累的品牌资产，卡萨帝在产品技术、设计、价格等方面已完全能够与西门子等国际品牌相媲美。2011—2013 年，是卡萨帝以产品驱动品牌成长的关键过渡期，主要侧重于科技与品质方面的理性诉求，将用户体验置于首位。其发布的微电影、微纪录片和举办的线下五感体验活动无一不在强调卡萨帝对“科技、精致、艺术”的追求与坚持。依托良好的全球高端品牌感知、全方位跨媒体营销传播及其在高端领域夯实的技术实力，2013 年第四季度，在 1.5 万元以上冰箱市场销量份额数据统计中，卡萨帝以22.63%的份额夺得冠军宝座，领先于三星（18.57%）和西门子（16.30%）。随着卡萨帝逐步成长为高端家电的首选品牌，卡萨帝品牌管理团队意识到了进一步提升品牌黏性的重要性，因此，如何在品牌传播上深化感性诉求成为整个团队思考的重心。到了2014年下半年，随着品牌战略重心的转移，卡萨帝的价值主张从“为爱存在”变为“为爱而生”。基于这个新的品牌理念，卡萨帝先后发起“思享荟”和“家庭马拉松”两项基于多平台、线上线下联动的深度体验之旅，聚焦于用户深层次情感需求的挖掘与品牌高端圈层构建，真正实现品牌与用户间的亲密交互，引领高端家庭进入感知艺术的生活方式变革时代。

2014年，在品牌创立第七年之际，卡萨帝打造了首个中国家电品牌高端家庭生活艺术体验平台“MLA生活思享家”，希望通过这个平台汇聚来自不同领域的名人与知名品牌，共同从家的艺术中发现爱的意义。全年累计举办了5场精彩的落地活动，邀请到9大社会名人，共有50家媒体代表与1 000余位卡萨帝高端用户到场参加，全程共发布200多条新闻。2015年卡萨帝延续上一年的成功经验，于6月2日启动“思享荟”，以期进一步汇聚爱家庭、懂生活的社会精英人士，结合线上线下资源形成品牌高端用户圈层，同时将优质内容高效放大来赢得口碑。在本次“思享荟”高端生活方式体验活动中，卡萨帝首先通过线上精准传播从美食、旅游、时尚、教育四个方向为起点发起“招募首席体验官”报名活动，积累精准用户形成线上圈层。其次，卡萨帝通过与圈子领袖、精准的传播渠道以及其他品牌合作，充分培养线上圈子平台，表达卡萨帝精致匠心“家的艺术”以及背后“为爱而生”的家庭关爱。再次，配合线上传播邀请明星大使、各相关领域达人以及嘉宾参加线下体验活动，并将其吸引到线上圈层。最后，卡萨帝通过线上扩散“首席体验官体验报告”形成品牌口碑放大与影响力升级，打造成品牌传播闭环，详见图3-6。

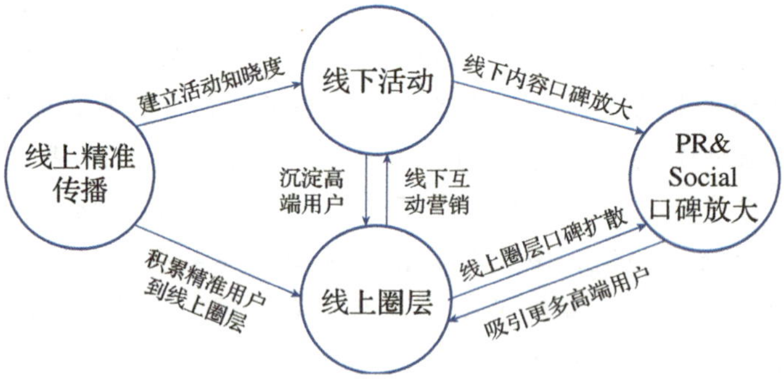

图3-6 卡萨帝“思享荟”传播架构

2014年4月，“一起跑，慢慢爱”卡萨帝家庭马拉松首跑于北京。在整个一年中，累计共有8万余人、数万个家庭同卡萨帝一起跑过了全国14座城市，完成了一场声势浩大的爱的旅行。2015年4月，卡萨帝家庭马拉松又一次强势回归，除了国内举办11场不同特色的主题跑，还携手网易与虎扑通过线上“爱的接力”评选出两个爱跑步家庭参加雅典马拉松。首先，网易通过对四组家庭的拍摄视频进行网上投票，初步评选出去雅典的家庭，包括明星、精英、业余爱好者和爱心家庭，以期扩大品牌声量，传播品牌形象。

其次，评选出的一组家庭晋级到虎扑评选，跑友可以通过虎扑提供的跑步手机应用程序为每个家庭积累爱的公里，最先达到 7 625 公里（北京至雅典的距离）的家庭将获得雅典马拉松参跑机会，通过跑友群体的深度参与，卡萨帝的活动主题“一起跑，慢慢爱”深入人心。再次，卡萨帝借助网易、虎扑、凤凰网、优酷视频和酷我音乐等多方媒体资源为雅典跑全程制造传播话题，捕捉并放大跑步中爱的故事，体现卡萨帝“为爱而生”的品牌价值理念。家庭马拉松一直备受关注，温馨有爱的路线设计也受到万千家庭的一致好评，更有众多明星家庭参与其中，共享和家人在一起的快乐时光。2016 年 4 月，卡萨帝 3 公里家庭马拉松在北京鸟巢首发，活动现场搭建起了“创新工场会客厅”和“优客工场厨房”，参与者不仅可以参与游戏互动以拉近家庭成员间的距离，还可以体验现场展出的卡萨帝全系列高端艺术家电，成为整个高端运动生活体验圈层的重要成员。通过“思享荟”和“家庭马拉松”这两个品牌活动与用户交互平台的构建，卡萨帝为其家电产品赋予了发现的意义，让高端用户在消费中获得探索未知世界的满足感；同时，卡萨帝为品牌持续注入“为爱而生”的品牌精神，在高端用户聚合的平台上与其进行深度交流，为用户构建起一个更好的、超越产品的对话圈层，用户也可以通过这个圈层来发现更好的自己。

随着与各平台合作的逐步深入以及品牌塑造的不断完善，卡萨帝的整个品牌运作体系也逐渐清晰起来，可称为全流程交互模型，包括全球用户资源平台、全球一流资源平台和用户交互平台三个组成部分，详见图 3－7。卡萨帝的全球用户资源主要来源于卡萨帝官网会员的精准导入、外部网络媒体平台以及其他受到口碑传播与互动影响的用户等。另外，在卡萨帝的 HOPE 平台上聚集了两万多家包括宝钢、陶氏、巴斯夫和中科院在内的全球一流资源供应方，与卡萨帝一起为高端用户提供生活方式解决方案。作为家电行业中运营品牌圈层的先驱，卡萨帝通过构建用户交互平台成功地塑造了一个时尚高端的线上互动圈层。首先，用户通过线下或线上渠道购买产品，将使用体验分享到卡萨帝线上互动

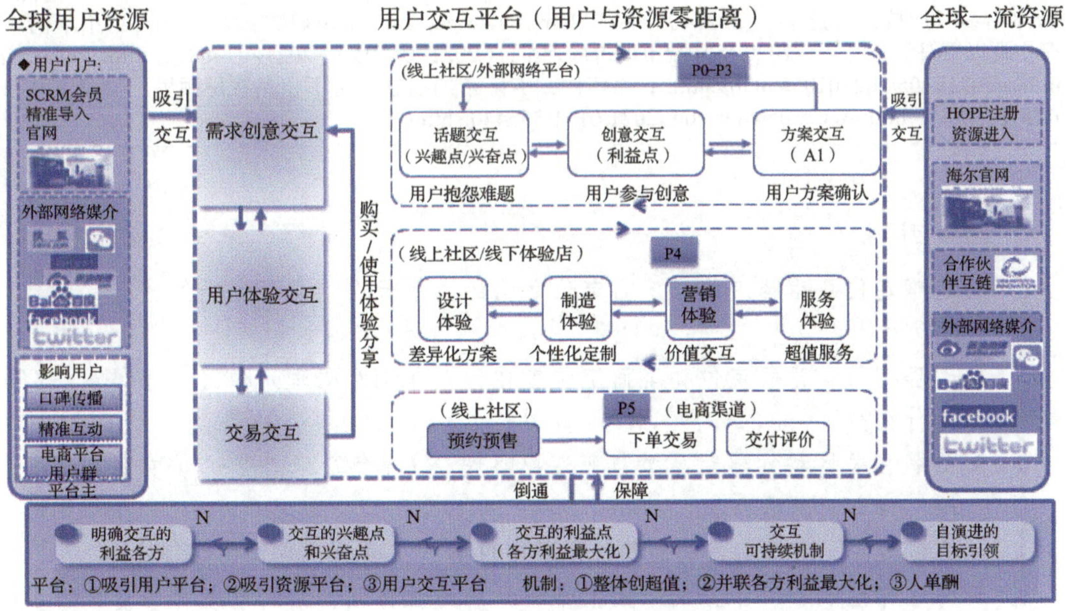

图 3－7　卡萨帝基于多平台的全流程交互模型

平台，如卡萨帝俱乐部以及微博、微信等社交媒体，研发人员根据用户需求与痛点对产品进行改进；其次，通过设计线上与线下的体验活动如家庭马拉松、“思享荟”等进行品牌价值交互，增进用户与品牌间的沟通，有效传递品牌价值主张；再次，借助线上口碑放大效应提高品牌知名度与美誉度，吸引更多用户与优秀资源聚集到整个交互模型中来，从而形成新一轮的全流程交互。通过持续、全流程地与用户交互加上对多方平台的资源整合，卡萨帝已经基本完成了全产业链的一体化设计与战略布局，同时形成了品牌与用户的交互闭环。

2021年1月12日，卡萨帝举办“2020高端智慧生态战略年度总结暨高端标准启动会”。多家知名调研机构数据显示，国际高端家电品牌卡萨帝在多个细分市场整体份额跃居第二，甚至在部分区域市场攀至份额第一。以中怡康数据为例，2020年1～52周，在1.5万元+家用空调市场，卡萨帝累计份额为46.9%，远超其他同等价位的家电品牌（三菱电机14.3%，大金11.65%，格力8.26%，美的14.66%）。2020年第3季度以来，卡萨帝保持2位数增长，冰箱、洗衣机、空调高端市场份额稳居第一。到2021年，冰箱行业强势回暖，高端品牌优势明显，兼顾美学与设计的卡萨帝竞争优势显著。中怡康第2周数据显示，卡萨帝冰箱品类在1万元+市场份额达30.6%，在整体市场份额达14.8%，稳居高端市场第一，跃居行业第二。第5周数据显示，在万元以上家电产品销量占比上，卡萨帝冰箱居行业第二，洗衣机居行业第二，空调居行业第五，冰吧、酒柜均为行业第一。第9周数据显示，万元以上冰箱零售额增长达到了77%，其中卡萨帝冰箱零售额增幅达84.1%，整体市场份额增长2.06%，实现开年9连涨。强大的市场竞争实力来自企业对用户需求的判断。打开高增长通道之后，卡萨帝冰箱下一步将持续在场景战略中深入探索，保持高端市场第一的同时，实现“引领中国生活方式变革”的品牌使命。

资料来源：2013年第四季度1.5万元以上冰箱市场资讯报告. 中国行业企业信息发布中心，2013；2014年消费品市场资讯报告. 中国行业企业信息发布中心，2014；卡萨帝在高端第一后，又将优势拓展到行业.（2021-02-19）[2021-03-08]. https://www.sohu.com/a/451422436_679530；开年9连涨 卡萨帝冰箱场景加持份额过半.[2021-03-08]. http://www.cet.com.cn/xwsd/2790257.shtml；中华网. 卡萨帝空调以黑马姿态登场，2020年高端市场份额近半.（2021-01-05）[2021-03-08]. https://hea.china.com/hea/20210105/20210105690369.html；牛华网. 卡萨帝的引领，可不止是在份额里.（2021-01-21）[2021-03-08]. http://www.newhua.com/2021/0121/355440.shtml.

思考与讨论

1. 战略定位、品牌定位与产品定位之间的关系什么？它们之间的核心共同之处是什么？
2. 心理定位、竞争定位和全面定位存在哪些差别？心理定位过时了吗？为什么？
3. 品牌相关性和创建新品类与蓝海战略理论（见第2章表2-7）有联系吗？请举例说明。
4. 在实践中，有哪些好的品牌价值观定位案例？请分析它们的品牌战略。
5. 哔哩哔哩和卡萨帝分别采用了哪种品牌定位方法？有哪些值得借鉴的成功之处？

第4章

创建品牌身份

创建品牌的首要任务是必须确定品牌的核心价值——它代表什么？代表谁？“沃尔沃”代表了安全与稳重，“宝马”象征驾驶的乐趣，这意味着品牌在消费者心目中代表某种特定的意义。意义即是价值所在。这是理解品牌身份的核心，即品牌身份首先体现在品牌的定位和价值，其次才是品牌定位和价值的外在表达（识别符号）。围绕这项任务开展的基础性工作是规划品牌身份系统。这就是为什么本书在第3章先阐释品牌的定位与价值，在本章再接着介绍品牌身份系统的建立。

品牌身份是从企业的角度确定品牌行动和长远发展的基本准则与合理范畴，比如哪些品牌联想要素是合适的，哪些产品或传播主题是合理的，哪些是不合理的。本章先介绍品牌身份系统模型，接着重点介绍两种品牌身份要素　　品牌命名和品牌标志，最后通过建立品牌平台制度概括第3章和第4章的总体目标。

第1节　如何创建品牌身份

品牌身份是品牌存在的根本理由，它是品牌战略家渴望产生和维护的品牌形象。所有的品牌战略决策，都涉及品牌身份定义的问题——这是品牌管理和战略发展非常重要的先决条件。只有对品牌身份做出战略性决策，才能在市场上确立自己鲜明的身份。那么品牌身份如何建立呢？首先要从来源上进行考虑。

一、品牌身份的来源

探究品牌深层意义的最佳途径是它的身份象征来源——那些始终使品牌保持独特的属性。这就要求必须对产品或服务自身做详细的检查，对品牌名称、个性、标识、来源国、广告主题和风格以及包装方式等进行整体考虑，确立独特的身份来源要素。笔者归纳为产品、象征、人物和出身四大类。下面就其主要方面展开阐述。

（一）产品

产品是品牌身份的首要来源。一个品牌通过所包含的产品或服务显示出自身的计划与独一无二性，这对于消费者的满意程度以及购买决策有着最直接的影响。

1. 产品类别

这是品牌身份的基本要素之一。当提到一个品牌时，消费者往往首先联想到其所属的产品类别。例如，提到"哈根达斯"会使人联想到冰淇淋。反过来，当提到某种产品时，消费者会马上想到一个领导品牌——获得这种产品品类中的领导地位相当重要。

2. 产品属性

产品属性通常为消费者带来实质性帮助，激发购买和使用的意愿。公司往往会推出"更好"或"额外附加"的产品属性，来提高品牌的价值感。例如，7-11 便利店以提供更方便的服务而著称，麦当劳则以全球一致的口味显示其价值。但要注意的是，如果产品属性在品牌身份中的地位过于突出，那么品牌的发展空间会受限。

3. 高品质 / 高价值感

当一项产品的某项属性特别突出时，该属性就成了品质的基本要素。例如，贝纳通（Benetton）把染色工序放在服装制作流程的最后，以此来根据最新的流行色确定服装的色调。紧跟潮流的色彩优势成为贝纳通的品牌身份要素。价值感和品质有着非常密切的关系，它能帮助一个以品质为主要诉求的品牌取得价格的优势并保持相对于竞争对手的领先地位。

4. 产品用途

有一些品牌成功地与产品用途构建起联系，让消费者在需要这项产品时直接联想到该品牌。例如，当运动员想要迅速补充体液时，他们很快会想到佳得乐（Gatorade）。

5. 核心产品

核心产品是表达品牌意义的关键。法国鳄鱼衬衫只占公司全球销量的 30%，然而该产品给品牌带来了活力，因为它包含了所有最初的价值：体现了一种个性化、贵族式的特色，并很好地结合了精神和雅致。虽然衬衫与品牌名称并不十分严格地相称，但由于满足了社会的需求而获得了较高的接受度。鳄鱼在时髦式样和严格标准之间找到了市场空间，成为适宜赠送的一个恒久的象征。

需要注意的是，品牌中一定包含一个或多个产品，但品牌绝不等同于产品。品牌管理者常常注意到吸引消费者购买的、击败竞争对手的是产品属性——创新的、独特的卖点，这诱导他们把产品属性当作品牌身份。这是一个原则性错误。标榜产品属性的策略很容易被竞争对手模仿甚至赶超。过分地强调自己产品属性的优势，虽然能为品牌带来一时的兴旺，但从长远来看，限制了品牌的延伸，大大降低了品牌发展战略所要求的弹性。

（二）象征

象征通过语言符号与非语言符号来传达。后者反映了我们所讲的含义的"无穷无尽性”，它超越了语言的范围，变成深不可测的感觉和感情，因而不容易用语言来描述。

1. 名称

一个品牌的名称通常表明了它的意图。很显然，经专门挑选的名称从客观和主观两个角度传达了品牌的某种特征。但这并不意味着名称的选择纯粹是个人的喜好。缺乏理性过程的可靠依据，就不能定义品牌的合法边界。

苹果电脑

电脑业的“苹果”品牌似乎是个例外。它的产生并没有经过某些创造性的研究，也没有经过计算机软件的处理。该名称明显是出自两位天才——公司创始人史蒂夫·乔布斯（Steve Jobs）与斯蒂夫·盖瑞·沃兹尼亚克（Stephen Gary Wozniak）的灵感。它诞生在两人刚开始酝酿成立公司时的一次驾驶途中，他们不约而同地赞成“苹果电脑”这个称谓，它不仅好听，而且公司想要生产和销售产品的个人化特征被这个偶然迸发的灵感完好地符号化了；通常无须解释，通过广告媒体就能明白这个品牌名称的价值和意义。与此同时，水果名称被运用在与食物毫不相干的产品上而引发了人们的好奇心。一些人认为“苹果”这个名字及它的被吃掉一口的苹果标识象征着希望、革新和愉快。苹果公司的一位高级副总经理曾以他自己独特的方式解释：“……渴望和知识的象征融入并贯穿于打乱次序的彩虹的颜色中，你简直想象不到更恰当的标识符了：渴望、知识、希望和一种无序。”

“苹果”这个名称很明显地带来了电脑业的一种新标准——人们不再把电脑看成是一种供崇拜或恐惧的机器，它与消费者之间可以产生一种愉快和亲近的关系。但如果模仿这种做法把名称换成“杏子”——尽管都是一种水果，但它提供的与产品相关的价值就完全不同。这是因为存在于名称中的自然的价值差异。

2. 视觉识别

视觉识别包括商标、标志、色彩和其他在视觉上建立识别的方式。很多人都知道奔驰汽车的徽标、劳斯莱斯的“欢庆女神”（Spirit of Ecstasy）、雀巢标签上的鸟巢、耐克球鞋的对钩、麦当劳的M型招牌、可口可乐的瓶身、桂格的“桂格麦片先生”以及家乐氏玉米脆片的老虎东尼（Tony the Tiger）等。这些象征都是经过深思熟虑而得，强烈地传达着品牌的身份，折射出品牌的个性和文化。个性和某些其他的价值被认为是在掌控一个公司的设计和图案识别项目时最重要的指导原则。当然，这些象征和标识的重要性不仅在于通过其外表显露出品牌的身份，更在于通过其自身与内在的联想建立身份。

3. 隐喻

隐喻式的象征往往更有意义。这些符号不但能彰显一个品牌的功能，也能传达该品牌的情感。例如，保德信人寿公司在广告中使用的石头象征着力量；劲量（Energizer）碱性电池背着大鼓的兔宝宝，暗示了更长的电池寿命。

麦金塔

1984 年苹果公司推出了当时无与伦比的个人电脑，取名为麦金塔（Macintosh，简称 Mac）。Mac 的推介采用 60 秒广告片，一次制作花费就高达 160 万美元。1984 年 1 月，公司推出了以“1984”为题的广告片，这个广告用一种梦幻式的方法定位产品，它的出现打破了传统商业电脑的统治，象征着一种统一与冷漠的溃散，提高了用户个人对公司的贡献，从而实现其自我价值。为了进一步扶持 Mac 上市，1984 年 1 月，苹果公司在主要的杂志上插进了 20 页广告，同年 11 月，苹果公司在《新闻周刊》上发布了一个折页广告，以配合“试一下 Mac”的促销活动，结果在 24 小时内有 20 万人把 Mac 搬回了家。

4. 传播

通常，我们认为广告表达并记录了一个品牌或一家公司的历史。品牌拥有发言权，同时也正是借由传播而生存。品牌是产品或服务的持续身份表达，因此理所当然应该拥有不易更改的重要词句。这样，通常的品牌标识语（品牌口号）就成为品牌价值主张（参见第 3 章）的真正载体。以此为核心，配上持续一致的传播风格，就会形成鲜明的身份形象。比如，百达翡丽始终说“你从来没有真正拥有过百达翡丽。你只是为下一代保管”，这很好地传达了其“传家宝”的品牌定位。

（三）人物

1. 用户与人格

品牌与使用者结合是建立强势品牌身份的途径。例如，对于经常从事户外运动的人来说，艾迪鲍尔（Eddie Bauer）提供最流行的外出服饰；而嘉宝（Gerber）则以婴儿为服务对象；好吃的奥利奥饼干已成为美国生活方式的一部分，受到各个年龄群体的喜爱，它唤起了家庭、朋友、年轻人之间的丰富联系。

消费者通常会选择符合自己身份或是能够表达自我的品牌，在对品牌的长期购买使用中，用户群体的轮廓逐渐清晰起来，它折射出品牌的“人格”。比如，奔驰汽车是出身上流社会的“贵人”，戴尔电脑是一位能帮助用户完成困难任务的好帮手等。把品牌当作一个人，当作一位与消费者情趣相投的朋友，可以使品牌的身份更丰富、更有趣。

2. 员工与服务

服务是企业新的竞争优势来源，服务战略观也是新的企业战略观。有形产品、服务、信息、对顾客的关怀和其他要素共同构成了服务产品组合。其中，服务人员和服务过程强烈地影响了顾客感知质量。卓越的服务管理可以成就独特的品牌体验，从而塑造品牌核心价值。采用这种战略的企业往往着力于内部营销，由内而外建立品牌忠诚。

星巴克

从 1988 年年底开始，星巴克所有的兼职员工都可以享受到完整的健康保险福利。这个健康保险计划涵盖范围很广，优于其他一般公司，员工只付 25% 的费用，星巴克支付其余的 75%。这项健康福利方案不仅大大减少了在服务业中普遍存在的人才流失，而且受到了美国前总统克林顿的高度重视。1991 年，星巴克开始实施股票期权方案“豆股票”，面向全体员工（包括兼职员工），让每个员工成为公司的合伙人，使每个员工和公司的总体业绩相联系。“豆股票”的实施不仅使员工的工作态度大大改变，也解决了劳资对立的问题。员工受雇于星巴克公司，就有可能成为星巴克的股东。因此，星巴克的员工都互称为“合伙人”（partner）。合伙人之间的相互体谅、相互鼓励也处处体现星巴克的尊重文化。员工之间建立的这种信任和自信的独特的伙伴关系，是缔造星巴克伟业的基石。20 世纪 90 年代中期，星巴克的员工跳槽率仅为 60%，远远低于快餐行业钟点工 140% ～ 300% 的跳槽率。

在优厚福利政策的激励下，员工时刻以最饱满的精神和充满激情的态度服务顾客，从而给建立良好顾客关系提供了最重要的源泉和保证。

（四）出身

1. 组织联想

企业组织是品牌的“父母”，它给了品牌最初的品性、文化、传统和期望。从品牌所属的企业组织层面寻找身份要素，是强调企业的属性。针对办公室市场的金佰利“珍宝卷纸”在建立品牌身份时，就强调它与知名品牌舒洁（Kleenex）一样出自美国金佰利大家族。所谓“企业的属性”，包括创新能力、对品质的要求、对顾客的态度、对社区的责任、对环保的重视程度等。这些属性是由企业的员工、文化、价值观以及企业内的各种计划共同创造出来的。

一些品牌的属性有时归为产品属性，有时归为企业属性，有时则可能是两者的结合。如果某种属性由企业的文化、价值观、传统以及企业战略共同决定并推出，那么，这种品质或创新应该被视为企业属性。

3M

3M 的创新能力就是一个典型的例子。20 世纪 80 年代初，美国 3M 公司的 Post-it 便利贴逐渐在全世界的办公室里出现。对 3M 公司来说，Post-it 便利贴是其引以为豪的一项新产品，因为无论 Post-it 便利贴所使用的黏合剂还是“Post-it”这种形式都堪称突破性发明。这归功于公司长期以来形成的企业文化——管理层开明、目光远大，对员工尊重爱护，员工们自由自在地认真忘我地工作，对公司始终有着深刻的眷恋感情；而特别重要的是管理层与全体员工相互依赖。在这样的企业文化下，3M 公司成了研究人员进行创新、突破的沃土。在近一个世纪的时间内，3M 公司的技术不断突破，不断有创意新产品问世。

2. 创始人与领导者

公司的创始人和领导者是组织联想的重要构成。许多企业领袖成为事实上的品牌形象代言人、品牌价值的缔造者和推动者。

维珍

听说过维珍（Virgin）的人基本上都知道布兰森（Richard Branson）是维珍的创始人。在不同的人眼中，布兰森可能像个淳朴的小学生，可能像个戴眼罩的海盗船长，可能是个温文尔雅的资本家，可能是个不屈不挠、富有野心的工作狂，也可能是个厚颜无耻、分毫必争的谈判高手。这些都不影响布兰森用他极富磁性的个人魅力去吸引员工、客户、合作伙伴，并把同样的魅力带给维珍品牌。通过对布兰森本人的认识，我们可以发现，其个人风格和维珍的品牌个性如出一辙。“生命就是一种冒险；生活是一种趣味。”——布兰森的生活格言同时也是维珍创建事业的信条。

布兰森个人魅力与联想对建立维珍品牌资产提供了强大的杠杆作用。布兰森恰恰是爱出风头的企业家的典范。通过各种各样的冒险活动，包括乘快艇和热气球打破世界纪录，在海湾战争时深入巴格达去接返人质，以及在各种营销推广活动中的夸张表现，布兰森已经被英国大众认识，他在各种媒体上的曝光率毫不亚于英国王室。布兰森性格中的叛逆、挑战、风趣既是整个维珍品牌核心的源泉，又是维珍品牌精神的最生动的演绎。维珍的部分客户选择维珍就是因为他们与布兰森有某些相通之处，或者因为他们对布兰森本人的一种信任。这正是许多专家认为布兰森和维珍品牌不能分离的原因，也由此有人担心失去布兰森的维珍是否还能迎风飞扬。

3. 来源国

某些品牌从它们的地理根源中获得身份的来源和个性。这是它们自己的选择，也的确是寻找品牌身份的另一个方法——将品牌与生产地点或国家的形象结合。例如，瑞士航空（Swissair）、法国航空（Air France）和英国巴克莱银行（Barclays Bank）的品牌身份与它们的来源国有密切的联系。但另外一些品牌，如福特（Ford）、欧宝（Opel）和玛氏（Mars）却是完全的国际性品牌。更多的品牌想尽一切办法抹去它们的国家性身份要素。例如，佳能（Canon）努力使自己与日本无关，同样来自日本的 Technics 则尽力采纳美国式的身份要素。

二、品牌身份系统模型

创建品牌的首要任务是必须确定品牌的核心价值（core brand values），这是对品牌定位和价值的进一步提炼和聚焦。围绕这项任务开展的基础性工作是规划品牌身份系统。品牌身份是品牌存在的根本理由，它是品牌战略家渴望产生和维护的品牌形象。所有的品牌管理和战略决策，都涉及品牌身份定义的问题，这是非常重要的先决条件。只有对品牌身份做出战略性决策，才能在市场上确立自己鲜明的身份。

戴维·阿克和埃里克·乔基姆塞勒认为，品牌身份指的是一个品牌的永恒的精髓、本性和价值，它为品牌提供了方向、目标和存在的意义。品牌身份是品牌战略愿景的核心内容，而且是品牌的灵魂——品牌联想的驱动因素[①]。品牌身份的核心其实就是品牌核心价值，也即品牌精髓（brand essence）。按凯文·凯勒的定义，品牌核心价值是一套属性和利益的抽象联想，它概括了一个品牌 5～10 个重要的方面[②]。

“香奈儿”代表了高尚和品位，“索尼”代表了先进的家电科技，“沃尔沃”代表了安全与稳重，“宝马”强有力的引擎象征驾驶的乐趣，“奔驰”则代表了财富与身份……品牌在消费者心目中代表着某种特定的身份意义，这种意义维系着消费者与品牌之间的关系，而品牌资产就产生于这种关系之中。品牌身份可以认为是“决定品牌资产的内容”。阿克和乔基姆塞勒提出品牌身份由三个方面组成：品牌精髓、核心识别和延伸识别（见图 4－1）[③]。

（一）品牌精髓

品牌精髓可以对照第 3 章中阐述的“品牌定位和价值”来理解——它们之中最为核心的部分即为品牌精髓。品牌精髓一般从 2～4 个方面精练地概括了品牌的内涵。它在捕捉品牌内涵的同时，还从某些稍微不同的角度来诠释。它很好地把各个核心识别要素统合起来，但不是简单地把一堆反映核心识别的词组串成一段话。

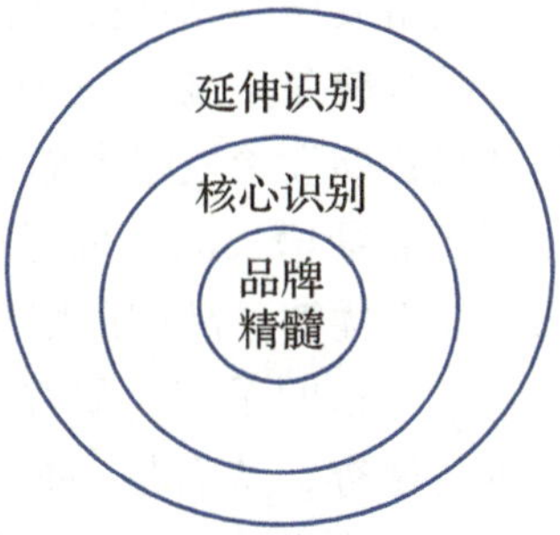

图 4－1　阿克和乔基姆塞勒的品牌身份模型

品牌精髓是品牌专有的，它能持续不断地建立并维护本品牌和竞争品牌的差异化。根据品牌精髓，企业发展出品牌口号、箴言或主张，通常用包含 3～5 个词的短语表现出品牌定位和品牌价值的绝对精髓或精神。例如，青岛啤酒确定的品牌口号是：激情成就梦想（passion，dream，success）。

品牌精髓承担两个功能：与消费者沟通，产生共鸣；与企业员工沟通，推动企业的价值取向。因此，它不能简单地等同于外部沟通导向的广告口号。

从内涵来看，品牌精髓的实质既可以是功能性利益，也可以是情感性利益。如何选择或适当保持理性与感性之间的平衡成为决策的关键问题。表 4－1 展示了国际上著名品牌的精髓。

表 4－1　著名品牌的精髓

功能性利益——品牌是什么	情感性利益——品牌做什么
大众汽车：德国工艺	美国运通：做得更多
宝马：最终的交通工具	百事：百事的一代
沃尔沃：安全	惠普：拓展可能性
康柏：最好的答案	索尼：数字化梦幻
雷克萨斯：没有妥协	耐克：超越
象牙香皂：99.44% 的纯洁	微软：帮助人们发挥潜能

① 阿克，乔基姆塞勒．品牌领导．曾晶，译．北京：新华出版社，2000.

② Keller K L. Strategic Brand Management：Building，Measuring and Managing Brand Equity. 2nd ed. Upper Saddle River，NJ：Prentice Hall，2003.

③ 同①.

品牌精髓要与品牌愿景（brand vision）紧密结合起来。品牌精髓是实现品牌愿景的战略根基。品牌愿景是管理层为品牌制定的清晰的战略、财务和发展目标，在战略层次上确定品牌的发展方向。品牌愿景简单而直接地论述了品牌管理和营销怎样迎合企业目标，它也是建立品牌资产管理战略的起点。有效品牌愿景的四个要素为：品牌整体目标描述、目标市场、差异点以及财务目标。合适的愿景为品牌所扮演的角色提供了明晰的指导，有助于企业实现利润增长目标和长期战略目标。

需要品牌愿景的主要原因在于，现阶段许多企业仍然将品牌当作工具、战术或者营销手段，而没有把它视为资产，也不相信品牌有利于增加企业的收益和利润。如果企业没有就“品牌能够或应该为企业带来什么”这一问题达成一致，那么极有可能频繁变更品牌战略或压缩品牌投资，对品牌发展造成极大的不良影响。

品牌愿景主要从三个方面为企业经营提供了有益指导。第一，品牌愿景迫使高层管理者在长期发展战略方面（对于品牌价值、收入和利润的期望）达成共识，避免仅仅将资金用于业绩增长的片面考虑。相应地，品牌愿景应当包括以下陈述：品牌含义、目标市场、品牌优势、品牌的财务和战略目标。它必须和企业战略与企业愿景完全结合。第二，品牌愿景指明了探讨研究的方向。选择发展方向最有效的方式是对现有和潜在的用户群体进行调查，从而帮助企业了解品牌的拓展范围——根据目前的知名度、美誉度和价值定位等，确定将来可以提供什么新产品或服务。第三，品牌愿景向所有利益相关者阐明企业为品牌创建的最终目标。同时，它还阐述了企业应当朝什么方向发展，以及在实现目标的过程中品牌所扮演的角色等方面[①]。

（二）核心识别

一个品牌的核心价值往往需要 5 ～ 10 个方面的内容才能完整概括品牌的内涵。这可能过于冗杂，因此确定核心识别可以对明确中心任务起到事半功倍的效果。核心识别的每个方面都要反映组织的战略思想和价值观念。其中至少要有一个方面与众不同，并能引发消费者共鸣。

核心识别规定了品牌长期发展和品牌沟通的原则性信息，它所透露的内涵决定着这个品牌是否能够成功，因此不能因为品牌延伸至其他产品领域或进军其他市场而改变。

核心识别可以通过以下四个问题的回答和内省来确定：品牌的灵魂是什么？品牌背后的根本信仰和价值是什么？企业组织的优势是什么？企业的经营理念和文化是什么？

（三）延伸识别

核心识别往往过于简洁，无法让品牌识别充分发挥应有的功能。作为品牌识别必须要能够帮助经营者判断哪些营销计划行之有效、哪些计划会徒劳无功甚至有负面影响。要发挥这样的功能，就需要在核心识别之外发展延伸识别。

延伸识别包括了许多品牌营销计划和品牌表现的细节要素，它为品牌带来更丰富的内涵，让品牌识别表达得更加完整，也让经营者有更多可供发挥的题材，即有助于把品

① 戴维斯. 品牌资产管理. 刘莹，李哲，译. 北京：中国财政经济出版社，2006.

牌发展的方向具体化。在表 4－2 中，我们列举了麦当劳的品牌身份系统[①]。

表 4－2　麦当劳的品牌身份系统

品牌精髓	● 食物、家人和欢乐（food，folks，fun）
核心识别	● 大众价格：麦当劳提供大量平价食品，顾客付了钱，不仅得到一顿饱餐，还买到一次愉快的用餐体验 ● 食物品质：在全世界各地始终保持同样的热度和好味道 ● 服务：快捷、准确、友善、不会有争执 ● 环境：不管是柜台前还是柜台后，都严格执行清洁标准 ● 顾客：针对广泛的顾客群，重点是家庭和儿童
延伸识别	● 方便：麦当劳是最快、最方便的餐厅，因为它总是坐落于人们居住、工作或聚会场所的附近。而且，麦当劳强调省时和高效率服务，连售卖的食品也都具有“容易吃完”的特色 ● 产品范围：快餐、汉堡包、儿童娱乐场所 ● 副品牌：巨无霸汉堡、鸡蛋满福堡、快乐儿童餐、超值套餐等 ● 相关项目：麦当劳叔叔儿童慈善机构、麦当劳小屋 ● 品牌个性：家庭导向、纯正美式风格、真材实料、轻松愉快的用餐气氛 ● 顾客关系：麦当劳是美好时光的一部分，融合了“家庭”和“愉快”的联想 ● 公共形象：麦当劳叔叔儿童慈善机构引起人们的尊敬、喜爱和仰慕 ● 标识：金色 M 形拱门 ● 象征物：麦当劳叔叔、各种麦当劳玩具
价值诉求	● 功能性利益：美味可口的汉堡包、薯条和饮料，另外还有游戏、特价食品和儿童娱乐区等附加价值 ● 情感性利益：对儿童——麦当劳所举办的生日会和其他象征物、玩具所带来的快乐，以及家庭聚会的感觉。对成人——和家人聚餐及麦当劳广告所激发的体验而得到温馨的感觉

品牌身份系统在符号识别方面，是要进行品牌命名和品牌标志设计。品牌符号是区别产品或服务的基本手段，包括名称、标志、基本色、标识语、象征物和包装等在内，形成一个有机的结构。品牌符号是公司的重要资产，在帮助公司营销和大众接受产品的过程中扮演了重要角色，甚至可能直接左右一个新产品的成败。

品牌符号设计是对建立品牌身份系统的具体执行——虽不是品牌化工作的全部内容，但它是品牌化的基本任务，同时又是品牌传播的有力武器。品牌符号提供了品牌联想，正是这种联想描述了品牌——它是什么或做了什么。换言之，符号是形成品牌概念的基础。

中国有句俗语叫“名不正则言不顺”，拉丁谚语则说“名称预示着一切”。一个好的品牌名称就像尖刀一样，使产品信息和品牌形象穿越传播的“丛林沼泽”，直达消费者的心扉，产生不可估量的效力。

三、在线环境下创建品牌身份

在第 2 章中我们介绍了凯文·凯勒的品牌金字塔模型。但在互联网时代，这种经典、

① 阿克．创建强势品牌．吕一林，译．北京：中国劳动社会保障出版社，2004：69.

传统的理论在很大程度上会被颠覆——品牌的创建已经不再严谨地遵循由“品牌身份”至“品牌关系”的拾级而上，而更多地直接利用互联网的强互动属性，赋予消费者高参与的体验感，从一开始就建立美妙的消费者-品牌关系，依靠粉丝经济打造品牌知名度。这也正是第2章第4节企业与顾客协同品牌化理论的体现。在数字化网络环境中，品牌身份构建的重要手段是塑造独特的品牌体验。

小米公司的闪电生长正是借助互联网的力量，打造了从品牌资产金字塔模型顶端到底端的逆向过程（见图4-2）：从产品体验和参与出发，建立非凡的用户品牌关系，营造“米粉”文化提升品牌响应，实施差异化战略丰富品牌内涵，借力社会化媒体整合营销强化品牌身份，将口碑营销贯穿于品牌建设的始末以打造品牌知名度，实现了从有形到无形的跨越与升华①。

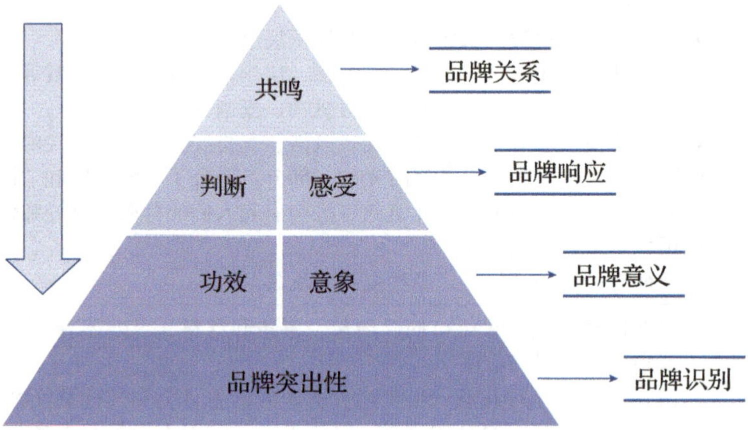

图4-2 小米逆向品牌资产金字塔模式

数字媒体技术的发展，一方面满足了消费者对品牌形象的高颜值感官需求，另一方面也为品牌的可持续发展提供了更多的表达空间。因此，在数字媒体时代，品牌身份系统的设计与推广不能仅仅停留在以品牌为中心的状态，而是需要更多地了解消费者正在通过哪些媒介接收有效信息，并对执行媒介的应用进行细致正确的指导②。

与传统媒体时代相比，数字媒体时代出现了两个最重要的行为变化，即搜索与分享。品牌不再只是一味地向消费者进行单向的信息灌输；数字媒体富于时效性与互动性的传播能力使消费者在接收品牌信息时，能够及时地产生交互和分享，实现消费者对品牌塑造的主动参与和传播。如今，消费者与品牌间的交流大多是通过数字化的社交平台和电子商务平台等传播载体进行的。

品牌传播的环境因为数字媒体技术的发展而发生巨大的变化，品牌身份系统的设计思路和方法也随之改变。在数字媒体背景下的品牌形象识别不再是围绕一个固定的视觉符号展开，而可能是通过在品牌形象建设中创造一系列具有视觉活力的复合变化形态来进行。消费者通过视觉、听觉、触觉甚至味觉等感知系统与品牌进行互动，并通过多种感官综合的方式创造出某种文化生命体，引领了一种全新的生活形态和消费理念。

① 何佳讯. 小米品牌创建的新模式 // 何佳讯. 品牌的逻辑. 北京：机械工业出版社，2017：24-28.

② 袁洁. 数媒背景下的动态化品牌识别设计与推广. 包装工程，2016（10）：13-16.

设计师在进行原有品牌的提升工作或者塑造新品牌时，必须考虑如何能在媒体先行的时代背景下利用好数字媒体平台，吸引消费者更多的关注。这会使观众更快地注意品牌身份系统与空间营造出的视觉氛围，而不再只是注意角落的某个单一标志。一个成功的典型是鲍尔（Ruedi Baur）为科隆波恩机场设计的品牌形象：一组以旅行为主题的延展创意，其视觉符号是由多个国家语言所组成的文字符号。鲍尔这样诠释他的设计构思：这并不是用新的符号代替旧的符号，而是创造出了一种集遗产与新颖于一体的视觉环境。设计师通过多种感官综合的方式营造出一个极具人文关怀的交通枢纽公共空间品牌形象，他要让观者记住的不是某个单一的视觉符号，而是由整套品牌身份设计系统所营造出的气氛和视觉的整合。

在动态化品牌身份设计中，运用图形、文字、色彩、音效等设计要素能够创造无限延展的应用形式。品牌必须在网络上得到激活，并且展现出它与社会的连接。未来的品牌设计是一种多维的感官体验，人们要以最富想象力的方式让品牌的视野活起来。数字媒体为品牌的身份设计提供了更多的可能性，品牌谋求的不仅仅是认识，更多的是通过信息互动收获对自身的认可。

品牌身份应该传达一种价值理念而非简单的视觉符号。2000 年，由奎恩工作室设计的德国汉诺威世界博览会的品牌形象，无论在价值理念上还是形式上都有大胆的突破。设计团队在进行品牌塑造时，运用数字媒体技术，通过时间性的形态变化展现时空的流动和延伸，并与观者产生互动性的交互体验。奎恩工作室团队借助数字媒体的手段生动准确地表达了 2000 年世博会想要传达给世人的核心价值理念：保持运动、思维灵活、勇于创新、运用智慧推动世界向前发展。品牌塑造的每一组视觉图像都依据时间性的形态变化着，这种动态化的品牌身份设计巧妙地表达了人类、自然与科技的和谐关系。品牌的视觉形态看似变化无常，观者的关注焦点却始终遵循着流动、变化、发展、交互这条主线，通过视觉象征符号、听觉等多感官综合的方式形成了一种更全面的品牌呈现方式。

第 2 节　品牌命名方法

品牌命名是品牌身份符号表现的具体工作。一个便于传播的品牌名称对初期品牌资产的建立起到积极作用；但从长期发展的角度看，只有符合品牌身份内在要求的名称才是合适的选择。

朗涛品牌顾问机构曾对美国、欧洲和日本的 6 000 多个品牌做过一个调查，发现为人们所熟悉和尊重的高形象力品牌包括可口可乐、迪士尼、柯达、百事可乐、麦当劳、索尼、梅赛德斯-奔驰、宝马、飞利浦、大众、阿迪达斯、保时捷、松下、丰田、三菱、三得利等。如果把范围再扩大一些，对历史较悠久的国际知名品牌做一考察，可发现它们的命名总体上经由一些共同的路径。但现今的企业并不能对之简单地模仿，而是要进一步探究以把握品牌命名的准则。

一、品牌命名的准则

首先，必须把握品牌命名的总体准则。在这方面，许多学者都通过对已有的强势品牌的观察和研究做出了总结。尽管提法不同，但存在许多共同的关注焦点。一个较为清晰的准则结构由三大部分组成（见表 4－3）。

表 4－3　发展品牌名称的三大准则结构

市场营销	● 产品利益的暗示 ● 具有促销、广告和说服的作用 ● 适合包装 ● 与公司形象和产品形象匹配
法律	● 在使用中具有法律的有效性 ● 相对于竞争产品的独一无二性
语言	● 语音的要求 ——容易发音 ——当读到或听到时令人愉快 ——当商品出口时能在所有的语言中以单一方式发音 ● 语形的要求 ——简洁与简单 ● 语义的要求 ——肯定的，非令人不悦、淫秽和消极的 ——现代感和当代性，始终适用 ——容易理解和记忆

资料来源：Chan，A K K，Huang Y Y. Brand Naming in China：A Linguistic Approach. Marketing Intelligence and Planning，1997，15（5）：227–234.

下面按照表 4－3 中所列的准则，分别以正反两方面的例子加以解释说明。

（一）市场营销

1. 产品利益的暗示

比如金霸王、劲量、雷朋和康柏等，其英文品牌名称都暗示着产品的利益。中国的例子则有两面针、永久、威力和彩虹等。

2. 具有促销、广告和说服的作用

比如中国的“红豆”（服饰），让人自然地联想起唐代诗人王维的《相思》一诗：“红豆生南国，春来发几枝。愿君多采撷，此物最相思。”“红豆”在中国文化传统中蕴含浓郁的挚爱、美满、思念、吉祥等多层含义，因而能适应多层次消费者的心理需要，自然对产品形成促销力。

3. 适合包装

适合包装主要是指名称支持标识物。如果采用具象的名称，像“棕榈”“美洲狮”“熊猫”等动植物类名称，则容易发展包装和包装上的标识物；描述性差的名称则起不到这样的作用。

4. 与公司形象和产品形象匹配

比如“养生堂”非常匹配从事健康事业的企业形象，“水仙”非常适合洗衣机的产品形象，“椰树”非常适合椰奶的产品形象等。

（二）法律

1. 在使用中具有法律的有效性

品牌名称要求具有专有性。一旦注册，商标拥有者便拥有独享的权利，并受到法律的保护。未经其同意或授权，任何使用该商标名称的行为都可视为侵权行为。

2. 相对于竞争产品的独一无二性

据一份资料介绍，全国取名为“长城”的产品（企业）有 200 多个，诸如“东方”“新世纪”“新天地”之类的名称也被广泛使用。尽管这些名称因用于不同的产品类别而被法律许可，但它们的显著性大打折扣——品牌名称越具个性，则越具竞争力。

（三）语言

1. 语音的要求

首先是要容易发音。例如，“娃哈哈”三个字的元音都是“ɑ”，是婴幼儿最易发音的。另外，国内品牌如“中华”“光明”，国际品牌如柯达、佳能、飞利浦等，都是易于发音的例子。

其次是要读起来或听起来让人感到愉快。“娃哈哈”此词尽管是杜撰而来，但既顺口，又蕴含高兴、快乐之意。此外，正面例子还有雅虎（Yahoo）、可口可乐和百事可乐等。

最后是能在世界范围内以单一方式发音。SONY 在字典中并不存在，它是由公司创办人盛田昭夫自创的。他先把拉丁文 SONUS（表示声音）英语化，得到 Sonny（蕴含乐观、明亮之意），但是日文发音的 Sonny 意思是“赔钱”。盛田昭夫妙笔生花，去掉一个“n”，由此得到了一个出类拔萃的名称。SONY 这个名称的优势正如盛田昭夫所表示的：“在任何语言中，SONY 都没有什么实际意义，但是在任何语言中，SONY 的发音都一样。”

2. 语形的要求

语形简洁有助于提高传播效果。日本的一项调查表明，4 个字的名称认知率为 11.3%，5 ～ 6 个字的为 5.96%，7 个字的为 4.86%，而 8 个字以上的只有 2.88%。因此，原则上品牌名称应少于 4 个字。

3. 语义的要求

首先是要避免引起不悦、淫秽和消极的感觉。我国南方某厂将产品命名为“舢板”，并以英文对应词 Junk 为出口外销商标试图打入国际市场。殊不知 Junk 一词多义，在英文中还有“垃圾”之意。该厂后来将其改译成 Junco 才幸免于难。当年美国通用汽车公司的“ Nova”（新星）牌轿车，在南美洲西班牙语国家滞销，因为在西班牙语中 Nova 是“走不动”的意思，显然闹出了笑话。

其次是要具有现代感和当代性，不受时间限制。例如，中国的“乐百氏”（对应的英文名称是 Robust，意为强壮、健康），无论是中文名称还是英文名称都具有长期使用的价值。

最后是要容易理解和记忆。巧克力品牌“Cadbury”在中国市场上被译为“吉百利”，遍布世界的大型连锁超市“Carrefour”被译为“家乐福”，都是上佳的表现，迎合了中国普通消费者的心理认同，显然比原文更易于为中国大众所理解和记忆。

二、品牌命名的策略

站在市场营销的角度，如何让品牌名称尽可能直接地服务于营销，有以下这些基本的策略考虑：目标市场策略、产品定位策略、独立随意性与描述性的选择策略、当地化与全球化的选择策略。

（一）目标市场策略

该策略指根据目标市场的特征（包括人口统计、心理和行为等）进行命名，具体做法是让品牌名称发挥暗示产品消费对象、迎合目标对象所处的特定文化背景和心理需要的作用。

暗示产品消费对象相对比较容易做到，例如我国的“雄”牌（男装）、“太太”（口服液）、“方太”（油烟机）等。而要琢磨透消费者的心理和文化因素的作用机制，则难度大得多。

“毒药”（Poison）曾是法国迪奥公司推出的一个香水品牌。该品牌最初上市时市场反应极为强烈，巴黎一家大型百货公司每50秒便售出一瓶。为何一个原意为“毒药”的名称却大受女性欢迎呢？原来这是西方女性解放、独立意识增强的反映。这个名称触动了女性内心深处希望自己超凡脱俗、寻求冒险刺激、反叛传统温柔和娇艳女性角色的心理需要。此后，世界女用化妆品市场上刮起了一阵“毒药”风，接连诞生了雌虎（Tigress）、鸦片（Opium）、禁忌（Tabu）、野蛮（Savage）等品牌。

（二）产品定位策略

产品定位策略是让品牌名称引发消费者对产品特征、利益、使用场合、档次（价格）和其所属类别的有利联想。这方面的成功之作当推“海飞丝”（其原文是“Head & Shoulders”，意为“头和肩”）洗发水，它巧妙地表明了“去头屑”的定位概念。此外，宝洁（P&G）公司的其他几个品牌也都达到产品定位的效果，如“帮宝适”（婴儿纸尿裤）、“舒肤佳”（杀菌香皂）。我国本土的品牌如“美加净”（化妆品）、“农夫山泉”饮用水也很好地反映了产品的定位。

使用名称反映定位策略的做法，要避免引起负面效果。名称内涵可能过于狭窄，从而限制了品牌延伸和企业多元化经营；也可能名称内涵过于宽泛，丧失品牌个性而使品牌失去意义。这其中存在对于“度”的考虑。

（三）独立随意性与描述性的选择策略

品牌名称有两种基础作用：识别产品和服务、传播信息。一个品牌名称越是独立的字词组合，越是区别于其他名称，那么它发挥的识别作用就越强。相反，一个品牌名称越是采用有明确含义的词语，越是接近于其他名称，那么它发挥的传递信息作用就越强。这显示了品牌命名的两种极端的策略导向——独立随意性策略和描述性策略。前者的优点是名称充满个性，商标的保护力强；缺点是需要大笔的传播投资。后者的优点是名称本身可能就是一个活广告，可以节省传播开支；但缺点很明显，即商标的保护力很弱，有时可能演变为产品的通用名称而得不到商标注册和保护。一般来说，大公司宜采用独立随意性导向的策略，小公司宜采用描述性导向的策略。

作为一种折中，联想策略介于两者之间，它既有特色、保护力（识别作用和显著性），又能给消费者暗示适当的信息。因此，这种策略的风险较小，被绝大多数的营销人士采用。我国的一些知名品牌如白猫、旺旺、养生堂都运用了联想策略。实验研究表明，在广告所传递的产品利益主张与品牌名称所传递的信息相一致的情况下，明确地传达公司产品特色的品牌名称的广告回忆度较高；相反，具有暗示性的品牌名称相比于没有暗示性的品牌名称，对引发广告中与产品意义无关的利益主张的回忆度更低。

20 世纪 70 年代后期，纸张伙伴（Paper Mate）公司在美国市场引入了一种具有革新意义的可擦性圆珠笔，命名为“Erasermate”（橡皮伙伴），完全采用了描述性策略。但当它出口欧洲国家时，其缺乏吸引力的弊病暴露出来。之后公司改用新名“Replay”（意为重新举行、重放），效果大不相同。新名称有力、别致，又暗示产品功能，能在欧洲被广泛地理解。这就是联想暗示型导向策略的优势：既不过于抽象以致为获得意义需花费大量的宣传投资，也不过于描述性以致在某个国家变得十分特殊或缺乏保护性。

（四）当地化与全球化的选择策略

由于全球经济一体化程度加深和跨国营销愈发频繁，品牌命名必须考虑全球通用性。不同国家在意识形态、宗教、语言、习俗等文化方面千差万别，因此品牌命名不能仅考虑在本国范围内适用，而应力图使之全球通用。从比较语言学的角度来看，一个完美的品牌名称应当易于被世界上尽可能多的人发音、拼写、认知和记忆，在任何语言中都没有贬义，这样才利于品牌名称在国际市场上的传播。但要做到这点谈何容易，而且做到绝对的全球通用也并不现实，所以在执行上，更多地采用“全球思考，本土执行”或“全球兼顾当地”的做法。

因而在品牌命名上，首先要考虑如何使品牌名称适合当地。既可以另起炉灶为当地市场取个独立的品牌名，也可以把原有的品牌名翻译成适应当地的名称。例如，美国宝洁公司的“飘柔”洗发水，在美国名为 Pert-Plus，在亚洲地区改名为 Rejoice，在中国则是“飘柔”；美国万国宝通银行（Citi Bank）在我国称为“花旗银行”；Panasonic 的中文译名为“松下电器”，在香港地区却被称为“乐声”。

如果国际品牌对中国市场采用当地化策略，那么采用音译和意译结合的策略是一种上佳之选。“露华浓”是化妆品“Revlon”的中文译名，该译名出自李白的诗句“云想衣裳花想容，春风拂槛露华浓”。其引经据典，音义并重，既有女性化，又显得高雅艳丽，用作化妆品品牌再适合不过。Nike 在中国被翻译成“耐克”而非“娜基”之类，就在于它显示了一个清楚的含义：经久耐用、克敌制胜，与原意“胜利女神”不谋而合。其他成功的例子如高露洁（Colgate）、佳能（Canon）、锐步（Reebok）、舒肤佳（Safeguard）等，都是音译和意译结合而成。

中国产品出口国际市场时，也要注意外国消费者的语言系统、文化习惯和审美心理，不能简单地音译或意译了事。在这方面，中国企业有很多经验教训。如我国的电池品牌“白象”在美国市场上直译为“ White Elephant”，结果无人问津。原来英语中“ a white elephant”意为“无用而累赘的东西”。一种在中国很女性化的化妆品名称“娜姿”，英文名字直接使用汉语拼音“ Nazi”，殊不知它在英文中是“纳粹党”之意，自然受到西方人出于历史情感的反感乃至抵制。

其次，从一开始就选择一个全球通用的名称可谓是明智之举，否则可能要走些弯路。

世界著名的宏碁（Acer）电脑在1976年创业时的英文名称叫Multitech，经过十年的努力，Multitech刚刚在国际市场上小有名气，却被一家美国数据机制造商指控侵犯商标权。经过查证，这家名为Multitech的数据机制造商确实在美国拥有商标权，而且在欧洲许多国家都早宏碁一步完成商标注册。其实，在全世界以“…tech”（技术）为名的信息技术公司不胜枚举，雷同的概率很高。宏碁不惜成本，前后花费近100万美元，委派著名广告商奥美进行更改品牌名称的工作，前后历时大半年时间，终于选定Acer这个名字。与Multitech相比，显然Acer更具个性和商标的保护力，同时深具全球的通用性。它的优点在于：蕴含意义（Ace有优秀、杰出的含义），富于联想（源于拉丁文的Acer代表鲜明、活泼、敏锐、有洞察力），在出版资料中排名靠前，并且易读易记。

西欧语言与汉语存在较大的差别，汉语的符号书写系统不允许类似英语命名过程将某些字母凑拢在一起的杜撰方式。因此可以一开始从英语的角度，采用现成词或现成词的变异组合，取一个英文名称，然后把它意译或音译（或两者结合）成中文。这样一旦企业进入国际市场，就可以直接使用它的英文名称了。假如有种电子血压计，主要消费对象为中老年人，我们可针对用户的心理先取名“ Joy”（意为欢乐），然后把它译成“久安”。

三、品牌命名的步骤

开创一个新品牌名称是一件富有想象力和创造力的工作。名称比市场营销活动中的其他因素更具永久性，因此它的开创必须仔细地依照一个客观、系统性的程序进行。当然，有可能的话应借助于专业公司（如广告公司和品牌顾问公司）的能力和网络科技的力量。不管由谁落实这项工作，都需要根据一系列标准列出备选方案，并进行评估选优。这个过程基本上分为四个步骤，每个步骤中都可运用专门的工具和方法。

（一）战略思考确定命名目标

战略思考包括对产品、消费者、市场、竞争和公司战略各方面的考虑。例如，产品的性能和独特卖点是什么？给谁用？何时用？它的市场前景如何？新产品与旧有产品的关系如何？怎样的品牌名称适合产品形象和公司资源？新品牌使用在哪些产品类别上？要在多少个国家中使用？新品牌与公司目前的众多品牌是否相适应？它是否适合现有的公司文化和公司未来的发展战略？目前同类产品的品牌名称如何？它需要在竞争中得到什么样的创新地位？等等。

（二）动员团队提出备选方案

在这一阶段，需动员团队的力量（公司员工、中间商、广告代理商、新闻媒体和消费者代表等），集思广益，尽可能多地汇总能够描述产品的单词或词组。举例来说，要为一个啤酒产品确定品牌名称，我们可从产品和公司相关的各个角度提出一个参考词语目录，如清醇、纯净、泡沫、麦芽、大海、浪花、爽口、满足、欢快、休闲、旅行、聚会、庆祝、酒吧、潇洒、白领、夏天以及相应的英文名称等，然后再运用创造性思维对参考词语进行移植、组合、抽象、简化、替代、联想、变换、隐喻等处理，产生一系列备选名称，如浪涛、爽聚等。这时需要用品牌命名的基本准则加以检核。

（三）借助测试进行复选审查

排除那些显然不合适的候选名称，保留 10 个左右的备选项，然后对之一一评价。评价者除了创作者、市场营销人员、产品开发人员等内部人士以外，还要包含企业外部的专家和消费者——最理想的做法是专家分析法和消费者调查法相结合。

专家分析法应由语言学、心理学、美学、社会学、市场学等方面的人士开展，参与人数在 15 ～ 20 人。具体做法包括四个过程：初议、反馈、修改和取得共识。专家分析可起到消费者调查无法达到的效果，即评估在国外市场上的适用性。在实施过程中应给出一份评价标准，可参考 Sock-it 评价法，见表 4－4。

表 4－4　Sock-it 评价法

S（suitability）合适	品牌名称对产品功能、特征、优点的描述是否恰如其分？
O（originality）独创性	品牌名称是否与众不同、独一无二？
C（creativity）创造力	品牌名称是否能吸引人，令人愉悦？
K（kinetic value）能动价值	品牌名称是否引发丰富的联想，具有促销说服的作用？
I（identity）识别力	品牌名称是否易记，有回忆价值？
T（tempo）发展力	品牌名称是否适合目标市场以及未来的发展如何？

消费者调查法则具体包括问卷调查、投射技术、焦点小组等方法。调查的内容包括以下几方面：

（1）词语联想：名称能引发哪些联想？是否与期望的目标相符？是否会引起任何负面的联想？注意，应避免采取直接提问的方式，如：“你喜欢这个名称吗？”而是要问：“你认为这个名称有什么含义？”“它可能代表哪一类产品？”“你认为哪一类产品绝不会使用这个名称？”

（2）记忆测试：向被试者给出可能的名称清单，经过一段转移精力的时间后，让其写出所有能够想起的名字。这个测试不仅能够判断名称的可记性，而且能测出名称用词的可写性。

（3）定位测试：调查名称与产品类别的相关性，以及在竞争品牌中的相应位置。

（4）偏好测试：调查名称本身引发的情感反应，是否足以引发偏好和行为的产生。

一般根据评估结果筛选出 5 ～ 6 个品牌名称，等待最后确定。

（四）法律检索保证名称有效

最后一个步骤是对名称进行法律上的调查，或可视具体情况提前展开。这个过程虽然耗时耗力，却是至关重要的。如果一个优秀的名称已经被人注册在先，那么意味着公司要么放弃，要么购买。公司通过法律调查可以排除市场上已在使用的或与之相近的名称，从而确保所定名称的专有性。

品牌名称要得到商标法的保护，必须具备显著性而非描述性。米勒公司曾开发出一种低热量的淡啤酒，在定位策略的运用上被传为佳话。鲜为人知的是，当初公司经过深思熟虑，确定品牌名称为“Lete”，但这个名称却得不到法律的保护，因为法院认为这个名称与描述性词语“Light”（淡）是等价的。于是，米勒公司失去了在淡啤酒市场上取得领导者优势的黄金机会。

四、创造性解决品牌命名问题

创造性解决品牌命名问题是指在品牌命名上创造性思维方法的运用。创造性思维是人类心理的高级过程，它是在现有信息的基础上进行加工构思，重整过去的学识并检讨已有的假设，唤醒新的思想，建立新理论、新范式，或创造意识空间。它是个人事实、观念及技能储备的揭开、选择、交流以及融合的过程。创造性思维方法适用于品牌管理的全过程，如新产品开发、身份系统建立、传播创意、顾客关系维护、管理创新等，品牌命名是其中一个典型方面。

（一）创造性思维方法

下面介绍一些典型且常用的创造性思维方法，并结合品牌名称的开发加以说明。

1. 属性列举

这种方法由克劳福德（Robert Crawfod）在 1954 年提出，是根据要命名的产品情况，从各个方面列举其属性（词语表述），然后依次考察各属性描述以寻求改进，最后对最佳创意进行评价。

2. 启发式观念生成

这种方法和属性列举法有相似之处。具体做法是：将现有的产品进行要素或属性的分解，列出描述的词语，然后通过词语之间的不同组合来激发概念创新的可能性。前述的“现成词的变异组合”就是这种方法的运用。

3. 横向思维

这种方法由爱德华·德·波诺（Edward de Bono）最先提出。横向思维与逻辑的直线推理思考方式——纵向思维相对立，它指利用局外信息，从其他领域的、离得较远的事物中得到启示而产生出新设想的思维方式。一些操作技术有：随机刺激法——在任何随机场合，把碰到的富有刺激性的词语记录下来，然后寻求它们与所要解决的问题之间的关系；随机词语法——从一个核心词语出发，不断地发散思考与此相关的词汇；等等。

4. 逆向思维

这种方法指摆脱习惯、摆脱思维定式，换个角度来看问题。逆向思维往往可获得意想不到的惊奇效果。前面提到的法国香水品牌“毒药”就是典型一例。

5. 联想

这种方法所贯彻的基本指导思想是运用一个想法来激发另一个想法，进一步激发第三个想法，以此类推。联想可分为非结构化联想（顺其自然地记录下产生的每一种联想）和结构化联想（尽力增加所产生的联想与问题之间的切合性）两大类型。其技巧有接近联想、相似联想、对比联想和因果联想等。

6. 隐喻

所谓隐喻，指的是“在表达一个事实时，以具有共通性质却完全不相干之物来取代原物”，简言之，就是指不明讲出来的比喻。它建立在相似和联想的基础之上，是人的同一思维的结果。通过隐喻把两个相似的事物联系起来，能够加深受众对所谈事物的印象。隐喻的方法是名称（包括标志）的一个强有力的来源，运用表示某种含义的词语来表达一个概念，暗示两种概念的相似性。比如“白猫”（洗涤剂）、“长虹”（彩电）等都是运用隐喻来命名的。

7. 类比

类比是一种更为广泛的对比，意指如果两件事情在某些方面相一致，那么它们在其他方面也一致。这种方法是把几个物体、人、情境或行动放在一起加以比较，然后揭示出彼此之间在过程中或在相互联系上所具有的相似性。类比的技巧有拟人类比、直接类比、象征类比、荒诞类比等。

值得指出的是，尽管我们对常用的创造性思维方法做出了归类，但事实上，思维是一种“化学反应”，实际应用中各种方法之间不可避免地产生互相融合的情况。

（二）激发创造性思维的方法

头脑风暴法是负有盛名且实用的一种集体式激发创造性思维、寻求特定问题的解答的方法。人们常把奥斯本（Osborn）誉为头脑风暴法的发明者。奥斯本认为，社会压力对个体自由表达思想观点具有抑制作用。为了克服这种现象，他设想了一种新型的结构化会议的形式，并为头脑风暴法确定了四条基本原则：不允许对观点提出批评；鼓励畅所欲言、各抒己见；尽可能多地提出观点；尽力寻求观点的组合和改进。

实践中，只要时间允许，应该提前对消费者进行访谈，还应该准备一份简要的问题分析提纲。包含了限制条件、制约因素、阻力和障碍以及任务目标的材料应在召开会议之前的几天内，分发给小组成员（成员最好来自不同的背景）。在正式进行头脑风暴之前召开一个预备会议，以营造一种有利于头脑风暴法的气氛，也是必要的。在这个预备会议上，应向成员解释说明创造性的基本原则，即创造力激发的基本技术，并对成员所做的任何旨在发挥创造力的简单尝试都予以鼓励。

头脑风暴法具有几种变式：

（1）奇谈怪论式——会议的主持人请小组成员尽其所能想出一些看似荒诞的点子，

并发表出来。

（2）间歇式——把头脑风暴会议分成若干部分，比如三分钟发表想法，五分钟安静酝酿，再进行三分钟的观念激发，然后又是五分钟的沉默……

（3）循环式——要求每个成员依次发表自己的意见和想法，通过这种非随机的方式不断获得突发性创意。

（4）嘈杂会议式——将数量较多的成员分成若干小组，每个小组配有一位组长，在会议结束后，由组长向他人介绍自己小组最好的创意。

第3节 品牌标志设计

与品牌名称一样，品牌标志是品牌识别表现的重要组成。尽管品牌标志可以直接由品牌名称变化而得，但经过了艺术化的设计后，它包含了非语言符号的成分。因此，在某种程度上，它比属于语言符号的名称更难捉摸。在品牌标志设计中，一些基本的策略思考包括设计的原则、设计的风格、设计的取向、设计的方法和标志色的运用等。下面分别加以阐述。

一、品牌标志的设计原则

品牌标志自身能够创造品牌认知、品牌联想和消费者的品牌偏好，进而影响品牌体现的品质与顾客忠诚度。因此，在品牌标志设计中，除了最基本的平面设计和创意要求外，还必须考虑营销因素和消费者的认知、情感心理。这些方面构成了品牌标志设计的五大原则。详见表4-5。一个好的标志设计，应该做到：明确主张——将品牌所追求的理想主张予以明确化，再转化为易懂的图形，并以最合适的题材作为创意的表现；国际风范——以本土文化为"意"，用西方美学作"形"的构成表现，符合国际化沟通要求；创新动力——从正派、诚信、踏实的传统形象转化至创新、挑战、积极的现代形象。因此，四平八稳的标志不太可能形成独特的品牌识别资产。

表4-5 品牌标志设计的五大原则

营销原则	创意原则	设计原则	认知原则	情感原则
1. 体现产品特征和品质 2. 准确传递产品信息 3. 体现品牌价值和理念 4. 成为企业的象征 5. 体现企业实力	1. 醒目直观 2. 新颖独特 3. 视觉冲击力强 4. 具备法律上的显著性 5. 适合各种媒体 6. 趋向国际化	1. 色彩搭配协调 2. 线条搭配协调 3. 布局合理 4. 对比鲜明 5. 平衡对称 6. 清晰与简化 7. 隐喻象征恰当	1. 通俗易懂 2. 吸引公众注意 3. 印象深刻 4. 容易记忆 5. 符合文化背景与接受者心理 6. 与时代要求一致	1. 现代气息 2. 容易接受 3. 感染力强 4. 美的享受 5. 丰富联想 6. 令人喜爱

以上这些原则虽然能为大多数人所接受，但要创造一个优秀的标志并非易事。品牌标志设计不但要注重形式美，更要强化对品牌价值理念的表达和暗示作用。例如，香港

大新银行的标志以两粒算盘珠子联结，中间虚形是“大”字，象征着银行为客户“精打细算”。国外某家银行以三只鸡由大到小渐变成外形为椭圆的图案，寓意“鸡生蛋、蛋生鸡”，象征银行的储蓄、投资等服务。

航空公司

以我国的航空公司为例。航空公司的标志既可看成是企业形象识别（CI）的视觉识别标志，又可看成是公司服务品牌的识别要件。改革开放后，我国各地涌现了30余家航空公司，随着社会主义市场经济的不断深化，各个航空公司增强了竞争观念，意识到自身品牌建设的重要性。但由于历史的原因，许多标志的表现形式和时代感之间存在一定距离，有些标志没有脱离传统的表达方式，采用地球与飞鸟、字母与飞机组合的形式，使得标志多具陈旧感。

许多标志之间存在着雷同和近似的设计。这是品牌标志设计的大忌。相对来说，中国国际航空公司的标志比较突出，堪称中华民族优秀文化与现代气息相结合的典范之作。它采用红色凤凰的造型，图形简洁典雅、婀娜多姿、昂首翘尾、生机盎然，不仅把我国民族经典凤凰艺术风貌再塑得淋漓尽致，而且散发着新时代的风格特征。

银行

我国的银行标志，大多数设计都是古钱币和文字的结合。从单个看，也许并不觉得有何不妥，但放在一起考察，就发现外形相似、图案雷同导致彼此之间的识别力很弱。这种标志设计未能体现识别显著性的原则。相对来说，中国银行的标志比较成功，它是以古钱币与“中”字结合，赋以现代造型，突出中国资本、银行服务、国际化的主题，整个设计简洁而富有时代感，表达了企业的现代化发展及服务品质的提高。上海银行则又跨出了大胆的一步，完全脱离了钱币的造型概念窠臼，在成立之初，它的标志上部为一金黄色三角形，象征上海外滩金融街，有积累财富之寓意；下面为抽象的深蓝色“S”形，“S”是上海的第一个拼音字母，又暗合陆家嘴金融贸易区的地形；中间的空隙恰恰象征外滩与陆家嘴两个金融重镇之间相隔的黄浦江，又可以看作英文Bank（银行）的“B”，这个空隙的安排使得整个标志富有灵气和动感。合起来看，整个图形呈现一个“今”字，寓意“现代”。

二、品牌标志的设计风格

了解标志设计的风格有助于设计出符合时代潮流的标志。从艺术的角度看，20世纪以来，标志设计的风格经历了这样两个演变阶段：现代主义（modernism）风格和后现代主义（postmodernism）风格。它们都与社会文化的变迁有关。现代主义文化强调对进步与未来的信仰，认同从工作中求得解放。后现代主义文化丢弃以往的等级，敢于大胆融合，这种文化为西方的年轻一代所崇尚，他们自我发展和自我统治为中心，无法容忍别人的操纵。

（一）现代主义风格

现代主义艺术风格盛行于20世纪初的欧洲。代表人物有毕加索、蒙德里安等。现代主义风格以圆形、方形和立体等几何造型为基础，反对装饰，把装饰部分减少到最基本的圆形、方形和水平或垂直线等几何造型。他们强调和谐统一，歌颂简洁的几何体，认为“装饰即是罪恶”“简单就是美”“美在比例”“越少就是越多”等。标志（包括视觉设计等）设计也不可避免地受到其强烈的影响，表现为所有的标志一律用简洁的圆规、直线尺进行几何制图。

（二）后现代主义风格

在现实中，设计风格常因历史背景、人性需求和市场导向而变化，新的设计风格会推翻原有风格，这是历史发展的必然趋势。随着时代的发展，现代主义风格暴露了其自身的缺点，那就是过于方正或圆滑，缺乏美学情感，造成识别上的模糊不清。于是在20世纪50年代萌发了后现代主义，这一潮流到60年代进一步发展出了清晰的轮廓。后现代主义强调的是感官愉悦、随心所欲、漫不经心；注重的是暂时性、片刻性、不严肃、不经意、无关联性。这种思潮集中反映在西方年轻一代的身上，他们玩世不恭，崇尚自由浪漫；也体现在建筑、服装等艺术设计领域。

到了20世纪80年代初，后现代主义风格明显地反映到了标志（包括CI）设计领域。它摒弃了现代主义和谐统一的原则，追求包容、繁杂、模糊、暧昧，而不求明朗、利落、清晰、单纯。这些后现代主义风格呈现出一种有趣而且丰富的复杂性，造成视觉上的多样性和活力，符合当代人的审美情趣。

介绍标志设计的风格演变，是为了强调品牌识别符号必须始终适应时代潮流及消费者价值观的变迁要求。品牌标志具有相对的稳定性，但也要适时做出循序渐进的修改变化，所谓“移步不移形”。但从长远看，“移步”也应该“移形”。

三、品牌标志的设计取向

任何一种符号系统都具有两个部分，一是它的外在形式，二是它的内在含义。符号象征意义的交流在潜意识水平进行，人们对它的反应是直觉性的。我们知道哪种符号代表什么意思，而不必知道为什么。人类在长期的种族演化中流传下来了对符号意义的一些普遍解释规律。我们可以把几何图形的基本原型分为圆形和方形两个取向。大量的研究表明，这两种图形蕴含着不同的意义。详见表4-6。因此，设计品牌标志一开始就要确定设计战略，首先要根据品牌定位的目标，确定无棱角的弧形方向还是有尖角的轮廓方向，或者兼顾两者，从而使两种意义融合在一起。

表 4－6　两种图形的不同意义

作者	内涵		研究结论
	弧形轮廓	尖角轮廓	
江等人（Jiang et al.，2016）	柔软、富有同情心、温暖、亲切、温和	对抗、坚硬、粗糙	1. 产品层面：圆形（方形）标志可能比方形（圆形）标志更能让人感觉到产品的舒适性（耐用性） 2. 企业层面：相对于方形 logo，圆形 logo 的企业被消费者更多感知为顾客导向（more customer sensitive）
朱等人（Zhu et al.，2013）	归属需求、家庭导向、和谐、友好	独特性需求、自我导向、攻击性、韧性、个人主义、男子气概	1. 外在形状的线索会引发个体不同的需求。当个体坐在圆形布局的环境中时，更容易引发个体的归属需求；当个体坐在方形布局的环境中时，更容易引发个体的独特性需求 2. 圆形布局环境中的个体对反映家庭导向线索或大多数人背书信息的广告评价更高；方形布局环境中的个体对反映个人导向或少数人背书信息的广告评价更高
张等人（Zhang et al.，2006）	妥协、相依、可接近、友善、和谐	冲突、独立、能量、韧性、强度	1. 尽管总体上，不同国家和地区的产品 logo 更加偏向方形（美国、英国、加拿大、德国、日本、韩国），但相对而言，个人主义国家和地区比集体主义国家和地区的产品 logo 更加偏向方形 2. 相对于相依自我个体，独立自我个体认为方形的物体（如方形的相框和方形的商标）更加有吸引力，特别是在公开性消费情境中
阿罗诺夫等人（Aronoff et al.，1992）	和谐、非威胁性、温暖、乐于助人	个人主义、威胁性、不友好、坚硬	身体姿势的形状会影响个体的感知，对角线型或有棱角的身体姿势（diagonal and angular body patterns）（如抛飞饼时的姿势）会让人产生威胁性感知，圆形的身体姿势（round body patterns）会让人产生温暖感知

资料来源：Jiang Y W，Gorn G J，Galli M，Chattopadhyay A.Does Your Company Have the Right Logo? How and Why Circular and Angular Logo Shapes Influence Brand Attribute Judgments. Journal of Consumer Research，2016，42(5)：709–726；Zhu R，Argo J J. Exploring the Impact of Various Shaped Seating Arrangements on Persuasion. Journal of Consumer Research，2013，40（2）：336–349；Zhang Y L，Feick L，Price L J.The Impact of Self-Construal on Aesthetic Preference for Angular versus Rounded Shapes. Personality and Social Psychology Bulletin，2006，32（6）：794–805；Aronoff J，Woike B A, Hyman L M.Which Are the Stimuli in Facial Displays of Anger and Happiness? Configurational Bases of Emotion Recognition. Journal of Personality and Social Psychology, 1992，62（6）：1050–1066.

小米新标识

2021 年是小米成立的第 11 年，也是步入新的 10 年之际。在这一年，小米选择以新的 logo 形象与消费者见面，也是以此来表明品牌一直处在不断发展变化中。这次的品牌视觉升级邀请了日本著名设计大师原研哉操刀。在 2021 年 3 月 30 日晚小米的发布会上，CEO 雷军介绍了品牌的新标识。

基于小米业务模式更为丰富复杂，要与更多的人交朋友的企业发展趋势，以及品牌对“科技与生命的关系”的探讨，原研哉团队提出了一个全新的设计概念“Alive”，即“生命感”，其可解释为：科技越是进化，就越接近生命的形态。人类和科技是不断接近的。结合东方哲学的思考和正方形与正圆形之间“存在着无限可

能”的灵感，原研哉通过“超椭圆”计算公式 $|x|^n+|y|^n=1$ 精密推导出 $n=3$ 的外形是最适合体现“Alive”要素和性质的动态平衡图形（见图 4-3）。

图 4-3 小米新旧标识对比

原研哉还设计了全新的“xiaomi”字母 logo，字母同样变成了圆润图形。原研哉建议标识和字母标识分开使用，对于品牌形象只用品牌标识，对于更高精度的智能手机等设备用字母标识，另外新标识也有一些细节的改动：底图面积缩小、“mi”字内线向内移、字体所有折角变圆角以及字体变粗。

除此之外，原研哉还为小米品牌设计了“小米橙”和“科技银”，保留品牌色橙色，添加黑色和银色为辅助色，象征着生命力与高科技的结合，更显高级感。

四、品牌标志的设计方法

品牌标志设计是在一定的策略性原则前提下，选择特定的表现元素，结合创意手法和设计风格而成。所谓设计方法，主要考虑表现元素和创意手法。典型的设计方法有两种：文字和名称的转化、图形象征寓意。它们产生三类设计标志：文字型、图案型以及文图结合型。

（一）文字和名称的转化

文字（包括西方文字和中国汉字）和名称的转化方法是直接运用一些字体符号或单纯的图形作为标志的组成元素。所采用的字体符号可以是品牌名称，也可以是品牌名称的缩写或代号。这种方法的优点是识别力强，便于口碑传播，容易为消费者理解。在创意上，为了增强其美感和接受度，往往借助象征、装饰点缀和色彩的力量。这方面成功的设计有 IBM、SONY、麦当劳的“M”标志、施乐（Xerox）的“X”标志、李宁体育用品的“L”标志等。

施乐

1995 年，施乐公司由朗涛公司设计了新的“施乐”标志：以红色替代原来的蓝色，给人朝气蓬勃、充满生机与活力的视觉效果。为了映衬“施乐”公司的产品技术从传统的模拟技术跨入数字技术的领域，施乐标志的首字母“X”被实际放大成在右上角做数字化处理的特殊效果。见图 4-4。

图4－4　施乐的标志

据统计，目前世界上大约80%的商标是文字商标，这足以说明商标设计的发展趋势。提倡用汉字设计品牌标志有两大优势：一是因为汉字原本是表意文字，在经由甲骨文到楷书的漫长演变过程中，逐渐形成了形意结合、以形表意的形式，能让人望“文”生“义”，具有迷人的魅力。这是西方表音系统的文字所做不到的。我国古人造字有六书说：指事、象形、形声、会意、转注和假借。这对今人设计标志仍有指导意义。二是如一些有识人士所认为的，“汉字商标”在国际市场上能最大限度地体现中华民族的文化特色。以汉字为创意标志的成功之作有中国银行、今日集团等。

随着文字的不断简化和规范，如今文字的象形功能已有所退化。然而在标志设计领域，把阅读的概念传达和视觉形象的直接感受结合起来，强化文字的形象化、直觉化感受，则是符合现代视觉传达机制的有效手段。

（二）图形象征寓意

以图形或图案作为标志设计的元素，都是采用象征寓意的手法，进行高度艺术化的概括提炼，形成具有象征性的形象。图形标志因为其视觉意念较易被人理解接受，故也得到普遍运用。特别是一些作为象征物的最普通客体，比如太阳、眼睛、体态、星星、王冠、手、马等，在世界文化的广泛国际化进程中也受到了重视。虽然在不同的国家里，这些商标的象征意义有所不同，但普通大众对它们的熟知避免了跨国传播的障碍。美国雷诺兹公司推出的世界名牌“骆驼”香烟，其标志是一只傲视俗世、驻足沙海的骆驼形象；苹果电脑公司采用彩色苹果图案；雀巢公司使用“两只小鸟在巢旁”的图案……这些标志鲜明生动，给人留下实体形象感。图形象征寓意方法可细分为两类：具象和抽象的手法。

1. 具象

具象的标志设计是以形象的自然形态为原理，进行概括、提炼、取舍、变化，构成所需的最终图形。自然界的一切元素和人物、植物、动物、风景等，都是具象标志设计的原型。对这些原型的采用主要根据品牌名称和产品特征来决定选择，再通过设计的艺术提炼，变成平面的视觉形象，从而赋予象征意义。运用具象的设计手法要注意，在保持完整的同时追求突出的个性特征，使形象处于“像”与“不像”之间。

2. 抽象

抽象的标志设计摆脱形象的自然形态的约束，提取事物现象、本质、规律、特征，运用抽象的几何图形组合，传达所要体现的感觉和意义。它的主要特征是“形有限而意无穷”。印象派画家塞尚（Paul Cézanne）认为：“自然里的一切形体都类似圆球、立锥体、圆柱体等几何形体。”相对于具象设计而言，抽象设计虽然也依赖于“形”，但这个

“形”超越了具象的有一定长度、宽度、面积的“形”，从而显示了一种思维活动的意象。抽象的标志设计的基本元素主要是几何图形，利用几何元素体现品牌的某种感觉意向。因此，在设计中首先要抓住事物的现象本质、感觉特征、运动规律及几何图形自身的组合结构规律。

标志的设计还要结合色彩的运用，以强化传达感觉和寓意的功能。

五、标志色的运用①

古人云：“秀色可餐也”。色彩能激起人精神上的愉悦感，使人获得美的享受，从而成为展示品牌魅力的独特手段。尽管在国外有单独运用色彩成为注册商标的例子，但它通常与品牌标志和品牌包装设计结合运用，成为品牌识别的有力支持。例如，可口可乐公司推出的主要饮料品牌中，包装颜色各不相同。可口可乐包装为红底白字，给人以浓重感和冲击力；健怡可乐包装为白底红字，给人以清爽之感，与不含糖分的特点相协调；雪碧突出的是绿色，给人一种晶晶亮、透心凉和回归自然的感觉；芬达包装的底色为橘黄和白色，名称为蓝色，表现出果汁型饮料的特征。这些都是经过精心思考、反复测试的结果。

色彩不但带来美感，更可以传送不同的情绪、联想和象征意义。其原理构成了色彩心理学。

（一）基本原理

自然界中的众多色彩基本由七种颜色组成，它们是红色、橙色、黄色、绿色、靛色、蓝色和紫色。在七种颜色中，红黄蓝是三个基本色，又叫三原色，其他四种色彩可以用三原色调配出来，例如，红与黄等量调配出橙色，红与蓝等量调配出紫色。

每一种色彩都由色相、明度和纯度构成其物理性能。所谓色相是指色彩的相貌和独立的表相特征。所谓明度是指色彩本身的明暗纯度，往往是指用同一色相在不同光度条件下呈现出的不同明暗程度。它是决定配色的光感、明快感和清晰感的基础。所谓纯度是指每一种色彩鲜明的程度。纯度高的色相明确，视觉兴趣大，反之则模糊不清。

色彩是品牌识别的元素，但并不是说为了保持识别的一致性，而使色彩的运用一成不变。相反，相对于品牌名称和标志来说，色彩的变化比较灵活。关键是掌握变化的规律：在同色相、同明度、同纯度上变化。这就是品牌的包装经常变化，却不会引起认知混淆的缘故。

色彩运用于商业上的基础是它给人带来的丰富感觉和联想。

（二）考虑因素

色彩具有决定个性的用途。在销售糖的实践中，人们发现用蓝色容器或至少包装上是以蓝色为主时，糖容易卖出去，但坚决不能用绿色。蓝色代表了“甜蜜”，绿色代表“苦涩”，谁愿意去买苦涩的糖呢？

---

① 何佳讯．品牌形象策划：透视品牌经营．上海：复旦大学出版社，2000：270-275．

作为品牌识别的有力表现，色彩运用于品牌标志、包装，要对六大方面进行综合考虑，这六大方面分别是商品、象征、对象、季节、文化和时代。

1. 商品

色彩可以传达商品的特性，因此，在设计上对于不同的商品类别，应选择相应的色彩及其组合。常用的情况如表 4-7 所示。

表 4-7　商品与常用色彩

商品	常用色彩
建筑材料	黄色和橙色
宝石	黄色、紫色
早餐食品	黄色、橙色
香水	黄色、紫色
咖啡	黄色、橙色
学生用品	黄色、橙色
肥皂	黄色、绿色
夏季露营用品	黄色与绿色
饼干	红色与黄色
药品	蓝色、银色
保健品	浅红、金红
旅游、航空服务	蓝色、绿色
夏季饮料	黄色与绿色

2. 象征

不同的色彩可以引发不同的感觉和联想，带来不同的意义。同一种色彩往往具有正面和负面两种联想意义。为了显示品牌的特殊意义，要选择相应的色彩及其组合。常见的规律如表 4-8 所示。

表 4-8　色彩与联想意义

色彩	正面联想意义	负面联想意义
白色	纯真、清洁、明快、欢喜、洁白、贞洁	志哀、示弱、投降
黑色	静寂、权贵、高档、沉思、坚持、勇敢	恐怖、绝望、悲哀、沉默
灰色	中庸、平凡、温和、谦让、知识、成熟	廉价
红色	喜悦、活力、幸福、快乐、爱情、热烈	危险、不安、嫉妒
橙色	积极、乐观、明亮、华丽、兴奋、欢乐	欺诈、嫉妒
黄色	希望、快活、智慧、权威、爱慕、财富	卑鄙、色情、病态
蓝色	幸福、深邃、宁静、希望、力量、智慧	孤独、伤感、忧郁
绿色	自然、轻松、和平、成长、安静、安全	稚嫩、嫉妒、内疚

续表

色彩	正面联想意义	负面联想意义
青色	诚实、沉着、海洋、广大、悠久、智慧	沉闷、消极
紫色	优雅、高贵、壮丽、神秘、永远、气魄	焦虑、忧愁、哀悼
金色	名誉、富贵、忠诚	浮华
银色	信仰、富有、纯洁	浮华

3. 对象

人们对色彩的喜爱是千差万别的。其差异的产生主要源于民族、性别、年龄、文化修养等因素。例如，婴儿喜爱红、黄二色（纯色），儿童喜欢红、蓝、绿、黄（纯色），年轻人喜欢蓝、红、绿，中年人喜欢紫、茶、蓝、绿；男子喜爱坚实、强烈、热情之色，而女子喜爱柔和、文雅、抒情的色调。

4. 季节

色彩具有季节感，寒暖分明，红、橙、黄属暖色，蓝、蓝绿属冷色，绿、黄绿、紫属中性色。如以温度感而言，由暖至冷的顺序为：红、橙、黄、绿、紫、黑、蓝。因此，在不同的季节，色彩的运用上也要有所区别。

5. 文化

在不同的文化背景中，人们对色彩的理解和运用具有各自的习俗和禁忌。跨文化的品牌标志（包装）设计尤其要加以注意。例如，在亚洲，人们把灰色与廉价等同起来，然而在美国却把它当作是昂贵、高品质的象征。亚洲人认为紫色有富贵之感，美国人却认为有廉价感。不同国家的色彩偏好如表 4－9 所示。

表 4－9　部分国家人群对色彩的偏好和禁忌

国家		偏好色	禁忌色
欧洲	德国	鲜蓝、鲜黄、鲜橙、深绿、深黄（南方）	茶色、深蓝色、墨绿色
	法国	东部男孩爱穿蓝色服装，少女爱穿粉红色服装	墨绿色
	爱尔兰	绿色及鲜明色彩	红、白、蓝色
	瑞士	原色和二重色（浓淡相同）	黑色
	丹麦	鲜蓝、鲜红、深蓝、深橙	粉红色、淡黄绿、亚麻色、淡紫
美洲	美国	明朗、活泼、华丽的色彩	无特殊禁忌
	巴西	无特殊偏好	紫色、黄色、暗茶色
	墨西哥	红、绿、白	无特殊禁忌
亚洲	中国	红、黄、绿	黑、白
	日本	柔和色调	黑、深灰、绿色
	巴基斯坦	翡翠绿	黄色

6. 时代

人们对色彩的喜好随时代而发生变化。通俗地讲，就是在特定的时候出现流行色。以日本汽车为例，早在 20 世纪 80 年代初期，日本人喜欢红色的轿车，到了 90 年代，日本人偏爱白色轿车。20 世纪 60 年代初宇宙飞船上天，世界流行宇宙色（深蓝色）。长期以来，黑色一直是商业用色的禁区，然而 20 世纪 80 年代中期，黑色风行起来。1985 年美国包装设计协会颁发的 14 项金牌奖中，有一半设计基本上都是黑色。由于环境污染日益严重，当代人们开始向往起“自然色”。在品牌标志（包装）设计上，抓住时代流行的趋势是保持品牌活力的永恒主题。

第 4 节　建立品牌平台制度

一家企业有没有正式建立起品牌管理系统，或者实施品牌战略，一个简单的衡量就是看其有没有制定品牌政策。品牌政策可以包括很多有关品牌管理的文件，但其核心是品牌定位和品牌身份，我们称之为品牌平台（brand platform），它是战略品牌管理的基石。实施品牌战略需要相应的管理制度和保障。

一、品牌平台的构成

简单地说，品牌平台是一幅规范化的品牌蓝图，描绘公司想要创建的品牌究竟代表什么，在内容上包括品牌战略和管理的两大关键支柱，即品牌身份和品牌定位，在形式上要求清晰、简洁又准确。其作用是为公司内部的管理人员和外部的合作伙伴提供相关的工作指导，目的是通过建立并利用共同的特性，使品牌系统产生整合性力量。包含了品牌平台的品牌政策也被称作品牌宪章（brand charter）或品牌圣经（brand bible），这表明了品牌政策在品牌管理中所具有的至高无上的地位。一旦建立了品牌平台，那么企业可以在此基础上制定品牌战略，即如何通过具体的营销和管理行动实现品牌平台目标，通常是为缩小当前的品牌形象与品牌平台中勾勒的理想形象之间的差距，制定出品牌应该遵循的战略路径。

20 世纪 90 年代以来，企业家逐步形成共识，即品牌平台是企业进行品牌管理工作的基石。西方的大公司都极为慎重地建立了自己的品牌平台。不同公司对“品牌平台”的称谓不同，形式各异，但内容基本相同，当然也存在细微差别。它们界定了品牌的各个维度，从最高层次的无形价值和品牌个性，下延至产品的差异化属性和做出承诺的理由。典型的品牌平台包含这样一些项目，如“品牌精髓”（brand essence）、“品牌支柱”（brand pillars）或独特价值（也称为“品牌资产”，即核心的品牌联想要素）、“品牌个性”（brand personality）等。例如，强生公司的品牌平台是品牌“足迹”（footprint），提出关于品牌的精髓、价值观、个性和定位的各种问题；联合利华把品牌平台称为品牌钥匙（brand key），将很多信息设计成锁眼，包括品牌价值观、利益、个性、可信的理由、差异化因素和品牌根源。在联合利华，品牌钥匙的书面文件不仅仅为母品牌所用，也为每一个子品牌所用。

由于企业存在建立品牌管理系统的大量需求，于是为企业制定品牌平台方案便成为品牌咨询公司的核心业务，很多咨询公司为了使开发的品牌平台看起来更复杂、更精致，往往设立过多的平台要素，存在冗余信息，这更易使品牌平台在实践中误入歧途。那么，我们究竟如何建立正确的品牌平台呢？

二、建立品牌平台的思路和要求

首先，以手段-目的链方式建立品牌平台要素。手段-目的链是将消费者所购买的产品属性视为达成目的的一种方法，而目的可以反映出最终的价值观。手段-目的链旨在阐释消费者如何把产品属性、结果及最终的价值观以层级的方式联系起来。

手段-目的链由三个层级的概念组成：最低层级是属性，描述的是产品本身的特性；中间层级是产品结果，是消费者对产品或服务在使用过后所产生的经验感受；最高层级是价值观，它是对特定行为或生活的终极状态的一种持续性信念，如幸福、自尊、享受等。借用手段-目的链界定品牌平台要素，应采取从顶层设计开始的方式，即从抽象层面到具体层面。按此思路，笔者认为通常的品牌平台依次由这样一些要素组成：品牌愿景、使命与价值观；品牌精髓、品牌核心联想与品牌定位；品牌个性与品牌调性；最后是一些具体的界定和支持点，包括核心技术、遗产、品牌合法性边界（品类）、典型产品或行动等。

其次，要正确地理解品牌平台的两大关键支柱，即品牌定位与品牌身份之间的关系。这正是本书第 3 章和第 4 章所阐述的。学术界对品牌身份与品牌定位的理解并不一致。如果我们把品牌身份理解为品牌元素，那么则应该先进行品牌定位，然后设计品牌识别元素。如果我们把品牌身份理解为一个品牌的“永恒的精髓、本性和价值”，为品牌提供方向、目标和存在的意义，即本书确定的品牌身份概念，那么也应该先建立品牌定位战略，再以战略制定品牌身份方案。事实上，完整的品牌身份既应该明确品牌的精髓或核心价值等内在要素，也应当包括对品牌识别元素的外在设计。对于品牌定位，我们可以从三个方面考虑：目标市场（往往要跨越多个细分市场）、竞争以及建立在功能利益和情感利益基础上的品牌价值主张。通常，品牌身份系统包括品牌精髓、品牌核心识别和延伸识别三个层级，而品牌定位是品牌核心识别的主要项目之一。在以上笔者借用手段-目的链界定品牌平台要素的时候，并没有出现品牌身份字眼，这是因为它已分解为品牌精髓、品牌核心联想与品牌定位、品牌个性与品牌调性等具体要素了。

三、品牌身份的管理保障

在管理品牌的过程中有诸多参与人员与单位，如果没有给予品牌身份充分而明确的定义，那么就无法提供正确的指引。对于我国大中型企业来说，品牌管理的当务之急是建立一套各部门都能理解又容易沟通的品牌战略（包括身份和传播）运作体系。缺少这种战略系统，消费者无法对品牌形象产生统一的认知。当品牌拥有跨地区的市场时，品牌战略系统不仅可以使企业获得规模效益，还可以保持足够的弹性以适应不同市场的独特性。

（一）公司层面的要求

1. 战略计划

为了维护强势品牌的长期地位，公司必须继承传统和维持核心基础；必须执行长期的战略计划。为此，公司必须对品牌决策的长期行为的好处和短期行为的害处有清醒的认识。

雀巢公司为了使其产品与消费者之间的信息沟通方式更为一致和简化，也即为了获得营销和广告的更高效率，采取了大量措施，主要反映在其制定的长期计划中。该计划的主要目的是：为雀巢公司最重要的战略品牌（如雀巢咖啡）制定基本的传播策略；为这些战略品牌制定关于包装和标志符号的方针，以增强一致性；减少为每个品牌服务的广告商数量，以提高与消费者沟通的效率和效力。

当然，各地的细微差别还是继续存在的。尤其对于食品而言，根据各地口味和偏好而生产产品的策略取得了极大成功。这意味着像雀巢这样的食品业巨头既要为追求更大的一致性而奋斗，又不得不保持全面分散经营的方针。这样有所矛盾的双重目标，必然要求公司保持一种微妙的平衡。如果没有按照同一基本方针、同一目标执行，没有考虑与之相关的所有因素，这种平衡很容易被打破。

2. 组织结构

品牌是公司各部门共享的财富，它需要全体员工给予关注和呵护。然而现实情况往往是部门分工过细，每个部门又只考虑自己的收益。公司应当把创建品牌作为首要任务，并通过组织扁平化、全面品质管理、成本控制、创新机制、公司文化等途径加以达成。

对于拥有伞状品牌结构的公司而言，其要建立相应的支持性组织以维护品牌的形式和内容，加强品牌与品牌之间的横向联系，克服不同标识使用的障碍。

在跨国集团公司中，会产生制造公司和销售公司割裂的情况。制造公司着眼于一个产品多个市场，部门一般按产品划分；而销售公司的情况正好相反，着眼于一个市场多个产品。销售部门往往都拥有自己的品牌，又都想从生产部门的最新创新中获益，最大化自身利润。此时，跨国集团公司就需要一种管理结构，使各种创新成为品牌投资组合中持续的、全球视野中的一个有机组成部分。

3. 管理品牌意义

公司对创新的管理也要引起注意。伊莱克斯（Electrolux）公司曾让每个业务部门贯彻相同的创新主张，不幸的是，这给它的一个最好的品牌带来了负面影响——被另一个姊妹品牌削弱了影响力。后者是一个在折扣商店出售的富有吸引力的品牌，立足于低价位；但它与定位为高档的、昂贵的主导品牌采用了相同的创新。这使消费者对品牌原有的意义产生了疑惑。

同样，当一个制造商向分销商品牌供应自己不同品牌下的相同产品时，也可能会侵蚀自己的品牌资产，更普遍的情况是侵蚀这个品牌化概念的高尚社会地位。从顾客的实际购买行动可知，是品牌名称使顾客愿意支付更多，而非其他。如果把品牌从其识别和代表的扩大的产品中分离出来，品牌就仅仅是些肤浅的、人造的东西，没有合理的存在理由。最终，当分销商品牌在常用的开发消费者的广告中宣布折扣时，公司就为浪费品牌资产付出了额外的代价。

4. 严密的作业手册

在公司管理的层面上，必须拟定纲领性文件，对品牌的长期经营做出保障。这些文件包括品牌身份系统、传播标准与广告手册等。

奥利奥为了保持自身品牌的完整性，确定“趣味幽默、从不板面孔”的核心价值是始终坚持的最高原则，同时，它也陈述了哪些方面是可以变化的：我们允许自己改变饼干的大小，只要它是圆的；我们能变化夹心的奶油量；我们能改变奶油的颜色，只要它的味道是一样的；我们能为饼干使用不同的外包装；最后，我们能变化包装的尺寸和形状，只要品牌是一致的。

精工在欧洲中心办公室制作了一本广告手册，为子公司和其广告代理商提供了指南。它解释了有关创意和媒体策略的重要细节，也包括了在地方广告活动中艺术创作的程序。比如，关于精工品牌的定位策略，公司这样解释：强调精工是全球市场领导者的独特定位，并使用产品的四个个性品质来传达信息——雅致、经典风格、高性能，以及与运动密切有关。

麦当劳在世界 100 多个国家或地区设有分支机构。虽然其他一些餐馆能制作出味道更好的汉堡包，但消费者钟爱的并不是汉堡包本身，而是麦当劳遍及世界的 QSCV 系统，即质量、服务、整洁和价值。这一系统，被麦当劳的所有经营者，包括供应商、特许经销代理商、员工和其他合作者，以最高的标准贯彻执行。

（二）管理者层面的要求

在组织内部，品牌的管理层有执行总裁、品牌工作组、品项经理、品牌经理、品牌委员会、传播经理等。为了更好地管理品牌，他们有各自的职责。

执行总裁有专权掌控品牌，他应当眼光长远，在品牌决策中不能意气用事、主观臆断。为了使品牌经理提出的计划方案更可靠，可经由品牌工作组（有资深领导加入）复核。品项经理能够有效地在相关品牌间起到整合作用，弥补单一的品牌经理整体感不强的缺陷。品牌委员会是在公司整体的层面上为制定和协调品牌发展战略做出贡献。传播经理则通常由资深经理担任，其职责是协调整合不同的传播业务。

广告界也许对“一切为了销售”不再心存疑虑，然而从品牌的角度看，仍有许多人未意识到维护品牌识别和核心价值的重要性。要知道，争取一个新顾客的成本是维系一个老顾客成本的五倍！而维护顾客的品牌忠诚，唯有依靠稳固品牌识别。

在实际的业务过程中存在很多干扰因素，使人们淡忘了这种价值观。比如，为了作品得奖，创意总监担心“老面孔”不能博得评委的欢心；为了遵循定位与策略，艺术指导担心作品缺乏新意与生机；为了彰显业绩，经理们不愿因循守旧等。凡此种种，均导致对品牌要素进行“大刀阔斧”的修改，仿佛改得越多，自己的功劳越大；殊不知这恰恰破坏了品牌识别。

在品牌的成长过程中经常会发生人事的变动，这有悖于品牌的连续性需要。广告经理、客户总监可能调任，撰稿人可能换来换去，甚至广告公司也可能不停更换。新上任者总想改变原状，有时到了费尽心机的程度。比如，品牌经理为得到提升而不得不在短时间内做出显著业绩，导致在广告战略、品牌延伸、促销等决策中变化颇多。

为了保证品牌的连续性，必须确保对品牌的稳定决策——成功的品牌正是做到了这点。公司不仅会把品牌价值记入账目，还会把创立长期的品牌形象规范当作一面透视镜，以观看和评价品牌识别的维护情况。

（三）代理商层面的要求

1. 减少广告代理商

雀巢公司早先就决定大量减少全球的广告代理机构，它将密切合作的广告代理机构削减至五个：麦肯（McCann-Erickson）、智威汤逊（J. Walter Thompson）、Pubilis FCB、奥美以及灵狮（Lintas）。它们形成了一个国际广告代理机构网络，为雀巢公司的主要产品服务，包括婴儿食品、巧克力糖果、饮料、宠物食品、冷冻食品和冰淇淋。雀巢总部为每个战略品牌指定了优先考虑的广告机构，分公司可以从中选择。例如，雀巢咖啡优先考虑的是麦肯和智威汤逊。实践表明，如果采用更集中的广告服务（交给一个代理机构），效果将会更加令人满意。

2. 业务网络保证

对于国际品牌来说，需要代理商具有全球的业务网络保证。广告史上规模颇大的一次业务转移发生在 1994 年 5 月 24 日，IBM 将其全球广告业务全部交予奥美。IBM 特别要求新的代理商能够使自身品牌在全球范围内保持完全一致的特性和源源不断的活力。而奥美在全球 60 多个国家设有 270 余个分部，使用 70 多种语言，完全能够提供适应当地文化环境的各种广告策略。奥美以“品牌写真”作为所有与 IBM 相关的促销传播策略的最高指导原则，确保 IBM 在全球不同市场传递始终一致的品牌价值。比如在我国，北京奥美参考 IBM 的全球广告策略并根据国内市场的需求与状况，来规划适合中国的广告表现：有的单纯将外文广告转译为中文文案，有的则基于同一策略发展新创意。

3. 使用品牌服务群和战略性品牌顾问

许多跨国广告商通过自己的网络建立了包括品牌名称创意研究、包装、视觉识别、公司沟通、事件制造和促销等各种传播服务——合称为整合营销传播。但实质上，传播集团仍保留广告商的角色，往往从广告战役的角度思考，在有限的时期框架中运作；而且在这种传播集团的内部很少存在紧密有机的联系。因此，有必要以一种动态服务群的概念，将来自代理商内部各单位（或者是与该代理商有业务往来的其他公司）的一群专业人才集合起来组成一个团队。这样做的优势是可以根据客户品牌战略的侧重点调整专业人才比重，集中火力开展创意工作。

品牌需要经过长期的发展，并且需要一个完全的整合方法。因此，对品牌发展的整体规划和投资组合需要起用专门的公司——战略性品牌顾问，以提供持续的、整合的品牌指导方针。

总之，作为向客户提供传播服务的整合者，应该具备如下条件：是优秀的品牌战略家、擅长推出整合传播解决方案、精通各种媒体、精于策划执行（特别是发展主题和视觉形象），以及对客户的政策保持客观态度。

品牌科学 4-1

英文品牌名称的转换策略

英文品牌名称转换为中文品牌名称，通常有三种策略，即语音、语义和音义结合。那么，这些不同的转换策略与企业类型（外资、合资和内资）的差异存在关系吗？本书作者与合作者在国际刊物《全球营销杂志》(*Journal of Global Marketing*）上发表论文，研究了它们之间的关系，分析其有效性，并提供了各企业类型中汉字使用转换模式的描述性结果。

论文建立多元回归模型分析了三种品牌转换策略、三种企业类型与品牌消费者评级的关联性，并从中国化妆品品牌目录网站太平洋时尚网（Pclady）化妆品库中收集品牌名称和消费者好评度等数据。首先，研究以“国家工商行政管理总局注册企业信息查询系统”（现为国家市场监督管理总局国家企业信用信息公示系统）提供的企业信息为依据，将化妆品库中的3 100个品牌划分为三种企业类型。统计发现，在2 780个有企业类型信息的品牌中，有1 875个外资品牌（67.45%)、683个内资品牌（24.57%）和222个合资品牌（7.99%)；在2 780个具有企业标识的品牌中，1 973个品牌同时具有英文和中文品牌名称（70.97%)。之后，对这1 973个企业的品牌名称进行内容分析，并依据品牌名称转换情况将其划分为三种转换策略。在此过程中，三位中英文双语的市场研究人员进行了编码。研究发现，无论企业类型如何，语音品牌转换策略占主导地位（74.46%)，其次是语义转换策略（19.06%)，而音义结合转换策略（6.49%）使用频率最低。最后，以品牌的消费者评级（化妆品库中“产品好评度”百分比）为因变量，企业类型和品牌转换策略为自变量建立多元回归模型。研究结果表明，语义品牌转换策略对国外品牌和合资品牌的消费者评价有正向影响，而对内资品牌的消费者评价没有正向影响。语音转换策略和音义结合转换策略只对国外品牌有利，对合资品牌和内资品牌不利。

为了更好地理解两种语言系统之间的品牌转换，论文还对3 100个化妆品品牌中最常用的汉字在企业类型间的转换模式进行了描述性分析。首先，研究并展示了已识别品牌名称中使用的汉字的长度和频率。2 248个有中文名称的品牌中，三字名称最常见（43.15%)，其次是二字名称（27.67%）和四字名称（22.38%)。中国市场上化妆品品牌的平均长度为3.04个字符。外国品牌的中文名称平均长度为3.21个字符，合资品牌为2.98个字符，内资品牌为2.94个字符。其次，找出了中国化妆品品牌名称中最常用的汉字以及其在英文中所对应的含义。化妆品品牌名称中使用频率最高的前20个字符占化妆品品牌名称的20.68%，在这些汉字中，“美”（Mei）字排在第一位，对应的英文含义为“beauty”。

这项研究扩展了品牌战略的相关研究，在消费者的品牌评价中加入了一个被忽视的因素——企业类型，并首次将企业类型的影响纳入品牌转换策略的评估中；为营销学者和从业者提供了一份在语言上适用于两大语言系统（即语音和标识）的商标名称最常用的汉字列表，为营销经理和品牌策略师为自己的品牌制定品牌转换策略提供了见解和建议。

资料来源：Zhu Y，Zhang F Y，He J X，et al. The Impact of Brand Transposition Strategies and Firm Type on Consumer Ratings of Brand：An Analytical Study of Cosmetic Brands. Journal of Global Marketing，2021，34（1）：56–72.

品牌实践 4－1　大疆创新

在无人机行业，大疆创新可谓是鼎鼎有名的霸主，其创下的骄人业绩、追求极致的创新文化以及独特的海外模式被业界津津乐道。在高科技行业，创新是所有高科技企业的命脉。大疆创新又是如何将创新融入公司的血脉之中，凭借自主研发创新能力引领消费级无人机市场的呢？大疆创新是少有的从一开始就在海外市场走高端品牌定位路线的中国企业，它是如何定位于全球化科技品牌，缔造高端品牌，从而重新定义了“中国制造”的内涵？

大疆创新：中国制造的新名片

大疆创新科技有限公司成立于 2006 年，如今已发展成为空间智能时代的技术、影像和教育方案引领者，主要业务从无人机系统扩展至多元化产品体系，在无人机、手持影像系统、机器人教育等多个领域成为全球领先的高端品牌，以一流的技术创新重新定义了“中国制造”的内涵。

大疆创新在品牌建设与质量管理上追求极致，先后入选国际技术创新示范企业及全国质量标杆，多次获得国家级知识产权奖项，其中包括 2 次“中国外观设计金奖”和“中国商标金奖”，并被评为国家知识产权优势企业。截至 2020 年 5 月，大疆创新累计申请专利 12 900 余件，其中 PCT 国际申请 4 260 件，连续四年 PCT 专利申请量居国内前十，全球商标布局 57 个国家和地区，注册 1 500 余件。

以创新为本的大疆品牌不断在更多前沿领域革新产品与解决方案，思考客户需求并解决问题，得到了全球市场的尊重和肯定。2013 年，大疆创新的销售额为 8.2 亿元，2017 年则达到 175.7 亿元，海外收入占总收入的 80%，其中北美地区是第一大市场。截至 2018 年，公司员工 14 000 余人，在 9 个国家设有 17 家分支机构，销售与服务网络覆盖全球 100 多个国家和地区。

大疆品牌的 DNA：创新和品味

经历了十余年的蛰伏，这家来自中国的高科技企业占据了全球无人机市场近 80% 的份额，让“中国制造”的新名片在全球高科技领域崭露头角。大疆无人机也成为年轻、时尚一族的标志性产品。这在很大程度上得益于大疆创新自创立以来就以超高标准打造产品和塑造品牌。在某种程度上，创始人决定了整个品牌发展的 DNA，大疆创新的企业风格正是受创始人汪滔的影响。

自创立以来，大疆创新始终坚持创新和原创的理念，对产品的研发规划十分超前和严苛，坚持做到推出的每一款新产品都具有比市场上同类型产品更强大、更稳定的性能。汪滔在研发产品的同时，将产品向国外无人机发烧友销售或提供免费试用，根据反馈建议，不断改进飞行控制器的功能和性能，以提高产品体验。2008 年，第一款较为成熟的直升机飞行控制系统 XP3.1 面世，彼时的直升机控制系统是小之又小的小众市场，全球其他国家如英国、德国、美国等也有一些公司在做，但大疆的直升机控制系统比其他公司的要稳定很多，很快就把它们都甩在了身后。在实现技术和产品质量领先的同时，大疆在产品推广和企业文化输出方面亦保持了其创新、超前的理念，仿佛生来就是带领产业进行革命的先锋。

在汪滔眼中，每个人理应去试着把喜欢做的事情做成，同时让世界变得更美好。他喜欢谈“梦想”、谈“坚持”、谈“纯粹”，以至于外界给他贴上了“理想主义者”的标签，从他口中吐出最多的是“品位”二字。品位可以看作汪滔对其事业的坚持，也可以看作一个理想主义者对其喜好的东西设下的标准和底线。正如汪滔所说：“我们不是为了有品位而有品位，只是我们非常崇尚一个比较酷、比较美好的东西；在追求美的过程中会转化为一种战斗力，这种战斗力最终会转化成好产品。”汪滔强调，大疆创新是一个有品位的公司，无论是商业上的决策，还是产品设计，抑或是技术上的取舍，都会落在品位上，品位最终会是大疆创新的核心竞争力。而这种核心 DNA 也体现在了大疆品牌的文化理念中，大疆希望用产品将大疆的文化和价值观散播出去。

大疆创新的品牌建设：三层系统论

要成功打造品牌，可从三个层面的“系统”进行通盘运作，否则难以真正发挥品牌的引领作用，不能建立品牌领导地位。所谓的三层系统由品牌战略顶层系统、管理支持系统和企业基础系统构成。内核是品牌战略顶层系统，中间层是管理支持系统，外层是企业基础系统。高端科技品牌大疆创新的成功，也正是三层系统整体合力作用的结果。

就品牌战略顶层系统而言，大疆创新有明确的顶层设计，成功建立了独特又坚实的品牌身份。仅有品牌顶层设计并不能保障战略的有效实施，它的支持系统就是大疆创新的“风险驱动的动态质量管理模式”（涉及全流程、全生命周期动态的质量监控管理，可靠的质量管理体系能让创新走得更远）以及数字化技术系统。除此之外还应看到，大疆创新十余年发展积淀的资源和能力（包括全球网络、人力和财务资本等）也是大疆创新能够实现高端品牌定位的重要保障。

内核：品牌战略顶层系统

品牌文化理念系统最核心的部分是使命、愿景和价值观，是一个品牌从事任何活动的基础和行动指南。大疆创新以“未来无所不能”为主旨理念，致力于成为持续推动人类进步的科技公司，以“做空间智能时代的开拓者，让科技之美超越想象”为使命。这彰显了大疆不为自身设限，坚持利用自我创新技术为更多行业、更多人带来改变，致力于用技术和创新为世界带来全新视角。在过去的十余年中，大疆创新也用航拍设备重新定义了人类感知世界的方式。

大疆创新拥有“激极尽志、品诚求真、乐享谦学”的品牌价值观。“激极尽志”意味着激进与极致，即充满热情地去追求极致和实现志向，这一点极好地反映了大疆作为高端品牌的基因：追求极致的完美与品位。大疆创新在每个品类上，都有突破性技术支撑的代表性产品，引领品类认知革命，坚持做到推出的每一款新产品都具有比市场上同类型产品更强大、更稳定的性能。“品诚求真”意为把握事物本质，寻求真知灼见，真诚而踏实地做好事业。大疆创新推崇有实干精神的梦想家，乐于创造，勇于实践，坚信实干而非投机，坚信梦想而非功利。“乐享谦学”意为乐于分享、谦虚好学。大疆创新一直视广大消费者及合作伙伴为进步道路上的命运共同体，相信正念、坦诚、反求诸己，坚持建设开放、合作、共赢、可持续的技术生态，与客户、伙伴携手推动产业健康良性发展。

中间层：管理支持系统

在整个品牌的管理系统中，大疆创新的顶层设计是建立品牌资产或者说品牌价值的重要组成。但顶层设计的执行和实现必须要有支持系统，否则品牌顶层设计就成了空中楼阁，无法实现战略愿景和目标。大疆的“风险驱动的动态质量管理模式”以及数字化技术系统从根本上成为实现品牌战略的保障。

大疆创新在产品方面做到了极致，这在很大程度上得益于大疆创新在制造环节实施“风险驱动的动态质量管理模式”，该模式强调在管理体系、技术体系以及信息化工具上不断迭代创新。这一质量管理方法是大疆质量文化的基石，而在大疆的质量文化之上，有更宏观的创新文化。大疆创新是一个创新的乌托邦，努力探寻卓尔不群的产品之道和企业文化，将“品诚求真”的理念贯穿到每一个细节，并引以为傲。正是大疆全公司上下对创新文化的贯彻和极致追求，才能使公司不断推出满足市场需求和用户体验的产品。

无人机是一个高度集成的精密设备，需要所有系统都正确运行才能精准地悬停在空中，这对于无人机相关产品的质量管理和商业服务挑战都是巨大的。大疆所建立起来的“风险驱动的动态质量管理模式”，是在产品研发、制造、售后全过程以质量风险驱动为输入，依托信息化系统这一纽带，实现了全流程、全生命周期动态的质量监控管理、异常收敛与闭环管控。大疆把对风险的关注覆盖到产品和业务可能涉及的方方面面，使其成为一种驱动力。这种驱动力来源于一线，应用于一线，与信息化工具结合在一起，建立起了大疆的“生产大脑”。

这种动态、弹性、风险驱动的质量管理能力能够让大疆快速响应市场需求，及时推出高质量的产品和服务。在优秀产品质量的基础上，市场接受产品很快，并能反馈更高的规格和创新要求，促进产品的进一步迭代。因此，可以说风险驱动的动态质量管理模式从根本上建立起了全方位卓越品牌体验的强大保障。

与“风险驱动的动态质量管理模式”相配套的还有大疆创新的数字化技术系统。大疆创新的数字化技术系统主要围绕着打造平台与生态圈，从两个方面构建无人机生态体系：

一是提出第三方参与的生态平台计划，共建开放融合新生态。在这个计划中，大疆一改此前为人所诟病的“封闭”印象，打造了全方位SDK（软件开发工具包）开发者平台，开放SDK给第三方开发者。从移动平台开发包到机载平台开发包再到负载开发包，大疆日益开放的SDK，让开发者将自己的传感器整合到大疆飞行平台上，越来越多的客户享受到了定制化的产品和服务。

二是通过建立用户社区提高用户黏性。2016年，大疆创新发布了无人机用户服务平台应用程序DJI+Discover，在线上商城功能之外，主打用户间以大疆无人机为纽带的航拍社交，将原本只是独立个体的无人机玩家置于广阔的开放平台，实现个体间的全面互动。其中的“社区”板块将用户一键带入大疆旗下的航拍交流学习平台——大疆社区。在这里，用户可得到全面、专业的航拍飞行和后期制作技术指导，更有中国顶尖的航拍爱好者分享作品、交流经验。在满足大批爱好者的体验需求的同时，提升用户黏性。

外层：企业基础系统

在企业管理支持系统之外，还应有更基础的系统作为保障，即大疆创新的资源和能力（包括全球网络、人力和财务资本等）系统。经过十多年的耕耘，大疆创新积累了超常雄厚的资源和能力。它所积淀的人力和财务资本、全球网络和研发系统、合作伙伴和无形资产、企业文化等，都是它的基础系统。尤其是在人才方面，大疆创新一直致力于为员工提供业内一流的研发环境、科研交流环境，大疆的扁平化管理、产学研深度融合的创新平台、不断完善的福利保障制度都是为人才服务的。此外，大疆每年举办的RoboMaster机器人大赛，目的就是宣传工程师文化，提升品牌影响力，保障专业人才持续供给。这些基础系统保障大疆创新在产生研发想法之后，能快速集中全球技术资源和合作伙伴网络，实现产品开发。

资料来源：何佳讯，葛佳烨，易丽华. 大疆创新：高科技高端品牌的全球市场战略. 上海：华东师范大学，2020.

品牌实践 4-2 豆瓣与知乎

豆瓣与知乎同为著名的在线社群平台，但两者的品牌定位截然不同，激发的身份认同与吸引的受众也相应地区别开来。可以说，两个平台的理想身份分别是“文艺青年”和“思想者”；核心内容分别是“情感”和“观点”；所激发的动机则分别是“情感交流”和“观点分享”。

豆瓣：兴趣、生活与文艺青年

豆瓣是口碑优良的中国原创兴趣社群网站，定位于文艺气质和个人兴趣。用户在社群中分享关于书、影、音的感受，为其评分，并和志同道合之人交流。豆瓣的“去中心化”特质也非常突出：豆瓣没有编辑写手、特约文章或是官方开设的专题，所有的内容、标签分类与排序都由用户产生和决定。

2005年，杨勃以“阿北”的网名开创具有小组功能的个人社交网站，正式创立豆瓣。杨勃将豆瓣定位于生活品牌，以帮助人们发现生活中美好的东西为使命。根据海量数据和算法推荐，确定最先实践的三个生活领域是图书、电影、音乐，这三个相对独立的业务均产生、分化、优化于豆瓣小组，品牌社群效应初显。在此之后，经过技术和战略的不断升级，豆瓣又陆续推出豆瓣FM、豆瓣时间、豆瓣豆品等频道，初步形成品牌生态圈。

豆瓣迅速地由单点的品牌社群模式成长为多点带面的生活品牌生态圈，主要得益于其深度的UGC运营模式和精准强大的算法。在UGC模式下，用户既是网络内容的浏览者，也是网络内容的创造者，这种模式非常符合豆瓣“发现生活”的品牌定位，通过用户交互相似兴趣点来聚集人群，又由人群扩展至各个兴趣点。其品牌生态圈的发生与发展从根本上讲是其UGC模式不断深化，实现自然生长的结果。例如，2007年11月，随着豆瓣广播的发展，用户互动与交流方式愈发多元化，小组形式也开始多元化：某些豆瓣小组通常维持在两个人，拒绝第三个人加入；还有一些校友录性质的小组不希望被外人打扰。这些小组典型化发展后就自然产生了新的小组产品，后被豆瓣命名为半公开小组和私密小组。事实上，这种由用户需求自然生长孵化的功能延伸一直是豆瓣生态圈发展的原动力。

UGC 模式推动下的品牌生态圈发展少不了数据算法的支撑，尤其对于像豆瓣这种互联网企业而言。创始人杨勃曾不止一次在公开场合表明整个豆瓣团队对数据和算法的热爱与坚持，他们希望豆瓣生活生态圈的每一步都是“以人为本、真实数据、合理算法”三者为一体的成果，而非为短期经济利益、某一团体等这些人为因素所左右。豆瓣充分尊重、利用数据和算法的一个重要表现是其在全站普遍使用的个性化推荐技术——根据用户的收藏、关注等行为，由算法自动推荐给用户个性化的定制内容。每当用户有新的行为，推荐清单也会马上跟着变化。为了保证用户使用方便、促进用户以最有效的形式沟通，豆瓣团队把复杂的逻辑和计算隐藏在后台，页面设计尽量做到最简单化，呈现给用户最易用的交互和体验，始终做个简洁而不简单的网站。正是依靠数据技术的不断坚持与创新，豆瓣品牌社群实现由小变大，将 UGC 模式产生的各种资源有效结合，逐步建立起完善、牢固的品牌生态圈。

在盈利模式的选择上，豆瓣也始终坚守初心，坚持“导内容”而非“导流量”。为了充分尊重用户自然发展，保证豆瓣简单、自然的氛围，以及本着对用户负责的态度，豆瓣拒绝任何人为因素干扰社群内热点排名、评分的做法，完全不采用社交网站盈利惯用的导流量、竞价排名等方法。所以，在获得用户支持的同时，也被光荣地冠以中国著名的不盈利公司称号。近几年，豆瓣为用户原创作品价值化付出了很多努力，成功激励更多的优秀作品产生，打通用户的精神生活圈和物质生活圈，将很多“空想”变成“梦想”，并产生实际收益。在此过程中，豆瓣也渐渐开始摸索自己的盈利生存之道。豆瓣阅读孵化出了众多优质原创内容，尤为著名的是当年轰动一时的电影《失恋三十三天》，它来自豆瓣的一篇记录失恋生活的直播帖。导演滕华涛对该帖很感兴趣，他买下版权之后，联系到其作者鲍鲸鲸将故事改编成剧本。电影《失恋三十三天》上映后四天时间票房就突破 1 亿元。后来在 2016 年 10 月 17 日，豆瓣正式对外宣布成立“飞船影业”公司，至此，豆瓣电影创作计划进入实质性发展阶段，也意味着其开始布局自己的 IP 全产业链。

仅目前成果来看，豆瓣的“导内容”盈利模式试水是成功的，实现了豆瓣、用户、相关公司的多赢。其盈利模式始终围绕着帮助用户发现美好生活的主线，随着用户需求状态和社群组织的变化不断升级，这种模式无疑是更健康、更长久的，因为真正的网络经济应该是“利民”，而非“利用民众”。

知乎：知识分享与行业精英

知乎由周源创建，于 2011 年 1 月正式上线，以“让人们更好地分享知识、经验和见解，找到自己的解答”为品牌使命。知乎凭借认真、专业、友善的社群氛围、独特的产品机制以及结构化和易获得的优质内容，聚集了中文互联网科技、商业、影视、时尚、文化等领域最具创造力的人群。

知乎以问答业务为基础，目前已成长为综合性、全品类、在诸多领域具有关键影响力的知识分享社群和创作者聚集的原创内容平台。目前，知乎覆盖了“问答”社群、全新会员服务体系“盐选会员”、机构号、热榜等一系列产品和服务，并建立包括图文、音频、视频在内的多元媒介形式，以及以社会群驱动的内容变现商业模式。

美国东部时间2021年3月26日，知乎在纽交所正式挂牌上市。招股书文件显示，知乎2020年营业收入为13.52亿元人民币，较2019年同比增长101.49%。在用户层面，截至2020年12月31日，知乎累计拥有4 310万内容创作者，月活跃用户数达到7 570万。知乎的成功是以下三个要素的共同作用：社群环境、优质内容与激励机制。

知乎的社群精神是“认真、专业、友善”，兼备理性和感性，从而塑造了中文互联网上独一无二的社群环境。因此，知乎用户的增速很快，已由一个小众的圈子成长为一个大众的社群。社群精神的长期维持离不开有效的机制设计，其中很重要的一点是“去中心化”，不以在现实社会中的阶层和地位论输赢，而以问答的认真程度较高下。于是，每个平凡但有闪光点的人，每个在舆论场里本来是“长尾”的人，都在知乎获得了一席之地。

在独特的社群文化滋养与孕育下，知乎汇聚了大量优秀创作者和优质内容，沉淀了宝贵的资产。知乎社群的内容存续周期很长、生命力很强。数据显示，2018年，知乎站内90%的内容流通周期均超过8个月。在知乎沉淀的内容资产中，有三类是中文互联网中最有价值的：第一类是有很高壁垒的专业知识，囊括人工智能、天文物理等应用科学和基础科学。在此之上，则是错综复杂的学术同行关系网。第二类是鲜活丰富的人类经验，既有令人捧腹的生活经验，也有充满借鉴意义的行业经验。第三类是想象力丰富、文采四溢的文学创作。2016年前后，知乎上开始兴起文学创作，作者们或基于其真实的人生经历，或基于天马行空的想象力。到今天，知乎上已经形成一个庞大、专业而勤奋的文学创作者群体。

另外，知乎通过媒介、场景和知识付费的多重变革，建立起了完善的激励制度，由此激发了答主创作的积极性。在媒介上，知乎从图文一路升级到电子书、音频、视频和直播等形式；在场景上，知乎开辟出文章、圆桌讨论、Live、付费咨询和圈子等多种形式，充分满足用户从好奇心激发、与人切磋到更深探求事物本原的全程性需求；在知识付费上，如今知乎的月活跃付费用户已超过250万。

资料来源：关于豆瓣. [2021-04-03]. https://www.douban.com/about；知乎. 联系我们. [2021-04-03]. https://www.zhihu.com/contact；杨健楷. 时代与知乎：一个内容社区的形成、崛起与觉醒. (2021-01-19)[2021-04-01]. https://baike.baidu.com/tashuo/browse/content?id=08398ec79efda653ec87bdec.

思考与讨论

1. 初创企业和老字号企业的品牌身份来源通常有哪些差异？后者对前者建立品牌有何启示？
2. 如何理解品牌身份系统三个组成方面的联系？品牌精髓、品牌定位与品牌价值主张之间的关系是什么？
3. 从品牌定位看，独立随意性、描述性和联想暗示性的品牌命名分别有何优缺点？
4. 对比大疆创新与豆瓣（或知乎）建立品牌身份的异同之处，并概括它们的品牌定位和品牌个性。
5. 请结合企业与顾客协同品牌化战略理论，写出品牌平台制度的基本要素。

03

第 3 篇

建设品牌资产

第5章

顾客视角建设品牌资产

从第5章开始，我们阐述如何建设品牌资产。按第2章介绍的理论体系，我们重点围绕企业与顾客协同品牌化战略理论，介绍建设品牌资产的方法和路径。作为理解建设品牌资产的基础，我们先从顾客的视角，借助品牌资产金字塔模型，阐述建设品牌资产的步骤和方法。

凯文·凯勒提出的品牌资产金字塔模型，又称为品牌共鸣模型（brand resonance model)，清晰地展现了整个品牌创建的阶段过程：从品牌识别，到品牌含义，到品牌响应，再到品牌关系（见第2章图2-7）[①]。只有当品牌处于金字塔塔尖时，才能产生具有深远价值的品牌资产。金字塔的左侧倾向于建立品牌的“理性路径”，右侧则倾向于建立品牌的“感性路径”，而绝大多数强势品牌的创建通过两条路径“双管齐下”。下面，我们依据品牌资产金字塔模型，以自下而上的顺序介绍相关原理和策略。

第1节　建立品牌知名度

品牌资产建设从建立品牌知名度开始。所谓品牌知名度（或称品牌显著度，brand salience)，是指潜在的买主认出或想起某品牌属某一产品类别的能力，它包含了品牌与产品类别间的联系。这一方面依赖产品本身的因素，诸如质量、价值、用途、声誉等，另一方面又依赖营销和传播活动。前者是根本，后者是条件。在品牌资产金字塔中，品牌识别是第一个步骤，其目标即是建立品牌意识和知名度，帮助顾客了解品牌竞争的范围和类别，使顾客确信该品牌可以满足其需求。

① Keller K L. Building Customer-Based Brand Equity. Marketing Management，2001，10（7-8）：14-18；Keller K L，Lehmann D R. How do Brands Create Value？. Marketing Management，2003（5-6）：26-31.

一、品牌知名度的层级与价值

西班牙作家塞万提斯说过，一个好的名字要比财富更有价值。这句话可以借用来说明品牌知名度的重要性。

（一）品牌知名度的层级

品牌知名度的范围很大，包含一个连续的变化过程：从人们根本不知道某品牌，到认为该品牌是这一类产品的首要代表。一般把知名度分为四个层次：无知名度（unaware of brand）、提示知名度（aided awareness）、未提示知名度（unaided awareness）和第一提及知名度（top of mind）。它们呈一个金字塔模型，显然越往上发展，越难实现。从品牌管理的角度来说，我们一般考虑后三个层次。

1. 提示知名度

所谓提示知名度即经过提示之后，被问者表示记得并且了解品牌，能够说出自己曾经听说过的品牌名称。比如，当问你家具中有哪些品牌时，你可能说不出什么品牌。但听到"'宜家'是不是家具品牌"这样的提示后，你表示出想起后的肯定，那么"宜家"就具有一种提示知名度。这个层次是传播活动的第一个目标，它在顾客购买商品选择品牌时具有十分重要的作用。

2. 未提示知名度

所谓未提示知名度即不经提示，被问者也会想到品牌，能够说出一个产品类别中有关的品牌名称。此类品牌往往不是一个品牌，而是一串品牌。比如，对于彩电品牌，你可能说出康佳、金星、松下、飞利浦等很多。某品牌即便不是第一个被想到的，也非常重要。因为消费者在购买时固然受品牌忠诚的惯性影响，但变换品牌的情况也经常发生，这时，他们往往就在具有未提示知名度的"品牌目录"中挑选。

3. 第一提及知名度

所谓第一提及知名度即在没有任何提示的情况下，提到一个产品类别就立刻想到并说出品牌名称。每一个产品领域，都拥有一个具有"第一提及知名度"的品牌，它们是市场领导者，或者说是强势品牌（strong brand）。例如，说到电脑，你首先想到 IBM 或者联想；说到可乐，你首先想到可口可乐；说到牙膏，你首先想到高露洁；等等。调研显示，第一提及的品牌往往也是消费者在销售点指定购买的品牌。

（二）品牌知名度的价值

品牌知名度从四个方面帮助品牌产生价值。这四个方面分别是有利于品牌联想、由熟悉引发好感、暗示某种承诺以及成为选购的对象。

1. 有利于品牌联想

建立消费者对品牌身份的认知是传播工作的第一步。如果在消费者对品牌名称未知的情况下就去传播品牌的相关特性等具体信息，这无疑是一种浪费。名称就像是人脑海中的一个特殊文件夹，可以装进所有与之相关的事实和情感。因此，如果没有对品牌名称的认知，那么这些事实和情感就缺少了依托，在要做出购买决策时，这些信息就无法被消费者“提取”。当以品牌名称为基础的品牌身份建立起来之后，余下的工作就很容易开展了，只要将一些新的特性信息与品牌建立联系即可。

2. 由熟悉引发好感

消费者总是喜欢买自己更熟悉的品牌，就像人们总是喜欢跟自己熟悉的人打交道一样。熟悉意味着拉近距离，意味着贴近关系，意味着引发好感。有两位广告大师早就把“建立熟悉感”作为创作广告的重要原则。一位是美国波立兹调查公司总裁艾尔弗雷德·波立兹（Alfred Politz），1960 年他发表文章阐述有效传播原则，指出除了“说服性原则”外，还有一种“熟悉感原则”，在当时却被人们忽视了。其实，“知道的事物比不知道的事物更能激发起人的信心”。所以，“一个除了提到商品名字以外一无所有的广告，也会因创造了品牌知名度，接着使受众产生了这种最小的信心，从而有助于销售”。另一位更著名的广告大师詹姆斯·韦伯·扬（James Webb Young）在其 1962 年出版的《如何成为广告人》(*How to Become an Advertising Man*）中，也提出广告产生效果的途径之一是“经由熟悉”，即增加品牌熟悉度。这源于“人类最深层的需求之一是在他的世界当中辨清方位和归属感”。很多广告的目的都是增加品牌知名度。消费者对任何的改变皆会很谨慎；对不知道或不熟悉的产品会有恐惧感。品牌知名度广告使消费者在他们所喜欢的品牌中找到安全感。

3. 暗示某种承诺

知名度可以作为公司存在、实力、表现及其产品特点的信号。这些因素对于耐用品购买者和大宗项目的工业品购买者来说都可能是非常重要的。因为人们会做这样的推论：扬名天下必然有其道理。例如：该公司投资这么多广告，是有实力的，一定错不了；该品牌在市场上一定是个老牌；该品牌铺货一定很好；该品牌有那么多人使用，应该让人放心；等等。这些推论并不是建立在对品牌的具体事实知道多少的基础上，但通过这些推论，品牌知名度发挥了向消费者暗示某种承诺的效果。相反，如果一种品牌在推出之前完全不做广告，不为人所知，那么，人们会怀疑在它背后是否有一个全心全意的公司来支持。

4. 成为被选购的对象

购买过程的第一步，往往是挑选一些候选品牌，这个被消费者考虑的品牌目录一般含有三四个品牌，不会很多。因而，品牌能否进入这个候选的品牌目录，其知名度可能是至关重要的因素。

对于经常购买的日常消费品，品牌记忆的作用也可能是至关重要的，因为品牌购买决策一般是在去商店之前就做出了。很多研究表明，深入人心的记忆与人们的购买态度和购买行为之间存在着关系，各品牌在未提示的记忆测试中被记起的先后次序不同，它们在被优先选择和购买的可能性上表现出很大的差别。

（三）品牌知名度在购买行为中的具体表现

上面已经阐明，品牌知名度往往会促成消费者认牌购买的倾向。所以，各大商家对如何打开自己品牌的知名度颇费心思。知名度所导致的认牌购买有两种基本表现形式。一是品牌再认，即在购买时，面对一个个品牌，能从中认出某个或某些曾感知过或使用过的；二是品牌回忆，即在购买前，购买者心中已有了特定的品牌。这两个概念其实是品牌知名度的真正内涵，通常用于具体的测试中。

品牌再认和品牌回忆作为传播的目标，前者是指看了品牌后考虑是否有这类需要；后者则是先有这类需要，脑海中再跳出特定的品牌。它们之间的区别如表5-1所示。

表5-1 品牌再认与品牌回忆的区别

	概念	效应
品牌再认	在眼前有感知过的或使用过的品牌，能够认出它	先遇见品牌，然后才考虑是否有这类需要，例如："雪碧"→类别（饮料）需要
品牌回忆	眼前不存在有过经验的品牌，但心中已有特定品牌	先有某类需要，然后再想起特定品牌，例如："口渴"→"雪碧"

二、建立品牌知名度的策略

从品牌知名度的两种表现形式中，可以确认相应的两个任务：一是使消费者辨识并记得品牌；二是使品牌与产品类别联系起来。对于新品牌，这两种任务都要执行；在其他情况下，只需专注在未达成的任务上。

广告显然是建立品牌知名度最核心的手段。除此之外，关于建立品牌知名度还存在一些有益的原则，在这些原则下包含着种种具体的策略做法。它们都主要基于传播的立场和创意的主旨。

（一）标新立异

传播的差别化是创造知名度的有效途径，也就是说要使得品牌有显著的突出性。人云亦云、亦步亦趋、东施效颦和盲目跟风注定要失败。一个好的广告能引起顾客的注意并容易被记住，其关键在于与众不同、标新立异，这是广告运作所追求的基本原则。但要注意，不能因过度求新求异而使传播走入歧途，引起不良的社会反应。标新立异必须建立在"形式"为"内容"服务、创造品牌与产品类别的联系、反映消费者利益需要的基础上。具体的方法有很多，比如杰出的广告创意、出其不意的幽默、巧妙的促销技巧以及引发新闻价值的活动或事件等，如果使用触及目标受众的专门沟通渠道，则效果更佳。

（二）采用口号

好的口号或广告歌能够创造意想不到的沟通效果，加速消费者对品牌的认知速度。短小精悍的口号包含了产品可能被形象化的特征，而脍炙人口的广告歌更是应用了韵律、声调，使品牌名称易于发音、上口及记忆。

（三）展示符号

发展一种与品牌紧密联系的符号，可以在创造和维护品牌知名度过程中发挥重要的作用。符号作为一种生动的形象，比单纯的文字更容易为人了解和记忆。

（四）强势公关

广告极其适合创造品牌知名度，但费用相当高。而如果换用精心设计的公共关系活动，如赞助、竞赛、电视或广播访谈、展览和新闻事件等，不但可以避免海量广告的干扰，还可制造出广告所无法实现的口碑传播效果。海南养生堂公司可以说是善用公关传播术的代表，旗下的“农夫山泉”饮用水曾组织消费者实地考察生产基地，声势浩大。

（五）品牌延伸

品牌延伸的手段是将产品作为传播的载体，使得品牌知名度随产品的广泛流通而扩大。这种做法在日本相当普遍，例如三菱、马自达、索尼、本田、雅马哈等，均将品牌名称用在其全部的产品上。三菱的产品多达 25 000 种，在数量如此庞大的产品上全部冠以三菱的名称及符号，传播效果可想而知。

（六）持续重复

在知名度的两种表现形式中，“回忆”远比“再认”更难实现。再认通过几次展现就可以建立，而回忆则会随着时间推移慢慢衰退。对此的应对策略是进一步突出品牌名称，加强品牌与产品之间的联系。其主要的方式是进行适当的重复传播——这是一种基本的记忆术。恒源祥品牌发展初期的知名度即来自这种策略，即在电视广告中用三遍连播的形式强化记忆。

第 2 节　理性路径的策略

在整个过程中，金字塔左侧倾向于建立品牌的“理性路径”，金字塔右侧倾向于建立品牌的“感性路径”——理性的路径是注重实际表现，感性的路径是注重品牌意象。品牌发展的初级阶段应该以理性为主，高级阶段则应该以感性为主。但每个品牌，都是两种路径组合使用。品牌功效所带来的顾客反应称为品牌判断。品牌意象形成的顾客反应称为品牌感受。在本节中，我们先介绍理性路径，包括品牌功效及品牌判断，重点介绍建立感知质量的策略。

一、理性路径的构成

理性路径由品牌功效以及其引发的品牌判断构成。所谓品牌功效（brand performance），是指产品或服务满足顾客功能性需求的程度。它超越了产品组件本身的性能，还含有品牌差异化的维度。品牌功效引发消费者对品牌的判断。品牌判断主要指顾客对品牌的个人喜好和评估，涉及消费者如何将不同的品牌功效与形象结合起来以产生不同的看法。

（一）品牌功效

品牌功效的次级维度分为：主要成分及辅助特色；产品的可靠性、耐用性及服务便利性；服务的效果、效率及情感；风格与设计；价格。

1. 主要成分及辅助特色

消费者总是对产品主要成分的性能水平有一定信任，同时可能对一些特殊方面（如专利或对主要成分具有补充作用的次要元素）有一定信任。部分属性对于某个产品来说是必要的，但对于其他产品则可能属于次要特色，这源于所属品类的不同。

2. 产品的可靠性、耐用性及服务便利性

可靠性衡量了产品在特定期限内发生故障或失常的概率，耐用性衡量了产品在自然或有压力的情况下预期寿命的长短，服务便利性则是指产品维修的方便程度。因而，感知产品功效的影响因素有：提供安装产品服务的响应速度、准确率及关注度，客户服务、培训的及时性、礼貌性及受益性，以及维修服务的质量与所费时间等。这些也正是寻求提升的着眼之处。

3. 服务的效果、效率及情感

服务效果反映了品牌满足顾客服务需求的程度，服务效率反映了服务的响应速度，服务情感则表明服务在顾客心中的信任、关注程度。这些联想均与品牌功效有关。

4. 风格与设计

产品涉及的美学因素，例如产品的颜色、形状、材料等，也可能引发顾客的联想。风格描述了产品的外观及带给消费者的感觉，它能够带来难以模仿的差异性。

5. 价格

品牌的定价策略会在顾客心智中形成昂贵或廉价的联想。价格是一个重要的功效联想，因为顾客会根据不同品牌的价格形成产品的品类知识。

（二）品牌判断

品牌判断主要涵盖四种类型：品牌质量、品牌信誉、品牌考虑和品牌优势。

1. 品牌质量

品牌质量影响品牌态度评价。品牌态度指消费者对品牌的整体性评价，它是消费者选择品牌的基础。品牌态度的形成依赖于品牌的具体属性和利益。在一系列品牌态度中，最重要的是感知质量、顾客价值及满意度。其中，尤以感知质量为品牌资产测量方法中的重要指标。

2. 品牌信誉

品牌信誉指顾客根据专业性、可靠性和吸引力三个指标判断品牌可以信任的程度。它反映了顾客是否认为品牌背后的企业是优秀的，公司是否关心顾客及其消费偏好。

3. 品牌考虑

消费者将品牌纳入候选品牌目录中的考虑取决于消费者是如何看待该品牌的。品牌考虑反映了强有力的、偏好的品牌联想在品牌形象中所占的比重。

4. 品牌优势

品牌优势指消费者认为一个品牌比其他品牌更为独特的程度，它在很大程度上依赖

于独特的品牌联想的数量和属性。品牌优势对于建立紧密而积极的顾客关系很重要。

二、感知质量的内涵与价值

理性路径策略的核心是建立品牌的高品质，它是品牌的基础。品牌的名称包含着人们对该品牌产品的感知质量。下面，我们介绍什么是感知质量（perceived quality）。

（一）品质与感知质量

人们往往会对一个品牌代表的品质有一定的认知，好的或是坏的，高档的或是低档的。关于品质，有几个相关的概念，但它们的内涵是不同的。首先是真实或客观的品质，它是指产品或服务的好坏程度；其次是产品品质，它是指配料、特征以及所包括的服务的特性和数量；最后是生产品质，它是指产品与规格的一致性，以“无次品”为目标。

感知质量，是指消费者对产品或服务的整体品质或优越性做出的感知，如有吸引力还是无吸引力，喜欢还是不喜欢。因此它不能被客观地加以确定，这种认知并不一定与产品本身真正的品质相符。原因有二：一是它是一个认识；二是不同的顾客有着不同的偏好。感知质量与满意程度、态度都不同。一个顾客可能因为它对于产品性能要求不高而感到满意，一个顾客也可能对价格过高的高品质产品持有一种消极态度。

（二）感知质量的两大影响要素

感知质量本身是一种总结性的、综合性的结构。要了解感知质量，就需要去辨别衡量它的基本因素。品牌的感知质量（简单地说就是品牌的好坏或档次）是对产品本身质量的认知，它可分为两个基本方面。

1. 内在要素

它是指产品具体的或物理性的资产。以加文（Garvin）提出的观点看，它包括功能、特色、信赖度、适用性、耐用度、服务能力、美感及高品质的外观形象等。只有在改变产品本身时，内在属性才会发生变化，而且只有当使用产品时才会消耗内在属性，像是颜色、质感、每加仑英里数、功率等。

据有关学者研究，耐用品有六大内在要素：使用简易性、功能性、使用表现、耐久性、服务能力以及社会地位；对服务行业来说，则包括信赖、负责、保证、认同和可见性。

2. 外加要素

这类要素虽然也和产品有关，但跟产品实体无关，即使改变它们，产品实体也不会变化，如价格、品牌名称、广告表现水准及产品保证等都是品质的外加属性。

总之，感知质量是一种对于品牌无形的、整体上的感觉。消费者采用自己的方法，对这两个具体要素进行选取并整理成对品质的抽象知觉要素。

（三）感知质量的价值

感知质量在五个方面产生价值，它们分别是提供购买理由、有利于产品定位、产生溢价、增加合作中的筹码、提高品牌延伸力。

1. 提供购买理由

在通常情况下，产品的品质为消费者提供了一种重要的购买理由，它影响到哪些品牌的产品被排除，哪些被考虑，哪些被选中。

在传播过多的社会里，消费者采取“浅尝资讯式购买决策”的信息收集方式，这就是人们在信息消费上表现出的“最小努力法则”，而且在这样的社会里也缺乏消费者购买决策的全面信息（渠道）保障。因此，消费者更加依赖于自己对产品品质的认知情况。

由于感知质量与购买决策紧密联系，所以它能使市场营销活动的各个方面更有效地发挥作用。如果感知质量过硬，那么广告和促销就很见效。

2. 有利于产品定位

品质是制造差异化的基础，也就成为定位的基本途径。在选择具有竞争力的定位时，必须确定诉求点，即消费者所真正需要的特定方面，而这也通常是那些品质上的特点。如果在定位时能够找到品质上的差异优势，那么就可以使定位强而有力。

3. 产生溢价

品质的优势为厂商提供了索取溢价的选择权，意味着厂商可以采取高价位的策略。溢价产生的额外利润可以用来对品牌进行再投资，比如运用到产品和技术的研究开发中，不断完善和改进产品，也可以运用到品牌传播中，不断提升品牌知名度和形象力。如果厂商以竞争价格而不是溢价向顾客提供品质卓越的产品，那么，这种增值将会赢得更广泛的消费群、更高的品牌忠诚度和更实际有效的营销成果。

4. 增加合作中的筹码

产品品质对于提高合作中（如代理商、分销商、零售商等）的谈判力具有重要意义。经销商乐于出售大家公认的受消费者青睐的品牌。由于经销商的形象直接受其提供的产品或服务的影响，因此，经销高品质的产品对经销商自身形象起着举足轻重的作用。

5. 提高品牌延伸力

品质对于品牌延伸的评估来说是一种重要的基础。具有高品质印象的品牌在品牌延伸上有更大的潜力，因为消费者会将原有的品质印象转嫁到新的产品线上。这无论对于品牌还是新的产品线而言，都有很大的助益。

三、建立感知质量的策略

品质认知在品牌资产中可算是一种长期资产，对它的建立需要花费较长的时间并辅之以强大的能力。认知上的品质，并不完全指生产和技术上的品质，它还有另一个重要的部分，即营销上的品质。总体上看，提高感知质量的策略有以下方面。

（一）保证高品质

首先是要发展提高产品品质和服务的能力，这是提高感知质量的第一步。如果产品品质本身存在缺陷，那么就无法使顾客信服。获得高品质的一些通常做法是：

1. 承诺高品质

对品质的追求是长时间的、无所不在的。公司要把对品质的坚持放在首要位置，动员全体员工付诸实际行动。全球著名的美国通用电气公司在董事长兼首席执行官约翰·韦尔奇的领导下，采用全新的质量管理概念，即“六西格玛”理论。六西格玛是一项以数据为基础，描述工艺程序与标准值之间的偏差，以追求几乎完美无瑕结果的质量管理方法，它的实践者称为“黑带”。计算方法是：“黑带”将所加工的单位数量乘以每单位潜在的失误，除以实际出现的失误，再乘以百万。得出的结果表示每百万次操作所产生的失误，然后根据转换表，该数值可转为西格玛值。1 个西格玛 = 690 000 次失误 / 百万次，2 个西格玛 = 308 000 次失误 / 百万次，6 个西格玛 = 3.4 次失误 / 百万次。

2. 追求品质文化

由于品质的获得是系统性、全局性的，因此，只有创造出一种对品质追求的组织文化、行为准则、象征符号和价值，才能使行动根深蒂固。运用六西格玛管理就要重新训练劳动力，它要求企业所有人员，包括市场营销人员和勤杂工都采用如工程师那样的思维和行为方式。所有的工作，都会由人的行为误差或其他因素导致偏差。而每经过六个西格玛程序，误差就可缩小到百万分之 3.4 以下，即 99.999 7% 的精确度。

3. 重视顾客参与

感知质量的决定权在于顾客。不同顾客对品质的关注点存在差异，因此要不断地注意、观察和收集消费者的反馈信息，总结影响顾客偏好的各种因素，也可以采取小组跟踪调查和实验的方法。

4. 确定具体标准

品质在本质上要求具有控制的功能。口头上对于品质的承诺与实际行动之间应该存在可测的、与奖励挂钩的目标。品质目标过于笼统，很容易劳而无功。

5. 发挥员工积极性

为了在公司推行六西格玛管理，通用电气公司规定从 1998 年起，任何人不论资历深浅，未受过“黑带”（努力消除一切误差的队伍）或“绿带”（业余时间参加质量控制项目的队伍）培训，一律不得提拔到管理岗位上。日本人已经证明团队工作能非常有效地改进品质，不仅利于发现问题，而且有助于创新和突破。这正是他们创造出的随身听、钢制热水瓶、超大型电视、生产线机器人、家用录像机等风靡世界的原因。

（二）设计认知信号

仅有客观的、真实的品质是不够的，必须要把它转化为消费者认知上的品质。在很多情况下，人们对品质的判断并不具备客观的标准、可靠的途径，并不依赖媒体上的信息报道。他们往往借助于产品或服务本身传达出的信号象征来判断。因此，服务的环境、服务人员的表现、产品的设计、广告数量、品牌的名称等具有重要的作用。为了使“品质”可见，厂商对产品进行有意的设计，虽然许多设计对产品的功能没有丝毫的作用。例如：立体声音箱，尺寸越大意味着声音越好；洗衣粉，泡沫越多意味着洗涤力越强；番茄酱，越黏稠意味着质量越高；除草机，声音越大意味着功率越大。

（三）利用价格暗示

价格是一种重要的品质暗示。据学者阿萨埃尔（Assael）的研究，在四种情形下，高价格意味着高品质。这四种情形是：消费者对商品的品质、性能除了以价格作为衡量标准外，别无其他标准可循；消费者无使用该商品的经验；消费者对其购买感到有风险时，或买后感到后悔时；消费者认为各种品牌之间有品质差异时。

价格作为品质暗示与个人和产品的因素有关。如果一个人没有能力或热情去评估一种产品的品质，那么，他对价格暗示的依赖性就增大。这种暗示作用也因产品类别不同而有所差异，难以评价的产品类别更可能将价格作为品质暗示。例如，在酒、香料、耐用品等产品上，价格暗示的作用更大。

（四）使用广告工具

提高产品在消费者认知上的价值，除了上述几种策略外，还有一种基本策略是利用广告传达品质信息。当然一味吹捧自己“我们是最好的”，不但有悖于广告法，消费者也不会相信。传达品质信息，要使用理性诉求方式，展示并解释产品的原理、生产过程、组织保障等方面。有时候，一些细节对品质的说服作用很大。当然，创意的作用始终不可低估。上海通用的别克轿车有这样一则电视广告：一辆崭新的别克在林间小道迂回穿梭，始终绕过树叶上掉下的水珠，从玲珑剔透的水珠里，我们看到了被放大的别克车体。广告语只有一句：不允许有任何水分。

（五）提供有效保证与寻求支持

一份具有实际意义的保证书能够给品质提供可信的支持。关键是保证书本身不能做得很粗糙，让顾客感到这只是一种客套。一份有效的保证书应该做到：它是无条件的、易懂的、易执行的、有实际意义的。在美国，若产品获得美国保险商实验室（Underwriters Laboratories）、《好管家》（*Good Housekeeping*）的认可证书或标签，便能得到消费大众的信任。

第 3 节　感性路径的策略

俗话说，“晓之以理，动之以情”。如果说理性路径是“晓之以理”，那么感性路径就是“动之以情”。在凯勒的品牌资产金字塔模型中，感性的路径是品牌意象及它所带来品牌感受。品牌感受与品牌判断是不同的评价机制。前者是右脑思维，后者是左脑思维。在本节中，我们先介绍感性路径的构成，再重点介绍创造品牌联想的策略。

一、感性路径的构成

感性路径由品牌意象和品牌感受构成。品牌意象（brand imagery）是指人们如何从抽象而非现实的角度理解一个品牌，更多的与无形要素相关。品牌感受（brand feeling）指消费者在情感上对品牌的反应。

（一）品牌意象

最为重要的四类品牌意象有：用户形象，购买及使用情境，品牌个性与价值，以及品牌历史、传统与经验。

1. 用户形象

品牌的使用者（个人或组织）形成了一类品牌形象联想。人们可能把典型或理想用户的联想建立在人口统计因素（性别、年龄、收入等）或抽象的心理因素（生活态度、对社会问题的态度等）基础之上。

2. 购买及使用情境

这类联想指人们能或应该在何种情况下购买并使用该品牌。特定使用情境的品牌联想与使用该品牌的时间、地点、在何种活动（正式或非正式）中使用有关。

3. 品牌个性与价值

品牌个性的创造是一个高度精细的创意传播工程。为了使品牌个性凸显、鲜明，必须整体掌握并细致运用驱动品牌个性的多种因素。这些因素大体上分为两类：与产品相关的因素、与产品无关的因素（见表 5－2）。

表 5－2　驱动品牌个性的因素

与产品相关的因素	与产品无关的因素	
• 产品种类 • 组件 • 价格 • 产品属性	• 使用者形象 • 公共关系 • 象征符号 • 上市时间长短 • 广告风格	• 生产国 • 公司形象 • 总裁特质 • 名人背书

（1）与产品相关的因素。米开朗基罗曾说“雕像本来就在石头里，我只是把不要的部分去掉”。相似地，我们可以说品牌个性也来自产品本身。正如广告大师李奥·贝纳（Leo Burnett）所指出的，每个产品都具有“与生俱来的戏剧性”，而广告人的任务就是将其挖掘出来。

①产品种类。与产品种类相关的因素是品牌个性的一大驱动力。例如，提起银行，老一辈的人往往会想到高高的柜台和柜台里冷若冰霜的面孔。如今物换星移，银行或保险公司会倾向于定位成典型的“银行家”个性（称职、严肃、男性、成熟、上层阶级）。

②组件。组件，尤其是包装很容易直接凸显品牌个性。一种牛肉汁品牌 Bovril 成为强壮结实的代名词，原因之一是它那看上去胖墩墩的、非常结实的罐形包装。碧浪洗衣粉的包装则传达了一个生动有力的概念：该品牌具有“以先进科技为保证的有效清洁能力”。

③价格。高价位的品牌可能会被认为是富有的、风格化的、略带势利的。而低价位的品牌会被认为是节俭的、朴实的，略有落伍的倾向。

④产品属性。宝洁公司的舒肤佳香皂，其产品概念是“杀菌性洁肤”，与传统香皂的香味、泡沫及护肤的属性明显不同，很容易建立起关爱、以家庭为重的品牌个性。

（2）与产品无关的因素。

①使用者形象。使用者形象以典型使用者（会使用这一品牌的人）或是理想化的使用者（如同广告中所描绘的）为基础。

②公共关系（活动、赞助等）。公共关系特别是有特色、富有创意的活动事件和赞助等，能很好地传达品牌个性。比如，斯沃琪（Swatch）通过佳士得对以前的产品定期举行拍卖，这使得斯沃琪手表取得了“现代古董”的地位，尽管历史不甚悠久（1983 年面市）。

③象征符号。象征符号对品牌个性有很强的影响力。比如，“旁氏专业护肤中心”给了品牌一个新的识别，赋予“旁氏”符合新时代需要的品牌个性：专业、现代、权威。象征符号的运用要持之以恒，方能刻画品牌个性。

除了标志和其他识别符号外，还有一类象征符号是象征物。它大体分为三类：人物、动物和卡通。它的运用使品牌仿佛具有了生命，消费者可与之对话，进而可能建立忠实的朋友关系。比如，家乐氏糖霜玉米脆片塑造了象征物“老虎东尼”，传达了可靠、有趣、可口、美味的个性。

④上市时间长短。上市时间短的品牌容易建立起年轻、新颖、时髦、现代的个性；上市时间长的品牌给人成熟、老练、沉稳、友善、信赖的感觉，但可能也有负面的影响，如老迈、守旧、无趣、过时、缺乏活力等。

⑤广告风格。雀巢“奇巧”的广告创意始终带着幽默，因而品牌有了休闲和轻松的“性格”。绝对伏特加（Absolut Vodka）的广告创意和风格可谓独树一帜，它坚持在平面广告中采用“标准格式”——以酒瓶形状的特写为中心，下方文字总是以“ABSOLUT”为首词；在表现题材上则与城市、节日、口味、主题艺术、影片与文学、时事新闻等结合。和视觉关联的措辞与其引发的奇想赋予了广告无穷的魅力和奥妙，也使绝对伏特加的品牌个性十分清晰：时髦、独特、风趣、现代。

⑥生产国。历史、经济、文化的沉淀造成了一个国家或地方的特色，不同国家的人在外表与个性上都有差异。生产国对于品牌个性的影响也是如此。比如，意大利品牌富有时尚和典雅气息；日本品牌代表着创新、效力和大众化质量；德国品牌会附带一些既有的德国人特性（严谨、严肃和勤奋）。而中国人智慧、勤劳、神秘、精巧和富有生命力的个性，完全可以给中国品牌创造永恒、智慧、神秘、和谐、有创造力、有活力、高工艺、勤劳、实用主义等价值。

⑦公司形象。美体小铺（Body Shop）化妆品公司是典型的以公司形象建立品牌个性的例子。该公司的经营哲学是“有原则地获利”，并在其指导下大力发展了反映品牌身份的宣传战略，例如呼吁保护热带雨林、积极参加拯救濒危动物的活动、积极支持发展替代能源和废物循环利用的研究等。顾客因此对美体小铺品牌个性产生强烈的认同。

⑧总裁特质。具有公众个性的总裁可以把自己的个性转移到品牌上，如电脑业巨头比尔·盖茨、管理大师李·艾柯卡（Lee Iacocca）。一般来说，生产高档耐用品的汽车公司、电脑公司等最适合用总裁作为品牌形象代言人。

⑨名人背书。在众多世界名表中，欧米茄（OMEGA）一直走名人背书的路线，以强调其代表着成功人士尊贵豪华的选择。它精心挑选一些国际名人作为形象大使，比

如国际名模辛迪·克劳馥（Cindy Crawford）、好莱坞影星皮尔斯·布鲁斯南（Pierce Brosnan）等。

总之，不同的品牌行为（与产品有关或无关）会导致不同的品牌个性的形成，见表 5-3。

表 5-3　品牌行为与品牌个性

品牌行为	品牌个性
定位、产品、象征、广告等的频繁变动	任性的、变化无常的
频繁的优惠活动、频繁派发优惠券	廉价的、落后的
广泛的广告促销	外向的、受欢迎的
良好的客户服务、便利的包装等	平易近人的
一贯的性能、包装	熟悉的、舒适的
高昂的价格、独家分销、高端杂志的广告	势利的、上流社会的
友好的广告、代言	友善的
参与文化活动、与美国公共广播事务局合作	具有文化意识的

资料来源：Aaker D A. Building Strong Brand. Cambridge：The Free Press，1996.

4. 品牌历史、传统与经验

关于品牌历史及一些特定的重要事件易引发品牌联想，这些联想可能是完全个人的或是许多人共有的。它们带来的益处是创建强烈的差异点，以及产生更为具体的品牌用户形象。

（二）品牌感受

品牌感受是消费者在情感上对品牌的反应，主要包括六种类型：温暖感、乐趣感、兴奋感、安全感、社会认同感以及自尊感。前三种类型的感受是即时的和体验性的，其强度会不断增加；后三种类型的感受是持久性的和私人的，其重要性会不断增加。

具体来看，温暖感为一种平静或安详的感觉，使消费者怀有感伤、温暖或挚爱的心情。乐趣感指能使消费者感到有趣、轻松、愉悦等。兴奋感代表品牌能使消费者充满活力，并感到他们正在做一些特殊的事情。安全感表示品牌给予消费者安全、舒适和自信的感觉。社会认同感，指因为认可某品牌或由于使用了某产品而认为自己在周围人眼中表现出色。自尊感则表示品牌为消费者带来了自豪感和成就感。

二、品牌联想的内涵与价值

感性路径策略的核心是创造积极的品牌联想。强势品牌总能引发消费者的丰富联想。例如，一说起麦当劳或一看到麦当劳的拱形门标志，你就会联想到价格合理、干净卫生、美好欢乐的时光、一种现代的生活方式、一种家庭的感觉等。

（一）联想与品牌联想

联想是一种重要的心理现象和心理活动。事物之间的不同联系反映在人脑中，就会形成心理现象的联系。这种由一种事物的经验想起另一种事物的经验，或由想起的一种事物的经验又想起另一种事物的经验，人们把它叫作联想。巴甫洛夫的条件反射学说认为，联想是神经中已经形成的暂时联系的复活。因此，现在人们也把条件反射的建立说成是联想的形成。

品牌联想就是指记忆中与品牌相连的每一件事。它不仅存在，而且具有一定的力量。这种力量的加强，是基于多方面努力的结果。除了媒体广告外，实际的感觉和使用经验也很重要。那么，品牌联想与品牌形象是什么关系呢?

我们知道，形象是人们反映客体所产生的一种心理图式。这种图式可看作感知的联想集合体。因此，如果要对品牌形象下一个定义，则可说品牌形象就是消费者对该品牌具有的一系列联想，经由一些有意义的形式组织而成。对摩托罗拉的调查表明，在中国人的心目中，摩托罗拉拥有“一个国际大公司、一个通信行业的专家、生产高质量的产品、关注中国百姓的生活、为中国的现代化建设做贡献”等方面的良好形象，因此这一品牌在中国市场占据了优势。戴维·阿克曾以图解的方式列举了品牌联想的不同类型。这些类型包括产品类别、产品属性、使用情形和消费者利益等。例如，多芬（Dove）这个牌子与几个产品类别相联系，包括香皂、冰淇淋等。它在香皂类别的专门定位是“美丽之皂”，与产品属性有关的联系是“含有 1/4 滋润乳霜”，这个属性支持“不让皮肤干燥”的消费者利益。对“面部清洁”的使用情形来说，这个利益很重要。这些核心的联想使得多芬的定位在相关的香皂产品中产生竞争力，并且增强了消费者的认知价值。阿克把品牌形象定义为“通过一些有意义的方式组织起来的一组联想”，通常情况下广告主可以通过把品牌与其使用环境、顾客群或购买动机联系起来提升品牌形象，因为品牌形象会为他们带来梦寐以求的品牌资产。

与品牌联想和品牌形象紧密相关的概念是品牌定位。它们的区别和联系在于品牌定位是一个操作性概念，它强调从竞争的角度出发，通过沟通使消费者产生对品牌的独特联想。这种独特联想因提供与目标消费者需求相适应的差异化利益而产生销售力。

（二）品牌联想的价值

品牌联想具有丰富的价值。美好、积极的品牌联想意味着品牌易被接受、认可、喜爱，有竞争力，易取得成功。总体来说，品牌联想的价值包括如下几个方面：帮助处理信息，产生差异化，提供购买理由，创造正面态度，成为品牌延伸基础。

1. 帮助处理信息

品牌联想引发个人传播（individual communication，亦即自身传播）。消费者在头脑中汇集了大量的信息，这可以帮助消费者总结出一系列的事实情况和数据，好似为消费者创造了一个袖珍信息库。此外，品牌联想还能影响到对具体事实的解释和对信息的回忆。

2. 产生差异化

品牌联想还可以为产品的差异化提供重要的基础。有区别的联想可能会成为一个关键的竞争优势，它为竞争者制造了一道无法逾越的障碍。品牌名称、定位、广告等沟通手段都可以创造差异化联想。从某种意义上看，一个品牌的名字赋予了品牌先天的条件。

3. 提供购买理由

许多品牌联想都涉及产品特征，都直接与消费者利益有关，从而能提供一个特别的理由促使消费者购买或使用这一品牌。一些联想通过在品牌中表现出信誉和自信而影响消费者的购买决策。我国西藏地区的一个矿泉水品牌“喜玛拉雅”在广告中标示它的水源地是“拉萨以北果拉山口海拔 5 500 米”。广告语说：“喜玛拉雅，更高的是天……”广告创造这些与地域有关的联想，会给产品增加信任度。

4. 创造正面态度

消费者喜爱一些联想，那么对品牌也就会“爱屋及乌”。在传播上，我们常有感性诉求和理性诉求之分，理性诉求所提供的是购买的客观理由，而感性诉求则相反，它是将消费者对人物或事物的自然情感转嫁为对品牌的情感。西门子以陈美做广告代言人，当这个华裔女孩凭着一把小提琴将世界玩转，当她拉着小提琴时而疯狂、时而痴情、时而激扬、时而婉转地在屏幕上为西门子煽情时，给人的感觉是够酷、够浪漫。这些联想固然不是理性理由，却能产生积极的情绪和态度，使品牌与众不同。

5. 成为品牌延伸基础

品牌所具有的有意义的联想可以用于其他产品上。比如，本田公司在小型发动机制造方面颇具经验，这种联想有利于它从摩托车生产延伸到摩托艇和割草机的生产上，因为它们可以共享同一种联想。品牌管理者的任务就是要找出那些直接或间接影响购买行为的品牌联想，通过品牌延伸，使这些联想更加强劲，并为更多的人所共享。

三、创造品牌联想的策略

任何一种与品牌有关联的事情都能成为品牌联想。因此，创造品牌联想有许许多多、各式各样的策略方法。产品或服务的特点和优势、包装、分销渠道、品牌名字、标志和口号、广告、促销、公关都是创造品牌联想的途径和工具。下面，对创造品牌联想的策略做一总结。

（一）选择联想的类型

影响消费者购买的关键因素有许多，其中产品特征或消费者利益是非常重要的因素。所谓选择联想的类型，是表明首先要确定哪些因素影响消费者的购买决策，进而把它作为定位决策相关的因素，并运用传播创造这种联想。总体来说，有以下十大方面可考虑。

1. 产品特征

产品特征是产品能做什么用，例如，对于餐巾纸，它的特征可以是柔软、洁白、抽取方便、坚韧、吸湿性强、多色彩等。有效的定位就是要找出一种重要的产品特征，对这种产品特征的需求是消费者未曾被满足的，这种产品特征也是竞争对手未采用过的。

2. 无形因素

无形因素是指一种整体上的价值，如质量、技术领导地位、认知价值，它们的作用是把一些非常客观的品质整合起来。这种整合力量往往是以公司的管理活动及其理念、产品系列以及在长时间里致力于产品开发为基础的。但要注意，对于某些产品如营养食品来说，利用技术、健康和营养等无形价值是较难定位的。

3. 消费者利益

产品特征支持利益并被用来满足消费者的需要与欲望。大多数产品的特征为消费者的利益提供保证，因此两者通常存在着一一对应的关系。如预防龋齿既是佳洁士的产品特征，又是消费者利益。

4. 相对价格

价格常常暗示着产品的感知质量。在同一类产品或服务中，总存在着高低不等的价格层次。如果品牌间的价格相近，就要采取其他的定位途径以创造差异。

5. 使用方式

麦斯威尔咖啡的一则广告说“好东西要与好朋友分享”，把品牌与招待朋友的使用场合联系起来，而雀巢速溶袋装咖啡的广告则展现办公室的场景，表示它是一种适用于工作场合的饮品。一项对咖啡市场的调查表明，存在七种饮用咖啡的场合，分别是：一天的开始、只在两餐之间、与他人进餐期间、午餐、晚餐、为了晚间保持清醒时、周末。

6. 使用对象

品牌联想与使用对象密切相关，如麦当劳一向关注儿童的诉求，并已占领了儿童市场，但公司又耗资 7 500 万美元做广告，进军成年人市场。化妆品与肤质关系密切，因此，有些西方化妆品品牌声称特别适合东方人。在使用对象上，许多品牌都与名人建立了联系，因为名人经常能带来强烈的联想。百事可乐推出新包装时，起用郭富城为代言人，他的青春动感、无穷活力的气质与产品的形象定位非常匹配。

7. 生活方式或个性

可以想象，如果把品牌当作一个人，它会是什么样的人？而作为消费者，你又希望它是什么样的人？每一个人都具有一种个性，一种丰富多彩、复杂、生动和与众不同的生活方式。厂商可以赋予品牌一个与目标消费者非常相似的个性，使其表征一种有吸引力的生活方式。

8. 产品类别

许多品牌的传播都牢牢地使之与产品类别发生联系，这就有了“麦片就是维他麦”“提到抗过敏，都说息斯敏”等的诉求。当一种产品类别中的竞争品牌太多时，我们还可考虑产品属性是否适合另一产品类别。

9. 竞争对手

在某些情况下，竞争对手可能成为长久的定位战略坐标。把竞争对手作为定位的考虑因素有两个原因：一是如果竞争对手是市场上的一个清晰的目标，那么，只要与它产生某种联系就可以了；二是消费者有时并不在乎你的产品有多好，只要你的产品强于某个竞争对手就可以了。

10. 国家与地域

一个国家或地域的自然环境、资源、文化和传统等与某些类别产品的品质联系非常密切。比如，我国新疆的葡萄干、景德镇的瓷器、西湖的藕粉、阳澄湖的清水大闸蟹等。从国家的层面上看，消费者一般对法国的葡萄酒、时装和香水，德国的啤酒和精品汽车，日本的家电，意大利的皮制品和巧克力等情有独钟。这些联想都可以将品牌与国家联系起来而使品牌受益。

（二）运用传播工具

传播是创造品牌联想的核心方法。前面已提到，品牌名称、标志、包装、广告、公共关系及其他传播工具都有助于创造品牌联想。下面介绍几种主要工具的运用。

1. 包装

美国杜邦公司有一个十分著名的“杜邦定理”——有63%的消费者是根据商品的包装做出购买决策的。产品的包装很重要，好的包装有利于引发联想，推广品牌。“多力鸭”洁厕剂有趣的鸭嘴包装设计使得顾客不再把它与家中最讨厌的活儿联系起来，相反，清洁马桶顷刻变得愉快起来。L’Eggs公司的连裤袜由于装在惹人喜爱的蛋形塑料盒中，竟垄断了连裤袜市场。难怪有学者说，能抓住消费者情感的因素有三个：品名、包装和定位。一个好的包装决策包括包装材料、样式、成本、色彩、容量以及对环保的考虑等。

2. 广告

广告创造品牌联想的主要策略是运用个性化人物作为产品的代言人。郭富城与百事可乐、张惠妹与雪碧、王姬与孔府家酒、刘德华与奥妮、黎明与乐百氏、成龙与爱多、李连杰与步步高等之间均存在强烈的联系。策划名人广告要注意效果与产品类型之间的关系。国外有人做过一项实验研究，让不同的广告源，即名人、专家和典型消费者各推荐三种不同的产品——珠宝、真空吸尘器和饼干，结果发现，以消费者的广告态度、品牌态度和购买意向作为评价标准，这三种产品依次最适合采用的广告代言人分别是名人、专家和典型消费者。以这个实验结果推而广之，就是名人适合推荐心理和社会风险大的产品；专家适合推荐经济、功能和生理风险大的产品；各种风险都小的日常用品则适合典型消费者来推荐。

个性化人物并非一定动用名人明星。宝洁的许多品牌就是采用极具目标市场代表性的普通消费者作为代言人。关键是人物个性要与产品个性吻合。

3. 促销

促销（或者说是营业推广）的核心功能是为购买决策带来短期的刺激作用。它的一个明显的负面作用是，过度地运用促销，往往会降低品牌的身价，损害品牌形象。但这并不是说促销不能建立或创造积极的品牌联想，关键是要选择恰当的促销手段，增强而不是削弱品牌价值。

4. 公共关系

在创造品牌联想上，公共关系有时胜于广告。好的公共关系活动具有可信度，而且吸引人。20世纪80年代中期，日本的“健伍”（KENWOOD）为了舍弃其“在家里听音乐”的旧有形象，开始为F1汽车大奖赛赞助提供无线通信设备，并成为快艇竞赛的主要发起人。结果健伍成功地塑造了其充满青春活力的形象，在年轻人脑海中深深地烙下了“汽车音响的健伍”的新联想。公共关系还在处理品牌的危机事件上具有专门的功效。

四、品牌联想的方向与管理

品牌管理涉及两类互补性的活动，它们都离不开“品牌联想”这个中心议题。

第一，品牌建设（brand building）。其主要创造为消费者所易记的品牌形象，并且持续地促进品牌的核心联想。这些核心联想也影响到一个品牌从它最初的用途扩展到其他相同产品类别或相关产品类别上的能力。品牌建设活动集中于建立赞同的消费者态度，强化品牌与一个特定类别、产品属性、消费者利益或者使用情形之间的关系。

第二，品牌杠杆力（brand leveraging）。它指品牌所带出的意义使它能在这个产品类别中明显区隔竞品的能力。这是一种重要的营销活动，因为许多品牌被明确地发展为后来延伸产品的平台。在这种情况下，营销经理不再问是否要延伸该品牌，而通常会问：“我们能将该品牌延伸多远？”

延伸一个品牌到其他产品上可增强品牌的核心联想，增强并扩大消费者的购买特权，同时也有助于建立全面的业务。当然，很多学者指出，如果品牌延伸过度（尽管它是成功的品牌），就会有稀释核心联想、腐蚀顾客根基的风险（详见第 10 章）。

对于品牌杠杆力活动，必须考虑直接指向品牌的现成联想的力量。产品类别如“贺卡”与贺曼（Hallmark）存在很强的联系；使用情形如“擦洗窗户”可能让人想起 Windex 这个品牌；产品属性如“烘焙苏打”是艾和美（Arm & Hammer）品牌的核心要素；消费者利益如“温和”则来自象牙（Ivory）。在为品牌延伸建立新联想时，这些已有的定向性联想的力量限制了品牌的延伸能力。

因此，对品牌管理来说，一个极其关键的要素是确定品牌能够延伸多远。而这依赖于对一个品牌核心联想边界的夯定。品牌联想的双重性是确定品牌延伸限度的一个重要方面。

（一）品类优势与例证优势 ①

品牌联想（形象）在品牌资产和品牌管理中占有十分重要的地位。那么，如何进一步认识它呢？

品牌形象是感知的联想集合体，这种“联想网络”由若干节点组成，联结品牌和它们的联想物。联想的力量反映了一个网络中两个节点之间的“语义相关性”，它可以是无定向的，即品牌与联想物处于一种自由的关系中；也可能是定向的，分为两种方向，即从某相关物联想到某品牌，或者从某品牌联想到某相关物。

两种方向对品牌杠杆力来说都很重要。例如，我们可以把品牌延伸的过程描述为：开始于品牌，然后产生对它的各种联想，最后是鉴别可能延伸的相关产品类别。这个过程有助于发现目标类别与品牌的匹配——那就是消费者所乐意期望的这个品牌的产品类别。

这里重点研究品牌与产品类别之间的联想方向与强度问题。我们把一个品牌与一种相关物之间的定向联想强度称为“优势”。从某个品类联想到特定品牌的强度，可能与

---

① 本部分理论和观点引自：Farquhar P H，Herr P M. The Dual Structure of Brand Associations//Aaker D A，Biel A. Brand Equity and Advertising：Advertising's Role in Building Strong Brands. Hillsdale：Erlbaum，1993：263–277；Loftus E F. Category Dominance，Instance Dominance，and Categorization Time. Journal of Experimental Psychology，1973，97：70–74.

其相反方向的联想强度有所不同。也就是说，一个品类对一个特定品牌在记忆中产生提示作用的可能性与一个品牌名称对一种品类产生提示的可能性是不同的。这些可能性在1973年被学者罗夫图斯（Loftus）分别命名为品类优势（category dominance）和例证优势（instance dominance）。

品类优势是指从品类到品牌的定向联想的强度。它以产品类别的提示激发其下的品牌的程度来测量。例如，佳洁士这个品牌在牙膏品类下都具有很强的代表性。这是高品类优势的例子。

例证优势是指从品牌到品类的定向联想的强度。它以品牌名激发其所属的产品类别的程度来测量。例如，提及吉列使人马上想到剃须刀，这就是一个高例证优势的例子。

显然这两种优势是可以同时存在的，而且通常是同时存在的。如果两者都很强大或都很微弱，我们就能看到它们之间的对称性。例如，吉列剃须刀同具高品类优势和高例证优势，而库里得（Qualitex）公司（化工企业）既是低品类优势又是低例证优势。如果一强一弱则产生不对称。这是我们需要加以注意的。

例如，阿莫科（Amoco）是一种许多人都知道的汽油品牌，但提到汽油很少能使人联想到阿莫科，这就表示这个品牌例证优势高而品类优势低。再比如，Rollerblade 直排轮滑鞋的品类优势高，但例证优势低，即提起直排轮滑鞋，就会联想到 Rollerblade，但提起 Rollerblade 却很难直接联想到直排轮滑鞋。

表 5-4 是学者赫尔（Herr）、法夸尔（Farquhar）和法齐奥（Fazio）在 1990 年对一些知名品牌的品类优势和例证优势所做的检视。

表 5-4　品类优势和例证优势

品类优势	例证优势	
	高	低
高	佳洁士牙膏 施文（Schwinn）自行车 福爵（Folgers）咖啡	四季宝（Skippy）花生酱 李施德林（Listerine）漱口水 白云（White Cloud）卫生纸
低	小飞侠（Peter Pan）花生酱 Scope 漱口水 Charmin 卫生纸	Close-up 牙膏 哈菲（Huffy）自行车 Hill's Bros 咖啡

资料来源：Farquhar P H，Herr P M，Fazio R H.A Relational Model for Category Extensions of Brands. Advances in Consumer Research，1990，17：856–860.

（二）两类不同优势的品牌策略

我们分析了品牌联想的两种方向与品类优势和例证优势，这对品牌管理提供了什么参考呢？

1. 品牌建设

我们知道，在消费者做出购买决策的许多思考因素中，通常产品类别首先被激活，在这种情况下，例证优势对品牌选择的影响很小。举个常见的例子，假如你在逛超市，发现货架上有六种牌子的纸巾可供选择，即使某个品牌不在这个集合中，别的线索也能显示出它所属的产品种类；当一个司机看见街角有个加油站时，有油泵和阿莫科的标记，他不需要了解阿莫科的品类，就能知道卖的是什么。因此，品牌资产不需要加强品牌的例证优势。

如果品类优势高到品牌能被自动激活，这种检索过程就结束了。因此，在其他思考因素不变的情况下，具有高品类优势的品牌更易被消费者选取，不论其例证优势高还是低。

如果从品类到品牌的定向联想力量不够强大，那么，其他品牌在类别的搜索过程中就会被检索到。在搜索过程的第二阶段，高例证优势的品牌占得优势。例如，在卫生纸这个品类中，如果消费者未发现有足够高品类优势的品牌，那么，Charmin 要比“白云”更易被消费者选取，因为前者比后者具有更高的例证优势（见表 5－4）。

品牌管理者也发现，例证优势提供了一股拉力，使得一个品牌名下的各种产品在一个类别上黏合。这样，一个拥有较窄产品线的品牌往往会赢得较高的例证优势。

2. 品牌杠杆力

品牌研究者发现，品类优势促进了品牌在它的原先产品类别上的回忆力，同时影响了品牌在相关类别的新产品上的延伸力。

将品牌延伸到较紧密相关的产品类别，通常比延伸到较远的类别更容易。不管怎样，只有当目标品类和原先品类更相关时，强品类优势的品牌联想才会转移到延伸品类上。因而，高品类优势品牌比低品类优势品牌具有更明显的界限。

这些结果对评价潜在品牌的延伸具有重要意义。对一个品牌延伸的预期喜好和认知结果受两个因素的影响：一是品牌在原先类别上的品类优势；二是原先品类与要延伸的目标品类的相关性。

3. 品牌的三种情形

通过以上的解释可以推知，对品牌管理来说，要分清品牌的三种情形：高品类优势（不管例证优势是高还是低）；非高品类优势，但是高例证优势；既非高品类优势，又非高例证优势。

（1）在高品类优势的情形中，品牌应该“牢牢守家”，在其原先的类别上收获它的强势定位。对高品类优势品牌的直接延伸不大可能获得成功；除非目标品类和原先品类十分接近。

一般情况下，潜在购买者不管品牌的例证优势高低，会选择有高品类优势的品牌。通常品牌不是单独浮现在人们的脑海里的，而是以良好的品牌形象为基础，所以具有高品类优势的品牌就能得到高品牌资产。

（2）在品类优势低但是例证优势高的情形下，当产品类别中其他品牌不具有高品类优势时，这个品牌才在其原先的品类中具有强大的定位。这时，品牌管理有两种可能的策略：一是培育品类优势，这样可以优先获得有竞争力的品牌；二是充分开发现有的高例证优势，延伸到对这个品牌合适的新的产品类别中去。

（3）在既非高品类优势又非高例证优势的情形下，品牌联想太弱，不能产生杠杆力，所以，品牌首先需要加强。在记忆里产品品类最先被激活的消费者购买情形中，中间态的品牌极可能被漏掉，所以这些品牌很少进入消费者考虑的范围中，也很少出现在消费者的购买搜索过程中。

品类优势和例证优势的提出以及据此划分的三种品牌情形，为品牌管理尤其是品牌传播（比如广告）提供了一种新的思考模式。从理论上看，传播应该受到品类优势和例证优势的影响，如图 5－1 所示。

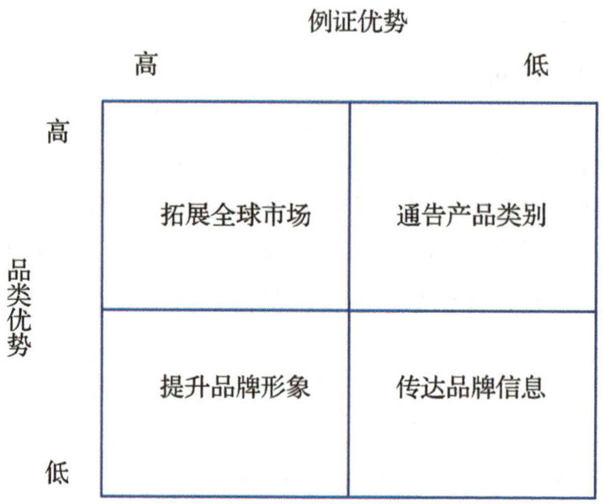

图 5－1　品类优势与例证优势的不同策略

无论品类优势高低，只要有高例证优势，就可以采用通常的广告决策，提升品牌形象，再进一步在全球市场建立一致性形象。对低品类优势和低例证优势的品牌，广告应该提供更多的信息。而对于高品类优势而低例证优势的情况，广告至少应考虑增加建立消费者心目中的类别概念的分量。这类品牌很罕见，但不管怎样，广告可以用来消除这种不对称性。

因此，总体的结论是，一个明智的广告主会把钱花在品牌形象上。实际上，把广告费用投资在建立一个良好的形象——比如塑造一个可爱婴儿的轮胎品牌形象（米其林轮胎），或一个有趣的啤酒品牌形象，这比通常情况下单纯把钱花在使品类激发品牌或使品牌激发品类的传播目标上更有价值。

（三）防止商标名称通用化

对品牌资产的追求促使商家去建立一个有别于竞争对手的良好的品牌形象，而广告常常是一种有效手段。然而，如果消费者把品牌名称当作产品类别名称，那么高度的例证优势将会导致品牌名称的消亡。因为商标的有效性要求“在消费者心目中品牌名称必须表明该词的基本意义不是产品而是生产商”。情况如果相反，则会出现在商标诉讼中被称为“商标名称通用化”（genericide）的情况。这在过去的一个世纪里出现过许多次，其中最著名的案例是阿司匹林（Aspirin）被法庭裁决为普通名称；其他曾一度出名而后成为普通名称的例子有：自动扶梯（Escalator）、玻璃纸（Cellophane）、保温瓶（Thermos）、漆布（Linoleum）、悠悠球（Yo-Yo）和玉米片（Cornflakes）等。导致“商标名称通用化”后果的最普遍原因有如下几种：

第一，一家公司开发出一种独特的新产品，但除了商标之外没有为产品起个通用名称。那家开发了“Escalator”这个商标（后成为通用词）的公司，如果在产品投向市场时以“Escalator”为商标而以移动扶梯（moving staircase）为产品名称的话，原本是可以避免失去这个商标的独用权的。这个问题在那些创造了一个新的产品类别同时又拥有其专利的公司中最为普遍。当专利期满其他公司开始销售与之竞争的产品时，若该公司没有为其产品提供一个类别名称，那么它就会失去商标权。

第二，消费者用一个公司的品牌名称来识别某一类产品，因为品牌名称化产品类别名称短小，更顺口。举例来说，消费者宁愿使用阿司匹林而不愿称呼它乙酰水杨酸，这一事实最终导致阿司匹林商标权在美国的丧失。

第三，某个特定品牌因为占有了很高的市场份额，而使品牌成了品类，比如蹦床（Trampoline）。

当然，并不是每一家企业都会遇到商标名称通用化的问题，但对于拥有经营品牌资产长久眼光的企业来说，这个问题也应加以注意。那么，如何来防止“商标名称通用化”呢？

积极的预防措施是在产品生命周期的市场导入阶段，使用创建产品类别知名度的广告，激发消费者对整个产品类别的认识。它的前提是公司的研究表明这有必要而且行之有效。虽然提高整个产品类别知名度的广告对某一品牌的厂商而言是笔巨大的开支，有违生产效率原则，但从长期来看，这种对品牌资产的投资是值得的。

第 4 节　锻造品牌关系质量

品牌资产金字塔模型的最后一步聚焦于顾客和品牌建立的终极关系和认可水平。品牌共鸣即为这种关系的本质以及顾客感受到的与品牌同步的程度。按照凯文·凯勒的界定，具体包含四个次级维度：行为忠诚度、态度依恋、社区归属感、主动融入。在本节中，我们重点介绍品牌忠诚度的原理和维护策略，以及如何在中国市场上从总体上锻造品牌关系质量。

一、品牌忠诚的层级与价值

品牌忠诚是顾客对品牌感情的量度，反映出一个顾客转向另一个品牌的可能程度。以品牌忠诚为目标的营销成为 20 世纪 90 年代中期西方营销学的热点话题，并引出了“顾客关系管理”（customer relationship management）这个重要领域。为了保持利润的持续增长，公司的目光要从市场占有率的数量转向市场占有率的质量，而这必须通过创立和巩固品牌忠诚度来实现。

将品牌忠诚看作品牌资产的一个核心构成，有助于公司将消费者作为品牌资产来对待。它与其他品牌资产要素的区别和联系在于，品牌忠诚紧紧地与使用经验联系在一起，而其他品牌资产要素则没有这个要求；品牌忠诚部分地受到品牌知名度、感知质量及品牌联想等的影响。

(一) 品牌忠诚度的层级

我们通常将顾客忠诚定义为：对其偏好企业的产品和服务的深刻承诺，在未来持续一致地重复购买和消费，因此产生了反复购买同一企业、同一品牌或产品系列的行为，而不管情境和营销力量的影响如何，不会产生转换行为。此定义强调了顾客忠诚的两个方面：行为忠诚和态度忠诚。根据这两个维度，我们可以将忠诚区分为四种忠诚①，见图 5-2。

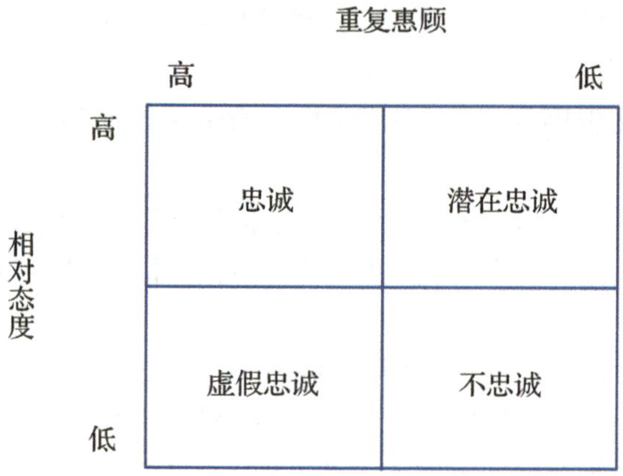

图 5-2　四种顾客忠诚

品牌忠诚的消费者是最好的消费者，品牌的价值具体体现在忠诚消费群体的重复购买上。总体上，消费者的忠诚度可分为两类：对产品种类 / 属性忠诚，以及对品牌的忠诚。与品牌知名度相类似，品牌忠诚度也可以分为几个层级，分别是无忠诚度者（no brand loyalty）、习惯购买者（habitual buyer）、满意购买者（satisfied buyer）、情感购买者（like a friend）和忠贞购买者（committed buyer）。从品牌管理的角度，我们一般考虑后四个。它们的数量也呈一个金字塔型，显然越往上发展，越难实现。

1. 习惯购买者

它是指那些对产品满意或起码没有表示不满的买主。从本质上讲，“不满”的程度不足以促使买主做出另外的选择，尤其是当这种选择还需要花费力气时，所以此类买主对于可换可不换的品牌，基于惯性，则较会购买原有的品牌。但他们易受带来明显利益的竞争者的影响。

2. 满意购买者

这类买主对产品感到满意，于是产生了一种品牌转换成本，也就是说购买另一个新品牌，会有时间、金钱、适应等方面的风险。

3. 情感购买者

这类买主真正喜欢某一品牌，他们把品牌当作自己的朋友、生活中不可缺少的用品，对品牌发出由衷的赞美，对它具有一种情感的依附。这建立在买主对品牌身份、使用经历或品牌的感知质量等联想的基础上。

① Dick A S，Basu K. Customer Loyalty：Toward an Integrated Conceptual Framework. Journal of the Academy of Marketing Science，1994，22（2）：99-113.

4. 忠贞购买者

这类买主不仅保证购买特定品牌，而且还引以为傲，会向其他人积极推荐此品牌。拥有相当数量忠贞购买者的品牌被誉为最有魅力的品牌。

这四个层级反映了影响品牌资产的多种形式。在实际中，它们并不总以单纯的形式出现，也有其他的复合形式。其中可以发现，"品牌忠诚度"包含消费者对品牌的两个重要态度："满意"和"赞美"。消费者对品牌评价所持的满意和赞美程度，还有一个常用的术语——"品牌美誉度"。

品牌忠诚度可能受到年龄、文化程度和收入等因素的影响。

（二）品牌忠诚度的价值

研究者发现，吸引一个新顾客的花费是维护一个老顾客的 4 ～ 6 倍；从品牌忠诚者身上获得的利润是非品牌忠诚者的 9 倍之多。美国通用汽车公司曾经算过这样一笔账：每一位美国青年只要推开其经销商的大门，他将在一生中为通用公司带来大约 1 500 万美元的买卖，这其中包括他购买的车、他妻子购买的车和他的孩子们购买的车。公司与这位购车者培养长久的关系要比去征服一位新的顾客节省 5 倍的开支。

品牌忠诚度是一项战略性资产，如果对它进行恰当的经营开发，那么它就会给公司创造多项价值，比如降低营销成本、产生贸易杠杆力、吸引新顾客、减缓竞争威胁等。

1. 降低营销成本

留住老顾客比争取新顾客的成本小得多，因此拥有一批对品牌忠诚的顾客降低了营销成本。同时，这种忠诚度给竞争对手造成很大的市场进入阻力，因此削弱了竞争者的利润潜力。要使这种阻力变得有效，可以通过把拥有顾客忠诚的信号传递给竞争对手，比如做有关顾客忠诚的纪实广告或产品品质广告等，让竞争者放弃幻想。

2. 产生贸易杠杆力

对品牌强烈的忠诚会保证品牌有优先的货架空间，因为经销商知道消费者会把这些品牌列入他们的购货清单上。这在无形中对经销商的进货决策产生了控制作用。

在公司推出新的产品规格、种类或进行品牌延伸的产品时，这种贸易杠杆作用显得尤为重要。

3. 吸引新顾客

品牌忠诚度还代表着一个使用者可以成为一个活广告，帮助其他消费者树立购买信心。在购买行为具有风险性时，这种作用尤为明显。一个规模较大的、满意的顾客基础为品牌提供了一种成功的、被认可的产品形象，表明它会长期存在下去，有能力提供售后服务和不断完善产品。

4. 减缓竞争威胁

品牌忠诚还为公司争取到了对竞争做出反应的时间，或者说是喘息的余地。如果竞争者开发了一种卓越的产品，逼迫公司对产品进行改进，那么品牌忠诚的存在就给公司争取到了对产品进行改良的缓冲时间，以开发出更卓越的产品反击竞争者。

二、维护品牌忠诚度的策略

建立消费者的品牌忠诚度，是品牌或公司永续经营、维持成长与追求利润的不二法门。每一个营销计划都应该包括四个基本要素：识别、吸引、维护和加强消费者品牌忠诚度。但是消费者对品牌的忠诚度不是自然产生的，而是需要用适当的方法和策略使之根深蒂固。

（一）营销策略

在营销上，左右品牌忠诚的因素有很多，如价值、形象、便利性及易得性、满足感、服务和售后保证等。品牌忠诚度营销是目标市场营销战略的深化，即是把目标放在只购买你的品牌的那群人（所谓高利润区）身上。过去将 90% 的预算用来争取新客户，用 10% 来维护现有顾客的做法已经行不通了；过去按不同的营销要素将公司区分为广告、公关、促销及活动部门的分进合击模式，已转变为以不同顾客区隔（customer segment）为核心的营销模式。

1. 正确对待顾客

1998 年 4 月 17 日，重庆一家“家乐福”超市因登出的广告产生歧义，造成一大批顾客以每两瓶 2 元的价格付款抢购 1.25 升装的百事可乐。面对众多顾客，收银员不知所措。就在顾客与收银员为价格僵持不下时，该店店长只说了一句话：“尊重顾客的意愿。”“家乐福”的这种做法其实就是顾客满意战略思想的体现。它直接从顾客的需要出发，以提高顾客满意度为目的，最终实现顾客的品牌忠诚。正确对待顾客，确保顾客的积极、有益、难忘的经历，关键是靠员工培训和企业文化。

2. 紧随顾客左右

英国航空公司前总裁科林·马歇尔说：“英国航空公司的做法超越了航行的本身，它是以营造顾客的亲身感受为其竞争力的。”早在 20 世纪 80 年代初，美国通用电气（GE）公司就提出了“亲情营销”的策略与“GE 向消费者个性化，消费者向 GE 个性化”的理念。“亲情营销”的核心是“精确化服务”，即以 10 倍于追求情人的热情，精确地了解客户所期望的商品或服务的个性、特殊性，找准顾客，精确地介入他们购买或更新家电的意愿。其重要目标就是扩展顾客对 GE 产品的重购率。迪士尼公司的经理每年都要花一周时间离开办公桌走向游乐场的第一线，从事诸如收票、卖玉米花或帮助顾客上下游览车等工作。这样，管理部门便可一直亲自参与管理乐园和保持高质量的具体工作，以求做到使千百万游客感到满意。这给顾客传递了一个信号：你们是受到重视的。而且，与顾客保持紧密的接触，可以深入地了解他们的需求，不断为改进产品和服务提供第一手资料。

3. 创造转移成本

为顾客创造的具有差异性的附加价值越多，顾客的转移成本就越高。这就是很多著名的冷饮品牌为零售店提供专用冰柜、银行为大企业安装自动取款机、航空公司对忠诚乘客进行直接奖励（如美联航推出的“前程万里计划”）的缘故。书店常常设立“优先读者”计划（包含免费电话订购、送书上门、提供折扣等），以奖励读者并创造转移成本。

在手段上，积点消费（又称积分奖励计划）是培养忠诚稳定顾客群、创造转移成本的常用促销手段，在国际上已盛行多年，遍及所有的消费领域。所谓积点消费，就是在特定场所消费，可按金额换算成点数，当点数累积到一定数值时即可获得奖励。维萨（VISA）国际组织曾在在香港与 OTB 银行、渣打银行及和记黄埔集团一起推出一种 IC 联名卡积分计划，消费者可以用这种联名卡在 20 多家商铺消费累积点数，奖励即时兑现，极受欢迎。

4. 提供额外服务

提供一点出人意料的额外服务，会使顾客从对品牌的容忍转为对品牌产生热情。服务代表着公司对消费者的一种关怀，因而能赢得顾客的忠诚。1998 年初，春兰集团销售总部推出了一项名为“金牌保姆”的计划，宣称：“我们是金牌保姆，为您提供金牌服务，您的一个电话我们立刻出现……为您提供全过程、全天候、全方位、全身心的‘四全服务’。”

（二）传播策略

传播仍是建立品牌忠诚度的有效方法。对成功的品牌来说，在由较高的广告量而引起的销售量的增加中，只有 30% 是来自新的消费者，剩下的 70% 来自现有顾客。从理论上讲，广告不但能使消费者产生试用行为，而且肯定并强化了消费者使用经验的感觉，增加了其对品牌的忠诚。因此，品牌的使用者是最容易被广告影响的一个群体。在策略选择上有以下这些重点。

1. 寻求共鸣

对上了年纪的人来说，把握他们特殊的心理状态对维护品牌忠诚大有裨益。在 20 世纪即将结束的时候，各商家大兴“怀旧”之风。百事再次唱起了滚石公司的《红糖歌》；一些早已退休的促销口号和吉祥物又被翻了出来。1998 年 2 月，福特汽车公司把亨利・福特的相片搬上了广告片，并引用他的名言“我从不认为世上有不可能的事”。告诉人们福特是如何使美国“驾上车轮”的。那么消费者对“怀旧”策略的反应如何呢？卡夫食品（Kraft Foods）公司的广告经理说：“消费者不愿再去做试验，他们宁愿去寻找伴随他们成长、信得过的品牌。”

2. 展现形象

展现形象，确切地说是要对品牌身份不断做出新的创意沟通。1997 年 7 月，纽约罗威广告公司为奔驰北美公司推出一个以“符号”为主题的广告运动。广告系列之一是已故国际著名影星玛丽莲・梦露的脸部特写，只见她左脸颊上的那颗“美人痣”，已被替换成奔驰的“圆形方向盘”标志，意喻奔驰的“魅力”恰到好处。我国的“恒源祥”为了巩固顾客关系，在 1996 年春节期间推出了新版电视广告，其创意是在美丽的大草原上由 14 000 头美利奴羊奔跑聚成“恒源祥”三个大字，气势磅礴，创意单纯而震撼。

3. 直效沟通

保时捷（Porsche）汽车公司运用直邮（DM）的方式，以激起保时捷车主购买保时捷新车的欲望。为使每位车主完全沉浸在公司所设计的情境中，保时捷公司寄给每位车主一张独特的海报，画面上是一辆保时捷新车，车牌上印有车主的名字。可以想象车主们收到海报时的惊讶之情。保时捷因此与顾客交上了朋友。这种使用个人姓名的直效沟通技巧可以用在赛车活动、电视、杂志广告和报纸的夹页、经销商的展示室、操作手册上，甚至可以在顾客真正购车后刻在保时捷车的底盘上。

直效沟通的一个保障是建立顾客资料库。20 世纪 90 年代，美国通用电气公司首先构建了遍及全球的电子邮件网。现在，美国通用电气公司已拥有世界上最大的“客户记录资料库”与“解决问题资料库”，内存消费者档案 3 500 万份，几乎占美国家庭的 1/3。

（三）定期测量评估

对顾客的满意和不满意的定期调查，特别适用于了解顾客的感受并调查顾客对产品和服务等方面的反应。这样的调查必须是及时的、敏锐的和可理解的，以便公司能够理解整个满意度变化的原因。如果在不同时期并未测出什么变化，那么可能是这种调查过于频繁或太不灵敏。

测量品牌忠诚度可以从两个角度出发：一是测量实际行为；二是以转移成本、满意、喜欢和责任心等忠诚度结构为基础展开研究。下面是测量品牌忠诚度的四种方法。

1. 测量实际行为

有这样几个常用的指标：再次购买率、购买百分比（在最近五次购买中，购买某种品牌的百分比）、品牌购买百分比（在同种商品的购买中，只买一种品牌、只买两种品牌、只买三种品牌的顾客百分比）。另一个概念叫作“顾客占有率”（share of customer，SOC），是指一个品牌对单一消费者或家庭的市场占有率。计算方法是将消费者对某品牌的购买总数除以该产品品类的总购买数。例如一个经常搭乘飞机的旅客，一年中搭乘 10 次班机，其中有 2 次选搭乘 A 航空公司，则 A 航空公司的“顾客占有率”为 20%，也表示 A 航空公司针对此顾客仍有许多促销机会。

2. 分析转移成本

分析转移成本即通过对转移成本的分析，进一步了解品牌忠诚度建立在哪些转移成本上。对一家公司或消费者来说，如果改变产品供应者的风险越高，费用越贵，那么越不容易改变原来的选择。转移成本的类型包括在一种产品或系统上的投资和换用新产品的风险等。

3. 测量喜爱程度

“喜爱”可以归类为：喜欢、尊敬、友好和信任，它们的程度依次增强。与一般的喜欢相比，一种对品牌的特殊情感使得竞争对手难以下手。

4. 测量忠贞

当品牌忠诚达到忠贞不渝时，对它的测量就相对容易了。它的主要标志是消费者乐于在口头上给予正面评价，并积极向他人推荐。另一个标志是品牌对于消费者生活形态和价值观的重要程度。

三、锻造品牌关系质量

品牌忠诚是品牌关系质量的重要方面，但不是全部。接下来，我们借助中国消费者-

品牌关系质量概念模型，从更广的范畴上来阐述增强品牌关系质量的路径。正如在第 2 章第 3 节中所介绍的，中国消费者-品牌关系质量模型揭示了在中国社会文化背景中消费者与品牌关系的特别之处，对于在中国市场中提升品牌强度具有特别的管理含义。笔者按中国消费者-品牌关系质量模型的六个构面逐一介绍在中国市场上创建强势品牌的基本方向和具体策略。

（一）善用“面子感”塑造品牌价值

通俗地说，“面子”就是个人在社会上有所成就而获得的社会地位或声望。根据笔者的研究，品牌作为一种象征，若能给消费者带来“面子感”，则有利于建立并促进消费者与品牌之间的积极关系。笔者把反映消费者与品牌关系质量的“面子感”[①]定义为：消费者对品牌象征性地赋予自己社会地位、社会性赞赏和影响的知觉程度，它带给消费者愉悦性的骄傲情绪。这里所指的“社会地位”，其更真实的内涵是品位与风格。

“面子感”是中国文化中用来反映品牌关系质量的独特成分，需引起重视，这是基于品牌意义在中国的本质考虑。与西方消费者相比，中国消费者更重视品牌的社会价值。在中国，品牌在更大程度上被用于与其他外部群体保持距离，同时维持群体内的相似性；群体内部对消费者品牌的选择有更大的影响。此外，中国消费者在更大的程度上把自身的社会地位与使用的品牌相匹配。有历史资料证明，早在明清时期，品牌就是用来划分社会地位的物质符号。时至今日，品牌的这种社会功能仍然十分重要。

作为消费者与品牌关系质量的一个衡量方面，消费者个人面子需要的程度以及品牌能够给予的面子大小两者产生了互动作用，共同影响着关系质量评价的好坏程度。从社会互动的角度看，品牌可以给消费者带来面子；反过来，特定的消费者（使用阶层）也可以给品牌带来面子，从而进一步影响这个品牌带给消费者面子感的能力。

根据笔者的研究，品牌的面子感是影响中国消费者对品牌的溢价支付意愿的最重要因素。换言之，品牌的面子感可以有效地塑造品牌的价值[②]。笔者通过筛选、分析自己收集的品牌广告案例库，归纳出在中国市场中发展品牌面子感的策略，即抓住以下产生品牌面子感的五大来源。

1. 来自卓越的产品表现

劳力士纵航者（Sky-Dweller）手表用网球天王费德勒作为形象代言人，广告不断穿插呈现产品的重要属性与闪耀形象，比如，两个时间区、年历、革命性界面、旋转式外圈等。代言人的形象与品牌的形象很好地融合在了一起，在这里，产品本身的高档表现是非常必要的支撑点。

2. 来自成功的代言人身份

显然，代言人费德勒对劳力士纵航者手表面子感的塑造也是极其关键的。豪雅选用陈道明担任代言人，他作为演员，在观众中一直享有很高的声望。广告中陈道明极力推

---

① “面子感”即为中国消费者-品牌关系质量模型中的“社会价值表达”构面。从策略的角度考虑，这里采用了“面子感”的表达。

② 何佳讯. 中外企业的品牌资产差异及管理建议：基于 CBRQ 量表的实证研究. 中国工业经济，2006（8）：109-116.

崇豪雅表的非凡品质，点出关键词“先锋”“传奇”“杰作”，指出该表专为豪仕而设，最后说道“我是陈道明，我与豪雅共传奇”，代言人的形象得以强化转移到品牌的联想上。

3. 来自特定的社会性关注

这种社会性关注往往来自异性或用户的社会关系。凌仕男士沐浴露的广告对两位男士进行对比，一位用凌仕男士沐浴露，另一位用较为女性化的花香型沐浴露，镜头显示前者在女性面前唤起了男性的魅力。茅台白金酒的一个广告以过年需要送礼为背景，一对年轻夫妻在超市里选购礼品，其中一句广告词是“送白金酒，才有面子”，这种面子感来自购买者和使用者社会关系的肯定性评价预期。

4. 来自重要的使用场合

三星 Anycall W629 手机广告呈现一个高贵的居所，画外音“纽约的论坛，巴黎的晚宴，米兰的发布会”，主人公为出席重要场合而做准备。在所有装束都准备就绪后，主人公说“还有一样东西”，镜头此时对准三星手机。重要的使用场合常用来为品牌进行定位，而面子感则是定位的核心内容，最终形成特定的品牌联想。

5. 来自奢华的消费梦想

蒂芙尼一个短片的主题是“梦想缔造者”，精美的珠宝、优雅的人物、华丽的配色交汇成一幅幅奢华的画面。“极具天赋的设计师，宝石专家和艺术家”为顾客缔造出“超凡想象，无与伦比的美丽”之梦。“奢华”概念帮助产生消费等级的差异，可以方便地区分不同的消费群体，从而形成品牌面子感。

（二）如何建立品牌信任

若用一个定义进行概括，人际信任可理解为一种概括化的期望，一个人认为另一个人的言辞、承诺以及口头或书面的陈述是可靠的。可靠、诚实和善意是构成信任的三个要素。借此概念我们可理解消费者与品牌之间的信任关系：品牌信任是消费者对品牌行为按照自己期望发生的认知和感觉程度。

根据中国人际关系中有关信任的研究，与新品牌相比，中国消费者给予老品牌更多信任；新品牌立足于市场最基本的前提是建立消费者信任。企业可以直接用“信任”概念建立品牌。例如，支付宝平台有一个代表性广告，广告中用四个与信任相关的场景，打出支付宝品牌主题——因为信任，所以简单。

由于中西方文化的不同，我们需要特别认识到，在中国市场环境中，信任具有两种目标角色：建立消费者信任首先是一项初级目标，其次又是一种高级目标。

西方人是先有交易，然后产生关系，而中国人是首先建立信任，然后进行交易。信任被中国人当作对付不确定性的一种方式，具有稳固关系的功能。在中国商业关系的建立和发展中，制度缺失和市场结构的不发达，使得交易成本增加、交易不确定性风险加大，建立在个人关系上的信任和声誉远比法律契约和外部仲裁来得重要。因此，与西方相比，信任是中国人际关系建立的心理起点，信任感在建立消费者与品牌关系的过程中具有非常基础性的作用，是品牌建设初级阶段的任务。在这种初级阶段，品牌被当作质量保证的符号，品牌创建的主要策略是突出品牌产品的质量与可靠性，给消费者带来保证和信任。

但是，品牌信任又是建设消费者与品牌关系质量的高级目标。这里，笔者借用埃伦·加尔巴里诺（Ellen Garbarino）和马克·约翰逊（Mark S. Johnson）的一项经典研究加以简单说明[①]。该研究把非营利剧院的观众分为两类，一是持续订票者（可理解为购买年票的观众）；二是偶尔购票者（可理解为散客）。前者与剧院具有高级关系，后者则是低级关系。我们知道，顾客对演员、剧目和剧院的评价影响着他们未来再次光顾的意愿。通常我们认为，满意度越高，“回头客”越多。但有趣的是，该研究表明，具有高级关系的顾客，他们的态度转化为信任与承诺，继而影响未来意愿；低级关系的顾客，则是转化为满意度，继而影响其未来意愿。也就是说，在消费者与品牌关系建设的高级阶段（即对于高级关系顾客），企业的重要目标是强化品牌信任，而非顾客满意。综合初级目标与高级目标来看，品牌信任是品牌建设的长期任务。

根据上述有关品牌信任的两种目标角色，笔者分析归纳得出在中国市场中建立和发展品牌信任的五大策略。

1. 让消费者感到安心

国内食品安全问题十分突出，安心则成为重要的消费动机。湾仔码头的一个广告说，30 年来“为了美味坚持从原材料把关”，选用优质的小麦粉、上等的前腿猪肉以及无公害蔬菜，从源头层层把关。湾仔码头通过打造全优品质链，让消费者吃得安心。不仅仅是食品，其他产品也一样，如果消费者对品牌的使用感到安心和放心，则建立了基本的品牌信任。

2. 用数据与证据说话

在海飞丝的一个广告中，一位穿着白大褂的研究人员以“市面上的去屑品牌，效果都差不多吗”的提问开头，然后加以否定，引出海飞丝。画面呈现一份“海飞丝信任度调查报告”，结果显示 90% 的参试专业人士认为海飞丝是可以信任的，并用一张测试头屑的纸片表明海飞丝的去屑效果。

3. 把群体影响当作武器

伊利奶粉的一则广告通过五位妈妈的亲口描述，表现对伊利品牌、配方、奶源、质量等方面的信赖，配以宝宝健康快乐的画面，最后说出“伊利奶粉，妈妈们相同的选择”。中国是集体主义文化，消费者在购买决策中受群体影响很大，如果品牌能被证明为大多数人的选择，则信任感就会产生。

4. 以悠久历史进行背书

美国的 A.O. 史密斯热水器在中国有这样一则广告，一位奶奶在给孙子洗澡时说道：“我家的 A.O. 史密斯热水器是父亲在 50 多年前买的，过了半个多世纪还在用它洗”。短短 15 秒的广告，简明扼要地向消费者强调了一个重点：A.O. 史密斯热水器已拥有半个多世纪的寿命，它是绝对可靠、值得信赖的。

5. 打造企业社会责任感

苏泊尔的一则广告以责任为主题，“我们相信，是责任将幸福扛起，是信念让承诺不变。无论过去还是未来，对品质的坚持，我们从未改变。苏泊尔，以责任铸就信任”。企

---

① Garbarino E，Johnson M S. The Different Roles of Satisfaction，Trust，and Commitment in Customer Relationships. Journal of Marketing，1999，63（2）：70–87.

业的社会责任感是建立公司形象、增强品牌信任的重要路径，这已被很多研究所证实，在当今时代具有特别重要的意义，值得广大企业大力重视。

（三）巧用“依赖”建立品牌亲密度

在亲密关系研究中，相互依赖是指两人之间可以持久地彼此影响，全身心地关注对方，并尽可能多地共同活动。它被作为衡量关系亲近程度的一个行为指标。相互依赖理论指出，结果的得失并不重要，重要的是我们评判结果的两个标准：一是我们的期望；二是如果没有现在的伴侣，我们会过得怎样。如果给伴侣提供好的结果能够使想要的关系继续下去，即使需要努力和牺牲，最终也是利己的。

中国文化中的“相互依赖”与西方不同。在中国的人际关系中，相互依赖受人情原则驱动，与互惠和回报行为密切相关；而在西方文化中，强烈的交往倾向可能被视为软弱，结果反而会减低个人的人际吸引力。

中国人际关系中的“人情”突出了为人处世中“情”的成分。这意味着，用相互依赖区分关系质量的好坏，还要考虑这种互依形态是否存在条件。在高质量的关系中，互依形态是无条件的，即在心理和行为上彼此无保留地依赖对方，不附带明显的具体条件；而在低质量的关系中，互依形态是有条件的，且越是讲条件，则依赖的存在限度越低。

很多研究表明，人际关系中的相互依赖可对建立与提升品牌强度提供有效指导。笔者把反映消费者与品牌关系质量的“相互依赖”，即品牌依赖定义为：消费者基于成本和价值回报的比较，与品牌积极互动的心理期待和行为表现。这个定义强调，相互依赖不仅体现在日常行为上，而且还要强调评判结果的标准，即如果没有现在的品牌，消费者会怎样；同时，指出“只要最终是利己的，那么即使需要努力和牺牲，也值得付出”。笔者分析归纳得出的五大品牌依赖策略简述如下。

1. 让消费者心生期待

“冬天的午后，我总期待着小小的惊喜……”肯德基有一则电视广告，画面充溢着女主人公期待的目光，当她看到肯德基门店新推出的海报时，不禁流露出一份惊喜。显然，女主人公是肯德基的常客，彼此甚为亲密，而新产品的推出则让这位忠诚顾客对肯德基品牌保持了积极的互动意愿。

2. 真实展现密切关系

方正 B2B 的 IT 产品采取了 B2C 的创新传播策略。它选取了地铁检售票系统、医疗信息管理系统、智能电路板等具有代表性的产品，通过各种广告场景展现它们与百姓生活的密切关系。例如，它的地铁检售票系统广告词是这样的：“每天，我都在这里，向从不迟到的他说一声‘早安’，和刚刚踏上社会的她讲一句‘加油’，或是跟离别的他们道一声‘珍重’。这里只是大都市的平凡角落，人来人往中，我祝福所有的出发，也迎接所有的到达。我是谁？我是方正地铁检售票系统。”

3. 为拥有而愿付代价

强烈的品牌依赖度会让消费者觉得即便付出代价也值得。在乐事薯片的一则幽默广告中，一男子离家出门时把一包乐事薯片掉在地板上，年迈的父母为了抢到这包薯片不顾一切。老父亲用拐杖绊倒了脚步稍快的老伴，最终拿到了薯片却发现自己的假牙在老伴手上。正在他伤心之际，儿子折返回来，从还未回过神来的老父亲手中把乐事薯片拿走了。这个广告采用夸张的手法刻画了一家人对于乐事薯片非同寻常的品牌依赖性。

4. 对比拥有与失去的反差

麦当劳曾拍过经典的“摇篮篇”广告，巧妙地传达麦当劳的品牌精髓。躺在摇篮里的婴儿，一会儿哭，一会儿笑，当摇篮靠近窗户时就笑，当摇篮晃下去时就哭。原来一切的欢笑都是因为看到了麦当劳的黄色拱门标志的缘故。这个广告非常典型地反映了消费者对品牌依赖的实质，即当消费者见不到、得不到品牌时，他会感到心里好像失去了什么。iPhone 4 的系列广告也是采用类似的策略。每部广告片的开头都是“如果你没有一部 iPhone”，随后展示你将不能拥有的 iPhone 功能，结尾则是“没错，如果你没有一部 iPhone，那么你将无法拥有 iPhone（式的体验）”。

5. 为获得做出超常努力

百事可乐与可口可乐有很多创意巧妙的直接竞争性广告。有一则广告描述的是一个小男孩想要在自动贩卖机上买百事可乐，但百事可乐的按钮太高，男孩够不到，于是他灵机一动，先按可口可乐的按钮，买了两罐可口可乐放在地上，双脚踩着两罐可乐按到了百事可乐的按钮，最终如愿以偿得到百事可乐。这个广告采用夸张的手法表现顾客对百事可乐的依赖，即宁愿费些周折，浪费买两罐可口可乐的钱，也一定要得到百事可乐。

（四）开启品牌情感的双通道

中国文化注重情感，在人际交往中总要给对方最起码的人情。这种“人情”带有很强烈的义务性和强迫性，使得在表达情感时“情”与“礼”之间产生了间隙和分离——有时我们知道按“礼”应该给某人“情”，但心中并无这种“情”的存在。由此，社会心理学家杨中芳曾提出用“应有之情”（义务的、规范的情感，也称人情）和“真有之情”（真正的、自发的情感，也称感情）的双层结构对人际关系进行分类，并阐释中国人的情感世界。

笔者把中国人这种人际情感的构念运用于消费者与品牌关系的情形中，即认为可以用“真有与应有之情”构念来反映中国市场中消费者与品牌关系质量的情感构面。笔者把它定义为：在对品牌使用中，消费者由对品牌喜爱产生的难以控制的正面情绪反应（真有之情），如高兴、愉快、温暖和乐趣等；以及受文化规范影响（如爱国主义、家庭和传统、场合和礼节）而产生的义务上的感情（应有之情）。我们有理由认为，揭示中国人的品牌情感世界，应该考虑纯粹亲密情感之外的应有之情才显得合理和完整。

笔者的一项实证研究表明，两种品牌情感对品牌忠诚的作用在中外品牌之间是存在差异的。对于国产品牌，应有之情比真有之情对品牌忠诚及其结果产生更重要的作用，而对于国外品牌则反之。这个研究结果从新的角度揭示了中外品牌资产的形成差异，蕴含了重要的管理含义。也就是说，我们既要重视采用“应有之情”建立品牌关系的现实性，又要意识到与“真有之情”相比，“应有之情”方式存在的局限性。

理想的做法是开启品牌情感的双通道，以全面推进消费者对品牌的忠诚关系。如果仅有应有之情，完全没有真情相伴，这种情感就会被认为是虚假的；而真情的表露如果完全不顾场合和情境所要求的应有之情，也会被认为是相当鲁莽的。笔者对自己收集的案例进行多阶段仔细筛选，分析归纳出建立品牌情感的五大策略，它们构成品牌情感的双通道。前三者为真有之情的策略，后两者为应有之情的策略。

1. 唤起喜爱

这里的“喜爱”可以分解为“喜欢”与“爱”，两者有所区别，我们不妨看作消费者品牌情感的两个层次。雪佛兰新赛欧瞄准城市年轻家庭，上市广告演绎一对年轻夫妇的幸福新生活，开篇画外音说“这里是我们的城市，我们的家……”随之音乐响起陶喆《爱很简单》的高潮部分“I love you，一直在这里，Baby，一直在爱你；I love you，永远都不放弃这个爱你的权利”。整个广告洋溢着年轻夫妇之间的浓浓爱意，同时也传达了雪佛兰新车所扮演的角色，这种爱自然转换到消费者与品牌的关系中。

2. 营造温暖

“温暖感”是一种普遍的品牌情感类型，因而也常为品牌所利用。温暖感让人感觉到平和与安详，消费者能感觉到品牌带来的感伤、暖意或柔情。例如，麦当劳的一个广告是这样的：冬日的晚上，一位父亲驾车经过麦当劳得来速（Drive Thru）餐厅想买杯咖啡，但是他担心车停下来会让车后座中沉睡的宝宝醒过来，于是开着车子不断地绕着麦当劳兜圈，而麦当劳的服务员终于明白这位父亲的举动和需求，他们立刻行动，相互配合，在车子再次绕到窗口的一刻把咖啡送到了这位父亲的手中。这时，广告镜头特写画面是车后座中睡得香甜的宝宝，让人倍感温暖。

3. 渲染愉快

大众新宝来的上市广告以一位年轻小伙在试车中想象未来的美好生活为创意，广告歌词尽情地表达品牌带来轻松快乐的主题：“无尽的快乐在我身边，感觉每天就像是快乐星期天，让自己不停地冒险，就像在空中牵着我的手，离开城市的烦恼，尽情地欢笑，一瞬间让我们停住了时间，青春在不停奔跑，一刻也不停歇，幸福已经来到我身边……”愉悦的情感也可理解为有不同的层次，从有趣、开心、愉悦到刺激、兴奋和快感。麦当劳于 2003 年 9 月开始的品牌重塑全球战役“我就喜欢”着力制造的是刺激和兴奋感，成功地使其股价逆市上涨。

4. 倡塑观念

红旗轿车是中国汽车工业的缩影，虽几经起落，但始终承载着一种自主、自强的民族精神。2009 年，红旗试图以“红旗盛世”系列车型重新确立自己的“国车”地位。它的广告以一种庄重严肃的氛围营造品牌的尊贵地位，品牌主题传达儒家“超越自我”的价值观：“越己者，因阻而前；越己者，因险而攀；越己者，因博而敛；越己者，恒越。”品牌价值观唤起消费者共鸣，对消费者产生某种激励作用。如果这种价值观源自传统文化，属于国家或集体层面，反映的是社会共同性价值规范，那么往往引发的是应有之情。

5. 担当责任

安踏在 2008 年北京奥运期间邀请王皓、郑洁等体育明星代言，广告以“这一刻，为中国”为主题，充分渲染为国家荣誉而战的责任感：“重要的不是再多一个头衔，不是拿过大满贯，不是史册留名，因为我们只有一个名字——中国。”品牌传达了这样的信息：安踏全力支持中国，而消费者支持安踏就是支持中国。于是，消费者对安踏就会产生应有之情——这是一种由社会和文化规范等外部因素而引发的义务上的情感。通常，这种策略首先是品牌表达自己的责任，通过赢得消费者认同而建立品牌关系。这方面的例子还有农夫山泉的“饮水思源，感恩水源地人民”，爱国者的“自主科技，自由生活”，等等。

（五）品牌承诺：创建强势品牌的制高点

与信任相似，承诺（commitment）是长期成功关系的一种基本成分。作为关系营销的一个核心构念，被经常引用的承诺定义有：“顾客维持一种有价值关系的持久愿望”；“交易一方相信与其他方正在进行关系的重要性，因而花费最大的努力来维持这种关系的行为”；“交易伙伴之间关系持续的一种潜在或显性誓约”等。简单地看，如果把忠诚分为态度忠诚和行为忠诚的话，那么承诺就相当于态度忠诚。

与西方国家相比，中国文化价值观具有更突出的长期时间取向。在这种文化环境中，个体更可能具有做出承诺的心理和行为。庄贵军和席酉民的提法是，“中国人的承诺常常是一种文化上的默契”①。因此，承诺在中国文化中是衡量关系质量的重要指标。中国人际关系中特有的基于人情、面子和回报的互惠特性，显然有利于促进关系的持续性保持。其关系动力的内在机制保证了关系一旦建立，便有延续不绝的可能趋势。

那么，如何把“承诺”用到消费者与品牌关系的情形中呢？首先，我们可以相应地做出品牌承诺的定义，即“不管环境是可预见的还是不可预见的，与品牌保持长久关系的行为意图”，包括自认为的忠实和忠诚，常常表现为申明的誓约和公开的意图。通常，我们把创建强势品牌分为四个步骤：建立品牌身份、确定品牌含义、推进品牌响应、打造品牌关系。那么，品牌承诺则是创建强势品牌的制高点，高水平的承诺存在于强势的品牌关系中。值得指出的是，除了消费者对品牌的承诺外，还存在品牌对消费者的承诺，即品牌与消费者保持长久关系的积极意愿。

有不少研究探究形成品牌承诺的影响因素。比如，品牌信任和品牌情感被证明是两大重要因素，它们代表了打造品牌的理性和感性路径。进一步地，如果我们聚焦于营销沟通方面，如何建立品牌承诺呢？笔者通过对自己收集的品牌广告案例进行多阶段筛选，分析归纳出建立品牌承诺的五大策略。

1. 对消费者做出承诺

最简单的做法是直接说出对消费者做出的承诺（promise）。例如，强生的一则广告这样说：“宝宝的第一次，强生婴儿和你一样重视，我们以百年科研，承诺每一滴都是至纯呵护，只为让你以至浓母爱迎接宝宝的第一次，还有今后的每一次。”类似地，光明“优＋纯牛奶”广告词直接说：“我爱＋，＋是承诺，＋是成长，＋是从我到我们”。广告镜头呈现家庭生命周期的变化，从女主人公作为一个女孩子的个体到找到伴侣、结婚生子，最后是一个大家庭共享光明的过程，蕴含了品牌与消费者建立长期关系的意图。

2. 展现长期顾客关系

2005 年 3 月 17 日，奔驰发起了名为“M-Benz & Me”的活动，该活动以“M-Benz & Me 感动纪实摄影故事比赛”为主题，参与者以照片及动人故事参赛，分享与奔驰的特殊

① 庄贵军，席酉民．关系营销在中国的文化基础．管理世界，2003（10）：98-109.

情感。剪辑成的广告记录了在地球的任何一个角落，属于奔驰与车主的动人故事：德国的沃尔夫冈·沃斯腾迪克（Wolfgang Wostendieck）先生与他的默契搭档——MB600豪华礼车接送过116位世界领袖；新加坡的邱家自从祖父拥有人生第一辆220开始，一家三代在50年内拥有19辆奔驰；美国的科舍尔（Koschel）夫妇驾着1970年的280SL，旅行已超过100万英里；等等。这些故事所记录的独特情感，真实反映了奔驰用户对品牌的长期承诺。

3. 演绎共同成长主题

呈现品牌与消费者共同成长的经历，可以很好地表达消费者对品牌的长期承诺。肯德基的一个广告采用倒叙手法，镜头由年迈的女主人推窗看到孩子们吃肯德基开始，触动自己回忆与丈夫从小到大的姻缘。最后的镜头是小女孩与小男孩玩累后躺在床上，小女孩轻轻说了一句“I am hungry”，引出肯德基品牌。宝马Mini Cooper的一个广告展现了主人公从年轻到年迈都只使用这个品牌并与之成为生活伙伴的主题，不同的年龄阶段使用不同的款型和颜色，生命中的每个阶段都因为这个品牌的陪伴变得丰富多彩。

4. 回溯品牌发展过程

品牌（产品）的不断创新是品牌维护消费者关系的重要保证，而回顾品牌从开始到现在的发展历程，可以很好地暗示品牌对消费者的长期承诺。大众桑塔纳的一则广告就是采用这种做法。字幕先后呈现“1983年，第一台桑塔纳在中国下线”，“2012年，从沃尔夫斯堡重新出发”，“全新桑塔纳，接受严苛的品质检验”，“29年，实践检验真理；19 500公里，距离验证品质；全新桑塔纳，正在路上”。从长期品牌管理的角度来看，“变”与“不变”是维护消费者品牌忠诚的两大法宝。因此，强调“不变”，即宣传品牌的传统、文化和核心价值是另一种重要策略。

5. 把承诺作为品牌价值

在一些特定的产品品类上，例如珠宝首饰，“承诺”或类似的概念被用来作为品牌的核心价值基因，以建立和发展顾客关系。铂金的品牌口号是“永不褪色的承诺”，其广告的主题是“戴上铂金，用一辈子说我愿意”，诠释了永恒承诺的真谛——承诺只需一秒，实现却是一辈子。类似地，周大福的品牌理念是“真诚·永恒”，广告语说“只有真诚，感情才可永恒，因为她见证过”，这既是对周大福珠宝品牌理念的诠释，同时也是每一个人对爱的期许，因此消费者就可能会由于对品牌的认同而产生购买行为。

（六）在自我与品牌之间建起桥梁

“自我”（self）是人际关系概念的逻辑起点。作为心理学上的工具概念，它具有“独立”（individual）的意义。但很多社会心理学家都指出，传统中国人在心理和行为上存在容易受到他人影响的强烈倾向，对他人系统的注意程度远高于对自己系统的注意程度，将社会观众对自己的看法看得比自己对自己的看法更为重要。因此，在社会互动过程中，传统中国人不是以内在自我意象为重心、强调个人或自我一致性，而是以外在社会情境为重心。每种关系中的角色行为都有许多规范化的信念要求角色的扮演者加以遵循，以满足对方根据角色规范所形成的期望。因此，中国人的“自我”与一个人的社会角色紧密相连，表现为关系性自我，即个人超越自身实体，并使之与外在社会关系相结合，以追求两者间的和谐一致为目的，以此界定对自己的期许。

西方人的自我概念是“个人将自身作为对象的所有思想和情感的总和”，私人的自我与社会的自我明确区别并独立开来。自我概念的差异源自中西文化中对“个人”与“社会”关系构想的不同。在西方文化和价值观系统中，个人的自我取向强调的不是社会或角色的一致性，而是个人或自我一致性。也就是说，在社会互动过程中，西方人不是以社会情境为重心，而是以自我意象为重心。需要指出的是，在中国迅速变迁的社会环境中，年轻一代的“个我意识”与传统价值观产生了很大变化，西方人的这种自我概念在中国年轻一代中愈发显现出了重要性。早在1998年，奥美集团的一项研究指出，中国的消费者已从历史上“儒家的我”，到20世纪40年代的“无私的我们”，到当下的“个体的我”，经历了一个变化的过程。现在的中国，“自我一代”已经形成，他们对生活的态度较前辈和十年前的人们已有巨大的差别。

在消费者与品牌关系的情形中，使自我概念与品牌产生联结是建立和提升品牌关系质量的重要途径，即所谓的自我品牌联结。这个概念揭示了品牌对一个人的身份、价值观和目标的贡献程度。品牌可以用于表达个人自我的重要方面。这种个人自我既可以是过去的，也可以是现在的；既可以是真实的，也可以是理想的。

那么，如何在自我与品牌之间建立起桥梁，以促进消费者对品牌的认同和偏好呢？同样，笔者对收集的品牌广告案例进行多阶段仔细筛选后，分析归纳出在中国市场中建立起自我与品牌联结的五大策略。

1. 刻画用户的真我形象

毛脚女婿第一次上门见未来的岳父岳母，为了博得他们的好感，嘴里蹦出“我有车有房”，这时画外音说“为了爱情，常常伪装”。然后，女生给了他一杯原味的雀巢咖啡，男生终于鼓起勇气表达出真实的自己，“车是自行车，房子是租的，但我很爱她”。不料未来的岳父对此赞赏有加，“敢爱就好”。整个广告表达回归真我、追求“敢性”的使用者形象，并把它转变为品牌的概念，以赢取消费者对此的认同。广告词最后说，“来杯雀巢咖啡，活出敢性”。消费者通过对雀巢品牌的使用，建立了自我认同。

2. 描绘用户的价值观

别克昂科拉的定位主张是“年轻，就去SUV”，目标市场为80后，通过数位80后的现身说法，逐一呈现其典型的价值观，比如追求自由，“要谈就谈自由恋爱，要说就说自由言论，我们这代人最幸运的地方就是，你想追求自由，你又有追求自由的能力，你说花那么多钱买个房子，再把自己关起来，还不如买辆车，看看外面的世界多精彩，我，1986”。如果消费者认同这些价值观，也就认同代言人推崇的品牌产品，于是，消费者的自我就与品牌产生了联结。

3. 展现用户的理想自我

七匹狼的品牌口号是“男人不止一面”，广告词很具有代表性，它描绘了中国男人追求的理想境界：“他们求近亦思远，锐意进取当下，更以智慧远见未来；他们隐忍亦激扬，从容应对挑战，为梦想奋斗不止；他们时尚亦经典，不为新潮所动，却已将流行品味成永恒；他们铁骨亦柔情，知拼搏，更懂享受生活的至情真意。”然后，广告把品牌概念与之结合起来：“我们相信，正是男人的多面性，让他们完美诠释着人生每一个角色，以平凡之躯开创非凡成就，这就是男人，不止一面的男人，值得我们致敬的真男人。”

4. 重现用户经历的过去

舒肤佳进入中国市场20周年的一个纪念广告，以母爱为背景，记录了一位儿子的成长史。广告选取关键的镜头：1992年，孩子在地上打弹珠；1995年，孩子学骑自行车摔倒；1999年，踢球回来洗澡；2008年，儿子支教，教当地的孩子洗手；2011年，儿子支教回来与母亲团聚，深情相拥。舒肤佳陪伴着这对母子20年。感怀自己的过去，认同长年陪伴自己的品牌，使顾客的过去自我与品牌产生紧密的联结。这种自我-品牌联结还夹杂着怀旧因素，更有利于增强消费者对品牌的偏好。

5. 让自我与品牌互为化身

一个华丽的秀场，在记者的簇拥下，一场盛大演出即将开始。与后台所有在精心化妆的模特不同，一位气质出众的模特匆匆赶来，并没有涂脂抹粉，便快速穿越人群，换上秀服，高贵自信地第一个走向了秀场，赢得全场的注目。整个故事配上音乐，“我并不费力讨好所有人，当街灯全部熄灭，一切就已过去……一切只由你我决定……”在广告中，迪奥瓶身的形象与这位模特曼妙的身影交替出现，似乎互为各自的化身，自我的形象与品牌的形象通过广告的演绎交融在一起。

品牌科学 5-1

价值观影响品牌资产评价

近年，笔者和合作者在国际上发表两篇论文，探究了在企业间的合作中，顾客的价值观以及感知品牌价值观一致性如何对客户公司品牌资产的评价产生正面影响。

一、“持续性”影响信任和承诺

第一篇论文（He and Sun，2020）重建了霍夫斯泰德文化价值观的第五维度，把长期取向测量从国家文化体层面转向个体层面的测量，在比尔登、莫尼和内文斯（Bearden，Money，and Nevins，2006）的基础上，提出了“持续性”新维度，建立了长期取向三维度新量表，并验证了它对供应链关系中信任和承诺的影响作用。研究表明，员工的“持续性”对供应链合作方的信任和承诺产生显著的影响作用，而比尔登、莫尼和内文斯（Bearden，Money，and Nevins，2006）量表中的“传统性”和“规划性”并不对之产生显著作用。作者对结论进行了解释，并讨论了理论贡献和管理含义。本研究对中国传统儒家思想对人类的价值贡献提供了一个新的例证。

在霍夫斯泰德（Hofstede，1991，2001）基于儒家工作动力提出长期取向（包括长期取向和短期取向两极）这一新的文化价值观维度及测量后，方（Fang，2003）从学理上对此提出全面质疑，认为该维度中的长期取向和短期取向的正反两极，在儒家文化中是正好一致的、相互紧密关联的，而非相反的两端。其实，霍夫斯泰德并没有错。这是因为文化价值观存在国家文化体和个体两个层面的测量。霍夫斯泰德的量表是用于在国家水平上测量集合水平的价值观，如果用来测量和解释个体水平的行为现象，那么就不会得到原来的结构维度。这是一种误用。

为解决这一问题，很多学者在把长期取向构念用于个体层面的测量时，要么在霍夫斯泰德（Hofstede，1991）量表的基础上进行了修改（例如：Donthu and Yoo，1998；Furrer，Liu，and Sudharshan，2000；Yoon，2009），要么简单地自行发展测量项目（例如：Yoo and Donthu，2002）。虽然是同样的一个构念，它们的测量项目却都存在差异。在这个过程中，比尔登、莫尼和内文斯（Bearden，Money，and Nevins，2006）在跨文化背景中开发了个人层面的长期取向量表，包括传统性和规划性两个维度。

但是我们的研究发现了其中存在的问题。比尔登、莫尼和内文斯（Bearden，Money，and Nevins，2006）对长期取向定义的核心是“整体性看待时间”的文化价值观（the cultural value of viewing time holistically），他们把反映了时间概念的“过去”（即传统性）和“未来”(即规划性）作为构成维度。

我们从学理上提出并论证，在中国文化和儒家传统的背景中，“整体性看待时间”还应有反映过去、现在和未来连接起来的价值观，即持续性。笔者和合作者再次从华夏文化协会的研究（The Chinese Culture Connection，1987）得到的维度中，巧妙地提取四个紧密相关的项目，分别是“礼尚往来”“稳重”“知耻”“信用”，构成“持续性”维度，把它们与比尔登、莫尼和内文斯（Bearden，Money，and Nevins，2006）量表中的8个测项放在一起，构成新的长期取向构念的测量。接下来，通过实证研究，很好地论证了个人层面的长期取向维度实际存在“持续性”、“传统性”和“规划性”三个因子，在学理基础上的数据验证表明了其合理性。

再进一步，本文把新的三维度放在供应链合作关系中，建立一个结构方程模型，验证其法理效度。研究发现，比尔登、莫尼和内文斯（Bearden，Money，and Nevins，2006）长期取向量表中的传统性和规划性两个维度对信任没有显著影响，进而无法通过信任对承诺产生作用。而本文提出的新维度“持续性”，在同时假设“传统性”和“规划性”作用于信任和承诺的情况下，对信任产生显著影响作用，后者再进一步影响情感性承诺、持续性承诺和规范性承诺。也就是说，当长期取向中出现“持续性”维度时，“传统性”和“规划性”的可能作用消失了。作者在论文中对此进行了充分的讨论。

这项研究把我们对长期取向价值观的理解推进到一个新的境地，即我们不能认为长期取向仅是面向过去和关注未来的两维度构成，而是还有把过去、现在和未来联结起来的第三维度，即持续性。与传统性和规划性相比，持续性这个维度似乎更加重要。至少我们在供应链关系中得到的结论是，持续性显著影响信任进而再影响承诺，它抵消了传统性和规划性的作用。

本研究对供应链合作关系领域的研究也做出了新的贡献。研究企业间关系和供应链关系的文献汗牛充栋，这些研究大大推进了我们对建立良好商业关系的认识和行动。其中最基本的是信任和承诺的关系。它们始终是建立高质量关系的核心要素，信任是前因，承诺是结果。但是，本研究从价值观的角度，有效地推进了对影响信任的前因的认识，即长期取向价值观有助于建立信任。这项研究从根本上推进了我们对信任性质的理解。通常，我们把信任理解为一种结果。在这种情形下，我们首先需要做出有利于信任的行动，比如在供应链的任何环节中，都有严格的制度要求保障，那么，我们当然更容易对最终制造的产品形成信任感。但是，本研究表明，信任也可以是一种前因。也就是说，我们在没有对具体行动和行为进行评判前，可以先拥有信任感。这种信任感是个人的价值观带来的。根据本文的研究，如果个人拥有长期取向中的持续性价值观，则明显有助于建立信任评价。很显然，后者是一种更高级的信任。这对我们思考如何建立和谐互信的社会氛围也提出了颇有价值的研究方向。

二、感知品牌价值观一致性影响企业间关系质量

第二项研究（He，Huang，and Wu，2018）以B2B市场为研究背景，从品牌价值观这个全新的视角探究买卖双方品牌价值观一致性对企业间关系质量的影响效应。采用问卷调查的方式收集数据，被试从事工作所在的公司属于企业市场，并且与相关供应商之间存在采购行为。所谓品牌价值观一致性，是让被试评价自己所在公司的品牌价值观，以及供应商公司的品牌价值观，对两者的得分相减，作为一致性分数。

本研究实证分析结果表明，“自我提升”品牌价值观一致性和“自我超越”品牌价值观一致性均可通过品牌认同对品牌信任、口碑和价值共创产生显著正向影响。在此基础上，本研究进一步探讨了品牌敏感性是否可以调节品牌价值观一致性通过品牌认同对因变量的影响效应。结果表明，当自变量为“自我提升”品牌价值观一致性时，品牌敏感性显著正向调节该品牌价值观一致性通过品牌认同对品牌信任、口碑和价值共创的影响效应。而当自变量为“自我超越”品牌价值观一致性时，品牌敏感性的调节效应则消失了。本研究结果具有新的理论意义以及明确的管理含义。

本研究对B2B企业的品牌化战略具有一定的指导意义。第一，我们的研究表明，感知品牌价值观一致性可有效提高企业间的关系质量。这给B2B企业品牌化带来的启示是，不仅要考虑建立何种公司品牌价值观，更为重要的是合作企业是否能感知到这种公司品牌价值观，并把感知到的价值观与自身公司品牌价值观比较以构建认同感。因此，B2B企业的营销人员一方面需要以品牌价值观框架作为工具，建立持久差异化的公司品牌定位。这有助于在产品、技术等理性因素外，提供独特的竞争性优势。另一方面，营销人员需要定期追踪企业所传达的公司品牌价值观是否能被合作企业所有效感知，监测并评估企业间公司品牌价值观一致性的情况。同时，在考虑潜在合作企业时，B2B企业除了评估技术水平、机器设备、厂房、收入、利润等指标外，还需要把公司品牌价值观一致性作为参考标准之一。此外，还需要注意的是，买卖双方的生活方式、个性或价值观相似性所带来的资产是短暂的，B2B企业的营销人员需要更加强调构建企业间关系层面的价值观一致性。可以通过培训等方式，在员工层面建立起对公司品牌价值观的统一认识。

第二，我们的研究表明构建品牌认同是公司品牌价值观一致性正向促进品牌信任、口碑和价值共创的关键机制。考虑到在数字时代，建立合作企业间的互信、利用社交媒体创造网络口碑、建立融合多方利益相关者的价值共创平台已成为价值创造的主要方式，因而，在这种背景下，建立多方利益相关者之间的品牌认同就显得尤为重要。需要指出的是，不管在B2B研究领域的理论界还是实践界，品牌认同这一心理机制均被忽视。本研究带给B2B企业营销人员的启示是，需要重新认识到品牌认同的重要性，通过提高合作企业间的品牌认同，进一步在数字时代利用信任、口碑和价值共创获取竞争优势。

第三，重视“自我提升”品牌价值观和“自我超越”品牌价值观的基本差异，明确它们在公司品牌定位战略使用中的不同作用。我们的研究表明，不同类型的品牌价值观

在 B2B 背景下所扮演的角色存在差异，品牌敏感性只能调节“自我提升”品牌价值观一致性而非“自我超越”品牌价值观一致性通过品牌认同对品牌信任、口碑和价值共创的影响效应。这表明“自我超越”品牌价值观在 B2B 背景下已成为一种广泛接受的价值取向，是当前企业生存发展的基本门槛。因此，B2B 企业的营销人员需要把“关注自然”“关心社会”“保护环境”“促进社会福利”等价值内涵作为构成公司品牌价值观的基本要素，成为品牌定位战略的竞争性共同点。与此不同的是，“自我提升”品牌价值观意味着企业对成功和权力的追求，代表企业追求技术能力、市场管理能力、企业整合能力等，是企业竞争力的抽象表征。因此，B2B 企业的营销人员可以把“自我提升”品牌价值观作为公司品牌定位战略的重要选择，成为品牌定位战略的竞争性差异点。

参考文献：

Bearden W O，Money R B，Nevins J L，2006. A Measure of Long-term Orientation：Development and Validation. Journal of the Academy of Marketing Science，34（3）：456–467.

Bearden W O，Money R B，Nevins J L，2006. Multidimensional versus Unidimensional Measures in Assessing National Culture Values：The Hofstede VSM 94 Example. Journal of Business Research，59：195–203.

Donthu N，Yoo B，1998. Cultural Influences on Service Quality Expectations. Journal of Service Research，1（2）：178–186.

Fang T，2003. A Critique of Hofstede's Fifth National Culture Dimension. International Journal of Cross-Cultural Management，3（3）：347–368.

Furrer O，Liu B S，Sudharshan D，2000. The Relationships between Culture and Service Quality Perceptions. Journal of Service Research，2（4）：355–371.

He J X，Huang H，Wu Y，2018. Influence of Interfirm Brand Values Congruence on Relationship Qualities in B2B Contexts. Industrial Marketing Management，72（7）：161–173.

He J X，Sun L，2020. Does Continuity Matter? Developing a New Long-term Orientation Structure in a Cross-cultural Context：A Study on Supply Chain Relationships. Industrial Marketing Management，88（7）：186–194.

Hofstede G，1991. Cultures and Organizations：Software of the Mind. London：McGraw-Hill.

Hofstede G，2001. Culture's Consequence：Comparing Values，Behaviors，Institutions，and Organizations across Nations. 2nd ed. Thousand Oaks：Sage Publications，Inc. .

The Chinese Culture Connection，1987. Chinese Values and the Search for Culture-free Dimensions of Culture. Journal of Cross-Cultural Psychology，18（2）：143–164.

Yoo B，Donthu N，2002. The Effect of Marketing Education and Individual Cultural Values on Marketing Ethics of Students. Journal of Marketing Education，24：92–103.

Yoon C，2009. The Effects of National Culture Values on Consumer Acceptance of E-commerce：Online Shoppers in China. Information & Management，46：294–301.

品牌实践 5－1　Keep 运动社交平台

Keep 是由北京卡路里科技有限公司推出的一款运动社交平台，为用户提供健身教学、饮食指导、装备购买、社交等综合服务。自 2015 年 2 月上线至今，用户已累计突破 1.6 亿，月活跃用户超过 3 000 万人。它曾创下让互联网行业瞩目的用户积累速度：最快时获取 100 万用户大概用了 8 天、获取 1 000 万用户用了 39 天。时至今日，Keep 已经建立起我国规模最大的线上运动社区，这与它在品牌关系质量建设方面的努力是密不可分的。

一、社会价值表达

在全民健身的热潮下，人们日益注重对健康、健美的追求。Keep 紧随这一潮流，遵循以健身提升生活品质的价值导向，成为健康、高品质生活的象征，其用户也会给人带来自律、健康、精致的积极印象。同时，Keep积极与李现等大热明星合作，利用成功人士形象强化自身的品牌联想。此外，Keep还与威斯汀酒店开展合作，通过威斯汀酒店的高端市场定位触及优质消费者，提升自身品牌价值。

二、信任

Keep通过专业的教练人员、训练课程，以及先进的科技水平，赢得了用户的信任和选择。“Keep通过注册用户提供的基础数据信息，比如年龄、职业、身高、体重、个人爱好等，为用户量身选取合理、科学的健身项目。一旦用户选取了健身项目之后，Keep会根据用户的个人情况，制订不同内容的健身计划，为用户推送最为前沿和个性化的健身课程，给用户提供专业化的真人健身指导。”同时，Keep还积极利用群体影响获取用户信任。“Keep采取了提升社群成员的参与回报、加强运营沟通、扩大标签体系和改进发布形式这四种重要的方法和策略，以鼓励社群成员不停地生产个人叙事内容。”一些体验过训练课程或产品的用户，受到平台激励，会在Keep的社交区域分享自己的收获，从而起到有效的宣传效果。

三、相互依赖

Keep为用户提供阶段性的训练课程，强调陪伴式的用户成长体系。“用户通过完成Keep的训练，不仅可以明确看到自己成长值的变化，也可以感受到成长值带来的专享特权，让用户更加有了坚持下去的动力。”此外，Keep平台上的健身社区为用户提供了便利的交流平台，“随着互动的频繁和互动程度的加深，用户之间便会形成相互信任的伙伴关系，从而对这一健身社区形成依赖，这种归属感和依赖感会增加其对产品的满意度”。由此，用户之间的情感依赖就汇聚成了用户对平台社区的依赖、对品牌本身的依赖。

四、真有与应有之情

Keep平台中的内容积极向上，向用户传达“在运动中收获快乐”的正面情绪，努力激发用户的真有之情。许多用户通过Keep的引导，将运动、健身作为一种兴趣爱好持续践行，在使用Keep时，会情不自禁地产生愉悦和满足感。与此同时，Keep还通过打卡机制鼓励用户坚持健身，倡导用户培养自律的良好习惯，利用应有之情增加用户黏性。

五、承诺

Keep向用户许下了长期陪伴的承诺，积极打造长期顾客关系。它为用户制订了个性化、阶段性的训练计划，满足用户在不同时期的健身需求，为用户提供长期持续的运动、健身指南。Keep还注重演绎共同成长主题，将品牌的发展与用户健身水平、健康状况的提升紧密联系起来，使用户将品牌视为亲密的合作伙伴。

六、自我概念联结

Keep的宣传口号是“自律给我自由”，倡导人们过自律、高品质的生活，为自己的健康和人生负责。面对愈发便利和宽松的生活模式，人们开始意识到自律的重要性。Keep紧跟时代潮流，为用户描绘出积极、自律的价值观，获得了社会的广泛认同。除此之外，Keep还利用其运动交流平台，邀请专业健身教练和资深健身爱好者入驻，分享健美的体魄以及高品质的生活，为用户展现出理想中的自我。

Keep 通过社会价值表达、信任、相互依赖、真有与应有之情、承诺、自我概念联结六个构面，全方位提升品牌关系质量。它将品牌与高品质的生活方式、专业的运动技能、和谐的社交关系、快乐满足的积极情绪、长期陪伴的承诺，以及自律的价值观念结合起来，准确贴合了当代中国消费者的需求偏好，树立起积极正面的品牌形象，有效地提升了自身的品牌溢价。在这种全面的品牌关系质量打造下，Keep 对用户的吸引力不仅源于其本身的产品和服务质量，更源自其品牌所包含的情感表达以及价值观念，实现了与用户深层次的紧密关联，并由此建立起一个长期稳定的品牌关系社群。

当然，Keep 在品牌关系质量方面仍有很大的提升空间。其在打造相互依赖关系时，不能单纯依靠用户间的联系进行关系维系，还应当以品牌为主视角，参与到与用户的交流和互动中去，以更加直接和主动的方式增进与用户之间的依赖关系。在承诺上，长期性的陪伴只是一个方面。在健身行业迅速发展、竞争火热的形势下，Keep 还应当对自身的产品及服务质量做出承诺，提升竞争优势。Keep 目前向用户传达的更多的是品牌的情感内涵、价值观念，倾向于抽象化的品牌形象营造，因此在未来，Keep 需要注重对具象事物的提升，以充实其品牌知识，满足用户的多样化需求。

资料来源：李凌．Keep 健身的商业模式试验．经理人，2019（7）：48-52；威斯汀品牌与 Keep 继续深化合作 打造全方位健康生活体验．中国会展（中国会议），2019（14）：23；徐立功．健身类 App 因何快速起步：从 Keep App 的成功谈起．出版广角，2015（Z1）：160-161；姚建华，王梦卉．Keep 社群成员如何创造平台价值．青年记者，2019（18）：65-66；杨文明，陈鸣珠．Keep：健身“小白”的创业之路．清华管理评论，2020（3）：104-111；张瀚月．健身 App 功能设计与推广策略研究：以 Keep 为例．辽宁体育科技，2018，40（1）：12-15.

思考与讨论

1.从品牌定位方法的角度看，有哪些有助于建立品牌知名度的做法？
2. 理性路径和感性路径与品牌定位方法之间有何联系？
3. 如何理解感知质量？结合第 4 章第 3 节的品牌标志设计，请指出哪些方面有助于提升感知质量？
4. 品牌联想有哪两个不同方向？结合第 3 章品牌定位方法，请解释例证优势和品类优势与全面定位方法之间的联系。
5. 品牌关系质量由哪六个构面构成？结合第 2 章第 4 节企业与顾客协同品牌化战略理论，提出若干提升品牌关系质量的路径。

第 6 章

企业级层面建设品牌资产

正如第 2 章企业级品牌战略理论所介绍的，品牌战略在企业中的角色和地位并非只局限于某个职能范畴，而是和企业运营和管理的各方面都息息相关。因而，品牌建设应当凸显出全局性，以企业战略的思维高度加以谋划。企业级品牌战略的架构共分为自上而下三个层级，以及两大全局贯通板块。内核是品牌战略的顶层系统，中间层是企业的管理支持系统，外层是企业基础系统（资源和能力）；此外的两大全局贯通板块是商业模式和系统创新，两者都伴随着品牌的创立、建设和长期发展。

在第 5 章中，我们已经介绍了顾客视角的品牌资产建设。在本章中，我们根据企业级品牌战略理论的构成要素，站在全局的角度阐释如何建设品牌资产：先介绍中间层企业管理支持系统，重点通过市场营销、运营管理两节内容进行阐述，再介绍两大全局贯通板块——商业模式和系统创新。

第 1 节　市场营销建设品牌资产

通过市场营销建立品牌资产，我们首先要认识品牌营销不同于产品营销。前者是借助营销工具建立品牌资产，目标是不断提高品牌的附加值；后者是通过营销工具促进产品的销售，目标是不断提升产品的销量或市场份额。因此，“品牌营销”这个用语不同于通常的“市场营销”。

一、品牌营销的实质

尽管品牌营销与产品营销这两者相互促进，并不隔离独立，但它们显然存在不同的侧重点。如果我们画一个坐标，左端为品牌的有形资产（产品及销量），那么右端则为品牌的无形资产（附加值及溢价）。在使用营销工具的过程中，做法和策略不同，实现的目标和效果也不同，有时是走向左端，有时是走向右端。中间则是平衡结合的状态。

从更深入的角度看，向左走还是向右走，涉及企业战略背后的商业模式问题。企业可以选择向左走，注重规模和生产，追求突出的性价比，针对广泛的大众市场或中低端市场，通常以薄利多销的战略获取利润；企业也可以选择向右走，大力投资研发和设计，注重高附加值的形象塑造，针对特定的小众市场或中高端市场，以溢价的战略获取利润。当然，也存在两者兼顾、平衡的商业模式。从营销实践看，对于品牌化产品及其背后的企业，不可能仅使用向左走或向右走的营销手段和工具，通常是将两者相结合，但存在不同的侧重点。

从长期发展的角度看，侧重于向左走还是向右走的结果表现为，企业的价值到底更多地体现在有形资产方面，还是无形资产方面。以运动鞋品类为例，安踏和耐克都会结合采用向左走和向右走的营销策略，但显然两个品牌的侧重点是不同的。因此，我们可以认为在双方企业价值的构成中，耐克的无形资产（品牌价值）占有更大的比例，而安踏在这方面的占比较小。有统计数据表明，对于那些全球顶级的强势品牌，例如可口可乐、迪士尼、麦当劳、宝马、耐克、苹果等，其品牌价值都占公司市值的大部分，为60% ～ 80%。

既然对于创建强势品牌，品牌价值的创造和提升如此重要，那么我们如何在营销工具的使用上，实现向右走的目标呢？答案即侧重于建立品牌资产，而非侧重于产品销售。下面从三大方面进行介绍，包括两个直接的路径——营销组合策略、整合营销传播策略，以及一个间接的路径——间接品牌联想杠杆策略。

二、营销组合策略

营销组合 4P 是最常见的营销工具，包括产品（product）、定价（pricing）、渠道（place）和促销（promotion），至今仍然是营销教材最基本的内容，但通常没有强调如何通过 4P 更好地建立品牌资产。下面展开介绍通过产品策略、定价策略与渠道策略来建立品牌资产的原理和做法。促销策略将在下一部分介绍。

（一）产品策略

产品是品牌资产的核心，因为它对消费者自身体验品牌、从他人处听说品牌，以及公司在宣传中如何介绍品牌都有重要的影响。产品的设计、制造、上市、销售、运输和服务都必须含有强烈、有力和独特的品牌联想，以建立正面的品牌形象。对于产品策略，最关键的是要做好感知质量，它与实际的产品质量不同。前者是消费者感知体验的，后者是通过科学手段客观检测的。做好感知质量，就是要充分利用消费者的五种感官功能（视觉、听觉、味觉、触觉、嗅觉），让消费者获得对产品的良好体验，从而提升产品价值。

1. 感知质量

感知质量指消费者对一件产品或服务的总体质量或其优越性的感知。这种感知是以消费者的感觉为基础的，它同其相关选择和想要满足的需求有关。促使消费者对产品质量做出肯定评价的属性和利益随产品品类的不同而不同，有一些较常见的判断指标如重量、材料、保质期、耐用程度、风格与设计等。

2. 感知价值

消费者往往把对质量的感觉和对成本的感觉结合起来，形成对某一产品的感知价值。在谈及感知价值时，必须注意到这里的成本不仅局限于实际的货币价格，还反映了时间、精力，以及消费者在做购买决定时想到任何事物的机会成本。

3. 消费体验

最强有力的、受人欢迎的品牌联想也许来自产品体验。如何加深消费者的体验呢？这需要在与消费者建立和维护关系的过程中，建立好的体验，即强化“过程质量”的建立和提升。一些与消费者建立关系的具体活动包括：建立并保持消费者的信息档案；详细策划与消费者的联系方法；分析消费者的反馈；进行消费者满意度调查；制定并执行宣传方案；主动举行特别的消费者活动；确认并唤回失去的顾客。

（二）定价策略

价格是营销组合中产生收入的因素。价格奖励是建立品牌意识和建立强烈、有力、独特的品牌联想的最重要途径之一。在定价策略方面，要采用顾客导向定价法，而非成本导向定价法。简单地说，对一个产品采用这两种定价法得到的正向差价，可理解为品牌拥有的溢价能力。

1. 消费者价格感觉

出于某些有形或无形的原因，只要品牌的某个独特方面与消费者头脑中的高价位相称，他们就视之为价值。一个品牌的定价能使消费者产生一定的联想，比如，消费者往往会以价格为基础来推断产品质量，也会按照产品大类中的价格阶梯来评价品牌，所以消费者会愿意为品牌支付溢价。

2. 设定价格以建立品牌资产

在不同的条件下，有多种不同的定价方案，比如说以获取市场份额为目标的渗透定价、以利润最大化为目标的撇脂定价以及与品牌资产紧密联系的价值定价。营销人员必须确定短期和长期的定价及调价策略，以建立品牌资产。

价值定价指产品质量、成本及价格三者恰当的结合，使价格能完全满足消费者的需要和公司的利润目标。有效的价值定价必须保持以下三个要素的平衡：

（1）产品设计和运送。精心地构想和执行计划能通过许多不同的方式增加产品价值。常见的方法有提高产品质量、改善服务或延长保修期、以广告强化品牌形象、在分销渠道中提供技术支持或者融资等。比如，日本的雷克萨斯、英菲尼迪等豪华车就是通过高性能和相对低的价格在美国市场上建立起了强大的价值联想。

（2）产品成本。价值定价策略成功的第二个关键元素就是尽可能地降低成本。从生产力、外部供应、材料替代、改变流程等各个环节降低成本，同时保持应有的质量。

（3）产品价格。要采取价值定价还必须准确地理解消费者对品牌价值的感知，了解他们愿意在成本基础上为品牌支付多少溢价。在众多因素中，产品能给消费者带来的好处及其相对于竞争者的优势是形成消费者感知价值的关键。通过估算这种消费者价值感知，再根据成本和价值的需要做一些必要的调整就可以确定真正的市场价格。

（三）渠道策略

产品出售或者分销的方式也对品牌资产和最终的销售成功产生深刻的影响。因此，渠道的设计十分重要。渠道主要分为直接和间接两种，很少有哪个生产商只单纯地使用一种渠道，更多的情况是多种渠道结合使用。在渠道策略方面，通过直接渠道，要让消费者更好地理解品牌产品的深度、广度、品质及突出特性，从而增强品牌资产；通过间接渠道，则要利用好中间商的品牌形象以及中间商对品牌采取的行为和给予的支持对品牌资产产生积极影响。表 6－1 总结了两种类型渠道的形式和对品牌资产的不同作用。

表 6－1 两种渠道类型的形式及对品牌资产的作用

渠道分类	渠道形式	对品牌资产的作用
直接渠道： 通过个人联系出售产品	自有商店、商场中的专卖店；产品目录、邮件；电话、电子、网络	让消费者更好地理解品牌产品的深度、广度、品质及突出特性，从而增强品牌资产
间接渠道： 通过第三方中间商出售产品	代理、经纪人代表、批发商、分销商、零售商	通过中间商的品牌形象，以及中间商对品牌采取的行动和给予的支持对品牌资产产生影响

三、整合营销传播策略

营销组合 4P 中的促销策略早已拓展为更全面的整合营销传播，对建立品牌资产十分重要。营销沟通是一个品牌的“声音”，是与消费者对话和联系的最有效手段。所有营销沟通策略都有一个重要目的，即助力品牌资产的积累，而这需要长期思维。整合营销传播可以通过建立品牌意识，在消费者头脑中产生强大、有力和独特的品牌联想，从而积累品牌资产。

（一）整合营销传播的要求

所谓整合，是要求营销传播策略把各种线下和线上传播工具（包括广告、销售促进、公共关系、直接营销、互动营销、口碑营销、人员销售等）完美地结合起来，通过天衣无缝的整合提供清晰一致的信息，从而发挥最大的传播效果。

无论选择哪种传播手段，整合营销传播方案都应当很好地协调，以建立起统一紧密的品牌形象。其有效性有三个关键之处。第一，要做到信息传播的一致性，形象和调性的一致性；第二，要注重做好品牌导向的传播，积极传播品牌层面的信息，这与产品导向的传播是不同的；第三，要大力发挥线上传播的威力，用富有吸引力的内容，契合目标市场的价值观和生活方式需要，以社群的方式把目标顾客聚集在一起，形成对品牌的黏性，从而创造品牌附加值。

（二）选择整合营销传播的方案

1. 广告

广告是由发起人支付的，对理念、商品或者服务进行各种销售的非针对个人的陈述或推广。一则成功的广告涉及许多不同的因素，其中媒介的选择和组合是很重要的一点。

从品牌资产的角度看，电视和视频类广告有两个特别重要的优点。首先，它能够生动地显示产品的特征，并有说服力地展示对消费者的利益。其次，它能够戏剧性地描绘用户形象、使用场景、品牌个性等。其主要策略是建立一个主要的联想，聚焦于恰当的目标市场；正确、独特地定位品牌；正确帮助消费者理解关于品牌和产品的信息；简单明了；可记忆，与品牌紧密相关；有延续力和持久性；等等。在视频类平台播放的广告，可以塑造完整的故事，进行情感诉求，建立品牌附加值。

在印刷媒体中，报纸和杂志是影响力最大的媒体。与传统电子媒体相比，其最大的特点是能容纳详尽的信息，这对凭借丰富信息建立品牌联想具有不可替代的作用。软文广告的流行便很好地说明了这一点。在社交媒体通过微文进行推广，核心之道也是内容为王。

另一个很重要的广告类型是地点广告，也称为户外广告。地点广告的类型很多，有路牌广告，交通工具广告，录像带、电影、闭路电视广告，产品道具广告（即让产品作为道具在电视、电影或游戏中出现），售点广告（POP），电梯楼宇广告等。现在，只要是人们的目光会停留几分钟甚至几秒钟的地方都会有广告出现。这些非传统的媒介能以最经济的方式将信息传递给最精确的消费者。从品牌资产的角度来讲，由于户外广告吸引人们注意力的时间很短，不能传递很复杂的信息，因此，相对于建立新的品牌联想，它对加强人们现有的品牌联想更加有效。

2. 促销

促销是向消费者提供短期的动力，以鼓励他们尝试和使用某种产品或服务。广告向消费者提供了购买理由，促销则提供了购买动机。促销可以针对中间商，目的在于改变中间商的行为，使它们积极地支持品牌；也可以针对最终用户，改变消费者的行为，使他们尝试购买本品牌，买更多本品牌产品，或者更早、更频繁地购买本品牌的产品。促销有非常丰富的形式。在社交媒体平台和环境下，电子类促销手段和方式更是层出不穷，社交裂变的独特方式对于快速建立品牌知名度具有优势。

要注意促销产生的对品牌资产的不利之处，如品牌忠诚度降低、品牌转换频繁、对质量的感知下降、对价格的敏感度增加等。这些缺陷使得一些生产商不得不重新回到用广告“拉”的策略中来。就基于顾客的品牌资产而言，消费者特许促销可以用来改变消费者对品牌的态度，建立品牌忠诚度。这些特许促销手段包括样品展示、演示、发放教育材料等。比如美国的“土星”汽车公司曾发起过一场名叫“土星回家”的促销活动，活动包括请汽车用户参观“土星”汽车的诞生地、儿童夏令营和用户车展等，有几十万人参加了这场促销活动，使“土星”建立和加强了自己的品牌资产。

3. 活动营销和赞助

活动营销指公开赞助与运动、艺术、娱乐或者社会事业有关的事件或活动。近年来，这种建立品牌资产的形式增长迅速。现在，几乎每一场体育比赛都有某家公司的支持，几乎所有行业的企业都加入到了活动赞助中来。

这些赞助活动使品牌更加生活化、个性化地融入消费者。这样，品牌与目标顾客群的联想就会更深、更广。有以下一些原因支持着赞助活动如火如荼的发展：能找到特定的目标市场和生活方式；能提高公司或品牌的知名度；能建立或加强消费者的主要品牌联想；能扩大公司的影响范围；能向社会及公共事件表达承诺；奖励主要的客户和雇员；能创造商业促销机会。当然，这种方式不可避免地有它的缺点，比如，活动成功与否并不一定可测，也不在赞助商的控制范围之内；赞助商不止一个，宣传沟通的效果被稀释；有部分消费者憎恶这种商业色彩浓重的活动，这会给品牌带来负面影响。

那么应该怎样开展一项成功的赞助活动呢？首先，要谨慎地选择赞助机会，从战略角度选择符合品牌和推销目标的沟通活动。一个理想的活动应该符合这样几点：活动对象与理想的目标市场极为吻合；活动会引起人们积极的关注；活动较为独特，赞助的厂商也不太多；活动能够产生一系列辅助的推销策略；活动能反映甚至强化赞助商的品牌或公司形象。其次，要精心设计赞助方案。成功赞助的关键在于充分地利用活动，而非仅仅停留在冠名或者做广告商。就活动展开的营销开支往往要两三倍于赞助本身的金额。最后，要仔细衡量赞助的效果。可以从两个角度来衡量：一个是从供应方角度，评估品牌在媒体中亮相的程度；另一个是从需求方角度，着重测量消费者实际接触的品牌亮相程度。

4. 公共关系与宣传

公共关系与宣传是指用来保护和促进公司形象及其个别产品的做法。这里所说的宣传指新闻发布会、媒体采访、介绍性文章、新闻简报、照片、电影、磁带等所有非人际性的沟通方式。公共关系包括年度报告、筹资、加入某团体、游说、特殊事件管理及公共事务等。

公共关系与宣传的手段，其优势在于通过第三方的立场建立消费者对品牌的信任，从而提升品牌资产。它的重要功能是能够引发口碑效应，利用消费者的声音可以更好地建立品牌信任感。

5. 人员销售

人员销售指以销售为目的，面对面地与一个或一个以上的购买者进行交流的方式。其优缺点和广告正好相反，它可以因人而异地向消费者传递细节内容，提供个性化的解决方案，并且双向的反馈信息可以帮助销售人员提高销售额。另外，人员推销对处理售后问题也是十分有效的。但这种方式成本很高，广度也不够，因此通常适用于工业品。

人员销售有两个取向：对顾客的关心程度和对销售的关心程度。两者的结合能够产生最好的绩效。侧重于对顾客的关心，更有助于建立品牌体验；侧重于对销售（成交）的关心，不利于好的品牌体验。从顾客生命周期和顾客关系管理的角度而言，优秀的人员销售仍是建立品牌资产的有效路径。

四、间接品牌联想杠杆策略

如果说上面这些手段和方案是直接针对品牌，建立品牌资产，那么还有一类是“借力使力”的策略，按凯勒的定义，即是通过借用间接品牌联想（secondary brand associations）的杠杆作用，建立品牌资产。具体地说，是利用消费者头脑中产生联想的机制，使品牌与某些实体（entities）（包括人物、事物、地点和其他品牌）发生关联，当消费者以一定的方式联想到其他实体时，他们会推论这些实体的特性也适用于被联想的品牌，这时相关实体的联想也就传递给品牌。借用间接品牌联想杠杆作用建立品牌资产，是凯勒品牌理论体系较为重要的一项贡献。

这种方式有助于强化品牌原有的联想，或者补充和增添品牌不具有的新的联想。简单地说，就是这些品牌实际上借用了其他实体的联想及其性质，或者是其他产品的品牌资产。利用次级品牌联想可以建立一个强有力的、受赞誉的、独特的品牌联想，而这种联想原先可能并不存在。运用这种策略的关键在于，借用的实体（比如代言人、第三方认证、产地、联合品牌）本身要有特定的资产，同时能被提炼适当的意义与品牌产生关联。

（一）杠杆作用的基本原理

从心理学的角度看，消费者在长期的实践过程中积累了关于某一实体的知识、态度或信念，当一个品牌与该实体相关联时，消费者会推论属于该实体的性质同样也与该品牌有关。有几个因素强烈地影响着这种杠杆作用。第一，实体知识的评估。评估品牌知识的方法同样适用于评估实体知识，可以用来判断实体知识有多少向品牌传递的潜能。第二，实体知识的意义。假设一个实体有可能被传递的知识，那么这些知识中有多少对品牌而言是有意义的。第三，实体知识的可传递性。一个实体可能拥有可传递的、有意义的知识，这些知识必须可以与品牌联系起来并影响现有的品牌知识。

如果消费者并不熟悉该实体，显然就没有什么可以传递的了。理想状况是消费者能够认识实体并对其有强烈的认同感，这样才能产生独特的品牌联想。实体联想的意义会随品牌和产品的不同而变化，部分联想可能和品牌紧密关联并带来价值，而有些则不能。同时，有意义的实体的联想要能够传递给品牌。

理解影响杠杆作用中的第三个因素——可传递性，是十分关键的。在这里，一致性（congruity）模型或其他态度模型都可能起作用，但是除了考虑理论方法以外，还可以挖掘出许多不同的调节因素，如对品牌和实体预知的一致性、实体与品牌联系的方式、联系的独特性等，这些因素在理论和实践上都有引申品牌意义的作用。例如，就预期的一致性而言，杠杆作用往往会被设计用来支持一个相反的属性或否定相关的属性，以提供互补的品牌知识，比如让年轻的杰出高尔夫选手“老虎伍兹”来为渐渐老化的“别克”车做品牌代言。至于消费者是如何处理不同类型的不协调信息的，一些社会认知模型可能会提供帮助。

总的来说，消费者在品牌和实体之间发现的共同点越多，他将这些实体的特性转移到品牌上的可能性也就越大。并且，只有当消费者记忆中对相关实体的联想与期望产生的品牌联想一致时，这种联想杠杆策略才会见效。因此，在选择突出某个实体，如公司、个人、地点或事件等时，必须以消费者对该实体的认识为基础，并需要研究该实体的信念和态度如何与品牌相关联。

另外，利用间接品牌联想也存在风险，因为这会使企业部分丧失对品牌形象的控制。任何实体都存在着与品牌不相关的联想，甚至有些联想是对品牌有害的，要控制联想转移的过程仅仅使相关间接联想转移是十分困难的；并且，实体的形象会随消费者对实体的认识程度而有所不同，这种变化可能会使联想对品牌无益。

（二）品牌知识的间接联想

理论上，品牌知识的任何一部分都可以是其他实体作用的结果，但事实上，一些类型的实体与生俱来比其他类型的实体更适合创造某种特定的品牌知识。例如，“事件营销”可能特别有益于创造消费者体验，比如中国国际进口博览会；“人物”可能对诱发消费者的感觉特别有效，比如新加坡航空公司的空乘人员；“其他品牌”可能更适合树立独特的属性和利益等，比如大白兔与歌帝梵（Godiva）联名推出冰淇淋。

与此同时，任何一种实体都会有超过一种以上的联想，每一种都可能直接或间接地影响品牌知识。例如，考虑善因营销[①]对品牌知识的影响，一个善因营销计划可以通过回忆和再认来建立品牌意识，用使用者形象和品牌个性等属性来加强品牌形象、唤起品牌感觉、确立品牌态度，并创造体验。有许多实体都能影响品牌知识，总结见图 6－1。

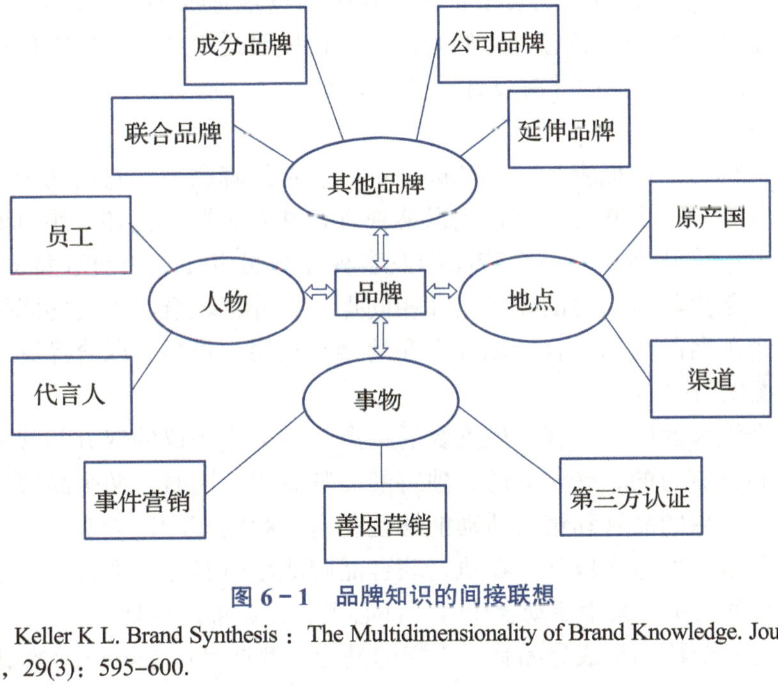

图 6－1　品牌知识的间接联想

资料来源：Keller K L. Brand Synthesis：The Multidimensionality of Brand Knowledge. Journal of Consumer Research，2003，29(3)：595–600.

下面我们来了解一些具体的间接品牌联想路径。

---

① 善因营销（cause-related marketing）：指企业在承担一定的社会责任（如为慈善机构捐款、保护环境、扶贫）的同时，借助新闻舆论影响和广告宣传，来改善企业的名声、提高企业形象的层次，提升其品牌知名度、增加顾客忠诚度，最终增加销售额的营销形式。

1. 公司

如果一个新产品采用了品牌延伸的命名策略，那已有品牌的品牌知识便能传递给新品牌，这时一些公司或家族品牌就成了品牌资产的一个重要来源。公司品牌可能引起这几个方面的联想：产品的普遍性能和优点、顾客的态度、某些重要人物和公共关系、战略计划、价值观、公司的信誉等。但延伸要注意一些问题，如是否受到原来所属行业的限制。

2. 原产国或其他地理区域

由于法律规定产品的原产地必须出现在产品或商标上，消费者购买产品时常会产生对于原产国或者原产地的联想，并由此影响对品牌的选择。许多国家都会以一种专长著称，或者其本身就能代表某种特殊形象，比如：德国人的严谨和德国汽车；美国人的自由和美国运动鞋、牛仔裤；法国人的浪漫和法国时装、香水。企业在做品牌决策时，要利用消费者对某些国家或产品的观念，使产品效用最大化，充分推广自身形象。在这里要着重注意的是，欠发达国家的产品在国际化过程中应当如何处理好原产国形象对品牌资产带来的影响，日本在20世纪五六十年代的做法值得借鉴。

除了原产国以外，其他一些地理区域也可以建立品牌联想，具体方法如把厂商所处的地理位置作为品牌名称的一部分，把地理位置作为品牌广告宣传的主题等。在充分利用原产地建立品牌形象的同时必须注意，某些与产地相关的事件或活动会影响到消费者对品牌的感觉，且过分依赖产地会给企业转移生产场地造成障碍。最后，必须从国内、国外两个角度来考虑原产国联想，比如“格力，让世界爱上中国造”在国内是带有民族情感的有影响力的说辞，在国外就没有这种意义了。

3. 联合品牌

联合品牌又称为品牌捆绑（brand bundling）或者品牌联盟，它指两个或者两个以上的现有品牌合并推出一个联合产品，或以某种方式共同销售。比如，手机业中索尼和爱立信的联合。其一大优点是，一个产品涉及多种品牌可以使定位更独特、更有说服力，可以为品牌树立起更具吸引力的差异点和相同点。另外，联合品牌还能降低品牌的推广介绍费用，两个著名品牌的联合会加强潜在的接受意愿。最后，联合品牌还能打开新的销售渠道，挖掘出新的消费群体。

要建立一个强大的联合品牌，最重要的一点是，达成协议的双方品牌都要具备足够的品牌知名度和强有力的、受赞誉的、独特的品牌联想。同时，两个品牌必须能达到逻辑上的一致，合并后的品牌和销售活动能够使各自品牌的有利因素最大化，不利因素最小化。除了一些策略性考虑以外，在执行联合品牌战略时必须采取谨慎的态度，对于合同的合法化、财务安排、营销活动合作等，都必须制订详细的计划。

联合品牌的一个特例是成分品牌。它指的是为一些产品中必不可少的要素（如材料、元素、部件等）建立品牌资产。比较著名的成分品牌如英特尔芯片、莱卡氨纶材料等。从消费者行为的角度看，成分常常被视为品牌产品质量的标准，用以降低风险，让消费者对产品产生足够的认知和偏好，使消费者不会去购买一个不含该成分的同类产品。一方面，成熟的品牌在努力寻找与众不同的、低成本高效率的品牌建设途径；另一方面，潜在成分产品也在寻找扩大销售机会的方法。因此，成分品牌的使用日益普遍。

要成功地使用成分品牌，需要注意以下几点：首先，要让消费者感觉到，这项成分会对最终产品的性能产生影响；其次，该成分必须具备创新性或者比同类产品有明显的优势；再次，要同时展开“推”和“拉”的营销计划，使消费者了解这种品牌成分的重要性和优越性；最后，设计一个有特色的符号或图案作为标记，明确地告知成分品牌的存在，使这个符号或图案成为一种象征。它必须是简洁而多用途的，能够出现在任何地方，并使消费者确信这是质量和信心的标志。

4. 名人广告

让著名的、受尊敬的人来推广产品的做法由来已久。其依据是，一个著名的人物能将众人的注意力吸引到所宣传的品牌上来，并通过消费者对名人的了解形成品牌给人的直觉。在做名人广告时，选择的名人必须足够有名，最好能有一技之长，有信誉，受人喜爱，有吸引力，同时在某方面能与宣传的产品相关，这样才能起到建立丰富的、有价值的联想的作用。

但将一个名人与品牌相连也会产生许多潜在的问题，如：做广告的名人会被过度使用；名人和产品之间没有合理的一致性；做广告的名人可能遇到麻烦或声望下降，从而使得他们对品牌营销的价值下降；消费者发现，名人做广告只是为了赚钱，而并非真的使用和喜欢产品；明星广告会使消费者的注意力集中在明星身上，而忽略了品牌；等等。

所以，选择名人代言必须经过反复评估、挑选，并有策略地使用。首先，选择一位著名的、形象较为大家认同的名人至关重要，由他产生的联想必须和品牌有关，且这种联想要能从名人身上传递到品牌。其次，为了不使名人的广告效应降低，一个名人最好不要为过多的品牌做广告。当然，为了吸引更多不同的消费者，也有些品牌选择雇用多个名人做广告。最后，名人代言的宣传活动可以突出两者的关联，做得富有创意。

（三）品质标志的使用

品质标志是间接品牌联想杠杆策略的重要方式。在食品、家电等许多领域，品牌与其他品质标志共存。这些品质标志包括原产地证明、品质标签、质量认证标志或证书、获奖证明等。它们具有双重目的：保护和推广产品。

1. 原产地证明

原产地证明是一种典型的品质标志。它是为了保护农业部门和那些品质与特定地区及专有技术密切相关的产品。产地基于主观品质概念，根源于与特定地方相关的神秘特征。根据习惯做法，拒绝为任何没有在专门地区制造的产品颁发原产地保证书，因而把市场细分了。

在中国市场上有很多深受消费者青睐的“农业品牌”。随着品牌意识的提高，人们已认识到对这些特产进行品牌宣传、包装，为出口创汇做贡献。然而在品牌管理上，仅有原产地证明是不够的，厂商必须树立自己的品牌。例如，有史以来，中国一直是陶瓷餐具的生产大国，陶瓷餐具如今的出口量也居世界前列，但由于一直沿袭传统的作坊式生产，习惯以产地当品牌，产品上不了档次，所以在国际市场上平均售价低廉，缺乏竞争力。而上海有家营销公司以自己注册的服务商标“家真好”经销各地已具品牌雏形的中高档陶瓷餐具，形成双品牌服务体系，在同行间引起震动。

受控制的原产地证明与简单地标明产地不同。后者虽然可能有对购买者暗示产品的出身的作用，但并不保证产品在天然和社会因素基础上具备特殊性。品质标志也从另一个方面用客观品质的法律保证试图建立一种硬性事实，以有效对付那些精心挑选的品牌名称暗示优秀所造成的迷惑。例如，许多现代干酪厂商为了唤起乡村的典型形象而把品牌名称取得听上去更像乡村的名字。Rothschild（罗斯柴尔德，其家族是欧洲著名的银行世家）这个名称暗示提供的是高品质的产品，但事实上提供的产品却被认为是一种劣质香槟。

2. 品质标签

品质标签是促销工具，它遵循着另一种更工业的更科学的品质概念。根据这个概念，一种专门的干酪要包含客观的专有技术，用一种已知类型的牛奶混入经挑选的有益菌等。品质标签创造了一种与客观品质水平相联系的垂直分隔。这个问题在这里并不典型，但反映了满足客观标准的一种迫切倾向。

就可操作性而言，一个品牌不单单是一种广告行为，它体现了在品牌名称、一个有吸引力的价格、高效的营销和广告宣传的品牌身份投射下对产品独特品质的长期的具体化计划。因此，对于小企业来说，通过严格的质量努力使它的产品获得品质认证，较之消耗大量人力、财力、技术和商业资源以创造品牌容易得多，风险也小得多。即便没有品牌身份，小企业的产品也不会全然默默无闻，这部分归功于品质的法定指示。

品牌是对顾客和分销商的全部责任和外部承诺，这种承诺促使参与品牌事务的人对其业务行为标准化。创立一个品牌，制造商内部必须同心协力，在一个单一品牌下生产和营销各独立公司的产品；往往需要集体化的组织，才能使品牌提供全世界统一的产品、包装、服务、价格、送货系统，甚至传播。而被严格控制的原产地证明和品质标签在标准化方面的要求少得多。它们对使用者的要求是遵守通常与产品、服务相关的明确标准，每个人都拥有设计自己的营销组合的自由度。

只要质量符合一定的标准，就可以使用品质标签，这对没有力量实施品牌战略的小企业来说是个意外收获。品质标签形成了一种客观和主观的区分产品的质量等级制度，它补偿了品牌信息的缺失。因此许多拥有重要品牌的公司对使用品质标签持反对态度。

纯羊毛标志是一个著名的品质标签。它诞生于1960年，属国际羊毛局所有。虽然国际羊毛局并没有从事制造或销售任何产品，却积极为零售商及纺织工业提供了包括技术服务、款式设计、品质控制和产品的市场推广及联合宣传等在内的一系列服务和支持。该标志已在世界130多个国家和地区注册，成为全球最成功的标志之一。全球15 000家厂商获得了它的使用权。其中，中国占了400多家。

3. 质量认证标志或证书

质量认证是指认证机构依据国家标准、行业标准或报经国家质量监督机构确认的其他标准，对产品质量和企业质量体系进行的评估。它包括产品认证和质量体系认证两部分，由于它采取以标准或技术规范作为认证基础，以包括硬件、软件、流程性材料和服务在内的产品认证为对象，由第三方证实的方法进行，并以认证标志和证书作为凭证，因而具有相当的客观性和公正性。ISO 9000质量认证就是以国际标准化组织制定的ISO 9000系列标准为依据的，在世界范围内有一定的通用性。

近年来，一些发达国家和地区依仗自己的科技优势，利用技术壁垒来推行贸易保护主义，质量认证也成为重要措施之一。据有关资料统计，因质量认证不一致而造成的技术性壁垒在世界贸易中占 25% 左右。中国品牌要走向国际市场，必须获得质量认证这张“通行证”。

4. 获奖证明

许多公司还喜欢使用各种获奖证明以显示自己品牌的品质。获奖证明与原产地证明和品质认证不同，它只具有促销的作用，而不具备法律的效果。

第 2 节　运营管理建设品牌资产

企业级品牌战略理论的中间层是企业管理支持系统。由于运营职能在较高维度上统筹了企业的顾客服务、质量保证、生产计划控制、工作设计与库存管理等活动，在企业的三大基本职能（运营、财务与营销）中占据重要地位，对于建立和提升品牌竞争力起到核心作用，因此以下展开介绍如何经由运营管理（operations management）来建立品牌资产。

一、运营管理的构成

（一）运营系统的结构

通俗来讲，运营过程是一个“输入-转换-输出”的过程，其中，输入物是资本、劳动、信息等资源，经过制造、运输等转换活动，输出物为提供给顾客的产品或服务。“输入-转换-输出”过程的直接目标是实现增值，增值越多，运营效率越高；最终目标是达到顾客满意、实现经济效益。此外，由于该过程中不可避免地会出现各类差错，能够及时发现问题并予以解决的反馈机制是必需的。综合上述要素，一个完整的运营系统便构建起来，如图 6－2 所示。

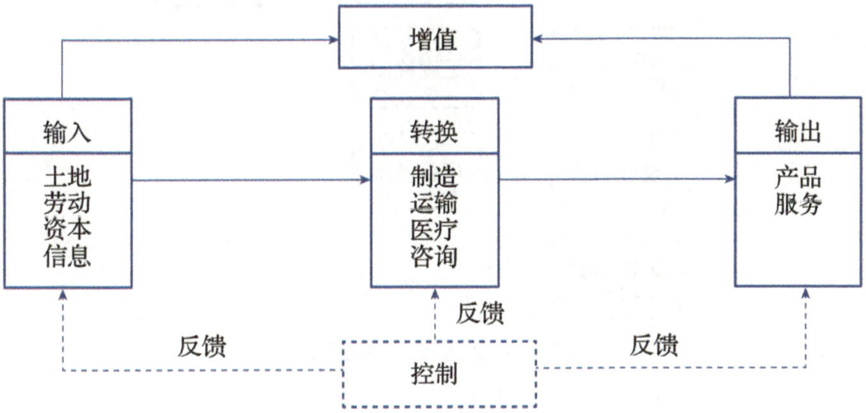

图 6－2　运营系统示意

（二）运营管理的概念与实质

相应地，运营管理指对于运营过程的计划、组织、实施和控制，是与产品生产和服务创造密切相关的各项管理工作的总称。换一个角度来看，它也可理解为对公司生产和提供主要产品和服务的系统进行设计、运行、评价与改进。运营管理致力于实现顾客满意以及经济效益，其实质在于对增值转换过程的有效管理，是技术可行、经济合理基础上的资源高度集成，满足顾客对产品和服务特定的需求[①]。

（三）运营管理的主要内容

运营管理的主要内容可分为四个部分（见图6-3）。第一，指导企业通过运营战略赢得竞争优势。运营战略的制定应以实现企业使命与目标为出发点，运用SWOT等分析方法，在低成本、高质量、交货期等方面凝结企业的核心竞争力。需补充的是，较高的生产率是企业竞争力的直接体现。第二，运营系统的规划与设计。涵盖了新产品（或服务）开发与流程管理、运营能力规划、选址规划、设施布置、工作系统研究等内容，这些决策通常要从长计议。第三，运营系统的运行与控制。运行与控制的对象可概括为质量、费用和进度。第四，运营系统的维护与改善。从一般意义上来说，企业总归是某一供应链上的一个节点，因而其运营管理是基于供应链的。近年来涌现了许多供应链管理的新理论、新方法，企业应当加以合理运用，不断更新和完善运营系统。

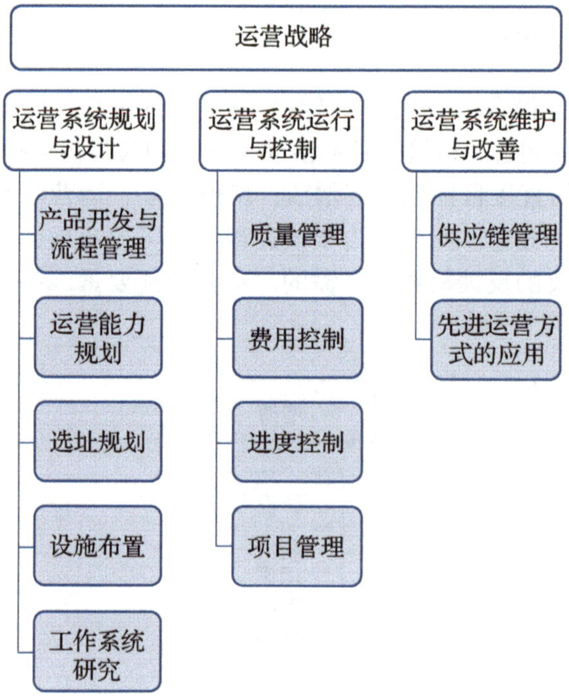

图6-3 运营管理的主要内容

① 马风才. 运营管理. 4版. 北京：机械工业出版社，2017：2.

二、运营管理建设品牌资产的路径

如果说市场营销建立品牌资产是通过“前台”的方式，是顾客看得见的方式，那么，运营管理建立品牌资产则是通过“后台”的方式，这一方式顾客看不到，却是品牌带给顾客价值的核心保障和实现路径。

（一）运营战略建立品牌核心竞争力

制定运营战略，是要在把所有输入资源发挥最大效益和效率的基础上，形成企业发展优势，并将其最终转变为品牌的核心竞争力。这要求企业从使命和愿景出发，协调所有资源，建立制度，落实相应的行动和方案，使工作系统井然有序，为共同目标而努力。运营战略要与市场战略和顾客战略紧密联系，相关负责人要通力合作，才能形成对品牌发展的最有利的文化和制度。

（二）规划与设计实现整体性价值

运营系统的规划和设计通过整体思维和长期主义，实现整体最优化。科学的规划和设计，有利于全面质量管理的实现，有助于系统效率的提升，减少矛盾、冲突和内耗，实现公平和效率。这些工作最终转变为品牌价值的构成要素。

（三）运行与控制保障实现品牌承诺

运行与控制的对象可简单概括为质量、费用和进度。对质量的控制从根本上保障品牌的产品价值；对费用的控制有利于尽量降低品牌的价格成本；对进度的控制与交付和体验直接相关，本质上也是效率和成本的问题。因此，品牌在顾客面前兑现所主张的承诺，是靠运行和控制作为基本保障。

（四）通过维护与改善提升可持续发展能力

品牌的长期发展需要在竞争中不断优化自身的能力，运营系统的维护和改善可以从多方面降低运营成本，建立新价值。比如，通过供应链创新降低采购成本，运用供应链金融降低不可控风险，改善库存决策和物流作业系统以提高交付效率，等等。

上述这些方面是相互交融、紧密影响的。总体上，运营战略和管理通过降低成本、提高质量、系统创新、加快交付，把产生的价值（更低的购买价格、更好的产品质量和更佳的品牌体验）传递到顾客端。

第3节　商业模式建设品牌资产

商业模式作为企业级品牌战略理论中两大全局贯通板块之一，对品牌初创期建设品牌资产有着重要意义。商业模式是动态更迭的，一直伴随着品牌的建设和长期发展[①]。商

① Achetenhagen L，Melin L，Naldi L. Dynamics of Business models-Strategizing，Critical Capabilities and Activities for Sustained Value Creation. Long Range Planning，2013，46（6）：427-442.

业模式的建立和实施涉及企业跨部门紧密协作，它的创新和优势与品牌身份系统一起，是支持品牌长期发展的强大基础。如果把品牌身份系统比作种子，那么商业模式就是花盆，而下节要讲的系统创新则是养料。

一、商业模式的构成

商业模式是一种包含了一系列要素及其关系的概念性工具，用以阐明某个特定实体的商业逻辑。它描述了公司所能为顾客提供的价值，以及公司的内部结构、合作伙伴网络和关系资本等用以实现这一价值并产生可持续盈利收入的要素。简单地说，商业模式是描绘企业整个经营活动的蓝图。理解商业模式的构成可以借助商业模式画布（business model canvas）。它由奥斯特瓦德（Alexander Osterwalder）和皮尼厄（Yves Pigneur）提出[①]。商业模式画布是一种用来描述、可视化、评估以及改变商业模式的通用语言。它包括顾客、提供物（产品或服务）、基础设施和财务收益能力四个方面的内容，具体分为以下九大基本组成要素（见图 6－4）：

- 顾客细分（customer segments）：所服务的一个或多个目标顾客群体。
- 价值主张（value propositions）：产品或服务提供给顾客的核心价值。
- 渠道通路（channels）：如何与顾客沟通并建立联系，向其传递价值主张。
- 顾客关系（customer relationships）：针对每一个细分市场建立和维护顾客关系（一次性或长期关系）。
- 收入来源（revenue streams）：如何从所提供的价值中取得收益。
- 核心资源（key resources）：支撑商业模式顺利运行的重要资源（包含人才、技术、设备等）。
- 关键业务（key activities）：商业运作中必须从事的一些关键业务活动（如生产、销售、交付等）。
- 重要合作（key partnership）：在商业链路上给予战略支持的合作伙伴。
- 成本结构（cost structure）：商业模式的上述要素所引发的成本构成。

<table>
<tr><td rowspan="2">重要合作</td><td>关键业务</td><td rowspan="2" colspan="2">价值主张</td><td>顾客关系</td><td rowspan="2">顾客细分</td></tr>
<tr><td>核心资源</td><td>渠道通路</td></tr>
<tr><td colspan="3">成本结构</td><td colspan="3">收入来源</td></tr>
</table>

图 6－4　商业模式画布的九大组成要素

按照商业模式画布九大要素（板块）进行思考，一般经由如下顺序进行：了解目标顾客群体（顾客细分），确定他们的核心需求（价值主张），思考如何接触到顾客（渠道通路），从事怎样的业务（关键业务），如何使产品盈利（收入来源），凭借哪些资源实现盈利（核心资源），投入产出比是怎样的（成本结构），能从哪里获得支持（重要合作），以及对

① 奥斯特瓦德，皮尼厄．商业模式新生代．黄涛，郁婧，译．北京：机械工业出版社，2013.

于顾客关系的维护。

仔细思考商业模式画布的九大要素，其实包含企业的三大基本职能——营销、运营和财务。其起点是顾客细分和价值主张，这是市场营销的核心问题。商业模式重在关键性的蓝图描绘，是影响品牌长期发展的基础。

二、商业模式支撑建立品牌的条件

品牌间的竞争通常是商业模式间的竞争，例如易捷航空（easyJet）与英国航空公司（British Airways），戴尔（Dell）与惠普（HP），或是小米手机与锤子手机。

以软饮料市场为例，不同的品牌凭借不同的商业模式（或称经济模式）试图在竞争激烈的市场中占据一席之地。纯果乐（Tropicana）采取基于持久产品创新和高端品牌形象的溢价策略；宝洁的阳光心情（Sunny Delight）果汁通过高科技手段对产品进行差异化；可口可乐使用通过产品品类扩展增长业务的策略，致力于达成可得性、可亲性与吸引力；一些可乐品牌还将民族主义或贸易主导的商业模式作为突围利器。

无论采用什么样的商业模式，都要面向实现品牌建立的基本条件。这些条件包括：第一，规模化。足够的市场规模是实现盈利的基本保证，而且快速地达到市场规模，可以有效地形成竞争壁垒。实现足够的市场规模，要求品牌拥有足够的品牌知名度，建有完善的分销系统。第二，差异化。差异化帮助品牌建立竞争优势，它是实现有效品牌定位的基本保证。第三，一致性。一个品牌的首要任务是降低感知风险，不管产品在何时何地被购买，消费者体验必须是一致的。品牌的一致性（例如品质、感觉和体验等）是建立品牌强度的基本保证，在品牌进行地域扩张（横向）或制定长期发展战略（纵向）时，一致性的挑战非常突出。第四，创新力。创新力是维护竞争优势的重要保证，使得品牌紧跟时代的步伐，贴合变化的市场需求。第五，消费者与品牌的良好关系，即消费者对品牌要有行为和态度上的忠诚度，对由品牌和它的顾客群形成的社群有归属感等。达到了上述条件，表明品牌已基本建立。

三、商业模式建设品牌资产的路径

2010年4月，小米公司成立。创始人雷军及其他六位联合创始人均为技术背景。短短数年，小米声名鹊起，一度跃居中国国产手机品牌市场份额第一。它的竞争优势是基于安卓系统的中高端智能手机自主研发能力。小米开创并主导了“互联网手机”这一新品类，聚焦于移动互联网应用服务，采用成本定价和高性价比策略把价格压到最低，把配置做到最高，利用互联网进行手机直销，利用社交媒体和用户参与塑造口碑传播。

2012年5月，锤子公司成立。该公司同样制造基于安卓系统的中高端智能手机，同样基于线上运营和销售。但与小米创始人背景不同，锤子公司创始人罗永浩原是新东方教师，后创办英语培训学校，与手机技术无任何关联。在创办锤子公司之初，罗永浩确定公司使命是用完美主义的“工匠精神”打造用户体验一流的数码消费类产品。罗永浩非常善于通过社会舆论为锤子手机造势。这极大地依赖于罗永浩本人的个性魅力及其在网络上的强大影响力。

上面这两个例子表明，小米手机和锤子手机经由不同的商业模式建立起来。

（一）自下而上的路径

传统的品牌建立战略路径通常始于公司创建的一项业务，它基于一项特定的产品或服务。通过持续不断的市场营销，品牌不断提升知名度和市场影响力，逐渐地与形象、无形利益、品牌个性等联系起来，消费者的感知也相应地从物体层面提升到了利益层面，从有形价值层面上升到无形价值层面。这时候，品牌名称就不仅是个名称而已，而是实现了差异化，赋予了产品或服务独特的附加值。品牌一旦拥有了抽象的附加值，即可进行品牌延伸，利用品牌的无形价值开拓其他业务。小米手机即是这种建立路径。它从最初的手机延伸至小米盒子、小米电视和小米路由器等业务。这个路径我们可简称为从产品起家的品牌建立战略。

（二）自上而下的路径

另一种品牌建立战略路径则是从一个概念或想法开始。它通常基于对消费者需求的深刻洞察，在品牌建立的一开始就确定了品牌的概念、意义、愿景和价值观，奠定了品牌无形价值的基础。如果概念或想法新颖独到，发展为投资者值得期许的完整商业方案，得以借助资本市场的强大推力，那么，公司就可以很快地把无形的概念、价值和方案变为具体的产品或服务，品牌也得以在短时间内迅速建立起来。这个路径是把确定的无形价值落实于产品载体层面，我们可以简称为以价值起家的品牌建立战略。锤子手机更接近于这种建立路径。

公司的战略品牌管理过程就是上面这两条路径的上下双向往复，就是永无止境地在有形价值和无形价值之间来回运动，就是把公司的资源在产品和产品的附加值之间进行合理的决策和分配。

此外，上述两条路径，即“两条腿”的品牌价值生成系统也提醒我们注意两点：一是，虽然随时间推移，品牌联想通常会向更高水平发展——由属性到利益再到价值，但这并不意味着品牌不再需要关心物质问题和差异化了。即使是尤其依赖于无形价值的奢侈品牌和形象品牌，也仍然不能忽视产品的功能性现实。二是，对于建立在产品优势上的品牌而言，一开始就要规划并融入更高层次的含义——这些含义将长期地依附于品牌，并且加快产品成为品牌的过程。

（三）两种路径的循环往复

如第5章所述，品牌建立的基本步骤反映在凯文·凯勒提出的品牌资产金字塔模型中。该模型由下至上由四层组成。第一层是品牌识别，要求进入市场就有显著度，让消费者对品牌有深厚的、广泛的认知；第二层是品牌含义，通过功效和形象两条路径建立品牌的差异点和共同点，此层的工作实际上就是品牌定位；第三层是品牌响应，即要求消费者对品牌的功效和形象具有积极的判断和良好的感觉反应；第四层是品牌关系，即消费者对品牌具有强烈的、积极的忠诚度。品牌资产金字塔模型形象地概括了整个品牌创建的阶段过程。只有当品牌走向金字塔塔尖时，才能产生具有深远价值的品牌资产。

在整个过程中，金字塔左侧倾向于建立品牌的“理性路径”，右侧则是建立品牌的“感性路径”。绝大多数强势品牌的创建都是通过两条路径“双管齐下”的。理性路径强调使用品牌的有形要素，包括形状、设计、口味、颜色、成分、性能等；感性路径强调运用品牌的无形要素，例如遗产、文化、个性和价值观等。

在建立品牌时，营销工作者需要同时使用有形要素和无形要素进行品牌定位。值得指出的是，这两条路径也是上下双向运动的关系，即：一条路径是从产品优势上升到无形价值，另一条路径是把无形价值落实于产品优势。然后，新的产品优势又为无形价值做出新的贡献，无形价值再作用于产品优势……如此循环往复。这上下双向运动的两大路径，并不停留在品牌定位这个营销战略层面，而是涉及公司战略层面的品牌建立问题。

第 4 节　系统创新建设品牌资产 *

第 1 章介绍了品牌的两重本性原理。基于这个基本原理，形成品牌发展的两种战略：一种是以强调品牌价值的传承性、品牌一致性为核心的战略，另一种是以品牌创新和不断发展为核心的战略。在企业级层面，这里所要讲述的创新不是局限于市场营销创新（新市场、新产品和新传播等）的范畴，而是全方位的企业系统创新。

一、创新的基本理论范式

创新对于发展强势品牌至关重要，从现有的文献看，研究者们从品牌绩效表现（Sriram et al.，2007；Sorescu and Spanjol，2008）、品牌资产（Lin，2015；Olsen et al.，2014）等方面探讨了创新所带来的品牌结果，所涉及的创新活动多集中于产品或技术创新。事实上，根据不同的创新范式，企业的创新活动涉及多个方面，不同的创新实践将带来差异化的品牌结果。下面，首先梳理国际上主流的创新范式，归纳不同创新范式的定义与理论侧重点，以及代表性的创新形式（见表 6 - 2）。在此基础上，重点阐述六类创新活动对品牌发展的影响。

（一）激进式创新与渐进式创新

按照技术变革程度，创新可划分为激进式创新（radical innovation）与渐进式创新（incremental innovation）。两者的主要区别在于创新中所呈现出的新技术的程度，以及创新中嵌入新知识的程度（Dewar and Dutton，1986）。激进式创新是根本性的技术变革，涉及开发或应用大量新技术或新思想来创造新市场，或对现有市场做出重大改变。它以技术创新为核心，以高度的不确定性、风险性和高潜在回报为特征，需要长期的研发时间和大量的资金投入（McDermott and O’Connor，2002）。相比之下，渐进式创新是对现

* 本节内容来自：何佳讯，葛佳烨．品牌与创新的双向互动关系：文献综述与未来展望．上海：华东师范大学，2020。这里不再逐一列出相关引用。

有技术的微小改进或简单调整，建立在公司当前的技术能力之上，这一类的创新通常是为满足现有市场需求（Dewar and Dutton，1986；Benner and Tushman，2003）。

表 6－2 不同的创新理论及其对品牌的作用

创新范式	定义	目标市场	理论侧重	创新聚焦
第一类	**激进式创新与渐进式创新**			
激进式创新	涉及开发或应用大量新技术或新思想来创造新市场或对现有市场做出重大改变的创新	现有市场和新市场的客户	强调组织动态能力与核心能力，在技术原理和观念上有根本性变革	技术创新
渐进式创新	对现有技术进行微小改进或简单调整的创新	现有市场的客户	对组织核心能力的要求较低，主要是对现有技术的改良和拓展	
第二类	**颠覆性创新与维持性创新**			
颠覆性创新	通过引入稍逊一筹的产品或服务来破坏和定义当前市场，满足低端客户或零消费客户需求的创新	主流市场中被过度服务的低端客户 零消费市场中的零消费客户	聚焦于建立新业务部门和新商业模式，以低价推出新的产品、服务等来破坏和定义现有市场或新市场	技术创新、商业模式创新
维持性创新	企业通过改进提供超越当前市场水平的产品性能，以满足主流市场高端消费群体需求的创新	主流市场的高端客户	着眼于现有商业模式，强调对现有产品、服务、管理方式等的改进	
第三类	**探索式创新和开发式创新**			
探索式创新	不断发展新的设计，开发新的产品、服务和分销渠道等，创造新市场需求的创新	新兴市场与新兴客户	强调新的知识或对现有知识的背离，提供新产品 / 技术、创造新市场、开发新的分销渠道等	市场创新、技术创新、产品创新
开发式创新	不断改进现有技能、流程、结构与设计，扩展现有产品、服务和分销渠道等，满足现有顾客及市场需求的创新	现有市场的客户	建立在现有知识基础上，改善现有产品 / 技术、开发现有市场、提高现有分销渠道的效率等	

资料来源：根据相关文献整理。

（二）颠覆性创新与维持性创新

颠覆性创新理论最早由克里斯滕森（Christensen，1997）提出，在最初的构想中，其主要关注技术创新。克里斯滕森（Christensen，2003）后来扩展了颠覆性概念的范围，认为颠覆性创新不仅与技术有关，也与商业模式的变化密不可分。他的创新理论将创新类型划分为颠覆性创新（disruptive innovation）和维持性创新（sustaining innovation）。维持性创新是指那些能满足主流市场高端消费群体需求的创新，它定位于高端客户，旨在为高端客户提供超越当前市场水平的产品性能。相反，颠覆性创新是通过引入稍逊一筹的产品或服务来破坏和定义当前市场，包括“低端市场颠覆性创新”和“新市场颠覆性创新”。低端市场颠覆性创新的目标客户是主流市场中的低端客户或服务不足的客户，通过提供更合适的功能（通常以较低的价格）获得立足点，再进一步进入高端市场；而新市场颠覆性创新定位于零消费市场，通过占据一个全新的价值网络吸引新客户（Christensen，2003；Christensen et al.，2015）。

（三）探索式创新和开发式创新

根据现有技术、产品 / 服务以及现有客户和细分市场的不同，创新可划分为探索式创新（exploratory innovation）和开发式创新（exploitative innovation）。探索式创新强调新的知识或对现有知识的背离，旨在满足新兴客户或新兴市场需求。它提供新的设计，开发新的产品和服务，创造新的市场并开发新的分销渠道（Benner and Tushman，2003；Jansen et al.，2006）。开发式创新建立在现有的知识基础上，旨在满足现有客户或市场的需求（Benner and Tushman，2003）。此类创新拓宽了组织现有技能、流程、结构和设计，拓展了现有的产品和服务，并提高了现有分销渠道的效率（Jansen et al.，2006）。

二、创新建设品牌资产的路径

根据不同的创新范式，企业创新活动在内容上涉及技术、产品、服务、市场、商业模式、流程等各个方面。不同的创新活动在内容和侧重点上有所差异，品牌结果也有所不同（Liao and Cheng，2012）。按照创新的目的，这些活动可进一步分为两类：一类是面向企业业务的创新，这类创新以降低企业内部业务运作成本和提高效率为目的，如流程创新、组织创新等，通常无法市场化，难以直接形成品牌价值；另一类是面向消费者的创新，这类创新具有较高的消费者感知性，能为消费者创造价值，从而形成良好的品牌结果（蒋廉雄等，2017）。在面向消费者的创新活动中，以往的创新研究更多地将创新焦点放在技术和产品提升方面，但近年来，无论是从理论研究还是从企业实践来看，更多的创新活动获得了关注。下面从六个方面来探讨创新对品牌资产的影响。

（一）技术创新构建品牌知识和提升品牌绩效

技术创新是指将新技术融入新产品、服务或新工艺的开发中（Stock et al.，2002）。根据技术变革程度的不同，技术创新可进一步分为渐进式技术创新和激进式技术创新。渐进式技术创新完全建立在现有企业已有的知识上，并稳步改进方法以实现企业盈利并满足客户需求，激进式创新则建立在完全不同的知识上，或需要对现有企业已有的知识和新知识进行重组（Hill and Rothaermel，2003）。

关于技术创新如何转化为品牌效应，经常使用的结果指标是品牌知识和偏好、品牌绩效或财务价值等。企业的技术创新活动是消费者理解品牌意义的重要信息线索，在品牌层面上形成品牌的总体性知识，从而影响品牌偏好。另外，消费者对技术创新活动的感知能显著影响品牌与产品相关的品牌意义建构，即消费者基于品牌的技术、制造、工艺等的发展水平而建构的品牌产品知识（蒋廉雄等，2017）。在财务价值方面，技术创新对品牌绩效有积极影响（Rubera and Dorge，2013），尤其是激进式技术创新——技术的革新加快了激进式创新的推出，这些创新能显著提高品牌绩效（Zhou et al.，2005）。

（二）产品创新促进品牌财务价值和品牌资产

产品创新是指引入在属性或用途上有全新或重大改进的商品或服务。产品创新要求企业具有与技术相关的能力，既可以是新的知识或技术，也可以是在现有知识或技术基础上进行新应用或集成应用（OECD，2005）。

多项研究将产品创新视为财务价值的关键因素。重大的产品创新能在短时间内大幅提升品牌权益和股票收益，可以有效替代大量的营销广告支出所带来的效果（Sriram et al.，2007；Srinivasan et al.，2009），且激进式的产品创新更能提升品牌财务价值（Sorescu and Spanjol，2008）。与此同时，相比于高资产品牌，低资产品牌能从产品创新中获得更大的利益（Slotegraaf and Pauwels，2008）。新产品的引入也有助于创建基于顾客的品牌资产，例如，奥尔森等（Olsen et al.，2014）的研究证实了产品创新能影响并改善消费者的品牌态度。

（三）服务创新更新品牌体验和提升品牌资产

广义的“产品”包括商品和服务两部分，但事实上，服务创新在本质特征上不同于产品创新（Berry et al.，2006）。服务创新是指能为客户带来价值的、全新的或改进的无形供给物（Berry et al.，2006；Dotzel et al.，2013）。随着服务在全球经济发展中的地位越来越重要，服务创新日益受到关注。

服务创新对品牌的作用主要体现在品牌体验和品牌资产方面。服务创新能为客户带来创新的品牌体验，这些创新的品牌体验提供给了客户独特的功能和情感元素，以在品牌与其客户之间建立牢固的关系，从而对品牌资产和品牌满意度产生积极影响（Lin，2015）。服务创新日益要求客户参与服务生产和交付过程，可以通过增加消费者的品牌融入行为（如参与品牌营销活动、与他人交互等）进而提高其品牌忠诚度（Leckie et al.，2017）。技术的进步也使得服务创新的格局发生了根本性变化，高水平的服务创新实施与技术能力的结合能通过影响顾客认知（感知价值）激发情感（信任），最终形成品牌资产（Ruan et al.，2020）。

（四）商业模式创新重塑价值主张和再造品牌差异

互联网、移动智能、数字化、无所不在的连接，改变了产业的边界，营造了商业模式创新的无限可能性，商业模式创新日益受到理论界与实践界的关注（Casadesus-Masanell and Zhu，2013；Amit and Zott，2012；何佳讯，2017）。商业模式创新是指企业不断寻求新的商业逻辑，以及为利益相关者创造和获取价值的新方法，从而为客户、供应商和合作伙伴定义价值主张，并实现企业创收（Casadesus-Masanell and Zhu，2013）。

商业模式的发展与技术创新密不可分，企业通过商业模式创新和技术创新的深度耦合与协同突破传统技术路径，借助新技术提升品牌价值和品牌声誉，产生品牌溢出效应，从而改变市场竞争范式（王金凤等，2019）。此外，商业模式创新也能为组织降低交易成本，增加价值增长点，实现价值创造并获取竞争优势等（张新民、陈德球，2020）。成功的商业模式在某种程度上会被多个竞争对手“共享”，因此只有通过差异化的商业模式创新，实现品牌差异化，才能形成持续竞争优势（Teece，2010）。

（五）营销创新提升品牌知名度和促进品牌活化

营销创新是指新的营销方式的实现，包括产品设计或包装、分销渠道、促销方式或定价等方面的变革。营销创新既可以在新产品也可以在现有产品的营销中实现，它的显著特征是企业以前未曾使用过的营销方法的实现，旨在更好地满足消费者需求。值得注意的是，营销创新包括了产品形式和外观设计方面的变革（OECD，2005）。

营销创新旨在与客户和消费者建立新的联系，通过这种方式，营销创新可通过提高品牌知名度和产品独特性来推动需求（Kahn，2018）。消费者能通过感知企业的营销策略创新活动来理解品牌意义，形成品牌层面知识，从而进一步影响属性层面的品牌认知，并通过它间接影响品牌偏好（蒋廉雄等，2017）。此外，营销创新也是品牌活化过程中不可或缺的环节。在品牌传播、产品和细分市场方面结合营销情境进行持续创新，通过价值更新实现品牌活化，改变旧印象，树立品牌新形象（何佳讯等，2007；许晖等，2018）。

（六）市场创新实现品牌成长和建立品牌优势

市场创新是指企业背离现有的主流市场，运用新技术为新兴市场创造一系列附加的、新的客户价值，或挖掘现有主流市场的客户价值（Zhou et al.，2005；许晖等，2017）。尽管市场创新涉及采用新技术，但通常是运用一些简单的新技术，或是关于商业运营的新想法（Zhou et al.，2005）。市场创新通过引入新的价值来改变客户偏好结构，导致主流客户在思想和行为方面都经历重大变化（Zhou et al.，2005；Christensen，2015）。

尽管数量上相对匮乏，但仍有一些文献尝试探索市场创新可能产生的品牌结果。许晖等（2017）认为本土品牌企业的成长最终要通过“研发—生产—营销”一体化价值链协同创新来实现，本土品牌企业可以通过市场创新和技术创新的组合，实现“营销—研发”界面的融合，从而促进品牌健康成长。根据市场开发程度的不同，市场创新可进一步划分为探索式和开发式两种市场创新方式（Benner and Tushman，2003）。探索式市场创新开辟了不同于主流客户群的新市场，从而获得该市场的先入优势，有利于建立和提升品牌知名度；开发式市场创新则能有效降低营销成本，提高营销渠道的运营效率，为企业带来稳定的回报（张峰、邱玮，2013）。

品牌实践 6-1 盒马鲜生

在 2016 年 10 月的阿里云栖大会上，阿里巴巴集团创始人马云首次提出了“新零售”的概念，即“以消费者为核心，以提升效率、降低成本为目的，以技术创新为驱动，要素全面革新进化的商品交易方式”。盒马鲜生正是阿里巴巴对这一概念的成功实践。它是以数据和技术驱动的新零售平台，希望为消费者打造社区化的一站式新零售体验中心，用科技和人情味带给人们“鲜美生活”。盒马鲜生通过独具特色的定位以及差异化的战略，从同类型竞争者中脱颖而出，赢得了消费者的偏爱。

盒马鲜生敏锐地察觉到了我国当前零售市场的空缺，实施差异化战略，走中高端、社区化的品牌路线，开辟出了新的市场领域。它将传统线下超市销售与盒马App线上零售相结合，开创了线下体验与互联网驱动的复合模式。这种前所未有的商业模式，更是成为盒马鲜生标志性的品牌象征。盒马鲜生的差异化战略涵盖了产品、服务、渠道、人员、品牌形象等多个方面，全方位打造品牌特有优势。

一、产品

首先，产品种类极为丰富，涵盖生鲜、熟食以及各类零售商品。可以说，盒马鲜生集菜市场、超市、餐饮店功能为一体，开拓出一种前所未有的经营范畴。同时，各类产品的质量较高，涵盖优质国内产品和高端进口产品。与目前国内其他生鲜品牌的中低端路线不同，盒马鲜生选择走中高端路线，为消费者打造高品质生活。此外，以科技感、蓝色、河马卡通形象作为自身标识，创造出独特的风格和品牌身份。盒马鲜生在产品样式上以盒装为主，“主打新鲜，除不按重量销售的商品外，其他都是独立包装，明码标价，每个包装的重量是以一顿饭的量为参考，拒绝浪费”。这也呼应了其品牌名称，强调了象征“新鲜、环保”的“盒”文化。

二、服务

在线下门店，盒马鲜生为顾客提供服务人员、生鲜加工服务，并设置智能自助取餐、结账设备。在线上平台，盒马鲜生为消费者提供网上商城、菜谱介绍、健康知识科普等服务，并运营了粉丝社区，为用户提供交流平台。盒马鲜生还为用户提供了高效的物流配送服务，“应用全链路数字化技术系统，能够在用户下单后10分钟内将商品进行分拣和打包，紧接着由配送员在20分钟内完成配送，实现3公里范围内30分钟送达的目标，提升用户体验”。这种全渠道、高科技、高效率的贴心服务，是其他竞争者难以具备的。

三、渠道

盒马鲜生设立线下门店和线上平台，具有双渠道的综合优势。与线下的菜市场、超市、餐饮店相比，盒马鲜生具有集约化特色，能够提供一站式的购买体验，并提供统一的线上渠道解决配送问题，便利性更强。与线上生鲜平台，如每日优鲜、叮咚买菜等相比，盒马鲜生具有线下体验店铺优势，更易获得顾客的信赖。进一步地，盒马鲜生综合利用渠道优势，实现消费者在双渠道间的相互转化，促进线下门店与线上平台联动发展。

四、人员

盒马鲜生极为重视对员工的培训和管理，其员工专业技能过硬，同时能够与顾客保持友好距离，及时回应顾客需求。面对疫情所导致的人力资源缺乏问题，盒马鲜生还创造性地开发出共享员工平台，利用互联网信息优势提升供需对接效率，满足企业对人力资源的需求，并保障顾客完善的消费体验。

五、品牌形象

盒马鲜生主张个性消费，“从多个场景重新定义零售，由‘货-场-人’升级到‘人-货-场’，将差异化、智能化、数字化、快捷化整合进线下，全渠道构建商业业态”。同时，它通过智能而温馨的整体风格，以及新零售的独特模式，创造出鲜明的品牌身份。此外，盒马鲜生重视参与公益事业，积极利用自身技术及信息优势为社会经济发展谋福利。例如，盒马在疫情期间为消费者提供线上安全配送及线下检测、消毒服务，为其他企业提供共享员工平台等，种种举措塑造了友好、热情的正面品牌形象。

在这种差异化战略的指导下，盒马鲜生成立短短四年就取得了惊人的成就。其用户平均月购买次数高达 4.5 次，坪效为传统超市的 3 ～ 5 倍。同时，它具有高用户黏性和线上转化率，远超传统电商。2018 年，盒马鲜生的门店销售额达 140 亿元，杀入中国快消品百强前 20。截至 2019 年 5 月，盒马鲜生已发展 149 家线下门店，销售规模扩张迅速。盒马鲜生已经成为人们心目中新零售品牌的象征，具有极大的品牌影响力。

资料来源：倪徐冰．盒马鲜生的新零售模式分析．老字号品牌营销，2020（5）：10-11；李旭，刘兆惠．新零售背景下生鲜连锁超市经营现状分析：以盒马鲜生为例．知识经济，2020（18）：57-58；黎传熙，祁明德．现代价值链下“新零售”商业模式的重构：基于“盒马鲜生”的九要素画布．企业经济，2020（4）：46-57；赵灵玮，闫旭．“叮咚买菜”与“盒马鲜生”商业模式比较研究．经济研究导刊，2020（11）：107-109；盒马鲜生官网．[2020-06-19]．https://www.freshhema.com.

品牌实践 6 - 2　云南白药

云南白药自 2010 年实施“新白药、大健康”战略，先后采取了多方位战略推动品牌创新升级，以大健康相关产业多元化为基础孵化多领域子品牌，打造品牌生态圈，并瞄准市场灵活开展跨界合作，一系列举措为云南白药品牌带来了突破性的成效。2019 年，医药行业继续深化改革，云南白药以“调结构、强基层、严监管”为核心思路，持续推进大健康战略。

建立和实施品牌战略的基础在于对企业的资源和能力培育，人力、无形资产和财务资本的配置优化，全球网络布局和技术研发能力的提升，合作伙伴与企业文化张力等的系统管理与资源协调。

一、资源配置平台型持续优化

从短期来看，为适应“新白药、大健康”新战略的执行，2011 年以整体搬迁为契机，云南白药开始进行事业部的改革。事业部是按照产品的功能特性与业务领域进行划分的战略经营单位，但随着大健康战略的调整，产品进一步多元化，以前的事业部直线制组织架构已经显得效率低下，而新的资源配置平台和支持服务平台能很好地打通各产品之间的关系，做到资源共享、信息共享。2018 年，通过进一步的调整，健康品事业部形成口腔、洗护、美肤三个业务单元，各产品从各方独立销售转变为平台式共线销售。这样一来，不仅能够加强原有强势产品的资源，更能让新产品的营销资源得到保障，有利于新产品的推广。2018 年底，架构重组已初见成效：传统强势产品云南白药牙膏保持了稳健的增长，养元青洗发水和清逸堂卫生巾收入增速均在 50% 左右，新品益生菌儿童牙膏增速也不错。

从长期来看，细观云南白药的业绩成长，“一个核心，三大主线”让这家老国企活力不断，即以国药经典的白药为内生核心产品，不断向外沿扩展，形成三大发展主线：一是大刀阔斧的“内生外并”，重在企业再造；二是在云南白药主打的凝血类产品主品牌下，多品牌渐生的品牌重新塑造；三是跨界日化、大健康产业的产品布局。

短期与长期策略的结合，很快就体现出云南白药极强的战略优势，营业收入逐年稳步提高。至此，大健康战略取得了初步成效，云南白药从一个云南地方国企成长为“扎根云南、立足中国、面向世界”的医药大健康企业。2015年获“中国商标金奖”，拥有3件中国驰名商标，2019年获“彼得·德鲁克中国管理奖”。

二、研发体系创新

云南省药物研究所是云南白药集团创新研发中心的前身，创建于1956年。2012年，云南白药无锡新型给药系统工程技术中心成立，后成为云南白药集团创新研发中心。目前，云南省药物研究所可以说是云南省最大的、最完整的新药开发机构。

云南白药在白药系列、民族药物的开发、天然植物的深度研发与药理研究方面都有着深厚的技术积累。王明辉根据云南白药百年传承的独特优势，结合对外引进与自主研发不断充实新品储备，同时注重研发梯队的建设，促使研发体系不断完善。确定以市场为导向的创新机制，公司不局限于内部研发团队，还积极借助外部力量建立了开放式的创新体系；采用校企、产研项目合作的模式，突破制药枷锁寻找新的产业增长空间。针对儿童患龋率上升的现状，云南白药牙膏研究人员基于此研究体系，创新性地引入了益生菌技术，历时五年，研发出安全有效的云南白药益生菌儿童牙膏。

近年来，公司研发支出持续走低。通过资源整合和品牌结构优化，公司建立了系统的研究开发体系，并形成完整的新药研发链和科研平台；基于武定、文山基地＋外部供应商构建统一采购平台，建立主要生产物资的战略供应链；通过延伸整合，保障生产可持续性及成本优势，形成规范、安全、高度协同的采购平台。

但是，基础设施有了，科研人员研发动力仍显不足。王明辉和公司管理层反复琢磨，最终达成共识，选用国际上通行的首席科学家制度，将科研人员的个人收益与企业研究成果紧密联系，分配上采用“成果共享”的激励模式，对在研发上有重大贡献的首席科学家与成员颁发重奖。首席科学家本质上就是项目经理，对项目拥有控制权并负有绝对的责任，他可以开放地和各种社会资源合作，借助云南白药的平台来成就自己的个人事业，做到企业与个人的利益最大化。

三、薪酬制度创新

公司2014—2016年利润增长了24%，但高管的薪酬合计一直在600万元左右，这也是管理层管理疲软的主要原因之一。要知道混改之前，云南白药受制于国企体制，管理层级较守旧僵化。经过混改后，公司引入了新华都和鱼跃医疗两大战略资本方，在实现股权结构多元化的同时，也推进了董事会建设和经理层任期制契约化。此举一出，管理层级的架构简单明了，管理成效尤为显著。2017年，白药控股完成高管人员变更，新华都董事长陈发树接任法定代表人，并成为白药控股董事长。一场“去行政化”改革在云南白药高层施行，王明辉等领导通过市场化招聘，变换身份成为职业经理人。同年10月，董事会审议通过高管薪酬改革方案，贡献与分配更加匹配。

从2017年的年报中不难看出，市场化的高管薪酬机制已经建立。公司混改完成后，不再需要遵守国有企业的“限薪令”，高管的薪酬从600万元增长到1 200万元左右。薪酬占净利润的比重也从0.22%增长到0.44%。然而，在2017年的激励机制改革中，只有高管参与了薪酬改革，核心员工并未参与。而且，本次激励机制改革尚未启动高管持股制度，未来需要参照市场化的民营药企进行激励机制的进一步改革。

四、企业所有制改革

王明辉曾坦言："民营企业的产权制度是非常清晰的，只要对老板负责即可。但是，云南白药的老板是国资委，比较抽象，你不需要明确对某一个具体的个人负责，但你需要对这份事业负责。在这个过程中，没有哪个具体老板来参与企业的利益分享，因此，你也不会产生心理的不平衡。而如果换个民营老板，你反而会产生心理不平衡。我们一年赚那么多亿，他全装口袋里了。"

2014 年，云南省出台了《中共云南省委云南省人民政府关于全面深化国有企业改革的意见》，明确了国有企业改革的重点和方向，提出混合所有制改革能够促进各种资本取长补短、互相促进，形成股权多元、优势互补、协调发展的良性机制。作为云南省首家上市的国企，混合所有制改革将会从根本上理顺云南白药目前的管理层激励问题。通过和上级部门以及董事会的多次探讨，王明辉下定决心，只有继续创新，才能让这个百年品牌应对新时代的风险和机遇。

经过长时间的筹备和严密的筛选，2016 年 12 月，云南白药的混改初步方案出炉，选取新华都为战略资本方，白药控股市场价值为 253.7 亿元，新华都投入 253.7 亿元战略资本。云南省国资委与新华都对白药控股分别持股 50%。两个月后，江苏鱼跃科技发展有限公司向白药控股增资 56.38 亿元，由此成为第三大股东。2017 年 6 月 28 日，白药控股股权变更为云南省国资委（45%）、新华都（45%）、江苏鱼跃（10%）三方持股。至此，混改初步落地。白药控股实现了国企向民企的转变，民营持股超过了国有持股，云南白药的管理层架构基本实现了市场化改革。

2018 年 11 月 2 日，云南白药再发公告，披露吸收合并母公司白药控股预案，上市公司股权变更为云南省国资委 25.1%、新华都 25.1%、江苏鱼跃 5.58%；同时回购股份用于员工持股。四个月后，该事项获批。2019 年 10 月云南白药推出了集团《员工持股计划（草案）》。至此，白药控股实现了整体上市，管理层级实现扁平化，员工激励逐步兑现，云南白药的混改全面落地。

五、全球化布局

近年来，云南白药加快全球网络布局节奏。2018 年，云南白药牙膏与美国芝麻街跨界合作，推出云南白药益生菌儿童牙膏，当年 4 月美国芝麻街艾摩、大鸟、甜饼怪落地上海。云南白药牙膏全球化战略自此全线开启。

2019 年 10 月 15 日，云南白药公布与万隆控股签署《可换股债券认购协议》，以 7.3 亿港元为对价，认购万隆控股两年到期、年利率 3% 的可转股债券。通过此次签约，白药一方面能够获得一定的债券收益，资本运作有了更大的空间，另一方面可以借助万隆的进出口、物流等方面的服务，加快公司的全球化布局。

资料来源：何佳讯，张凡，崔健铭．云南白药：大健康战略下的品牌创新升级．上海：华东师范大学，2020.

品牌实践 6-3 | 网易严选

网易严选于 2016 年 4 月正式上线，是网易旗下自营生活家居品牌。在实践"好的生活，没那么贵”的经营理念过程中，网易严选开发出了不同于现有零售电商模式的新模式，即严选模式。这种模式通过流程再造，缩短产销路径，直连工厂和消费者，同时严控品质，给消费者提供质优价廉的商品，从而更好地满足了新消费时代下的新需求。

一、零售电商的三种模式

随着中国社会迎来“新消费”大时代，科技进步让消费者更注重参与感，中产阶层形成独立消费观，消费者开始对网购有更高的诉求，一种与传统的B2C、C2C模式不同的路径——严选模式应运而生，成为中国电商的第三种模式。相较于B2C和C2C模式，严选模式确实有与众不同的特征和优势。三种模式的比较见表6-3。

表6-3 零售电商的三种模式

模式	B2C模式	C2C模式	严选模式
核心	便捷	便宜	品质
特点	企业变为商品信息中介与商品配送中心，用户一对一出价，个性化服务，用户管理	参与者多、覆盖面广、产品种类及数量极其丰富、交易方式十分灵活、能够广泛地吸引用户	SKU少，深入上游供应链，工厂直达，实行低加价率销售政策，提供超高性价比，强调原创和设计，强调个性化，追求品质
盈利模式	服务费、会员费、销售费、推广费等	会员费、交易提成费、广告费用、排名竞价费用、支付环节费用等	产品销售费、会员费、推广费等
优势	节省店铺租赁成本、管理成本，能更好地管理库存和用户	商品品类庞大，用户群体广泛，卖家用户门槛比较低，买卖双方可以更好地互动	产品质量高，满足个性化需求，注重用户体验，易形成品牌忠诚，培育优质制造商
劣势	产品类型具有局限性、买卖双方互动性低	诚信问题突出、交易平台大导致入驻商家失焦	成本高、存货周转天数长、品类扩张难
代表平台	当当网、京东商城、亚马逊	淘宝、拍拍网、易趣网	网易严选、必要商城、淘宝心选

1. B2C模式

B2C模式又称京东模式。在零售电商领域，最先出现的是B2C，即business-to-customer，是一种直接面向消费者销售产品和服务的线上商业零售模式，京东、当当、亚马逊都是这种模式的代表。作为早期互联网催生的产物，它的核心是为消费者带来更加便捷的购物体验。其特点有：企业变为商品信息中介与商品配送中心，用户一对一出价，个性化服务，用户管理。其主要盈利模式是服务费、会员费、销售费、推广费等。

B2C模式具有显著的优点。对消费者来说，他们能得到更多价格与服务上的实惠；打破了线下购物的局限，不用出门就可以充分了解所要购买的商品，包括产品的外观、规格、参数、功能及价格等。消费者的比货成本和搜寻成本也较低，能买到现实生活中买不到或很难买到的商品。对企业来说，通过B2C电子商务模式开展网上零售，节省了线下的经营成本、店铺租赁成本、管理成本，投资相对较少，并且能更好地管理库存和用户。通过B2C模式，厂家能直面消费者，去除了批发商、零售商，有更多的利润空间。B2C模式还拓展了销售渠道，覆盖更多的消费群体，能更好地打造线上品牌形象。

但这一模式也具有一定的缺陷：产品类型具有局限性。B2C模式下的企业主要销售图书、家电、电子设备等，商品品类少，顾客的购物体验度不高。B2C模式下买卖双方互动性低。大多数B2C电子商务网站与顾客的交流仅限于在BBS上留言、发送E-mail咨询、QQ联系、电话咨询等，缺乏互动性，对顾客的吸引力不够，在培养客户忠诚度方面不具备比较优势。

2. C2C模式

C2C（consumer to consumer）是指个人与个人之间的电子商务。在零售电商领域，C2C模式又称淘宝模式。其核心要点是提供便宜的商品。特点是参与者多、覆盖面广、产品种类及数量极其丰富、交易方式十分灵活、能够广泛地吸引用户。其盈利渠道有会员费、交易提成费、广告费用、排名竞价费用、支付环节费用等。代表平台有：淘宝、拍拍网、易趣网。

C2C的出现，部分解决了B2C的问题，它提供了庞大的商品品类，消费者几乎可以找到所有想要的东西，平台上商家众多，且多为个人的网上店铺，商品可选度更高，价格更低，消费者更容易挑选到价廉物美的产品。C2C企业的用户群体广泛，操作简单。对企业来说，C2C平台上的卖家门槛比较低，进入成本更小，宣传成本和管理成本也更低。由于用户规模大，信息获取成本小，广告收益较好。而且，在C2C平台上，因为有客户评价机制以及内置的聊天软件，买卖双方可以更好地互动，买者之间也可以更好地交流。

但是这一模式同样也出现了一些问题，最主要的是诚信问题突出，因为C2C平台上卖家参差不齐，拿货渠道也不一样，所以产品质量也参差不齐。商家的资格和信誉也得不到很好的审查。由于低门槛的开店政策和众多中小卖家间激烈的价格竞争，假货、仿货、劣质货等泛滥。对企业来说，虽然节约了经营成本，也有一些有利的规模效应，但由于交易平台大，可能会导致入驻商家失焦，商家声誉受平台整体评价影响较大，不利于品牌的打造。

3. 严选模式

网易严选提出了一个新的命题——“品质”，颠覆了上述两个平台的“便捷”和“便宜”的逻辑。消费者对产品质量和品质的要求不断上升。严选模式作为中国电商的第三种模式，具有极大的发展潜力。

网易严选的模式，有别于大平台淘宝、天猫，也不同于渠道品牌汇集的京东、苏宁。网易严选虽然也是电商销售渠道，但实际上是要介入上游供应链的产品设计和生产的。它的每款商品都直接从生产环节一站式送达消费者，去除了中间环节；实行低加价率销售政策，提供超高性价比；强调原创和设计，追求简约和精品；强调个性化，追求品质。这种模式对于电商平台来说，会引导电商平台优化供应链，剔除冗余流程，智能调控商品，加快服务反应速度；对于用户来说，能够节约甄别商品质量好坏的时间，进而会逐步完善用户个性化需求；对于制造商来说，品质电商对于品控的要求将对品质低劣商品进行需求抑制，并负反馈于整个上游制造商，促进优质制造商培育。因此，网易严选模式的出现不仅是电商领域的变革，也是未来消费升级的引导。

二、三种运营模式

在运营模式方面，网易严选选择了ODM模式，与之类似的还有OEM模式、OBM模式，这几种模式都有各自的特点和优势。

OEM（original equipment manufacture，原始设备生产商）生产，也称为定点生产，是指品牌生产者不直接生产产品，而是利用自己掌握的核心技术负责设计和开发新产品，控制销售渠道，具体的加工任务通过合同订购的方式委托同类产品的其他厂家生产，之后将所订产品低价买断，直接贴上自己的品牌商标。OEM可简称为“代工生产”或“贴牌生产”。对代工厂来说，OEM模式可以帮助企业积累经验、学习先进的管理方法和技术，并且提高自己的国际知名度，在以后进军国际市场时增加竞争力。其弊端是，只是代为制造，利润较小，可替代性强，且企业过分依赖原公司的技术和品牌优势，不利于代工厂形成自己的独立品牌，发展独立的创新能力和核心技术。

OBM（orignal brand manufacture，原始品牌制造商），指代工厂经营自有品牌，或者说生产商自行创立产品品牌，生产、销售拥有自主品牌的产品。OBM也包括收购现有品牌、以特许经营方式获取品牌。这种模式有利于企业发挥其自主创造能力，利用品牌优势获得高附加值，也有利于企业树立产品形象，提高企业的国际知名度和竞争力。但是这种模式建设难度大、成本高、风险大，对企业的资金和技术要求较高。

ODM（original design manufacture，原始设计制造商），是指制造商设计出某产品后，被另外一些企业看中，要求配上后者的品牌名称来进行生产，或者稍微修改一下设计来生产。其中，承接设计制造业务的制造商被称为ODM厂商，其生产出来的产品就是ODM产品。ODM是OEM的发展，制造商不是只作为代工厂，而是自己生产出自己的产品，但是借助其他公司的品牌出售。这对品牌商来说，减少了自己的研制时间，降低了研发成本和风险；对制造商而言，节约了资金和管理成本，也可借助品牌商提升自己产品的形象和知名度，为创建自有品牌打下基础。

虽然对企业来说，OBM模式更具创新和发展能力，但对大多数企业来说成本和风险太高。相比较而言，ODM模式是一种双赢的模式。基于中国企业发展现状，ODM模式对大部分企业是一种不错的选择。

三、网易严选的ODM模式

网易严选运营模式主要是ODM模式。网易严选是自建团队，将选品、采购、生产（产品的款式、材质、颜色、包装）、销售、物流、售后等各个环节都掌控在自己手里，包括承担所有在售商品的售后责任，可谓自营模式的2.0版（见图6-5）。网易严选拥有一个百人规模的设计团队，设计中心根据消费者的需求和严选本身的风格，提供日式、北欧、新古典、新中式等不同的设计方案，再由供应商进行生产，然后形成自有品牌。网易严选通过搭建自营直采平台，以居家、厨卫用品打造了一条拥有原料供应、设计研发、制造、品牌、渠道等的完整产业链。

网易严选实施ODM模式基于以下两个优势：第一，价格优势。与传统品牌相比，ODM模式可以剔除品牌溢价，去除各级经销商、商场专柜等中间环节。由于网易严选参与商品设计，并且直接与供应商对接，在保证优品低价的同时，毛利率可达

35%～45%。第二，名牌背书。网易严选借用大品牌的品质与知名度为产品背书，例如"新秀丽制造商""MK制造商"，不仅更容易获取消费者的信任，还能给其一种低价也能享受名牌品质的感觉。

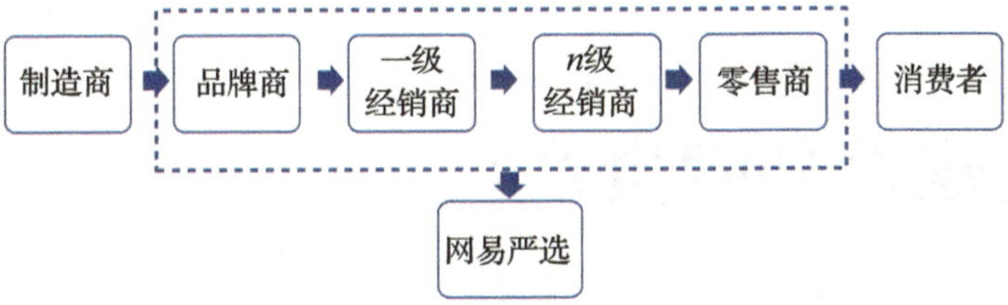

图6－5 传统流通渠道与网易严选流通渠道

网易严选比传统意义上的ODM模式更进了一步。网易严选与制造商的合作是一种更深层次的合作，比如帮助制造商进行生产系统升级：通过互联网技术，例如信息采集技术、高清摄像头的信息采集技术，帮助制造商抓取次品；通过机器人技术减少工厂对劳动力的依赖，提高劳动效率。所以网易严选和制造商之间的关系，不单单是简单的下单生产、采购的关系。最终这套生产系统，不单单服务网易严选，也可以服务其他品牌。此外，网易严选所有供应商都要符合中国CCC认证、英国UL认证、欧盟CE认证等，所有商品至少通过SGS、BV、ITS等全球顶级第三方质检机构检验。它利用严格的审查机制保证了产品质量，其实也是用自己的平台品牌为产品再次背书，与传统的只是借用品牌效应的ODM模式相比更能给予消费者信任感。

资料来源：何佳讯，张倩．网易严选：消费升级时代电商模式创新之道．上海：华东师范大学，2018.

思考与讨论

1. 品牌营销与产品营销有何区别？结合品牌资产金字塔的理性路径和感性路径，请解释它们之间的联系。
2. 结合第1章第3节品牌化的基本原理，解释间接品牌联想杠杆策略如何通过品牌化路径建立品牌资产。
3. 结合企业与顾客协同品牌化理论分析，市场营销和运营管理建立品牌资产的侧重点分别是什么？商业模式与系统创新又是什么呢？请说明理由。
4. 分析不同创新战略对建立品牌定位和品牌资产的作用和路径。
5. 讨论盒马鲜生和云南白药的品牌战略，它们对企业建设品牌资产有哪些普遍性的借鉴之处？

第7章

平台战略建设品牌资产

在第 1 章第 1 节中，笔者指出对品牌最新的理解是把品牌当作资源连接器（hub）。通过品牌这个中枢，整合资源形成平台，已成为现在普遍的商业模式。在第 2 章第 4 节中，笔者提出商业模式和系统创新这两大板块贯穿于全局，是企业级品牌战略理论的重要构成。在第 6 章第 3 节，我们已专门介绍商业模式建设品牌资产。

在本章中，我们重点介绍平台战略如何建设品牌资产。本章探讨建设品牌资产的路径超越通常的数字化营销手段层面的内容。首先，我们介绍平台商业模式、作为供应品的数字化交互平台，以及平台品牌的类型和具体优势；接着，把平台作为产品，阐述企业如何实施品牌平台化，建立作为服务产品的平台品牌，通过平台品牌价值为企业品牌资产做出积极贡献；最后，介绍在数字化平台模式下的品牌战略路径。

第 1 节　平台商业模式与平台品牌

随着移动互联网、物联网、云计算等信息技术的不断进步，当前的商业环境正在发生巨大变化。以信息技术为依托的平台商业模式跨越了地域和时间的限制，丰富了交易场所、“灵活”了交易时间、提高了交易效率，这种打破物理时空约束的特征决定了其在价值创造上对传统商业模式的颠覆。大量成功的平台型企业都证明，受益于平台模式在聚合商家资源、创建生态系统、提高用户体验等方面的巨大优势，互联网企业运用平台模式更容易获得消费者的关注与使用。事实上，传统企业也可以建立作为服务产品的平台品牌，利用其平台商业模式优势建立企业品牌资产。为此，我们首先要理解数字化交互平台。

一、平台的定义与功能

在传统的价值创造系统中，制造商从上游供应商处采购组件，将其集成到最终产品中，并将产品销售给下游买家，这一步一步创造和传递价值的过程被描述为“管道”（pipeline）模式。而平台模式是一种基于外部供应商和顾客，通过互动创造价值的商业模式，首要目标是匹配用户，通过产品、服务或社交货币的交换为所有参与者创造价值[①]。与管道模式不同，在平台模式中，供应商、顾客以及平台本身都进入了一个多变的关系网中。一个可持续的平台模式是一个动态的生态系统，它随着业务模式的发展和用户需求的变化而不断演进，并且随着时间的推移，多边用户的相对位置和资源的流动方向也会发生变化。

根据平台的功能，可以将平台划分为社交型、交易型和创新型。社交型平台品牌利用信息通信技术促进用户间的交流、互动和分享行为。由于具有连接用户的独特能力，社交型平台基于用户之间的开放、合作、共创、信任和承诺，重塑消费者产生、传播和消费内容的方式。交易型平台促进了原本分散的市场参与者之间的交易活动。不同于传统市场中介的是，交易型平台并不获取产品或服务的所有权，而是通过有效的算法将未充分使用资源者与寻求使用资源者进行匹配，并通过技术支持促进交易的实现。创新型平台为开发人员提供了一个开发互补产品和服务的环境，并为移动设备的应用开发者构建创新生态系统，开发人员能够将自己的创新加入其中，从而提高整个系统的价值。一方面，创新型平台保持系统中某些部件的相对稳定，以使流程与产出可以实现标准化；另一方面，创新型平台又允许某些部件灵活与开放，从而提高适应未来技术、经济和社会趋势的能力。

根据共社会性（consociality）和平台中介性（platform intermediate）的程度，可以将平台品牌分为四种类型：论坛（forums）、促成者（enablers）、配对者（matchmakers）和中心枢纽（hubs）[②]，如图 7－1 所示。其中，共社会性与普遍意义上的社会性区别在于：社会性是人们在群体中建立联系并与他人建立合作关系的普遍倾向；而共社会性强调共存（copresence），是物理或虚拟网络中社交行为者的共存，这种共存也为行动主体之间的社交互动提供了机会。论坛具有高共社会性和低平台中介性，促进了参与者之间服务的直接流动，降低了参与者在广阔而复杂的市场中寻找目标人群时产生的搜索成本，因此，论坛的核心价值主张是连接参与者。促成者具有低共社会性和低平台中介性，其存在的意义是帮助一方参与者向另一方提供服务，从而降低了搜索和决策成本，因此，促成者的核心价值主张是为提供服务的参与者配备基础设施。配对者具有高共社会性和高平台中介性，为服务发起方和受益方之间的服务流程提供中介，在降低搜索和决策成本的同时，也降低了监管成本（如通过上传本人的信息和照片），因此，其核心价值主张是为交易者提供配对。中心枢纽将低共社会性和高平台中介性相结合，充当交易的中心点，在

---

① 帕克，埃尔斯泰恩，邱达利．平台革命：改变世界的商业模式．志鹏，译．北京：机械工业出版社，2017：6.

② Perren R，Kozinets R V. Lateral Exchange Markets：How Social Platforms Operate in a Networked Economy. Journal of Marketing，2018，82（1）：20-36.

平台提供者和参与者之间产生两个离散的双向流，这类平台企业不仅能够降低搜索、决策和监管成本，也降低了确保参与者满足期望绩效的执行成本，因此，中心枢纽的核心价值主张是集中交易和标准化服务流程。

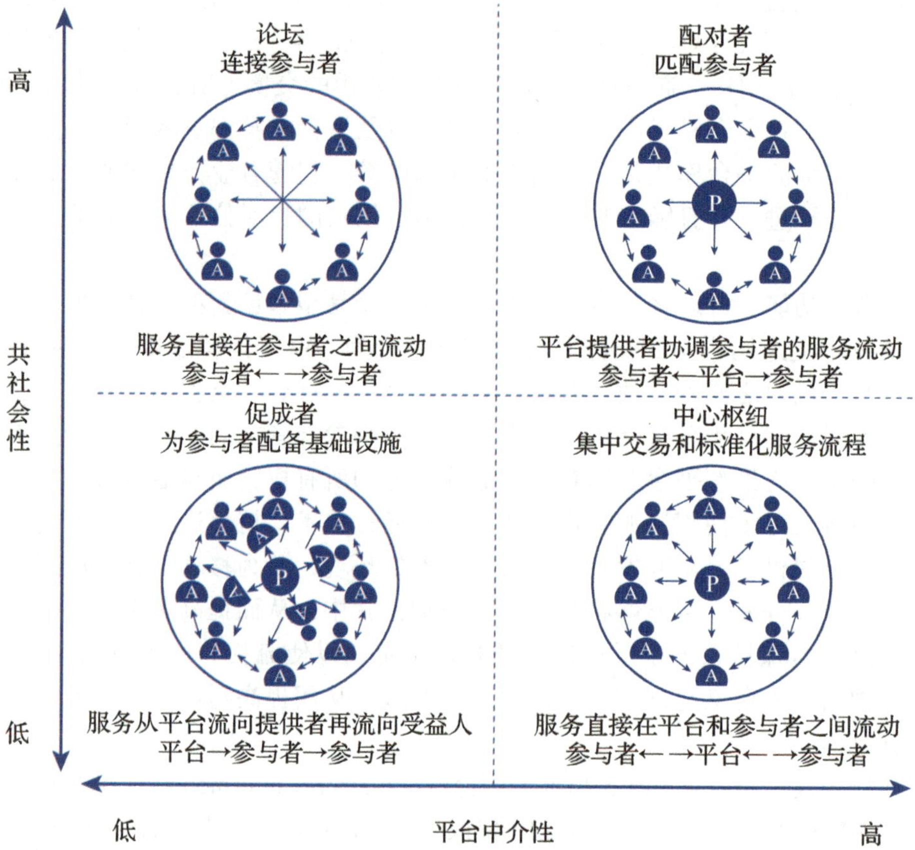

图 7-1 平台类型

资料来源：Perren R，Kozinets R V. Lateral Exchange Markets：How Social Platforms Operate in a Networked Economy. Journal of Marketing，2018，82（1）：20-36.

二、作为供应品的数字化交互平台

在数字化平台环境下，“产品”的概念发生了重要变化，它已经不足以与在数字化交互时代创造价值的新机会联系在一起，“产品”不再是传统意义上以“完成”的形态存在，而是由数字化产物（artifacts）、人员（person）、流程（processes）和界面（interfaces）组成的数字化交互平台（digitalized interactive platform，DIP）[①]。其中，数字化产物指的是包括数字、文本、图片、音频和视频形式的数据；人员包括顾客、员工、合作伙伴等利益相关方；流程指的是参与者通过技术和人际界面进行交互的一系列活动；界面是软件、硬件、数据和个体之间的连接点，使各类操作产生交互的可能性。

① Ramaswamy V，Ozcan K. Offerings as Digitalized Interactive Platforms：A Conceptual Framework and Implications. Journal of Marketing，2018，82（4）：19-31.

从价值创造的研究视角出发，数字化交互平台被视为有形和无形资源的动态配置过程，是网络成员通过一系列实践共同创造价值的基础。数字化交互平台的提供物超越了传统的商品和服务供需经济学，它们不仅仅是“拥有”价值的产品，更是用户之间互动创造价值的“手段”。从另一个角度看，它们永远不会以“完成”的形态存在，而是持续不断地在相互关联的动态中协同发展。

作为新型的“产品”，数字化交互平台已有丰富的存在形式，比如手机上广泛被用户下载使用的 App。这种产品被赋予特定的名称，从而拥有特定的品牌身份，即以品牌的方式开展服务，我们称之为平台服务品牌。比如招商银行信用卡的手机 App 是“掌上生活”，浦发银行信用卡的手机 App 是“浦大喜奔”，从而在同行公司之间展开同类服务产品之间的竞争。由于平台的基本特性是资源的连接器，因而平台如何组织资源并有效提供给顾客，成为竞争优势的焦点所在。

三、平台品牌及其优势

笔者曾提出“平台品牌”（platform brand）概念，其是指以互联网技术为基础，联结产品（服务）交易或信息交互的双方或多方，并整合各方资源，为其提供直接交易、信息互动的服务中介，以独特的身份和定位进行价值创造①。平台品牌可以分为三类：第一，平台企业品牌，即本身就是平台型企业的公司，例如淘宝、京东、亚马逊。第二，平台产品品牌，包括：同时拥有消费者用户和开发者用户的产品，例如苹果手机；智能互联产品，例如 Nike + FuelBand 电子运动腕表。第三，平台服务品牌，包括：软件平台业务，例如 360 杀毒软件、微信、优步（Uber）、爱彼迎（Airbnb）；公司的服务 App，例如，招商银行的“掌上生活”、东方航空 App、海尔智家 App。无论哪类平台品牌，顾客选择、购买和消费的体验都被数字化。

平台服务品牌与传统产品（服务）品牌的区别在于，传统的产品（服务）品牌主要是以满足顾客需求打造差异化的产品（服务），并建立品牌信任，从而赢得与产品（服务）相关的竞争优势。而现在的平台服务品牌的价值创造是通过免费形式，联结使用者和第三方进入平台，从而赢得与网络效应相关的竞争优势。价值创造来源从迎合个性化需求转变为鼓励最大的价值互动。

平台品牌具有四大特征或优势。第一，平台品牌具有双边或多边市场特征，即同时面对的是两种或多种类型的使用者（买方或使用者、卖方或提供者、其他参与方）。第二，平台品牌具有跨市场的“网络效应”，使得规模化更加有效。规模巨大的网络使得平台中的供给和需求有了更好的匹配性，越大的规模产生越多的价值，从而吸引更多的使用者。“网络效应”提高了用户的黏性，形成了竞争优势。快速吸引大量使用者是创建平台品牌的关键。第三，平台品牌具有高度价值交换的价值特征，借助基于数据的工作创造了社群反馈回路，用户的信息和互动是平台品牌资产的主要来源。第四，平台品牌的创建主体属于多方共创，品牌创建具有动态性和开放性特征，开发了价值创造的新来源。

平台品牌的发展大致有三条路径：第一，基于产品（服务）为核心的品牌模式向平

① 何佳讯. 品牌的逻辑. 北京：机械工业出版社，2017：121-130.

台品牌模式转型。例如，亚马逊开始于一个纯粹的零售商品牌（1994 年），到 2000 年演变为一个平台企业品牌；谷歌开始于搜索引擎业务，后来发展为广告平台企业；苹果于 2001 年创造 iPod，但直到 2003 年才开始发展平台商店，逐步演变为平台产品品牌。第二，纯粹的平台企业品牌。例如 eBay、淘宝等，这类品牌属于在发展之初就以吸引大量参与者为目的的第三方平台模式。通常，评估平台品牌资产的价值和潜力的标准有四个方面：互动的质量；生态圈的融入程度；平台的匹配质量；积极的网络效应。第三，传统企业开发平台服务品牌，作为顾客关系管理、建立顾客资产的重要战略，为企业品牌资产带来积极效应。

第 2 节　品牌平台化与平台服务品牌 *

在当今超互联数字化环境中，品牌建立和发展模式产生根本性变化。用好数字化交互技术和平台环境，推进品牌平台化以及建立数字化交互平台品牌（即平台服务品牌），是实施品牌战略、建立品牌资产的重要举措。

一、品牌平台化

改革开放后的市场经济，其重要表现是商品交易市场化，激发中间商和渠道商大量涌现。大批企业的商业模式以“推”的方式进行，就是通过渠道和中间商来触达顾客。国内市场营销界一度流行“渠道为王”，意即赢得了渠道就赢得了市场。其背后的实质是商业的 2B 模式，消费品也是用 2B 的方式触达最终顾客。以 2B“推”的方式触达最终顾客，与以 2C“拉”的方式建立顾客联系，存在重要差异：前者获得的主要是散客，运营成本很高；后者可以有效获得常客（忠诚顾客）产生重复购买，运营成本低、效率高。前者通过交易产生价值，获得的是今天的价值；后者通过品牌产生价值，获得的是未来的价值。

在理论上，2B 与 2C 模式的区别主要体现在两方面。从商业模式来看，2B 模式应用的是推（push）的战略，是利用制造商销售队伍、促销资金或其他手段激励中间商购进、促销产品并将其销售给最终顾客；2C 模式应用的则是拉（pull）的战略，是制造商利用广告、促销和其他传播方式来吸引消费者向中间商购买产品，以此来激励中间商订货。从业务和产品类型来看，2B 模式更多的是销售以材料和零部件、资本项目、补给品和商业服务为主的工业品；2C 模式更多的是销售以便利品、选购品和特殊品等为主的消费品。另外，2C 是由消费者组成的目标市场，由企业确定并满足目标市场中消费者的身份和需求；而 2B 模式下形成的是小型而集中程度较高的市场，顾客数量较少且容易识别和访问。

在数字化背景下，传统意义上的 2B 和 2C 模式随着技术的影响和变革产生了变化。

---

* 对于本节主要内容的有关思想，笔者在多种场合发表过演讲，包括：《在线平台环境下建立企业级品牌战略》，上海营销论坛，2019 年 11 月 22 日；“*The Power of Chinese Brands and Its Research Direction*”，全球环境下的品牌战略：中国的力量——2019 中国品牌科学与应用论坛暨全球品牌战略国际研讨会，2019 年 11 月 9 日；《以企业级品牌战略实现硬核增长》，科特勒 2020 开年大课暨新年论坛，2020 年 1 月 8 日。

具体来说，如今的 2C 指的是得益于数字化交互平台的发展与完善，无论是 2C 还是 2B 的业务，都能较方便地实施以拉的战略为取向的 2C 模式；与此同时，2B 模式的内涵变化体现在，由过去渠道推动的渠道模式转变为通过平台汇集资源并创造平台价值的商业模式。简言之，传统意义上的 2B 模式已逐渐不能满足数字化环境下企业开展市场营销和顾客关系管理的需要。受益于数字化交互平台技术的发展，无论是 2C 还是 2B 的业务，都应采用 2C 战略的顾客取向。平台带来的连接便利性模糊了 2B 与 2C 之间的界限，产品制造商在任何时间点上都能够与消费者以及生态系统中的平台中介保持联系。

二、平台服务品牌

在超互联数字化环境下，随着手机智能终端的发展，企业可以便捷地直接接触到顾客，改变了我们原来品牌建设的基本模式，促使我们从 2B 转向 2C 的模式。在新环境下建立品牌，就是要实现品牌平台化，建立以服务为主要功能的平台品牌，即平台服务品牌。

手机 App 实际上就是提供服务的平台品牌。App 网聚了很多价值的需求方和供应方，它是平台服务品牌。手机 App 的应用，是实施品牌战略的一个基本手段。它的设计和实现，要在企业信息基础设施和应用的总体布局中考虑，要站在企业整体层面才能实现。这就是为什么在数字化环境下，我们要用企业级品牌战略理论来指导品牌实践。

以招商银行信用卡 App“掌上生活”为例，它通过平台的方式，网罗了价值的供应方为用户提供围绕生活方式展开的全方位服务，为顾客建立了原来银行的服务中根本不会提供的价值，包括新闻资讯、社交互动、个性化购物、汽车服务、线下的生活服务、金融理财以及第三方服务等。这就是今天企业通过平台服务品牌的方式为顾客建立价值的基本手段。作为平台服务品牌的数字化交互平台 App，通过下载到用户手机终端这个路径向顾客提供服务，平台中的一方是最终顾客，另一方则是与 App 展开广泛商业合作，并为顾客提供多种服务和功能的商家。在表 7－1 中，我们列出了不同行业四家企业（招商银行、东方航空、新宝骏和海尔）的手机 App 品牌的服务功能及相应的提供方。

表 7－1　不同行业若干手机 App 品牌的服务功能及其提供方

企业	手机 App 品牌	服务功能分类	服务项目	提供方
招商银行	掌上生活	金融	e 智贷；e 招贷；现金分期；掌上取现；账单分期；白金卡分期；消费分期；保险；最低还款；借钱；分期信贷；手机支付	招商银行
		生活	电子社保卡；饭票；影票；网上商城；航班、火车票、酒店预订；境外旅行；生活缴费；充值缴费；演出票；生活资讯	人力资源和社会保障部；餐饮企业；影院；商城入驻品牌；出行易；AVIS（安飞士）租车、Apex 租车、租租车、安可达；电力公司、自来水公司、天然气公司、通信公司、物业公司；票牛网；用户生成内容

续表

企业	手机 App 品牌	服务功能分类	服务项目	提供方
招商银行	掌上生活	信用卡	卡片管家；查账还款；额度管理；积分管理；活动奖励；资料管理；我的客服；安全中心；进度查询；卡片精彩	招商银行
		汽车生活	油卡充值；油价查询；活动日历	招商银行
			二手车；新车报价；洗车；车辆估值；国际驾照；扫码挪车；视频聊车；车位分期	汽车销售公司；车点点；车300；租租车；齐车大圣；用户生成内容
东方航空	东方航空	行程管理	机票预订；航班动态；行程；选座值机；升舱；退票	东方航空
		服务办理	高铁联订；东航商城；酒店预订；约车接送	中国铁路 12306；商城入驻品牌；缤客（Booking）；首约汽车、享道出行
新宝骏	新宝骏	汽车	汽车试驾与订购	新宝骏
		生活	社区；生活资讯	用户生成内容
			网上商城	商城入驻品牌
海尔	海尔智家	智家	全屋智能家居；场景商城；智家服务；智家焕新	海尔
		生活	美食；穿搭；生活；智家好物	用户生成内容

资料来源：何佳讯，张爽．数字化交互平台如何为顾客创造新价值．上海：华东师范大学，2020.

三、平台服务品牌的价值

数字化交互平台将市场中互动的人和资源联系起来，由于资源本身是静态的，平台及平台中进行交互的个体通过对资源的维护、转换和调整，对资源进行创建和激活，从而为各方利益相关者创造多种类型的价值。我们将数字化交互平台背景下所创造的价值分为具体的功能价值、成本价值、情境价值以及总体平台价值。从存在形式来看，功能价值、成本价值和情境价值是平台价值的三个维度；从变化逻辑来看，成本价值、功能价值和情境价值是推动创造平台价值的重要前因，即通过加强平台价值的三个维度，数字化交互平台能够创造、维持和扩展平台价值①。

（一）功能价值

数字化交互平台通过提高用户完成任务的效率，并满足其实际需求和期望来为用户提供功能价值。在一般的产品交易过程中，功能价值是指从产品的预期质量和性能中感知到的效用，大多与目标导向和理性行为有关。在数字化环境中，功能价值更多的是指

① 何佳讯，张爽．数字化交互平台如何为顾客创造新价值．上海：华东师范大学，2020.

用户认为使用网络提高任务完成绩效，以及帮助解决日常问题的程度，是从使用电子产品或网络服务中获得的功能性收益。例如，对于网购平台而言，顾客能够从中方便地搜索和比较商家，评估产品的质量和价格；对于出行平台而言，顾客能够以更省时、便捷的交通方式到达目的地。以即时送达为主的平台商业模式改变了产品和服务的配送方式，无论是快速交付实物产品，还是即时提供数字产品，这种商业模式能够让顾客无须等待即可获得想要的产品，提高了完成购买的效率。另外，数字化交互平台也能够将有形的业务流程转变为全数字化业务流程，运用技术手段为顾客简化甚至消除办理业务时的烦琐手续，从而让顾客顺利完成任务。这些不同类型的商业模式都从提高效率的角度为顾客创造价值。

（二）成本价值

数字化交互平台通过规模或效率优势为用户提供更低的价格或其他经济收益，为用户创造成本价值。成本价值是用户使用平台的感知收益和货币成本之间的认知权衡，不仅包括购买产品时支付的价格与感知收益之间的权衡，也包括产品使用过程和其生命周期中维持产品所付出的其他经济性成本与感知收益之间的权衡。若感知收益大于货币成本，则认为平台向用户提供了成本价值。在以“共享经济”和“点对点动态性”为商业模式的数字化交互平台中，成本价值来源于优惠的价格、安全和可靠的服务，以及由节约资源带来的其他经济收益。除此之外，客户做主模式的核心是去中心化，即去掉那些在交易中没有附加价值或仅能提供有限价值却仍然作为中介收取费用的中间商。去掉这些中间商，消费者不仅能够根据意愿购买心仪产品，而且通常能够以较低价格购买。

（三）情境价值

数字化交互平台能够提高场景化和个性化程度，并向用户提供相关性和即时性更高的数字化产品，用户通过使用数字化产品获得出色的体验而得到情境价值。情境价值涉及通过提供个性化和本地化服务为用户创造更多的使用场景，不仅能够满足诸如愉悦性、多样性和刺激性等体验需求，也能够通过获取与情境有关的信息而提高定制化程度。以定制为主的平台商业模式按照顾客独特的偏好提供定制体验，以此来为顾客创造情境价值。这些情境价值一方面来自定制产品或服务本身，另一方面来自情境化的服务。例如，平台通过大数据分析技术解读用户的位置和特定需求，并据此为用户提供个性化体验。平台需要通过算法等一系列技术操作提高顾客个性化和情景化程度。情境价值可以作为优质体验和积极心理状态的信号，并帮助用户在购买时考虑平台中的产品和服务，从而产生对平台有利的行为，与平台进行持续和动态的交流以共同创造平台价值。

（四）总体平台价值

平台价值不是孤立的，它不仅可以通过加强网络效应得到增长，也能够通过参与者在平台中所获不同类型价值的倍增而增长。在数字化交互平台发展过程中，平台通过提高创造成本价值、功能价值和情境价值的能力增加使用量，而更大的用户规模促使平台提高软、硬件技术能力，技术的进步又为用户之间以及用户与平台之间的交互提供了更多的机会，如此良性循环让网络参与者以一种能够实现“整体效能大于各部分效能之和”的方式连接在一起，由此产生的网络效应使得用户获得的平台价值也呈指数级增长。近年来成功的数字化交互平台（例如亚马逊、苹果和谷歌等）并不仅仅提供单一类型价值，而是有效整合功能价值、成本价值和情境价值，这是它们创造竞争差异并获得竞争优势的基本方式。

传统企业要围绕平台价值建立用户体验优势。既要构建特定的平台价值（包括功能价值、成本价值和情境价值），这是基本的工作方向，也要从顾客体验的角度建立总体的平台价值。这两者之间是紧密相关的。以招商银行为例，2019 年招商银行 App 和掌上生活 App 的 MAU（月活跃用户数量）达 1.02 亿户，已接近头部互联网巨头客户数，这与招商银行“将 App 视为承载整个生态的平台”这一经营理念密不可分。具体来说，招商银行生态圈的布局使得其信用卡连接了更多场景和服务，许多烦琐的服务得以简化，进而提升用户黏性。除了金融理财等传统功能外，招商银行持续调整优化线下渠道的精细化管理，将金融 + 生活场景生态作为运营信用卡的主要模式，围绕零售、餐饮、超市等传统渠道的生活场景，打破金融产品和服务的边界，通过让产品拥有更多的使用场景为用户创造多种价值。

第 3 节　数字化平台模式下的品牌战略

在上节中，我们介绍了把平台作为服务品牌，建立品牌资产和价值的理论与路径。接下来，我们介绍在数字化平台模式下的四种品牌战略路径，分别是：用户生成内容、顾客融入与共创、品牌社群与品牌公众、品牌生态圈战略。

一、用户生成内容

在移动互联时代，品牌创建的方式发生了很大变化。传统方式是企业主导品牌创建过程，企业创造了品牌价值。而新兴方式是企业与顾客共创品牌价值。在数字化世界里，与企业的能力一样，顾客（用户）的个体能力、融入与体验决定了品牌与品牌建立。早在 1980 年，未来学家阿尔文·托夫勒（Alvin Toffler）提出“产销合一者”（prosumer）一词，2006 年又预言“产销合一”会发生大爆炸。“产销合一”点出了这种新兴方式的核心，即个体既生产又消费自己的产品。

企业与顾客共创品牌价值的重要模式是“用户生成内容”（user-generated content，UGC）。它泛指在 Web2.0 环境下，以任何形式在网络上发表的由用户创作的文字、图片、音频和视频等内容。UGC 的发布平台不断演变创新，包括 BBS，开源软件，虚拟社区，博客，微博，微信，图片、音视频分享网站和 App，维基百科，在线问答，消费者评论，SNS，众包，社会化标注，P2P 等各类社会化媒体及其应用。UGC 按内容生成方式，可以分为个体独立式（如视频分享）和集体协作式（如维基百科）。在网络环境下，当信息和知识成为产品和服务基本属性的时候，UGC 便成为打造互联网或电商品牌的重要战略模式。

2005 年 2 月，随着视频分享网站 YouTube 的推出，UGC 商业模式快速发展。目前在这个领域的知名品牌还有 MySpace、Flickr、谷歌视频（Google Video）、维基百科（Wikipedia）、脸书、推特、Instagram、优酷、土豆等。UGC 按内容生成设计并与不同行业（如旅游、教育和医疗）结合，就形成了丰富多样的商业应用。其中最值得我们重视的是以下两种模式，即以 UGC 为核心的商业模式，以及以 UGC 为基础的商业模式。

（一）以 UGC 为核心的商业模式

所谓以 UGC 为核心的商业模式，即是把 UGC 作为产品和服务的全部。以移动电台为例，大约于 2013 年后，一大批移动电台 App 涌入市场，竞争进入白热化。荔枝 FM 以其独特清晰的定位以及对 UGC 的创新设计而异军突起。它于 2013 年 10 月上线，2015 年用户数量达到 2 000 万，有 60 万名主播，至少已录制 600 多万期节目。荔枝 FM 采用以 UGC 为核心的商业模式，用户既是聆听者也是生产者。选择 App 界面中的“录音”选项，用户就可以便捷地录制节目，还可以在节目中添加背景音乐或音效，也可以自己剪辑出满意的部分，操作非常简单。荔枝 FM 追求高格调、高质量的优美声音，对录制效果的追求几乎到了苛刻的地步。它研发了自有录音技术，自动降噪、调整参数，帮助用户圆自己的“主播梦”。

移动电台的知名品牌有喜马拉雅 FM、蜻蜓 FM、多听 FM、考拉 FM、凤凰 FM 和酷 FM 等，这些电台用户的男女性别分布比较类似，除喜马拉雅 FM 男女用户比例几乎各占一半外，其他的基本上是男性占七成、女性占三成，而荔枝 FM 的女性用户超过七成，男性用户不到三成。此外，荔枝 FM 近六成的用户年龄在 24 岁以下，这与其他移动电台也明显不同。荔枝 FM 的定位是“睡前暖心的电台”。基于这样的定位，荔枝 FM 节目内容以情感类居多，故事类占比也很大，“睡前”是重要场景。在 UGC 内容生成设计上，荔枝 FM 着力营造安静温馨的氛围，不允许用户在节目下进行交流，与博主的交流只能通过私信。这与喜马拉雅 FM 的模式不同。后者为用户群体开设了灌水区，使其可以在节目下自由交流，寻找志同道合的朋友，获得社交体验和价值。此外，荔枝 FM 是纯粹的用户生成内容，而喜马拉雅 FM 则是专业生产内容与用户生成内容相结合。

（二）以 UGC 为基础的商业模式

以 UGC 为基础的商业模式则是以 UGC 起步，在此基础上发展电子商务。在旅游电商领域，携程、去哪儿和马蜂窝代表三种不同的商业模式。携程起步早，是 OTA（online travcl agent）模式的代表，拥有庞大的非互联网客服队伍；去哪儿的发展重点是垂直搜索比价模式，流量优势明显；而马蜂窝立足于 UGC 模式，为自由行游客提供个性化的旅游攻略服务，UGC 是它的核心竞争力。起初，马蜂窝只是一个旅行社区，社区氛围带来了用户的高度认同感，后发展形成“足迹、点评、问答、结伴、游记”的金字塔式 UGC 结构。马蜂窝平均每天产生游记 3 000 篇，生成旅行问答 5 000 多条，新增 1 万个点评、10 万“足迹”。这些优质的 UGC 信息基本覆盖了全球的旅行目的地，满足用户的不同需求。

现在，马蜂窝从基于 UGC 为用户提供简单旅游攻略，转变为提供深加工的旅游数据、提供精准旅游攻略的个性化旅游服务网络提供商。传统OTA是帮酒店找客户，排房方式是按空房和利润；马蜂窝则是帮用户找酒店，通过直观的图片和趣味化的数据，把目的地介绍清楚，用户参考他人评价很快能做出决策。马蜂窝在移动端下足了功夫，先后推出了“马蜂窝自由行”“旅行翻译官”“马蜂窝商城”等多款App，覆盖旅行前、中、后三个阶段，切入了决策、预订、交易、售后等多个环节。马蜂窝搭建中国最大的自由行在线交易平台，与全球OTA、酒店、民宿、邮轮、当地旅行社等商业合作伙伴实现连接。

从上面两个例子可以看出，UGC在企业与顾客共创品牌价值过程中扮演了核心角色。它的兴起和流行大大推进了“自下而上”建立品牌的路径，并且确立了连接各方的品牌融入平台（brand engagement platforms）的中心地位。

二、顾客融入与共创

为什么韩剧在中国备受欢迎？一个重要原因是它的边拍边播模式，剧作家和导演根据观众的反应和反馈迅速调整剧情发展，又借助社交媒体使剧情、人物和道具等形成病毒式传播效应。为什么小米迅速成长壮大？因为它从创业之初就坚持要做一家能让用户一起参与的公司，即把做产品和服务、做品牌和营销的各个节点开放，精心设计互动方式，并将互动内容打造成可传播的口碑事件，让用户真正地深度参与进来。例如，在MIUI建立初期，由黎万强带领的团队在各大社交媒体上寻找资深用户，从中挑选出100位作为MIUI的VIP用户参与其设计与研发。正是这最初的100位铁杆用户引领了“米粉”文化的盛行与发展。

上述两例是企业与顾客共创品牌价值。品牌共创过程的重要特征是“顾客融入”（customer engagement），是指在交易行为之外，顾客对品牌或公司的关注与专注（认知维度），在与品牌互动过程中产生的灵感、归属与依恋感、责任感、身份感、沉浸感、幸福感与自豪感等（情感维度），以及付出的努力及活跃度（行为维度），如口碑、推荐、评论、赞助、分享、合作、建议、贡献等行为。顾客融入可以产生顾客终身价值、顾客推荐价值、顾客影响价值和顾客知识价值，这四大价值贡献于品牌，为企业创造价值。顾客融入也为顾客自身带来价值，包括顾客满意度、自我品牌联结、社会认同强化、情感体验收益等方面。这就是顾客融入的力量！那么，企业如何创造顾客融入的空间？如何强化顾客融入的深度和广度？笔者接下来阐述三大重要战略模式。

（一）建立合作创新交互平台

借助在线品牌社群，顾客已成为来自企业外部的重要创新力量。通过这种开放式的网络交互平台，顾客参与到新产品的开发过程中，广泛地提出自己的意见并与其他顾客交流讨论。例如，高端家电品牌卡萨帝，它持续不断的产品创新与迭代就是得益于其对用户需求创意交互平台的精心构建。不同于其他传统家电品牌与用户间的弱连接关系，卡萨帝在与用户交互方面做到了行业领先，频繁的交互使得卡萨帝始终走在创新的前沿，成功地实现了传统家电企业的转型。以卡萨帝“双子云裳”分筒洗衣机为例，在与全球用户的深入交互中，卡萨帝研发人员发现，70%的用户都有分类洗涤的需求，用户的痛点大多集中于用一台洗衣机混合洗会影响健康，但用两台洗衣机分开洗又会占据较大的空间。由此便诞生了卡萨帝全球首创的双筒洗衣机，上下筒分别设有 12 种专属洗护程序与 18 种高端洗护程序，彻底解决了全球用户分机洗护的难点。在使用产品的过程中，用户会随时将使用反馈以晒单的方式呈现在卡萨帝官网上的会员俱乐部，提出对产品的不满意之处与改进建议，研发人员会根据用户提出的需求对产品进行完善。针对用户痛点由对接人员与用户及时沟通，在相关人员对晒单进行评价后系统都会发送短信到用户手机，真正实现实时交互、高频交互。

（二）打造全过程服务闭环

全过程服务闭环通常是以垂直网站和垂直电商的模式，聚焦于某些特定领域或某种特定市场的需求，提供有关这个领域或需求的全部深度信息，以及深度市场运营和服务。垂直电商网站旗下的商品都是同一类型的产品。与水平或综合门户模式不同的是，这种垂直模式为消费者打造了某种需求方面的全过程深度服务闭环，顾客融入度很深。例如，2000 年诞生的易车公司历经数次转型，如今已成为中国最大的汽车网络导购平台，它通过对媒体平台、产品平台和互动平台这三大平台的全面整合，形成了独具特色的三位一体运营策略，实现了对汽车消费全过程的覆盖，通过从看车、选车、买车、用车到处置二手车的无缝式服务体系，为用户提供与汽车生活相关的全程关怀，形成覆盖汽车生活的全闭环。易车在数百个城市提供本地服务，率先利用全 IP 定向技术精确引导用户。在移动端战略上，易车打破了将 PC 内容和产品平移到移动端的传统做法，从用户需求出发，打造了近 20 款 App，形成矩阵，覆盖用户“选车、购车、用车、卖车”的闭环周期，穷尽用户的汽车生活节点，并在这些节点上黏住用户。

（三）塑造极致用户体验

顾客融入度在很大程度上取决于顾客与品牌互动中的全方位体验。例如，美团团购的法宝就是专注提升用户体验，为此秉承“消费者第一、商家第二、美团第三”的价值观。美团外卖则深入贯彻了这一价值观，带给消费者高于预期的消费体验，以建立用户口碑和业务品牌。外卖用户最为关心的往往是送餐速度的快慢，对此，美团外卖引导用户发表点评，激励商家缩短送餐时间。它的 App 设计简单、功能全面、操作方便。外卖配送人员服装统一整洁。消费完毕后，有众安保险保证消费者权益。遇到不满意的情况，投诉渠道非常畅通。美团外卖对顾客在订单乃至整个操作流程中遇到的问题都有充分的解决方案。用户退订也非常方便。再比如，享道出行 CEO 吴冰认为，客户的留存率实际上依赖于其对自身的评价与口碑。因此享道出行提出了“以人为本”的行为标准，致力于贴近用户需求，打造基于“人”的一站式出行服务平台，从而让更多用户始终如一地“享品质出行，享安心保障，享周到服务”。体现在技术领域，便是享道出行贯彻的“ACTS”技术战略，包括“山海”人工智能中枢、“云享”车联智慧座舱、“星瀚”未来交通出行以及“天巡”全时智能安全。该战略基于数据技术、车联网、智慧交通和智能安全四大技术路径，旨在统筹解决用户最为关切的三个关键问题：保障行程安全、提高服务效率、提升服务体验。不难看出，使乘客切实获得良好体验是享道出行的宗旨，也是它期望在激烈的市场竞争中建立起的差异化优势。

要真正实现以“拉”的方式吸引最终顾客，提升平台品牌融入是关键。与通过流量吸引顾客的做法具有本质不同的是，数字化交互平台通过汇聚广泛的商家资源，以“拉”的方式打破传统的产品制造和供应模式中企业与顾客之间的壁垒，更好地满足顾客多样化和个性化的需求，从而加强了顾客对品牌的心理依赖和嵌入程度，进而影响购买行为。鉴于平台品牌在将潜在顾客转化为实际顾客方面的重要作用，品牌方可以通过多种方法提高顾客的心理嵌入程度：充分获取和利用消费者行为生成的大数据，洞察、提炼消费者的使用偏好和意见，让普通消费者通过数据方式参与到产品构思和测试、服务模式创新和改进等环节中，从而使数字化平台中提供的功能达到供给与需求实现匹配的良性循环，增强用户对品牌的依赖。

三、品牌社群与品牌公众

品牌社群（brand community）是指在使用同一品牌的消费者之间形成的一种非地理意义上的专门化社会群体[①]。与此相对应，品牌公众（brand public）是一个有组织的媒体空间，由具有持续性的、以一种中介工具（如一个标签）为中心的一系列行为维系在一起[②]。由此可看出，与品牌社群相反，品牌公众并不建立在持续的互动形式或任何一致的集体身份的基础上。在数字化平台环境下，品牌社群和品牌公众都是企业建立、发展和维护消费者品牌关系的重要工具。

（一）品牌社群

良好的品牌社群应该具备以下几个方面：知识价值（intellectual value），即能够为顾客提供最新的产品、品牌相关的知识解答；社会价值（social value），即能够满足社群成员关系联结、社交沟通和社会支持等需求；文化价值（cultural value），即在社群成员间形成一种与品牌定位、意涵、个性相符的品牌文化。那么究竟如何创建一个具有品牌自身基因的品牌社群？又如何对其进行管理以促进其持续纵深的发展呢？具体而言，有以下五种策略。

（1）利用既有品牌粉丝群体杠杆，撬动品牌社群红利。现有的品牌顾客是品牌社群创建的最有利、最直接的资源，因为既有的消费者品牌关系能够使品牌社群以最快的速度获取消费者认同。例如，2013年5月，在积累了一定规模的忠诚顾客群体之后，华为在郑州成立全球首家“花粉”俱乐部，旨在为品牌粉丝提供一个优质的交流与互动平台。目前，“花粉”俱乐部已成为一个高黏性的花粉社群，以“花粉”为核心。了解“花粉”需求和诉求，和“花粉”一起玩。社群在成立之初，还应有明确的识别定位。从消费者的驱动目标上看，可把品牌社群类型分为社会性目标社群（社群成员主要追求社会性目标，如对社群其他成员的赞许和社会支持等）和功能性目标社群（社群成员主要追求功能性目标，如分享和接受其他成员关于产品或品牌的信息）。不同的社群类型定位在很大程

---

① Muniz A M Jr，O'Guinn T C. Brand Community. Journal of Consumer Research，2001，27（3）：412-432.

② Arvidsson A，Caliandro A. Brand Public. Journal of Consumer Research，2016，42（5）：727-748.

度上决定了企业后期社群管理的策略走向。例如在知乎这样的社群中，社群成员更多的是寻找知识，追求功能性目标；而在天涯社区中，社群成员更多的是寻找情感支持和人文关怀，追求社会性目标。

（2）统筹线下线上互动，提振社群关系强度。社群成员间积极的交互动作越多，社群的凝聚力和吸引力就越强。需要注意的是，由于品牌社群是移动互联时代的虚拟性产物，因此大多数品牌管理者下意识地就会认为应该将资源更多地投入在线上，但实际上人们大部分的生活源于线下，物理空间在形成社群联结上的作用不容小觑。同样以华为的“花粉”俱乐部为例，它从 2014 年开始，通过举办“花粉”年会、“花粉”品鉴会、总裁公开课等线下互动活动，不仅大大地提升了“花粉”的“参与感”，还让这些“花粉”成为华为品牌移动的广告代言人。与此类似，“乐迷”社群是乐视投资建立的线上品牌社群。为提高“乐迷”影响范围，增进“乐迷”之间的交流与互动，乐视充分发挥众包的力量，让“乐迷”自主发起线下活动，在各地创建同城会。截至 2016 年 7 月 18 日，“乐迷”已在全国 73 个城市自发建立了同城会。2016 年上半年，同城会在配合乐视线上线下活动（如超级汽车问世、超 4 系列电视发布、乐 2 系列手机发布、“4・13”生态之夜、超级电视三周岁等）中，发挥着举足轻重的作用。

（3）去中心化，营造“平民”文化。现阶段，许多品牌社群热衷于利用网红、名人、明星等聚集大量的人气。虽然与意见领袖合作可作为蜂鸣营销的有效手段，但以其来维持品牌社群却是一种误区。持久的品牌社群需要培养一种使每个人都能担任重要角色的文化。这些角色包括导师（指导社群成员，分享经验）、社群大使（向社群外的人推荐社群）、学习者（寻找知识，享受自我提升）、英雄（社群内的榜样）、历史记录者（保存社群记忆，编撰社群仪式）等。强健的品牌社群需要多种角色共同演进、共同发展。意见领袖只能使品牌社群一时繁荣，但这种高度的网络中心性破坏了社群的平民化，使社群难以孕育维持其持久运行的多种角色。社群“平民化”的另一个体现在于接受社群成员之间的冲突。一般而言，企业往往希望避免社群内成员间的各种矛盾，想方设法减少冲突。但实际上，聪明的企业应该接受品牌社群天生具有政治性的事实，积极接受而不是回避能够促进社群繁荣的冲突。例如，在 Airliners.net 线上品牌社群中，多个社群成员扮演着挑战者的角色。他们主要质疑由管理者或社群“公知”提供的信息，或经常对某一讨论发表观点相反的帖子，以使话题保持活跃。在 Airliners.net 社群中，挑战者不仅可以提高共创信息内容的质量、保持社群活跃，同时也促进了社群平民化。

（4）转换角色，“真实”管理。企业创建品牌社群的目的一般是以品牌为导向。为维持品牌形象，企业往往对社群成员活动进行干预，以期朝有利于品牌的方向发展。但实际上，品牌社群的本质是服务于社群成员而不是品牌。特别是在互联网背景下，个体影响力逐渐扩大，消费者追求自主、自由、摆脱控制的欲望不断强化。因此，企业应放弃品牌社群控制权，转变为社群支持者。举例而言，2009 年，由“粉丝”创造的费列罗能多益（Nutella）品牌的脸书主页被评为第三受欢迎的主页。在社群管理上，费列罗尝试放手管理，这种方式保持了很强的品牌真实性，推动品牌持续发展。同年排在第二位的是可口可乐的品牌主页，该主页亦由粉丝创造。可见，像可口可乐和费列罗这样的线上品牌社群之所以长久，是因为这些企业清楚，只有承认消费者的合理拥有权、减少控制，才能凝聚大众的力量，共同打造品牌社群。

（5）识别多种实践活动，提升社群价值。品牌社群的价值源自社群成员自发、积极的参与和创造，它是社群发展的动力与引擎。高社群价值不仅能够为社群保留老成员，还能吸引更多的新成员。然而截至目前，大部分企业的相关行为仍集中在和品牌使用（如产品或品牌定制化和商品化等）相关的实践活动上。实际上，品牌社群的价值创造实践活动多种多样，如社交网络（社群成员之间在情感和物质上相互支持等）、社群参与（纪念和表彰社群成员的里程碑事件等）和印象管理（分享品牌正面信息、激励他人使用等）。企业应广泛识别社群成员共创品牌社群价值的各种实践活动，不局限于品牌使用这种狭义的价值创造活动，建立奖励机制催生价值提供者，刺激更多知识、娱乐、社交价值的孵化。强势的品牌社群源于识别、培养和支持社群成员的多种价值创造活动，使之相互支持、相互促进。

（二）品牌公众①

长期以来，品牌社群的概念为理解社会互动如何成为价值来源提供了一个有用的框架。在品牌社群中，人们围绕品牌形成持久的社会纽带，通过维持一种共同的身份或体验来增加价值。然而，有关研究表明，在脸书、推特以及博客等社交媒体上，消费者或品牌崇拜者之间的关系没有那么结构化，更容易转瞬即逝。此时，消费者在社交媒体上围绕品牌创造价值的方式可以被概念化为“在品牌公众中发生”。品牌公众是大量具有共同焦点的孤立表达集合起来的结果。对于品牌公众的理解，以下四点非常重要。

第一，品牌公众主要是一种话语现象，而不是一种互动形式。它本身并没有提供互动或社群的空间；相反，它应该被理解为一个有组织的话语空间。能够吸引某些特定行为（如发帖子）并维持其连续性的主题标签或者其他中介工具，维系了品牌公众。

第二，品牌构建了意义的集合（即多样的观点和经验），但并没有刻意地创造共同价值观。由此，可以将品牌公众理解为社会运动研究中共创的关联逻辑的另一种体现。标签是一种工具，使人们可以把自己的个人经历或观点联系起来，而不必把它们整合到更高层次的集体价值观中。因此，品牌公众由异质意义的结构化聚合而成，但没有形成集体价值观。

第三，虽然外部事件和流行的标签有时会激发参与度，但正常的参与主要是由品牌本身触发的环境关系所驱动的。品牌公众的参与不是通过互动来构建的，而是由个人或集体的影响来构建的。

第四，从参与者的角度来看，品牌公众的功能不是提供对于身份的聚焦，而是一种可见性和宣传的工具。品牌本身并不聚焦于阐述特定身份，也不存在对于围绕品牌的共同价值体系的阐述、仪式和传统。简言之，品牌本身没有联结价值。人们不使用品牌作为互动的焦点，也不使用它来发展社会关系或特定的集体身份。但是，这并不意味着品牌不存在任何价值。取而代之的是，品牌主要是作为一种对各种身份和经验进行宣传的媒介，这些身份和经验源自构成日常生活的各种网络。品牌两次将一种情境标记为有意义的：第一次是通过品牌在现实生活中的物质存在；第二次是以品牌标签的形式，上传

① Arvidsson A，Caliandro A.Brand Public. Journal of Consumer Research，2016，42（5）：727-748.

到推特和照片墙上。因此，品牌公众为品牌增加了宣传价值。宣传价值建立在大量较弱的贡献上（不同于品牌社群所提供的联结价值），品牌经理可以从大量相互联系的零散个人中获取创新，更重要的是，获得可量化形式的品牌声誉。

综合来看，品牌公众通过三种与品牌社群不同的方式为品牌影响和声誉做出贡献。

首先，品牌公众并非以互动为基础，而是以对兴趣和中介的持续关注为基础的一种社会形态。社群是通过互动来维持的，但品牌公众是通过中介来维持的，人们不会与焦点品牌互动。相反，像“推特标签”这样的中介工具聚集了大量关于品牌的个人观点或体验，并在品牌公众中进行宣传，增加了品牌的影响力。

其次，品牌公众的参与不是由讨论或商议构建的，而是由个人或集体的影响构建的。在品牌公众中，参与是由私人情感（如对可见性的渴望或分享观点 / 体验的冲动）构建的，或者是由推动模仿浪潮的集体影响构建的。

最后，在品牌公众中，消费者不会围绕焦点品牌形成一致的集体身份；相反，品牌充当了一种有价值的媒介，为多种不同的身份提供宣传。公众与品牌产生共鸣，形成了与之相关的意义和身份，而这些意义和身份在其他地方也有表达。它们来自品牌自身的营销传播，同时也来自人们在日常生活中多样的实践和背景中与品牌相联系的多种意义。因此，品牌公众可能是基于社交媒体的消费文化的一部分。在这种文化中，“宣传”而不是“身份”成为核心价值。

四、品牌生态圈战略

“商业生态圈”（business ecosystem）概念最早的定义来自穆尔（Moore）在《哈佛商业评论》发表的《新竞争生态》（*A New Ecology of Competition*）一文。他认为，成功的商业创新必须吸引资本、合作伙伴、供应者和消费者共同创造合作的商业网络，并接着提出了三个问题：企业如何创造一个新的商业社群？是否存在一个稳定的社群领导结构满足快速的创新变化？企业如何发展领导力适应快速的创新变化？他认为，现有研究者和管理者还是按照头对头的竞争，以强占市场份额的方式为主，并没有清楚地回答好这些问题，而近十年来，高新技术企业的发展改变了这种认识。

穆尔引用人类学家的“共同演化概念”——“在自然和社会系统中，共同演化的过程是一个相互依赖的物种无限互惠循环的过程”，以及生物学家的“支配性物质概念”——“自然生态遭到破坏，环境发生根本性改变的时候，支配性的物种组合会失去领导地位，新的生态圈会产生”这两个观点，提出了“商业生态圈”的定义，认为商业生态圈是一种新的战略方法，公司不再是一个单一产业的成员，而是一个商业生态的组成部分，它跨越了多个产业。

在商业生态圈中，公司、组织围绕新的创新共同演化出一种新的能力，它们合作和竞争去支持一种新的产品，满足顾客需求。生态圈整合了各方资源和消费者利益，新的物种在生态圈中开始产生。这个生态圈不是一个元素的集合，而是一个结构性的社群。商业竞争不是个体公司的竞争，而是生态圈的竞争，这种竞争方式推动了产业的升级。更进一步，穆尔以苹果、沃尔玛、IBM 等企业为例，将发展商业生态圈分为四个阶段——出生、扩张、领导和自我再生（或自我毁灭），并解释这些公司是如何做的。在案例分析中，他还比较了苹果和坦迪（Tandy）两家公司的做法，认为苹果是开放式的系统，大量小组织围绕 iOS 系统开发其他产品，完善整个系统，实现一种共同演化；而坦迪采取的是一种控制性做法，从操作系统到组织，公司控制销售、服务和培训等，简单的控制性做法不能带入更多的资源，因此，坦迪在发展中后期远远落后于苹果公司。

在商业生态圈的基础上，笔者提出“品牌生态圈”的概念，并把它定义为：以开放型平台品牌为基础，大量超越产业边界的商业组织与资源联结在一起，共同进行价值创造，并基于用户数据分析技术，彼此形成相互依赖、相互协调和互惠循环的结构化社区关系以及网络效应，并不断演化出新的能力和价值，最终实现多方共赢的生态圈集合价值。品牌生态圈的基本架构包括参与者、价值元素、匹配机制和交互流程。参与者包括创造价值的生产者和使用价值的消费者；价值元素可以简单地理解为产品或服务，由生产者创造出来并被消费者消费；匹配机制是指把有需求的生产者和消费者匹配起来；交互流程是指生产者和消费者进行的价值交换，能够在第一时间将多数用户吸引至平台上的核心交互模式，而交互流程也是平台品牌进行价值定位的基本依据。下面，笔者提出品牌生态圈的四大基本战略。

（一）构建网络化多边平台

以阿里巴巴为代表的互联网平台型企业，构建了一个涵盖 B2B 和 B2C 电子商务、搜索、支付、生活服务、在线软件提供商、云计算服务和互联网广告等多个领域的品牌生态圈。其品牌生态圈战略的核心在于通过发展 IT 能力，构建多边平台，打造品牌生态圈。战略发展过程大致经历了三个阶段。在初期阶段，阿里巴巴主要是通过内部输出 IT 能力，扮演关键的服务供应商角色，通过降低参与者进入壁垒吸引和保留生态圈成员，从而获得关键成员基数，构建一个双边平台。在实践上，阿里巴巴在 1999—2004 年分别成立了淘宝、支付宝等服务双边平台。在形成阶段，阿里巴巴主要通过外部引入 IT 能力，扮演关键的平台供应商角色，通过增强平台互动，放弃互动的控制权，促进网络的形成，构建一个网络型多边平台。在实践上，阿里巴巴在 2005—2006 年通过收购雅虎中国来获取搜索引擎能力，通过收购口碑网来获取社区构建能力。在成熟阶段，阿里巴巴形成平台 IT 领导能力，扮演关键的计算服务供应商，通过培养稳固的相互依存关系和提升参与者的能力，构建共享性的多边平台。在实践上，阿里巴巴 2007—2009 年通过创办阿里金融强化品牌生态系统扩张能力，通过创办阿里妈妈加强在线营销能力。

（二）实现网络协调效应

这类战略企业的核心做法往往通过“硬件 + 软件”来吸引大量用户，继而吸引各类品牌商和其他资源提供商，增加平台内容，进一步吸引用户和更多的第三方资源，实现“平台 + 共享”的生态体系。例如，苹果在 2001 年开始推出 iPod 产品，2003 年开始发展 iTunes 应用商店，到 2008 年开始基于 iOS 系统开发大量的 App 应用商店。当然，iOS 系统具有开放式的特征，其他组织和品牌商可以围绕该系统开发各类 App，整个生态系统也是基于 iOS 系统实现了共同演化。乐视在 2012 年确定了“平台 + 内容 + 终端 + 应用”

品牌生态战略。在具体做法上，乐视通过发布超级手机抢占移动端的用户入口，通过超级电视抢占家庭端用户入口，通过超级汽车抢占出行场景下的用户入口。在此基础上，通过乐视内容生态（例如体育、影视）等沉淀用户，提高用户黏性，把用户引流至与乐视其他生态相关的消费中，如乐视电商平台、网酒网等。乐视生态的“应用”系统分为两个部分：一个是与乐视手机和电视相关的多款 App，另一个则是支持整个乐视应用体系的 LeUI 系统，覆盖所有电视、手机和汽车等智能终端产品，为用户提供完整统一的操作系统，实现无缝连接。通过生态应用，乐视可以收集用户多样性的关联数据，通过乐视云计算和大数据，挖掘出符合用户习惯的个性化维度，基于乐视多个产品生态，进行关联性定制和推送，产生协同网络效应。

（三）基于 UGC 应用共创价值

在商业实践中，还有一部分企业一开始以社交平台为基础，主要通过对用户自创内容的分析，基于用户之间的关系、基于兴趣的品牌社群（价值共创）等逐步建立起其品牌。例如，豆瓣这家成立于 2005 年的互联网企业，一开始是以读书社交平台起步，逐步构建了以用户社交数据为核心，涵盖豆瓣阅读、豆瓣电影、豆瓣音乐、豆瓣电台、豆瓣东西等子品牌的品牌生态圈。在品牌生态圈的战略实施上，豆瓣模式的核心是基于 UGC 的应用。首先，基于用户上传到网站上并与他人共享的原创内容，通过用户交互的数据，发现相似兴趣点来聚集人群，又由人群扩展至各个兴趣点。豆瓣 UGC 模式应用的核心能力是从技术引擎开始的——通过精准强大的算法为用户进行产品推荐。比如豆瓣电台，通过分析 5 年间积累的用户音乐偏好，设计出一套复杂的算法，选择为用户播放的歌曲。随着用户数量规模急剧扩大，UGC 产生的生活内容数量呈几何级数增长并复杂化。其次，随着生活内容兴趣点的不断发现，豆瓣开始横向扩张其品牌生态圈，从“阅读、影视、音乐”向“电台、东西、同城”等生活兴趣点扩张；最后豆瓣开始纵向扩张品牌生态圈，2010 年，豆瓣打通阅读和电商通道，全站推出购书单，帮助用户在发现好书时直接链接到网上书店，如当当、亚马逊等。

（四）打造“二级品牌生态圈”

近些年一个新商业模式开始出现，即以韩都衣舍为代表的“二级品牌生态圈”构建模式。韩都衣舍最初是一家在淘宝起家的互联网服饰企业，经过八年的发展，从 2015 年开始，韩都衣舍实施了从一个互联网品牌商向互联网平台商的转型。其商业逻辑认为，在未来 5 ～ 10 年互联网迭代零售商业模式是一个由内容品牌、二级生态加一级生态组成的基本零售业态。“一级品牌生态圈”以阿里巴巴、京东为代表。而“二级品牌生态圈”是指互联网品牌进入“一级品牌生态圈”之前的一个中间平台，目的是更好地对接一级平台，为互联网品牌提供代运营服务。其战略的核心是基于在品牌商阶段形成的以供应链、IT、仓储、客服、基础服务为内容的平台基础能力，构建了一个以大数据为基础，韩都智能为核心的“二级品牌生态圈”九大支撑服务系统，并整合内部和外部支持资源，对外部品牌资源进行开放，从而形成“韩都衣舍 + 国际线下品牌”“韩都衣舍 + 网红品牌”“韩都衣舍 + 设计师孵化基地”“韩都衣舍 +X 创客空间”等构成的二级品牌生态圈。这个二级生态圈在互联网流量红利下降、竞争越来越激烈的环境下，突出解决互联网品牌前端“小而美”和后端“大而强”的中间资源整合和匹配的问题，形成一个“大平台+小前端”的二级平台的商业模式。

品牌实践7-1 浦发银行

随着互联网的普及与大数据时代的到来，股份制商业银行的竞争对手从国有银行、外资银行等传统银行业竞争对手扩展到证券、保险、基金以及互联网金融等拥有全方位客户信息优势的行业企业。加之金融产品具有更新换代速度快、功能逐渐趋同的特点，以及客户的需求随信息技术的发展而愈发多样化，各大银行间类似的金融产品和服务等已经不再是能够决定其在激烈竞争中实现突围的核心。那么，浦发银行是如何对传统的顾客关系管理模式做出调整，在数字化平台环境下实现客户关系管理变革的呢?

平台环境下的顾客经营模式

上海浦东发展银行1992年8月28日经中国人民银行批准成立，于1993年1月9日正式营业，1999年11月10日在上海证券交易所挂牌上市，是全国性股份制商业银行。借助上市的机会，浦发银行从区域性银行转型为一家具有相当规模和实力的全国性商业银行。秉承“笃守诚信，创造卓越”的核心价值观，浦发银行积极探索金融创新，资产规模持续扩大，经营实力不断增强，收益不断提高。近年来，浦发银行在互联网金融环境大变革的背景下发展稳健，银行总资产、营业收入和存款总额都稳步上升。

结合科技日新月异、平台化正成为大势所趋的大环境，浦发银行的顾客关系管理转向平台化的顾客经营。这两者之间的差异点首先体现在，转向后客户管理经营的范围进一步扩大。传统的顾客管理受技术水平和工作人员数量的制约，对资产管理规模（AUM）较低的客户只能被动服务，而当前受到技术平台、数字化和云计算等新兴技术的驱动，浦发银行开始尝试增加对长尾用户的关注，即通过App或微信公众号对全量客户进行线上经营管理，并根据顾客生命周期提高其忠诚度。其次从技术层面来说，浦发银行目前采用线上全闭环自动流程服务客户，利用智能化手段根据客户的持仓、交易行为和消费行为分析客户的风险承受能力，并通过线上渠道有针对性地将不同的产品推送给客户。最后从向客户提供服务的角度来说，VIP客户的权益可以通过线上领取，酒店住宿、生活娱乐、充值服务等会根据用户的需求调整相应的权益发放。

总体而言，“管理”和“经营”的不同在于，“管理”更多的是把客户分类进行管理，并以浦发银行作为主体提供服务；而现在的浦发银行更多的是真正结合客户的需求，将交易应用到客户日常的生活和场景中，这就包括浦发银行与微信、支付宝、京东金融这类金融服务平台，或是百果园、鲜丰水果这类生鲜品牌，以及爱奇艺、优酷这类娱乐视听类App建立合作伙伴关系。具体来说，浦发银行通过构建科技金融生态圈、开发无界开放银行、推出“数字人”合作计划这三个项目，以客户全领域需求为中心，搭建互动开放的场景化数字生态平台，从而为客户提供更优质的服务。

科技金融生态圈

随着浦发银行科技金融服务平台陆续接入政府等优质平台资源，依托浦发银行综合金融服务集团、百家战略合作伙伴与近百万公司客户资源，以及全国各地上千家营业机构及专业团队，运用互联网思维、供应链思维和投行思维，浦发银行提出“科技金融生态圈”的服务理念，推动科技金融服务模式再升级。该生态圈包括以下方面：一是面向以科创企业、政府部门、投资机构、龙头企业为代表的生态圈主体；二是利用各类内外部资源，寻找多方合作伙伴，建立科技金融合作模式；三是以服务中小科技企业为核心，构建O2O、业态、平台、市场跨界特色服务平台。其中，O2O跨界是指浦发银行为企业提供O2O创造服务，改善企业经济活动环境，加强企业竞争优势；业态跨界是指将券商、股权投资基金及交易所和科技企业相联系，利用贷款、债权、股权联合等服务业态给予科技企业最优的融资方式；平台跨界指的是联合国内外市场，运用离岸金融以及包括自贸区和海外机构的分支机构，为科技型中小企业提供金融支持，有利于企业开展跨境经济活动；市场跨界是指为了提高科技型企业运用资产的效率与抵御风险的能力，浦发银行向企业提供货币、债权、商品等不同市场的产品与服务的交叉组合。

平台银行

浦发银行于2018年7月在北京发布“API Bank”（无界开放银行），标志着国内首家开放银行落地。浦发银行通过API平台，突破传统的物理网点和手机App的局限，将开放的产品与服务嵌入种类繁多的合作伙伴平台中，平台与生态圈伙伴合作通过结合双方资源，进行产品和服务的快速创新。浦发银行已与中国移动、阿里巴巴、腾讯等企业展开合作，用科技将金融融入合作方的服务场景中，形成“金融＋教育”“金融＋医疗”“金融＋制造业”“金融＋社交”等各种跨界金融服务模式。浦发银行能够嵌入不同的生活场景中，例如嵌入碧桂园、恒大、万科这类高端物业的社区App中，业主可以通过使用社区App预约保洁服务，在支付物业费或在社区商店消费时获取优惠，浦发银行在这背后提供支付、权益优惠、积分等各类金融服务。

浦发银行致力于API Bank建设的诉求在于其金融能力与金融数据的开放与共享，通过技术能力、业务能力与数据的开放共享实现银行生态和体系的重塑，这也是浦发银行创新发展的重要时机。首先，浦发银行的平台银行以开放API或SDK等为核心技术，实现银行与第三方之间跨界融合，并在App作为银行服务主要渠道以及“引进来”作为基本载体的基础上，实现开放API与经营App并行。其次，浦发银行的平台银行利用开放API技术实现银行与第三方之间的数据共享，这些数据共享包括公共数据的采集加工、基于机器学习的反欺诈模型和信用风险模型等，通过以上数据共享提高基于客户体验的平台合作模式的运行效率。最后，浦发银行的平台银行以平台合作作为基本模式，是一种平台化的商业模式。具体来说，平台银行通过与商业生态系统共享数据、算法、交易以及其他业务，为商业生态系统中的客户、第三方开发者、金融科技公司、供应商与其他合作伙伴提供服务，促使浦发银行在该过程中创造出新的价值，构建新的顾客经营模式。

浦发银行的开放银行体现了平台战略，即银行通过开放自身的数据端口，吸引外部合作机构加入，聚合各类消费场景，为客户提供更全面、更智能的服务。首先是服务边界的无限性延伸，即对客户实现接触点的便捷直达与无界延伸。通过API Bank，浦发银行能够从企业门户网站、ERP、微信小程序和合作伙伴App等各类途径为客户提供服务。其次是服务理念的创新性转变，不同于传统银行等待客户主动提出需求的方式，API

Bank 站在客户的视角，让客户的金融需求第一时间得到满足。最后是保护机制的全面性与无形性。一方面，API Bank 从场景安全、合作方安全和用户安全多层次多角度对风险进行分析和把控，以期建立更加细致和完整的安全维度，确保场景的安全与稳定性；另一方面，浦发银行从平台层和业务层进行主动防御，以适应开放的网络环境，满足多样复杂的流量访问。围绕“打造一流数字生态银行”战略，浦发银行通过 API Bank 广泛连接 C 端、B 端和 G 端，吸引更多的合作伙伴和客户，创造全新、高效的社会生活、工作方式，使消费者的生活更便捷更美好，实现多方共赢。

“数字人”合作计划

继 2018 年推出 API Bank 之后，浦发银行再次升级客户服务模式，提出了以人性化服务为核心的数字化金融服务界面 HUI（humanized user interface）。在“智能 +”时代，浦发银行与智能交通、智能家居、智能医疗等行业加强跨界合作，增强用户的金融服务获得感和幸福感。浦发银行与百度、中国移动联合建立深度学习和 5G 金融创新实验室，共同致力于人工智能与 5G 技术在金融行业的应用研究，通过应用集成中文环境下先进的语音和语义模型，结合丰富的金融知识和深刻洞察用户的交互模式，创新推出智能语音银行。这也是业内首款不需要键盘输入的交互式 App，“纯语音”App 服务较高的准确率、较强的防伪性和兼容性使得浦发银行能够以更贴近人心的方式为顾客提供服务。

浦发银行在内部设立六大创新实验室，进一步推动数字赋能。AI 是浦发银行重点关注的技术，其与百度成立联合深度学习实验室，探求以深度学习、自然语言技术推动创新项目的孵化。浦发银行发布的一款名为小浦的虚拟“数字人”，是浦发银行基于 HUI 的新服务模式。它应用人工智能、感知技术、数据驱动等技术，为金融服务注入新能力。“数字人”具备三个特点：一是情感感知，通过人脸识别技术，实时感知用户情绪变化，让交互沟通更自然；二是海量信息为客户决策提供丰富的信息依据，基于自然语言处理、知识图谱等计算机技术，结合金融知识库和数据训练，帮助客户精细化管理个人资产；三是深度学习，“数字人”通过提供服务，积累服务经验，为客户规划未来提供支持。

资料来源：张爽，何佳讯．数字化交互平台、价值创新突破与核心竞争力再造：基于浦发银行顾客管理转型的案例研究．管理案例评论与研究，2020，13（4）：431-443.

品牌实践 7-2 韩都衣舍

韩都衣舍，一个纯互联网线上品牌，2016 年以近 25 亿元的估值登入新三板，成为互联网服饰品牌第一股（股票简称：韩都衣舍电商，股票代码：838711）。2018 年韩都衣舍从新三板主动摘牌，谋求主板上市，而在 2020 年主板上市也暂告一段落了。在 2008—2019 年的 12 年时间里，韩都衣舍电商集团的营业收入从 300 万元增长到 20 亿元，实现净利润逾 8 000 万元。在行业地位上，2017 年 6 月，韩都衣舍勇夺“天猫女装 6·18”冠军，集团交易额突破 1.28 亿元，同比增长 111%；2017 年双十一，韩都衣舍电商集团全天交易额达到 5.16 亿元；2019 年双十一，韩都衣舍集团全网交易额达 4.7 亿元。2020 年，韩都衣舍是天猫女装类目“粉丝”数量第一的品牌，赢得超 5 000 万年轻女性青睐，原创男装、童装和老年装也在全年度互联网服饰销售中占据前列。更让业界特别关注的是，截至 2019 年底，韩都衣舍内部孵化的品牌累计 219 个，外部培育服务的品牌累计 290 个，品牌集群 70 多个，涵盖了男装、女装、童装、中老年服装、鞋类五大细分市场，谋求了新产品与新市场兼有的新组合机会。致力于打造互联网“二级生态服务商”成为韩都衣舍电商集团今后的战略方向，其背后的商业逻辑是：在流量红利下降、竞争激烈的环境下，互联网品牌需要解决前端的“小而美”和后端的“大而强”的问题，二级平台的构建集成和匹配了前端和后端资源，对接了一级平台。其互联网品牌的发展模式已从“品牌商”驱动模式变为“品牌商＋服务商”双驱动模式，从一个产品品牌向一个平台品牌进行转变，见图 7－2。

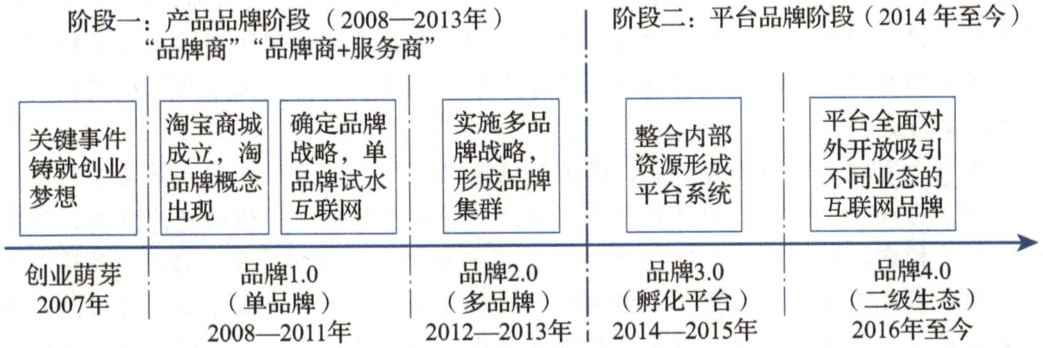

图 7－2　韩都衣舍品牌发展阶段

韩都衣舍平台品牌发展主要分为两个阶段：品牌孵化平台阶段（2014—2015 年），和“二级生态”运营阶段（2016 年至今）。2014 年，韩都衣舍董事长兼 CEO 赵迎光认为，韩都衣舍无论是靠自己孵化子品牌，还是从外部并购品牌，品牌的发展仍是不够的。他提出要搭建一个平台来整合韩都衣舍的供应链、IT、仓储、客服等资源，并将这个整合性的平台资源对外开放，让那些致力于互联网时尚品牌创业的人通过韩都衣舍的平台支持，在平台上面完成设计、制作服饰。这些创业者只需要专注于产品设计，而平台可以提供打版、生产、拍照、营销、客服等各个环节的服务，实现他们的低成本创业。2015 年，一些服饰创业者开始进入韩都衣舍的平台系统，户外品牌“探路者”也与韩都衣舍开展了平台合作。经过一年的整合，韩都衣舍的平台搭建基本成熟。在此基础上，韩都衣舍提出了“二级生态”的概念，平台发展进入新的阶段。

“二级生态”的概念是相对于天猫、京东的“一级生态”概念提出来的。按照韩都衣舍的观点，“一级生态”是指阿里巴巴、京东等大的基础性平台的生态系统。而互联网品牌进入“一级生态”之前，需要一个中间的平台去对接前端的一级平台和后端的互联网品牌、海外品牌、网红品牌、设计师品牌等品牌资源。“二级生态”这个中间平台存在的意义就是利用韩都衣舍在品牌创建过程中的运营优势来提高这些品牌在“一级生态”中的转化率。在这个阶段，韩都衣舍想形成涵盖“韩都衣舍＋国际线下品牌”“韩都衣舍＋网红品牌”“韩都衣舍＋设计师孵化基地”“韩都衣舍 +X 创客空间”等跨业态内容的二级生态系统。

韩都衣舍二级生态平台的构建得益于其自身多年来基于互联网形成的扎实的平台基础能力。经过了从单品牌到品牌集群的发展后，韩都衣舍的互联网品牌运营能力得到了很大的提高，形成了以供应链、IT、仓储、物流、客服和集成等能力构成的赋能型互联网品牌运营平台。例如，在供应链上，韩都衣舍经过多年的发展，打造了一条匹配互联网品牌的柔性供应链。整个供应链能够配合的商家达240多家，实现30件商品的最小起订量，从下单到交货20天的平均周期，超3万款生产销售的款式，平均每天接近100款；同时，形成了以数据为基础的IT系统，其也成为平台核心能力的组成部分；在商业智能上，按韩都衣舍副总经理胡近东的说法是，“我们连续几年都是4 000万元左右的投入”，2016年的双十一，韩都衣舍利用商业智能系统实现了7分钟快速追单；在仓储物流上，2016年双十一实现了开场后186秒发出第一个包裹；在客服上，韩都衣舍的投诉率是天猫服饰品牌中最低的，连续几年被评为“金牌客服”；另外，韩都衣舍的“小组制”运营经验，品牌的定位、传播和管理能力，金融服务，具体的网页制作、商品摄影等方面的积累也形成了韩都衣舍的互联网品牌集成服务能力。一个“大平台＋小前端”的商业模式基本形成。

韩都衣舍通过互联网平台赋能，促进了服装产业链上下左右不同品牌与工厂之间的价值共创，形成了一个集时尚服装设计、生产、营销与服务于一体的产业生态，实现了二级平台的构建。韩都衣舍从2015年开始，不断整合国际品牌、线上的网红品牌、线下传统品牌和孵化基地品牌等资源。2016年，韩都动力电子商务全资子公司智汇蓝海品牌孵化基地成立。其中，韩都动力主要提供线上代运营、品牌定位、品牌策划、数字化精准营销、渠道定制化管理、信息化解决方案、仓储物流一体化解决方案、客服托管解决方案、众筹托管、品牌官网搭建等服务内容，专门为国际品牌、线下品牌、互联网品牌、个人品牌提供互联网全案运营解决方案。其成立的战略目标就是要打造赋能型线上集成零售运营商，为品牌商和服务商架设双向的二级生态平台，实现韩都衣舍从产品品牌向平台品牌的转变战略。截至2016年，韩都动力已成功为国际品牌，包括日本的23区、玫瑰子弹（Rosebullet）、劳克（LOAKE）、爱荷美（Ekobabay）、三由户外、坦博尔、亚洲妈妈等50余家国内外品牌提供电子商务整合服务，品牌地覆盖韩国、日本、意大利、德国、荷兰、美国、英国等国家和地区。智汇蓝海是济南市政府、济南高新区和韩都衣舍共创共建的孵化基地。其与韩都动力的区别在于，韩都动力为已经形成、处于1～10阶段或10～100阶段的品牌服务，而智汇蓝海则为处于0～1阶段的品牌服务。此外，韩都衣舍还构建了以大数据为基础、韩都智能为核心的“二级生态”九大平台支撑服务系统，主要包括韩都智能、韩都传媒、韩都运营、韩都映像、韩都质造、韩都大学、韩都储运、韩都客服和韩都金融，以提升其对接一级平台与前端品牌的能力。详见图7－3。

在现阶段，为了应对互联网技术的发展和销售模式的变革，韩都衣舍赋能优化价值共创环境，员工赋能的权力边界得到扩大，顾客赋能的行为范式也得到初步培育。比如，员工获得外部资源整合权，可以代理或合资运营公司外部其他服装品牌。公司采用网红变现模式，和新媒体平台的人气顾客达成合作，邀请他们通过直播软件对韩都衣舍的新品进行评价与搭配。快手则是赵迎光重点发力的平台。“从品牌的角度来看，不同于其他短视频平台，快手讲的是老铁文化，它非常接地气，更加有利于品牌和顾客之间进行更好的沟通，就像朋友一样，这是快手最大的特点。”在互动交流中，展现品牌真实形象，更能深化消费者对品牌的感知度。2019年10月，韩都衣舍正式入驻快手，并联合快手及快手带货主播策划了一场超级品牌日，活动当天销售额达 2 500 万元。

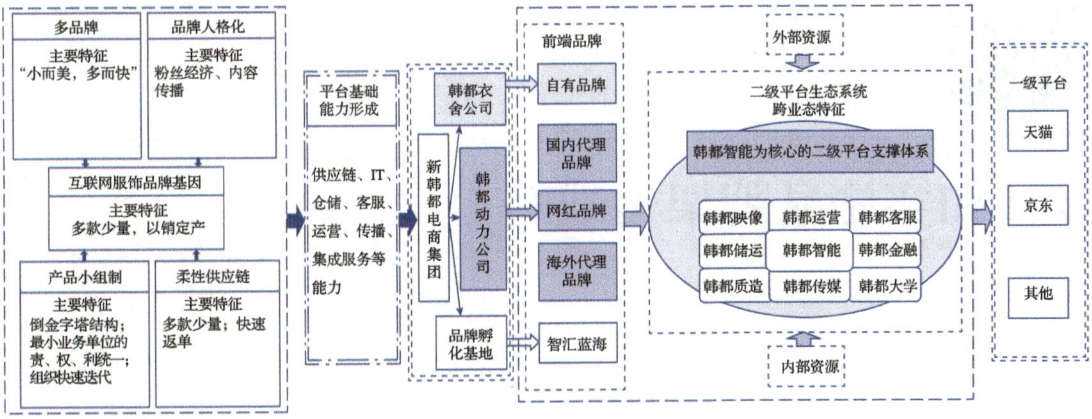

图 7－3　韩都衣舍品牌进化逻辑

2020 年，韩都衣舍作为一个纯互联网品牌，虽然相比于传统线下商家受到疫情冲击的影响较小，但工厂停工导致供应链中断、销售额下滑，其旗下高端品牌白鹿语一度处于无法运转的状态。“每一件事都有正反两面，我们应该正确看待这次疫情下的行业危机。从表面来看，疫情的确打乱了行业的现有格局，但同时也在相当程度上影响了消费者的购物习惯，这对于电商发展来说是个机遇。”赵迎光在直播中分享道。“俗话说‘乱世出英雄’，我们应该积极迎接挑战。”

资料来源：何佳讯，朱良杰．从产品品牌到平台品牌：韩都衣舍互联网品牌进化的商业逻辑．中国工商管理国际案例库，2017-08-26：MKT-17-466；He J X，Zhu L J. From Product Brand to Platform Brand：Business Evolution of Internet Clothing Brand Handu//CEIBS Case Center. China-Focused Cases：Selected Winners of the CEIBS Global Case Contest. Shanghai：Shanghai Jiao Tong University Press. 2018：180-216.

思考与讨论

1. 选择三家商业银行的手机 App，归纳比较它们的服务功能异同，并从平台服务品牌价值的角度，提出改进和提升建议。
2. 结合第 6 章有关商业模式的构成，选择一家以 UGC 为核心的品牌，分析它的品牌战略。
3. 品牌社群与品牌公众有何区别？它们对于品牌战略的开展有何优劣势？
4. 品牌生态圈的构成特征要素有哪些，是如何加强和提升品牌资产的？
5. 作为互联网平台的韩都衣舍，它为品牌创建提供的服务包括哪些模块？这对理解第 2 章第 4 节的企业级品牌战略理论有何启发？

第8章

设计和实施品牌架构战略

通常，企业在建立初期仅有单一品牌，产品和业务范围也较为有限。针对这种情况如何建立品牌战略，本书在第3章和第4章已有详细阐述。当企业不断发展壮大，就会开发多个品牌，涵盖的产品和业务范围也不断扩大。这时候，品牌战略涉及多个品牌与多类产品（服务）之间纵横交错的关系问题。如果用品牌-产品矩阵表示，那么一个品类中需要有多少个品牌？一个品牌可以使用在多少品类上？前者谓之品牌深度或复杂性，后者则是品牌广度或边界。

随着业务的不断开拓和发展，一家企业有很多个品类和很多个品牌，每个品类或品牌都涉及上述同样的问题。此外，在一个产品（服务）上使用一个品牌还是多个品牌的联合？如果使用多个品牌，彼此的关系如何界定？对上述诸多问题的决策需要公司考虑设计品牌架构战略（brand architecture strategy）。企业在成长和发展阶段，需要对品牌架构进行明确设计和实施，并随着内外部环境的变化而不断调整。

第1节　发展品牌架构

总体上，品牌架构战略在品牌战略平台（第3章和第4章）的基础上，根据企业发展状况和愿景，制定基于品牌组合的整体规划。品牌架构设计涉及如下四大基本方面的考虑：界定品牌发展潜力；选择品牌化战略模式；建立品牌组合战略；发展品牌层级战略。

一、界定品牌发展潜力

按凯勒的界定，品牌发展潜力包括三个基本问题：品牌愿景、品牌边界以及品牌定位[①]。这其实是创建品牌战略平台的核心内容。在整体制定品牌架构战略的阶段，特别要根据品牌发展的状况，评估其未来发展的潜力和可能性。也就是说，在设计品牌架构时，需要对每一个品牌的愿景、边界和定位进一步进行明确界定；在品牌组合群体中，根据整体发展的需要，可以适当调整个别品牌的愿景、边界和定位。

首先，品牌愿景是对品牌成功形象的一种清晰描述，是顾客或其他相关群体（如雇员和合作伙伴）眼中希望品牌所代表的东西。它受到企业当下和未来可能的品牌资产的影响。其次，品牌边界是从品牌愿景和品牌定位出发，识别该品牌应该供应哪些产品或服务，应该提供哪些利益、满足哪些需要。企业可能为了提高市场覆盖率而采用多品牌组合，但品牌的数量应当得到控制；同时每一个品牌都要明确区分，并且吸引到一个相当大的细分市场以保证其营销和生产的成本物有所值。再次，品牌定位则需要基于竞争的角度，从理性利益和感性利益两大方面出发确定品牌的差异点和共同点。关于品牌定位问题，笔者已在第 3 章中进行了专门阐述。

作为界定品牌发展潜力的具体工作，可以通过评估品牌延伸机会，确定品牌发展的新业务和新产品机会。这需要结合品牌边界进行考虑，即哪些产品和业务领域与品牌的身份和愿景不符合，因而不能进入。对于每一个计划要开发的新产品和新服务，都需要考虑如何使用品牌，这就涉及品牌化战略模式问题。

二、选择品牌化战略模式

选择品牌化战略模式，即是确定品牌名称如何在产品的不同层次上使用。产品可分五个层次，从大到小依次为产品家族、产品种类、产品线、产品类型和产品品日。对应于前四者，也即品牌在前四个层次上使用的相应模式，分别有伞状品牌战略、范围品牌战略、产品线品牌战略和产品品牌战略。伞状品牌战略和产品品牌战略形成品牌化战略模式的两个极端——把品牌使用在所有产品上和把品牌仅使用在个别产品上。前者有时被称为统一品牌战略，或品牌化组合（branded house）模式；后者被称为个别品牌战略，或多品牌组合（house of brands）模式。

除了这四种之外，还存在两种基本的双重品牌化战略模式，都是母品牌与产品品牌（子品牌）结合使用。如果母品牌处于主要地位，子品牌处于次要地位，则是来源品牌战略模式；反之，如果子品牌处于主要地位，母品牌处于次要地位，则是担保品牌战略模式。因此总体上看，有六种基本的品牌化战略模式可供选择。一个公司往往使用混合的多种品牌战略模式，形成品牌架构的基本轮廓。关于品牌化战略模式的具体内容将在本章第 2 节展开。

三、建立品牌组合战略

中国企业已进入多品牌经营阶段。企业之所以采用多品牌方式，其首要目的在于更

---

① Keller K L. Strategic Brand Management：Building，Measuring and Managing Brand Equity. 2nd ed. Upper Saddle River，NJ：Prentice-Hall，2003.

好地满足不同细分市场的需求，提升市场占有率。我们把一家公司在同一品类上销售的所有品牌和品牌线的集合称为“品牌组合”(brand portfolio)。

相应的品牌组合战略，就是要确定具体的品牌组合结构，以及组合中各品牌的范围、作用与相互关系。其目的是在组合的品牌中，建立协调作用并发挥各自的杠杆力。组合中的品牌，无论是自己开发的，还是通过战略联盟或收购得到的，都应该作为一个整体，协同作战。每个品牌都被赋予不同的角色，支持并实现企业战略。

（一）多品牌组合战略的优势

企业建立多品牌的组合战略，有很多好处：

首先，可以发展壮大市场。几个品牌同时出现有利于市场扩大，有利于强调该产品品类的共同优势，有利于达到最佳的市场覆盖范围，因为任何单一品牌都无法独自覆盖整个市场。

其次，可以限制竞争对手进行品牌扩张，或阻止新的竞争对手进入市场。欧洲箱包制造巨头法国大使（Delsey）就以这种方式将新秀丽（Samsonite）逼入绝境。它推出全新品牌 Visa，迫使新秀丽大幅削减产品价格，也制约了新秀丽进入高端市场。通过为不同细分市场提供不同品牌，向整个市场供应完整的产品线，企业可以建立强大的市场进入壁垒。

再次，可以保护重要的品牌形象。例如，迪士尼公司在电影制作业务上同时拥有多个品牌，如博伟、试金石等，这使得公司能够制作不同类型的影片，但不损害迪士尼广受喜爱的品牌形象。还比如，宝洁公司并不确定其首次推出的液体去污剂产品是否能够取得成功，于是将其放在 Vizir 品牌之下，而不是在市场领导品牌碧浪之下。

（二）品牌-产品矩阵分析工具

品牌-产品矩阵可以帮助我们形象地理解品牌架构的实际构成。一个企业往往有着不同产品线，每个产品线下面都可以有不同的品牌。在品牌-产品矩阵中，行是品牌线，指某一品牌下出售的所有产品，包括原始产品及产品线和品类延伸产品的组合；列代表产品-品牌关系或称品牌组合，指企业出售的每一特定品类所包含的所有品牌和品牌线的组合。单纯地看某一企业可供出售的所有产品线和产品的总和，涉及产品组合（product mix）或产品聚合（product assortment）概念；单纯地看某一企业可供出售的所有品牌线的总和，则涉及品牌组合（brand mix）或品牌聚合（brand assortment）概念。

品牌战略的广度或称为宽度，与企业出售的品牌下面不同产品的数目和性质有关。产品组合的广度即企业的产品线应该是多少。判断品类吸引力的标准有三：总体市场因素、品类因素和环境因素。产品组合的深度即每一产品线提供的不同产品应该是多少。简单来讲，如果可以通过增加产品线项目来增加利润，该产品线就过短；反之，如果可以通过削减产品线项目来增加利润，该产品线就过长。

品牌战略的深度意指企业出售的产品种类中所营销的品牌的数目和性质。简单来讲，对于一条产品线来说，如果可以通过增加品牌数目来增加利润，该品牌组合就过小；反之，如果可以通过削减品牌数目来增加利润，该品牌组合就过大。为了设计最优品牌组合（optimal brand portfolio），营销人员一般需要在市场覆盖面以及有关成本、利润的考虑方面进行权衡。在所有品牌组合的决策中，基本原则是：每一个有品牌名称的产品都必须具有一个明确定义的角色（以确定它应该为企业做些什么）以及一个根据其在消费者头脑中的联想概括出来的明确定义的定位（以确定它提供给消费者的利益和承诺）。一般而言，品牌组合实现最大化市场份额（不忽略潜在的消费者）、最小化重叠（防止在获取同样的消费者认同时相互竞争）的情况是最优的。

品牌战略的广度与深度这两个基本概念在矩阵图上描述出整个品牌架构的发展战略，分为两个方向：一个是扩大广度，不断地开发新产品但仍使用同一个品牌名称；另一个是增加深度，在一个产品种类之中使用很多不同品牌。

（三）建立品牌组合战略的基本策略

第一，通过与市场细分联系建立不同品牌的定位。品牌组合的结构反映了企业选择的细分市场类型。例如，欧莱雅公司的市场细分基于经销商渠道，宝洁公司和大众汽车的市场细分基于价格区间。采用市场细分方式，可以建立起与各个细分市场对应的品牌群。以基于渠道的细分为例，欧莱雅公司旗下的所有品牌只在一类渠道下进行销售。针对高档精品店和百货商场的品牌有兰蔻、碧欧泉和植村秀等；针对大众渠道的品牌有巴黎欧莱雅、卡尼尔和美宝莲等；针对药房的品牌有理肤泉、薇姿等；针对专业发廊渠道的品牌有巴黎欧莱雅专业系列、美奇丝（Matrix）、巴黎卡诗（Kerastase）等；自身拥有专卖店的品牌有科颜氏和美体小铺（现已出售）。这种模式背后的原理是，渠道之间彼此是有冲突的，将不同品牌分配到不同渠道销售，有助于避免争端和价格协调的问题，也有助于使品牌最大程度地满足不同渠道经销商的需求。此外，基于价格的细分是品牌组合最经典的建立方式。整个大众汽车的品牌组合即是基于价格进行组织，从低端品牌斯柯达、西雅特，到大众品牌本身，再至奥迪，最后是高端品牌宾利等。欧洲顶尖酒店集团雅高（Accor）也是通过推出一系列针对不同价格区间的酒店品牌而取得成功，按价格高低排列分别有：奢侈品牌索菲特、豪华品牌铂尔曼、高端品牌美爵、中端品牌诺富特和美居、经济型品牌宜必思。这些品牌酒店已全部进入中国市场。在基于价格细分的品牌组合中，我们往往把低价定位的品牌称为低端品牌（low-end）或入门级品牌（entry-level），把高价定位的品牌称为高端品牌（high-end）或声望品牌（prestige brand）。

第二，确定组合中不同品牌的角色以及相应的资源配置优先权。按优先权先后，处于第一位的是战略品牌（strategic brand）。它对于企业具有战略重要性，需要不断发展强大，因而也需要相应的资源配置。战略品牌有三种类型：当前的强力品牌，这种品牌产生可观的销量和利润，但不会成为现金牛的候选者；未来的强力品牌，即计划在未来产生可观销量和利润的品牌；关键品牌，即在未来间接地对销量和市场地位产生重要影响，对公司未来愿景或主要业务领域具有关键作用的品牌。处于第二位的是利基品牌（niche brand）。这种品牌在有利可图的利基市场中占有主导地位，但不可能成为强力品牌。处于第三位的是侧翼品牌（flanker brand）。它是用来抵制竞争对手的品牌。这种品牌建立与竞争品牌有更多的相似之处，使得战略品牌保持理想的定位。它们可能实现不了盈利的目标，但可以有效地削弱竞争对手的市场威力。处于第四位的是现金牛品牌（cash cow brand）。这种品牌立足于核心的细分市场业务，能保持有充足数量的消费者，但几乎没有增长潜力，事实上并无营销支持，但仍保持盈利性。这种品牌不应该再投资，而应把其产生的现金流用于其他品牌。

企业实施品牌组合战略要牢记关键准则。品牌组合不是单个品牌的简单累积，而应反映市场主导地位的总体战略；品牌组合的总体品牌资产要达到最大化。也就是说，任一品牌的存在都不能损害或削弱其他品牌的资产，品牌之间的相互重叠度应达到最小，避免相互蚕食。

四、发展品牌层级战略

品牌层级战略包括两大方面：一是品牌架构的层级；二是品牌组合的定位层级。前者是品牌化战略的基本考虑，即在产品上如何使用不同范围层级的品牌名称（包括其他识别要素）；后者是在产品上推出不同定位层级的品牌，形成面向不同目标市场的品牌组合。

（一）品牌架构的层级

品牌架构的层级（brand hierarchy）从顶端到底部可以有：公司品牌、家族品牌、个别品牌、修饰品牌（指产品款式或型号）以及产品描述。理论上完整的描述是一个产品有着四个层面的品牌名称；但是它们全部出现太过复杂，在实践中一般会做出取舍，最后的产品上通常只显示两个层级的品牌，有些层级被略去。但是两层级的品牌组合所带来的感觉是不一样的，因为每个层级的品牌都有独特的意义。例如，3M 的很多产品都使用三层级的品牌战略（比如 3M Removable Magic™ Tape），苹果公司则采用两层级的品牌战略（比如 Apple iPod）。

丰田汽车的品牌架构划分为四个等级：最高等级为公司品牌，也就是丰田汽车；第二个等级为家族品牌，包括丰田（Toyota）、雷克萨斯（Lexus）、赛恩（Scion）、大发（Daihatsu）和日野（Hino）5 个主品牌；第三个等级为产品品牌，如丰田这一主品牌下包括皇冠（Crown）、凯美瑞（Camry）、光冠（Corona）、卡罗拉（Corolla）等多个产品品牌；第四个等级是描述品牌，是对产品品牌的款式和配置的进一步描述，如卡罗拉被细分为标准款、运动款、天窗款、LE 款等多种型号，以示不同产品的区别，如图 8 - 1 所示。

公司品牌、家族品牌和产品品牌之间的层次关系要适度。家族品牌的布局，以及每个家族品牌下的产品品牌数量都应当合理，这样才能发挥每一层的作用。假设一个家族品牌下产品品牌过多，会出现两种情况：一种情况是强调产品品牌的鲜明定位，因而淡化了家族品牌的作用和意义，塑造家族品牌的资源也被浪费；另一种情况是凸显家族品牌的作用，因而难以区分其下众多的产品品牌的个性。

在整个企业品牌架构建设中，存在不同层级品牌的资源投入问题，即到底要建设哪个层级的品牌资产。在特定的层级投入的资源多，意味着在这个层级上的品牌打造的力度强。

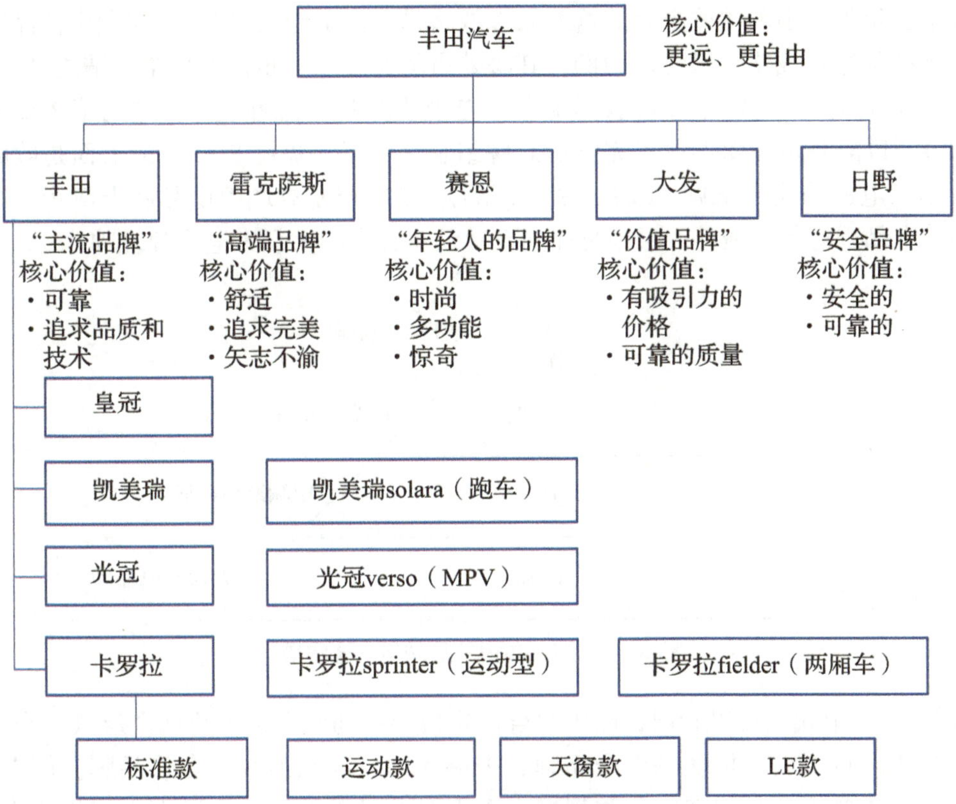

图 8－1　丰田汽车品牌架构

值得指出的是，产品描述可以帮助消费者熟悉和理解产品以及与竞争者的差异，因而也是品牌化战略的重要构成。一般情况下产品描述就是产品本身的名字而非品牌名字，但它可以成为品牌名称的一部分，一个特例如可口可乐。很多时候产品描述本身包含了产品个性的成分，尽管它不是品牌，但可能是一个新品类，比如说非油炸方便面，它被更多地提及能带来强化新品类的作用。因此，进行品牌化的方式取决于何种品牌呈现方式对于消费者的感知、态度和评价选择的影响最为有利。这是一个基本原则。

假设一家公司业务领域比较单一，整个治理结构比较简单，那么它的品牌架构相对来说比较容易建立。但如果一家公司是大型集团公司，拥有很多产业公司，存在控股、参股等不同股权关系，业务领域很广泛甚至不很相关，那么集团公司品牌和产业公司品牌之间的关系就变得复杂。集团公司通常是多元化的，它自身的品牌很重要；但是它往往没有具体的产业和产品，产品品牌都归属于其下的产业公司。那么两者关系怎么处理呢？这不仅仅是品牌化的问题，而且是整个集团的组织和战略问题。这就是我们在开展品牌战略的时候，要把它与公司战略和业务战略结合在一起考虑的原因。

（二）品牌组合的定位层级

品牌层级战略的另一个方向是在产品、产品线或产品品类上，推出更高定位或更低定位的品牌，这些品牌与原有品牌一起，形成自下而上的品牌组合金字塔，覆盖不同消费水平的目标市场，推进企业发展和增长。

近十多年来，中国优秀企业的重要品牌战略是“向上走”，即发展高端定位品牌，丰富和完善品牌组合战略。以海尔为例，其海外市场实施“三步走”战略，谓之“走出去、走进去、走上去”。卡萨帝品牌就是海尔“走上去”的标志性成果（详见第3章品牌实践3-2）。目前海尔集团形成了完整的品牌组合金字塔，见图8-2。最上面是收购的新西兰奢华家电品牌斐雪派克（Fisher & Paykel），第二层是高端家电品牌卡萨帝，第三层是中端家电品牌海尔，最下一层则是面向乡镇及年轻人的大众家电品牌统帅。

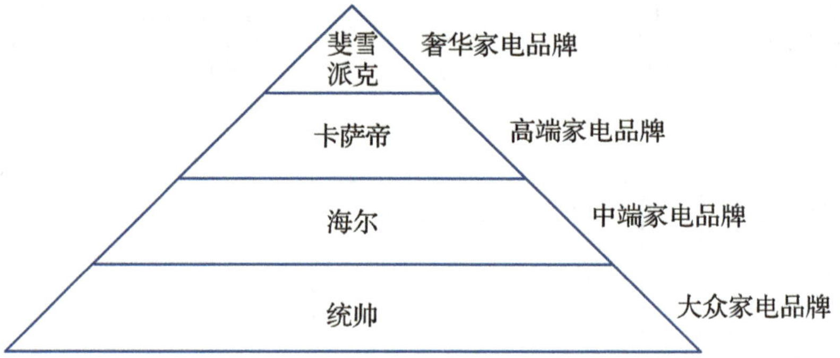

图8-2　海尔集团的品牌组合金字塔

从图8-2中我们可以看出，品牌组合的定位层级通常可以分为四个层级，类似于金字塔的结构。自下而上依次是大众品牌、中端品牌、高端品牌和奢侈品牌。简单地说，这些不同定位层级的品牌在定价和消费人群上存在显著差异，自下而上价格依次升高，消费人群相应变小。

学界对奢侈品（luxury）或奢侈品牌的定义并不统一，但我们可以认为包括如下这些核心：品质上乘的享乐型体验或经久耐用的产品；以远高于其功能价值的价格出售；品牌与传统遗产、特殊专门技术和文化相关联；有目的地限量限区域发售；提供个人化相关服务；体现社会地位，使拥有者或受益者深感与众不同，有一种优越感①。

高端品牌（high-end brand）通常是指质量上乘且价格昂贵的品牌。在学术上，还有类似的概念表达，包括溢价品牌（premium brand）、声望品牌（prestige brand）和大众精品（masstige brand）。这类品牌的声望（地位和排他性）和价格高于大众品牌但低于奢侈品牌，因而在口语中被称为“新奢侈品牌”或“轻奢品牌”（affordable luxury）。高端品牌同时具有高度的功能性和象征性，拥有卓越的品质（质量与科技含量）和具有美学价值的设计。这些特点与奢侈品牌一样，但高端品牌不以传统遗产为前提。因而，我们可以把高端品牌理解为当今时代诞生的“奢侈”品牌。

中端品牌通常是指质量可靠和价格适中的品牌，拥有功能性价值，但象征性价值很低；而大众品牌是质量普通和价格便宜的品牌，无象征性价值。与奢侈品牌、高端品牌和中端品牌相区分的大众品牌，也可以理解为低端品牌。

① Kapferer J N，Bastien V. The Luxury Strategy：Break the Rules of Marketing to Build Luxury Brands. 2nd ed. London：Kogan-page，2012：47. 有关奢侈品牌的文献回顾参见：Ko E，Costello J P，Taylor C R. What Is A Luxury Brand？ A New Definition and Review of the Literature. Journal of Business Research，2019，99：405-413。

第 2 节　设计品牌化战略

品牌化战略模式，通常也称为品牌架构的类型，有时也称为“品牌名称决策”或“品牌的形态和层次”，即品牌名称如何在产品的不同层次上使用。在本节中，笔者介绍品牌化战略的六种基本模式，接着再介绍品牌化的决策过程。

一、品牌化战略的基本模式[①]

从影响消费者的购买决策来看，六种品牌化战略各自扮演了不同角色。因此，它们适用于不同的情况和条件，并有各自的优缺点。一家公司往往使用多种品牌化战略，使得公司拥有的众多品牌处于一个复杂的结构之中。下面分别加以阐述。

（一）产品品牌战略

1. 基本内容

产品品牌战略有时也叫“个别品牌名称决策”。它的做法是给每一个产品一个独有的名字，并给予它们以相应定位，占领特定的细分市场。也就是说，即使同属于一个产品种类，但由于定位不同，产品有各自的品牌。如在洗发水中，宝洁的品牌有“海飞丝”（定位于去头屑）、“飘柔”（定位于使头发柔顺）、“潘婷”（定位于使头发健康）、“沙宣”（定位于保湿、超乎寻常的呵护）。在世界名表中，“欧米茄”、“雷达”（Rado）、“浪琴”（Longines）、“斯沃琪”、“天梭”（Tissot）等品牌系出自同一制表集团斯沃琪集团的姊妹产品。这种模式如图 8－3 所示。

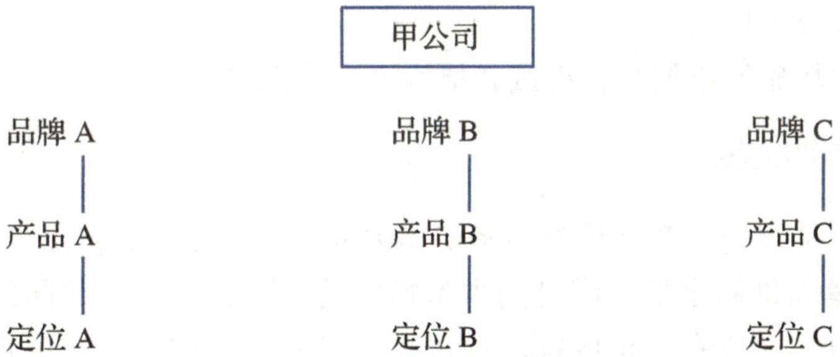

图 8－3　产品品牌战略

在这种品牌化战略下，品牌要得到发展，首先是不断地更新产品，但应保持它原有的定位。不可避免的是，定位的支持论据也会发生变化。为了迎合消费者求变的需要，品牌名称在设计上可以产生变化，就像包装的变化一样。

2. 适用场合与优势

产品品牌战略适用于以下情况：

① 六种品牌化战略的分类方式和示意图，请参考：卡普费雷尔．战略品牌管理：第 5 版．何佳讯，等译．北京：中国人民大学出版社，2020：328–339。

（1）当厂商对一个特定的市场具有战略上的需要时，适合采用产品品牌战略。宝洁的洗发水有四个重要品牌，这样就保证它在洗发水市场上获得极高的份额。

（2）当这些细分市场不是十分不同时，适合采用产品品牌战略。为每个产品选择不同的品牌名称，保证消费者看到的是不同的产品——当产品外表看上去相同时，这是必须做的。消费者很难看出洗发水有何不同（尽管它们在成分、功能等上有所不同），而特别的名称强调了产品间物理性质的差异。

（3）当公司对创新具有强烈的欲望时，适合采用产品品牌战略。产品品牌战略能够为公司抢先获得有利的定位。名称使得创新变成自己的专利，有效地抵御同行的仿制。

（4）产品品牌战略适用于处于成长中的市场。采用这种战略，会导致在研究开发、设备和商业费用上的投入（也是该战略的缺点），但因市场在成长，它取得投资回报的机会也是很大的。

（5）相对于电器类行业，产品品牌战略更多地被用于生活用品、食品、服饰等行业。

产品品牌战略具有以下优势：

（1）产品品牌战略能凸显产品个性，锁定目标消费者。如“欧米茄”代表着成功人士或名人的尊贵豪华的选择，“雷达”是高科技的象征，而“斯沃琪”则是前卫和时髦、潮流人士的首选。

（2）产品品牌战略允许公司在新市场上冒险。如果一个细分市场的前景不明朗，那么采用产品品牌战略，即便失败也不会影响到原有成功产品的品牌形象。

（3）产品品牌战略意味着公司的名称独立于公众之中。这样就给公司进入新的市场提供了自由的空间。

（4）产品品牌战略有助于获得有利的货架空间。因为零售商分配给公司货架空间的多少是与品牌数量成正比的。

（5）产品品牌战略能给低品牌忠诚者提供更多的选择。

（二）产品线品牌战略

所谓产品线，是指同一产品种类中密切相关的一组产品。它们以类似的方式起作用，定位于相同的质量和价格水平，满足同类型顾客的需要，出售给相同的顾客群，通过同类型的销售网点分销，或在一定的幅度内进行价格变动。比如，在化妆品门类中，各条产品线有洗发水、香皂、沐浴露、定型摩丝等。产品线品牌战略就是为同一产品线上的产品赋予同样的品牌。这种战略一般得益于最初产品的成功。

产品线扩展的成本不高于折扣和包装的边际成本。一般情况下，产品线采取整体的战略推出，它不需要额外的广告。产品线品牌战略有以下三项好处：首先，提高了品牌的销售力，有利于创造鲜明持久的品牌形象；其次，便于更进一步的产品线延伸；最后，减少了推广的费用。

这一战略的不利之处在于，产品线的扩展总是有限的，只能生产与现有产品密切相关的新产品，这点常常被人忽视。另一个问题在于，如果产品线中有一个非常强势的创新产品，将导致产品线的发展速度减慢。

（三）范围品牌战略

范围（range）品牌战略指对所有产品使用不同类别的家族品牌名称，给予一个具有相同能力水平的产品群以一个单独的名称和承诺。范围品牌战略也可称为类别品牌战略。它被广泛地应用于食品、化妆品、服饰、厨房用具、零配件和工业品上。“不同类别”系指一个范围较宽的组别，包含数条产品线。这种战略也可理解为“不同类别的家族品牌名称决策”。比如松下公司将它的音像制品品牌定为 Panasonic，家用电器品牌定为 National，立体音响品牌定为 Technics。国际羊毛局于 1998 年在中国市场首次推出纯新羊毛、纯美利奴羊毛、美利奴超细羊毛、可机洗羊毛和羊毛加莱卡五大分类品牌。纯新羊毛是指不含再生毛的优质羊毛（允许含有 5% 的、用于装饰或加强织物性能作用的非羊毛纤维），用于日常男女舒适便服；纯美利奴羊毛是一种极品羊毛，用于针织和梭织男女装；美利奴超细羊毛也是极品羊毛，主要用于男士西服；可机洗羊毛指经过特殊防缩工艺处理的羊毛制品；羊毛加莱卡用于制作时尚服饰。品牌把所有这些产品置于同样的承诺和定位上。上海家化的“清妃”品牌也是这种战略。该品牌不同于“美加净”，它定位于高品质的中高档化妆品品牌，承诺是“清新健康”。其门下的护肤、彩妆、香水系列共有 60 大类品种的产品均冠以“清妃”品牌。范围品牌战略如图 8－4 所示。

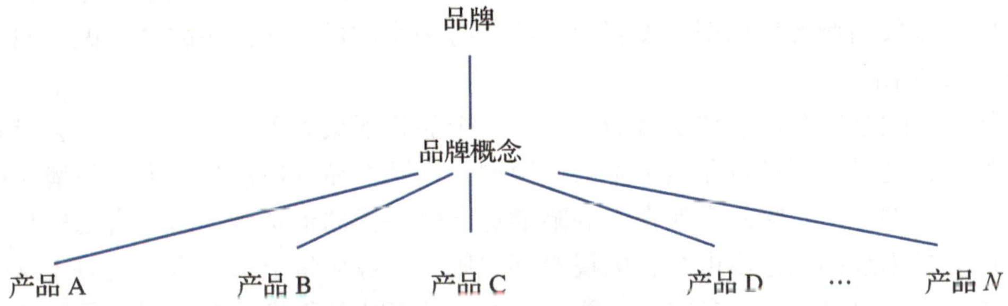

图 8－4 范围品牌战略

范围品牌战略的优点在于：首先，由于集中在一个单独的品牌下，避免了传播的随机分散，建立起来的品牌知名度能为所有产品所共享。更进一步地，这种战略能通过广告传达它的独特承诺。其次，推出新产品的成本花费不大。

这种战略的常见问题是，由于在一个品牌下集中了太多的产品，难免会出现与品牌基础不同的产品，从而对品牌个性产生负面影响。另一个问题是，具体产品的传播信息难免与整个品牌的承诺产生不一致。

（四）伞状品牌战略

伞状品牌战略是在不同的产品家族上冠以一个相同的品牌名称。它也可理解为“统一家族品牌名称决策”。国际上许多大公司都采用这种做法。例如：佳能用于公司的照相机、复印机和办公设备上；雅马哈用于摩托车、钢琴和吉他上；三菱用于银行、汽车和家用电器上；飞利浦用于音响、电视机、灯泡、计算机、电动剃须刀和其他小家电上。伞状品牌战略如图 8－5 所示。

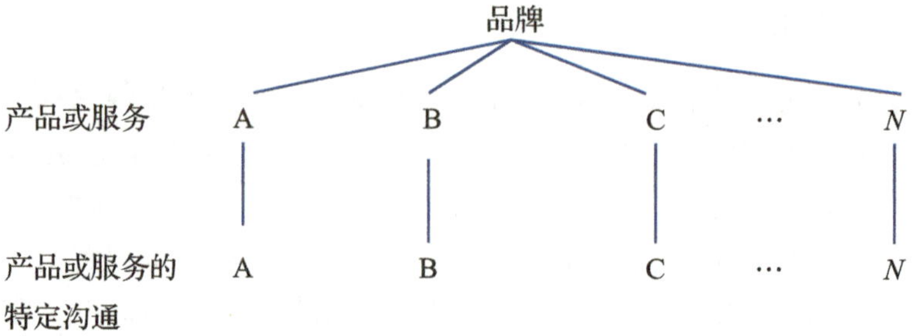

图 8-5 伞状品牌战略

这种战略最突出的优势在于企业把资产集中在一个单独的名称上，它的产品、传播和其他所有行动都对品牌声望贡献良多。伞状品牌战略适用于新产品与原有产品有较高的关联度、新产品的市场竞争不太激烈、新产品的主要竞争品牌并非专业品牌等情况。另外，该战略尤其适合跨国公司在进行世界性营销时采用。

伞状品牌战略具有许多优点：节省广告费用、有利于解除顾客对新产品的不信任感、能壮大企业的声势等。但企业要从伞状品牌战略中获益，需要具备如下条件：品牌在市场上已获得一定的信誉、各类产品具有相同的质量水平，否则会影响整个品牌的声誉。飞利浦公司对它所有的产品使用“飞利浦”这一品牌，由于产品在质量上存在极大的差别，所以大多数消费者仅期望“飞利浦”产品有平均质量。该公司的这一做法阻碍了自己优质产品的销路。

伞状品牌战略还会产生如下负面影响：一个品牌下聚集了太多的产品，会导致品牌定位的稀释，同时也不可避免地带来某些限制。不同产品部门总是致力于传播自己产品的特殊优势，例如，东芝的高保真音响瞄准更年轻一代的消费者提出了自己的口号，而微机部门力推卓越的笔记本电脑，电视机部门则在图像质量上做文章。这对于这些特定的市场来说本无可厚非，但各类产品所传播的不断变化的特定信息削弱了品牌的核心意义。延伸越多，品牌的杠杆力可能变得越弱。因此，这种战略主要适用于已经拥有高市场地位的强势品牌。而在一般情况下，要避免这个问题，就需要借助于品牌身份系统的建立（其具体方法见第 4 章）。

（五）来源品牌战略

来源品牌战略（有时也称为附属品牌战略）与伞状品牌战略相比，只存在一个关键的差别点：前者先对产品进行直接命名（子品牌），再拥有一个共同的母品牌，因而每个产品具有两个品牌，形成双重品牌结构。所以它也被称为“双重品牌化战略”，如图 8-6 所示。

在来源品牌概念下，子品牌有自己的信仰，但仍牢牢地受到家族精神的支配。来源品牌战略的益处在于能够把一种差别化感觉强加于子品牌身上。同时，通过子品牌名称的修饰和丰富，母品牌可以加强自己的价值和识别。因此，我们可以发现，子品牌和母品牌相互影响、相互促进，最终吸引一个特定的细分市场。雀巢公司在全球采用的就是这种战略。

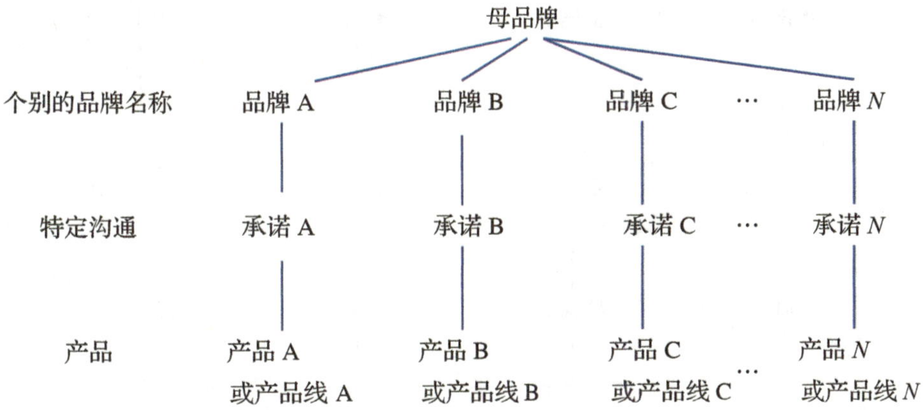

图 8－6　来源品牌战略

来源品牌战略的一个危险是超越母品牌核心识别的限制。这意味着要保持对品牌延伸的严格界限，只有经过鉴别、可靠的名称才可以在母品牌的活动范围内使用。

关于来源品牌战略，雷吉斯·麦肯那（Regis McKenna）提出了“银色子弹”的说法。所谓“银色子弹”，指的是子品牌被当作一种改变或支持母品牌形象的工具，这种现象在高科技领域较多。比如，索尼公司的随身听为“索尼”提供了创新迷你化的核心识别。还有奔驰 206、福特的金牛座、苹果的麦金塔等，都为其母品牌扮演了“银色子弹”的角色。

（六）担保品牌战略

如果一个品牌要寻找更大的自由，那么担保品牌战略（也称为背书品牌战略）可能更加适合。担保品牌战略与来源品牌战略比较相似，区别在于前者的母品牌和子品牌属于比较松散的关系：对市场来说主要是子品牌（产品品牌）在起作用，母品牌并不突出，只是起到“背书”或担保的作用（担保品牌往往是公司品牌）。在产品品牌、产品线品牌或系列品牌共同作用之下，担保品牌战略支持产品分类的广泛变化，如图 8－7 所示。例如，公司母品牌“雀巢”为全部产品提供信任、质量保证、信誉和竞争力，产品品牌（如美极（Maggi）、雀巢咖啡、奇巧、八点以后等）则提供口味、感觉等特殊的价值和个体经验。同样，雪佛兰、庞蒂克（Pontiac）、别克和奥兹莫比尔（Oldsmobile）等 40 多个品牌同属于通用汽车公司的“GM”品牌名下，但定位各不相同。除非有特殊情况，一般消费者只意识到产品品牌本身，而每个产品的品牌可以自由地表现其创新性，因此产品品牌的名称和符号在使用上呈现出广泛的变化。

担保品牌战略的主要优点是能够获得很大的调遣自由。以雀巢为例，如果采用来源品牌战略，则一些与婴儿食品和儿童巧克力相关的特殊形象必然影响到产品品牌的发展，而担保品牌战略却为雀巢带来了无限的发展空间，使它的产品领域涵盖咖啡市场、汤料市场等。

在担保品牌战略下，产品品牌共享担保品牌承担的认可作用，包括标准化的质量、科学技术和对公众的责任，以及生态环保的关注等。

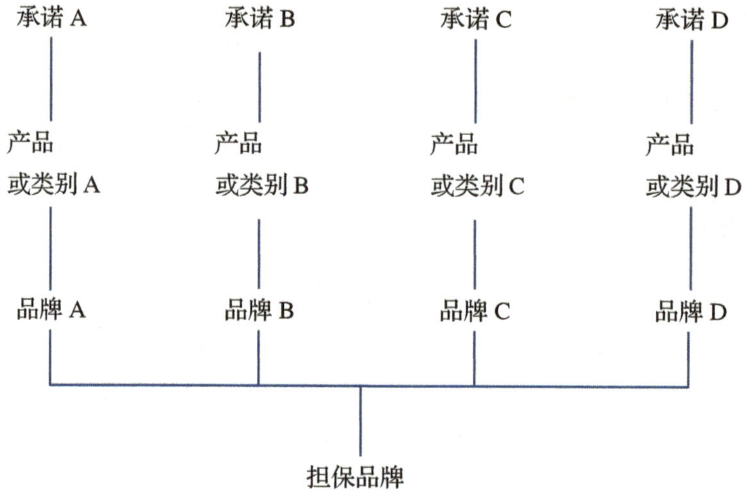

图 8-7 担保品牌战略

来源品牌战略是母品牌为主，子品牌为辅；担保品牌战略是子品牌为主，母品牌为辅。需要注意的是，两者不是非此即彼的，在实际应用中存在很多微妙、折中的组合方式。担保品牌战略也可以向来源品牌战略转化。例如福特汽车公司拥有母品牌“福特”，子品牌包括金牛座（Taurus）、探索者（Explorer）、林肯（Lincoln）、水星（Mercury）、美洲虎（Jaguar）等。以往母子品牌之间属于松散的关系，即福特属担保品牌的性质。现在公司意识到了母品牌的重要性，把促销重点放在提高母品牌形象的宣传上，将每个子品牌都与之联系起来，使子品牌既有益于加强母品牌形象，又能受益于母品牌形象。这与通用汽车公司的策略正好相反。

以上这六种品牌化战略都是公司的典型做法。事实上，很多公司采用了产品品牌战略、伞状品牌战略、来源品牌战略或担保品牌战略的混合结构。毋庸置疑，许多混合情形的产生是因为在新产品的不断开发过程中很少对品牌决策做出严格的选择。如果缺乏对一个品牌整体运作和其与产品关系的预想计划，将导致品牌化政策的总体混乱，这无疑对品牌资产造成内耗。

二、品牌化的决策过程

选择一种品牌化战略的方式，必须以建立长期品牌资产的目标来推广产品。它至少受到三种因素的制约：产品或服务、消费者习惯以及公司的竞争性地位。品牌化决策除了涉及要确定选择一种模式或类型外，还有许多问题要考虑。

（一）是否使用品牌

这是公司的第一个决策，即是否一定要给产品冠以品牌名称。从历史传统来看，大部分产品均无所谓品牌。随着商品经济的发展和市场竞争的日趋激烈，品牌日益显示出其重要作用。尽管使用品牌意味着要付出成本，诸如宣传推广费、标签费和法律保护费等，并为之承担着市场接受与否的风险，但这种做法还是成为大多数公司的必然选择。

这是因为使用品牌给公司带来一些明显的益处：可以使公司比较容易处理订单和查询；对产品的独特之处提供法律保护，不被竞争者仿制，并且加速公司创新和提高产品品质；有利于维系顾客对产品的忠诚度；有利于细分市场和建立公司形象；等等。

这里举个例子。中国是茶叶的原产国，上海是我国茶叶交易量最大的市场，人均年消费茶叶大约600克，拥有大大小小的茶叶店4 000多家，但销售渠道的多元化在提供方便的同时也引发了生产的良莠难分、鱼龙混杂的局面。无论是西湖龙井还是黄山毛峰，都仅仅是当地一个普遍意义上的土特产品，没有品牌注册，也没有统一的质量标准。为此专家呼吁：走出单纯的产地地域概念，以品牌指导生产，净化茶叶市场。上海黄山茶叶公司在名优茶产地建立基地，以品牌保证质量，推出的“叙友”牌茶叶受到好评。

然而在某些情况下，一些日常消费品和药品又回到了“无品牌”（no branding）的状态。在20世纪70年代早期，法国超市的创始者家乐福就在店中推出一系列“无品牌”、包装简易、售价较低的普通商品（generics）。

商品不使用品牌，主要是由以下几种因素决定的：

（1）商品本身的性质和消费者习惯。一些商品由于本身的性质，很难在生产过程中形成与其他同类商品相区别的重要特色，消费者在选购中也没有识别商品来源的要求，如蔬菜、水果、食盐、糖、电力和一些小型零部件等。不过，市场竞争机制正渗透于更广泛的领域，这类现象已有极大改观。比如在我国，农产品大米“七河源”“乐惠”等都采取使用品牌的策略。此时关键的问题已变成对使用品牌的边际成本和边际利益的考虑。

（2）商品的生产临时性、一次性或短期行为。这些商品不需要使用品牌（但有些公司仍标明厂商名称以对消费者负责）。

（3）针对特殊的细分市场。此时不使用品牌，商品的售价便宜，满足特定消费者的需求。

（4）商品的生产没有一定的技术标准，品质差别不大。这些商品例如小农具以及数目繁多的小商品。

（二）品牌使用者决策

在决定对产品使用品牌时，制造商在如何使用品牌方面有五大类选择。

1. 使用制造商品牌（manufacturer’s brand）

这种品牌也称为“全国性品牌”（national brand），表示制造商自身为该产品的推出人。对制造商来说，使用自己的品牌无疑是建设品牌资产的首要途径。全世界许多著名品牌如可口可乐、万宝路都是经营者几十年、上百年长期投资与努力的卓越结果。要建立品牌，有三点是必须做到的：积极的品牌评价；认可的品牌态度；长期持续的品牌形象。品牌一旦建立，并处于良好的管理之下，那么其带来的利益可能是长远的。

2. 使用分销商品牌（distributor’s brand）

制造商将产品以大宗方式售予销售商，由各销售商自定品牌，推向市场。以这种方式推出的品牌也称为自有品牌（private brand）、商店品牌（store brand）、中间商品牌（middlemen brand）和经销商品牌（dealer brand）等。

在发达国家，使用分销商品牌的现象有上升趋势，制造商品牌和中间商品牌之间的竞争非常激烈，甚至被称作“品牌战”。

3. 兼顾使用制造商品牌和分销商品牌

制造商还可能将某些产品标上自己的名称，而将某些产品标上分销商的品牌出售。例如惠而浦公司生产的产品既用自己的品牌，又用分销商的品牌。

由于顾客愿意购买具有良好商誉的企业出售的商品，制造商就需要衡量自己的品牌和经销商的品牌在市场上的声誉，然后在采用哪个品牌上做出决策。一般来说，如果企业要在一个对本企业的产品不熟悉、不了解的市场上推出产品，或者本企业在市场上的商誉远远不及分销商的商誉，则适宜采用中间商品牌。等到商品为市场所接受后，再转而使用制造商品牌，或者两者同时使用。

4. 使用特许品牌（licensed brand）

使用特许品牌即通过付费的形式，“租用”对消费者已拥有魅力的品牌名称进行经营，这在儿童玩具、游艺活动、食品、服饰等领域广泛使用。供特许使用的品牌通常有这样一些特点：由其他制造商想出来的名称或记号、知名人士的姓名、流行影片和书籍的人物。“迪士尼”就是一个著名的特许品牌，它通过特许经营发展玩偶消费品等，涉及品类从圆领衫、手表、书包、玩具、台灯、钥匙扣到蛋糕、冰淇淋等，每年的营业额近10亿美元，利润达1亿美元。

5. 使用购买的品牌

除了获得品牌的特许使用权外，越来越多的企业还倾向于购买或并购品牌。这的确是某种程度上快捷占领市场的一种好方法；但考虑到新的品牌能否融入自身的公司，是否与公司的形象、地位有冲突，公司是否有管理这一品牌的能力和经验等问题，需要慎重决策。从现实来看，购买品牌将越来越流行。1988年，瑞士雀巢食品公司以总额10亿多美元的价格买下了英国罗特里公司，获得的是该公司财务报表上从未出现过的东西——宝路、奇巧以及八点以后等产品品牌。

（三）品牌策略决策

当公司进入品牌策略阶段时，面临五种选择：产品线延伸，即以现有品牌名称将新的产品型号、式样增加到现有产品类别中；品牌延伸，即将现有品牌名称延伸到新的产品类别中；多品牌（multibrands），即同一种产品类别采用多个品牌名称；新品牌，即为某一新增产品类别设立一个新的品牌名称（前述四种如图8-8所示）；联合品牌（cobrands），即品牌使用两个或更多著名品牌名称。

1. 产品线延伸

产品线延伸是指公司在现有产品类别中增加新的产品项目（如新口味、新色彩、新配方、新包装等），并以同样的品牌名称推出。新产品开发活动绝大多数属于产品线延伸。其目的是满足消费者多种多样的需要和抵御竞争者，或是占据更多的货架空间。

产品线延伸也涉及多种风险。比如，有时会使品牌名称失去其特定含义；有时会因销售量不足而“入不敷出”；或者，虽然销售增加了，但这种增加是以企业其他产品项目销售下降为代价，实际上并没有给企业带来真正的效益。因此，成功的产品线延伸应是通过抑制竞争者产品的销售活动来达到本企业产品销售的增长，而不是本企业产品的自相消长。

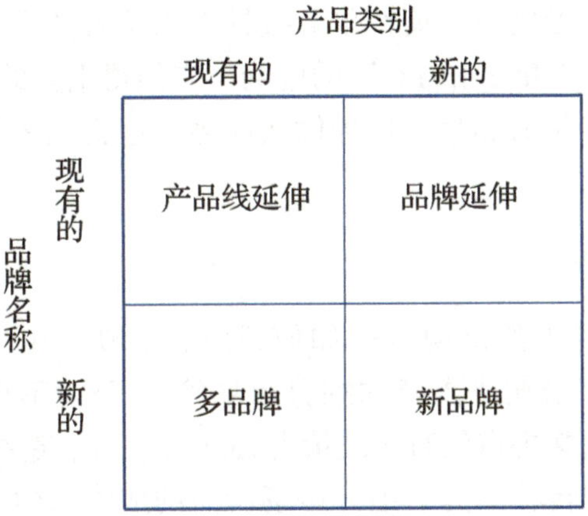

图 8－8　四种品牌策略

2. 品牌延伸

品牌延伸是指以品牌名称推出新类别的产品。比如，海尔在推出冰箱、空调、洗衣机等成功后，又相继把品牌延伸到吸尘器、洗碗机、电熨斗、干燥机、电脑、电视机等上。品牌延伸的优势是明显的，它可以使新产品迅速得到市场的承认和接受。它是品牌经营的一项重要内容（本书将在第 9 章做专门阐述）。

3. 多品牌

公司经常在同一产品类别中增设多种品牌。这种策略存在多种动机：有时公司把它当作一种针对不同购买动机、确立不同特色或诉求的有效方法；有时为了保护自己的主要品牌而设立若干侧翼品牌。例如，精工手表就为不同价格手表确立了不同的品牌，高价品牌是“拉塞尔”，中档价位品牌是“精工”，低档价位品牌是“琶莎”和“洛斯”。

4. 新品牌

当公司推出新的产品类别时，可能发现现有品牌名称都不能用于新产品上，或是对新产品来说有更好、更恰当的品牌名称。例如，春兰集团以生产空调闻名，当它决定开发摩托车时，采用“春兰”这个女性化的名称就不太适合，于是公司拟了新的品牌“春兰豹”。养生堂从原来的保健品延伸到饮用水生产时，使用了更好的“农夫山泉”品牌。

5. 联合品牌

联合品牌化（也称为双重品牌化，dual branding）现象有上升趋势，即在产品上联合使用两个或更多的著名品牌。每个品牌使用者都希望另一个品牌名称能够加强品牌表现或购买意图。

联合品牌化有一些运用的变式。一种称为“组成的联合品牌化”，如“三枪”的广告声称它的产品使用了道康宁公司的“保而爽”——一种可令纺织品保持清爽及气味清新的抗菌防臭加工技术。另一种是“同一公司的共同品牌化”，如摩托罗拉的一款手机既有摩托罗拉的品牌，又有注册为专用商标的“掌中宝”。再有一种是“合资的联合品牌化”，如在日本，日立的照明灯泡使用“日立”和“GE”两个品牌。最后一种是“复合推出人的联合品牌化”，往往是技术联盟的形式，如“IBM”与“英特尔”。

以生产电脑“心脏”——微处理器 CPU 而闻名的英特尔公司是以最终产品来建立自

己的品牌身份的少数成功者之一。英特尔直接针对消费者的品牌运动促使许多个人电脑的购买者意识到要购买有“Intel Inside”的电脑。它使得重要的PC制造商如IBM、戴尔等以更高的价格购买英特尔的芯片。这种做法应当引起提供零部件、原材料或成分的厂商的重视。

（四）品牌再定位策略

不论一种品牌在市场上的最初定位如何适宜、成功，由于情况的发展变化（如竞争影响、顾客偏好转移、公司进入新的细分市场等），公司不得不对品牌考虑重新定位（repositioning）。在做出品牌再定位时，决策者必须衡量两个基本因素。

首先，应考虑将品牌转移到另一细分市场所需的成本，包括产品品质改变费、包装费和广告费等。一般来讲，再定位的跨度越大，所需成本越高。

其次，应考虑品牌定位于新位置后可能产生的收益。收益大小是由以下因素决定的：某一目标市场的消费者人数，消费者的平均购买率，在同一细分市场竞争者的数量和实力，以及在该细分市场中为品牌所要付出的代价。

三、公司品牌化

越来越多的企业认识到了公司品牌的重要性，逐渐把公司名称从后台转移到前方，试图借之对产品品牌施加影响；同时，企业本身又拥有很多产品品牌，它们同处于一个品牌系统之中。不难发现，许多国际强势品牌都是企业品牌，也即以企业名称作为本企业产品的品牌或母品牌。比如公众耳熟能详的可口可乐、IBM、索尼、麦当劳、迪士尼、本田、宝马、大众等品牌。在我国，一些势头正旺的名牌也为企业品牌，如海尔、长虹、联想等。

企业品牌的兴起受到下列因素的影响：企业接管、兼并及内部重组的增多；产品生命周期的加速，致使企业品牌受到更大关注；意识到企业识别是服务性行业中显示差别的一种重要方式；金融服务业的加速发展和营销新概念的采纳；企业的日趋国际化；企业识别被认为比广告更有效、更有价值；商业行为准则的规范；等等。

宝洁公司的主要管理者决定，公司的未来将以“最终的企业的产品”推出。正如品牌专家斯蒂芬·金（Stephen King）所写：“企业品牌将成为重要的识别标志，也就是说消费者在选择时，并不那么看重产品或服务所能给他们提供的功能性利益的价值，而是更多地取决于选择产品或服务前对公司人员的评价，即他们的技能、态度、行为、风格、语言、环保意识、是否为他人着想、交流模式和反应速度等——这实际上就是整个企业文化。从本质上来说，在20世纪90年代里品牌的建立将会……与服务的营销而不是原来意义上的品牌构建更为接近。”企业必须认识到，放在架子上的并不只是产品，还包括企业的行为。企业品牌一个明显的功能是有助于公司与消费者建立起一种关系；而其动力来自消费者的想法，即希望在所购买的产品背后有一个值得信赖的组织作为保证。

在国际上，日本企业的品牌竞争力超过欧洲企业，仅次于美国企业。日本企业在品牌战略上有着不同于其他国家企业的鲜明特色——非常重视企业品牌的建设。日本企业共同的做法是把企业品牌作为一个母品牌，在母品牌下，根据产品开发和生产的系列，再确定不同系列产品的子品牌。我们熟知的丰田、三菱、日产、松下、日立等都是采用这种伞状品牌战略。无数成功的新品牌背后，都有知名企业品牌为其背书，以获得消费者的信任和肯定。

强有力且受欢迎的企业品牌具有一系列独特的利益：在竞争越发激烈的商业环境中成为重要的差别化沟通工具；赋予产品和服务以附加价值；树立起竞争壁垒；支撑着世界级的营销组织；吸引优秀雇员；吸引投资；有利于建立和发展与顾客的关系，引发持续的消费需求；建立可信度；让企业文化和理念更清晰地为公众所知；等等。这些都是得益于公司行为的实际结果。

然而与消费者能实际触摸到的产品相比，消费者对于企业的认知更为抽象。因此，企业在品牌化的过程中，要有意识地建立消费者对企业的组织联想。建立组织联想可以从以下途径着手实施。

（一）社会 / 社区导向

社会 / 社区导向的建立可以让人产生“好企业、好公民”的印象。具体做法是向公众传达企业关注社会、生态环保，积极参与社区活动的信息。例如 IBM 在中国的战略任务很明确，那就是与中国的经济一起发展，成为一个企业公民，在电子商务时代为中国的信息产业进步做出贡献。

坚持社会 / 社区导向要遵循以下基本原则：确定焦点，以使识别清晰；持久贯彻，以获得累积效果；选择与行业相关的议题，使主张与品牌结合；主张口号化，以获得更佳的沟通效果。只有这样才能符合品牌创建的要求。

（二）品质诉求

这里的品质诉求，是指企业对品质管理的措施与贡献，而非局限在某个产品品质上。例如海尔的品质理念是“精细化、零缺陷”，辅以“优秀的产品是优秀的人干出来的”管理理念，引导员工走向管理的最高境界——“自主管理”。它的一个工具被称为“OEC”管理法：日事日毕、日清日高（Overall Every Control and Clear）。意思是说，今天完成的事情必须比昨天有质的提高，明天的目标必须比今天高。为此海尔全方位地对每天、每人、每件事进行清理与控制。

（三）创新能力

创新能力与对创新的追求是企业联想的重要构成。具有创新性的企业可以给消费者留下与时俱进、专业性强、值得信赖和具有吸引力的印象。

上海家化在竞争中注重科技创新，以此形成的“核心创造力”已经成为振兴和发展民族工业的宝贵财富。上海家化的创新能力生成于多方面：发展基础学科研究，建立强大的技术中心和培训中心，注重高层次人才的引进、培养和提高，加强与国际大公司的合作等。

（四）对顾客的关注

把“顾客至上”视为企业的核心价值有利于建立起消费者对产品或服务的信心，让消费者产生“被重视”的感觉。“顾客至上”不是一句口号，而是要在企业具体行为中体现出来。通常这样的理念反映在企业所有的营销计划中，并通过广告对外进行传播。

（五）曝光率与成功表现

企业本身的“曝光率”会影响消费者对其规模和竞争能力的印象。对消费者而言，和一个有着丰富资源和悠久历史的企业打交道，往往会觉得比较安心，尤其是在科技领域。而企业的成功表现也能让消费者减少“认知的不协调”，因为消费者知道除了自己之外，还有很多人也正在使用这个品牌。

在赢得企业的曝光率和成功表现上，拥有一位能清楚代表或表达企业联想的领导人是相当关键的。这些领导人往往能让企业新闻更具新闻价值。

（六）当地化或全球化

当地化策略可以拉近消费者和品牌之间的距离。懂得亲近消费者，才会赢得消费者的心。例如，从手工作坊起家的德国人弗里茨·汉高（Fritz Henkel）和他的两个儿子在1876年创立的汉高公司在跨国并购中常常采取保留当地品牌的做法。在中国，汉高与北京丽源公司组建的合资企业，赋予原有的“光明”品牌全新的内涵；在上海的合资企业汉高可蒙，又将当地消费者熟悉的“孩儿面”品牌换上了全新的外衣。

而“全球化”通常意味着更长的产品和企业寿命、更多的资源以及产品未来的承诺。很多人会假设，全球性品牌拥有较优良的技术、愿意大笔投资于研究和开发。

第3节 规划公司品牌政策系统

品牌架构和品牌组合的复杂性对企业品牌系统的管理提出了要求。我们需要在品牌架构和品牌组合的基础上，对每个品牌的身份和定位，以及品牌与产品之间的关系、品牌和品牌之间的关系等做出基本界定，并使之成为公司品牌政策的核心内容。这些政策与品牌平台文件（参见第4章第4节）一起，共同构成公司品牌战略的纲领性文件。在制定文件的过程中，需要注意如下这些方面。

一、确定品牌系统目标

在上一节中，已经讲过企业的六种品牌战略。事实上，一个大（中）型企业拥有众多的品牌，往往并不是单独使用一种战略的结果。这“一屋子”的品牌，好似一个“品牌家庭”，具有一种层次结构：在伞状品牌下是范围品牌，在范围品牌下是产品线品牌，在产品线品牌下是产品品牌。这时，我们需要对品牌家族进行系统管理，以使每一个品牌都有一个明确的角色以及一种与其他品牌之间的互动关系，最终形成一种整合的力量。这种系统思考的观点有助于企业的资源配置。

美国电话电报公司（AT&T）有大约1 500个品牌，通用汽车旗下有40多个品牌。在这种复杂的情形中经营众多品牌，不能将它们看作个别的表演者，而必须把它们当作系统的成员之一，使之彼此支持，形成合力。显而易见，一个品牌除了可以承诺自己的价值主张外，还可以协助其他品牌创造价值。因此，建立品牌系统的目标就是让整个品牌系统都受益于对任何一个品牌的投资。具体来说，品牌系统的目标包括如下几个方面：

（1）利用共同的特性产生整合力量。利用品牌名称之间的关联性、共同风格或与品牌身份的某种相关性，使品牌系统产生合力。例如，海尔的“帅王子”（冰箱）、“帅英才”（空调）、“小小神童”（洗衣机）等之间就具有共同特征和风格，忠诚于海尔的品牌身份。

（2）减少对品牌身份的破坏。如果没有品牌系统的目标前提，那么品牌之间展开的竞争有时会伤及其中一个品牌。在品牌系统目标下，任何一个品牌的执行都要考虑整体系统的效益。

（3）提供对产品的清晰分类。品牌系统的目标应该对公司提供的所有产品进行清晰的分类，减少混淆。如上海家化在进军中药产品领域时，就使用具有明显中国文化色彩的新品名“汉殷”。

（4）促进改变和适应变化。为应对外在因素，所有的品牌都需要适应和改变——要以一种有效的方式，使整个品牌系统处于良好的运转状态。

（5）合理分配资源。每一个品牌的创建都需要经济资源的支持。在品牌系统的目标下，对每一个品牌的投资决策都要考虑它对整个系统所产生的影响，而不能局限在该品牌的收益上。

二、确定公司品牌和产品品牌的合理关系

除了确定品牌系统目标外，还要在企业品牌与众多的产品品牌间建立起一种合理的结构，把一部分的品牌身份要素与企业结合起来。这些要素包括价值观、文化、创新能力、资产与技术、成功和社会责任、对顾客的关注等。在实践中，要恰如其分地确定企业名称和产品名称与这些身份要素相关的权重，为此应该逐一分析在各种目标中它们各自发挥效用的能力。

多乐士（Dulux）是一个装饰涂料的高档知名品牌，但很少人知道它的公司叫英国帝国化学工业集团（ICI）。现在，ICI 公司意识到企业品牌的重要性，并试图把自身强调技术和研究的价值意义附加在“多乐士”品牌上。那么，ICI 公司是如何运作的呢？它发展了三种品牌化的政策。

一是自上而下的政策（伞状品牌政策）。在未品牌化的一系列技术产品上标上 ICI。公司名称已经够用了，无须再为每种产品确立各自的品牌，因为它们大多数都是为公司的主要客户定制的。这是 ICI 聚氨酯产品的情况。

二是手拉手政策（担保品牌政策）。ICI 为著名的大众市场品牌的顾客带来了公司声誉和技术与品质的保证。例如，多乐士作为世界涂料的最大销售品牌之一，重新用上 ICI 标识。

三是单一的产品品牌政策。例如销售情况最好的纤维品牌之一 Tactel，其与 ICI 不建

立任何联系。因为 Tactel 服务于流行产业，它需要与化工产业的形象保持远距离。

三、确定合理的品牌数目

为了使公司的品牌系统高效率地运作，还必须确定合理的品牌数目。品牌太多容易导致顾客印象杂乱、相互抵触，造成资源分散，降低投资效益；品牌太少则会导致整体竞争力薄弱、市场风险增大。因此，企业必须确定一个标准，控制新品牌的增加和老品牌的退出。

在建立现代企业制度过程中，我国许多国有企业已采用并购、重组等资产经营方式组建集团公司、控股公司，这往往使组建后的新企业拥有过多的品牌。如何形成合理的品牌结构关系到并购重组的成效。要使国有资产保值增值、盘活存量资产、形成规模经营，一个总体的原则是：精简品牌数目，聚焦优势品牌。特别是要清理摇摇欲坠的品牌，把释放出来的资源分配到消费者青睐的少数优秀品牌上（具体将在第 15 章第 4 节“品牌并购与整合”展开讲述）。

角逐国际市场和全球市场，也需要企业集中资源，形成合力出击。因此，精简品牌数量成为跨国公司经营管理的一种共识。即使是那些全球知名的大公司，也不会拥有足够的资源来长期推广那些经由兼并、收购积累起来的著名品牌。作为多品牌公司的代表，宝洁公司检核公司旗下各个品牌的绩效，假如成效未达到宝洁所设定的获利能力，或者影响整体效益或管理效率，宝洁便将之转让或停售。美国有一个名为诺沃蒂的相对年轻的药业公司，它是由希巴-葛蒂公司和桑多兹公司合并而成的。该公司拥有合并带来的几百种品牌，如果公司的营销人员全部加以推广，那么显然公司的预算就太分散了。诺沃蒂公司筛选出具有国际潜力的品牌，而将其他品牌“残酷”淘汰掉。

四、制定品牌指导方针

为了在一个多品牌的企业中建立一种合理的品牌新结构，并保持战略执行的连贯性，就需要清楚地表达各种品牌间的联系和关系，以使企业的能力尽可能完善。这需要借助于严格制定的品牌指导方针，尤其对于销售大量产品的国际性公司来说更是如此。GE 公司制定的品牌政策如表 8-1 所示。

表 8-1　GE 公司的品牌指导方针

四种供选的品牌化政策	备注
统一的政策	GE 当作一个伞状品牌，显示它是产品或公司的一个单独品牌（如 GE 飞机发动机、GE 发动机）
担保的政策	借用 GE 表示与一种专门产品或公司名称的邻近关系（如 GE-X）
持有的政策	GE 以分离的形式来表示（如 X，GE 集团的成员）
独立的政策	独立的产品或公司，不与 GE 产生关系

续表

四种供选的品牌化政策	备注
六条决策准则	
GE 控制这个公司吗？	是 / 否
在这个公司里，GE 是否有一个承担的义务？	是 / 否
这个产品类别是否具有形象价值？	有力的 / 无力的
在这个产业里，GE 是否有品质上的期望？	是 / 否
现有品牌身份的资产是什么？	弱 / 强
GE 形象带来的影响是什么？	高 / 低

资料来源：Kapferer J N. Strategic Brand Management：New Approaches to Creating and Evaluating Brand Equity. New York：The Free Press，1992.

总之，品牌政策文件很重要，应该成为企业管理制度的基本组成，成为企业制定战略规划、实施品牌战略的纲领性文件。在员工教育和高管培训中，品牌政策文件要成为学习和研讨的课程内容。特别是在集团公司和跨国公司中，这种学习和研讨尤为必要。

品牌实践 8－1 青岛啤酒

青岛啤酒最早是由英、德商人共同创办的一家啤酒厂，距今已经有 118 年历史了。它深厚的传统文化底蕴，搭配最初的外资血统，让青岛啤酒成为我国最早走向国际化、高端化的啤酒品牌，也成为我国最注重品牌影响力的企业之一。

“产品品牌战略”是给每一个产品一个独有的名字，并给予它们各自的定位，占领特定的细分市场（低、中、高端市场），即使它们属于一个产品种类（啤酒）。和其他啤酒企业一样，青岛啤酒的品牌多元化主要是为了由中低端市场向高端市场扩张，占据更大的市场份额。通过不同的品牌名称，青岛啤酒给自己不同的产品以独特的定位和身份（见表 8－2）。消费者会意识到“经典系列”是物美价廉的产品，而“皮尔森”是高端化、国际化的产品，从而在头脑中形成相应的品牌知识。

表 8－2 青岛啤酒品牌-产品矩阵

产品：啤酒		
品牌 1	青岛啤酒经典系列	经济型
品牌 2	炫奇果啤	
品牌 3	崂山	
品牌 4	奥古特	中档型
品牌 5	全麦白啤	
品牌 6	纯生	
品牌 7	经典 1903	高档型
品牌 8	青岛黑啤	
品牌 9	皮尔森全麦	

作为新兴经济体的一家企业，青岛啤酒并没有太复杂的品牌层级。在纵向上来看，青岛啤酒的品牌架构就是企业品牌（青岛）—个别品牌（如崂山、奥古特等）—修饰品牌（如崂山 8° 中超球星定制款、崂山 10° “崂友记”款等）。每个具体产品的定位、价格、包装、酒精度数都不相同，以满足不同消费者的需求。

在横向关系中，青岛啤酒的品牌架构则有些复杂。一般来说，品牌的横向关系从紧密到分离，主要分为“品牌化的组合”“副品牌”“担保品牌”“多品牌组合体”。而青岛啤酒并没有局限于使用其中的某一个。在经济型品牌中，青岛啤酒的设置更倾向于“品牌化的组合”。因为经济型品牌的资产一般较弱，所以需要加强与母品牌的联系。例如，炫奇果啤尽管有自己的品牌名，但还是需要母品牌进行担保，以降低品牌营销成本。此外炫奇果啤差异化的定位（低浓度、水果味、女性市场）也有助于加强青岛啤酒的品牌价值和身份。

在中高档的品牌中，青岛啤酒采取的则是关系较为分离的“多品牌组合体”。一方面，这是因为青岛啤酒想要避免其余低档子品牌对高档品牌定位的不利联想；另一方面，也是向消费者传达了一个全新的品牌知识。例如在皮尔森全麦啤酒的包装中，你就很难发现母品牌青岛啤酒的元素了。皮尔森全麦啤酒金色的包装、流畅的英文标识，让它看起来就像是一个高端大气、异域风情明显的国际品牌（见图 8－9）。皮尔森的广告语是“敢于纯粹”，“多用 50% 时间，多用 50% 成本，全麦酿造”。

图 8－9　皮尔森全麦啤酒

青岛啤酒的品牌-产品矩阵是一个在广度上很窄，在深度上很深的品牌架构。青岛啤酒并没有在产品品类上贸然使用多样化战略，而是聚焦从事啤酒的生产。在啤酒这个产品种类中，青岛啤酒建立了很多品牌，以最大化市场份额，避免忽略掉潜在的消费者。

青岛啤酒的品牌化模式和品牌架构是为其整个品牌战略服务的。在竞争激烈的中国啤酒市场，高端化、国际化是各大啤酒商的战略选择。迄今为止，青岛啤酒几乎获得过所有与啤酒有关的奖项，其产品质量已经足够支撑它向高端市场扩张，青岛啤酒做的就是对其高端产品进行品牌资产积累和建设。

青岛啤酒采取“产品品牌战略”，赋予每一个产品单独的品牌名称，锁定不同的目标消费者，囊括了从低端到高端的所有细分市场。值得我们注意的是，这些品牌之间的联系程度、与母品牌之间的联系程度并不相同。中低端品牌之间的联系会更加紧密，也会更注重与母品牌青岛啤酒建立品牌联系，以获得较好的品牌联想，减少品牌资产建设中耗费的大量成本。

资料来源：方力．中国啤酒三巨头：谁能笑傲未来？．中国酒，2019（6）：58-61；何佳讯．品牌的逻辑．北京：机械工业出版社，2019：78-89；青岛啤酒官网．［2020-07-01］．http://www.tsingtao.com.cn/index.html.

品牌实践 8-2 小米公司

小米公司成立于 2010 年，是一家进行智能电子产品研发的全球互联网企业。公司产品以手机为主，还包括笔记本电脑、平板电脑、电视盒子等智能终端设备。小米品牌以其低价位、高性价比为核心竞争力高速发展，在海外市场快速扩展。目前，小米品牌已在全球 30 余个国家和地区的手机市场进入前五名。其中，小米手机在 2014 年 7 月进入印度市场，凭借极高的性价比快速占领市场，仅用 3 年时间就成为印度市场手机货量最大的品牌。在西欧智能手机市场，小米品牌的占有率增速达到 90%。2019 年，全球企业 500 强排名中，小米位列第 468 位。

在小米品牌发展初期，小米公司通过红米占领了千元价位的手机市场，再推出小米品牌手机，抢占 2 000 元左右的中端手机市场，两种品牌相互作用使小米手机一鸣惊人。在品牌发展中，小米公司预判未来市场发展是丰富多元化的，于是对手机市场进行精细化营销，精准针对不同目标市场推出子品牌。其中包括：主打中端市场和线下市场的小米，主打低端市场线上销售的红米，针对全球市场更低价的 PocoPhone，针对新兴手游市场推出的游戏手机黑鲨，价格高昂的轻奢手机品牌美图。小米通过五个品牌精准针对五类不同目标市场。

一、红米

红米是小米在 2013 年 3 月推出的子品牌，定位在千元的低端手机市场，主打极致性价比，采取走量销售的策略。当时千元级手机被认为质量不高，红米品牌选择进入该市场，提供高品质产品，让消费者耳目一新。红米 1 采用联发科 28nm 四核处理器、友达 1280×720P 屏幕，与中国移动合作，定价 799 元。产品推出后反响良好，首批发售 10 万台。

红米品牌的低价定位响应了印度等市场的需求。2014 年红米品牌在印度市场发布产品，这是小米首次进入南亚市场。红米 4 在印度市场发售后 30 天销量达 100 万台。在 2018 年第二季度，小米在印度市场份额提升到 30.4%，其中红米销量最高。

在近几年的发展过程中，红米品牌产品线也愈加丰富，价格空间也在不断扩张，价格区间在 499 ～ 1 499 元。作为小米品牌最主要的子品牌，红米拓展了小米品牌手机市场，带来可观效益，增强了品牌影响力。

二、小米

小米手机一开始定位中低端市场，以性价比为核心竞争力，将目标人群年龄界定在

25～35岁。目标人群经济独立，愿意接受新事物，并且有超前的消费观念。在发展之初小米手机主打青年良品手机形象，“为发烧而生”是小米手机的口号。

2011年，第一部小米品牌手机正式发布。它是国内首款双核1.5GHz主频手机，定价1 999元，以不满2 000元的低价位吸引中低端手机市场消费者，半年时间售出100万台。之后小米手机针对不同风格也不断拓展产品线，包括全面屏的小米MIX、大屏大续航的小米MAX、旗舰市场的小米NOTE系列等，进一步布局中高端手机市场。

三、PocoPhone

2018年，小米宣布推出全新子品牌PocoPhone，它是针对全球市场推出的比小米价格更低的品牌。面对竞争激烈的海外手机市场，华为、OPPO相继设立子品牌。OPPO的一加品牌在印度市场2018年第二季度一举战胜苹果、三星，与小米直接竞争。为应对竞争，小米推出PocoPhone布局全球市场，印度市场是该品牌的第一站。该品牌推出的首款产品PocoPhone F1，搭载骁龙845顶级处理器，国外经销商报价不到390欧元，约3 100元人民币，是史上最便宜的骁龙845手机。

四、黑鲨

黑鲨是由小米投资研发的主打游戏电竞的手机品牌，号称专为游戏而生。手机性能针对游戏设计：CPU散热效率提升20倍，提供开关电话拒接模式、防误触模式、通知屏蔽模式等，并为手机设计了游戏手柄。2018年4月，黑鲨正式发布第一款手机，定价2 999～3 499元。

五、美图

2018年11月，小米宣布与美图公司达成战略合作，合作期30年。小米拿到美图的品牌、影像技术和二级域名的独家授权，小米负责美图手机的研发销售，美图公司提供技术支持。美图手机定位高端品牌，主要目标群体是对价格不敏感、以女性为主的用户。这填补了小米用户群体的空白，也使得小米手机布局高端轻奢市场。

综上，小米品牌的品牌组合包括小米、红米、黑鲨、PocoPhone、美图，其中小米与红米品牌又包含许多产品线组合（包括小米MIX、小米MAX、小米NOTE和红米NOTE、红米X、红米K系列等）。小米公司将手机市场细分，每个产品品牌对应不同市场，有不同的定位，以不同的名称，保证消费者对产品性能的区分，凸显产品个性，锁定各市场目标消费者。

资料来源：黑猫评测. 华为只有荣耀，但小米却整整有五个子品牌，一个比一个有潜力！.（2019-02-03）[2020-06-30]. https://baijiahao.baidu.com/s?id=1624459221946914791&wfr=spider&for=pc；港股研究社. 西欧市场第四，小米能否一直深化全球化业务？.（2020-01-22）[2020-06-30]. https://baijiahao.baidu.com/s?id=1656434491693306423&wfr=spider&for=pc；先知营销全案. 小米的品牌定位战略与分析.（2020-03-19）[2020-06-30]. http://blog.sina.com.cn/s/blog_946d06870102z580.html；极速看天下. 小米手机产品线定位梳理，max已成过往，note或将重生.（2019-10-15）[2020-06-30]. https://baijiahao.baidu.com/s?id=1647468857076375425&wfr=spider&for=pc；天极网. 登陆国内？常程表示PocoPhone有望进入国内市场.（2020-02-04）[2020-06-30]. https://baijiahao.baidu.com/s?id=1657603331593555687&wfr=spider&for=pc；手机黑科技. 小米子品牌成立，与一加成为死对头.（2018-08-14）[2020-06-30]. https://www.sohu.com/a/247092143_100238261；电商报. 小米拿下美图手机（2018-11-20）[2020-06-30]. https://baijiahao.baidu.com/s?id=1617661273707198727&wfr=spider&for=pc；IT之家. 美图与小米手机合作，我们可以有这些期待.（2018-11-21）[2020-06-30]. https://baijiahao.baidu.com/s?id=1617705425867167685&wfr=spider&for=pc.

思考与讨论

1. 通过检索相关资料，概括总结上汽通用和上汽大众的品牌架构层级，分析比较它们之间的差异。
2. 从品牌定位的角度看，六种品牌化战略模式分别有哪些优劣势？
3. 画出小米公司的品牌-产品矩阵，以及品牌组合的定位层级图。
4. 分析中国电信、中国移动和中国联通的品牌架构，指出它们存在哪些问题。
5. 分析蒙牛、伊利和光明在高端牛奶产品上的品牌化战略模式，指出它们有何差异。

04

第 4 篇

提升品牌资产

第9章

品牌延伸管理

从本章开始，我们进入到提升品牌资产的篇章。品牌延伸是发挥品牌资产杠杆力、提升品牌资产的基本战略。从长期品牌管理角度看，它又是品牌活化、保持品牌年轻化和创新性的重要路径。品牌延伸越来越受到企业的高度重视，成为实现企业增长的战略工具。很多中国企业的品牌资产越来越强大，进行品牌延伸的条件越来越充分。

企业对品牌延伸要进行有效管理。品牌延伸评价主要强调的是母品牌与延伸产品之间的一致性和合适性。但是，企业往往也试图通过引入差异化的创新产品来改变母品牌联想，不一致性反而可能成为积极的评价依据。企业在激烈竞争的市场环境中不断推出新产品，是赢得竞争优势的根本战略；把企业原有的品牌资产发扬光大，则是竞争战略的核心。这两者的结合，就形成了品牌延伸管理的核心方面。本章讨论品牌延伸的原理和决策方法。

第1节　品牌延伸原理

品牌延伸的兴起，有几大原因。首先是消费者的兴趣不断变化，这促使企业不断超越自我——只有通过不断创新技术以推出新产品才能保持品牌的现代化，而不能单纯地依靠传播的变化。其次是传播费用的不断增长，企业不可能无节制地进行媒体投资，因此把力量集中在少数几个品牌上。最后一个原因是，品牌延伸减少了新产品推出的费用和风险。

一、品牌延伸的概念和类型

（一）品牌延伸的概念

所谓品牌延伸（brand extension），是把一个现有的品牌名称使用到一个新类别的产品上。这里必须指出，品牌延伸并非只是借用表面上的品牌名称，而是对整个品牌资产的策略性使用。本田公司利用“本田”之名推出了许多不同类型的产品，如汽车、摩托车、铲雪车、割草机、轮机和雪车等；三菱从重工业一直延伸到汽车、银行、电子乃至食品业。如果对品牌延伸做广义的理解，那么其也包括产品线延伸（line extension），即把现有的品牌名称使用到相同类别的新产品上，以推出新口味、新色彩、新配方、新包装等的产品。

品牌延伸，不仅是指公司利用一个已建立的品牌推出新产品，还包括将新品牌与一个现有品牌结合使用以推出新产品。当一项创新不属于品牌核心的产品市场时，意味着品牌将在这一核心之外进行延伸，这便是品牌延伸的重要话题所在，因为这涉及品牌意义的重新界定。品牌延伸作为一种战略举措，在品牌生命周期的某些阶段节点尤为必要。

品牌延伸突破了古典的品牌概念，即“一个品牌 = 一个产品 = 一个承诺或顾客利益”。古典品牌概念实际上把品牌当作一种成分或技术秘诀的代名词，其处于严格的指示物的地位。这是相当有局限性的，它无法区分一个品牌的历史和真实性。现代品牌概念的角色已经发生转变，从原有的标识专有技术、产地或出售地的功能中脱离了出来。通过包装、广告等沟通方式，品牌被逐渐赋予了特征、形象和知觉——所有这些形式的联合形成品牌身份。因此，品牌是独立的产物，虽然它开始于产品，但它不是产品，而是产品的意义，是充满意义的词语。品牌的含义从过去的单纯防御性进化到了兼具防御性与进攻性。如果把品牌仅仅作为一种声明所有权的标记，那么可以在任何东西上随意地使用，这是最原始、最简单的品牌使用方式，只是表示“这是我的”。这种无限制延伸将导致对品牌价值的伤害。根据现代品牌理论，品牌延伸不再受细分新产品类别资格的限制。品牌和产品是可以并行的，这发展了波士顿顾问集团提出的战略业务规划模型。波士顿顾问集团的观点是工程师导向的，认为业务单位和业务细分的关键概念是专有技术。而品牌的观点是横跨各个方面的，它帮助分析品牌价值如何富有成效地细分市场并成为利润的来源。更进一步地，如果没有专有技术，要培育品牌资产就需要企业进入一个新的市场，通过品牌形象为市场提供现代性和推动力。比如，黏合剂、滑雪鞋和旅游鞋的世界领导者萨洛蒙（Salomon）已进入了滑雪橇市场，凭其狭窄的顶级品质识别推动了其在滑雪橇市场上的形象，并与其核心产品黏合剂的固有内涵保持紧密联系。

经品牌延伸后，不同的产品彼此共享同样的品牌名称及其品牌意义。例如法国鳄鱼品牌代表着多变、轻松自在、高质量的做工、耐用性、流行意识等，这使得它的品类从原有的编织工艺运动服延伸到了鞋子和皮革制品。

新产品的加入不可避免地对原有的品牌意义产生影响，这种影响可能是正面的，即加强原有的品牌识别力；也可能是负面的，即削弱了原有的品牌识别力。因此，品牌延伸不是任意的，品牌的身份意义界定了延伸的方向和最终的过程。这个问题成为研究品牌延伸原理和决策的基本出发点。

（二）两类品牌延伸

品牌延伸包括两种基本类型：水平品牌延伸和垂直品牌延伸。水平品牌延伸又可以分为产品线延伸（近延伸）和特权延伸（远延伸），也可以称为相关延伸和间断延伸。垂直品牌延伸又可分为向上品牌延伸和向下品牌延伸。

水平品牌延伸指将公司既有品牌运用到与原产品类别相似或无关的新产品上。它涵盖产品线延伸和特权延伸（franchise extension）。产品线延伸指将母品牌运用到与原产品同类但针对新细分市场开发的新产品上；特权延伸指将母品牌运用到与原产品类别完全不同的产品上[①]。前者与原产品相似度高，延伸距离较近，因而又被称为近延伸；后者则由于延伸距离较远，又被称为远延伸。当然，这里的“远”和“近”只是相对概念。

上面的近延伸和远延伸又可以从相关延伸和间断延伸的角度进行理解。所谓相关延伸，往往借助于技术上的共通性进行延伸。比如光学品牌可以延伸到复印机上，佳能、美能达、柯达和爱克发皆是如此；运动品牌（如阿迪达斯）可以涵盖所有满足运动需求的产品。这意味着延伸与最初的产品领域相接近，品牌伞所覆盖的范围较狭窄。

间断延伸则抛弃了作为产品之间物理桥梁的技术上的亲密关系。比如雅马哈享有摩托车和电子琴两种产品声誉，一些零售商品牌则可能覆盖了整个消费品领域乃至耐用品。这意味着延伸远离品牌原有的最初领域，品牌伞所覆盖的产品范围较宽广。

垂直延伸是指把既有品牌引入到与原产品同类的新产品，但价格或质量与原产品差别较大[②]。垂直品牌延伸也是吸引新顾客群体的常用方法，它包括向上延伸至高端细分市场，或向下延伸至价值敏感细分市场。我们将在本章第 3 节中详细展开介绍。

向上延伸意味着品牌试图进入一个产品利润更高的细分市场，以更高成本换取更高收益。此外还有一个目的是通过建立昂贵的高档品的口碑，证明价格溢价的合理性，从而增加品牌资产，促进低价产品的销售。同时，品牌的高端产品通常能带来积极的品牌联想，从而提升品牌形象。但是，向上延伸面临着风险：一是品牌可信度不高；二是品牌沉迷于遵守高端细分市场的标准而失去了固有的独特性；三是消费者可能因为新价位不符合自己对该品牌的价格预期而拒绝品牌延伸产品，并使母品牌形象受损。

向下延伸意味着品牌试图使自身更易被消费者获得，目的是希望在较低价产品中利用品牌知名度增加销量。向下延伸同样面临着风险：一是品牌稀释，即高端品牌的某种核心价值（一种专属性的感觉）遭到损害；二是低价格可能给母品牌带来不良联想。

（三）品牌延伸的不同结果

每一种延伸都会对品牌和品牌资产产生影响，形成一条从最成功到最糟糕的品牌延伸频谱。它促使我们思考诸如这样的问题：什么样的品牌延伸方式是借着现有品牌最容易达成的？什么样的品牌延伸方式最可能帮助现有品牌？什么样的品牌延伸方式最可能伤害现有品牌？一个多产品品牌的哪些特质能给每个产品以最佳的竞争定位？下面，我们从最好到最坏依次介绍五种结果。

（1）最好结果：品牌延伸提高了品牌知名度，帮助发展和丰富了品牌含义，主力产

---

① Tauber E M. Brand Franchise Extension：New Product Benefits from Exiting Brand Name. Business Horizons，1981，24（2）：36–41.

② Keller K L，Aaker D A. The Effects of Sequential Introduction of Brand Extensions. Journal of Marketing Research，1992，29（2）：35–50.

品和延伸产品因相连续而均获益。比如，海信在开发数字电视机后又生产电脑，这有利于巩固其数字技术的地位。三得利在推出啤酒后接着又生产乌龙茶，这有利于加深其爽口的印象。提供婚纱租售服务的公司，后又开办婚纱摄影业务，这有利于加强其在婚礼市场上的专业化定位。

（2）好结果：品牌延伸利用了品牌知名度，延伸产品借助于品牌地位而得以快速成长，产品的销售得益于品牌的贡献。这种情况发生在产品与现有市场竞争几乎没有差别的时候，品牌并未完全运用其转换后的角色。如“梅林”最出名的产品是罐头食品，尤其是午餐肉罐头，后来品牌从罐头里面解放出来，延伸为厨房食品。“红双喜”在生产乒乓球和乒乓球拍后，又推出乒乓球台。“康师傅”以方便面闻名，后又进入瓶装水市场。这些延伸显然能加强品牌伞的整体商品力，给消费者提供更完整的选择。

（3）中性效果：品牌延伸获得与相关品牌资产的中性影响。品牌延伸只是简单地运用到品牌所期望的产品上，并没有改变品牌形象。比如，上海的“红心”在电熨斗之外，又推出电饭煲、吸尘器等其他电器产品。红心器具作为一家电器产品制造商，消费者认为它有能力生产一系列产品。

（4）坏结果：延伸产品和原品牌的定位或价值有冲突，造成消费者的混淆而导致延伸失败。比如，李维斯推出时装产品失败，就是因为人们对时装品质的期望与牛仔服的感觉大相径庭。

（5）最坏结果：非但延伸产品失败，而且还破坏了原品牌的资产。皮尔卡丹是一个分布在 145 个国家的拥有 19 万员工的商业帝国，从服装到香水，从铁锅到咸肉，有上千种产品共同分享着皮尔卡丹的“荣耀”，却动摇了品牌初始以高档、典雅时装为特征的市场地位。在中国市场上，它面向工薪阶层开发的中档西装市场反应冷淡，同时也破坏了人们对其高档品的印象，原有的高收入阶层也不愿再光顾皮尔卡丹专卖店了。

（四）多元化与品牌延伸陷阱

企业增长有两条道路可以选择：一是靠单一产品扩大规模，走专业化道路；二是从单一产品（产业）扩展到多元产品（产业），走多元化发展道路。多元化发展战略被认为是防范风险和增进效益的一种良策。所谓“东方不亮西方亮”，借由产业的关联性或不关联性使之形成互为外部经济的情况，产生协同效应，达到“1 + 1 > 2”的效果。

然而在多元化发展战略中存在很多“陷阱”，诸如资源配置过于分散、运作费用过高、产业选择失误、人才难以支撑、时机难以把握等。此外，还有一个陷阱就是品牌使用和品牌延伸不当的问题。具体来说，有如下几种情况：

（1）损害原品牌的形象。美国的“派克”钢笔一向以质优价贵著称，是身份和体面的标志，为上层人士所青睐。然而在 1982 年詹姆斯·彼特森出任总经理后，派克开始生产每支售价仅 3 美元的低档笔。结果，派克公司非但没有顺利打入低档笔市场，反而丧失了一部分高档笔市场。盲目延伸品牌，毁坏了派克在消费者心目中的高贵形象，同时也使其竞争对手有机可乘。

（2）模糊品牌定位。“施乐”（Xerox）在复印机业中大名鼎鼎，几乎成为复印机的代名词。但它进入办公自动化设备市场时，却遭遇失败，同时也波及了它原有的“复印机专业户”的定位。我国的“娃哈哈”以极为个性化的品牌名称魅力吸引了广大儿童，在人们心目中形成与儿童紧密相连的印象。因此，公司后来开发的八宝粥、矿泉水甚至儿童感冒液都可以归入原有的定位，但冰糖燕窝、关帝酒等，则属于另外性质的产品了。

（3）稀释品牌个性。美国斯科特（Scott）纸业公司对不同的纸类产品均使用同一品牌名称，诸如斯科特面巾纸、斯科特透明胶带纸与斯科特婴儿纸尿布等。这削弱了“斯科特”这个名称的意义。与竞争品牌如沙敏、邦蒂和帕姆伯相比，斯科特公司的每一个产品的品牌都显得毫无个性。李维斯牛仔一度是美国神话的一部分，但它追求太过宽泛的顾客群，品牌不再像以往那样富有意义。

（4）产生心理冲突。我国的三九集团以“999”胃泰起家，并打响了品牌。一时间消费者几乎把“999”视为胃药的代名词。而后，三九集团把“999”延伸到啤酒。但是啤酒与胃药很难联系起来，品牌内涵陷入了自相矛盾的境地。

（5）跷跷板效应。它是指一个名称不能同时代表两个完全不同的产品，当一种地位上来时，另一种地位就要下去。亨氏（Heinz）原本占据最大的腌菜市场份额，后来品牌延伸至番茄酱并做得非常成功，但是亨氏在腌菜领域的老大位置却被 Vlasic 取代。

（6）错过开发新品牌的机会。以品牌延伸的形式推出新产品，意味着公司放弃了创建一个拥有自身独特联想、形象与资产的新品牌的机会。这是一种巨大的隐性成本。同时，如果要求延伸品牌和母品牌的价值承诺与形象保持一致，那么延伸品牌的定位灵活性会受到较大限制。

业界把品牌延伸比作一把双刃剑，也称之为一根“橡皮筋”，后者形象地概括出其优势和陷阱——在一定范围内拉动，它具有很强的张力，但如果用力过头，则会绷断导致失败。

二、品牌延伸评价机制

现有关于品牌延伸评价机制的解释大致可归为两种路径：品牌情感迁移[①]和品牌知识迁移[②]。无论哪种评价路径，都涉及消费者对母品牌的态度，以及延伸产品和母品牌进行“匹配”的过程[③]。对母品牌的态度是品牌延伸的前提和起点。消费者对母品牌的态度通过对品牌的整体评估而形成，涉及消费者如何将不同的品牌表现与形象联想结合起来以产生不同的看法，实质包括理性和感性两个部分[④]。而母品牌态度转移到延伸产品上的过程并非一个全有或全无（all-or-nothing）的过程[⑤]，感知匹配度决定了消费者对母品牌的态度能够在多大程度上转移到延伸产品上，这是形成最终品牌延伸评价态度的关键[⑥]。

① Boush D M，Shipp S，Loken B, Gencturk E. Affect Generalization to Similar and Dissimilar Brand Extensions. Psychology and Marketing，1987，4（3）：225–237.

② Aaker D A，Keller K L. Consumer Evaluations of Brand Extensions. Journal of Marketing，1990，54（1）：27–41.

③ Czellar S. Consumer Attitude toward Brand Extensions：An Integrative Model and Research Propositions. International Journal of Research in Marketing，2003，20（1）：97–115.

④ Keller K L，Lehmann D R. How Do Brands Create Value?. Marketing Management，2003（5–6）：26–31.

⑤ Boush D M，Loken B. A Process-tracing Study of Brand Extension Evaluation. Journal of Marketing Research，1991，28(1)：16–28.

⑥ 同②.

母品牌、延伸产品以及两者之间的一致性或不一致性始终是品牌延伸评价的基本考虑因素[①]。对于创新性品牌延伸而言，延伸产品是对母品牌产生反馈效应的主要动力；此外，延伸产品还受到母品牌认知图式强度和情境因素的调节作用[②]。在母品牌认知图式强度方面，先前的研究主要围绕消费者知识[③]、对母品牌的熟悉度[④]等进行。消费者如果对母品牌具有丰富的使用经验，以及很高的熟悉度，就更易形成刻板印象，那么创新性延伸所传递的不一致信息对母品牌的反馈效应就较弱。

肯特・内凯莫托（Kent Nakamoto）等持相似观点：品牌延伸效果的好坏，取决于品牌原有的形象与延伸产品的形象之间的相关程度。相关程度大，则延伸效果好，反之，延伸效果差。其评价模型如图 9－1 所示。

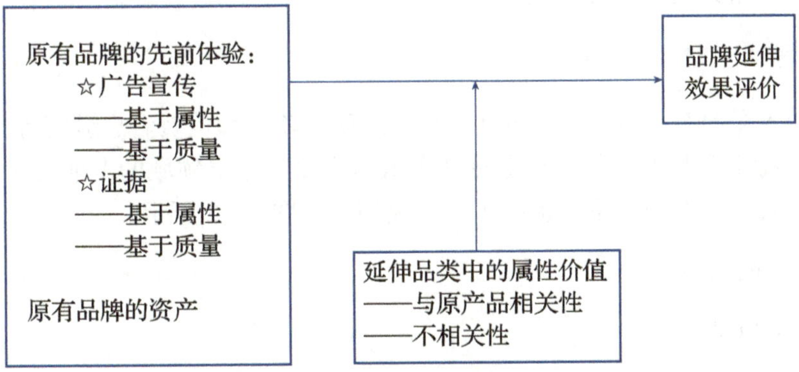

图 9－1　品牌延伸评价的信息源及作用机制

资料来源：Nakamoto K, MacInnis D J, Jung H. Advertising Claims and Evidence as Bases for Brand Equity and Consumer Evaluations of Brand Extension//Aaker D A，Biel A. Brand Equity and Advertising：Advertising's Role in Building Strong Brands. Hillsdale：Erlbaum, 1993：281-297.

在对母品牌属性的研究方面，品牌联想对消费者的品牌延伸评价起到决定性作用。布罗尼亚奇克（Broniarczyk）和阿尔巴（Alba）在帕克（Park）、米尔伯格（Milberg）和劳森（Lawson）研究的基础上，进一步证明了品牌特定联想比品牌情感和品类相似性更为重要地影响品牌延伸评价[⑤]。他们发现，品牌特定联想在品牌情感和品类相似性对品牌延伸评价影响中起到调节作用。

研究表明[⑥]，在原产品与延伸产品存在关联性的条件下，消费者对延伸产品的评价与

① Loken B，Joiner C，Houston M J. Leveraging a Brand through Brand Extension：A Review of Two Decades of Research// Loken B, Ahluwalia R，Houston M J. Brands and Brand Management：Contemporary Research Perspectives. NY：Taylor and Francis Group，2010.

② 周懿瑾，卢泰宏．品牌延伸反馈效应研究述评．外国经济与管理，2008（10）：45–51.

③ Grime I，Diamantopoulos A，Smith G.Consumer Evaluations of Extensions and Their Effects on the Core Brand：Key Issues and Research Propositions. European Journal of Marketing，2002，36（11/12）：519–524.

④ Sheinin D A. The Effects of Experience with Brand Extensions on Parent Brand Knowledge. Journal of Business Research，2000，49（1）：47–55.

⑤ Broniarczyk S M，Alba J W.The Role of Consumers' Intuitions in Inference Making. Journal of Consumer Research，1994，21（3）：393–407；Park C W，Milberg S，Lawson R. Evaluation of Brand Extensions：The Role of Product Feature Similarity and Brand Concept Consistency. Journal of Consumer Research，1991，18（2）：185–193.

⑥ Aaker D A, Keller K L. Consumer Evaluations of Brand Extensions. Journal of Marketing，1990，54（1）：27–41.

原产品总体质量成正向关系，即原产品总体质量越高，消费者对延伸产品评价越高；反之则越低。这为原品牌对延伸产品的波及效应假设提供了强有力的支持证据。

三、品牌延伸力与品牌杠杆力

一个品牌要顺利地延伸到新的产品类别，有两点很关键。首先要让消费者深信品牌在逻辑上是合适的，也即原有的品牌资产能够转移到新的产品上。这种有关延伸广度和范围的能力，被称为"品牌延伸力"。其次是新产品能够凭借品牌获得竞争优势，也即品牌能够为新产品带来明显的区隔意义，我们称其为"品牌杠杆力"，即品牌带出的意义使新产品能在该产品类别中具有明显区隔的能力。

（一）品牌延伸力

品牌延伸力受原有品牌资产（包括意识、品质、联想和消费者忠诚度等）的影响。如果某些品牌与特定产品的联结过于紧密（表示制造商与特定领域的专业技术有关），那么品牌的延伸力就弱。卡普费雷尔提出了一个模型，如图 9－2 所示。

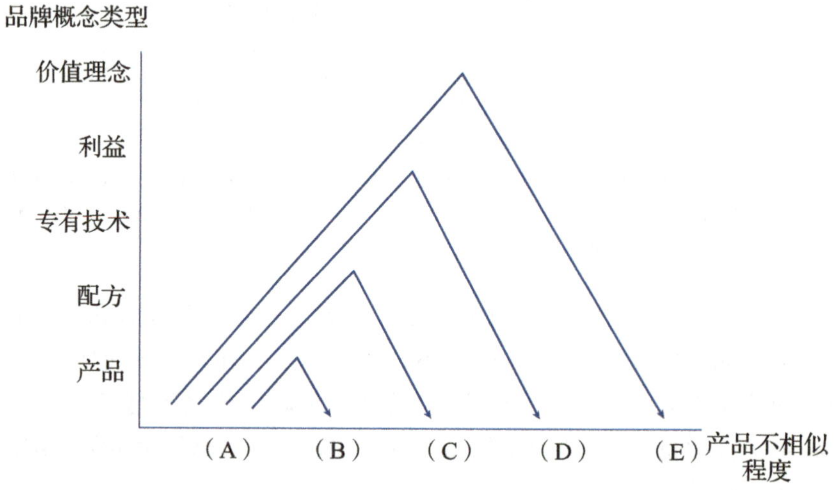

图 9－2　品牌概念与延伸力

资料来源：Kapferer J N. Strategic Brand Management：New Approaches to Creating and Evaluating Brand Equity. New York：The Free Press，1992.

该模型表明，为使品牌延伸力提升，品牌的概念要从产品、配方、专有技术向利益、价值理念方向发展；同时也表明，品牌若想覆盖更多不相似的产品，那么必须获得更深的意义。如果品牌除了物理性质（产品或配方）外没有其他的识别元素，那么它不能支持宽广范围的延伸。

肯特·内凯莫托等人的实验研究证明了同样的观点。他们认为建立在总体形象（例如，美泰克（Maytag）的耐用，丽诗加邦（Liz Claiborne）的精致，或天美时（Timex）的精确可靠）上的信誉（也就是竞争性优势）可以延伸到许多产品类别上。相反，建立在一种特殊品质（例如，哈根达斯冰淇淋的浓味，高乐氏（Clorox）的漂白力，或佳洁士的龋齿防治）上的信誉对品牌可以延伸的产品类别造成了更多的限制。比如，李维斯扩展到时装上的企图惨遭失败，可能是因为品牌名称长时间与牛仔裤同义，而“牛仔裤”的优势联想对时装来说却是不相关的甚至是不可思议的。一个相反的例子是，卡尔文·克莱恩（Calvin Klein）发展了一种建立在高级时髦形象上的信誉，使它不仅在牛仔裤、套装而且也在多种流行导向的产品（如香水）上获得成功。

肯特·内凯莫托的实验研究得出了这样的结论：如果一个品牌的竞争性优势的基础与一种特殊品质紧密相连，那么，它利用这种优势的能力可能通过品牌延伸对共享这种竞争性优势的相同基础的产品产生限制。而一种更总体上的形象可能广泛传达给不相关的产品类别，但对相关的产品类别提供的杠杆力就弱。因此，品牌竞争性优势的基础或更专门化，或更一般化，需要在强度上做出相应的权衡。

（二）品牌杠杆力

品牌管理者通常思考来之不易的品牌能够运用在多少种产品市场上，但事实上这种想法并不总能带来收益。品牌杠杆力的概念使品牌延伸的评价基础得到了深化。品牌经营者不能仅仅考虑品牌的熟悉度以及它对新产品的延伸合适性——这是品牌延伸的一个必要条件，但仅仅符合该条件并不能赋予新产品很好的竞争力。进一步的评价需考虑到品牌杠杆力，即品牌是否能给新产品带来很强的差别性。如果不能，那么使用新品牌可能是更好的选择。

一般而言，品牌杠杆力与品牌延伸力呈反向关系。如果消费者给予品牌很大的延伸力，则品牌杠杆力很小；相反，一个具有强有力意义联结的品牌，往往不具备很大的延伸空间。那么，品牌延伸力和品牌杠杆力是否不可兼得呢？

品牌延伸力与消费者对品牌意义的认知有关，这种认知来自广告、使用经验、口碑影响等方面。可以说，品牌延伸的机会是由消费者的认知来掌控的。因此，兼顾品牌的延伸力和杠杆力以使二者协同的基础就在于从品牌的价值理念上建立品牌身份系统。

例如，金霸王的经营者认为该品牌代表多样化的电子消费品，然而消费者却认为它不可能有能力像索尼一样制造精细电子产品。美国通用面粉公司旗下的“贝蒂妙厨”（Betty Crocker）是一个产品线非常丰富的品牌，但它并不代表任何特定产品。当它进入燕麦片市场与强势品牌“桂格”竞争的时候，其杠杆力很弱，不具备竞争优势（之后，通用面粉公司只得启用新品牌“Total”，并将之定位成一个专门做谷类产品的品牌）。之所以如此，是因为原有的品牌身份建立在产品的基础上。相反，奥利奥品牌拥有“趣味和幽默”的核心价值身份，成为美国生活方式的一个重要特色，既有很强的杠杆力，又有很强的延伸力。

因此，公司的品牌化战略需要提供一种价值主张或基础，而品牌延伸需要符合和强化品牌身份。这两者是相辅相成的。

第2节 品牌延伸决策与评价

品牌延伸是否成功，评价的关键在于对品牌定位与品牌身份的考虑。当然，除了理论上的逻辑推断外，实际销售业绩也是证明品牌延伸是否成功的有力依据。如果企业还没有建立起完整的品牌身份系统，品牌定位并未明确，那么，还不能用通常的品牌延伸原则进行判断，而是应该随着品牌的发展，适时确定品牌延伸策略和方案。下面介绍品牌延伸的决策原则和步骤。

一、品牌延伸的决策原则

（一）品牌是否具有知名度和声誉

品牌延伸的目的是借助已有品牌的声誉和影响迅速扩展市场，因此其前提是这一品牌具有较高的知名度，在消费者心中有很高的地位。只有这样，人们的“爱屋及乌”心理才会发生作用。当某一品牌并不强大并且受到诸多同行强有力的挑战时，品牌延伸存在很大的风险。例如，金利来塑造了一个成功的“男人世界”，因此它很容易从典型的男士产品领带扩展到男士系列用品上。被誉为“华夏第一剪”的张小泉剪刀，凭其至高无上的口碑，在几乎没有竞争威胁的剪刀市场相继推出了厨房剪、系列服装剪、绸布花齿剪、剪彩剪等200多个品种，横跨民用、军用等领域，都获得了成功。

（二）品牌的身份元素是否适用

品牌的身份元素除了外在形式上的品牌名称、标志、标志色、口号等，还包括价值、诉求、顾客关系、使用者形象、性能、个性、服务、代言人、起源、情感/功能利益、象征等多个方面。哪些元素是品牌的核心识别，哪些元素是品牌的延伸识别，需得到区分；前者的重要性高于后者。例如，比克（BIC）的品牌本质和核心价值是大量生产低价格的小件金属/塑料产品，它可以从一次性水笔延伸到打火机。茅台酒是我国酒文化的代表品牌，当它准备向威士忌、白兰地、葡萄酒等产品领域延伸时，原有的身份元素是否适用就值得思考。

（三）品牌资产是否可转移

相对于品牌身份元素是否适用来说，品牌资产是否可转移是进一步的要求。单单品牌身份元素适用是不够的，只有品牌资产发生转移才能使延伸产品受益。如果品牌资产是属于视觉性质的（如包装的色彩或设计），则品牌资产较模糊，较难转移到新产品上。例如利宾纳（Ribena）果汁饮料之所以不成功，是因为其紫色包装上黑醋栗子图案早已成为品牌根深蒂固的资产。对此，较符合逻辑的品牌延伸应该是推出其他好喝又营养的黑醋栗子饮品，而不是普通的果汁饮料。

一般来说，抽象性资产比具象性资产更容易转移，情感象征性价值比实用性价值更容易转移。劳力士能够从手表延伸到手镯上，原因是存在很多适应延伸的基础，详见图9-3。

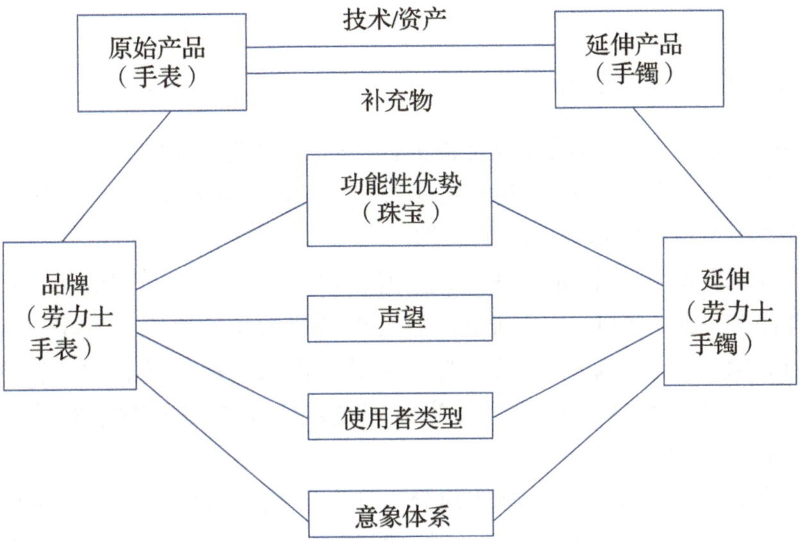

图 9－3　劳力士品牌延伸的适应基础

（四）服务系统和销售渠道是否相同

任何一个企业的资源均是有限的，而多元化发展必定导致有限资源的分散使用。因此，如果延伸产品的服务系统和销售渠道相同，则可以为企业集中资源配置，形成规模经济。比如比克从笔拓展到打火机、刮须刀市场，因为这些产品都采用便宜、可抛弃的塑胶 / 金属品生成技术，都满足消费者同层次的需求，都通过同样的销售渠道推广。

（五）新旧产品之间是否具有相关性

新旧产品具有相关性，可使消费者产生“合适”的感受。相关性可以从各个角度进行评价。陶伯（Tauber）研究了 276 种品牌延伸的情况并总结出七种大多数适用的方式：不同形式的同种产品；独特的味道、成分或组成；伴侣产品；顾客特权类产品；专用产品；益处、特征和属性；设计人或民族形象。符合任一情况，都能使延伸产品与原产品构建相关性。

二、品牌延伸的决策步骤

（一）品牌资产调查阶段

这个阶段的任务是调查存在于公众头脑中与品牌有关的所有联想，从而推测哪些产品符合品牌的意义。我们要得到的认识包括品牌的属性、个性、意图、内心、承诺和隐藏的潜力分别是什么。可借助于定量（确定品牌和品牌形象的普及程度）和定性的方法进行研究。定性研究是建设性的，我们在脑海中推测品牌改变了产品的类别，并寻求所期望的产品能适合该品牌的条件。换言之，就是确定支持品牌的主观和客观属性是什么，同时识别不同联想的杠杆力。这一阶段描述出了实际与理想的消费者品牌知识结构，是后续决策的基础。

（二）列举可能的延伸方案

根据母品牌联想、整体相似性或延伸的匹配性，识别可能的延伸方案。与消费者密切相关、需纳入考虑的是母品牌联想（尤其当它们与品牌定位及核心利益相关时），以及在消费者心目中认为与品牌形象匹配的品类。

在这个阶段，要对新产品进行测试。不但要识别适合品牌延伸的相关产品，确定延伸是否与品牌保持一致，而且也要确定产品是否被认为超越其竞争对手，即延伸是否创造了一种市场欲望。麦当劳这个快餐品牌如果试图进入摄影领域，并非特别不现实，相反很容易起步。譬如，把主题放置于麦当劳超越汉堡包本身的对家庭关系的洞察力上（表现为环境中设置主题活动区域）。

以上阶段的研究，可以为品牌延伸划分出几个区域：内核/核心延伸产品线、外核/无意识联想、延伸区/发展潜力、禁区/对品牌资产的威胁。它们由内到外构成四个内切圆的关系（见图9-4）。这对企业的品牌延伸战略具有长期的指导作用。

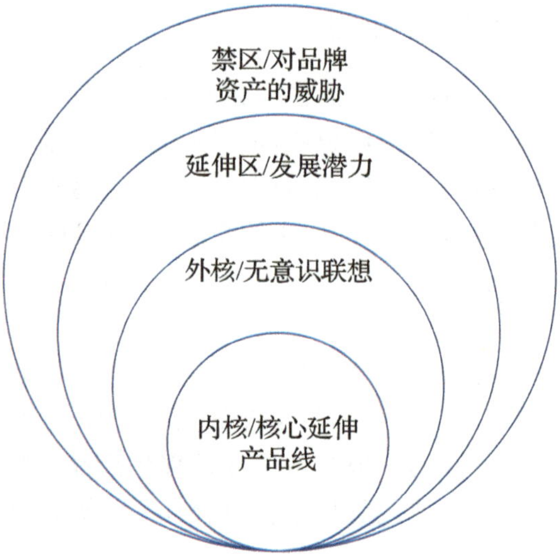

图9-4 品牌延伸界限

（三）评价待选延伸方案的潜力

公司需要从消费者、企业和竞争因素以及品类因素这三方面着手，预判品牌延伸能否成功。

（1）消费者因素。此方面主要是对实现自身品牌资产的能力及其影响母品牌现有品牌资产的可能性进行评估。首先是母品牌在延伸方案中的显著性、偏好性或独特性如何；其次是其他任何相关联想的强度、偏好性或独特性如何。具体采用的方法通常是消费者调研。

（2）企业和竞争因素。公司资产的使用效率如何？现有的营销计划、消费者感知利益和目标顾客与品牌延伸的相关度如何？消费者对延伸感知的竞争优势有哪些？竞争者的反应是什么？这些都是需要思考的典型问题。

（3）品类因素。营销者应当为品牌优化产品线策略，监测产品线中每一类目的销售及利润占比，和承受竞争、满足消费者的能力。

（四）设计实施延伸的营销计划

（1）选择品牌要素。品牌延伸一般保留了母品牌的一个或多个元素（不单是品牌名称），在此基础上，其品牌因素可能来自对母品牌的修改或全新创造。需要在彰显品牌来源和建立区别于母品牌的品牌形象之间找到适当的平衡点。

（2）设计最优营销方案。遵循建立品牌资产的指导原则，定价策略、渠道策略应当以消费者的价值感知为纲领，把“推”与“拉”两种因素均纳入考虑范围。公司还应当通过传播方案的组合与匹配进行整合营销传播。

（3）提升间接品牌联想。一般而言，品牌延伸能够提升与母品牌一致的间接联想。在面临激烈竞争时，公司可采用与其他实体产生关联的行为来对间接品牌联想加以巩固。

（五）评价延伸结果及其对母品牌资产的影响

该步骤的要点是评估延伸品牌实现自身资产且同时发展母品牌资产的能力。可以使用的工具例如基于顾客的品牌资产模型的品牌追踪，把两个品牌作为一个整体进行衡量。

最后值得提出的是，品牌延伸不能单独依靠以上几个步骤做出决策。因为品牌延伸是战略决策的结果，所以还要结合生产、营销、财务和人力资源等因素做出综合考虑。品牌延伸通常也涉及某种风险，没有一种研究能够精确地预测品牌延伸在一段时间里的效果。因此，企业实施品牌延伸战略，一定要着眼于长远利益。不管怎样，拥有关于品牌情况的完整认识对于品牌延伸决策来讲总是必要的。

第 3 节 产品线延伸决策

前文已经指出，广义的品牌延伸包括产品线延伸。这是一个专门化的问题。如果说上述对品牌延伸的讨论集中在“品牌”上，那么现在我们把目光深入到品牌所覆盖的“产品”上。产品线延伸决策有助于我们理解品牌如何通过业务发展而成长。

一、产品组合决策

从品牌延伸的角度探讨产品组合决策，其前提是产品线内所有的产品类型都使用同样的品牌名称。

所谓产品组合（也称产品花色品种）是指某销售者提供给购买者的一组产品，它包括所有的产品线和产品品目（items）。公司的产品组合具有一定的宽度、长度、深度和密度。

产品组合的宽度是指公司有多少条不同的产品线。例如，美国雅芳公司的产品线主要有三条：化妆品、珠宝首饰和家常用品。

产品组合的长度是指产品组合中的产品品目总数。产品线的平均长度就是产品组合总长度除以产品线数。

产品组合的深度是指产品线中每一产品有多少品目。假如某品牌下的牙膏有三种规格和两种配方，则它的深度就是六。

产品组合的密度（也称一致性）是指各条产品线在最终用途、生产条件、分销渠道或其他方面相互关联的程度。

产品组合的四种尺度为公司确定产品战略提供了依据。公司扩展业务的方法相应地有四种：利用现有产品线的声誉增加新的产品线，以扩大产品组合的宽度；延长现有的产品线；增加每一产品的品目，以增加产品组合的深度；使产品线有较多或较少的关联性，这取决于公司希望仅在一个领域还是在若干个领域内获得良好的声誉。

二、产品线分析方法

产品线经理需要掌握两个方面的重要信息。一是，产品线上每一个产品的销售额和利润；二是，在同一市场内，自身产品线与竞争对手产品线的对比情况。

（一）产品线的销售额和利润

了解产品线上的每一个产品品目对总销售额和利润所做贡献的百分比是必要的。图 9－5 显示了有五个产品品目的产品线的例子。

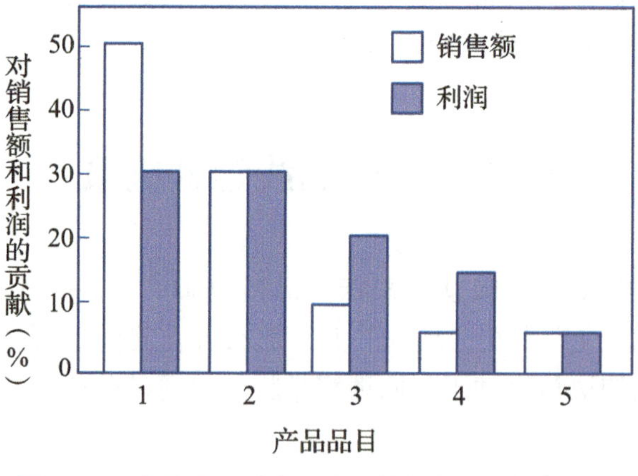

图 9－5 产品品目对产品线总销售额和利润的贡献

资料来源：科特勒，凯勒．营销管理：第 15 版．何佳讯，等译．上海：格致出版社，2016：356.

产品线上的第一个品目占总销售额的 50%，占总利润的 30%。前面两个品目占总销售额的 80% 和总利润的 60%。如果这两个品目突然受到竞争者的打击，产品线的销售额和利润就会急剧下降。销售额高度集中于少数几个品目上，意味着产品线很脆弱。公司务必小心监视并保护好这些品目。在另外一端，最后一个产品品目仅占产品线销售额和利润的 5%。产品线经理可以考虑将这一销售呆滞的产品品目从产品线上撤除。

（二）产品线的市场轮廓

产品线经理还必须针对竞争者产品线的情况来分析自己的产品线定位问题。以一家造纸公司生产纸板的一条产品线为例。纸板的两个主要属性是纸张重量和成品质量。纸张的标准重量级别一般有 90、120、150 和 180 重量单位，成品质量有高、中、低三个标准层次。图 9－6 是一个产品品目图，表示 X 公司和 A、B、C、D 四个竞争对手各自产品线品目的定位情况。竞争者 A 出售两个产品品目，它们均为重量级，处于低等到中等产品质量范围内。竞争者 B 出售四个品目，它们的重量和成品质量各不相同。竞争者 C 出售三个品目，在三个品目中，重量越重的，成品质量也越高。竞争者 D 也出售三个品目，均是轻量级的，但成品质量不一样。最后 X 公司出售三个重量各不相同的品目，其成品质量在低等和中等之间变动。

产品品目图对设计产品线的营销战略十分有用。该图表明了哪些竞争者的产品品目在与 X 公司的产品品目进行竞争。例如，X 公司低重量 / 中等质量的纸板与竞争者 B 和 D 的纸板展开竞争。但是，X 公司高重量 / 中等质量的纸板却没有直接的竞争者。该图为可能出现的新产品品目如何定位提供了启示。例如，尚未有哪家公司在生产高重量 / 低等质量的纸板，如果 X 公司认定这种纸板有大量的尚未满足的需求，而且自己有能力生产这种纸板并制定适当的价格，它就应当在产品线上增加这一产品品目。

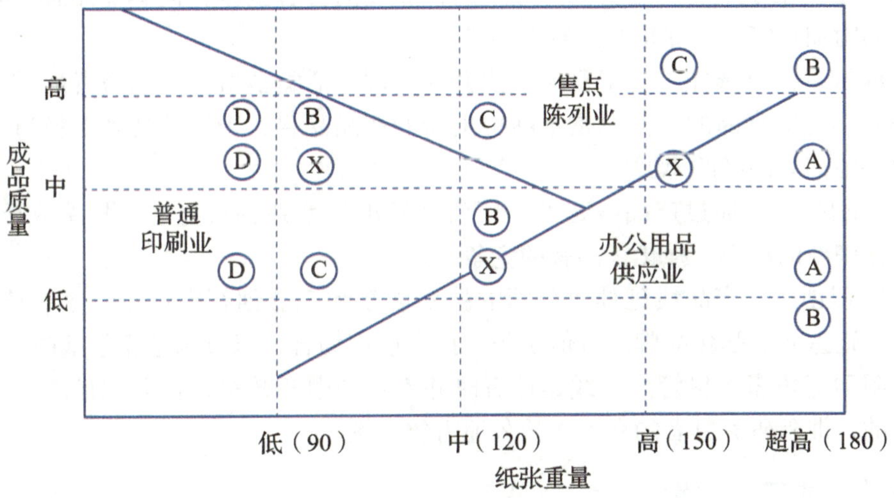

图 9－6　五家纸张公司产品线的产品定位图

资料来源：科特勒，凯勒．营销管理：第 15 版．何佳讯，等译．上海：格致出版社，2016：357.

产品品目图还有一个作用是识别细分市场。图 9－6 表明了根据重量和质量两个属性，普通印刷业、售点陈列业和办公用品供应业对纸张类型的各自偏好。该图表明 X 公司定位于满足普通印刷业的需求是适宜的，但对其他两个行业的服务效益则较差，应考虑生产更多的纸张类型以满足这些需要。

三、产品线长度与延伸策略

产品线的最佳长度是一个重要问题，其衡量角度是看产品线长度变化与利润变化的关系。产品线的长度受制于公司的经营目标：如果公司追求高市场占有率，则要有较长的产品线，即使有些产品品目并不赚钱；如果公司追求高额利润，那么宁愿精心挑选产品品目组成较短的产品线。

产品线具有不断延长的趋势，它受产品线经理的雄心、分销商的激励和顾客需求增长的影响。但是当产品品目增加时，相关费用也在上升，如设计费、工程费、仓储费、转产费、订货处理费、运输费以及新产品品目的促销费等。一旦费用和生产能力的承担力出现问题，那么公司就得削减一些盈利能力低甚至亏损的产品品目。如果市场容量没有增加，产品线延伸会增加成本，并且使得品牌越来越疏远消费者。当然，产品线延伸也有明显的正面优势。

（一）产品线延伸的功能

产品线延伸具有五大功能：扩大使用者基础、提供多样化选择、激励品牌、管理创新和阻碍竞争者。

（1）扩大使用者基础。具有品牌忠诚度的消费者，认为品牌应该满足他们的特殊需求。如对于海尔的某些忠诚者来说，希望为卧室或客厅放置专门的冰箱。如果海尔不提供专门的“小小王子”和“雪贵族”等产品，那么消费者就会转向其他品牌。公司常常增加产品的附加功能，以保持对消费者的吸引力。

（2）提供多样化选择。对于食品、饮料等日常生活类消费品，消费者的需求是多样化的。因此，速冻食品的厂商总是不断推出新的产品品目，帮助消费者更换口味，最终目的是保持他们对品牌的忠诚。

（3）激励品牌。通过产品线延伸，厂商开发出一系列相得益彰、相映成趣的产品，这赋予了品牌新的活力，强化了品牌的竞争力。

（4）管理创新。产品线延伸对公司的技术创新和产品创新提供了一个明确的窗口。创新能够创造差异、强化品牌的价值主张、扩大使用场合，以及制造竞争壁垒。

（5）阻碍竞争者。尽管产品线延伸有时并不符合财务政策，但公司借之可以达到战略上的目的，即阻碍竞争者的介入，长久地占领市场。

（二）产品线延伸决策

由于我们讨论的前提是“品牌延伸”（所有的产品类型都使用同样的品牌名称），因此，产品线延伸的概念与增加产品线长度是同义的。公司可以采用两种方法来增加其产品线的长度：产品线扩展（line stretching）和产品线填补（line filling）。

1. 产品线扩展决策

如果公司超出现有的范围来增加它的产品线长度，就称为产品线扩展。其策略有三种：向下扩展、向上扩展和双向扩展。

（1）向下扩展。向下扩展指公司提供的产品品目由原先的高档市场向低档市场延伸。

向下扩展策略受到几个外部环境因素的驱使：消费者对价值和价格日益敏感，零售通路的力量日益强大，以及技术进步降低了产品成本等。

公司采取这种决策可能出于如下原因：公司在高档产品市场受到攻击或增长缓慢；公司最初步入高档市场是为了树立质量形象；公司以低档产品品目填补市场空隙，防止竞争者乘虚而入。采取向下扩展策略可能遇到的风险有：新的低档产品品目蚕食较高档的产品品目，使公司的局面变糟；可能激发竞争者将产品品目相应地转移到高档市场；经销商可能不愿意或者没有能力经营低档产品，因为它们获利率小，可能损害经销商形象。公司自身的另一个风险是低档产品可能会破坏原品牌的高品质形象。

（2）向上扩展。向上扩展是公司提供的产品品目由原先的低档市场向高档市场延伸。由于处在低档市场的产品常常遭到零售商和消费者的价格挤压，因此，一个具有吸引力的成长空间可能出现在高档市场——这个目标市场的消费者对价格并不十分在意。

从公司的角度看，可能被高档产品较高的增长率和较高的利润幅度所吸引；也可能为了有机会把自己定位于完整产品线的制造商，而决定向上扩展品牌。向上扩展策略的风险包括：市场上高档产品的竞争对手不仅会巩固阵地，而且会反过来进入低档产品市场进行反击；顾客可能受原有的品牌印象影响而不相信厂商有能力生产出优质的高档品；公司的销售代表和分销商可能因为缺乏才能和培训，不能很好地为高档产品市场服务。

（3）双向扩展。双向扩展是公司提供的产品品目由原先的中档市场向低档和高档两个市场同时发展。这种策略的主要风险是有些买主会认为高档与中档、中档与低档的产品之间差别不大，而宁愿选择更低档的产品；另一个风险是可能模糊了原有品牌清晰的定位。

2. 产品线填补决策

产品线填补是公司在现有产品线的范围内增加一些产品品目，以拉长产品线。采取产品线填补决策可能基于这样几个动机：获取增量利润；满足那些经常抱怨产品线不足而使销售额下降的经销商；充分利用剩余的生产能力；争取成为领先的产品线全满的公司，设法填补市场空隙，防止竞争者的侵入；等等。

公司采取产品线填补的策略时要避免在消费者中造成混乱的印象，导致新旧产品的自相残杀。解决的办法是赋予每一个产品品目明确的定位，显示它们之间的明显差异。

3. 产品线现代化决策

产品线现代化是保持品牌活力、防止品牌老化，以及维护品牌形象青春化的基本选择。其在具体实践中所面临的基本问题是，产品线逐渐现代化还是“一步到位”。两者各有利弊。逐渐现代化的方法可以使公司在改进整个产品线之前，观察一下顾客和经销商对新产品的态度，也可使公司的现金流量耗费较小。但是它存在一个主要缺点，即竞争者有机会看到变化而做出反应。

在迅速变化的产品市场特别是高科技产品市场中，产品线现代化接连不断地发生。公司计划改进产品是为了鼓励顾客转换至高价值和高价格的产品品目。如微处理器公司英特尔和摩托罗拉、软件公司微软和 Lotus 等，不断推出自身产品的更高版本。关键的问题是必须选择好改进产品和推出新产品的最佳时机，使之不至于过早（这会使现有产品线的销售受到不良影响），也不至于过迟（这会使竞争者抢先占领先进产品的有利市场位置)。

4. 产品线号召决策

产品线经理会在产品线中选择一个或几个典型的产品品目进行特别号召。有时候，公司以产品线上的低档产品品目进行号召，使之充当打开销路的“开路先锋”；有时候，公司也以产品线上的高档产品品目进行号召，达到提高产品线等级形象的目的。典型产品形象和广告诉求重点对整个品牌形象和品牌资产起到很大的影响作用。

5. 产品线削减决策

产品线经理必须定期检查产品品目，研究产品线削减问题。削减的情况有两种：一是产品线中含有使利润减少的、滞销的陈年旧货，它可以通过销售额和成本的风险来加以识别；二是公司缺乏使所有产品品目都达到期望产量的生产能力，经理必须集中生产利润较高的产品品目。当市场需求紧迫时，公司通常缩短产品线，而在需求松缓时，则拉长产品线。

第 4 节 品牌类别策略

品牌延伸让我们认识到，讨论单一产品的品牌概念对现代企业经营的帮助不大。企业惯常使用品牌延伸的结果是，品牌总包含着多个产品类别而形成一个大类别——品牌类别。按照莫维斯（Mervis）与罗奇（Rosth）关于类别的定义，一个品牌类别即是一群可辨认的产品因被相同对待（使用相同品牌名称）而归属于一类[①]。比如，好时（Hershey's）巧克力棒把品牌延伸到巧克力豆、巧克力牛奶上，就形成一个品牌类别。这个概念比起传统的“产品类别”更具有品牌资产经营的积极意义。

品牌延伸是一个不断进行着的过程。在该过程中，由于新产品的加入，品牌的意义不断变化，而传播给了品牌不断纠正意义偏差以维护品牌核心身份的机会。那么，对于拥有多种产品的品牌类别来说，如何做好品牌策略呢？

一、品牌类别的焦点

在品牌类别的前提条件下，品牌传播（而非产品广告）的基本原则是要使诉求信息能够代表品牌。这样有利于加强品牌的核心价值和意义的传达，有利于提高品牌的差异性，从而实现强调而非削弱品牌资产的效果。恰当的传播聚焦可以在一定程度上挽救品牌延伸不当带来的负面影响。

具体来说，能够代表品牌的信息包括：品牌类别下产品之间的共享特征、家族类似性（没有共享特征但相互关联）和终极价值[②]。总之，诉求的选择不能影响整个品牌的资产。

---

① Mervis C B，Rosch E H.Categorization of Natural Objects.Annual Review of Psychology，1981，32（1）：89-115.

② Boush D M. Brands as Categories // Aaker D A，Biel A. Brand Equity and Advertising：Advertising's Role in Building Strong Brands. Hillsdale：Erlbaum，1993：299-312.

（一）共享特征

共享特征包括同样的技术、原料、颜色、式样、品质、使用对象和使用情境等。比如，好时品牌下有巧克力棒、巧克力豆、巧克力酱和巧克力牛奶等，其共享特征是由巧克力制成。贺曼旗下有贺卡、礼物包装纸、别针、圣诞节装饰品和宴会用品等，其共享特征是与礼品相关、具有高品质。

（二）家族类似性

如果说共享特征是一个具象概念的话，那么家族类似性则是一个抽象的评价概念。在同一个品牌类别中，产品或服务可以没有共享特征但互有关联，这种现象称作“家族类似性”。比如“欢乐享受”这个类别中，大部分的产品或服务很难有共享特征，但电影、玩偶商品、卡通画册、游戏软件和主题公园等之间具有家族类似性。这就是迪士尼凭借“制造欢乐”的价值定位成功进行品牌延伸的基础。

（三）终极价值

维珍是从流行音乐的出版商和零售商发展起步的，它现在已涉足航空、服装、软饮料、计算机游戏、电信运营和金融服务等领域。其成功的关键在于维珍确定了这些产品/服务的终极价值：服务品质、创新、物超所值和乐趣。而作为维珍形象代言人的公众人物理查德・布兰森成功地传达了这些终极价值。

二、品牌类别的三种策略

为了保持品牌的识别力和资产价值，与消费者的沟通必须保持品牌的一致性表现，以塑造始终一致的品牌形象。在使用广告、包装、通路特性和产品自身等各种沟通方式的过程中，都必须以品牌的焦点为基础，强调品牌的共有价值。具体来说，有这样一些传播策略可供选择。

（一）诉求终极价值

GE 公司的广告语“我们把美好事物带进生活”（We bring good things to life）使品牌产品间的某些特性更突出、更显著，因而获得成功。飞利浦公司旗下从彩电、音响、手机、灯泡到小家电、VCD 机芯等诸多产品都冠以飞利浦品牌，到 1995 年它终于察觉需要有整合性的诉求以强化品牌杠杆力，因此花费 4 000 万美元在全球推广“让我们做得更好”（Let’s make things better）这句标识语，表达公司的技术创新能力和对顾客关系的重视。这个广告运动开展两年后，飞利浦在中国市场上的知名度上升了 18%。西门子家电的促销方式别具匠心，它设计了一个既符合中国人的生活条件，又体现德国家居简洁明快特点的西门子厨房，用它来向追求高品位生活的中国家庭倡导一种符合中国现代生活的厨房文化。在这间厨房里，西门子洗衣机、冰箱、抽油烟机、洗碗机以典雅流畅的外形融于其中，深刻体现了西门子 150 年的文化底蕴。

（二）诉求本质特性

并不是所有品牌特性都是同等重要的，具体而言，比较好的方式是区分哪些是本质（essential）特性，哪些是加成（contributing）特性，哪些是品牌形象的附属（accidental）特性（例如，宝马汽车品牌形象中，引擎功能佳是本质特性，造型美是加成特性，雅皮士专用则是附属特性）。对于消费者来说，最容易接受的品牌差别（目标取向），是在相关的显著特征的认知上有代表性。因此，找到品牌的一个或一组相关的本质特性并仔细加以保护是非常重要的。这样，能使品牌与旗下的产品具有一致性形象，而且明确区别于其他品牌，从而显示了品牌的意义。同时，能使延伸产品在每一个产品市场都拥有独特的定位区隔，不必再费力推广促销。因此，当品牌是一个类别的概念时，必须找出品牌的本质特性，作为传播的整体诉求依据。当然，在每一次与消费者的沟通（例如广告、包装、通路特性及产品本身）中都要注意传播的一致性。

（三）使用副品牌

如第 8 章所述，企业在品牌使用上有“一牌一品”和“一牌多品”（品牌延伸）的两大策略导向，它们各具优缺点。使用副品牌（也称附属品牌）策略则是一种折中的策略，它规避了品牌延伸中可能存在的陷阱。

所谓副品牌策略，是在一个伞状品牌（主品牌）下，对各个产品打上一个子品牌（副品牌）。这样既可以借用主品牌的资产，又可以借由副品牌来标识不同产品的差异性竞争定位和个性。由于有副品牌做限定，消费者对产品的认知中不会过分地依赖原有品牌类别的意义，因此可避免因产品形象不同而对主品牌形象造成侵蚀。副品牌运用的例子比比皆是，如“海尔-小小神童”“三星-名品”“红心-小厨娘”“松下-画王”“宏碁-Aspire”“长虹-红太阳”等。

然而副品牌并非万全之策。如果副品牌类别是以跟原先品牌不同的特性为基础进行延伸的话，也会造成原先品牌定义的扭曲或改变。

品牌科学 9－1

品牌个性与品牌延伸

本书作者先后开展的三项研究，论证了与西方品牌相比中国品牌所具有的突出品牌个性，以及这些品牌个性对开展品牌延伸所能产生的影响作用。

一、“仁和”与“时新”的品牌个性

第一篇论文（何佳讯、丛俊滋，2008）以糖果行业为例，验证了品牌个性五维结构的合理性以及跨文化异同特征。研究发现，中国背景的品牌个性评价存在最关键的两个维度“仁和”和“时新”，这对应于美国背景的品牌个性量表（Aaker，1997）中的“真诚”与“刺激”。站在中外品牌和消费世代的比较角度，作者深入分析了中国消费者对品牌个性在具体维度评价上的差异。研究发现，与外资品牌相比，无论是国产老品牌还是新兴品牌，都具有显著更高的“仁和”评价和显著更低的“时新”评价。这与范秀成和陈洁（2002）以蓝天和佳洁士两个中外品牌为例进行个性对比的研究结果一致。在“高雅”维度上，中国的老品牌和新兴品牌都显著低于外资品牌；此外，在“诚信”和“智慧”维度上，中国老品牌显著高于外资品牌；但对于国产新兴品牌而言，并未显现一定高于或低于外资品牌的差异化特征。同时本文研究发现，不同世代的消费者对理想品牌个性在个别维度上存在需求差异。与年长世代相比，年轻世代对“时新”个性的需求显著更高，但在其他维度上两者并不存在需求差异。结合中外品牌和消费世代两个方面，对于中国老品牌的个性评价，不同消费世代在“仁和”、“高雅”、“诚信”和“智慧”这四大个性维度上均存在评价差异，但在“时新”维度上不存在差异。基本上，年长世代与年轻世代相比，对老品牌具有更积极的个性评价。而对于外资品牌和国产新兴品牌，不同消费世代在五大品牌个性的评价上几乎都不存在显著差异。上述结果显示了中国消费者对中国老品牌、国产新兴品牌与外资品牌截然不同的个性评价特征，从新的角度揭示了中外品牌形象差异的来源。

在学术上，本文的贡献在于提出了品牌个性评价的两个关键维度“仁和”和“时新”，并对品牌个性维度的跨文化异同提供了新的证据。在中国文化背景中，与“真诚”对应的“仁和”同样具有最大的方差解释度（14.01%），与“刺激”对应的“时新”具有第二位的方差解释度（8.93%）。这个结果与黄胜兵和卢泰宏（2003）的结果有所不同。在后者的研究中，与“刺激”对应的维度是“乐”，并认为是存在跨文化差异的维度。而本文得到的“时新”维度聚合了“智”“勇”“乐”维度中的相关测项，集中地表现出与“刺激”维度更接近的内涵。这个结果与宋和廷卡姆（Sung and Tinkham，2005）的研究一致。后者的研究表明，“时新”是韩美两国样本中共同存在的第二大个性因子。也就是说，“时新”可能是并不存在跨文化差异的品牌个性维度。这意味着，中国背景中的品牌个性维度存在进一步研究的空间。

二、“仁和”“时新”“高雅”对品牌延伸的影响

第二篇论文（何佳讯，2010）以中国本土著名老品牌为测试对象，通过全国三个城市的样本调研数据验证了品牌个性认知强弱对品牌延伸评价态度的影响关系。研究发现，不同品牌个性对品牌延伸的正面作用是不同的。“仁和”个性有利于向下延伸，而“时新”和“高雅”个性有利于向上延伸和远延伸。本研究成果的理论贡献在于，不但丰富了品牌个性特质问题的研究，也开拓了在品牌延伸影响机制研究中有关母品牌评价因素的研究。长期以来，我们对品牌个性的研究着重于个性本身的测量和评价，对不同个性的性质及其作用机制关注不多。而本文结论的启示在于，在创建品牌和塑造品牌个性的过程中，我们不仅要追求品牌个性的突出性，以建立品牌定位和价值，还要考虑到底塑造什么样的品牌个性，以便为实现其他长远营销目标提供积极支持。与此同时，本文研究结论对认识品牌延伸评价中母品牌的作用机制提供了新的参考和启发。长期以来，学者们对母品牌作用的认识围绕感知质量（Aaker and Keller，1990）、品牌联想（Broniarczk and Alba，1994）、品牌概念（Park，Milberg，and Lawson，1991）等进行，极少考虑到品牌个性的问题。本文研究结论推进了陈卓浩和鲁直（2008）有关品牌个性对品牌延伸态度关系的研究。也就是说，我们不仅可以认识到，鲜明的品牌个性如果与延伸品类具有“匹配性”的话，将有利于消费者对延伸做出积极评价；而且我们还可以相信，某些品牌个性（如“时新”和“高雅”）对向上延伸具有普遍的积极影响作用。此外，本文研

究成果还丰富了长期品牌管理理论，特别是在中国背景中，为如何深刻认识老品牌独有的品牌资产及重振方略的问题提供了新的证据。

从管理应用上，本文对中国本土品牌特别是老品牌的长期管理提供了有针对性的策略思考方向。在激烈的市场竞争中，中国老品牌面临着生存、变革和发展的重要决策选择。为了适应当前市场日趋细分以及全球化环境的需要，老品牌营销的基本出路是要扩大和丰富产品线，以营销创新实现产品的升级换代。这就涉及所谓的水平延伸和垂直延伸问题。然而，根据本文的研究结论，老品牌拥有的突出的“仁和”个性认知并不有利于其远延伸和向上延伸；而其市场开拓和发展所要进行的远延伸和向上延伸，又缺乏与之对应的突出的“时新”和“高雅”个性认知。于是，摆在老字号企业决策者面前的难题就是：到底是先进行品牌延伸，大力开发和推广新产品，通过延伸产品对母品牌的反馈效应实现品牌个性的改善，比如提升对老品牌的“时新”或“高雅”个性的评价，还是先重塑品牌个性，为老品牌的延伸创造积极、合理的品牌个性条件。前者的风险在于，新产品的推出可能遭受较大的风险，品牌延伸可能会失败；后者的障碍在于，品牌个性的形成是长期营销的结果，要重塑个性并非易事。对于老品牌来说，改善“时新”或“高雅”个性要比强化“仁和”个性困难得多。这就是所谓的老品牌发展“悖论”。或许，我们可以寻找上述两大决策的折中方案：推出老品牌新的子品牌，采用主副品牌战略。这样既可以借用到老品牌资产，又解决了老品牌个性与新品类延伸之间的不匹配性，实现老品牌必须面对的产品开发问题；与此同时，通过新的子品牌和母子品牌的联合使用，逐步改善母品牌形象的长期目标问题。

三、“仁和”“时新”“高雅”对品牌延伸的调节作用

在前面这项研究的基础上（何佳讯，2010），笔者又进一步探究了品牌个性如何影响品牌延伸评价的规律，把品牌个性与品牌延伸评价的基本影响因素结合起来考虑，再次显示了在中国文化背景下三种重要的品牌个性“仁和”“时新”“高雅”在品牌延伸评价过程中所扮演的不同角色。研究表明，“仁和”与“时新”个性在延伸产品感知质量对品牌延伸态度评价产生影响的过程中起到了不同的作用。“仁和”“时新”“高雅”并不直接影响品牌延伸过程中对母品牌信念反馈和品牌延伸典型性的评价。但是，“仁和”个性显著促进延伸产品感知质量对母品牌信念反馈评价的影响关系，而“时新”个性显著促进延伸产品感知质量对品牌延伸典型性评价的影响关系。此外，“高雅”个性并不发生相应的调节作用。这是本研究的新发现。本文的研究不但推进了品牌个性与品牌延伸评价关系的研究，也对进一步理解品牌个性对品牌态度的影响机制（例如：Aaker，Fournier，and Brasel，2004；Hayes et al.，2006；Ramaseshan and Tsao，2007）提供了新的证据。

本研究的测试品牌“大白兔”是通过定位于都市年轻白领的新品牌“优浓”实施品牌延伸策略的，“优浓”的形象不同于传统的“大白兔”形象。而对于品牌延伸典型性概念而言，越是认为“优浓”与“大白兔”形象一致，所谓的典型性评价就越高。这就解释了为什么消费者对母品牌大白兔的“时新”个性评价越高，其对“优浓”的评价更强地传递到认为“优浓”可以代表“大白兔”（典型性）的评价上。也就是说，我们通过与母品牌形象并不一致的新品牌（产品）进行延伸以实现对母品牌的形象创新，这提高了消费者对母品牌“时新”个性的评价，而这种评价又可以提高新延伸产品影响品牌延伸

典型性评价的程度。由于这里的延伸策略是采用与母品牌形象并不一致的新品牌产品，因此，越是高的典型性评价，其实越是增强了对与大白兔原有形象不一致的策略的接受程度。长此以往，“大白兔”的品牌宽度就会提高，这样为其进行可能的远延伸提供了更加有利的条件。因此，“时新”个性的这种调节作用与笔者先前的研究结果（何佳讯，2010）具有呼应之处，即“时新”个性有利于品牌进行远延伸。

在管理应用上，本研究对中国本土品牌特别是老品牌的长期管理提供了新的策略性指引和启示，回答了第二项研究中提到的决策难题：到底是先进行品牌延伸，大力开发和推广新产品，通过延伸产品对母品牌的反馈效应实现品牌个性的改善，以提升对其“时新”或“高雅”个性的评价；还是先重塑品牌个性，为老品牌的延伸创造积极、合理的品牌个性条件。两者的折中方案是：推出老品牌新的子品牌，采用主副品牌战略，这样既解决了原有母品牌个性与新品类延伸之间可能存在的并不匹配的问题，又可以通过母子品牌的联合使用逐步改善母品牌形象的长期目标问题（何佳讯，2010）。本研究以大白兔推出的新品牌“优浓”为研究背景，这种延伸策略的确在一定程度上起到了对母品牌形象改善的反馈效用。但由于采用的是背书品牌策略而非来源品牌策略，故其母品牌资产对新品牌产品推广的积极促进作用被大大削弱了。在当前竞争激烈的市场上，这在很大程度上对新产品的生存和发展产生不利影响。

在2010年上海世博会期间，冠生园以大白兔品牌直接进行品牌延伸，推出新产品晶彩糖。这是笔者先前提出的两大基本决策方案之一：先进行品牌延伸，尽管面临延伸并不成功的风险，但由于是同档次定位的近延伸，这种风险被大大削弱了。也就是说，这种延伸并不需要大白兔所不具备的突出的“时新”或“高雅”个性作为支撑。因而与先重塑品牌个性、再进行品牌延伸的策略相比，时间和营销投入相对更少，在实施上更为可行。根据本文研究的新发现，大白兔所具有的突出的“仁和”个性，有利于让消费者把对延伸产品感知质量的评价更强地联系到其对母品牌信念的反馈评价上。对大白兔晶彩糖的营销策略进行分析，我们不难看到其采用了全方位的老品牌振兴策略：新产品、新目标市场以及新传播策略。就产品而言，大白兔推出的是硬质糖果，采用双色浇注工艺，有别于其经典的牛奶软糖；其糖体又是双层圆体，不同于其原来的条形；而且以“晶彩糖”命名，确立独特的产品概念。就目标市场而言，大白兔晶彩糖主打都市年轻白领，有别于大白兔一贯以儿童及家庭为目标群体的策略。至于传播策略，新产品诉求于“宠爱”和“浪漫”，不同于其原来的“快乐分享”概念。这些策略的整合使用，让我们对大白兔产生了焕然一新的感觉和看法，有效地促进了其“时新”形象元素的输入。根据本文研究的新发现以及上文已经做出的解释，如果大白兔有效提高了“时新”个性评价，那么这种评价又会促进新延伸产品影响品牌延伸典型性评价的关系程度，其实质是加大了大白兔的品牌宽度，这又终将为其进行可能的向上延伸以及远延伸提供有利的品牌个性条件支撑和准备。由此看来，对于像大白兔这样的中国老品牌，既要保持原来突出的“仁和”个性评价优势，又要在提高“时新”个性评价上寻求突破，创建以这两大品牌个性为核心成分要素的新形象。

对于中国本土品牌，向上延伸和远延伸具有十分重要的意义。因为其成功与否，是检验品牌资产杠杆力、衡量品牌附加价值的重要方面。而中国本土品牌存在的普遍问题正是品牌资产薄弱、附加价值低下。中国本土品牌要真正走向世界、迈向世界级品牌，就必须突破这个重大瓶颈问题。本文的研究结果蕴含了与笔者先前研究（何佳讯，2010）相似的管理含义：中国企业需要认识到，本土品牌的个性迫切要在突出的“仁和”评价的基础上，有效引入“时新”个性元素，以逐步改善甚至重塑原来的品牌形象。大白兔晶彩糖带给我们的启示正在于：通过有效实施品牌近延伸而快速改善母品牌形象，即为母品牌着力输入“时新”元素。其关键做法由三方面组成，即开发创新性产品、重新定义目标市场并设计新的传播策略。

参考文献：

陈卓浩，鲁直，2008．品牌个性匹配对品牌延伸态度影响研究：基于感知匹配度内涵的分析．中国工业经济，(10)：85–96.

范秀成，陈洁，2002．品牌形象综合测评模型及其应用．南开学报（哲学社会科学版），3：65–71.

何佳讯，2010．“仁和”、“时新”与“高雅”：品牌个性认知对品牌延伸评价影响的研究．营销科学学报，6（1）：59–70.

何佳讯，2011．品牌个性认知对品牌延伸评价影响的再研究：兼论上海冠生园的品牌延伸策略．华东师范大学学报（哲社版），43（2）：74–83.

何佳讯，丛俊滋，2008．“仁和”与“时新”：中国市场中品牌个性评价的关键维度及差异分析：以一个低涉入品类为例．华东师范大学学报（哲社版），5：82–89，102.

黄胜兵，卢泰宏，2003．品牌个性维度的本土化研究．南开管理评论，1：4–9.

Aaker D A，Keller K L，1990. Consumer Evaluations of Brand Extensions. Journal of Marketing，54（1）：27–41.

Aaker J，Fournier S，Brasel S A，2004. When Good Brands Do Bad. Journal of Consumer Research，31（1）：1–16.

Aaker J L，1997. Dimensions of Brand Personality. Journal of Marketing Research，34（3）：347–356.

Broniarczyk S M，Alba J W，1994. The Importance of the Brand in Brand Extension. Journal of Marketing Research，31（2）：214–228.

Hayes J B，et al.，2006. Looks Matter in Developing Consumer-brand Relationships. Journal of Product & Brand Management，15（5）：306–315.

Park C W，Milberg S，Lawson R，1991. Evaluation of Brand Extensions：The Role of Product Feature Similarity and Brand Concept Consistency. Journal of Consumer Research，18（2）：185–193.

Ramaseshan B，Tsao H Y，2007. Moderating Effects of the Brand Concept on the Relationship between Brand Personality and Perceived Quality. Journal of Brand Management，14（6）：458–466.

Sung Y，Tinkham S F，2005. Brand Personality Structures in the United States and Korea：Common and Culture-specific Factors. Journal of Customer Psychology，15（4）：334–350.

品牌实践 9－1 M&M's

“快到碗里来，你才到碗里去”，这句家喻户晓的广告词来自美国巧克力豆品牌 M&M's 的经典广告。M&M's 是全球最大的食品零售商玛氏旗下的品牌。1941 年，玛氏公司给巧克力穿上彩色糖衣，制造出了 M&M's 巧克力豆，这成为巧克力发展史上的一个里程碑。随着电视的普及，M&M's 成了风靡全球的巧克力品牌。1954 年玛氏公司推出 M&M's 花生巧克力，打出“M&M's 巧克力，只溶在口，不溶在手”的口号，并凭借五颜六色的产品外观和美味的口感，受到世界各地消费者的喜爱。

随着在巧克力产品市场的地位逐渐稳固，M&M's 开始实行品牌延伸战略，将业务向多个领域拓展。1996 年，在诞生半个世纪之后，M&M's 借助网络的发展，将品牌形象拟人化，创建了M&M's明星角色，以其“会说话的糖果”——红色和黄色的豆人形象作为品牌代言，并赋予每个明星豆不同的身份和人物性格，比如古灵精怪的M豆红豆、大智若愚的M豆黄豆等，充分展现M&M's希望向消费者传达的“快乐逗趣”的品牌形象。同时M&M's还向影视领域进军，成立M&M's Studios，由M&M's明星豆组成网络世界，为它们制作了一系列动画，并模仿好莱坞片场的网站设立“虚拟好莱坞”，使虚拟明星豆像真正的明星一样。

1997年，M&M's又在现有明星豆的基础上推出了第一位女性M&M's明星豆——“绿M”，将其身份设定为20世纪90年代周游全美的女性作家，性格设定为机智好强；并以她的口吻写了推销自己的传记——《我绝不为任何人融化》，由此使其跨入文学界，名声大噪，同时也响应了M&M's巧克力豆“只溶口、不溶手、不易融化”的产品特性，起到良好的宣传效果。1998年11月，在影视领域，M&M's明星豆联合出演了M&M's品牌下的第一部剧情片。与此同时，3D动画电影也在拉斯维加斯的M&M's World主题商店里隆重首映。

1997年底，M&M's World——一家位于拉斯维加斯机场的M&M's主题体验馆开业，M&M's开始发展经营主题文化体验馆。馆里人性化的装潢为消费者提供了免费的拍照胜地，消费者拍照传播为M&M's带来了免费且良好的品牌传播效应。M&M's体验馆的配套服务和设计以及M&M's家族成员偶像地位的建立，让消费者更多地体验到M&M's独特的服务和产品，提高了消费者的品牌认同感，也为M豆带来了众多“铁杆粉丝”，形成持续的吸引力。该体验馆还作为商店，出售巧克力及其以外的产品类型，不仅有在巧克力的基础上扩大的零食品种，例如冰淇淋，还陆续推出了很多独一无二的品牌商品，例如以M&M's明星豆的形象为原型制作的T恤、马克杯、碗以及家具等，还有玩具摆件、抱枕、毛绒玩具、挂饰、糖果机、高尔夫球等一系列的周边产品。2014年，在中国上海的M&M's World体验馆内，M&M's还专门设计了以中国和上海为主题的玩偶及摆件，将M&M's的品牌产品适当本土化。这无疑为其赢得了更多中国消费者的青睐，提高了中国消费者对其品牌的认可度。M&M's通过实体体验店为顾客提供独特的购物经历，在琳琅满目的商品及专属的服务中进一步凸显M&M's巧克力的色彩与趣味，体现“逗趣”的品牌形象。

2019年，借着近年来选秀节目的热度，M&M's利用M豆的明星身份，打造了一系列相关节目，进军综艺界。M&M's以“美国偶像”M豆参加选秀为主题，让M豆橙豆参加选秀节目并“出道”，同时成功发布其原创歌曲《脆心进行曲》，借此也为目前M&M's品牌的盈利主力产品——脆心巧克力豆做宣传。M&M's还推出了M豆脱口秀《这就是原创》，延续M豆橙豆出道的故事，以M豆红豆和黄豆作为主角，以M豆三兄弟的趣事为主题。后续还有续集脱口秀《逗来逗趣》，这个节目的名字也与M&M's的产品形象产生了明显的相互呼应效果，巩固了M&M's在消费者心中的品牌形象。

M&M's巧克力豆品牌从原来的食品延伸到影视和文化领域，很典型地体现了以IP（知识产权）中形象著作权为核心的品牌经营战略。其通过建立M&M's明星豆形象并为其拍摄影视作品的方式，提高了消费者在购买M&M's巧克力豆时的参与感和趣味性，反过来也通过影视作品的高传播性对M&M's品牌进行宣传。M&M's以其他M&M's巧克力豆周边产品的形式来吸引消费者，不仅满足了消费者的多样化要求，也充分利用其现有的品牌资源扩展业务，强化 M&M's 的品牌资产，为其不断注入新活力。

资料来源：马倩伟．浅谈玛氏公司的甜蜜营销．经贸实践，2016（1）：258-260；齐爽．玛氏营销："快到碗里来"．现代企业文化（上旬），2014（12）：54-55；钟霞．M&M's 豆上海旗舰店的体验．（2017-03-15）［2020-06-28］．https://www.jianshu.com/p/5b047a05d3c4；M&M's 品牌介绍．（2017-11-08）［2020-06-28］．https://www.jd.com/phb/zhishi/00d8f09bae18fd65.html；CNTV 品牌国际．玛氏糖果·品牌解码．（2011-12-05）［2020-06-28］．http://www.cntv.cn/pinpai/20111205/120679_3.shtml.

品牌实践 9-2 农夫山泉

人们对"农夫山泉有点甜"可谓耳熟能详，这句广告语把农夫山泉的天然、纯净的感觉带给消费者，这也是农夫山泉品牌成功走高的第一步。经过 20 多年的不懈发展，不管在产品业务还是品牌定位方面，农夫山泉都已经成为国内瓶装饮用水当之无愧的"老大哥"。其关键之道是实施品牌延伸和多品牌架构战略。

1993 年，养生堂公司成立。在看到瓶装水以及矿泉水的市场发展潜力后，公司果断创立了农夫山泉品牌。当年的竞争对手们主要以净化技术为核心，农夫山泉另辟蹊径，去开发更天然健康的矿泉水。纯净水缺乏微量元素，这是背离"健康生活"理念的一大漏洞，因此，农夫山泉的起点是给消费者提供环保、天然、健康的矿泉水。

2003 年春季，公司推出"农夫果园"混合果汁饮料，在上市之初即被业界称为"摇出了果汁行业的新天地"。"农夫果园"上市，标志着公司从单一的饮用水公司跨入综合饮料开发深加工企业的行列。2004 年，公司推出全新功能性饮料——"尖叫"。2008 年，公司推出新品"水溶 C100"柠檬汁饮料。

2015 年 2 月 1 日，农夫山泉在长白山抚松工厂举行新品发布会，推出三款瓶装水产品：农夫山泉玻璃瓶高端矿泉水、农夫山泉天然饮用水（适合婴幼儿）和农夫山泉学生运动瓶盖天然矿泉水。这代表着农夫山泉的纵向品牌延伸。农夫山泉进入高端水市场，其包装设计赢得了不少关注，这些设计还让农夫山泉拿下了 2015 年的五项大奖，包括 2015 年 D&AD 木铅笔奖、2015 年 The Dieline 国际包装设计大奖软饮料类第一名、Pentawards 的最佳饮料包装奖等。

农夫山泉在 2020 年新推出了一款含锂的矿泉水"锂水"，也是高端产品，售价是红白运动瓶盖矿泉水的两倍，淘宝批发价达到了 6 元 /535mL。现代人对于营养元素的需求越来越高，"锂水"就是一个很棒的市场试水。

农夫山泉除了垂直延伸外，还通过多品牌战略涉足不同的饮品领域，满足不同目标市场的需求。针对"尖叫"品牌，公司把瓶身设计成极具运动感的螺旋状、瓶盖设计成奶嘴状样式，更贴合年轻人的个性和需求，颇有趣味性。

2019 年，农夫山泉进入生鲜领域，依靠农夫果园产品开发时期的果园种植地，发展了 17.5° 果汁和鲜橙，还延伸至东北香米和西湖龙井。

2020 年，农夫山泉新推出 250mL 的小容量果汁、茶饮容量瓶，迎合年轻人日常出街的"轻便"需求，近年的产品延伸还包括东方树叶茶饮、天然苏打水品牌 SODA、气泡水 TOT、茶 π、炭仌无蔗糖拿铁、NFC 果汁。这些新品牌具有强烈的年轻时尚个性（见图 9－7）。

图 9－7　农夫山泉部分品牌家族成员

农夫山泉还开展联合品牌战略：2017 年，与网易云共同推出“乐瓶”；2018 年，与故宫文化服务中心推出了限量版“故宫瓶”，瓶身上主要以康熙、雍正、乾隆的帝王卡通画像和妃嫔画像为背景，中国风十足。

农夫山泉通过品牌延伸和品牌架构战略，实现了广泛的业务拓展，凭借优质水进入中国高端饮用水市场，从矿泉水扩展至茶饮、功能性饮料、咖啡饮品、果汁等饮品和食品领域，紧密围绕“健康”“自然”“环保”的核心价值，同时又增加新的年轻时尚价值。

资料来源：谢择月，郭晓妍．社会化营销体系下农夫山泉品牌延伸策略研究．传播力研究，2019，3（29）：171；载三文化．农夫山泉的品牌之路（一）．（2019-03-29）[2020-06-28]．https://www.sohu.com/a/304622837_100086285.

思考与讨论

1. 请分别结合品牌化原理（第 1 章）、品牌资产理论（第 2 章）、企业级品牌战略理论（第 2 章）、间接品牌联想杠杆策略（第 6 章）、品牌架构理论（第 8 章），解释品牌延伸策略在战略品牌管理中的作用。
2. 品牌延伸的决策步骤有哪些？结合品牌营销与产品营销的差别（第 6 章），分析开展品牌延伸需要注意哪些方面。
3. 结合品牌资产金字塔（第 2 章）和品牌概念与延伸力的关系（图 9－2），分析品牌定位应该注意哪些方面，品牌价值观定位的优势体现在什么方面。
4. 列举跨类跨界品牌延伸的成功例子，结合品牌延伸评价原理进行分析。
5. 农夫山泉开展了哪些品牌延伸？讨论它未来可以开展的品牌延伸。

第10章

长期品牌管理

长期品牌管理是战略品牌管理的重要内容。如果说新品牌的首要问题是如何进行品牌创建，那么品牌在长期发展中的核心课题就是如何进行品牌维护和持续创新。对于处于衰退之中的、经营状况每况愈下的老品牌，长期品牌管理的任务和拯救战略更加艰巨。西方大量基业长青的全球品牌实践，以及中国改革开放40多年来大批成功品牌的发展轨迹和实践，共同为我们形成长期品牌管理的理论和方法积累了丰富的经验。

长期品牌管理的原理是品牌的两重本性论。基于这个原理，长期品牌管理理论与策略都围绕品牌的“变与不变”展开。在基本理论的基础上，笔者提出品牌活化矩阵模型，以及传承和创新动态管理。本章的内容按照长期品牌管理的精髓、品牌强化与品牌活化、品牌身份的时间管理这三节顺序展开。

第1节　长期品牌管理的精髓*

瑞士的天梭表，自1853年问世以来始终秉承“创新，源于传统”的品牌理念。无独有偶，拥有百年历史的劳力士，其品牌哲学也围绕“传统”与“创新”的思辨——“不是‘传统’，虽然我们的工艺永存”，“‘创新’，只能触及其皮毛”，“以‘传统’描述我们的创新，则过于拘泥常规”。百达翡丽的说法则十分精到：“‘创新’的传统，创‘新’的传统”。这三个著名品牌的品牌理念都试图阐释对“传统”与“创新”两者关系的理解。长期品牌管理的精髓，就是如何认识、把握和处理好“传统”与“创新”之间的关系。

*本部分及后面部分的内容与相关引用参见：何佳讯，李耀．品牌活化原理与决策方法探窥：兼谈我国老字号品牌的振兴．北京工商大学学报（社科版），2006（6）：50-55；何佳讯．长期品牌管理．上海：格致出版社，2016；何佳讯．品牌的逻辑．北京：机械工业出版社，2017.

一、基于品牌两重本性论的战略

我们在第 1 章第 3 节“品牌化的原理、步骤与范畴”部分已介绍过品牌两重本性论。第一个本性是品牌基因，就是在诞生的时候，品牌拥有的那个身份。这个身份首先不是品牌名称和符号识别，而是品牌拥有的意义和内涵。第二个本性是品牌成长，就像一个人诞生下来传承了父母的基因，但是自己要不断成长，要适应变化的环境，不断学习新事物。对于品牌来说，主要就是通过创新的方式，不断满足时代的需求，建立跟当代消费者之间的相关性。

（一）两种基本战略

根据品牌的两重本性论，我们形成品牌发展的两种战略，一种是以强调品牌价值的传承性、强调品牌一致性为核心的战略，另一种是以品牌创新和不断发展为核心的战略。传承就是坚守原来的资产，而创新就是要不断扩展和补充新的价值，要自我否定、不断开拓。简单来说，就是要处理好“变”与“不变”的关系。品牌的变与不变，表面看来这两者是矛盾的：固守传统，就难以改变突破；大胆变革就会离品牌根基越来越远，甚至丢了根基。但用中国的阴阳文化，可以解释，存在好的解决方式，在变和不变、传承和创新之间找到平衡和融合点。易经的太极图可以帮助我们理解。

一方面，品牌要保持不变。保持不变才能使品牌拥有独特的资本，通过一致性形成品牌的威力。越是一致，品牌的力量越聚焦、越强大。品牌不变，就是要求品牌建立清晰的身份系统，不断重复某些要素，坚持相同性。在长期发展过程中，这种不变的部分就成为品牌的传统，代代相承。试想，一个品牌如果没有恒久不变的东西，那么则与刚建立的新品牌无异。因此，时间越长，品牌这种不变的资产就强大，令竞争对手无法模仿和超越。

另一方面，品牌又要求变。品牌求变才能使自己紧跟时代步伐，与时俱进，符合消费者不断变化的需求，通过相关性形成品牌的吸引力。越是多变，品牌越生动、越具刺激性，令消费者惊喜不断。品牌求变，就是要求品牌推陈出新、不断创新，发展多样性，而不是因循守旧。这是品牌成长壮大的根本所在。站在营销的角度，品牌求变可以在营销战略（市场细分、目标市场和定位）和营销组合（产品、定价、渠道和促销）等各个要素方面不断创新变革。强大的创新力是品牌的核心竞争力，竞争对手可以模仿，但无法超越。

（二）两种战略的关系

我们需要明白的是，“变”与“不变”，或者“传统”与“创新”本身就是一对矛盾。因此，把握好“变”与“不变”的关系，处理好“传统”与“创新”之间的联系，并非易事。很多时候，我们追求了创新，大胆突破，却丢掉了品牌的灵魂；或者，我们恪守了传统，小心翼翼，却落入了故步自封的陷阱。

其实，把握两者的关系，需要明确并界定什么可以变、什么不可以变。其理想境界是，将“传统”与“创新”巧妙组合或者融合，形成合力，集于品牌一身（见本章第 2

节“四、传承和创新动态管理”部分)。通常，品牌的核心价值、理念和内涵，即那些界定品牌是其自身而非其他品牌的东西不能变，或者说不能轻易变。我们称之为品牌的内核。品牌代表的价值观、传达的魅力、技术秘诀、产品属性等，都可能是品牌不能变的元素。其衡量标准是，在消费者心目中，这些元素是否真正能够代表品牌是什么——如是，则不能变。而品牌中可以变化或者说应该变化的，通常是具象的、有形的元素，比如产品设计、性能、包装、形式等。这类创新通常是为了适应技术、市场、文化等环境变化的需求。哪些元素可以改变?关键还是看它们是否已成为承担品牌身份的角色——如不是，则可以变或应该变。我们称这些可以变的方面为品牌的外围元素。

二、长期品牌管理的理论

按照凯勒（Keller，1999，2003）的理论架构，长期品牌管理主要有两大方面的内容，一是品牌强化（brand reinforcement)，二是品牌活化（brand revitalization)。前者是通过向消费者传达一致的品牌意义来实现，强调维护品牌的一致性（不变)；后者是通过改变品牌知识来提升品牌资产。与品牌活化相近或相似的概念还有：品牌复兴（rejuvenation)（Lehu，2004)、品牌重建（rebranding)（Kaikati and Kaikati，2003；Daly and Moloney，2004)、品牌再定位（re-positioning)（Aaker，1991）等。这些概念的共同实质是强调创新和改变。

（一）通过品牌意义一致性强化品牌

从认知心理的角度解释，品牌在消费者头脑中得到强化的效力，来自对品牌知识（品牌意识和品牌联想）的重复、持续和强调。这种做法的结果表现在基于顾客的品牌资产测量上，品牌知名度和品牌联想的强度、赞誉度和独特性都会处在较高的水平上。

从社会心理的角度解释，品牌与消费者的过去自我（past self）保持联结，促使消费者与品牌的关系保持原有的状态，进而得到强化的效力。这来自对品牌身份、传统遗产和真实性的唤醒和复兴。这种做法的结果表现在消费者品牌关系质量上：品牌信任、品牌承诺、品牌-自我联结等都会处在较高的水平上。

把上面两种理论角度相结合，品牌强化就是要保持品牌意义的一致性，强化品牌意义的根基，唤醒品牌意义和复兴品牌文化。基于品牌意义的复兴要立足下面两大基础。

（1）品牌精髓。消费者对真实性（authenticity）的要求是现代营销的基石，真实性对于一个品牌来说至关重要。品牌独特性是品牌身份的一个重要方面，而品牌精髓则代表品牌的核心价值，被称作品牌的 DNA（基因)。品牌精髓是品牌独特性的主要构成要素，它与真实性高度相关。品牌管理者既可以通过宣传原来的品牌精髓，也可以通过引入新的品牌精髓来复兴品牌。但是最常用的方法是在宣传原有品牌精髓的同时，加入新的时尚元素。这些时尚元素包括流行文化、最新技术等。

（2）签名级品牌故事。所谓签名级，就是能代表品牌身份，而非那种随意编造的故事。它是有关品牌历史、意义、精神等的描述，既可以是叙述性的，也可以是比喻性的。品牌故事是动态的，随着流行趋势和消费者口味的变化而改变。品牌故事可以成功地转换一些说教性的信息，这些信息会被用来解决消费者在品位、观念上的冲突。品牌管理者可以从消费者的角度来研究品牌故事，利用消费者对品牌产品的认知和评论，或者通过那些新旧品质相结合的产品，来研究品牌意义、品牌传统和品牌故事之间的关系。

（二）通过品牌创新和改变活化品牌

凯勒（Keller，1999）从基于顾客的品牌资产角度建立了品牌活化的基本原理，主要包括两个方面：一是寻找失去的品牌资产来源；二是识别并建立新的品牌资产来源。有两种实现路径：一是提高品牌回忆和再认，拓展品牌意识的深度和广度；二是改善构成品牌形象的品牌联想的强度、赞誉度和独特性（见图 10－1）。

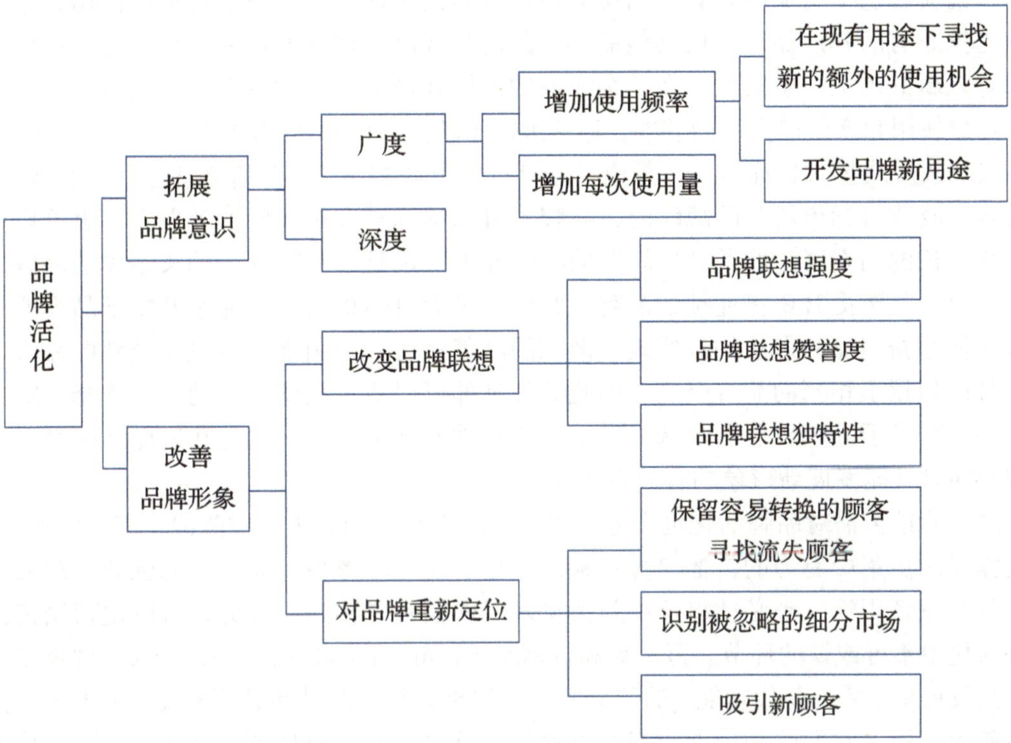

图 10－1　凯勒品牌活化的概念模型

资料来源：Keller K L. Managing Brands for Long Run：Brand Reinforcement and Brand Revitalization Strategies. California Management Review，1999，41（3）：102–124.

（1）拓展品牌意识。许多老化的品牌，问题出在品牌意识的广度上：消费者在一定的环境中仍然能够识别和回忆起该品牌，但仅仅是在很狭窄的范围内。拓展品牌意识是品牌活化的一个重要方面，可以通过增加消费者对品牌的使用来实现。具体来说，增加消费者对该品牌的使用又可以通过两种途径来实现：增加每次使用量和增加使用频率。相对而言，增加使用频率要比增加每次使用量容易，因为每个消费者心目中都有一个最合适的使用标准。增加产品的使用频率既可以在现有使用方法下增加新的使用机会，也可以开发新用途。

（2）改善品牌形象。改变品牌意识是一种相对比较简单的方法，有时还需要对品牌形象做出调整，这种调整甚至是根本性的改变。重塑品牌形象，可以通过增强品牌联想的强度、赞誉度和独特性实现，也可以通过加强积极的品牌联想、淡化消极的品牌联想，同时创造新的积极品牌联想来实现。改善品牌形象，往往需要对品牌进行重新定位。在对品牌重新定位时，既要保留容易转换的顾客，又要找回流失的顾客，同时要识别新的细分市场，吸引新顾客。

从营销组合要素的角度看，改变和创新的做法主要围绕三方面进行：产品 / 服务、目标市场和营销传播。

（1）产品创新一直是企业保持品牌年轻的重要手段。创新有时不必是颠覆性的，通过增添新元素有时就能实现变革。然而不是所有公司都有能力和财力投入实质性的创新。因此，创新还包括增加消费者对品牌的使用量和使用频率。也许最快提高使用频率的方法就是把原有品牌产品定位成其他品类产品的替代品，即开发产品的新功能。这可以使品牌进入新的市场。事实上，在一个成熟的市场环境下，开发原有产品的新用途或增加原有用户使用频率所需投入的成本，通常远低于转向新用户所需的成本。

（2）改变或扩大目标市场，是应对原有目标市场萎缩这一品牌老化症状的有效方法。当决定“改变目标市场”的战略时，品牌既可以选择转向更年轻的消费者，也可以选择转向更年长的消费者。所谓“年轻”的品牌并不一定是以年轻人为购买主体的品牌，而是能够保持甚至提升销售业绩的品牌。此外，扩大目标市场还能通过开发子品牌或将老品牌延伸至新产品的做法加以实现。老化的品牌从另一个角度而言也是成熟的品牌，这类品牌已积累了相当的品牌资产，因此品牌延伸可以成为品牌活化的又一选择。除了品牌延伸，开发子品牌以及以伞状品牌结构为基础发展新产品，也是在避免品牌经典形象受损的同时又能发展新形象的有效方案。

（3）营销传播对品牌活化也十分重要。当品牌在人们心中形成陈旧、衰老的形象后，我们需要用更集中有力的传播攻势打破旧印象、树立新形象。无论产品创新、产品线延伸还是开发新用途，都必须将这些新信息及时向消费者传递。因此，可以说营销传播是品牌活化中不可或缺的环节。万辛克和吉尔摩（Wansink and Gilmore，1999）强调了原品牌产品发展新功能（替代功能）的传播要点：如果原品牌产品和其所要替代的产品之间的差异较大，那么它们的相似点应当加以宣传；反之，如果原品牌产品和其所要替代的产品之间过于相似，那么两种产品或品牌间的不同之处应明确指出。

三、品牌活化矩阵

综合长期品牌管理的相关理论成果，笔者认为品牌活化理论可以从两个视角来看：认知心理视角和社会心理视角。前者的认识主要从消费者的认知心理入手，主张通过一系列的营销活动，提高品牌意识，重塑品牌形象，最终达到重建品牌资产的目的；后者的认识主要从品牌本身的意义、内涵、本质等方面出发，主张通过品牌故事、品牌社群、怀旧性广告等，唤醒消费者对该品牌的社会心理联结，最终达到建立或恢复消费者与品牌的亲密关系的目的。它们的差别主要表现在活化目标、活化机理、活化途径和对策略的指导意义这四个方面，具体见表 10－1。

表 10－1　品牌活化原理两个视角的比较

对比	认知心理视角	社会心理视角
活化目标	提升品牌资产	提升消费者-品牌关系质量
活化机理	改变消费者认知	唤起消费者的怀旧情感
	置入新的元素	挖掘老的元素
活化途径	品牌意识、品牌形象	品牌故事、品牌精神、理想化的品牌社群
对策略的指导意义	新老品牌共有	老品牌独有

这两个理论视角最大的差别在于：认知心理视角关注品牌意识和品牌形象两个方面，强调置入新的元素，主要包括四个方面——新产品（用途）、新市场、新定位和新形象；而社会心理视角则关注新老品牌资产，强调挖掘老的元素，主要采用复古策略。但它们之间也是相互联系的。例如，认知心理视角认为在改变品牌形象的同时，要注意保留品牌的精髓；社会心理视角认为在充分利用怀旧的同时，也要保持产品的不断更新，以满足消费者的现实需要。因此，在品牌活化的过程中，我们应该把两种理论视角有效地结合起来，既要不断更新产品和服务，同时又要引入能够引发消费者融入品牌意义的因素。为此，我们建立了认知心理-社会心理联合视角的品牌活化矩阵（brand revitalization matrix，BRM），它概括了品牌活化的四大根本策略，即唤醒意识、扩展意识、复古形象和改变形象（见图 10－2）。

认知心理视角 \ 社会心理视角	老资产	新资产
意识	唤醒	扩展
形象	复古	改变

图 10－2　品牌活化矩阵

当老品牌面临新品牌的强有力竞争时，怀旧方式的利用则显得尤为必要。消费者往往对那些能够引起对过去经历的回忆的东西有着强烈的感情，进而激发出强烈的购买倾向。如表 10－1 中所指出的，社会心理视角的“怀旧资产”是老品牌独特的历史价值，新品牌并不具有这样的文化沉淀。因此，从理论上看，运用怀旧联结是老品牌对付新产品的有效策略。

第 2 节 品牌强化与品牌活化

接下来，具体介绍品牌强化和品牌活化的方法与策略。无论是品牌强化还是品牌活化，它们的共同目标都是维护、巩固和提升品牌强度。品牌强度是品牌长期发展和增长的奥秘所在。我们先通过扬罗必凯（Young & Rubicam）品牌资产评估模型来理解品牌强度的实现路径，再分别介绍品牌强化和品牌活化的重要做法。

一、品牌强度实现路径

品牌评估模型有很多，扬罗必凯品牌资产评估模型具有代表性。这个模型有两个维度。纵坐标是品牌强度（brand strength），与品牌成长潜力有关，由能量化差异（energized differentiation）和相关性（relevance）这两个指标合成。横坐标是品牌的地位（brand stature），就是品牌目前的运作状态，它由知识度（knowledge）和尊重度（esteem）这两个指标合成。

这两组坐标的两个指标之间分别有什么差异？先来认识四个指标的基本内涵。能量化差异这个指标，是看品牌有没有独特的意义和内涵，也就是品牌的灵魂和精神（由品牌基因决定）。能量化差异决定了品牌成长的潜力。另外一个指标叫作相关性，就是品牌与当前消费者有没有密切关系，有没有满足当前消费者的需求。这其实就是前面讲的改变和创新。如果不改变、不创新，就无法实现与当前消费者的相关性。

虽然这两个指标都与品牌成长的潜力有关，但是更重要的是能量化差异这个评价能不能高过相关性评价，这是因为前者对应的是品牌附加值，后者与市场表现相关。

品牌地位维度由知识度和尊重度构成。知识度衡量的是消费者是否熟悉和了解这个品牌，尊重度则与品质感知、偏爱和敬重有关，可见这两个指标不一样。品牌成长的潜力来自尊重度高于知识度。如果一个品牌知识度很高，但尊重度很低，那就有问题了。

扬罗必凯的品牌资产评估模型有助于我们理解品牌成长来自何种力量。扬罗必凯的品牌强度用两组指标告诉我们：独特的品牌意义赋予品牌发展能量；不断和消费者保持相关性的创新能力赋予品牌发展动力。

二、品牌强化战略

品牌的成长需要持久的能力。持续性（continuity）和一致性（consistency）是品牌的形成和长寿必不可少的基本条件，它们是全球成功品牌在实践中所遵循的一个普遍原则。这是品牌强化战略的基本要求。下面重点介绍两个战略方向。

（一）聚焦品牌核心价值

核心价值是品牌传承的基因，是开展品牌一致性战略，建立品牌强度的基本考虑。品牌如果建立在功能（理性）的利益上，在很多时候就没办法赢得未来强大发展的可能性，因为这种利益易变化和更替。但是价值和价值观具有长远生命力。立足品牌基因来建立品牌成长的潜力，就是要重视为品牌确定独特的内在价值，即要考虑品牌的感性利益，这是抽象价值层面的利益。

要使品牌持久生存，首先必须认识到象征化的最终价值。不能让品牌跟在市场之后，应当让品牌能在市场浪潮中游泳，且必须始终坚持并永恒地促进它的价值。诚然，公司制造的产品是要满足人们的需要，但是品牌不仅仅是一种来源的标志，实际上对不断迭代的产品的起源来说，它是一种参考标志，要保持它的意义持久不变。消费者的喜好如潮水般起伏不定，而品牌就像是气候的风向标。因此，品牌在更新的过程中必须使用品牌的核心价值作为跳板和象征性的来源。不断传承的品牌往往具有诚恳、真实、正当、值得信赖、友善、熟悉、关爱和谦逊的本色。

笔者提出品牌价值观战略（参见第 3 章），主张把人类价值观借用到品牌的概念定位上。人有价值观，品牌也应该有价值观，从而为品牌赋予灵魂。企业通过品牌价值观的手段可以为品牌建立核心价值。那么，如何建立有效的甚至是卓越的品牌核心战略？有两个基本方法：一是用人类的基本价值和价值观进行定位；二是用人的长期价值需求进行定位。它们是中国企业建设世界级品牌的重要选择[①]。笔者将在第 11 章中详细阐释。

（二）强化怀旧情感

与通过创新活化老品牌相对应的是，老品牌本身所具有的独特历史文化资源和忠实消费群体等“旧资产”同样不容忽视，值得加以开发利用。从长期品牌管理的角度看，可以充分利用消费者的怀旧偏好，通过相似的口号或者包装，调用品牌传统，唤起消费者对美好事物的回忆，达到唤醒老品牌资产的效果。

怀旧加强了消费者与品牌之间的情感连接。如果选择走怀旧路线，那么加强并有效传递产品的某些固有特征，将能有效激起消费者对原有品牌的怀旧情感。霍尔布鲁克和欣德乐（Holbrook and Schindler，2003）曾归纳了十种能够激起汽车消费者怀旧情结的元素，包括感官体验、家乡、友谊和所爱的人等。从营销要素的角度看，品牌名称、标志、产品特征，包括特定的形状、颜色、气味等，这些容易在消费者心目中留下历史印迹的要素是不容改变的。如可口可乐的红色、IBM 的蓝色、宝马的双肾格栅等。霍拉克和哈夫利纳（Holak and Havlena，1992）把引发怀旧的元素简洁地归结为：人（people)、物（objectives)、事件（events)。因此，设定怀旧为主题的品牌叙事、采用怀旧的场景、选择时代感较强的品牌代言人等，将会使高怀旧倾向的消费者产生对品牌的强烈怀旧情感（Reisenwitz，Iycr，and Cutler，2004）。

三、品牌活化战略

勒休（Lehu，2004）以法国食品行业为背景，经过研究调查，提出品牌活化的原因-对策

① 何佳讯. 关于推进国家品牌战略的十项建议 // 何佳讯. 品牌的智慧：为企业和政府建言献策. 上海：格致出版社，2020：前言 3.

框架。他认为品牌老化的原因主要来自三个方面：产品 / 服务、目标市场和传播。品牌活化也应该从这三个方面出发，针对具体问题，采取不同的办法。勒休的主要方法见图 10－3。

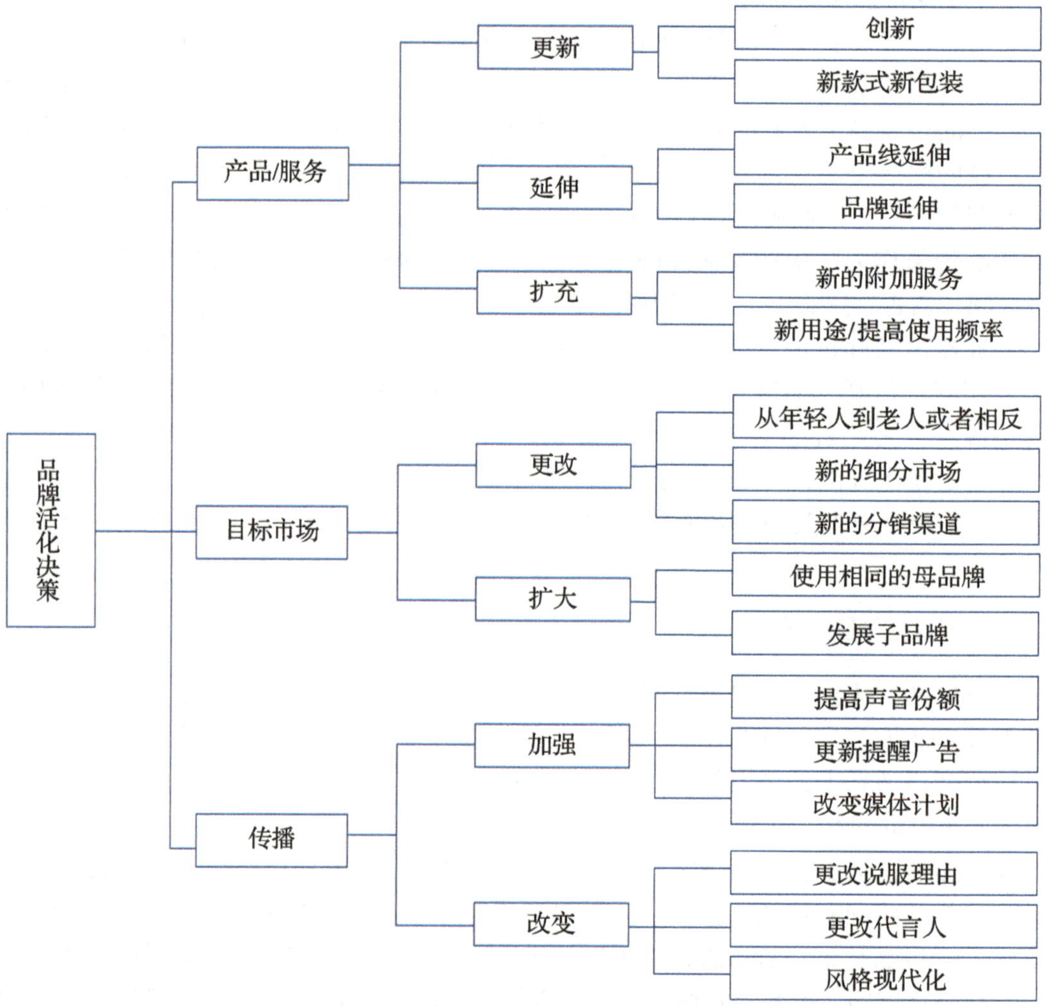

图 10－3　勒休的品牌活化决策框架

资料来源：Lehu J. Back to Life! Why Brands Grow Old and Sometimes Die and What Managers then Do : An Exploratory Qualitative Research Put into the French Context. Journal of Marketing Communication, 2004, 10（6）: 133–152.

在这个一般框架下，笔者再强调以下两个方面。

（一）向新生代倾斜

新生代是市场消费的主力军，抓住了新生代就意味着赢得了明天的市场。老品牌具有历经数代人的大时间跨度，覆盖新老市场群体。因此在管理上如何兼顾新老目标市场的营销投入，始终是老品牌活化决策的基本问题。在中国市场中，新生代无疑具有更重要的价值。营销投入向新生代倾斜是非常必要和迫切的。

改革开放以来，中国社会经济的高速发展和转型导致了消费观念的多元化，不同世代的消费观念差异十分明显，这种世代差别大于西方。老品牌的振兴，必须更多地考虑新世代消费群的生活方式和价值观，积极地进行品牌创新和内涵重塑。就中国的 90 后而言，他们具有不断增长的动力、期望和需求。这个世代的年轻人思想开放、观念超前，在互联网环境下成长起来，他们购物行乐，购买潜力巨大。如果抓不住这批新生力量，老品牌就会渐行退出未来的市场。面对新的市场竞争环境和新生代的消费需求，老品牌必须要研发新的技术，开发新的产品，开拓新的渠道，甚至开发新的子品牌。

建立起新生代的使用者形象是扭转老品牌陈旧印象的根本途径。以麦当劳为例，2003 年 9 月开始，麦当劳在全球 120 多个国家同步推出以“我就喜欢”（I'm lovin' it）为主题的全新品牌更新活动，旨在塑造其年轻化的品牌形象，从“妈妈和小孩的地方”向“年轻人的地方”转变，以改变已显得陈旧过时的“麦当劳叔叔”形象。这项大规模的营销活动收到了显著成效，最终反映在公司销售收入的可观增长和股价的逆市上涨上。

（二）产品创新策略

任何品牌的现代化都是通过其产品和有意义的活动来获得的。一般来说，为使品牌保持时新，产品应该不断改进，以适应顾客的新需求，只要这一切不损害品牌的核心价值（必要时，产品要以另一种品牌名称销售）。产品创新始终是品牌保持活力的立身之本。关于如何进行产品创新，存在很多路径和方式。这里介绍三种做法。

（1）拓展产品线策略。这是最基本的做法，即通过规划和丰富产品线，覆盖不同年龄群消费者的需求。例如，天梭表有三个系列产品：一是经典系列，其产品跨越不同世代的需求，不受时间因素影响；二是时尚系列，针对当前消费者的需求，侧重于创新元素；三是怀旧系列，面向年长消费者的需求，侧重于传统元素。还比如，李维斯也有紧身（Skinny Fit）、红标（Reb Tab）和常规（Regular Fit）三个系列，满足不同年龄群的偏好。20 ～ 24 岁的年轻人最喜欢紧身系列，30 ～ 39 岁的顾客最喜欢红标系列，而 25 ～ 29 岁的顾客对这三种类型的产品没有明显的偏好差异。

（2）开发副品牌策略。如果品牌在长期发展过程中已成某个概念的代名词，为满足新市场需求而需要在原有品牌名称下引入新的产品概念，有可能让消费者觉得这与原有的品牌概念相矛盾，不易被接受和认可，那么，其解决办法就是对新产品概念冠以一个副品牌名称，与母品牌形成主副品牌模式（即来源或背书品牌战略）。这样，母品牌代表原有的概念，新产品概念主要由副品牌来承担，不再与母品牌含义形成直接矛盾；同时，副品牌旗下的新产品概念反过来又能改善母品牌的传统形象，最终达到更新母品牌定位的目的。

（3）开展跨界合作推出联名产品。品牌跨界联盟是合作品牌化（co-branding，也被译为品牌联合）或品牌联盟（brand alliance）的特殊方式。品牌与品牌之间的合作或联盟，通常是公开使用参与者品牌的名义，彼此经过精心考虑，创造出新价值或新成果。例如，大白兔与法国时装设计师阿尼亚斯贝（Agnès B.）合作，推出“粉蓝”经典原味和“粉红”红豆味两款产品，极具时尚感；与美加净合作，推出联名款奶糖味润唇膏；与气味图书馆（香水品牌）合作推出联名“快乐童年香氛”系列产品；与光明牛奶合作，推出联名款奶糖风味牛奶。这些大胆创新的做法，与传统上消费者对老字号品牌的刻板印象对照，形成了极大的反差，从而引发人们关注和热议，取得了显著和积极的市场成效。

四、传承与创新动态管理

所谓传承与创新的动态管理，是要打破两者的简单平衡关系。在“变与不变”的天平上，不必刻意保持简单的平衡，而是要在不同场景下，灵活使用强化和活化战略，破解“变”与“不变”的悖论。下面，笔者结合自己的研究提出一些建议。

（一）关于营销要素的不同性质

我们的一项研究①，以大白兔为研究对象，采用焦点小组访谈（共 12 组 96 位成人女性）的方法。对访谈文本的分析和归纳表明，所有消费者对于变与不变的需求和态度都被归到“品牌”“产品”“目标市场”“营销传播”四大营销要素的类别中，见图 10－4。

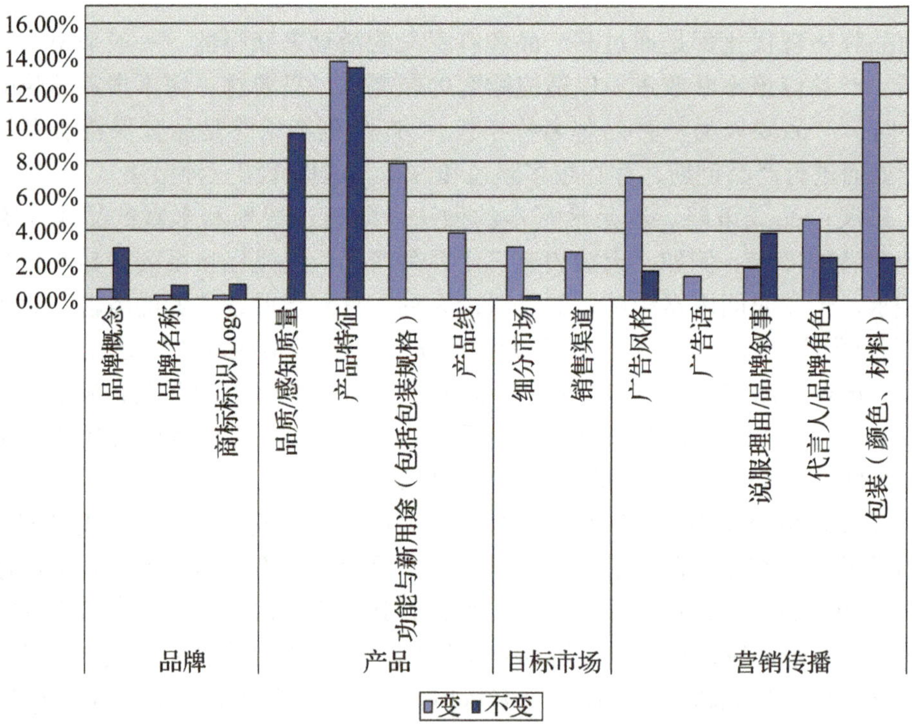

图 10－4　消费者对大白兔营销要素“变与不变”的需求频次

从图 10－4 中可以看出，“产品”、“目标市场”和“营销传播”这三类要素基本上是“变”多于“不变”，而“品牌”这类要素基本是“不变”多于“变”。在“产品”这个类别中有两个特殊要素值得解释一下。一是品质 / 感知质量，倾向于不变。按阿克（Aaker，1991）品牌资产的构成维度，这实际上属于品牌的层面。二是产品特征在变与不变的需求上旗鼓相当。这是因为大白兔扭结状的产品外形非常独特，如果消费者把它作为品牌形象的来源，则希望它不要变；如果消费者认为它仅是产品形状，则可以变。

① 何佳讯. 长期品牌管理. 上海：格致出版社，2016：7.

因此，长期品牌管理中“变”与“不变”的决策存在一些基本的规律和特征。品牌一致性并不意味着市场营销人员应该避免在营销方案中做任何变动。恰恰相反，为维护品牌资产的一致性，也许需要多种战术转换和变化，以保持战略目标和品牌方向。从营销要素看，“品牌”层面的要素，倾向于不变，“产品”、“目标市场”和“营销传播”层面的要素，倾向于变化①。

（二）关于产品新旧元素组合

2012 年，上海冠生园推出“巨白兔”，一经上市就掀起销售热潮。该产品长约 20 厘米，直径约 8 厘米，加上两边的扭结，总共长 40 厘米，是一“颗”放大版的大白兔奶糖，内装 200 克大白兔经典原味奶糖。同年，冠生园还推出“巨牛轧”。这款新产品的包装是一只印有蓝白格纹的长方体磨砂铁盒，看上去是一“颗”放大版的花生牛轧糖，即按糖粒同比例放大的铁盒装。有着椭圆形开口的夹层还将铁盒“变身”为餐巾纸盒。此外，还有大白兔 100 牛奶糖，冰淇淋新口味，它们采用怀旧元素包装，将老元素与新口味结合。这些产品通过包装和品味创新，不但有效地强化了大白兔的品牌资产，维护了品牌传统，而且开发了礼品新市场，可谓把“传统”与“创新”巧妙融合。

笔者在调查问卷中特别设计了一道题目，请被试把 100 分的分值分配到对产品“传承不变”和“创新变化”这两者的感知上面，从消费者角度看产品传承比重和创新比重哪个更大。对问卷调查收集的数据进行分析，首先得到了描述性统计结果：巨白兔是 58 : 42，巨牛轧是 61 : 39，冰淇淋口味新产品是 54 : 46。两者的分数有点差别，但是差别不是那么大，表明这三个新产品体现了某种程度的变与不变的平衡。

我们接下来做了非常关键的一步统计，就是把这两个分数相减取绝对值。我们把这个变量称为“创新传承元素组合的均衡性”。相减之后的绝对值越小，说明组合的均衡性越大。我们用结构方程模型进行检验，得到一个很有趣的结果，就是“组合均衡性”这个变量值对模型后面的“创新性感知”和“传承性感知”这两个变量的影响系数是显著负向的，因为组合均衡性变量值越小，表明越是均衡。因此这个数量关系实际表明的是，创新和传承越均衡，越是能带来更大的创新型感知以及传承性感知。然后这两种感知再影响产品态度和品牌形象，并且都是正向的显著影响。

这个研究告诉我们，在品牌长期发展当中，在创新重要还是传承重要的问题上，可以有一个初步的结论，就是两者的均衡能够使得新产品产生最大的力量。这就意味着，我们在品牌战略发展中，一方面要注意基于品牌基因的传承性，也就是一致性的强化战略；另一方面要考虑以品牌创新为核心的发展战略。这两条路都要走。

第 3 节　品牌身份的时间管理

上面我们已经介绍了在处理“变”与“不变”决策问题上，笔者提出的“传承和创

① 进一步阅读请参见：何佳讯，秦翕嫣，杨清云，等．创新还是怀旧？长期品牌管理“悖论”与老品牌市场细分取向：一项来自中国三城市的实证研究．管理世界，2007（11）：96-107，149.

新动态管理”新思想，从实证研究的角度回答了两个问题：第一，如何在保持不变的同时追求发展？第二，哪些应该改变，哪些不能轻易碰？从管理工具的角度，卡普费雷尔（Kapferer，1992）曾提出一个三层结构的金字塔模型，对这两个问题有重要论述。本节对其重点进行介绍，这有助于我们在实践中把握普遍适用的规则，它们对品牌在长期发展中如何管理好品牌身份的演变有重要帮助。

一、为什么要进行时间管理

对品牌身份进行时间管理，主要原因是科技和人文因素的变化。但是科技和人文因素的变化性质是不同的。从时间维度上看，科技是世界上唯一能够获得叠加性进步的力量，它的发展不断加速。总体上，文明也是不断进步的，但演进速度缓慢、变化周期长，且在艺术和音乐等方面，后面的未必能超越前面的[①]。这就是为什么对于科技，我们强调创新；对于人文，我们注重传承[②]。

时间是变化的代言人，它影响着社会和市场的变化，使品牌面临着技术和文化上过时的双重危险。时代变化，社会变化，时尚与观念变化，消费者的期望与心理也随之发生变化。对消费者来说，他们希望他们钟爱的品牌形象与自己目前对它的想象保持一致，让品牌所代表的“身份”紧跟时代潮流；他们也希望他们钟爱的品牌始终能以新的面貌站在众多品牌的前列，既满足自己求新的心理，又减少购买后的认知不协调。因此，为维持品牌与消费者之间的亲密关系，需要考虑品牌形象元素的相应调适。

（一）技术发展

技术进步、研究和发展导致了一种永久性的革新之潮，因此品牌应该积极参与以防止技术水准下降。品牌不能过于执着于某个非永恒的产品，否则将使品牌面临衰亡的危险。例如，大众有款杰出的产品“甲壳虫”，在某个时期它代表了大众这个品牌。尽管“甲壳虫”是独一无二的，并在诞生后也进行了改造，但它还是走向了衰退期，导致了大众品牌的衰败。这是由于大众没有认识到，产品虽然是品牌的物理基础，但品牌应该寻求多种产品来维持自身的生命。吸取了这一教训后，大众再也不是单一产品的代名词了。尽管可口可乐的配方在全球各地始终保持不变，但为了对生活情况的变化做出必要的响应，可口可乐也进行了适应性的改变，包括改进包装（如推出家庭装、易拉罐）、进入超市、推出多样化的品种（如不含糖或不含咖啡因）。近些年来，在互联网文化浪潮中，可口可乐推出了昵称瓶和歌词瓶等新包装，更是展现了全球经典品牌的创新能力。

（二）文化演进

与时间因素紧密联系的另一个方面是文化演进，因为价值观、习俗惯例、行为方式是永远变化着的。20 世纪 70 年代看起来是新潮的或不良的东西，在 90 年代就已变得毫

① 吴军. 全球科技通史. 北京：中信出版社，2019.

② 彭青龙，易文娟. 科技人文、思维比较和人类精神：访谈钱旭红院士. 上海交通大学学报（哲学社会科学版），2020（4）：1-8.

无意义。随着数字化技术发展、全球性自媒体兴起、跨国旅游频繁、新兴市场国家经济全球化加速，以及全球范围内的投资和生产等，这些因素共同推动文化在全球范围内流动，并由此衍生了一种全球共享的消费者文化。这种消费者文化在世界范围内具有广泛的可理解性，对新兴市场的消费者和年轻消费者群体有很强的吸引力。但与此同时，也有学者认为，尽管经济、技术、政治和文化等因素在全球范围内日益渗透和交融，但并不意味着会产生一种全球共享的消费者文化。相反，这些因素反而会使消费者倾向于保持本土文化的纯粹性，排斥被视为具有全球性象征符号的品牌，以减少本土文化受到的污染。事实上，消费者始终处在全球文化和本土文化的双重影响中。在数字化和社交媒体环境下，代际消费者价值观的变化比以前更大。

时间也导致了先前符号象征体系的自然偏离。在第二次世界大战带来的物质贫乏之后，牛变成了自然界“丰富”的象征，于是许多品牌在标志中采用牛的符号。但现在，牛显然已经不再具有那样的象征意义了，我们甚至在牛奶包装上也找不到它的卡通画了。可爱的牛已经回归到了动物的本源。互联网环境催生了大量新生的象征符号，对于它们的意义，数字原住民一代有着共通的理解，年长世代却并非如此。

二、品牌身份金字塔模型

那么，如何对一个品牌的身份进行长期的管理呢？卡普费雷尔建立了一个三层的金字塔模型，把时间的因素转化为具体化的操作方法。金字塔的顶端是永恒的品牌核心价值与灵魂，是不应该变化的；金字塔的中层为品牌的调性、准则和风格，是不能随意变动的；而金字塔的底层为产品、(传播）主题和细分市场，是应该变化的。也就是说，从时间管理的意义上看，变与不变都是相对的，但变的幅度和频率视营销要素的不同而存在区别，见图 10－5。

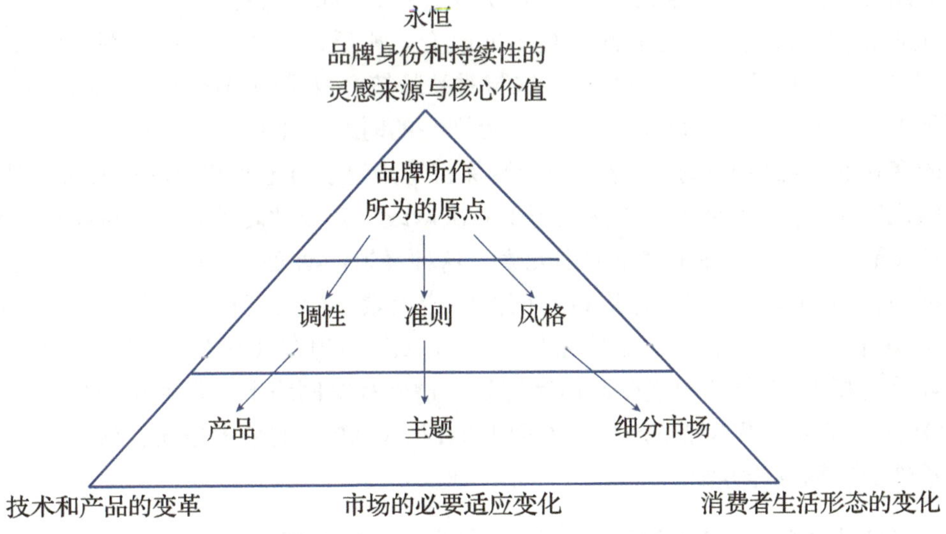

图 10－5　品牌身份的时间管理模型

资料来源：Kapferer J N. Strategic Brand Management：New Approaches to Creating and Evaluating Brand Equity. New York：The Free Press，1992.

（一）金字塔顶端：永恒的品牌核心价值与灵魂

金字塔的顶端是品牌的焦点，是品牌所作所为的原点，它类似品牌的遗传代码。这个原点必须清楚明了，但是不必说出来，也是不可见的。它是品牌的深层次身份，是品牌的核心价值。例如，在美国，汰渍连续占据洗衣粉第一品牌的位子。为什么呢？汰渍这样的品牌意味着“某种含义”，这些含义是消费者很在乎的。汰渍比竞争对手在传播上做得更出色的地方，是无论时间如何流逝都可以保持长久并具有始终如一的持续性。这里指的“某种含义”就是品牌的核心价值——消费者长期购买一个品牌的根本原因。汰渍的价值可以用下列语句勾画出来：“你能买到的洗涤最干净的”；“你可以永远放心的、可靠的、可以信赖的朋友”；“没有什么可以把你的衣服洗涤得更干净了，这一事实也维系了家庭和睦”。这些价值对所有的消费者（美国的、加拿大的、沙特阿拉伯的、摩洛哥的、俄罗斯的和中国的）具有同样的意义。这就是形成全球品牌的基本条件：全世界的人对同一个品牌持相同的视点，共同认同它的价值。

强势品牌都坚持自己一贯的品牌价值和价值象征。例如，“安全”一直是沃尔沃汽车诉求的重点；劳力士手表素以名人来彰显它的性能与持久性，维持了它的极品地位；新加坡航空公司一贯以“新航空姐”为名片来介绍其服务。品牌身份的一致性为公司提供了品牌定位、识别符号和成本效益的所有权，而这三者的结合产生惊人的竞争优势。

（二）金字塔中层：不能随意变动的品牌调性、准则和风格

金字塔的中层是品牌的调性、准则和风格。它对应于卡普费雷尔品牌身份模型（参见第 2 章第 2 节）的内在因素：个性、文化和自我形象。它们都是品牌核心身份的反映，在具体运用中通过文字、图像、声音传达品牌的意义。作为一种推论，它们要时时考虑保持与品牌核心身份的有机联系，因而不能随意改变。从实践看，全球强势品牌都有自己的一套品牌传播准则。这也是我们将在第 11 章中强调的内容。

但同时必须明确的是，它们并不是不能改变。相反，为适应时代的潮流和文化的演进，它们要适时做循序渐进的小变动。这与对品牌核心身份的忠诚并不矛盾。打个比喻，我们不能要求一位追求美的女性始终穿一套漂亮的时装来维持她的靓丽，相反，应该随着时尚的变化而做出新的选择。这样做恰恰保持了她追求时髦和潮流的核心价值观。

奔驰汽车于 1909 年至今，商标经历了 6 次修改。其成功之处在于：维持标志核心的基本设计（星状）不变，逐步修正周围元素。这种谨慎的演变，不仅融入公司兼并带来的变化，抓住流行的风格，同时还维持鲜明的组成元素，让人们在今日仍能如过去般一眼认出。2010 年 10 月 4 日，美国服装品牌 GAP 毫无征兆地在其官方网站发布了新的标识，代替已经使用超过 20 年的旧版蓝底白字标识，遭到社交网络上大量拥趸的疯狂嘲讽和不满。GAP 在一周后不得不撤下新标，换回旧标识。GAP 犯的最大错误，就是选择了一款毫无继承性的新标设计方案。

（三）金字塔底层：应该变化的产品、主题、细分市场

金字塔的底层是产品、主题和细分市场。对应的就是品牌活化的三个基本做法：在

产品、传播主题和目标市场上创新与变化。与卡普费雷尔的品牌身份模型结合起来看，这层的内容反映了品牌身份的外表化要素：体格、关系和反映。

对于一位企图建立一个持久品牌的创业者来说，必须对品牌的核心和原点保持清醒的认识。这是一个自上而下的运动过程。风格与风格的变化不能违背品牌的核心身份，传播的主题和承诺必须落在品牌合法的范围内。这个模型也很好地回答了全球品牌管理的问题：尽管传播的主题和产品在全球各地不尽相同，但只要品牌的核心价值和风格保持相同，就不会影响其全球品牌的定位。

品牌永存，是因为它能够体现一种价值。除了品牌永恒价值的力量外，一切都将改变。未来的挑战，就是坚持“永恒价值”和“发展”的同步。

三、修改品牌识别的时机

从品牌身份金字塔模型中，我们可以看出，品牌身份的外在识别符号属于金字塔的第二层。因此，总体上应该维护它的稳定性，但可以有周期性的变动。也就是说，品牌的标识、名称、口号、包装和其他的图案代码可以在一定的周期范围内修改和变化，使得符号和象征有现代感、保持与时代合拍。联邦快递（Federal Express）已将名称改为 FedEx，这个名称既去掉了政府相关的味道，又具有流线型和现代感。这种因时间因素做出的改变，关键在于把握调整的周期。一般来说，品牌为保持时代感而调整形象元素，变动周期相对较长；为保持新鲜感而变化，变动周期相对较短。同时，不同元素的调整周期也不同，例如，标志的调整周期较长，而包装的调整周期相对较短。

在一些特殊情况下，只有改变品牌识别才能扭转经营危机。通常在以下六种情况下，要对品牌识别进行“手术”。

（1）品牌识别未能对准目标市场。调查测量顾客兴趣、品牌认知、品牌态度和销售情况，我们就会发现目标市场是否认可品牌识别。如果获得的结果很糟糕，那就要反思品牌识别是否出了问题。

（2）品牌识别已经过时。市场不是静止的，随着科技和社会的发展进步，消费者的价值观和生活形态不断在变化。因此，曾经成功的识别可能变得没有效用。例如，20 世纪 80 年代，人们的健康意识明显增强，因而肯德基炸鸡不得不把它的名字缩写为 KFC，以避免引起对油炸食品的负面联想。

（3）品牌识别吸引的市场有限。如果尽管品牌识别效果不错，但它针对的市场相当有限或可能正在萎缩之中，那么就需要改变识别以适应更广阔的市场。例如，“强生”婴儿洗发水原先专为婴儿开发，后来为了扩大销售，又转向成年人诉求，显然，品牌的定位改变了。

（4）品牌识别缺乏现代感。即使是贴切而有意义的品牌识别，也可能会显得落伍和索然无味。前身是 1878 年大发明家托马斯・爱迪生创立的爱迪生电灯公司的通用电气公司，在 100 多年的发展中，经营范畴已明显地从电器扩展到现代高科技的众多领域。电器变成一个过时的概念，它不能代表科技和革新。通用电气公司的做法是将电器从它的名字和口号中去除，并且传达不同的价值主张。

（5）品牌识别产生认知疲劳。时间推移的另一个后果是，消费者对原有的品牌识别逐渐习以为常，对其缺乏注意力，直至丧失兴趣。另外，当一个品牌识别一成不变地维持多年后，用以呈现这项识别的创意明显减少，这使得品牌在竞争中处于不利地位。因此需要修改品牌识别，以解决“注意”和“创意”危机。

（6）品牌识别造成全球沟通障碍。从20世纪60年代起，“国际化”的运动开始在日本兴起。在20世纪70年代，“国际化”不过是许多日本企业的口号，到了80年代中期，日本的一些著名品牌才纷纷按照国际化沟通的要求，修改自己的品牌识别系统。马自达、健伍、松屋等著名企业，都不惜斥巨资在美国进行市场调查，改掉视觉识别沟通中的障碍，使得品牌沟通真正符合全球化的要求。例如，普利司通轮胎的原英文在美国人看来是“牛粪轮胎”，调查结果使普利司通的领导层吃惊不小。后经导入新的品牌识别系统，普利司通（Bridgestone）品牌形象变得十分国际化，以至十分成功地兼并了美国最大的轮胎制造商风驰通（Firestone）。

四、品牌重建

在中国市场中，我们的研究表明，作为新世代的后辈普遍不认可中国老品牌所具有的象征价值[①]。着眼于当前和未来市场，重塑老品牌需要在保留中国传统文化底蕴和纳入新鲜现代价值之间寻找结合点。从形象塑造的角度看，老品牌迫切需要转变联想优势的基础：从特殊品质联想逐步转向价值利益联想，使品牌资产发挥更大范围的杠杆力。老品牌需要建立起独特的、具有个性的鲜明形象，而非一般性的共性特征联想。这是一项艰难的、长期的工程，并非短期就能解决，但确实是老品牌振兴的基本路径，是老字号企业制定正确的复兴战略规划必须考虑的基本方面。

对于相当多勉强度日甚至濒临破产的老品牌来说，通常的品牌活化方案还不足以拯救其危机，而是需要进行品牌重建（rebranding）工程，即改变品牌识别系统。与品牌活化概念有所不同的是，品牌重建强调了品牌识别和品牌价值层面的改变，包括品牌名称、品牌标志、品牌口号和品牌定位的改变。

品牌重建可分为三个层次进行。首先是辅助改变，主要是品牌标志、品牌口号等外在因素的改变；其次是中度改变，对现有品牌进行重新定位（re-positioning），重新建立品牌形象；最后是完全改变，包括品牌名称、品牌价值、品牌形象在内全部发生改变。由于品牌名称改变属于品牌重建中最颠覆性的做法，因此要慎重考虑老品牌在消费者心目中的地位和形象，重建过程中尽量不要破坏品牌的传承性和一致性。相对于品牌名称和品牌标志的改变，品牌口号的改变风险相对较小，但要注意品牌口号是品牌核心价值的表达，要与品牌重新定位的内涵保持一致。

品牌科学 10－1

代际品牌资产

本书作者提出并建立代际品牌资产构念，作为解释并指导长期品牌管理的一个新理

① 何佳讯．长期品牌管理．上海：格致出版社，2016：1-12.

论视角。以代际品牌资产为核心构念，本书作者和合作者开展了一系列研究，证实了品牌资产可以经由家庭代际的路径从上辈传导给下辈，也可以从下辈反向传导给上辈。有关研究从定性研究（何佳讯，2007；He，2008）发展到定量研究（何佳讯、才源源、王莹，2009），探究了具体的影响变量关系（何佳讯、秦翕嫣、才源源，2012；Cai，Zhao，and He，2015），并且开发了代际品牌资产的测量量表（何佳讯、才源源、秦翕嫣，2011）。下面简要介绍三项代表性成果。

一、基于代际影响的老字号品牌关系质量

本研究（何佳讯，2007；He，2008）以定性访谈的方法，从老字号的基本特征出发，选择代际影响和品牌资产相结合的视角，借助本土化的中国消费者-品牌关系质量（CBRQ）模型（何佳讯，2006），考察老字号品牌资产在上辈和下辈之间的传承现象。探索性研究结果表明，除了信任之外，来自上辈的老字号品牌资产基本上无法传承给下辈。更有甚者，来自下辈的反向影响破坏了上辈与老字号的积极品牌关系。这个结果对老字号品牌复兴具有重要的管理指引。

笔者从品牌关系质量的角度对老字号的品牌资产归纳了易传承、不易传承以及产生隔断和反向影响等方面。相对来说，信任、社会价值表达和相互依赖是由上辈主导的品牌关系质量，也就是说，老字号的这些品牌资产是上辈发挥了主要作用，对下辈产生影响。而承诺、真有与应有之情、自我概念联结是由下辈主导的品牌关系质量，是下辈发挥了主要作用，对上辈产生反向影响。因此，后类与前类相比，更不易传承，或更明显产生隔断。如果结合品牌消费阶段与品牌关系质量的关系来看（何佳讯，2006），上辈主导的三大品牌关系质量对应于品牌消费初级阶段的一般态度，而下辈主导的另外三大品牌关系质量则反映了品牌消费高级阶段的要求。

进一步地，究竟是传承还是隔断，正向影响还是反向影响，受到老字号所在的品类、上下辈的知识和价值观异同、家庭沟通与互动等多方面的影响。

在学术上，本文把代际影响在品牌资产方面的表现从品牌偏好（Heckler，Childers，and Arunachalam，1989；Moore，Wilkie，and Lutz，2002）和品牌忠诚（Olsen，1993，1995）延伸到更广泛的品牌关系质量维度的视野中。本文的探索性结果再次印证了中国消费者-品牌关系质量模型对评价中国消费者品牌态度的适用性与稳定性。在代际品牌资产的构成上，中国消费者-品牌关系质量模型的六个构面亦可提供基本的方向性参考。

从本文的研究看，老字号代际品牌资产削弱的原因之一是新老世代顾客价值的差异。改革开放以来，中国社会经济的高速发展和转型导致了消费观念的多元化，不同世代的消费观念差异十分明显，这种世代差别大于西方（卢泰宏等，2005）。源自家庭中上辈影响的传统观念与来自更广泛的同伴、媒体等社会化途径中的新观念发生了碰撞，在这两股相反力量的较量中，后者的作用显然更强大，它削弱和淡化了消费者行为中的代际影响力。尤其是，当大部分老字号习惯以传统方式服务于老一代的消费群，而忽略了新世代的消费需求时，这种代际影响效应变得更为脆弱。因此，中国老字号的复兴，必须更多地考虑新世代消费群的生活方式和价值观，积极地进行品牌创新和内涵重塑。

从本文的初步结果看，老字号品牌具有高信任度的代际传承特征，这是老字号独特的品牌资产优势，但它未能成为直接驱动新世代对之形成品牌忠诚（承诺）的积极因素。

因此，老字号的品牌价值基因迫切需要进行合理的重组和优化。面对新的市场竞争环境和新生代的消费需求，老字号必须要研发新的技术，开发新的产品，进行品牌延伸。老字号品牌迫切需要转变联想优势的基础：从特殊品质联想逐步转向价值利益联想，使品牌资产发挥更大范围的杠杆力。

二、反向代际品牌资产

我们通过定性研究和定量研究相结合的方式，探索并验证了处于成人期的下辈对上辈的消费影响是如何导致上辈形成品牌资产的（何佳讯、秦翕嫣、才源源，2012）。研究表明，下辈对上辈的消费推荐直接促使上辈形成品牌意识；而上下辈之间的消费沟通既促使上辈形成品牌意识，又影响上辈对品牌的感知质量评价；下辈主导上辈产生的消费创新，则导致上辈形成情感联想。这些品牌资产要素又进一步影响上辈产生品牌忠诚及总体品牌资产。这表明，消费行为的反向代际影响是一种新的品牌资产来源，它具有特定的组成要素及结构关系。至此，本文正式确立“反向代际品牌资产”（reverse intergenerational brand equity，RIBE）的定义：上辈受下辈的消费影响（如推荐、沟通和创新等）而形成的特定品牌态度及结果，包括品牌意识、情感联想、感知质量和品牌忠诚。

上述结论和定义不但得到定性访谈资料的支持，而且在基于大样本的上下辈配对并行问卷调查中得到客观的检验，有效增强了它的可靠性和普适性。本文的研究不但对消费行为的代际影响做出了新的理论贡献，而且也蕴含了在中国市场中如何有效开展家庭营销的诸多指引和丰富启示。

本文在中国文化背景下构建并验证了基于反向代际影响的品牌资产来源结构，借助中国传统价值观（如节俭、孝道）和家族主义，作者对于影响方式和品牌资产要素之间存在的关系给予特定的解释，对理解中国社会变迁带来的家庭消费变革、洞察我国城市市场中年以上消费群的品牌消费动力提供了重要经验依据。总体上，本研究是对作为品牌资产来源的代际影响研究的实质性推进。对于反向代际影响，本研究以成人期的下辈与其上辈为研究对象，经历了从现象探索和解释到经验数据实证的完整过程，具有开创性的意义。

首先，从代际影响的表现来看，本研究不是聚焦于沟通的内容，而是从更广的影响方式角度提出了新的分类，得到了除通常的消费沟通、消费推荐之外的重要影响途径，即消费创新。这有助于我们更全面地理解反向代际影响的互动方式，以及中国文化背景下的独特性。其次，对照通常的品牌资产来源构成及影响结果，本文的研究发现了基于反向代际影响的特殊品牌资产来源成分，它是经由品牌作为媒介而形成的上辈与下辈之间的情感联结，这种情感联想影响上辈形成品牌忠诚。最后，本研究基于消费现象和理论解释构建的路径关系，揭示了反向代际品牌资产来源的真实特征与客观规律，这有助于我们理解中国文化背景下上辈品牌态度的特定驱动力，例如消费创新形成情感联想。

本文的研究结果对广大企业如何在中国市场中开展以中老年人为目标市场的营销具有重要意义。尽管从世代差异的角度看，他们属于传统的一代，消费价值观和消费方式比较保守，但是处于这个生命周期阶段的消费者，他们的子女已经工作或成家，生活负担减少，而且相对于年轻群体，他们有更多的时间用于购物、消费和娱乐。因此，这是一个极具潜力的消费市场。对于营销者来说，需要找到影响这个目标市场的观念、态度和行为的特定策略。相比于传统的营销手段，反向代际影响可能是一种潜在的有效途径。它通过下辈对上辈的消费推荐、沟通和创新而影响上辈的品牌态度，更新了上辈的购买选择范围、提升了上辈的消费水平。作为基本营销策略，企业可以把下辈确定为倡议者、影响者或决策者，把上辈确定为购买者；或者把下辈作为购买者，把上辈当作使用者。

本文的研究结果对如何实施有效的家庭营销也具有管理启示。在中国的城市家庭中，成年后的子女与父母仍保持密切的互动，即便子女成家后，“新生家庭”与“原生家庭”也有较高的相互依赖度。营销者可以把父母和子女作为联合的目标市场，开发家庭用品和家庭包装产品，发展以家庭为主题和创意的传播活动，进行家庭促销。根据本文的研究结论，营销者要利用各种反向代际影响的方式让上辈产生积极的品牌态度，从而促成共同购买和消费意愿的产生。例如，在旅游、电信、健身、医疗等服务消费领域，可以推出以家庭为单位的产品和定价，设计以家庭成员共同参与为前提的促销活动，把以家族主义为核心的中国传统价值观要素渗透于品牌传播活动中，提高家庭目标市场营销的说服效果，实现公司业务的有效增长。

三、代际品牌资产测量

我们首先通过定性研究提出正向和反向代际品牌资产维度结构的假设，发现品牌意识、情感联想、感知质量和品牌忠诚这四个维度为正向和反向代际品牌资产所共有，此外，正向代际品牌资产还具有品牌信任这一独特维度。在定量研究中，我们采用探索性因子分析和验证性因子分析相结合的方法对量表结构和测项构成进行验证和修整，通过对信度和效度的检验，最终确定了量表的结构内容，结果与本文的定性研究一致。应用本研究开发的量表，对实际品类和品牌进行测评发现，不同品类及品牌具有不同特征的正向品牌资产或反向品牌资产。这进一步表明了本文所开发量表的有效性。

本研究的理论贡献在于通过定性研究，在中国文化背景下进一步印证了摩尔、威尔基和卢茨（Moore，Wilkie，and Lutz，2002）提出的代际影响可以成为一种重要的品牌资产来源的主张；更为重要的是，本文通过定量研究明确提出并验证了代际品牌资产的构成维度和测量方式，把理论构念推进到了实际应用的阶段。以往对构成维度问题的研究，我们仅发现有基于西班牙背景的定性研究探讨（Bravo，Fraj，and Martínez，2007），并没有对代际品牌资产的实际测量研究。

本研究的理论贡献还在于，检验了通行的品牌资产结构（Aaker，1991；Keller，1993）在代际影响领域的适合性及可能存在的特殊性。本研究表明，在代际品牌资产领域，同样存在品牌意识、感知质量和品牌忠诚，但品牌联想则聚焦为情感联想。究其原因，主要是在中国社会背景中上下辈之间存在明显的世代差异，他们的消费动机和评价方式并不相同，这导致他们对同一品牌所联想到的属性或利益并不一致。但是，由品牌这个载体所联结的情感具有上下代之间的共通性，因而这种情感联想就成为代际品牌资产的构成来源。此外，本研究还表明，属于消费者–品牌关系领域的品牌信任明显地可以由上辈传承至下辈，成为正向代际品牌资产的构成。这表明关系理论（Fournier，1998）是对品牌资产研究的有益拓展，呼应了在品牌资产来源研究方面需要融合认知心理和社会心理两大视角的观点（何佳讯，2006b）。

本文同时结合了正向和反向两大方面来研究代际品牌资产，这在消费行为代际影响领域并不多见。在中国转型社会环境下，探究处于成年后阶段的子女影响父母的消费行为对开拓中老年消费市场具有重要管理含义。本文提出了反向代际品牌资产的概念，同时建构了其维度，发现它与正向代际品牌资产并不完全一致。在应用反向代际资产量表进行实际测评的过程中，我们发现反向代际品牌资产强弱不受选购品/便利品的品类影响，此外国外著名品牌的反向代际资产表现更强。这些结论并不存在于正向代际品牌资产领域。这表明，正向代际品牌资产与反向代际品牌资产有不同的表现特征，它们既具有共同性，也存在差异性。

在管理方面，本研究开发的消费者代际品牌资产量表（IGBE）可以直接应用于不同品类和品牌的测评，这把代际影响是否成为品牌资产一般来源的讨论（Moore，Wilkie，and Lutz，2002）推进到可以明确回答和客观衡量的阶段。营销者可以利用本量表方便地进行代际品牌资产的评估，确定代际影响在品牌资产生成过程中的作用强弱，以便为如何开展家庭营销提供基础性决策依据。不仅如此，营销者还可以了解到所管理的品牌在代际品牌资产各维度上的表现，具体地把握其构成成分与强度，以便有针对性地制定营销策略来提高品牌意识、唤起情感联想、强化感知质量、建立品牌忠诚，或是传承品牌信任（IGBE 见表 10－2）。

表 10－2　消费者代际品牌资产量表（IGBE）

正向代际品牌资产量表（IGBE-F）
品牌意识
1. 我从母亲（父亲）那里知道这个品牌。
2. 我最初从我母亲（父亲）那里了解到这个品牌。
情感联想
3. 每次看到这个品牌我就想到我的童年。
4. 这个品牌唤起我美好的回忆。
5. 这个品牌让我想起我的母亲（父亲）。
感知质量
6. 我知道母亲（父亲）为什么喜欢这个品牌。
7. 我母亲（父亲）跟我介绍过这个品牌的优点。
8. 购买母亲（父亲）推荐的这个品牌有很多好处。
9. 我母亲（父亲）教会我如何辨识这个品牌。
品牌信任
10. 我觉得我母亲（父亲）推荐的这个品牌确实很好。
11. 我接受母亲（父亲）的推荐后尝试这个品牌，确实不错。
12. 我相信我母亲（父亲）对这个品牌质量的评价。
品牌忠诚
13. 因为我母亲（父亲）一直用这个品牌，我也会继续用。
14. 我购买这种产品的时候就认准这个品牌，因为母亲（父亲）告诉我质量有保证。
15. 受我母亲（父亲）的影响，我已经习惯使用这个品牌产品了。
反向代际品牌资产量表（IGBE-R）
品牌意识
1. 我是从我孩子那里知道这个品牌的。
2. 我从我孩子那里了解到很多关于这个品牌的信息。

续表

反向代际品牌资产量表（IGBE-R）
3. 看到这个品牌我就想到这是我孩子向我推荐的。
情感联想
4. 使用这个品牌让我觉得自己像我孩子一样，变年轻了。
5. 从这个品牌上我体会到我孩子对我的爱。
6. 这个品牌会让我想到与孩子在一起的时候。
感知质量
7. 我认为我孩子推荐的这个品牌比我以前使用的别的品牌都好。
8. 我用了我孩子推荐的这个品牌感觉确实不错。
9. 我的孩子让我相信要买高品质产品，选择这个品牌没错。
品牌忠诚
10. 我现在自己也会去购买这个品牌的产品。*
11. 我自己以后还会再购买这个品牌的产品。
12. 我会向同龄人推荐这个品牌。

* 在本文研究中做了删除处理。

参考文献：

何佳讯，2006. 品牌关系质量的本土化模型：高阶因子结构与测量. 营销科学学报，2（3）：97–107.

何佳讯，2007. 传承与隔断：基于代际影响的老字号品牌关系质量：一项来自上海的探索性研究. 营销科学学报，3（2）：1–19.

何佳讯，2007. 消费行为代际影响与品牌资产传承研究述评. 外国经济与管理，5：47–53，65.

何佳讯，才源源，秦翕嫣，2011. 中国文化背景下消费者代际品牌资产的结构与测量：基于双向影响的视角. 管理世界，（10）：70–83.

何佳讯，才源源，王莹，2009. 中国文化背景下代际沟通对代际品牌态度的作用：权力距离的调节效应. 营销科学学报，（4）：64–75.

何佳讯，秦翕嫣，才源源，2012. 中国文化背景下消费行为的反向代际影响：一种新的品牌资产来源及结构. 南开管理评论，15（4）：129–140.

卢泰宏，等，2005. 中国消费者行为报告. 北京：中国社会科学出版社.

Aaker D A，1991. Managing Brand Equity. Capitalizing on the Value of Brand Name. New York：The Free Press.

Bravo R，Fraj E，Martínez E，2007. Intergenerational Influences on the Dimensions of Young Customer-based Brand Equity. Young Consumers：Insight and Ideas for Responsible Marketers，8（1）：58–64.

Cai Y，Zhao G，He J X，2015. Influences of Two Modes of Intergenerational Communication on Brand Equity. Journal of Business Research，68（3）：553–560.

Fournier S，1998. Consumers and Their Brands：Developing Relationship Theory in Consumer Research. Journal of Consumer Research，24：343–368.

Heckler S E，Childers T I，Arunachalam R，1989. Intergenerational Influences in Adult Buying Behaviors：An Examination of Moderating Factors. Advances in Consumer Research，16：276–284.

Keller K L，1993. Conceptualizing，Measuring，and Managing Customer-based Brand Equity. Journal of Marketing，57（1）：1–22.

Moore E S，Wilkie W L，Lutz R J，2002. Passing the Torch：Intergenerational Influences as a Source of Brand Equity. Journal of Marketing，66（4）：17–37.

Olsen B，1993. Brand Loyalty and Lineage：Exploring New Dimensions for Research. Advances in Consumer Research，20：575–579.

Olsen B，1995. Brand Loyalty and Consumption Patterns：The Lineage Factor// Sherry J F. Contemporary Marketing and Consumer Behavior：An Anthropological Sourcebook. Thousand Oaks：Sage Publications：245–281.

品牌实践 10－1 百雀羚

作为国内有名的化妆品老字号，创建于1931年的百雀羚是不少人童年的回忆。就在人人都以为百雀羚已变为童年回忆时，它却成功完成了年轻化转型，并用东方之美唤起国人对国货化妆品的支持与追捧。

2006年，百雀羚已经开始筹划如何重新塑造自己的品牌形象。其在走访30多个城市并做了无数的采访和调查后，最终得到的答案是——消费者信赖百雀羚的品质，但觉得它过时了。老字号的配方都是代代相传的，属于纯天然的护肤配方，但粗放式的生产方式，再加上几乎零效用的品牌推广，想要得到年轻一代消费者的青睐实在是比登天还难。从2008年开始，百雀羚就决意开发新的产品来顺应市场。它重视产品设计，并大力运用新媒体营销手段。

专注东方之“美”

在未转型前，市场调研发现消费者对百雀羚的认知是，质量好，但很“土”。结合流行的天然护肤理念需求，百雀羚认为刚好可以利用自身原料的优势推出“为年轻女性做草本类天然配方护肤品，功能专注于保湿”的定位，坚定奉行自己的百年护肤理念——草本护肤。

2010年，百雀羚推出了“草本护肤系列”，向市场传递了自己汉方草本护肤的理念，巧妙地运用了自己在纯天然草本护肤方面的历史优势，也顺应市场上大众消费者对于老字号品牌最基本的印象——纯天然。在当时的市场上，相同品类的还有相宜本草，但在抢占消费者的过程之中，相宜本草却突然打出了“快草本”这样一个令人不明所以的概念，这让百雀羚牢牢地占据了草本护肤这一细分领域，从而开始了它的复兴之路。

北京零点公司的调查数据显示，大多数消费者对化妆品的关注集中在护肤类化妆品，占所有化妆品的76.80%；其次是彩妆类，占16.63%。这表明在我国，与其他产品相比，护肤品的购买率和使用率都比较高。百雀羚认为，几乎所有的皮肤问题都是缺水的问题，因此要秉承中医的核心思想，不能去做一些治标不治本的产品。在大数据的支撑下，百雀羚针对不同的消费群体开发了阶梯式的产品——定位小清新的花酿品牌三生花、定位中高端的海洋护肤品牌海之秘、定位草本美白的气韵品牌，实现了品牌的差异化和年轻化，高端和低端产品相互渗透，而这些产品均以强调“补水”为主。

百雀羚的产品功效很专注东方的美，在广告和包装上都体现了对于东方美的重视。在代言方面，百雀羚先后邀请了具有国际范但又是典型东方美人的莫文蔚、李冰冰作为代言人。在产品包装上，百雀羚大胆进行跨界创新，联合了故宫文化珠宝首席设计顾问钟华，推出了一系列饱含中国东方之美的产品，包装设计精致至极。这些产品向消费者传递了百雀羚拥有丰厚的历史底蕴，以及百雀羚专注东方之美的品牌思想。

全方位运用新媒体营销手段

百雀羚十分擅长用巧妙的品牌内容营销手段制造热度。2014年，一条“选择百雀羚，美过黄永灵”的广告语铺天盖地出现在各种角落，而就当所有人都好奇黄永灵究竟是谁的时候，百雀羚又宣告将在3月8日这天公布答案，进一步吊起大家的胃口，甚至还设置了有奖竞猜。在3月7日这天，百雀羚店铺更是推出“撕纸”活动，利用店铺首页轮播图每隔4小时一点点撕开“黄永灵”的各种标签。而最终答案揭晓，原来黄永灵只是百雀灵的一名普通的文案员工。通过讲述一名沉默寡言的普通员工逐渐拥有自信变得活泼开朗的故事，百雀羚成功向消费者传达了“自信才是女人最好的化妆品”的理念，令万千女性产生共鸣。

有历史厚度和新时代思想的品牌文化也是百雀羚能掀起营销狂潮的又一推动器。百雀羚深刻认识到光凭借国货的怀旧情怀已经不能打动当下的年轻消费者，只有贯通古今，保留根本才能契合当代新潮复古的趋势。2017 年，百雀羚与局部气候调查局公众号合作推出的《一九三一》长图广告以低廉的成本刷爆朋友圈，带来亿级品牌传播量。之后百雀羚又推出《东方之美，看我的》以及《三生花》等品牌广告，通过讲述不同时代女人的美丽故事，传达出百雀羚对东方女性坚毅、自信、勇敢之美的赞扬。这既与品牌深厚的历史与年轻化的转型形象相契合，又引发了新时代女性消费群体的共鸣，建立起消费者对百雀羚“东方之美”品牌文化的认知。

百雀羚在新媒体时代深刻认识到了拉近与消费者的距离的重要性，用轻松自然的互动方式，引导消费者主动接受百雀羚的品牌文化和价值观。百雀羚签约美妆达人、网红博主，综合运用微信、微博等平台与消费者进行零距离、全方位的沟通。除此之外，百雀羚还具有灵敏的网络热点洞察力，能够利用当下热点顺势进行营销：在“小确幸”网络语大火后及时推出“小雀幸”面膜，在子品牌“三生花”与热播剧《三生三世十里桃花》出现巧合的主题贴切后及时与之合作进行品牌联结；还联合周杰伦、坤音 ONER 推出了时光能量盒，勾起顾客对明星故事、青春和百雀羚的相关记忆；此外还跨界联合喜茶，线上发布旧报纸式海报，线下推出复古风的芝芝巴士快闪店。百雀羚甚至专门成立了“万万没想到”部门来收集消费者的反馈意见与点子，既保持了与消费者的直接情感联系，又能准确及时抓住热点进行精准品牌营销。

百雀羚在做好东方化形象的宣传时，不忘国际化视野。百雀羚曾携手迪士尼公司联合推出儿童系列产品小百羚，引发了业界轰动。2013 年，百雀羚作为国礼被带到坦桑尼亚，既让“国货之光”的形象深深印刻在消费者心中，又将“东方之美”展现给世界，增强了人们对百雀羚作为民族品牌的骄傲感。这些间接品牌联想杠杆策略的运用，使得百雀羚拥有“草本护肤”“国货之光”“复古新潮”“东方护肤”“民族护肤品牌”等标签，成功构建了多个强力品牌联想。

资料来源：马成功，马博．浅谈“国货”的新媒体营销，以百雀羚“神广告”为例．大众文艺，2018（21）：182；白玉苓．老字号品牌重塑中的时尚化定位及策略研究．品牌研究，2018（6）：16-19.

品牌实践 10－2 匡威

匡威（Converse）是全球著名的运动品牌，1908 年由创始人摩尔·匡威（Marquis Mills Converse）在美国马萨诸塞州创建，是帆布休闲鞋的潮流领导者。它的 All Star 帆布鞋，集复古、流行、环保于一身，是美国文化的精神象征，以其“随心所欲，自由自在，没有约束”的品牌态度和穿着形态，成为追求自我时尚的年轻人的忠实伙伴。

经典产品 All Star

1917 年，匡威经典款帆布鞋 All Star 诞生了，其一经面世，就受到了“篮球大使”查克·泰勒（Chuck Taylor）的喜爱，他热情地向很多人介绍这款新帆布鞋，并在后来加入匡威工作，进行All Star球鞋的推广工作，还亲自参与到All Star的改良设计中。1930年匡威为了表彰和鼓励泰勒对All Star球鞋的贡献，决定将他名字的花体字样加到鞋子上的标志中。由此，All star系列的标志逐渐成为匡威公司的象征之一。

1949年，匡威推出经典标志性的黑色Chuck Taylor All Star，并迅速成为同行业内最受欢迎的一款篮球鞋，它的设计至今没有改变。到目前为止，All Star系列的销售量已经超过10亿双。

新元素、新材料、新产品

匡威清醒地认识到，对产品进行不断创新以迎合消费者的偏好，是一个品牌长久不衰的根本所在，因此匡威十分注重在经典款的基础上加入新的元素，引领帆布鞋市场新的潮流。2019年6月，匡威围绕"随心所欲，敢于表达真我"的主题打造Converse Pride彩虹系列，涵盖Chunk Taylor All Star与Chunk 70两款经典鞋型，用大量色彩斑斓的图案元素展现出活泼随性的品牌态度。鞋面、内侧标识以及鞋底均以清爽缤纷的彩虹装扮示人，细节上以醒目的闪电标志和璀璨吸睛的亮片作为装饰，同时用专属设计的鞋舌标签点缀，彰显真我态度之余，更营造了丰富的精致细节。

除了在帆布鞋的外观上进行更新，匡威还通过对帆布鞋材质的改变实现对产品的创新。2018年9月，"常青款式"Chuck Taylor All Star 70再度迎来了全新"Suede"系列的发售。在这个系列中，匡威将帆布鞋设定为以黑色、灰色和橄榄绿为主色调，同时选用优质的麂皮材质代替原本的布料来打造鞋身，只保留鞋舌部分的帆布材质，将两者进行拼接设计，使帆布与麂皮形成鲜明的对比。鞋子内侧标志性的标识虽然没变，但也与经典款的不同，采用了特别版的军事风格设计。

2019年7月份发售的全新Converse All Star与OFF-WHITE"The Ten"系列合作，以经典款Chunk Taylor All Star为蓝本，专门为夏季打造了两款独特的All Star Light Clear Material Hi鞋款，鞋面分别采用白色和粉色的聚氨酯材质，同时也完美诠释了OFF-WHITE的结构美学。

为了响应品牌产品对于环保的理念，2019年8月，匡威和英国二手服装零售商超越怀旧（Beyond Retro）合作，让他们提供大量回收的牛仔裤，并将裤子进行蒸汽清洁和有效切割，把旧牛仔裤变成可以重新制作的布料，再用钢制模具和液压按压机把它们制作成Chuck Taylor All Star和Chuck 70样式的帆布鞋。匡威将废弃的牛仔裤做成的这种"可持续发展"的鞋称为Renew Denim系列。因为都是用旧牛仔布制作，所以每一双都是独一无二的。

无独有偶，匡威在2019年10月再续前作，推出了全新版本的Chuck Taylor All Star"Musenshoku"系列。在不影响鞋的"颜值"和上脚舒适度的前提下，这款鞋经过对原款材质的改造，以多种环保纺织面料代替帆布制作而成，例如鞋面就是以棉茎和叶片为原料制成的。这样的设计意图在于减少生产过程中需要洗涤的次数，每双鞋节约7.08升水量，达到环保的效果，展现品牌对于环保理念的坚定态度。

为了打造品牌本土化，赢得更多消费者的喜爱，匡威在2020年新年发布新年万创系列帆布鞋，以中国"鼠咬天开"的民间故事为背景，从传统手工剪纸技艺中汲取灵感，与三种经典鞋款Chuck70、Jack Purcell和Pro Leather相结合，同时推出采用传统窗花和剪纸元素的服装产品。

2020 年春季，借樱花季的到来，匡威对经典款 Chuck Taylor All Star、Chuck 70 和 Jack Purcell 进行改造，发布全新的樱花系列限定鞋款，以粉色和白色为主色调，搭配樱花的图案，其中 Chuck 还选用了晶莹剔透的水晶鞋底，风格随性洒脱，吸引了一众“粉丝”的抢购。

科技的运用

随着科技的不断发展，匡威开始注重帆布鞋与先进技术的结合。2020 年 3 月，匡威引入了全新的 CX 技术，以经典 Chuck Taylor All Star 为模型，通过对鞋面、中底和外底的共同进化，制作成延展性更强的弹性帆布鞋面、比传统橡胶底更轻软的发泡材质中底，以及带有全新外底纹路并对中底带来包裹支撑、可以增加鞋底稳定性的下底三部分，全方位提升帆布鞋的穿着脚感，以此打造更好穿的帆布鞋。匡威同时与日本设计师宫下贵裕的品牌 The Soloist. 合作，为 CX 系列打造了三款全新的配色。橙色鞋底搭配透明橡胶包裹的设计，加上黑、白、灰的主色调，新款帆布鞋更抢眼，获得了消费者的追捧。

2020 年 6 月，随着经典美国卡通《史酷比》的最新电影上映，匡威又“蹭”了一波热度，带着与史酷比的联名款强势回归，其中包括 Converse Chuck 和 Chuck Taylor All Star 两大经典人气款。蓝色高帮 Chuck 70 以片中座驾为灵感，蓝色鞋面搭配绿色与橙色点缀，后跟鞋标与车牌相同；另一款黑白配色高帮则是黑色基底搭配角色白色图案，将新产品与角色形象联系在一起。同时匡威还针对婴童推出了以史酷比的斑纹和绿色狗绳为灵感设计的帆布鞋，产品更加多样化。

在品牌长期的发展过程中，处理好“传统”与“创新”的关系十分重要。产品的更新迭代使得品牌本身能够长久发展，但不能为追求创新而丢掉了品牌的核心价值。对于匡威来说，其在近百年的发展时间中，保持了“随心所欲，自由自在”的品牌价值理念，同时“五角星”作为匡威的象征性标志，在品牌长期的发展中被不断重复，形成了清晰的品牌身份系统，成为品牌资产的一部分。与此同时，匡威为了适应技术、市场或者文化等环境变化的需求，注重加强创新力，与时俱进，通过不断更新帆布鞋的外形和功能等要素，产品更加多样化，给消费者新鲜感和惊喜感，从而使品牌不断发展壮大。

资料来源：Converse 匡威 2020 新年玩创新品系列.（2019-12-27）［2020-06-29］. http://www.chinasspp.com/News/Detail/2019-12-27/445694.htm；匡威也要做环保鞋了，用人们穿过的牛仔裤.（2019-06-27）［2020-06-29］. https://www.ifanr.com/1229536；经典卡通主题！史酷比 x Converse 系列下周发售.（2019-06-11）［2020-06-29］. http://www.flightclub.cn/news/a/sneaker/2020/0611/57777.html.

思考与讨论

1. 什么是品牌两重本性论？它如何指导企业开展长期品牌管理？
2. 结合第 4 章品牌身份理论，提出品牌强化的基本路径。
3. 结合第 2 章企业与顾客协同品牌化战略理论，提出品牌活化的基本路径。
4. 根据品牌身份金字塔模型，品牌定位和品牌个性属于哪个层面？它们应该如何变化？
5. 通过检索资料，列举近年奢侈品领域进行品牌识别修改失败或成功的例子，分析其原因。

第11章

全球品牌管理

全球品牌（global brand）是公司全球品牌化（global branding）的结果。全球品牌化是公司选择、管理和控制品牌跨越地理和文化边界开展全球营销的方式，以达到获得规模和范围经济效应、持续创新和提升品牌价值等目的。从战略品牌管理的框架看，与创建品牌和发展品牌战略等基本阶段不同，全球品牌化战略是品牌发展的高级阶段，它包括两个主要方面：建立全球品牌定位与创建全球品牌资产。

全球品牌化对新兴市场品牌走向全球具有重要战略指引价值。中国一些领先的跨国公司，如联想、中兴和华为等，它们的海外营业额已经超过了国内市场。这些领先的跨国公司在建立全球业务的同时，面临着如何建立全球品牌地位的重大挑战。在本章的最后，我们将聚焦于如何建设世界级中国品牌①。

第1节　全球品牌化与全球品牌

在实践中，品牌经理们早就认识到了全球品牌不可估量的价值，但也深知创建与维护全球品牌任务的困难。在理论和学术研究上，从2000年前后开始，全球品牌化开始变为一个重要的课题。与战略品牌管理的一些经典领域相比，有关全球品牌与全球品牌化问题的研究处在成长期，其成果反过来对品牌理论体系产生了重要影响。目前，全球品牌化和全球品牌管理已成为战略品牌管理理论和实践的基本领域。

一、全球品牌化的动力

全球品牌化伴随着国际营销的诞生而出现，伴随着跨国公司的发展而壮大。20世纪

① 本章观点和相应的文献来源参见：何佳讯. 全球品牌化：构念、脉络与进展. 营销科学学报，2013，9（4）：1–19。

90 年代以来，全球品牌战略之风愈演愈烈。它产生的动力和背景是跨国经营与全球经济一体化。前者在 19 世纪中期开始出现，而后者则是 20 世纪 90 年代开始的新话题。

（一）跨国经营

跨国经营作为一种经济现象早已存在。第二次世界大战后，特别是 20 世纪 60 年代后，跨国公司在世界范围内得以充分发展，许多公司从出口型演变成海外经营型；到 20 世纪七八十年代，企业走向世界逐步形成潮流。根据联合国贸易和发展会议（UNCTAD）发布的《2020 年世界投资报告》，国外子公司销售额从 1990 年的 69 290 亿美元上升到 2019 年的 312 880 亿美元，国外子公司总资产从 1990 年的 60 220 亿美元上升到 2019 年的 1 121 110 亿美元，国外子公司员工数从 1990 年的 2 772.9 万人上升到 2019 年的 8 236 万人。

我国对外开放 40 多年来，国内市场已成为国际竞争的舞台。1980 年 5 月，我国诞生第一家中外合资经营企业。至 1991 年末，外商在华直接投资项目累计已达 3.7 万余项。1992 年又是一个转折点，在我国注册的三资企业净增 4.7 万个，超过前 10 年的总和。目前，世界 500 强大企业、大集团中进入中国经营的已有 400 多家。

（二）全球经济一体化

随着冷战的结束，20 世纪 80 年代末和 90 年代以来，信息技术发展日新月异，贸易自由和资本流动自由化突飞猛进，国际社会开始关注一个在国际关系各个领域酝酿和积累力量的新趋势，这就是经济全球化和相应的品牌全球化。以美日为代表的发达国家对发展中国家的经济战略经历了从输出产品、输出资本到输出品牌的转变过程。

在经济全球化环境下，企业为了在世界市场赢得战略地位和竞争优势，有多种战略可供选择。较为简单的做法是兼并收购。另一种选择是品牌全球化。20 世纪 80 年代以来，以品牌输出为代表的全方位输出成了国际资本流动的新特点。这种把已有品牌进行全球化推广的好处在于比全新推出一个品牌风险更小、成本更低。即使在不同的市场条件下，那些在原来市场上所学到的知识和经验仍会大有帮助。跨国企业已经深刻体会到保持一种全球营销和管理模式的好处。这种好处明显地体现在生产、分销和人事管理的规模化，以及由此带来的经济利益。

二、世界性营销的基础理论

开拓世界市场和追求品牌全球化已成为企业发展和增长的趋势，但其实现历程并非易事，要经历相当长的努力过程。为此，在理论上，先要明确“全球营销”与我们所熟悉的“国际营销”“跨国营销”之间的区别。

（一）世界性营销的三大战略

对国外市场，企业运用三种类型的营销战略，并相应配备三种类型的组织结构。它们分别是国际营销、跨国营销和全球营销。

1. 国际营销

国际营销是企业寻找与本国相似的国外市场，这对企业而言是从内向型向外向型转变的一个重大突破。这种营销以自我条件为参考标准，可以说是本土中心主义的延伸。最典型、最常见的组织特征是在企业的组织架构中专设一个处理国外事务的国际部门，在企业运作中将原有的营销策略和产品延伸到国外，由企业专门派人在外国负责海外部门的重要职务，控制国外市场。

2. 跨国营销

跨国营销的概念始于 1974 年。它与国际营销的区别在于，它已经开始重视到各个国外市场的差异性，基本上把各国市场视为独立的个体，以“多元中心主义”为导向，配合各不同国家的特色而采取因地制宜、以修改产品为主的营销战略。随着跨国营销业务的成长和繁荣，企业成为真正的跨国公司。他们在很多国家直接投资并对世界上任何可利用的地方做出决策。

3. 全球营销

全球营销是基于上述两种营销之上的，它把世界当作一个统一市场，致力于开发某些有着共同需求及信息的基本产品，以满足全球各个市场的需求。全球营销的最独特优势在于它可以利用经济转移、系统转移、规模经济、资源共享，即全球策略的杠杆作用。跨国公司如果在其所有的国家内使用几乎同样的营销策略，就成为全球公司；它们创造出了全球品牌。国际营销、跨国营销和全球营销之间的简单比较如表 11－1 所示。

表 11－1　世界性营销的三类战略比较

战略	市场区域	需求满足	产品提供	传播表现
国际营销	不多国家和地区	相似需求	相似或不同	不同
跨国营销	较多国家和地区	不同需求	不同	不同
全球营销	大多数国家和地区	同样需求	相同或相似	相同或相似

从一国营销向世界性营销发展，宜采用相应的品牌使用和品牌战略。国际营销和跨国营销可以使用与本国一样的品牌，也可以使用针对某个市场的当地品牌（local brand）；而全球营销则使用同一个品牌，但在符号设计上可以有所变化。全球性品牌与当地品牌相比，典型的区别在于，前者提供一个统一的品牌形象，与来源国紧密联系，而当地品牌能产生独特的品牌联想和情感。

（二）全球标准化与当地适应

从上面可以看出，在全球扩张的过程中，总包含着相似或不同的当地化需求及相应的策略。自莱维特（Levitt）1983 年在《哈佛商业评论》上发表著名的《市场全球化》一文后，围绕“全球化与本土化”这一核心议题衍生出十分丰富的研究主题，形成了有关全球标准化和当地适应性的基本理论观点。

1. 全球标准化

莱维特（Levitt，1983）认为，由于当地消费者市场已经让位于统一产品和服务的全球市场，公司应该开发“简单经济”，通过在全球销售标准化产品获得成长。支持全球化论者基于这样一种信念：标准化产品和全球品牌及全球广告将给跨国公司带来巨大的利益。它依赖两个条件——通信和交通方式（如电视和旅行）的发展，特别是现代网络技术的成熟和广泛运用，加速了消费者市场的同一化，全世界消费者的需求越发趋于同一化。

全球标准化的最大利益在于以规模经济赢得成本优势，具体体现在产品开发、定价、广告、促销、包装以及品牌其他方面的设计、宣传等。按照莱维特的理论，成本优势带来的有竞争力的定价可以让消费者忽视自己的差别化需求而购买标准化的产品。

2. 全球适应与本土化

然而，为更多公司所接受的是“全球适应”的主张，或者说本土化（localization）战略。许多公司发现在实际运作中，标准化策略并非总是行得通的。需要改变的例子比比皆是。如一家玩具厂商由于德国不允许使用 PVC 材料，它不得不改变玩具的用料；由于荷兰父母在儿童玩具方面花费较少，它不得不降低价格；为了使法国人理解，它只好把一个女孩玩具的品牌“Wish World Kids”改为“Les Ai Babettes”；在英国，它把玩具卖给各个全国性零售商；而在法国，它在每年的玩具交易会上把产品销售给众多的独立小零售商。

因此，可以这样认为，全球营销是应该的，但全球标准化并不是必须要做的。由此，研究者们提出了从全球标准化到本国当地化的两极以及介于两者之间的各种混合的战略选择。这种折中的思想被学者提炼为“全球兼顾当地”，并取用一个新发明的词语“glocal”（由全球“global”与当地“local”合并而成），意思也就是首先要有全球意识、在全球范围内做整体计划，在实施计划的时候则要因地制宜。里策尔（Ritzer，2003）提出了全球当地化（glocalization），其主要思想是在全球层面上进行产品设计，但营销和交易活动当地化，或进行柔性产品设计，在基本产品的基础上包含对当地市场比较重要的特色。在中国市场上的有关研究表明，实施全球标准化品牌战略及其品牌外围层次要素的弹性化处理，正面影响公司的战略业绩和财务业绩（吴晓云等，2005）。道格拉斯和克雷格（Douglas and Craig，2011）提出了半全球化（semiglobal）营销战略，把全球市场分为五大范围（发达市场、全球和区域细分市场、以国家为中心的市场、贫穷的乡村和城市市场、国家族群），针对不同范围的市场采取不同的营销战略。作为一种总结，卡普费雷尔（Kapferer，2012）以品牌名称、定位和产品为三大核心要素，分析其一致性或不一致性，归纳了从全球到本土的八种全球化方式，对品牌全球化与本土化相结合的组合方式做出了更为明确细致的概括。

三、全球品牌认识演进

一般来说，在国际市场上广泛可得并且在世界上具有高认知度的品牌被称为全球品牌。尽管大多数人认同“认知度”和“可得性”是关键因素，但学术界和实务界对全球品牌的定义和操作化存在不同的取向。把握其认识演进对进入此研究领域十分关键。

（一）基于营销标准化的定义

在学术界，对全球品牌的定义首先来自营销标准化的有关研究。按照营销标准化的思路，公司建立全球品牌的首要动机是从强大的范围经济和规模经济中获益。因此，标准化的品牌能够从营销、研发、采购和制造中节省巨大的成本。从这个角度出发，全球品牌通常被认为是在大多数市场中使用相同的品牌名称、定位战略和营销组合。因此，全球品牌即是在多个国家使用相同的名称，一般采用相似的集中协调营销战略的品牌。但事实上，学术界对全球品牌如何标准化并没有共识。大多数研究认为完全标准化是不可思议的，品牌只是在标准化程度上存在差异而已。按照标准化程度的差异，一些品牌比其他品牌更为全球化。这是按照在不同市场中使用标准化营销战略和方案的程度对全球品牌进行定义。

（二）基于品牌感知全球性的定义

学术界的一个重要转折是根据消费者感知对全球品牌进行定义。所谓全球品牌，是被消费者感知为全球性的程度。这个定义以斯廷坎普、巴特拉和奥尔登（Steenkamp, Batra, and Alden, 2003）提出的品牌感知全球性（perceived brand globalness, PBG）构念为基础，认为消费者对这种“全球”的感知能够这样形成：消费者相信品牌在多个国家销售并且在这些国家中该品牌总体上被认为是全球性的。这个定义基本上认同全球品牌是一个认知构念，不同个体的评价存在差异。这样，全球品牌的有关跨市场标准化程度的界定就转变为品牌“全球性”程度的衡量。按斯廷坎普等人（Steenkamp et al., 2003）的做法，品牌的全球性是根据消费者感知品牌在本国之外的外国市场进入数量程度进行操作化测量。也就是说，作为全球品牌，可以存在更多或更少的“全球性”。对“全球性”构念至少存在两种解释：一是把品牌全球性看作一个独特的品牌构念，与其他属性（例如质量、功能性、价格和形象）类似，消费者对之进行直接评价。例如，根据奥兹萨默（Özsomer, 2012）的研究，全球性作为一种品牌联想，能够增加或减去价值，这与国家（即新兴市场与成熟市场）、品类（食品与非食品等）和消费者特征（消费者年龄）因素有关。二是把全球性看作具有晕轮效应的构念，与原产地构念相似，消费者可能不直接对之评价，但对更客观的产品属性评价产生影响（Dimofte et al., 2008）。两种构念都可能解释市场行为（Kapferer, 2005）。

（三）实务界的界定

实务界比较典型的做法是采用客观的指标进行衡量，这些指标包括品牌的实际市场覆盖数量和可得性，来自本土之外的外国市场的销量百分比，以及来源于全球的最低收入要求。例如，根据 AC 尼尔森公司（AC Nielsen, 2001）的界定，其要求为至少 5% 的销量来自本国之外，总收入至少 10 亿美元。而《商业周刊》（*BusinessWeek*）和 Interbrand 联合推出的年度世界最有价值前 100 品牌排行榜对候选品牌的要求是：每个品牌 1/3 的销量必须来自母国之外的市场。该排行榜按照市场领导地位、稳定性和全球进入程度（即跨越地理和文化边界的能力）来计算品牌强度。

尽管实务界和学术界对全球品牌具体界定的方法并不相同，但仍然存在共识：品牌的广泛的市场覆盖程度（在大多数洲和国家的可得性）是一个重要标准。此外，学术界还普遍认同全球品牌蕴含某种程度的标准化或一致性（通常是世界范围里统一的形象与定位），以及被消费者感知到是全球的。奥兹萨默等人（Özsomer et al.，2012）对“全球品牌”做出的新定义——“那些具有全球知名度、可得性、接受度和渴望度的品牌，它们在主要的市场中实施标准化和集中协调的营销战略与方案，因而常常会发现这些品牌在相同的名称下具有一致的定位、形象、个性、外观和感觉”，即是体现了这三个基本特征要素。

（四）全球品牌、国际品牌与全国品牌

全球品牌在战略意图和内在品质上，具有同样的、鲜明的品牌本质、特征和价值观（品牌身份）；使用同样的战略原则和市场定位；提供的产品或服务基本上相同，如麦当劳快餐，它用统一的产品、形象、理念、文化、服务，向世界众多国家的消费者传播“清洁、方便、美味、家庭氛围”等消费文化，但不排除有一些细小的差别，例如可口可乐的甜度为适应当地的口味略作变化，麦当劳的菜单上也会附加一些当地口味的食品；尽可能地使用相同的营销组合。在品牌的业绩和外在表现上，全球品牌在全球各地广泛分布，因此在某种程度上可被称为“无国籍品牌”。全球品牌具有较高的国际知名度，享有很高的国际信誉度，具有强大竞争优势和巨大的经济价值。

全球品牌与国际品牌（international brand）的概念容易混淆。其实两者的确存在某些模糊的界限。区别在于两个方面：首先，在营销组合的使用方面，全球品牌要比国际品牌的相同程度高。国际品牌的范畴包括那些在某一地区内是标准化的品牌（但是在地区间存在差别），以及那些在参与竞争的每个市场上都各不相同的品牌。其次，在销售地分布方面，全球品牌要比国际品牌来得广。

全球品牌反映品牌一种理想的最高境界。从品牌发展的进程看，第一步首先要成为全国品牌（national brand），再逐步向国际品牌和全球品牌努力。全国品牌是指畅销本国的品牌，有大规模的、持续性的营销投入支持，市场占有率较高，消费者的熟悉度也较高，在大多数的通路上皆有销售。

四、全球品牌资产

全球品牌具有不同于一般品牌的特殊价值，我们将其称作“全球品牌资产”（global brand equity）。在不同场合，学者们采用全球品牌感知价值、全球品牌形象、全球品牌联想、品牌全球性效应、全球品牌维度等概念来表达全球品牌资产的来源、构成或作用。下面，我们从两个方面进行介绍[①]。

（一）品牌在全球范围内的资产

以营销标准化的思路来看，全球品牌是指在其大多数目标市场中使用相似的品牌名称、定位战略及营销组合的品牌。标准化的营销活动（如品牌形象战略、广告传播内容、沟通媒介选择等）能使企业达到规模经济和范围经济，进而获取更高的利润。由此塑造出的一致且有效的品牌形象则能强化长期品牌资产，如建立清晰可靠的品牌形象、提升

① 吴漪，何佳讯．全球品牌资产：概念、测量与影响因素．外国经济与管理，2017，39（1）：29–41，67.

顾客忠诚等。同时，企业是否选择标准化品牌战略取决于经济发展水平、国家文化等市场特征。

这时，我们可以把全球品牌资产理解为品牌在全球范围内的资产。一方面，如果品牌在全球范围内的标准化程度越高，那么不同国家中的消费者对该品牌形象感知的差异程度越低，品牌强度就越大，也就说明品牌拥有更高的全球品牌资产。另一方面，由于不同市场上的品牌资产彼此之间存在差异，全球品牌资产应该是对国家品牌资产汇总的结果。此时，国家品牌资产反映了不同国家内部品牌价值的大小，而在国家层面上的汇总也可以考虑加入国家权重因子。通过这种概念界定的全球品牌资产测量，跨国营销人员可以评估并比较品牌在不同国家的实力，进行标杆分析，以识别需要强化管理的特定国家或特定品牌资产。

（二）全球品牌特有的资产

从消费者的角度，感知品牌全球性使得消费者联想到全球品牌拥有特别的信誉、价值和能力。这表明，全球品牌拥有特别的资产。它反映了消费者偏好全球品牌的原因，是全球品牌区别于其他品牌（如本土品牌）的主要特征，从“基于顾客的品牌资产”角度看，也是全球品牌资产构成的来源。它可以帮助我们更具体地理解全球品牌所具有的一般性特征。我们称之为全球品牌维度。根据学者们的研究，这些维度可以概括为：普遍意义（universal relevance）、品牌感知全球性（全球神话、全球形象）、标准化、尊重度、质量、声望和社会责任等。下面，着重介绍声望、质量和全球性这三个方面。

（1）声望。全球品牌是强有力的象征，消费者使用这些品牌作为一种与众不同的社会和文化意义的表征，例如声望、社会接受性和现代性。那些更全球化（按市场覆盖的国家数）的品牌，拥有更高的尊重度。总体上，可认为全球品牌比其他品牌拥有更高的情感性威望。因此，按照社会认同理论，全球品牌可以让来自欠发达国家的消费者更好地实现社会认同目标，相应地，他们对全球品牌的评价高于本土品牌（Alden et al.，1999；Batra et al.，2000）。即使在美国内部，也有研究表明，少数族裔如非洲裔与拉美裔美国人比代表美国人口主体的高加索人对全球品牌具有更积极的态度（Dimofte et al.，2010）。

（2）质量。斯特里扎科娃等人（Strizhakova et al.，2008）研究表明，不管是在发达市场（如美国）还是在新兴市场（如罗马尼亚、乌克兰和俄罗斯），质量对于品牌化产品来说都是最为重要的意义要素。舒伊林和卡普费雷尔（Schuiling and Kapferer，2004）使用扬罗必凯在欧洲市场上的品牌数据发现，在成熟市场上，本土品牌比全球品牌具有更高的亲和度和质量评价。但质量对于全球品牌联想的影响与重要性还需要进一步研究。对来源于新兴市场的全球品牌，尤其需要深入研究这一问题；同时需要研究来自新兴市场和发达市场的消费者对质量维度评价可能存在的差异。

（3）全球性。根据斯廷坎普等人（Steenkamp et al，2003）的研究设计，当一个全球品牌与一个本土品牌具有同样的强度时，“全球性”就可以理解为全球品牌独特的品牌资产。迪莫夫特（Dimofte et al.，2010）以一般意义上而非具体的全球品牌为测试对象，对美国消费者进行研究，发现全球品牌具有五个信念维度，分别为道德性（更道德、更关注环境)、便利性(节省时间、更可预见)、质量(更高质量、更安全)、社会性(更多声望、更高地位)、表达性(更让人兴奋、更时尚)。这些维度形成高阶因子“品牌全球性”,显著影响对全球品牌的态度,同时也被部分证实对购买(对全球品牌的购买频率和比例)的直接影响关系。

全球品牌维度对消费者态度和行为产生影响效应,从而表现出全球品牌资产的价值。由此可看出,全球品牌维度是研究全球品牌效应与价值的基本前提。

第 2 节　全球品牌定位

全球品牌定位是探讨全球品牌管理的核心内容,它不同于通常的品牌定位思路(详见第 3 章)。全球品牌定位的核心在于,从企业视角看,如何建立全球品牌的价值;从顾客视角看,如何让消费者感知其全球地位。前者的核心构念是全球消费者文化定位(Alden et al., 1999),后者的核心构念是品牌感知全球性(Steenkamp et al., 2003)。有关“品牌感知全球性”的问题已在本章第 1 节介绍,下面重点介绍“全球消费者文化定位”及相关研究。

一、全球消费者文化定位

根据奥尔登等人(Alden et al., 1999)的研究,全球消费者文化的出现是由于全球消费者细分市场的成长。所谓全球消费者细分市场,是指消费者与特定的地方、人物和事情的相似意义联系在一起。全球消费者文化是全球消费者细分市场成员共享对他们来说有意义的与消费相关的符号(品类、品牌、消费活动等)集合,不与单一国家(本国的或外国)的文化元素相联系。例如,蓝色牛仔裤或 iPod 品牌。全球消费文化的兴起并不意味着分享相同的喜好或价值观,相反,在不同的国家中,人们经常有冲突的观点,尤其是在共享的交流中。这种交流的重要象征符号就是全球品牌。

奥尔登等人(Alden et al., 1999)把全球消费者文化定位(global consumer culture positioning, GCCP)定义为一种战略,即把品牌作为一种既有的全球文化的一种象征,是一种在竞争不断增强的市场中帮助国际经理提升品牌资产的新定位战略。这种战略用文化意义来投资品牌,所使用的核心文化象征要素是语言、美学风格和故事主题。广告表现通常可以是全世界的消费者使用一个特定的品牌,或者诉求于特定的人类共性。

有两种定位战略与全球消费者文化定位相对应,分别是本土消费者文化定位(local consumer culture positioning, LCCP)和外国消费者文化定位(foreign consumer culture positioning, FCCP)。前者是指把品牌与本土文化联系起来,后者是指把品牌与特定的非本土国家的文化联系起来。营销者可通过消费者文化定位框架,即语言(广告中或包装中所采用的语言种类)、美学风格(标识或代言人)和故事主题(广告所表达的整体内涵和象征性意义),使品牌与上述某一种定位战略建立联系。

冈崎等人(Okazaki et al., 2010)提出,如果相同的诉求在不同市场间被感知为同质性的有利评价，那么这种诉求才是作为使用全球消费者文化定位战略的良好候选。事实上，全球消费者文化定位战略既可以使用软销广告诉求（间接的，以形象为基础），也可以使用硬销广告诉求（直接的，以信息为基础）。他们对美国和日本这两个工业化国家进行跨国比较，表明软销诉求比硬销诉求能够更多地在不同国家之间被感知到同质性和相似性。这项研究说明，以抽象的文化价值观进行诉求对实施全球消费者文化定位战略是非常重要的。对企业而言，把品牌与全球消费者文化相关联，有助于塑造全球品牌形象，使品牌更有力、更有价值，获得特别的可信度和权威性，提高销量（Alden et al.，1999；Zhou et al.，2008）；对消费者来说，根据消费者文化理论（Arnould and Thompson，2005），全球品牌中被感知到的文化资本是消费者用来建构身份的资源（Cayla and Arnould，2008；Özsomer and Altaras，2008），可以给他们带来自我价值的强化和地位（Alden，Steenkamp，and Batra，1999）。

全球消费者文化定位战略是全球品牌定位，或者是品牌实施全球化定位的重要选择。全球消费者文化所蕴含的价值观可以内蕴在品牌中，成为品牌定位的概念。

二、全球和本土价值的结合

全球化总是与本土化交织在一起。因此，全球品牌定位并非意味着采用单一价值意义和元素，消费者对全球品牌定位的感知和评价也存在复杂的心理机制。下面，我们介绍基本的理论知识：从定位的角度来说，是品牌感知全球性与品牌本土象征价值的关系；从消费者的角度来说，是全球认同和本土认同的关系。

（一）品牌感知全球性与品牌本土象征价值

在斯廷坎普等人（Steenkamp et al.，2003）的开创性研究中，他们把品牌本土象征价值（brand local icon value）作为与品牌感知全球性相对应的构念，研究它对品牌购买可能性的影响。之后奥兹萨默等人（Özsomer et al.，2012）在研究中提出本土象征性（local iconness）构念，作为与品牌感知全球性对应的构念将其定义为：品牌象征本国成员的价值观、需要和渴望的程度。

很多相关研究结果表明，感知全球性和本土象征性都对品牌购买可能性产生影响，尽管在不同情况下两者的影响作用大小存在差异。这表明，在全球品牌定位中，品牌的全球价值和本土价值这两种力量并行不悖。本土品牌在向全球品牌的发展过程中，兼顾或融合本土文化要素与全球文化要素是战略选择方向之一。品牌通常是通过本地化生存而获得全球化繁荣。当全球品牌通过全球公民身份与文化的主题开展它们的营销战役时，同时也增强了民族自豪感，为本地制造商提供了支持。

（二）全球认同与本土认同

阿内特（Arnett，2002）曾发表《全球化的心理学》一文。多年后，全球认同（global identity）与本土认同（local identity）被用于营销学领域，成为解释全球与本土品牌/产品态度的新的心理学变量。现有研究表明，全球认同和本土认同与消费者对全球品牌和本土品牌态度的评价之间存在着较为一致的关系。

阿内特（Arnett，2002）认为，全球化对身份认同产生重要的心理影响，他把在个人层面测量全球化影响的结果概念化为双文化认同（bicultural identities），包括全球认同与本土认同，即部分认同源于当地文化，部分认同源于与全球文化关系的意识。很多人在发展全球认同的同时仍然保持着本土认同。此外，全球化也对传统文化实践和信念产生了巨大影响，这种影响导致更多的混合认同（hybrid identity）而非双文化认同，即把全球文化元素与当地文化结合起来。例如，周和贝尔克（Zhou and Belk，2004）的一项研究印证了中国消费者存在的双文化认同：对广告中的全球化诉求与本土化诉求的反应受两种方式的驱动。一方面为了面子，极大地受对表达世界主义和地位的商品的向往的驱动；另一方面，受反映本土来源的中国价值观的驱动，表现为更多的民族主义意愿。在全球化过程中，前者并没有取代后者。事实上，只有极少消费者的全球认同和本土认同是等同的，绝大多数的情况是一种认同强于另一种认同。

全球认同和本土认同相结合的机理为全球品牌定位战略提供了重要的指引，即通常我们要把全球价值和本土价值这两种力量和因素结合起来考虑，形成合适的全球品牌定位。

第 3 节　建设世界级品牌

在一些市场上，全球性规模已成为竞争的一项先决条件。发展全球化品牌具有许多明显的优势，包括规模效益、降低成本、减少竞争威胁风险、提高盈利机会等。宝洁公司发现，一些成功的品牌如果在创建 12 年后还未进入主要的欧洲市场，那么其最初的优势可能会丧失殆尽。因此，许多跨国公司的做法是在产品和品牌的涉世之初就以全球为目标市场。特别在数字化和互联网平台环境下，实施这种战略和商业模式的初创企业越来越多。在本节中，我们先介绍发展全球品牌的基本步骤，再以建设世界级品牌为主题，以中国品牌为对象，立足于上述理论，提出若干建设性战略方向。

一、发展全球品牌的基本步骤

发展一个全球性品牌并不存在神秘公式，但是有证据表明某些方法更能提高成功的概率。下面的步骤虽然不一定总是有效，却是十分实用的。

（一）准备基本条件

将一个弱小的地区性品牌转变成一个全球性品牌，面临一些基本的要求。在这些条件成熟之后，品牌可以向品牌全球化方向迈进。

（1）持久的竞争优势。企业必须高度客观地评估本品牌与其在所有的市场中可能遇到的竞争对手相比具有哪些差别化优势。

（2）一定的经济规模。生产成本函数并不是线性的，也就是说，成本并不总是随着产量的上升而稳定地下降。在短期内成本会急剧上升。因此，必须弄清楚的是，当实现何种预期的国际销售水平时，成本会达到一个有竞争力的水平。

（3）细分市场的规模。各地的细分市场不一定要有同样的规模，但是每一细分市场都必须足够大，才能支持品牌进入足够多的市场。

（4）全球化组织的保障。前面已经提到，跨国营销和全球营销是不同的。实施全球营销必须对企业进行组织结构的调整。无论是集权还是分权，都必须将组织的资源集中起来。在一个集权的组织机构里，中心品牌小组制定发展战略，然后将这一战略传递到所有目标国家进行实施。在一个分权的组织结构中，可以让一个品牌小组负责一个国家的品牌发展过程。

（二）确定品牌定位和价值

在企业全面理解的本地市场、能够发挥企业优势的市场或竞争最激烈的市场（能产生对企业创造、发明和效率的激励作用），确定品牌定位和价值，并以此发展整体品牌战略。这并不意味着忽视全球市场的消费者，而是使用一个特定的市场来检验品牌战略的有效性。

要深入了解及瞄准消费者的需要，全面分析当前市场上的竞争对手形势。这也涉及企业组织的人员配备，相关机构必须要由懂市场、懂语言、懂文化的人组成。例如美国宝洁公司对亚洲市场进行广泛的消费者调查测试发现，消费者真正需要的是健康亮丽的头发。于是公司提出将潘婷品牌结合 Pro-Vitamin 及润湿高科技，定位于“拥有健康，当然亮泽”的主张。在这个基础上，界定品牌所代表的意义和价值所能延伸的范围与边限，建立完整的品牌战略平台，包括品牌愿景、使命和价值观、品牌联想和差异化优势、品牌个性等。

（三）检查目标市场

对所有重要的目标市场进行检查，以确定哪些因素会对品牌的营销组合产生影响和制约作用。比如消费者原有的偏好可能会抵制新品牌的短期销售增长，已占有当地市场的地方企业对外来竞争会予以强烈的反击，当地政府的某些政策法规不能通融等。潘婷在品牌全球化过程前期，挑选数个国家做实地市场测试。它先在美国和中国推出广告活动，吸取当地市场经验。

（四）检查营销组合

为了适应市场而做必要的变通时，要检查重要市场中所有的营销组合要素。视情况对产品特色、品牌要素、标签、包装、颜色、材料、价格、销售促进、广告（主题、媒介和执行）等方面做相应的调整。所有的调整要以市场测试结果为前提，不能主观臆断。多芬香皂曾打入许多国家，公司很清楚这个词在意大利语中是“哪儿”的意思，这看上去好像不太合适；但市场反应表明，这并不是一个障碍。

在调整营销组合要素时要注意品牌身份的金字塔结构（见第 10 章），品牌的精髓和本质是最根本的要素，不能随意变动。

（五）挑选国家快速扩张

这是一个复杂的选择过程，涉及对很多国家的详细分析。总的目标是要保证品牌在全体市场中赢得高度的市场占有率。比如，若以欧洲为总市场，则不得不先进入德国、法国、意大利、英国和西班牙；若一开始就以全球为总市场，则应先进入美国、南亚和欧洲。

对于品牌首次上市是在原产国还是在其他国家，以及进入多少个国家、具体是哪些国家等诸多策略性问题，要根据产品的性质、市场和竞争情况而做出权衡。为使利润最大化，应该在尽可能短的时间内向尽可能多的国家同时推出这一品牌。这很关键，为的是不给竞争者留下模仿的时间。

（六）不断创新维护品牌优势

按照长期品牌管理的基本理论和方法，不断深入地了解消费者的内在心理和需求，开发更新的技术和生产方法。宝洁公司的经验表明，这一点对维护品牌的持久生命力十分重要。它通过更深的消费者洞察、新的技术或新的制造科学等不断推出更新的产品。

二、确立品牌的国家冠军地位

品牌全球化和成为真正的全球品牌是一个不断发展的历程。改革开放 40 多年来，中国已有大批跨国公司品牌在全球市场中取得了瞩目业绩，如海尔、联想、华为、中兴、海信、TCL、美的等。最近十年来，中国政府的“一带一路”倡议、以华为为代表的中国领先跨国公司的品牌全球化、天生全球基因（born globals）的平台企业品牌的快速成长、大量出海品牌（Chinese global brand builders）以数字化实现跨境营销等，整体上筑就了中国品牌全球化新的历史阶段。这些品牌在国内市场中拥有强大的地位，这成为它们走向全球的坚实基础。做强国内市场，建设并确定品牌的国家冠军地位，是迈向全球化、赢得全球竞争力的重要步骤和发展阶段。为此，笔者提出“品牌-国家联结”（brand-nation connection，BNC）这个新构念，用来衡量品牌在消费者心里所拥有的国家级地位程度，并把它定义为“商业品牌与该品牌的来源国之间产生关联性与对其代表性的程度”①。

（一）品牌-国家联结的维度和四类品牌

围绕上述定义，品牌-国家联结包含两个基本的联想角度：一是从品牌到国家的定向联想的强度，即提到某品牌，想到的是哪个国家？我们可以称之为来源特征优势（origin characteristics dominance），这反映在定义中的“关联性”概念。二是从国家到品牌的定向联想的强度，即提到某国家，想到的是哪个或哪些品牌。我们可以称之为国家地位优势（country status dominance），这反映在定义中的“代表性”概念。这两个维度的结合，就形成了四种类型的品牌-国家联结品牌（见图 11－1）。

① 前期相关研究成果请参见：He J X，Wang C L，Wu Y. Building the Connection Between Nation and Commercial Brand：An Integrative Review and Future Research Directions. International Marketing Review，2021，38（1）：19–35；何佳讯，吴漪. 国家品牌资产：构念架构及相关研究述评. 外国经济与管理，2020，42（5）：3–16。

国家地位优势 \ 来源特征优势	低	高
高	数字化驱动的全球品牌	传统意义上的强势全球品牌
低	数字化驱动的新兴品牌	传统意义上融入国家资产的品牌

图 11-1 四种类型的“品牌-国家联结”品牌

第一种类型是来源特征优势和国家地位优势均高的品牌。就中国而言，就是少数几个传统意义上的强势全球品牌，包括海尔、联想和华为等。

第二种类型是来源特征优势低、国家地位优势高的品牌。数字化驱动的全球品牌可以归入这个类型，比如优步、YouTube、爱彼迎等。

第三种类型是来源特征优势和国家地位优势均低的品牌。这类品牌主要是在互联网时代在线上崛起的大量小品牌，我们可以称之为超新星品牌，比如元气森林、喜茶等。

第四种类型是来源特征优势高、国家地位优势低的品牌。这类品牌把文化元素融入品牌之中，但品牌规模和实力并不大，例如佰草集。

上述基于两大联想路径得到的品牌的四大类型，对于理解当前全球化与数字化背景下实现品牌全球化的战略方式，具有整体性的管理含义和指引作用。

（二）国家冠军地位的品牌群

2020 年 11 月 21 日，华东师大国家品牌战略研究中心正式发布 2020 年大夏“国家冠军品牌强度排行榜”①。该排行榜是最佳品牌“榜上榜”，即在 Interbrand 和 BrandZ 两大著名品牌榜的基础上，对共同进入其 2019 年“中国最佳品牌榜”的 40 大品牌，采用独创的“品牌-国家联结”新构念及测量方法，通过全国范围内大样本调查，得到“国家冠军品牌强度排行”结果。它由两个维度的评价指标合成：从中国联想到品牌的强度；从品牌联想到中国的强度。它们反映了消费者心目中“品牌”对“中国”的代表性及“品牌”与“中国”产生关联性的程度。两维度的方差总解释率为 75.65%。

在本排行榜中排名靠前的品牌，它们是国家的荣耀，是全球市场品牌竞争中的国家队选手，对中国形象和声誉的贡献功勋卓著。在排名前十的品牌中，有 70% 的品牌属于支持中国经济增长的支柱性产业，这彰显了科技创新在国家发展战略中的核心地位，蕴

① “大夏”名称来自华东师范大学创办的原址大夏大学（1924 年）。本排行榜的学理和测量方法来自本书作者主持的国家自然科学基金面上项目“品牌与国家的联结：数字化时代新兴市场跨国公司创建全球品牌资产的新战略研究”（批准号 71772066）。研究采用 Qualtrics 发放电子问卷，在 2020 年 10 月 21—28 日得到 5 359 份填写完整的问卷，经严格筛选后保留有效问卷 4 661 份，有效率为 86.98%。被试平均年龄为 27.6 岁。本排行仅反映本数据集合下的分析结果，是基于科学方法的学术成果，与任何商业上的应用或相关利益无关。

含了中国品牌战略的重要驱动力量，详见表 11－2。

表 11－2　2020 年大夏“国家冠军品牌强度排行榜”

排名	品牌	行业	国家冠军品牌强度排行			对比的最佳中国品牌排行	
			国家到品牌的联想强度	品牌到国家的联想强度	总得分	2019 BrandZ 排名（共 100）	2019 Interbrand 排名（共 50）
1	华为	科技	100.00	100.00	**100.00**	6	11
2	阿里巴巴	零售	85.95	95.86	**91.15**	1	2
3	茅台	酒类	81.66	96.21	**89.30**	5	12
4	腾讯	科技	79.13	86.99	**83.26**	2	1
5	小米	科技	74.25	85.37	**80.09**	11	14
6	格力	家电	75.13	84.37	**79.98**	36	32
7	五粮液	酒类	74.00	83.59	**79.03**	40	19
8	云南白药	医疗保健	68.19	87.52	**78.34**	45	34
9	百度	科技	72.72	82.30	**77.75**	8	13
10	顺丰速运	物流	71.33	82.68	**77.29**	16	30
11	海尔	物联网生态系统	71.30	81.87	**76.85**	15	23
12	中国银行	银行	65.80	83.94	**75.32**	17	7
13	青岛啤酒	酒类	66.32	82.78	**74.96**	69	29
14	美的	家电	67.87	79.92	**74.20**	33	33
15	京东	零售	66.77	80.83	**74.15**	10	22
16	泸州老窖	酒类	65.33	82.05	**74.11**	64	35
17	中国移动	电信服务	66.52	79.41	**73.29**	4	6
18	安踏	服饰	67.62	75.14	**71.57**	82	24
19	新东方	教育	63.87	77.72	**71.15**	51	38
20	联想	科技	66.15	75.52	**71.07**	47	16
21	中国农业银行	银行	56.41	80.21	**68.91**	14	8
22	伊利	饮料	61.39	75.65	**68.88**	22	42
23	中国建设银行	银行	61.32	75.51	**68.78**	9	3
24	中国工商银行	银行	58.89	77.45	**68.63**	3	5
25	苏宁	零售	64.58	71.99	**68.47**	39	50
26	中国平安	保险	60.64	75.34	**68.36**	7	4
27	美团	生活服务平台	59.65	76.19	**68.33**	13	25
28	张裕	酒类	61.27	74.19	**68.05**	88	47
29	洋河	酒类	60.80	73.73	**67.59**	48	31
30	交通银行	银行	60.19	73.47	**67.17**	32	17

续表

排名	品牌	行业	国家冠军品牌强度排行			对比的最佳中国品牌排行	
			国家到品牌的联想强度	品牌到国家的联想强度	总得分	2019 BrandZ 排名（共 100）	2019 Interbrand 排名（共 50）
31	网易	科技	60.37	71.81	**66.37**	38	37
32	中国人民保险	保险	59.29	72.72	**66.34**	55	26
33	蒙牛	饮料	60.20	71.82	**66.31**	27	44
34	招商银行	银行	59.16	71.02	**65.39**	20	10
35	中国人寿	保险	55.62	70.61	**63.49**	18	9
36	携程	旅游服务	54.83	69.86	**62.73**	44	39
37	中信银行	银行	52.93	67.57	**60.62**	65	27
38	太平洋保险	保险	54.10	64.28	**59.44**	29	15
39	中国民生银行	银行	49.89	67.91	**59.35**	53	20
40	兴业银行	银行	48.55	58.93	**54.00**	93	21

进一步地，把 40 大品牌分为科技主导类（16 个品牌）和非科技主导类（24 个品牌）两类，在大夏榜原始数据的基础上进行新的计算，结果彰显新的意义。

计算结果表明，科技主导类国家冠军品牌强度年度指数为 76.56 分，非科技主导类国家冠军品牌强度年度指数为 68.96 分，两者存在显著差异（$p<0.01$）。其中，从国家联想到品牌的指数，前者是 71.03 分，后者是 61.39 分，两者存在显著差异（$p<0.01$）；从品牌联想到国家的指数，前者是 81.56 分，后者是 75.81 分，两者也存在显著差异（$p<0.05$）。

由此可见，在消费者普遍看来，与国家冠军队伍中的非科技主导类品牌相比，科技主导类品牌明显与国家产生更强的关联。这意味着科技力量有力地促进品牌赢得更强的国家级地位，科技创新正积极地提升大国形象。在经济转型背景下开展品牌建设要重视“双重路径”战略：既要通过文化资产战略提升“从品牌到国家”的联想强度；也要特别重视科技创新战略，切实实施创新驱动发展战略，把创新放在核心地位，提升“从国家到品牌”的联想强度。这实际上与笔者在第 1 章中提出的品牌两重本性论原理，以及第 10 章的长期品牌管理理论是一致的。

三、迈向世界级品牌的战略方向

中国的品牌战略在国家层面取得了显著进展，以 2016 年 6 月国务院颁布《关于发挥品牌引领作用推动供需结构升级的意见》为标志。全国各地政府热烈响应，推动广大企业在经济转型背景下加强自主品牌发展。党的十九大报告指出，我国经济要以供给侧结构性改革为主线，由高速增长转向高质量发展。社会舆论形成“中国产品”向“中国品牌”转变的广泛共识，品牌战略上升为国家战略。在中国优秀企业迈向世界级品牌的征程中，笔者提出基本战略方向供各方参考[①]。

（一）用足够强大的价值定位建设世界级品牌

中国领先企业的目标是要“建立世界级品牌”。世界级品牌要具备世界性影响的价值。对此，笔者提出观点：品牌的价值定位要足够强大。内蕴足够强大的价值意义的品牌，才符合迈向世界级品牌顶层设计的要求。这有两大基本方向。

第一，用人类的基本价值和价值观进行定位。足够强大的价值意味着要思考人类的基本价值。宝洁公司的前首席营销官吉姆·斯登格（Jim Stengel）在 2011 年做过一个大规模调查，发现长久增长的品牌满足了人类的五类基本价值：激发愉悦、建立联系、激励探索、唤起自豪以及影响社会。比如在我们熟知的品牌中，可口可乐是激发愉悦，星巴克是建立联系，谷歌是激励探索，奔驰是唤起自豪，IBM 是影响社会。

第二，用人的长期价值需求进行定位。这是笔者提出的观点。其核心是看能否满足人们的长远目标。笔者提出一个新的消费目标坐标图，它有两个维度：纵坐标是实用性消费到享乐型消费（消费的升级是从实用性消费走向享乐型消费）。横坐标是短期目标到长期目标。有些消费是满足短期目标的，有些是满足长期目标的。比如，吃维生素可能是为了短时间内感冒快点好，也可能是为了长远健康；读书学习为了应试就是短期的，为了自我的终身发展就是长期的。在改革开放初期，消费者想要满足的多是短期目标，如改善住房条件、获得证书求职等；但改革开放 40 多年后，人们的需求超越了这样一个物质满足的基本阶段，消费者产生长远的价值追求。两维坐标区分出四个象限。“享乐型 + 长期目标”的象限就是美好生活的需求。品牌为了长期发展、实现基业长青的使命和愿景，要关注“享乐型 + 长期目标”这个象限。

（二）开创中国元素策略建立国家品牌资产的有效路径

在全球化时代，国家软实力尤为重要。传统上，我们通常重视通过重大事件（比如奥运会）和公共外交的手段提升国家声誉。但事实上，国家品牌资产内化在商业品牌中的现象非常普遍，比如加拿大鹅、哥伦比亚咖啡、瑞士军刀等。商业品牌在人们日常消费中被广泛感受和体验，因此笔者提出观点：相比于重大事件和公共外交，从商业品牌的角度提升国家品牌资产，影响面更广，发生更为频繁，理应得到重视。

我们通常可将内化在商业品牌中的国家品牌资产称为文化元素。对于中国来说，就是“中国元素”。对于什么样的元素才可以被称为代表中国的“中国元素”，众说纷纭。笔者给出以下定义：来源于中国文化传统，或在中国现代社会发展中产生的与中国文化紧密联系的符号、精神内涵或实物，它们为大多数中国人认同，消费者能够借之联想到中国文化而非其他国家文化。

中国元素在各个领域已有广泛影响。我们可以看到不少中国领先品牌成功运用中国元素，在全球市场上建立了差异化定位优势，既借用到了国家品牌资产，又对提升国家品牌资产产生积极影响。两者相互影响，相得益彰。“李宁”就是一个代表性案例。该品牌自 1999

---

① 何佳讯. 关于推进国家品牌战略的十项建议 // 何佳讯. 品牌的智慧：为企业和政府建言献策. 上海：格致出版社，2020：1–24.

年以来的全球化进程，以及融合“中国元素”的品牌战略的具体做法，对中国领先企业在全球化过程如何提升品牌形象附加值具有重要启示。文化认同时代已经来临，因而内化在商业品牌中的国家文化资产能够正面提升消费者态度，从而有效提升中国品牌的附加值。

（三）大力倡导开展“企业级品牌战略”

笔者在第 2 章中提出“企业级品牌战略”理论，是希望业界建立对品牌战略的正确理解，并能指导实践，真正把品牌战略执行落地。品牌往往被理解为品牌宣传推广，属于传播的范畴，是顾客看得见的。但实际上真正建立品牌，特别是在新兴发展中国家，需要我们站在企业战略这个层面，把品牌的逻辑和方法渗入到企业经营的各个环节，建立品牌战略顶层设计，通过顾客看不见的管理系统和基础系统紧密互动与协同，才能真正实现提升品牌价值的目标和任务。

企业级品牌战略对于解决中国企业在开展品牌战略中普遍存在的问题，对于在经济增长方式转型背景下推进企业发展战略转型，真正发挥品牌战略引领企业增长的作用，具有重要理论与实践价值。具体来说，我们首先要有品牌战略顶层设计，即一个企业的品牌要有愿景、使命和价值观，要有品牌的灵魂、基因和核心价值，要坚持把它作为信仰和宗旨，以此引领业务持续发展。通俗地讲，即要有一个核心的品牌定位和价值主张。这是顾客看得见的、听得见的。但这还远远不够。

重要的是我们要关注品牌价值主张的后台如何支撑品牌价值的实现，如何让顾客能够感受和体验到品牌的独特价值。如果只是停留在口号的层面，就没有办法真正让顾客体验到品牌的价值。这种价值的建立和交互需要整个企业的管理系统来支撑。从核心的方面看，存在非常重要的四大支柱，包括物流与供应链、生产制造、市场营销和服务管理。物流与供应链解决运营的效率，从而降低成本；生产制造保障产品质量，让消费者得到产品的实际价值；市场营销在总体上设计和协调交付给顾客的价值；服务管理负责顾客满意和长期关系。它们实际上是整个管理系统的体现。一个企业的管理系统是不可复制的，因为每个企业都不一样。这与企业的基础系统紧密相关。基础系统受企业创始人、背景、资历和资源等各种因素影响，甚至包括创始人的动机和情怀、企业诞生的时代背景。基础系统奠定了整个企业文化的基础，并由此影响要建立一个怎样的管理系统。

上述思想正是本书内容体系和结构定位的独特所在。在第 3 篇“建设品牌资产”的四章内容中，本书并非局限于通常的市场营销范畴，而是从企业整体运营和管理层面进行阐述。笔者希望所有的理论创新工作，既立足于服务国家战略的需求，又贡献于世界知识体系。

品牌科学 11－1

全球化与中国元素

国家品牌战略研究中心多年研究表明，无论是全球品牌进入中国还是中国品牌进入全球市场，在品牌定位和营销组合中运用中国元素是重要的策略选择。但其对消费者态度和行为的影响存在较为复杂的机制和因素。重要的影响变量是消费者的文化认同。我们进一步发现，源自中国文化中的个体价值观变量（比如面子意识）对全球品牌态度的相关方面存在积极影响。

一、中国元素的定义及实证研究

中国的跨国公司在建立全球业务时，面临着如何创建全球品牌的重大挑战。从企业的角度看，在全球市场上兼顾东西方文化差异、实现东西方文化价值及元素的融合，以建立中国品牌的全球定位，是值得重视的品牌战略。在实践中，我们也不难看到很多融入中国元素的品牌实践。“李宁”就是一个代表性案例（何佳讯，2013）。1999 年，“李宁”正式将“品牌国际化”提上战略议程。在战略实施过程中，李宁公司尝试用西方的设计理念以及国际化的现代形式来表现传统东方元素，以与国际一线品牌形成差异化。李宁公司在营销沟通方面更加突出中国元素的运用：在各种产品广告中广泛使用围棋、武术、梅花桩、水墨画、赵州桥、皮影戏等极具中国古典韵味的元素；在产品设计和研发过程中，将一些具有低调收敛的东方内涵的图案和设计，如中国古代青铜器的花纹、青花瓷等作为主要元素，融入产品设计中，给产品注入神秘的东方色彩，在保证产品功能、舒适的同时，提升产品的品质感和时尚感。

在研究过程中，笔者（何佳讯、吴漪、谢润琦，2014；He and Wang，2017）对中国元素做出了正式的定义：来源于中国文化传统，或在中国现代社会发展中产生的与中国文化紧密联系的符号、精神内涵或实物，它们为大多数中国人认同，消费者能够借之联想到中国文化而非其他国家文化。我们的研究（何佳讯、吴漪、谢润琦，2014）发现，中国元素的刻板印象一致性对品牌本土象征性和产品购买可能性产生显著正向作用；品牌本土象征性在中国元素刻板印象一致性对购买可能性的影响过程中具有部分中介作用；消费者文化认同（全球认同与本土认同）在上述过程中还具有调节作用。在另一项研究（He and Wang，2017）中，我们引入“文化融合性”变量，在中国市场中探究全球品牌运用“中国元素”产品策略对消费者态度的影响机制。结果表明，文化融合性既直接对产品购买可能性产生正向影响，同时也通过品牌本土象征性对产品购买可能性产生正向影响。在后者的过程中，消费者的文化认同还产生了调节作用。本土认同存在正向调节作用，而全球认同则是产生负向调节作用。

二、文化认同对品牌态度和行为的预测力

在全球化环境中，中国改革开放 40 多年的发展成就给消费者价值观带来重要变化。文化认同彰显重要作用，文化软实力在实现中国企业品牌全球化过程中具有核心地位。

近 30 年来，市场营销学界一直是“消费者民族中心主义”（consumer ethnocentrism）概念占主流。其主要结论是：消费者民族中心主义越强的人，越愿意购买国货，越可能抵制外国货。在这种观念影响下，企业的营销策略思路是激发消费者民族中心主义心理，比如，典型的品牌口号有：“中国人喝自己的可乐”，“长城永不倒，国货当自强”。

与上述传统研究不同，笔者提出“文化认同”（culture identity）新构念，并把它与消费者民族中心主义构念放在一起，用于验证它们对消费者关于国货和外国货态度与行为的不同作用。研究（He and Wang，2015）表明，消费者民族中心主义强的消费者，在态度上支持国货，但在实际购买行为上并不存在显著的关系。也就是说，口头上说支持国货，但在实际行为上并没有一致的表现。这是因为“消费者民族中心主义”在定义上是

一种外在道德规范性的概念，而不是内在驱动的力量。但文化认同强的消费者，不但在态度上更喜欢国货，在实际行动上也更可能购买国货，不购买外国货。这给企业带来新的营销战略思路，即激发消费者的文化认同心理。体现文化软实力的“中国元素”应用是主流策略，因为它可以有效激发消费者文化认同。

进一步地，我们（何佳讯等，2017）还从理论上进一步辨清文化认同的概念内涵，将其界定成可同时从个体层面和群体层面进行定义、测量和分析的多维度构念。实际的统计检验结果亦表明，可以对文化认同进行城市层面的分类分析。基于文化认同和国货意识，可以在城市层面确定不同的群体特征，为市场战略应用提供基本指引。

三、面子意识与全球化相关态度的关系

在全球品牌战略研究领域，如何把来自中国的实践元素升级推进到源自中国的理论元素是十分重要的方向。我们在多项研究中，把中国文化中的面子意识与全球化相关态度变量结合起来，开展对全球品牌的研究，得到了若干新的发现。

我们的一项研究（Huang and He，2019）表明，消费者的面子意识通过正向影响追求全球神话，进而对全球消费者文化定位产生积极影响。在此过程中，社会强化（social aggrandizement）正向调节面子对追求全球神话的影响，社会规范影响（SNI）正向调节追求全球神话对全球消费者文化定位的影响。本研究通过验证面子对追求全球神话的正向影响，表明了中国文化与全球品牌化之间的可能关系。这在实践中，为我们在全球品牌化大背景中发展有效的品牌战略打开了新的思路。

我们的另一项研究结合中国消费者的面子需求，剖析消费者世界主义、外族中心主义和民族中心主义在影响全球品牌、本土品牌、全球消费者文化定位和本土消费者文化定位态度偏好上的差异（黄海洋、何佳讯、朱良杰，2021）。实证分析表明，消费者世界主义同时正向影响全球消费者文化定位和本土消费者文化定位的态度偏好，而面子需求削弱其中的正向影响效应。消费者民族中心主义分别正向影响本土品牌和负向影响全球品牌的态度偏好。其中，负向影响效应被面子需求削弱，正向影响效应被面子需求强化。消费者外族中心主义强烈地负向影响本土品牌的态度偏好，但这种负向影响效应被面子需求削弱。本研究把全球品牌化领域的个体心理特征和本土文化价值观结合起来，通过揭示面子的正负效应，既厘清了上述三大构念的影响机制差异，也为在实践中如何更好地制定品牌定位战略提供了管理启示。

参考文献：何佳讯，2013. 中国品牌全球化：融合“中国元素”的品牌战略：“李宁”案例研究. 华东师范大学学报（哲学社会科学版），45（4）：124–129；何佳讯，吴漪，丁利剑，等，2017. 文化认同、国货意识与中国城市市场细分战略：来自中国六城市的证据. 管理世界（7）：120–128；何佳讯，吴漪，谢润琦，2014. 中国元素是否有效：全球品牌全球本土化战略的消费者态度研究：基于刻板印象一致性视角. 华东师范大学学报（哲学社会科学版），46（5）：131–145；黄海洋，何佳讯，朱良杰，2021. 消费者世界主义、外族中心主义与民族中心主义对品牌态度影响机制的比较研究：面子正负效应的调节作用. 南开管理评论，24（2）：13–24；He J X，Wang C L，2015. Cultural Identity and Consumer Ethnocentrism Impacts on Preference and Purchase of Domestic versus Import Brands：An Empirical Study in China.Journal of Business Research，68（6）：1225–1233；He J X，Wang C L，2017. How Global Brands Incorporating Local Cultural Elements Increase Consumer Purchase Likelihood：An Empirical Study in China.International Marketing Review，34（4）：463–479；Huang H，He J X，2019.When Face Meets Globalization：How Face Drives Consumers' Attitudes toward Global Consumer Culture Positioning. International Marketing Review，38（1）：184–203.

品牌实践 11-1　美的集团

在家电品牌中，美的声名显赫，远销海外。在 2015 年柏林 IFA 国际消费电子博览会上，以 TCL、海尔、华为、美的等为代表的中国消费电子产品集体展示了中国家电行业前沿、高端的智能化技术，被业界津津乐道。在海外市场的低质、低价印象一直都是中国品牌难以实现全球化的痛点之一。美的自 1988 年试水订单出口以来，一路高歌，在越南、白俄罗斯、巴西等多个国家建有生产基地并在全球设有 60 多个海外分支机构，产品远销 200 多个国家和地区。2018 年美的集团与阿里巴巴、腾讯等企业一同挺进中国最有价值品牌 300 强，以第 40 名的成绩领先中国家电行业；2020 年美的集团位列《财富》世界 500 强。短短二十几年，美的带领整个行业走向国际品牌，取得了令人瞩目的成就。美的是少有的从一开始就布局海外市场的中国企业，它是如何一步一步实现品牌全球化，实现中国家电制造到家电品牌的转变的？

美的发展历程

1968 年 5 月 2 日，美的创始人何享健等 23 位北滘居民筹集 5 000 元，以何享健为组长组建“北滘街办塑料生产组”，生产塑料瓶盖、玻璃瓶盖和皮球等产品，这就是美的集团的前身。1975—1981 年历经市场和体制改革，美的于 1981 年 8 月正式注册商标，1984 年成立“顺德县美的家用电器公司”。美的后于 1985 年涉足空调领域，于 1988 年获得自营出口权，于 1990 年实现空调机大批量出口并且投资引进国外技术生产系列分体式空调。

在 1992 年之后的 20 年间，美的主要着力于完善管理制度和实现规模发展。在管理制度方面，1992 年起美的开始推进企业转制，在成立广东美的电器企业集团并完成 1.2 亿元募股后，完成了企业治理结构、财务及管理制度等方面的改造，建立起现代企业制度。1993 年 11 月，美的电器（000527）在深交所挂牌上市。1997 年美的实施以产品为中心的事业部制变革，实行产供销一体化，制定分权经营模式。2001 年美的实施管理者收购（MBO），国有股份退出美的，以何享健为核心的管理层成为公司第一大股东。

在规模发展方面，美的走出了单一的产品生产模式，开始向家电产业纵横方向进发：一方面与日本芝浦、三洋、东芝万家乐等公司合作生产 RP 塑封微型电机、模糊逻辑电脑电饭煲、空调压缩机、商用空调等；另一方面收购安徽芜湖丽光空调厂，进行输出管理，扭亏为盈，为美的扩大产能、挺进华东、辐射全国建立了一个重要生产基地。

在建立现代公司制度后，美的就开始同时布局国内国外市场。针对国内市场，美的建立了武汉、重庆、苏州、合肥等生产基地，辐射华南、华东、华中、西南、华北五大区域。美的同时收购合肥荣事达、无锡小天鹅等品牌，切入冰箱和洗衣机行业，这些品牌与美的形成了高中低品牌架构。针对海外市场，一方面美的与海外公司（如日本东芝、开利等）进行合资，合作切入冰箱压缩机、家用空调、商用空调等领域的研发制造；另一方面则是在越南、俄罗斯、埃及等国家建立全球生产基地。

2011 年后，美的进行战略转型，布局互联网。美的改变了之前的规模制胜模式，转而重点打造高端品牌，推动经营模式从注重数量向注重质量转型。为此美的围绕产品领先、效率驱动、全球精英三大主轴，精简企业结构，实行精品战略。2013 年 9 月，美的集团实现整体上市，将大小家电、电机、物流业务整合上市，实现家电行业纵横向、前中后端及渠道的多方位协同。在“互联网+”背景下，美的提出“智能家居战略”，与小米、阿里巴巴、京东、苏宁等企业建立合作关系。

美的全球化

21世纪初期中国企业开始大规模走出去，主要有两类方式。一类是“先难后易”，强攻发达国家市场，通过并购知名品牌或自建渠道在短短几年内迅速成为一个国际知名品牌。代表企业是联想、海尔、TCL等。该模式的风险高并且需要大量资金投入。另一类是“先易后难”，代表企业就是美的。从美的的发展进程上看，主要应用三种模式：技术合作性质的OEM模式、控股合资模式、大规模海外设厂与小规模收购模式。美的的全球化发展具体历程如图11-2所示。

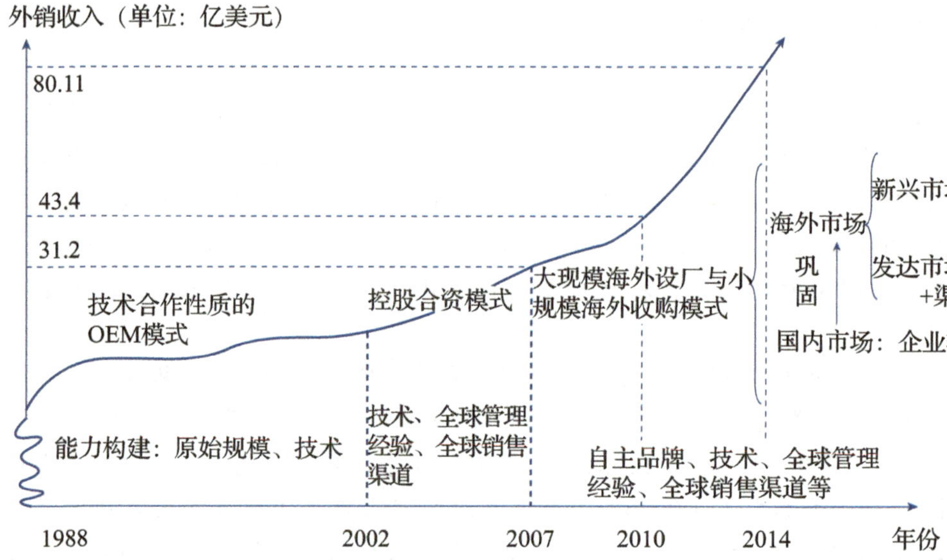

图11-2 美的“小步快走”的全球化模式

第一阶段：技术合作性质的OEM模式（1988—2002年）

建立国际名牌是一个漫长的过程。与传统OEM模式不同，美的在一开始并没有选择通过为国际知名品牌打工慢慢积累实力和名气的方式来提升国际化能力，而是紧盯OEM模式附加而来的技术，同时伴有少量自主品牌出口。

为了获取最前沿、最先进的技术，美的采取了两种方式。一是以技术为主的OEM模式，通过与知名公司进行合作生产，近距离学习与模仿世界顶尖公司的生产技术与生产模式。1993年，美的与日本东芝株式会社签订合作生产窗式、分体式无线电脑遥控高品质房间空调器协议。协议期间美的分期分批派出各种专业技术和管理人员到日本东芝株式会社进行技术培训和学习考察，东芝株式会社也派出相应的技术管理人员到美的进行制造工艺、品质控制、管理手段等现场指导。而生产出的产品在产品商标上注明是美的与东芝合作生产的产品。2001年美的与德国汤普逊公司签下300万台微波炉OEM贴牌生产订单，生产的产品中除了功能简单、价格最低的产品外，还有100万台外观白色/钛白色的差异化中档产品。这次订单说明美的在OEM订单的基础上主动涉及原始设计创造（ODM），即委托企业全部或部分使用受托方的产品设计与生产，以自己的品牌名称进行产品销售的加工合作方式。在本次订单中70%属于贴牌生产，剩下30%用美的商标。2002年初美的获得了美国通用电气公司的订单，在与美国通用电气公司的合作生产中，美国通用电气公司用六西格玛的要求来审查美的的饮水机产品，平均不足三天便派专人进行一次抽检，抽检涉及生产制造、品质保证、环境保护、反应速度等多个项目，要求在百万次生产与服务中的失误率不到3.4次，即达99.999 7%的精确度。2002年美国通用电气公司把“优秀供应商”奖项授予美的家庭电器事业部，该事业部成为美国通用电气公司三大“优秀供应商”之一。这次与美国通用电气公司的合作，意义不仅体现在订单规模上，更为重要的是让美的有机会学习美国通用电气公司的生产模式。

除了与大公司合作被动获取技术外，美的还主动尝试利用收购和转让的方式获取关键技术，也就是第二种方式——技术并购。如1993年，美的斥巨资从三洋引进全套技术、关键设备和先进管理模式进军电饭煲行业，生产当时世界顶尖水平的模糊逻辑电脑电饭煲，改写了当时内地只能生产低档电饭煲的历史。1998年，美的与意大利著名的梅洛尼公司签约，引进高档洗衣机关键部件——整流子电机的生产技术和设备。同年，美的收购东芝万家乐，成为国内唯一掌握全部核心配套生产能力的空调制造企业。除此之外，美的还开始尝试建立海外分支机构，如美的驻欧洲分公司、美的驻美国分公司和美的驻日本办事处等，在各地开展服务、发掘大客户并争取OEM订单。

第二阶段：控股合资模式（2002—2015年）

OEM作为一种有效的合作方式，已经成为美的进入国际价值链体系、参与国际市场的一个主要途径。然而随着时间的推移，OEM的劣势显现出来。由于美的负责的组装制造环节处于产业价值链利润曲线的最底端，相较价值链上游研发与下游销售环节，OEM代工只能获得整体利润额中很小的一部分。加上海尔、格力等国内供应商之间的竞争，国外厂商议价能力提高，以及我国人工红利开始消失，人力资源已经不再具有优势，代工利润进一步降低。更为关键的是，美的意识到与国际巨头相比，自己更大的差距在于软性能力。如果仅仅从OEM模式中被动获取进步，显然会和顶级公司差距越来越大。因此美的开始选择更为主动的合资模式，在合资中争取大股份控股以获得话语权，并且增加除技术外的全球销售网络共享、全球管理经验传递等内容。

2004年，美的与日本东芝开利投资3亿元建立新的压缩机公司“广东美芝精密制造有限公司”，新公司由美的控股60%，东芝开利持股40%。通过这次合资，美的强化了高端空调上游核心部件的发货控制权，获得了东芝开利在高档空调压缩机领域的技术。同年，东芝开利为打开中国市场，决定收购整合美的旗下四大制冷公司。在此次谈判中，股权之争成为焦点。双方经多回合谈判，东芝开利仅获20%股份。实际上，美的此后生产的东芝空调，虽名为合资公司产品，实有代工性质。但对于确立合资公司控制权的美的来讲，建立合资公司有利于充分利用规模成本优势释放巨大产能。2006年，美的与韩国知名家电企业清湖NAIS株式社正式签约，投资800万美元成立净水设备合资企业“美的清湖合资公司”。其中合资公司中的产品公司投资600万美元，美的占60%股权，韩国清湖占40%股权；为合资公司配套的滤芯公司投资200万美元，美的占40%股权，清湖占60%。2015年，开利、美的与重庆机电集团三方签订战略合作协议，开利持有美的中央空调重庆基地35%的股份，美的则持有55%的股份，占据控股地位。通过这次合资，美的与开利在技术方面联手。双方共同组建技术团队，共同生产两个品牌的产品，其中美的的产品占大多数，也会少量生产开利的产品，产品以高端冷水机组为主。同时美的还可以共享开利的全球销售网络，双方联手推动美的中央空调在海外市场销售，这对进一步推动全球化尤为重要。

第三阶段：大规模海外设厂与小规模收购模式（2007—2015年）

2007年起，美的加快了走出去的步伐。但是在“快走”的同时，美的依然保持“小步”的原则，始终坚持务实、稳健的方式，绝不做风险太大的事情。美的主要在新兴市场进行布局，不采用“一口吃掉”的方式，而是谨慎选择盘子较小的企业进行收购，其销售规模一般不超过10亿元。这种小规模的收购路线是为了使美的能掌控和协同并购企业。

另外，美的对发达市场和新兴市场采用了不同的全球化道路选择。在新兴市场中，美的海外投资设厂、收购，力图打造全球品牌。美的从2007年开始建立海外生产基地，但依然坚持“小步快走”，遵循四大基本原则：一是瞄准发展中国家；二是当地市场潜力巨大，具有一定市场规模；三是与中国相比，当地的制造成本更低；四是符合区域布局需要，具有较强的辐射能力。例如2007年美的在越南构建了第一个海外基地；2008年美的在越南平阳省建设空调基地，辐射东南亚市场；同时在白俄罗斯建立基地，增设烤箱、吸尘器等产品线，成为开拓欧洲市场的前沿基地。2010年美的通过海外全资控股子公司，收购了开利子公司Miraco 35.2%的股份，主要生产制造家用空调、商用空调与中央空调。这是美的辐射非洲、中东和南欧，布局中东非的重要战略部署。此次收购既达到迅速进入埃及市场的目的，又降低了开拓当地市场的成本，有效降低了风险。

而对于发达市场，美的主要采用“OEM贴牌生产＋渠道开发”模式。一方面，美的在发达市场依然沿用OEM贴牌生产模式，为国际顶尖品牌代工，同时以技术转移和共享发达市场渠道为目的，与欧美知名企业合资。另一方面，美的通过与当地大批发商、大零售商建立密切合作关系，争取出口部分自主品牌产品。美的早在2001年就与德国汤普逊公司正式签订了300万台微波炉出口合同，开始大规模进军国际市场。这300万台的订单也成了美的微波炉进军海外市场的“敲门砖”。同年，美的与美国PELONIS签订了39万台厨具生产订单，全部是NYEB15型充油式电暖器，总价值近800万美元。PELONIS是电暖器的专业开发生产企业，在美国电暖器市场占有非常重要的位置，其电热油汀产品一直在美国保持着市场占有率第一的绝对优势地位。美的与PELONIS建立稳固的合作关系对于进入难度极大的美国市场乃至整个美洲市场都有着非常重要的意义。近年来，美的开始加速构建发达市场销售网络，计划在加强与超级大客户合作的情况下，把“直面终端商”的渠道建设方式搬到国外去。为此，美的推行面向“大批发商、大零售商、大制造商”的主导营销策略，确保在投入相对较小的条件下，集中优势力量，使产品进入市场主流渠道。总体而言，美的的销售渠道比较扁平，大多是通过海外的进口商分销给当地的零售商。美的在海外取得良好业绩的同时，在国内市场进行转型，构建敏捷型高效组织，并加强技术投入与产品创新，紧跟时代潮流推出智能家居战略，进一步巩固国内市场。

美的全球化是一个漫长的过程。在技术合作性质的 OEM 模式阶段，美的一开始就有一颗打造全球品牌的心，专注于打造一个源自中国的全球品牌，而不是作为一家低端制造企业。因此在 OEM 阶段，美的就紧盯这个模式附加而来的技术，并尝试自主品牌出口。在合资阶段，美的也表现了它的独特之处：谋求绝对控股。这点对于保护自主品牌尤为重要。同时，合资的内容不局限于技术、生产制造等硬性能力，还包括对全球化极为重要的全球销售网络共享、全球管理经验分享等软性能力。在海外投资设厂、收购阶段，美的的做法也非常谨慎。美的在新兴市场坚持大规模设厂与小规模收购相结合，推进自主品牌，掌控和协同并购企业；而在发达市场则继续坚持 OEM 模式以降低风险。同时，美的在国内市场上稳步推进规模转型，探索智能家居战略等。反观整个过程，我们发现美的的全球化模式非常务实、稳健，每一步推进都如履薄冰，走得格外谨慎，绝不做风险大的事，恪守“小步快走”的原则。

资料来源：何佳讯，黄海洋. 美的：“小步快走”的全球化模式. 中国工商管理国际案例库，2016-08-01，GC-15-043.

思考与讨论

1. 如何理解和定义全球品牌？学术界和实务界的视角有何联系？
2. 全球品牌定位与一般的品牌定位有何区别和联系？全球品牌定位有何特定的方面？
3. 通常的品牌资产理论适用于解释全球品牌资产吗？全球品牌资产对发展品牌资产理论有贡献吗？
4. 运用品牌-国家联结矩阵，提出发展中国品牌全球化的路径。
5. 美的集团的全球化有哪些成功经验？对中国品牌全球化有哪些启示？

05

第5篇

管理与经营品牌资产

第12章

品牌资产测量

从本章开始，我们介绍品牌资产的管理和经营。其中，品牌资产的测量是基础性工作，也是品牌资产的管理手段。在创立、建设和提升品牌资产的各个阶段，都需要有监测和评估品牌管理状况与战略成效的工具及手段，需要有科学的数据和方法为品牌发展规划提供决策依据。这个领域在学术上通常称为品牌资产测量和评价；在管理咨询界，则称为品牌诊断、品牌审计、品牌健康状况跟踪等。

在本章中，我们首先从整体上解释品牌资产测量系统，接着介绍品牌资产测量方法，以及针对品牌形象的测量方法，最后阐述全球品牌资产测量问题。

第 1 节　品牌资产测量系统 *

品牌资产测量受制于对品牌资产内涵的理解①。从已有的研究看，学者们对品牌资产的概念化主要存在财务、市场和顾客这三个要素及其组合的不同视角②（Ailawadi，Lehmann，and Neslin，2003；Kim，Kim，and An，2003；Munoz and Kumar，2004），并以品牌价值链模型建立了相互间的联系（Keller and Lehmann，2003）。对品牌资产概念化的三个视角的理解，有助于我们进一步把握上述有关品牌研究的三大取向。

* 有关这方面的研究回顾，可参考笔者发表的综述论文：何佳讯．基于顾客的品牌资产测量研究进展：量表开发、效度验证与跨文化方法．商业经济与管理，2006（4）：53-58；何佳讯．品牌资产测量的社会心理学视角研究评介．外国经济与管理，2006（4）：48-52。本节内容所有的引用出处，详见：何佳讯．品牌与品牌化研究的取向、格局及趋势 // 何佳讯．长期品牌管理．上海：格致出版社，2016。

① 不同角度的品牌资产评价，其用词有区别。如从财务角度（包括市场角度），一般称为品牌资产评估（valuation）；如从顾客心智角度，一般称为品牌资产测量（measurement）。

② 国内学者对这三个视角的综合论述，参见：卢泰宏．品牌资产评估的模型与方法．中山大学学报（社科版），2002，42（3）：88-96。

一、三种测量取向

在财务角度上，学者们的定义有很大差异。有人认为是指现在盈余和未来盈余预测的贴现总和（Brasco，1988），或重置成本（Stobert，1989），或者是并购、清算价值（Brasco，1988；Stobert，1989）；也有人认为是公司未来现金流量贴现的递增量，意即相同产品比较有无品牌对未来现金流量的影响（Simon and Sullivan，1993）；等等。

市场角度的定义也不尽相同，最有代表性的是阿克（Aaker，1991）的定义：一组与一品牌的名字及符号相连的品牌资产（assets）与负债，它能增加或扣减某产品或服务所带给该企业或其顾客的价值。其他的定义还有：由于品牌（名称）所达成的市场地位（Tauber，1988），持久及差异化优势的效果（Doyle，1990）；品牌名称赋予的附加价值（Farquhar，1989，1990）；与一般竞争者比较所产生的价格溢酬（Mullen and Mainz，1989），可视为自己与竞争者被消费者同等需求时，自己的市价与竞争者市价之比减去 1 所得的百分比（Crimmins，1992）；由品牌名称而非功能属性带来的增量效用（Kamakura and Russell，1993）；在考虑品牌的延伸力时，可解释为一种剩余价值，存在于喜欢的印象、态度的倾向及行为的偏好中（Rangaswamy，Burke，and Oliva，1993）；介于被消费者个体感知的整体品牌偏好和他基于客观测量属性水平上的多态属性偏好之间的差异（Park and Srinivasan，1994）；整体质量与选择意愿（Agarwal and Rao，1996）；等等。

基于顾客角度的定义最有影响力的当属凯勒（Keller，1993）的定义：消费者对品牌知识的了解而引起的对该品牌营销的不同反应。其他的定义还有：在相同的产品特色水平上，有品牌的产品与一个无品牌的产品相比，所存在的消费者选择的差异（Yoo，Donthu，and Lee，2000）。布莱克斯通（Blackston，1995）从另外的角度提出，品牌资产是品牌意义和品牌价值，品牌意义包含了品牌突出性（brand saliency）、品牌联想和品牌个性，品牌价值是品牌意义管理的成果。布莱克斯通（Blackston，1992）认为品牌资产的创造可视为品牌与消费者交互作用的过程，此过程可被称为是品牌关系的建立。鲁瑟瑟、科利和哈里希（Leuthesser，Kohli，and Harich，1995）认为从消费者的观点看，是品牌名称单独地对提供物的价值贡献程度。拉萨、米特尔和夏尔马（Lassar，Mittal，and Sharma，1995）认为，定义品牌资产存在五个重要的考虑：消费者所感知的；与品牌相关的整体价值；品牌的整体价值源自品牌名称而非只源自品牌的有形面；是相对于竞争者的一种优势；能正面影响财务绩效。这些考虑的核心反映了基于顾客的角度。

研究者对品牌资产定义普遍接受的概念是：品牌资产可解释为带有品牌名称的产品与没有品牌名称的同样产品相比，获得的营销效果（effects）或结果（outcomes）（Leutheser，1988；Farquhar，1989；Aaker，1991；Dubin，1998；Keller，2003）[①]。这种特定的效果可能是消费者层面的构念，例如态度、意识、形象和认识；或是公司层面的结果，如价格、市场份额、收益和现金流等（Keller，1993）。事实上，1988 年 MSI 给出

① 几乎所有的品牌资产定义支持品牌作为一个符号带给产品的附加（additive）观点，即把品牌和产品分离解释。但也有个别学者主张品牌和产品不分离的包含（inclusive）观点，其理由是从营销伦理出发，认为附加的品牌资产测量的基本主张，将注意力聚焦于认知与真实之间的落差，鼓励营销者努力改造消费者认知，偏离真实（扩大落差），这样，就助长他们做出很可能是欺骗性的主张（Abela，2003）。

的品牌资产定义就已经具有很大的包容性：品牌的顾客、渠道成员和母公司等对于品牌的联想和行为集合，它可以使品牌产品获得比在没有品牌名称的情况下更大的销售额和边际利润，同时赋予品牌超过竞争者的强大、持久和差别化的竞争优势①。

二、品牌资产的来源与结果

凯勒（Keller，1993，1998）使用基于顾客（customer-based）的定义，把受制于消费者知识结构的品牌资产来源，与品牌资产的市场结果（即以市场为基础的品牌资产）区别开来。于是，学界对品牌资产的评价就分为两派。一派聚焦于品牌的市场评价，如比较法、估价法和整体法（见 Keller，1998，2003）。很多研究者在这种倾向下发展出众多的品牌资产测量方法（例如 Kamakura and Russell，1993；Simon and Sullivan，1993）。他们认为品牌资产测量应该依赖于市场为基础的客观的测量，因为消费者的态度和偏好测量在本质上是主观的（Simon and Sullivan，1993）。另一派则持反对意见，认为一个品牌具有的价值是由消费者给出的评价确定的，因此他们的看法必须考虑进去（Keller，1993）。

这两派实际上对应于被更多的学者认可的两种测量（目的）角度：组织 / 公司的角度（如 Simon and Sullivan，1993），以及顾客的角度（如 Keller，1993；Krishnan，1996）。前者探究的是品牌资产对于公司的价值，它是从财务的角度，主要基于未来现金流的贴现盈余（incremental discounted future cash flows）来看待品牌资产，这是由于一个品牌化产品的收益超过一个未品牌化产品的收益（Simon and Sullivan，1993）。这种品牌资产（asset）包含在公司资产中，出现在公司的资产负债表中。后者探究的是品牌对于顾客的价值，它是从营销决策的背景来看待品牌资产。这个视角关注的是产品或服务品牌是如何被顾客知觉的。

这两种测量角度仍间接表达了品牌资产来源与结果之间的关系。按多伊尔（Doyle，2000）的解释，品牌资产来源于顾客对公司品牌的信任，这种信任产生顾客与品牌之间的一种关系，它激励偏好、品牌忠诚和对公司在品牌名下提供新产品和服务的购买意愿。因此，品牌资产既对消费者产生价值（Ambler，1997），又对公司（股东）产生价值（Aaker，1991；Farquhar，1990）②。这在业界已取得广泛共识：品牌应该被当作一项资产，对组织的长期的、根本的业务战略是必不可少的。

三、测量方法体系

基于顾客的品牌资产研究渐成气候后，对品牌资产测量方法的研究追求出现了变化，主要表现在，综合不同评估要素（顾客、市场或财务）的方法不再成为主流，而是转为研究不同要素之间的因果关系（Munoz and Kumar，2004）。这体现在凯勒和莱曼（Keller and Lehmann，2003）从品牌价值链的角度对各类测量方法所做的新归类中，见表 12－1。

---

① 这个定义转引自凯勒（Keller，2003）。

② 品牌资产对于公司价值的贡献已在很多实证研究成果中得到体现。如花旗银行发表在美国《金融时代》上的一项研究发现，拥有驰名品牌（well-known brands）的公司其股市业绩在 15 年间比非驰名品牌的公司平均超过 15% ～ 20%（见 Butterfield L. Excellence in Advertising. Oxford：Butterworth-Heinemann，1999：266）。拥有强势品牌的公司，通常其市场价值与账面价值之比很高。相当多的实际案例表明，当有品牌的公司被收购时，收购方常付出高价——典型地是账面值的 5 ～ 6 倍（Doyle，2000）。

他们把品牌资产的测量分为三类：第一类叫作“顾客心智集合”（customer mindset），聚焦于品牌资产的消费者来源的评价；第二类和第三类分别被称为“产品市场”（product market）和“金融市场”（financial market），集中于公司从它的品牌资产中得到的结果或净利①。三类方法各有自己的优缺点，没有一个单一的测度能够集品牌资产测量的所有理想特征于一身（Ailawadi，Lehmann，and Neslin，2003），也没有一种方法适合所有的市场情形（Wyner，2001）。

表 12－1　基于品牌价值链的测量方法表达

顾客心智集合	产品市场	金融市场
通用方法		
• 意识 • 联想 • 态度 • 依恋 • 行动 • 满意 • 品牌关系	• 重购率 • 市场份额 • 溢价 • 额外收益 • 营销组合弹性 • 品牌延伸成功	• 股票价格 • 经济附加值（EVA） • 余值法（residual in valuation） • 出售价值（value in a sale）
商业方法		
• 扬罗必凯品牌资产评估法 • 国际市场研究集团的资产引擎模型	• Interbrand • 明略行公司的 BrandZ	• 思腾思特（Stern-Stewart）
主要用户		
• 品牌 / 产品经理	• 品牌 / 产品经理 • 首席营销官（CMOs） • 首席运营官（COOs）	• 首席财务官（CFOs） • 首席执行官（CEOs）
学术角度		
• 品牌资产结构（Aaker，1991，1996a） • 品牌资产十要素*（Aaker，1996b） • 品牌知识维度（Keller，1993） • 品牌个性维度（Aaker，1997） • 品牌关系质量（Fournier，1994，1998） • 品牌资产金字塔（Keller，2001，2003） • CBBE 多维量表（Yoo and Donthu，2001）	• 价格均衡法（Blackston，1990） • 品牌资产两要素模型（Srivastava and Shocker，1991） • 剩余法（Kamakura and Russell，1993；Park and Srinivasan，1994） • 联合分析法（Cobb-Walgren，Ruble，and Donthu，1995） • 全球品牌资产模型（Motameni and Shahrokhi，1998） • 收入溢出法（revenue premium）（Ailawadi，Lehmann，and Neslin，2003）	• 股票市值法（Simon and Sullivan，1993）

* 品牌资产十要素含有两个产品市场变量：市场占有率及市场价格和通路覆盖率。

资料来源：Keller K L，Lehmann D R. How Do Brands Create Value?. Marketing Management，2003（5-6）：26–31．其中学术的角度系作者补充。

① Prophet 公司把这三类方法归纳为感知计量（即意识、熟悉度和备选）、绩效计量（即购买决策和忠诚度）和财务计量（即价值产生）（Munoz and Kumar，2004）。这三类方法亦可合并为两类：营销方法和财务方法（Calderon，Cervera，and Molla，1997）。营销方法把“顾客心智集合”方法和“产品市场”方法合在一起。两者的区别是：营销方法直接分析消费者相关的方面，财务方法则提供品牌经济价值的评估。营销方法既测量品牌价值的原因（顾客心智集合方法），也测量品牌价值的效果（产品市场方法），而财务方法只测量品牌价值的效果。

基于顾客的测量直接、真实地揭示品牌资产的内核，而产品市场和金融市场的测量方法反映出品牌资产的扩展效应。在金融市场上，有多种方法做出对品牌价值的直接财务牵连关系的评价。三个特别重要的指标是股票价格、市盈率以及最终的公司总体市值，其他的测量指标如经济附加值也有用。但凯勒和莱曼（Keller and Lehmann，2003）指出，这些都是相当不灵敏的指标，它们只解释了品牌对于公司的小部分贡献。在产品市场上，尽管借助购买行为调查，可以知道品牌资产的确存在，但却无法揭示真正驱动品牌资产形成的消费者因素（Biel，1993）。而“顾客心智集合”的测量方法在评价品牌资产的来源方面能提供丰富的信息，具有很好的诊断能力，并且作为一种输入要素能预测一个品牌的发展潜力（Ailawadi，Lehmann，and Neslin，2003）。米齐克（Mizik，2014）的研究证实了这一点，即基于顾客的品牌资产对财务绩效的影响主要体现在未来的盈利能力方面。

第 2 节　品牌资产测量方法

品牌资产测量系统具有两大突出贡献。一是确定了品牌确有价值的信念，强势品牌是企业生存和成长的中心，值得企业为之做长期投资；二是提供了品牌竞争力比较的可靠证据，有效地检视品牌管理的状态。在理解了品牌资产测量系统后，下面我们介绍实际的测量方法。在品牌评价的实践中，咨询公司和学者们提出了很多方法。尽管测量指标不同，但都反映了品牌资产来源和结果的实质，体现了综合性评估的考虑。下面介绍四个方法。

一、扬罗必凯品牌资产评估法

在业界，扬罗必凯公司提出的品牌资产评估法（brand asset valuator，BAV）有较大的影响力。这个评估法模型有两个维度。纵坐标是品牌强度，与品牌成长潜力有关，由能量化差异和相关性这两个指标合成。横坐标是品牌的地位，就是品牌目前的运作状态，它由尊重度和知识度这两个指标合成。

那么，这两组的两个指标之间有什么差异呢？先来介绍四个指标的基本内涵。能量化差异这个指标，用于评价品牌有没有独特的意义和内涵，也就是品牌的灵魂和精神。它与品牌的基因紧密相关，决定了品牌成长的潜力。品牌成长潜力还有另外一个评估指标叫作相关性，就是品牌与当前消费者有没有密切关系、有没有满足当前消费者的需求。它与品牌的成长紧密相关。也就是说，品牌要不断改变和创新，才能建立与当前消费者的相关性，实现市场渗透。品牌强度反映了品牌的两重本性（见第 1 章第 3 节）。

虽然上面两个指标都与品牌成长潜力有关，但是更关键的是看能量化差异这个评价能不能高过相关性评价，这是因为前者对应的是品牌附加值，后者与市场表现相关。

品牌地位维度由知识度和尊重度构成。知识度衡量的是消费者是否熟悉和了解这个品牌，尊重度与品质感知、偏爱和敬重有关，所以这两个指标不一样。品牌成长潜力来自尊重度大于知识度。如果一个品牌知识度很高、尊重度很低，那就有问题了。

扬罗必凯的品牌资产评估法有助于我们理解品牌成长来自何种力量。非常重要的指标就是品牌强度，它是连接品牌资产和品牌价值的中介。扬罗必凯的品牌强度有两个指标，一是独特的品牌意义赋予品牌发展能量；二是不断和消费者保持相关性的创新能力赋予品牌发展动力。这对应于我们在第 10 章讲的长期品牌管理理论，即基于品牌的两重本性以及在这个基础上的两种战略，而其成果可以用实际的评估模型进行衡量。这体现了理论、战略和跟踪评估之间的一致性。

二、明略行公司的方法[①]

明略行公司（Millward Brown）和 WPP 集团开发了品牌强度模型 BrandZ，其核心是品牌动力（brand dynamics）模型。它是建立在明略行公司的有意义的差异点框架（meaningfully different framework）基础上的品牌资产测量系统，展示了品牌现有的资产和增长机会。品牌动力模型采用一组总结品牌资产和直接与现实财务及业务结果挂钩的分数。

如图 12－1 所示，品牌动力模型提出，三种不同的品牌关联类型对建立购买品牌的顾客倾向是十分关键的，即有意义的、差异的和突出的品牌联想。而拥有这三种联想的品牌，其成功会反映在三种重要的结果评价指标里：势力（品牌数量份额的预测）、溢价（品牌相对品类平均价格能够获得的议价能力）和潜力（品牌市场份额增长的可能性）。

图 12－1　明略行公司的品牌动力模型

根据该模型，品牌在市场上行动的合理程度和市场上存在的竞争会决定品牌倾向最终在多大程度上被转换为销售额。

品牌动力模型可用来确认顾客和品牌之间关系的强度。它共分为五个层级，按照关系密切程度升序排列依次为：呈现（presence）、相关（relevance）、绩效（performance）、优势（advantage）和联结（bonding），如图 12－2 所示。顾客与品牌之间关系的强度，按照顾客对于品牌的响应，可以被归类到这五个层级之一。通过比较品牌之间的图形模式，很容易看出品牌的优势和劣势，以及改善顾客与品牌之间忠诚关系应该聚焦的方向。

此外，不难发现，该模型的五个有序阶段也与品牌资产金字塔模型的四个升序步骤（品牌识别、品牌含义、品牌响应和品牌共鸣）存在联系。

① 科特勒，凯勒．营销管理：第 15 版．何佳讯，等译．上海：格致出版社，2016：285；凯勒．战略品牌管理：第 4 版．吴水龙，等译．北京：中国人民大学出版社，2014：319.

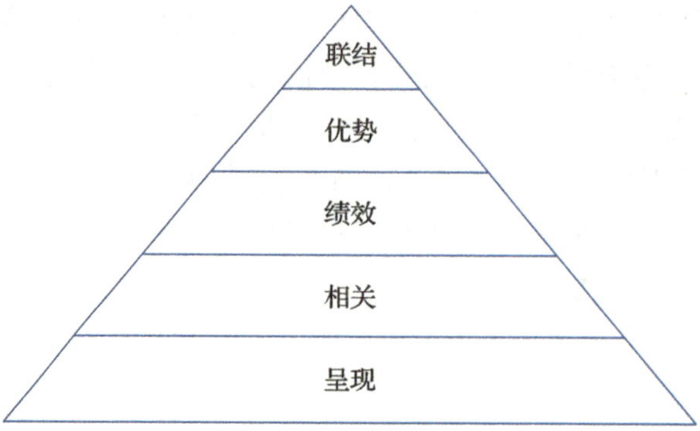

图 12－2 品牌动力模型的五个层级

三、品牌资产评估十要

在各大公司品牌资产评估方法的基础上，戴维·阿克做了新的综合，提出了“品牌资产评估十要”的指标系统[①]。该评估系统兼顾了两套评估标准：基于长期发展的品牌强度指标，以及短期性的财务指标。

10 个指标被分为 5 个组别，前 4 组代表消费者对品牌的认知，该认知包含品牌资产的 4 个方面：忠诚度、品质认知、联想度、知名度。第 5 组则是两种市场状况，代表来自市场而非消费者的信息。这个评估系统如表 12－2 所示。

表 12－2 品牌资产评估十要

忠诚度评估	1. 价差效应 2. 满意度 / 忠诚度
品质认知 / 领导性评估	3. 品质认知 4. 领导性 / 受欢迎度
联想度 / 区隔性评估	5. 价值认知 6. 品牌个性 7. 企业联想
知名度评估	8. 品牌知名度
市场状况评估	9. 市场占有率 10. 市场价格、通路覆盖率

四、品牌关系质量测量[②]

品牌关系质量测量是对品牌资产测量新的综合方法。它基于社会心理学的理论视角

① Aaker D A. Measuring Brand Equity Across Products and Markets. California Management Review，1996，38（3）：102-120.

② 何佳讯. 品牌资产测量的社会心理学视角研究评介. 外国经济与管理，2006（4）：48-52.

和基于关系方法的测量路径。研究者们注意到，消费者不仅在如何感知品牌上存在差异，而且在他们与品牌的关系上存在不同。福尼尔提出，品牌在营销中不应该被当作被动的交易对象，而应该作为关系体（relationship dyad）中积极的、有贡献的关系伙伴①。这种将关系隐喻用于消费者与品牌的相互作用上、把“品牌作为关系伙伴”的主张，扩展了传统品牌理论（如品牌态度、品牌满意、品牌忠诚以及品牌个性）对品牌概念的理解。其核心构念便是品牌关系质量。在本书第 2 章中，我们已经对相关理论进行了介绍。

品牌关系质量可以作为品牌资产的评价工具。这个构念吸收了以往关系质量研究的一般成果，又结合消费者与品牌关系的特定情形而发展。福尼尔认为，由于总体评价测量几乎不能捕捉关系质量构念的丰富信息，因此，只有开发多成分（构面）的模型，把关系质量的来源具体化，才能够提供诊断的洞察力，满足管理目标的需求②。她在博士论文中，通过人际关系概念改造使之适合于品牌领域，并结合定性研究数据，提出品牌关系质量由六个构面构成，分别是行为依赖、依恋、亲密、爱与激情、个人承诺和伙伴质量，最后通过验证性因子分析，调整为热烈的依恋、个人承诺、怀旧依恋、自我概念联结、亲密、爱、伙伴质量七个构面。实证研究表明，高水平的多构面品牌关系质量具有很好的关系维护和加强的结果，包括重复购买倾向、竞争性威胁的抵制、支持性的顾客反应（如肯定的口碑、品牌延伸品的适用和品牌犯规的容忍）。

本书在第 2 章中，介绍了笔者在中国社会文化背景下通过采用主位方法，建立了中国消费者-品牌关系质量概念模型，具体定义见表 2－6。根据这个概念模型开发的量表由六个构面组成：社会价值表达、信任、相互依赖、真有与应有之情、承诺和自我概念联结，与福尼尔的模型对比，出现了两个新的维度：“社会价值表达”（可理解为“面子感”）及“真有与应有之情”。这揭示了在中国社会文化背景中，消费者与品牌建立关系的特别之处，对于在中国市场中提升品牌强度具有重要的管理含义。

这个量表共由 25 个测项构成，具有良好的信度和效度③。详见表 12－3。

表 12－3 中国消费者-品牌关系质量（CBRQ）测量量表

构面	测项
社会价值表达	1. 使用这个品牌，让我显得有品位
	2. 这个品牌带来了他人对我的赞许
	3. 这个品牌折射了我对成功的渴望和追求
	4. 使用这个品牌，让我有了某种优越感
	5. 这个品牌既适合自己，也迎合了他人对我的看法

① Fournier S. A Consumer-brand Relationship Framework for Strategic Brand Management. Florida：University of Florida，1994；Fournier S. Consumers and Their Brands：Developing Relationship Theory in Consumer Research. Journal of Consumer Research，1998，24：343–368.

② Fournier S. A Consumer-brand Relationship Framework for Strategic Brand Management. Florida：University of Florida，1994.

③ 详细开发和验证过程请见：何佳讯．品牌关系质量本土化模型的建立与验证．华东师范大学学报（哲学社会科学版），2006（3）：100–106；何佳讯．品牌关系质量的本土化模型：高阶因子结构与测量．营销科学学报，2006，2（3）：97–107。

续表

构面	测项
信任	6. 这个品牌让我感到安全和放心
	7. 我知道这个品牌会对它的行为负责的
	8. 我觉得这个品牌是值得信赖的
	9. 这个品牌的实际表现正如我的期望
	10. 我感觉这个品牌是诚实的
相互依赖	11. 当我不用这个品牌时，我心里感觉好像失去了什么
	12. 我宁愿费些周折，也要买到这个品牌
	13. 我对这个品牌有很强的依赖性
	14. 如果这个品牌的产品缺货，我愿意暂缓购买
真有与应有之情	15. 这个品牌对我有很大的吸引力
	16. 为了一直使用这个品牌，我愿意做出小小的牺牲
	17. 我觉得自己应该使用这个品牌
	18. 我常常情不自禁地关心这个品牌的新情况
	19. 我一看到这个品牌，就有种亲切的感觉
承诺	20. 即使我的生活发生了变化，我还是使用这个品牌
	21. 我不会因为潮流变化而更换掉这个品牌
	22. 我对这个品牌很忠诚
	23. 我会一直使用这个品牌
自我概念联结	24. 这个品牌的形象与我自己追求的形象在很多方面是一致的
	25. 这个品牌表达了与我相似的或我想成为的这类人的很多东西

对于企业来说，应用中国消费者-品牌关系质量模型可以探究品牌资产的来源，预测顾客态度和行为的可能变化。长期来看，基于中国消费者-品牌关系质量模型的评价可以跟踪品牌健康状况的变化，并据以制定合适的营销投入方案。此外，对于行业来说，应用中国消费者-品牌关系质量模型可以进行品牌竞争力评价和排序，为企业确定标杆赶超提供正确引导。

第 3 节　品牌形象测量

在第 2 章里，我们已经介绍过凯勒的“基于顾客的品牌资产”理论。在这个理论中，品牌知识是核心，它由两个方面构成：品牌意识和品牌形象。而在阿克的品牌资产五维度模型中，则有品牌联想维度。在测量上，品牌意识就是测量品牌在消费者群体中的品牌知名度，包括品牌回忆（不提示品牌信息）和品牌再认（提示品牌信息）；品牌形象即是品牌联想的结果。从方法层面看，品牌知名度测量相对简单，而对品牌形象（联想）的测量，有着丰富的方法和手段。

一、品牌形象测量方法群

品牌形象测量属于市场调研（确切地说是营销调研）的范畴。借助于社会学、心理学、经济学、统计学的理论方法和数量化技术，市场调研已走向成熟，呈现出多样化的色彩，被大量应用于企业管理决策和营销实践中。市场调研方法总体包括三大方面：研究准备、研究工具、研究方法（测量技术和数据分析）。详见表 12－4。

表 12－4　市场研究方法群

研究准备与研究工具	
信息收集	研究工具
• 原始资料收集（访问法） • 二手资料收集（查询和检索） • 实验法 • 观察法 • 日记法	• 问卷 • 机械仪器 • 测量辅助物 • 软件包
研究方法	
定量研究	定性研究
测量技术	
• 抽样技术 • 态度量表 • 品牌追踪	• 投射技术 • 深度访谈法 • 焦点小组
数据分析	
• 单变量分析（概括技术） • 相关分析（卡方分析、方差分析、回归分析、辨别分析、因子分析、多维尺度分析、聚类分析）	• 非逻辑方法（描述、联想、直觉判断） • 逻辑方法（分析和综合，归纳和演绎）

综观整个研究系统，主要分为定量研究和定性研究两大类。简单地说，定量研究是采用统计分析的技术，寻求数据定量表示的方法，并将结果从样本推广到所要研究的总体；定性研究是以小样本为基础的无结构的、探索性的调查研究方法，目的是对潜在的理由和动机求得一个深层的理解。定性研究虽然缺乏数据准确、可靠的客观性检验，但它对于问题细节的深度与广度的描述，都是定量研究不能企及的。在实际的调查研究中，人们通常将定量研究和定性研究相结合，以获得更准确、更全面、更细致的调查结果。

视研究对象的不同，定量研究和定性研究所发挥的作用也有所不同。对于品牌形象研究，定量研究通常使用量表的方法，通过自陈式问卷收集数据进行分析评价，往往结果较为简单。由于人的联想思维具有复杂性，所以在品牌形象测量上，定性研究方法具有重要的意义，可以较好地满足探究心灵的复杂性和细节性的需要。间接探问比直接提问，更有助于了解消费者内心的需要和潜在的动机。

由于定性研究所具有的主观色彩往往直接影响到研究结果的有效性，因此，定性研究需要科学理论的支持和规范化过程的控制①。限于篇幅，本章重点介绍较为成熟的定性研究方法——投射技术（projective technique）②。

二、为什么需要投射技术

投射技术是心理学上用来测量个性的一种精神分析方法。它通过给被试提供一种暧昧的刺激情境，让他在不受限制的情形下自由反应，从而分析探究被试隐而不显的个性特质。

（一）投射的心理学原理与投射技术

"投射"这个心理学名词最早是由心理学家弗洛伊德提出的。作为精神分析论的创立者，弗洛伊德把个性描述为由本我、自我与超我这三部分组成的整体，把个性结构分为两个意识境界：居上层者为意识境界，其中包括自我与超我；居下层者为潜意识境界，本我即在其中。本我、自我、超我的交互刺激，就会产生一些内在的动力，继而由内动力而形成外现行为。这被称为"个性动力"。按照弗洛伊德的理论，由个性动力所形成的行为，并非指一般正常行为，而是指个体为求减少因超我与本我冲突而生焦虑时所形成的一些改变了本质的行为。它出自个体的潜意识境界而非意识境界，即个体所作所为不是出于理性，不能明确道出真正原因。弗洛伊德把这类行为称为"防御机制"，它有多种形式，其中之一就是"投射"，即将自己欲念中不为社会认可者加诸别人，借以减少自己因此缺点而生的焦虑。换句话说，就是有时人把自己不能承认的观念、动机、情感归咎于其他人或外面的世界，而自己并不了解这些动机，从而达到内心平衡。例如，另有新欢的男人常怀疑妻子有外遇，因而他声称"是她不忠实于我，而不是我抛弃她"。后来研究人员通过实验证明，被试不仅会把焦虑情绪投射到外界，而且也会投射高兴情绪。总的说来投射就是把个人的动机、特点无意识地赋予他人。当面临一个不了解的他人时，人们倾向于把该人视为与自己相似的人。人们在给一个不熟悉的人买礼物时，买的一般是购买者自己所喜欢的东西，而给熟悉的人买礼物是投其所好。

投射技术就是根据这一原理，给被试呈现许多模棱两可的刺激，让他对刺激做出反应。目的是让被试能够自由地回答问题，摆脱个人自我的阻碍，投射出自己的需要和压力。那么如何确定模糊刺激引发的反应就是被试真正的需要和动机呢？根据心理学家研究，个体并不是被动地接受外界各项刺激，而是会把自己的内在知觉，包括理念和情感，投射到外面，并用来塑造外面世界。当外界事物被呈现到感觉或知觉中，个体认识到他的头脑中存在着一个相似的、潜在的事物时，他会主动地、有选择地给外界刺激加上与头脑中原有经验相关的某种意义，原有的经验就影响了对当前刺激的知觉。正如一个经

① 有关这方面的方法论参见：何佳讯．消费者研究：存在主义现象学方法及应用．心理科学进展，2006，14（5）：729-736。

② 何佳讯．品牌形象策划：透视品牌经营．上海：复旦大学出版社，2000：85-102.

典的例子，向家庭主妇呈现两张购物单，一张上有速成蛋糕粉，另一张上没有。大多数人会把选择前一种购物单的家庭主妇看成是懒惰、浪费的主妇；相反，选择后一种购物单的家庭主妇被看成勤劳、能干的主妇。因为这些人认为轻松的生活是罪恶的，于是把这种经验投射到购物单上。

所有的投射技术都是依赖于个体知觉机制的操作。知觉是有选择的，由知觉的内在因素和外在因素（即个体需要和刺激环境）决定的。当刺激环境越有结构，人的行为就越多地依赖于外在环境的作用，就像在问卷调查中，问题设计者会很直截了当地问消费者"为什么买这种牌子的啤酒"。这是一个结构化的问题，被试回答的是一些非常理性的原因。相反，刺激环境越模糊，人的行为就越可能由内在的需要、动机来操纵，因为无拘束的情境能让被试建立起自己的想象世界。然而想象并不是漫无边际的，而是有规律的，这些规律就源于人的需求和价值观。例如，当给不同的人看一棵树时，木材商会想到这棵树能做什么，值多少钱；艺术家会想怎样画这棵树才最美；植物学家会想到这棵树有多大了，属于什么科目等。由此可见，不同人的价值和需要不同，他对外界事物的知觉也就不同，表现也会不同。

投射技术通过设计一些有多种意义的或意义含糊不清的刺激，激发人的内在知觉机制发生作用。例如，一张内容模糊的图画、一个未完成的句子、一个没有结局的故事，让被试任意解释。这种解释无疑反映了他们自己主观世界内的东西：需要、情感、动机、价值观等。这对于难以直接窥知的内心世界来说，创造了一个较为客观的外显条件，因而比其他调查结果具有更多的真实性。

投射技术的一个经典测验设计是瑞士精神病学家罗夏（Rorschach）于 1921 年编制的墨迹测验。该测验包括 10 张内容不同的墨迹图片，其中 3 张为黑色，2 张加了红色，3 张为彩色。当初制作图片时，是将墨汁滴于纸片中央，然后将纸对折猛压，使墨汁四溢，形成不规则但对称的各种图形。罗夏曾以各种不同形状的图形，对各种不同被试（包括正常人与精神病患者）测试，最后选定具有代表性的 10 张，编有一定顺序，作为暧昧刺激情境的测验题目之用。使用时每次出示 1 张，同时向被试发问："你看这张图形像什么？"或问"这张图形会使你想到什么？"并允许被试转动图片，从不同角度观看同一图形。测验实施时，每次以一位被试为对象，计分方法是根据预定标准以观察被试对各图形的部位、形状、颜色等各方面所表现的反应。

（二）投射技术对品牌研究的特殊功能

了解了投射技术的基本原理后，我们就不难理解为什么要在品牌研究中使用投射技术了。投射技术有效地解决了直接提问和定量研究中所无法测度的以下这些问题。

第一，被试对自己的需要和动机并不十分清楚，因而没有办法正确回答调研人员的问题。例如，一般家庭主妇不愿用动物油，她们并不知道她们对杀生有种罪恶感，当被问及动机时，她们只能回答"动物油不利于健康"。根据心理学家的研究，人们对自己的很多行为并不了解它们的真正意义，不知道自己为什么这样做，所以用一般问卷或态度量表根本无法知道原因。

第二，非理性行为的影响。人们总是不自觉地追求理性行为，而隐藏非理性的行为。

当调研人员问及被试的动机时，他所给的答案基本上是有逻辑性的、理性的，而把真正的动机给隐藏了。例如，在调查购买汽车的真正动机时，发现“机械性能良好”与“安全”常被当作最重要的选择标准，“式样”是比较次要的，这自然是一种理性的购买行为。但事实上大多数人的真正动机是一种非理性的动机。如果我们使用投射技术，用间接的方式提问，可能发现消费者的真正购买动机是汽车的式样：它看上去是否适合他的身份，能否给他带来一种社会价值的满足感。所以投射技术使调查非理性动机成为可能。

第三，社会不认可行为的影响。每一个社会都有一定的道德准则和行为规范，被试在被询问时极少愿意承认有违反社会道德标准的行为。还有些时候，被试还要考虑社会行为规范来回答调查问题。比如调查关于男性化妆品使用情况，许多男性担心使用化妆品是一种女性化的行为而表示否认。但用投射技术调查发现，男性内心也有使用化妆品的需要，表面上却不予理睬。

第四，有些情感不能直接用语言表达。个体对任何事物都会产生一定的感觉、情绪，有些感觉很强烈，在个体的意识水平上，直接询问可以获得答案。然而对大多数情感人们自己也不确定，虽然这些情感在他们的行为中会表现出来，但在语言水平上表现不出来。投射技术可创造一个类似情景，让被试的行为表现出来，从而推测他真正的情感。

第五，出于礼貌的考虑，许多被试对调查的问题不愿提出批评意见，直接提问根本不能得到真正的原因。

运用投射技术就可以有效地解决以上这些问题，通过藏而不露的迂回途径，不引起被试的顾虑和紧张，使其在不知不觉中表现出真正的情感、需要、动机。目前投射技术已普遍应用于各个领域，如临床诊断、心理辅导、人员甄选及工商业管理中。实践证明，投射技术在这些领域的运用研究中都卓有成效。同时各门学科的应用也极大地丰富了投射技术本身。目前根据投射技术编制的投射测试多种多样，包括图片测试、词汇联想测试、文句完成测试、主观统觉测试、漫画反应测试等。下面，我们将逐个地具体介绍如何在实际中使用这些投射测试，以提高品牌形象测量的水平。

（三）投射测验对品牌管理的决策功能

借助于运用投射技术获得的测验结果，至少可以对品牌管理提供如下这些方面的决策功能。这些决策功能虽然不同，但都是以品牌联想测量为核心。

（1）产品定位。同类的产品，如酒精饮料葡萄酒、啤酒、白酒等，通过投射测验，可发现它们具有明显的象征意义和个性差异。

（2）品牌定位。同种产品中的不同品牌，所显示的象征意义和个性存在差异。而领导品牌几乎总是与产品类别的核心象征意义保持紧密的关系。利基品牌则游离于产品核心意义的周边。

（3）品牌延伸。通过投射测验，可发现延伸的产品是否与品牌的核心意义保持一致，避免延伸陷阱。

（4）品牌形象。通过投射测验，可发现品牌的功能价值、社会价值是否与品牌个性协调一致，产生品牌形象的强烈内聚力。

（5）品牌设计。通过投射测验，可调查品牌标志的设计（色彩、图形）和包装设计

（色彩、材料、样式）如何导致消费者的情感反应，是否对建立消费者关系产生正面作用。

（6）品牌传播。通过投射测验，可掌握广告、促销的外表、感觉、媒体、风格、气氛等是否在一定的情感水平上运作，从而帮助我们选择恰当的人物、背景、色彩、音效和音乐等，使消费者对品牌个性和定位产生积极的情感反应。

三、投射测验图片法的运用

图片法是较成熟的投射测验方法。我们知道，品牌的象征意义是满足消费者内心真正的情感需要。因此在运用图片法时，首先要对情感需要范畴进行划分，再将品牌放于这个范畴中进行测试，来判断品牌到底能满足消费者的哪些需要。

（一）图片法建立的原理

精神分析论的另一位代表人物荣格在分析心理学中提出个人自我发展的两大本源是个人无意识（personal unconscious）和集体无意识（collective unconscious）。后者是人类在种族演化中长期流传下来的一种普遍存在的原始心像与观念。荣格称这些原始心像和观念为原型（archetype）。原型是由种族长期流传的生活经验形成的，诸如对太阳、对海、对山、对火、对死亡、对男人、对女人、对母亲等都有共同性的、象征性的原型，他们存在于种族的集体无意识中。荣格把原型分为两个基本单元：阿尼玛（指男性精神中的女性特征）和阿尼姆斯（指女性精神中的男性特征）。也就是我们常说的阴和阳之分。

原型为个体的心理发展研究提供了一个框架。当原型得以实现，基本需要就满足了。除人类最基本的两种原型阴性和阳性外，原型还分为外向和内向这两大个性内动力。这样它们组成六个原型，代表我们的六类基本需要的范畴。它们可以用希腊神话中的人物做恰当的代表，如表 12－5 所示。

表 12－5　原型范畴与个性界定

原型	个性	希腊神话人物的代表
阳	独断，支配，独立	宇宙之王宙斯
外向的阳	活跃，努力，攻击	战神阿瑞斯
内向的阳	秩序，控制，结构	太阳神阿波罗
阴	接纳，被动，跟从	宙斯的妻子赫拉
外向的阴	愉快，和睦，统一	爱神阿佛洛狄忒
内向的阴	舒适，保护，和平	农事女神德墨忒耳

在实际运用中，需要将这些原型做适当的展开，以适合男性、女性、肯定、否定等各种不同情况下的预定标准。这是关键。

现在，我们通过一些具体的例子来说明如何使用投射测验。

（二）图片法的具体运用

图片法在运用中可分为四种基本类型的图片组：映射、描绘、满足、个性。各类不同的图片有助于实现更具体的探测目标，或者是探求内在需要的动力，或者是探究消费者与品牌的关系的本质，或者是调查消费或使用的满足，或者是界定品牌的象征意义和个性。

不论什么形式，所有图片组都包含有六个刺激（六张图片），每个刺激象征性地代表需要范畴中的六个核心原型。

1. 映射图片组

映射图片使用人物的图片，主要目标是为被试建立起一个投射，让他从另一个角度来表现他的思想和感受。这能使我们绕过被试的戒心，并克服一些社会的约束。

首先要将图片的性别与被试的性别相匹配，所以将其分为男性组和女性组。理由很简单，被试要在图片中找到同一性，才能发生投射。通常让被试将一些要调查的品牌与图片相匹配。这样被试会自然而然地将自己喜欢的品牌放到他所认同的人物上。可以这样向被试提问：

“这儿有些人喜欢不同品牌的啤酒。请仔细看看他们，想象他们是哪种人。”

“现在把每个品牌放到最可能喜欢它的人旁边。”

我们通过所选中的人物图片可以了解到被试的生活方式、个性和渴望。进一步的提问是：

“那么我们如何来描述这个人的生活方式？”

“他们的个性怎样？”

“什么东西对这个人最重要，他的生活重心在哪里？”

在这里要强调一点，被试做出的反应要能被准确地放入“需要范畴”的某个位置上。诸如“他看上去像个好人”或是“他收入一般”等的反应没有多大用处。

另外，使用人物图片了解被试对品牌的偏好。

“这个人喜欢某品牌啤酒是喜欢它什么？”

“他会怎样形容某品牌啤酒？”

有时被试会选择两三个品牌，并把它们放到不同的图片上，这时应确定哪张图片作为投射。尽管许多人会有多个选择，但他们都有首要偏好，要让被试从图片中选出最认同的一张来，这就有助于确定哪个是被试最喜欢的。

在把品牌与图片匹配，并通过使用者的投射弄清了品牌的特征后，如果调查者认为还有很强的社会因素起作用时，就要进一步了解品牌代表的社会形象。调查者可以使用人物图片来查明品牌使用者的形象，从而真正调查到品牌的社会认同。

2. 描绘性图片组

描绘性图片组可以使用厨房、浴室、房屋和建筑等图片。这些图片提供了更加详细的描述性特征，尤其适合那些很难表达自己想象的被试。这类图片帮助调查一个产品在家里的使用情况。如果是食品，使用厨房图片比较合适；如果是个人清洁用品，使用浴室图片比较合适。调查者可以这样开始提问：

“让我们想象一下，如果我们打开厨房里的冰箱，会发现里面有什么牌子的啤酒？”

“哪间浴室是小李的浴室？小李喜欢这间浴室的哪些方面？这间浴室给人的感觉是什么？”

描绘性图片组往往缺少个性和情感深度，因此仅仅作为帮助被试想象的一个描述性工具。

上面提及的两个图片组是让消费者将自己的情感特征投射到图片中的人物身上；而下面提及的另外的两类图片组与它们有些不同，是让被试将他的感觉或经历迁移到另一种表征形式上。我们把前者称为投射技术，把后者称为移情技术。移情也是一种心理防御机制，即在需求无法直接获得满足时，转移对象以间接方式满足之。例如，对上级的愤怒和不满的情绪，在家中对亲人发泄出来。移情技术也是用间接的方法让我们更加接近消费者的内在倾向动机。

3. 满足图片组

满足图片组主要使用雕塑、绘画、自然景色等图片。这组图片主要是用来了解被试情感性需要的满足情况。具体地说，是探测品牌在不同的使用情境中满足消费者需要的情况。首先向被试提问：

"让我们设想一下小王真正喜欢某品牌啤酒的情境，他真正享受它的情境。"

"小王在这种情境下感受如何？啤酒给他带来什么感觉？他想从啤酒中得到什么？"

然后借用满足图片组，进一步提问：

"让我们试一下用一种不同的方式来找到某品牌啤酒给小王的感受……这里有几个雕塑，每个都表达了不同的感受，让我们选出一个最符合某品牌给小王的感觉。"

"让我们想象一下这些绘画传达的不同感觉——画家试图通过绘画所要表达的感觉，让我们从中选出最符合小王喝某品牌啤酒时的感觉。"

4. 个性图片组

个性图片组可采用动物、猫、狗的图片，目的是深刻理解品牌的象征意义，以及品牌与消费者关系的本质属性。它们可以被用于一个品牌或一系列品牌，挖掘一个理想品牌的个性特征。有关提问是：

"这是一些不同的动物 / 猫 / 狗，它们有不同的特征、不同的感觉，让我们把每种品牌匹配到每只动物 / 猫 / 狗上。"

注意图片上表现的不仅仅是普通动物，而是在特定条件下能最好表达需要范畴的动物，如果它仅是一种孪生猫或家猫就没有多大效果。还要注意，如果被试是爱猫或爱狗的人或是喂养者，狗或猫的图片组也不会特别起作用，因为被试在感受图片所显示的每个动物的特征时，很难走出过去喂养时形成的印象。我们调查的重点是在动物的特征上。

"我们如何描述这个动物？它的特征是什么？"不能问："这个动物的什么方面与这个品牌一致？"这样只会引导被试产生不必要的理性。

接下来进一步探究，通过动物所表现出来的品牌个性投射与消费者之间的关系。

"小王会如何与这只狗或猫相处？他们的关系怎么样？小王对这只狗或猫的感觉如何？"

同时，要用个性图片组来探究满足。这时我们要注意的是对动物的感觉，而不是动物的个性或特征。

"让我们看看某品牌给小王的不同感觉。这儿是几种不同的动物，每种都有着不同的感觉、不同的经历，哪种与某品牌给小王的感觉最接近？"

（三）使用图片组时的若干注意点

在使用图片组时，要注意如下要求：第一，图片组可以按多种方式来使用，最重要的是要坚持你感觉舒适的使用方法和原则。第二，保证调查超越一般的反应，强调反应的深度。测验时要让被试进入放松状态。像“好”“高兴”“愉快”“一般”等，这些词都没有多大用处。最简单的检查方法是看看这种反应是否可以同样运用到其他品牌或图片上。如果答案是肯定的，它就是一般的回答。比如，“他让人感到可信任”的回答似乎非常特别，但仔细想想，却是一般回答。因为具有不同特点的任何人和事物都可以给人们一种信任感：自主性强的人能给人一种他能力很强的信任感；沉着稳定的人给人一种可以依靠的信任感；等等。第三，尽量减少问题的直接性。例如，在提问时要用“我们”而不是“你们”，这样被试会很乐意地、没有顾虑地做出投射。我们要通过投射的眼光非直接性地对待任何事。这是一个安全的方法，否则被试会认为：“这是这个人的感受，不一定是我的感受。”

四、其他投射测验方法的运用

除了图片法外，还有许多投射测验的方法经常用于品牌定性研究，下面我们分别介绍。

（一）词汇联想测验

词汇联想测验（word association test）是动机调查法中较为传统且较容易实施的方法。这种方法是调研人员向被试呈现一系列词语，并要他立即回答所想到的是什么。在立即反应下，可以获得与“刺激词汇”相对应的联想。使用词汇联想测验可以测定品牌、商标、产品、标语等的知名度和印象强度等。比如对一个汽车品牌，要求被试说出最先想到的三个形容词。可能联想的答案是“豪华”“舒适”“社会地位”等，调研人员可以从这些联想中找到被试对该品牌汽车的印象。

据日本早稻田大学户川行男教授的《动机调查》一书介绍，联想达 18 种之多。但常用的词汇联想可分三类：第一，自由联想。被试可以对词汇进行任意的联想。第二，控制联想，即将被试的联想控制在一定范围内。比如，“当你听到活力这个词时，你会想到哪几种品牌的啤酒？”这里，联想的是啤酒，而不是其他饮料。第三，引导性联想。调查者事先拟定若干可能的联想答案，逐个让被试选择，以引导被试的联想，如“在下面几种品牌中，选出与‘活力’这个词最相近的一个”。

词汇联想测验简洁方便，计分也比较容易，不需花费很大的财力和人力，但调查出来的结果也比较浅显。这种方法可以作为一个调查的先期测试，为调查指明方向。

（二）文句完成测验

这种方法是由词汇联想测验发展而来。如果说词汇联想测验偏向于探测被试的生活空间及行动范围，那么文句完成测验（sentence completion test）则着重于测验被试感情、态度倾向及注意的范围或对象等。文句完成测验利用不完全的提示，刺激被试表现出其隐藏在心里的动机。此方法是临床心理学领域常用的一种投射方法，目前被广泛利用。

其做法是向被试提供不完全或未完成的句子，然后由他按照自己的意思，完成未完成的部分，借以了解其动机。被试由于专注于完成引发自由联想的句子，所以无意中将他内心的趋向通过句子表达出来。这种方法在很大程度上将被试不愿或不能承认的内在动力、情绪、情感、情结都表达出来。一些例子如：

"啤酒这东西是________。"

"酒量好的人是________。"

"喝贝克啤酒的人是________。"

"喝贝克啤酒时，最让人感到高兴的是________。"

尽管每个被试回答内容不同，但如果将很多结果合并分析，则不难发现他们对某一事物的态度。因此，要求调查人员和研究人员具有专门知识，特别是心理学方面的知识，才能真正分析出被试的动机。例如在回答"酒量好的人是________"时，女性可能写上"比较放纵、粗俗"；男性可能回答"男人中的男人"。因此可以判断女性对酒量好的人并不十分赞赏，而男性则认为具有男子气概，值得崇拜。了解这种信息对品牌传播会有很大帮助。

（三）漫画反应测验

漫画反应测验（cartoon response test）通常以漫画式的两人对谈为背景，提示其中一个人的谈话内容，另一个留下卡通泡泡，要求被试推测另一个人的对话内容，如图 12－3 所示。图案内容可能是正在播放的广告，也可能是消费者正在使用产品。每张漫画中一个人的话都是将另一个人引入冲突境地，让被试发表意见。被试不知不觉把自己看作对话者作答。根据他的回答，分析其内在倾向。

图 12－3　漫画反应测验

在拟定漫画测试问句时应注意：第一，判断的主体不是漫画，而是句子；第二，漫画的内容，特别是人物脸部表情，尽量不对语言反应产生影响，譬如不画眼睛、鼻子；

第三，人物双方的关系，最好扮作父子、夫妻、朋友等，较为具体。

例如，夫妻双方在家里休息看报，这时妻子说："我拿不定主意是出去吃炸鸡，还是自己做。我真希望周末的晚餐令人愉快……"要求被试扮演丈夫做出回答。

漫画法用图画表示，容易引起被试的兴趣。所以凡是用语言表达不出的感受，都可以利用本测试把心中想要说的话明白地表达出来。这是本法的优点。

（四）主题统觉测验

主题统觉测验（thematic apperception test，TAT），是由美国心理学家莫瑞（C.D.Murray）与摩根（H.A.Morgan）于 1935 年编制的一种著名的投射测试。这种测试与儿童"看图说话"极为相似，通常向被试出示一连串的图片或照片，要求他以图片的内容为主题，凭个人的想象和理解，虚构一个故事。

主题统觉测验的依据是，认为个人面对图画情境所编造的故事与其生活经验有密切关系。故事的内容一部分受知觉的影响，而想象部分包括个人意识与潜意识。被试在编造故事时，常不自觉地把自己蕴藏在内心的感受、情感、需要和欲望投射在故事之中。所以通过主题统觉测试可以了解被试的冲动、倾向、愿望、不安、罪恶感等潜意识现象。

例如，将一幅绘有购买情况的图片，呈现于被试面前。图上绘一家庭主妇，面对着各种品牌牛奶的陈列架，要求被试将该主妇内心的想法说出来。回答者也不知图上的人到底在想些什么，但是被试往往可以说出一套图上该主妇的想法，因此他的回答无疑反映了他本人的想法。我们得到的回答可能是："这位主妇想为自己买牛奶，但她不知道哪个品牌的牛奶比较适合她这个年纪。"这一故事可表明，被试极希望了解成人牛奶的情况，并希望这种牛奶能将成人和儿童区分开来，能够代表自己的年龄特征。这些信息对分析消费者的需要很有帮助。

（五）画人测试

任何一种绘画作品都或多或少与作者的个性存在联系，因此在品牌个性测试中可以采用画人测试（draw-a-person test）。被试会围绕品牌的形象，通过心理动力的表现，揭示品牌个性中的所有成分。例如品牌的性别角色、个人的抱负、追求等。

测试时，给被试一支铅笔、一张白纸，让被试舒适地坐着。要求被试画一个人。画完之后，再要求被试画一个能代表某种品牌的人。调查人员就以这两幅画为评分和解释的依据。

画人测试的评分属于质的方面，注意人像的大小、构图的位置、线条的粗细、正面或侧面、身体各部分情况。一些基本规律是：

头：头部画得很大代表智慧和权威。

鼻：男性的自信象征。

臂和手：表示权力的程度和在环境中的活动范围。

还可以让被试使用彩色铅笔，根据颜色表征，从图画中得到更多的信息。

画人测试简单方便，但对人像的解释需要由接受过专门训练的人员或心理学家完成。画人测试避免了语言表达的影响，深入到被试较深层的情感水平，是一种研究品牌形象的较好方法。

（六）游戏技术

游戏技术（play techniques）原来是针对儿童的用游戏进行心理治疗的方法。弗洛伊德曾说，游戏是下意识的欲望和快感的暴露，是对现实生活中不能实现的各种愿望的一种补偿形式。通常在游戏技术中采用的材料可以是木偶、布娃娃或微型模型。这些材料不仅适合儿童，也经常被用于成人，因为它们都有联想价值。例如玩偶可以代表不同性别的成人或儿童，或动物、家具、浴室和厨房等。在给儿童玩玩具时，常常让他们自由选择怎样玩，而对成人则给他们一些简单的指导，让他们做一些没有很强结构性的事。通常这些事具有戏剧特征，就像在一个模拟舞台上安排几个角色。将这种技术引入品牌研究中，让被试把品牌和消费者都安排为一个小舞台上的特定角色，导演一部小型戏剧，调查人员由此可以观察到被试与品牌之间的关系。

（七）拼贴 / 图片蒙太奇

拼贴 / 图片蒙太奇（collage/photo montage）是研究联想的一种方法。让被试快速翻阅各式各样的杂志，并从杂志中撕下任何让他联想到某一品牌的图片，再让被试对之做出解释，就可以知道他所撕下的图片和他对这个品牌的联结关系，以及他为什么会有这样的感觉。将被试所撕下的图片汇总整理，则可以清楚地看出该品牌在消费者心目中的印象。

（八）属性归类

属性归类（natural groupings）是把被测品牌及其竞争品牌（可以是实际产品，也可以在卡片上列出不同的品牌名称）放在一起测验。要求被试以他自己的分类标准将这些品牌分组，这个过程不断重复（细分），直到被试无法想出其他用来分组的“区隔特性”（discriminating dimensions）为止。然后由被试解释其归类标准及归类结果。一般而言，两层或三层的细分足以显示出被试认知不同品牌的差异点所在。

以上介绍了几乎所有被公司目前实际使用的投射测验方法。为了使测验结果更加可靠，要把多种投射测验方法综合起来使用。

投射测验有其特殊优点，但也存在一些被认为很难克服的缺点，如：评分缺乏客观标准；测验结果不易解释；测验的效度（所得分数的正确度）不易建立；测验形式虽然简单，但原理深奥，非经专门训练，使用不易。因此在实际操作中，要把定性研究与定量研究（如知觉图等，见第 3 章）结合起来使用，把定性分析看作探测器，定量分析则可以使决策基础更为牢固。

第 4 节　全球品牌资产测量 *

在第 11 章中，我们已经介绍过全球品牌资产的基本理论。根据基本理论，有对应的

* 吴漪，何佳讯．全球品牌资产：概念、测量与影响因素．外国经济与管理，2017，39（1）：29-41，67．有关引用的参考文献出处也请见该文。

两种测量，一是对品牌在全球范围内的资产进行测量，二是对全球品牌特有的资产进行测量。此外，还有一种测量，即通过估值全球品牌的市场业绩确定全球品牌资产的结果。下面我们介绍前两种方法。第三种方法将在第 13 章进行介绍。

一、对品牌在全球范围内的资产进行测量

对品牌在全球范围内的资产进行测量时，通常的思路有两种：第一，以全球品牌在不同国家中消费者感知的标准化程度作为评价全球品牌资产大小的指标；第二，先计算品牌在各个国家内的资产，再在全球层面上汇总品牌的全球资产。

在评估企业在不同区域市场上使用的品牌形象战略的一致性程度时，罗思（Roth，1995）使用了“品牌形象定制化 / 标准化”的称谓。首先，要求被访问的营销经理根据所管辖品牌的实际状况，按照功能的（functional）、社会的（social）和感觉的（sensory）这三种基于利益的形象类型分配总共为 100 的分数，分数越高代表该类形象对品牌来说越重要。其次，计算每个品牌在不同市场上品牌形象得分的方差。此时，特定市场上的品牌形象得分的比较对象是该品牌在所有市场上品牌形象得分的均值。计算所得方差越小，说明品牌形象越趋向标准化；反之则趋近定制化。

类似地，谢（Hsieh，2002）使用涵盖 20 个国家的消费者关于 53 个汽车品牌的利益联想评价的二手数据，建立了全球消费者在汽车品类上的品牌形象评价体系，得到各品牌在感觉形象、象征形象、实用形象及经济形象四个维度上的得分。进一步地，她分别计算并汇总其他各国与品牌来源国对于特定品牌在各具体形象维度上得分差异的欧氏距离，将其命名为“全球品牌形象的聚合程度”，即全球范围内不同消费者关于特定品牌的形象感知的差异程度。特别要注意的是，此时用于比较的基准对象则是品牌来源国中消费者对该品牌的形象感知。

在此基础上，谢（Hsieh，2004）首次尝试测度全球品牌在每个国家的区域性资产，进而聚合成品牌在世界范围内的资产。她将国家品牌资产（national brand equity，NBE）界定成可测量资产与不可测量资产两类，两者均先基于个体消费者进行测量，再进行国家层面上的汇总计算。前者反映各品牌利益联想对消费者购买决策的总体影响，同时考虑具体联想在不同市场中被感知到的消费者比例，将其作为权重因子。后者反映前者未能反映的品牌附加价值，在操作上体现为品牌虚拟变量对购买意愿的直接影响。就本质而言，可测量资产和不可测量资产分别体现了运用间接方法和直接方法对品牌资产进行测量的思路，即前者识别品牌资产的来源，而后者评估品牌知识的影响（Keller，2013）。进一步地，全球品牌资产是国家品牌资产乘上国家权重因子后在国家层面上的汇总结果。国家权重因子则包括品牌识别度、品牌购买意向及市场规模。

可以发现，在测度第一类界定下的全球品牌资产时，学者们倾向于以与品牌相关的利益联想代表基于顾客的品牌资产（例如 Hsieh，2002，2004；Park and Rabolt，2012）。然而，由于品牌形象总能体现所在品类的具体特征，很难建立适用于多个品类的测量标准（Hsieh and Li，2008；Park and Srinivasan，1994）。与此同时，品牌形象是不是对品牌资产的完整表征，也值得商榷（例如 Motameni and Sharokhi，1998）。

二、对全球品牌特有的资产进行测量

在测量全球品牌特有的资产时，往往采取间接方法识别和追踪消费者关于全球品牌的特殊利益联想，以评估全球品牌资产的来源。但是，目前专门探究全球品牌资产结构和维度的文献数量甚少，且在实际操作上存在分析层次上的差异。

霍尔特、奎尔奇和泰勒（Holt，Quelch，and Taylor，2004）首次针对全球品牌资产进行全面考察与测量。研究共分两个阶段：首先，通过针对横跨 41 个国家的上千名城市消费者做定性访谈，识别出消费者通常由全球品牌联想到的四个维度，即质量信号、全球神话、社会责任和美国价值观；随后，向经济发展程度、地理区域、宗教和政治传统不同的 12 个国家展开大规模问卷调研，询问其关于包括六大品类下 18 个全球品牌的品牌偏好与上述四个维度的评价状况。最后的数据分析显示，除美国价值观外，其他三个维度对品牌偏好均存在显著影响，共解释 64% 的变异。同时，这种关系在所有国家中均稳定地存在。

在不同学者的研究中，得到全球品牌资产的维度不尽相同，但彼此之间仍存在某种意义关联（Dimofte，Johansson，and Ronkainen，2008）："低风险"与"质量信号"拥有相通的内涵。消费者可以将全球品牌的高质量属性转化成低风险感知，选择全球品牌也就意味着便捷和可靠；"感受到渴望"与"全球神话"含义相近，因为全球品牌带有特别的"光环"，代表着个体成就和刺激感，能为消费者提供建构身份的资源及强化自我价值和地位的能力（Cayla and Arnould，2008；Alden，Steenkamp，and Batra，1999）；"道德性"与"社会责任"也指向同样的内容。全球品牌在占领市场的同时，也担负起更大的道德责任，后者促使其开展更多的环境或社会责任活动。综观现有文献，感知质量、全球神话、社会声望和社会责任是最受关注的全球品牌资产维度。

品牌科学 12－1

品牌依恋和品牌至爱

通常，我们把"品牌强度"作为品牌的市场绩效指标。但实际上还存在基于顾客的"品牌态度强度"的概念。帕克等人（Park et al.，2010）把品牌态度强度（brand attitude strength）概念化为关于品牌的一种积极或消极的态度（效价），这种态度由其持有的信心或确定性加权（即它被认为有效的程度）。强烈的态度来自对态度对象的费力思考，通常是因为它与个人相关。已有研究表明，品牌态度强度可以预测企业的利益行为，包括品牌考虑、购买意愿、购买行为和品牌选择。

品牌态度强度通常使用态度效价和一组与态度效价对应的项目来加以衡量。"好"（+5）与"坏"（−5）、"积极"（+5）与"消极"（−5）、"多大程度喜欢"（+5）和"多大程度不喜欢"（−5），这些项目表示态度效价。帕克等人（Park et al.，2010）所使用的 5 个额外项目是："多大程度上（品牌名称）对你来说重要""多大程度上（品牌名称）与自我相关""多大程度上想过该品牌""多大程度上自信于自己的品牌评价""多大程度上确定自己的品牌评价"。

在此基础上，帕克等人（Park et al.，2010）提出品牌依恋（brand attachment）新构念，它是指连接品牌与自我的纽带的强度。两个关键因素反映了品牌依恋的概念属性：品牌-自我联系和品牌突出度。前者表示品牌与自我之间的认知和情感联系，它集中反映了品牌依恋的定义；后者则表示将品牌与自我联系起来的认知和情感纽带的突出程度，它增加了衡量品牌与消费者之间联结的强度的精确度。

帕克等人（Park et al.，2010）论证了品牌依恋具有超越品牌态度强度的价值，主要因为它能更为准确地预测以下几个方面：（1）消费者实施那些使用消费者资源（如时间、金钱、声誉）的行为的意愿；（2）实际购买行为；（3）品牌购买份额（一个品牌在直接的竞争品牌之中的份额）；（4）需求份额（消费者依赖于一个品牌来满足相关需求的程度，包括那些替代性产品类别中的品牌）。

帕克等人（Park et al.，2010）开发了一个量表，简洁地总结出测量品牌依恋的四个指标，见表12－6。

表12－6　品牌依恋的测量指标

品牌－自我联系	品牌突出度
1.（品牌名称）在多大程度上是你和“你是谁”的一部分？	1. 你对品牌的想法和感受在多大程度上是自动产生的（似乎是它们自己出现的）？
2. 你认为自己与（品牌名称）有多大的个人联系？	2. 你对（品牌名称）的想法和感受在多大程度上是自然而然、立即产生的？

品牌至爱（brand love）是另一个与品牌态度强度有关的构念。巴特拉等人（Batra et al.，2012）建立了关于品牌至爱的一阶和高阶结构模型。一阶结构模型包含14个核心潜在因素，高阶模型则将之归纳为7个核心要素：自我-品牌整合、激情驱动的行为、积极的情感联系、长期关系、积极的整体态度效价、态度确定性和信心（强度），以及预期的分离痛苦。除了品牌至爱本身的这7个核心要素外，模型还包括作为品牌至爱先决条件的质量信念以及作为结果的品牌忠诚、口碑和对负面信息的抵抗性。具体如表12－7所示。

表12－7　品牌至爱高阶结构模型：潜在构念和构成

• 高质量（前因变量）
• 自我-品牌整合（也包含了态度强度1）
现有的自我认同
理想的自我认同
生活意义和内在报酬
• 激情驱动的行为
投资资源的意愿
强烈的使用欲望
过去做过的事情（参与）
• 积极的情感联系
直观的契合

续表

情绪依恋
积极的影响
• 长期关系
• 预期的分离痛苦
• 积极的整体态度效价
• 态度强度
态度强度 1：频繁地想起（自我-品牌整合的一部分）
态度强度 2：确定性和信心
• 忠诚 / 口碑 / 抵抗性（结果变量）

可以看出，在品牌至爱高阶结构模型中，保留了两个态度强度因素。这是由于态度强度的许多典型指标（例如，更大的态度极端性、更大的确定性和重要性、更大的情感认知一致性、更快的反应潜伏期、更频繁地想起和谈论态度对象）是品牌至爱的逻辑元素。

巴特拉等人（Batra et al.，2012）证实，不论是一阶还是高阶模型，其对于品牌忠诚、口碑和对负面信息的抵抗性的预测都优于将品牌至爱作为总体概括性测量的情况。

通过对比不同学者对于品牌态度强度的观点，不难发现他们对于品牌态度强度的概念和测量有所不同。尽管缺乏共识，但所有研究的努力和目标都是希望能找到品牌之所以强大的最关键的内在驱动力。

参考文献：Batra R，Ahuvia A C，Bagozzi R P，2012. Brand Love. Journal of Marketing，76（2）：1–16. Park W C，et al.，2010. Brand Attachment and Brand Attitude Strength：Conceptual and Empirical Differentiation of Two Critical Brand Equity Drivers. Journal of Marketing，74（6）：1–17.

品牌科学 12－2

品牌情感双维度测量

在中国消费者-品牌关系质量本土化模型（何佳讯，2006）的基础上，笔者进一步发展了消费者品牌情感的测量量表（CBAS），对其单维结构和双维结构进行了验证和对比，确认了双维结构的建设性意义，并以此探究了其对品牌资产的驱动作用，同时以奶糖品类为例证实了中外品牌建立品牌资产的情感方式差异（何佳讯，2008）。这项研究扩展了消费者行为研究领域对正面情感的性质和类型的认识，为营销者如何理解以可选择的差异化营销方式建立消费者与品牌的关系提供了新的视角；特别是，在以国外品牌为竞争参照体系下，对本土企业提升品牌竞争力提供了关键性的管理启示。

一、中国消费者的品牌情感构成及特征

研究表明，中国消费者的品牌情感由“真有之情”和“应有之情”这两种性质的情感方式构成。它们密切相关，处于“可分”和“不可分”的中间状态。这呼应了中国人的人际情感的普遍性特征，即情感中含有的义务性质。这个结论也为人际情感构念和理

论适用于消费者-品牌关系领域提供了新的证据。

“真有之情”是消费者被品牌的表现吸引，与品牌产生没有距离的亲密感和不可分离的依恋感，对品牌抱有介于“喜爱”（liking）至“爱”（love）之间的热烈情感。这种情感的产生是出于消费者内心的真正需要，也是良好的持续性品牌塑造活动的结果。而“应有之情”是消费者受到无形的外在力量的驱使，对品牌形成的义务和应该层面上的情感。这种外在的无形因素可以是多方面的。一是出于社会规范的考虑，如送礼、婚礼等特定场合的需要，广义上是从社会关系中他人评价的角度考虑对选择品牌的情感状态。二是受既定关系和环境的影响，如家庭使用和代际传承，表现出对某个品牌习惯性使用中形成的情感状态。这种品牌关系类似于福尼尔（Fournier，1994，1998）概括的亲戚关系（kinships）。三是遵循关系交往中的“差序格局”和亲疏远近规则（费孝通，1985；黄光国，2006），对本国或本地品牌给予更多的信任和正面评价。以上这些应有之情都可以对消费者与品牌（尤其是国产品牌）形成长期的甚至是排他性的承诺关系产生正面影响。

通常情况下，“真有之情”和“应有之情”两者也不是非此即彼的关系，而是呈高度关联的状态。也就是说，尽管两者的确存在着性质上的差异（内容效度和表面效度），但实际上消费者在评价品牌的时候把两者交织在一起。这与中国消费者普遍的情感方式有关。在中国文化背景中，关系质量最理想的情形是“真有之情”和“应有之情”的融合，中间没有间隙。但同时，两者的不同性质又为塑造特定的消费者-品牌关系提供了可能。例如，通过营销活动强化真有之情，弱化应有之情，恰当地分离两者的联系，可以为塑造“刺激”（excitement）的品牌个性提供有力支持。因此，通过营销设计和投入，调节两者情感的不同比重，可以与消费者建立相应的情感关系类型，实现确定性的营销目标。

二、品牌情感作为品牌资产的重要驱动因素

本文的研究初步揭示了两种情感对品牌资产的作用角色。尽管“真有之情”和“应有之情”都是客观存在，但有证据和理由相信，与应有之情相比，真有之情是更为本源性的驱动品牌资产的先行因素。在本研究中，应有之情在整个结构模型中对品牌忠诚的作用并不显著（$\gamma_{12}=0.32$，$t=1.52$）。但在中国消费者与国产品牌的关系中，有证据表明应有之情仍显得比真有之情更为重要，成为驱动品牌资产的主导力量。因此可认为，真有之情是一项具有普适性的品牌资产驱动因素，类似或接近于西方背景中“爱与激情”（Fournier，1994，1998）、“品牌之爱”（Batra，Ahuvia，and Bagozzi，2012；Roberts，2004；Carroll and Ahuvia，2006）或“品牌依恋”（Park et al.，2010；Thomson，MacInnis，and Park，2005）的概念。而应有之情是具有中国本土意义的情感成分概念，它具有文化上的特殊性和发生作用的条件性。一方面，从建立品牌资产的一般角度看，管理者要重视与消费者建立真正的品牌情感，理解真有之情的本质，掌握建立真有之情的营销方式和工具。另一方面，站在中国本土化营销的角度，也值得发挥应有之情的作用，使之与真有之情融合，共同缔造和巩固品牌情感的真实内涵。

品牌情感是建立品牌资产的重要力量，本研究为之提供了新的证据。事实上，品牌情感对于品牌资产的作用机制还在不断挖掘之中。如果说，高度的真有之情和应有之情

构成了共有关系（communal relationship）的状态，那么，依据阿加沃尔和劳（Aggarwal and Law，2005）的研究结论，它引导消费者在更高的抽象层面上评价品牌属性，因而在竞争性比较中，可能做出更有利于本品牌的评价。阿加沃尔和张（Aggarwal and Zhang，2006）的研究还表明，与交换关系（exchange relationship）相比，共有关系导致更大程度的损失规避，因而可能促使消费者与品牌缔结更牢固的持久关系。今后的研究需要探究两种情感方式对品牌态度和行为的不同作用机制，这远比测量品牌在这两种情感上的评价高低重要。把握了其中的规律，将为中国市场中的品牌情感化决策提供重要依据。

三、品牌情感驱动品牌资产的中外差异及管理启示

基于消费者的角度，中国文化背景中的品牌情感双维度构念清楚地区分出了中外品牌资产建立的差异。国产品牌更加依赖应有之情驱动品牌资产及其结果，而国外品牌更突出地凭借真有之情建立和维护消费者的积极品牌态度。尽管本文以奶糖品类为例，表明国产品牌的两类情感评价基本上都高于国外品牌，但仍有必要提醒管理者注意两类情感驱动品牌资产方式的差异带来的营销启示。

改革开放以来，大量跨国公司和国外品牌进入中国市场。它们通过明确的营销战略，加上高强度营销投入的支持，不断引领和开拓细分市场。这些国外品牌常用“消费者与品牌的情感联结”作为创建品牌的基础，营销沟通策略常以消费者的“生活形态和价值观”作为沟通基点，呼应了中国社会处于转型过程中大量西方价值观念引入、传统价值观念变迁的趋势，因而广泛赢得目标顾客的共鸣。在这样的市场竞争环境中，中国的本土企业也不断改善和提升营销策略，经历了从简单定位（档次）到精确定位（细分市场）、产品导向到品牌导向、理性诉求到情感诉求、浅层沟通（基于事实）到深度沟通（基于购买动机）等的各项转变。然而，与国外品牌相比，国产品牌的营销水平和营销投入强度仍有相当差距，特别在情感品牌化策略上普遍缺乏经验。从品牌管理的国际趋势看，情感品牌化是重要战略路径和工具。这里的“情感”与本文的“真有之情”构念一致。中国国产品牌要在与国外品牌的竞争中赢得优势，必须寻找持续有效的“真有之情”的品牌化之道。

从营销活动与品牌情感建立的关系看，“真有之情”与“应有之情”的营销方式和策略存在诸多区别。“真有之情”的品牌化是一种以消费者为中心的，关系导向和故事驱动的营销方式，在消费者与品牌之间锻造深入持久的情感联结。它极少能以有形利益的理性主张或者象征利益的诉求来培育。这种有力的消费者-品牌关系典型地通过叙事和战术表明对顾客的灵感、渴望和生活环境的同感和理解，并在有关品牌用户之间建立热烈的社区感觉（Thompson，Rindfleisch，and Arsel，2006）。相反，“应有之情”的品牌化通常是理性诉求或象征主义的策略，这种方式建立的情感也可能是持久的，但与高度的消费者激情有着本质的区别。在很多情况下，对品牌的应有之情关系依赖消费者所处的外部因素（如家庭、使用场合、地缘）就可产生，而品牌的真有之情诉求于消费者的内在感觉和情绪，需要杰出的创意和营销智慧，完全是产品之外的附加价值创造。中国不少本土品牌已开始进入情感化战略阶段，但很多品牌存在一些共性问题，比如以直抒胸臆的口号诉求简化情节演绎和感觉营造，缺乏情感化故事的创作力和持续性，与品牌核心价值的真实性脱节等。因此，中国国产品牌还需要在如何塑造和传达“真有之情”上狠下

功夫；在理论上，则需要深入研究营销要素和行为与建立两种品牌情感之间的相应关系，为营销实践提供依据和指引。

资料来源：何佳讯．中国文化背景下品牌情感的结构及对中外品牌资产的影响效用．管理世界，2008（6）：95-108．相关引用参见此文。

思考与讨论

1. 比较不同的品牌资产测量模型和方法，提炼出若干核心的评价指标。
2. 投射技术对测量品牌形象有何优势？这种方法可以帮助企业进行品牌定位决策吗？
3. 运用中国消费者-品牌关系质量六个构面，分析超新星品牌（如元气森林）、奢侈品品牌（如香奈儿）和老字号品牌（如同仁堂）在不同维度上的表现有何差异？这对品牌战略实践有何启示？
4. 在中国文化背景中，品牌情感双维度对指导开展品牌战略有何作用？
5. 请从全球品牌资产测量的角度，解释全球品牌定位战略的有效路径。

第13章

品牌价值评估

财务意义上的资产依其流动性的大小或变现能力的强弱，大致可划分为流动资产、长期资产、固定资产和无形资产。而品牌资产是一种超越生产、商品等所有有形资产以外的无形资产。在20世纪80年代后期西方国家一连串的企业并购案中，收购方愿意支付被收购方财务账面总值数倍的价格，这使得账面上并无显示的品牌资产价值受到关注，成为热门话题。这也正是推动品牌资产理论研究的重要外部动力。

不同于第12章从顾客视角对品牌资产进行评价，品牌价值是从企业（财务）视角对品牌进行评估。一个品牌到底值多少钱？也就是说如何评估品牌的财务价值？企业视角的品牌价值与基于顾客的品牌资产有无联系和区别？这正是本章所要回答的。本章先从基本概念辨析开始，再介绍基本的财务会计方法和咨询公司对品牌价值的评估方法。

第1节　理解品牌价值

自2000年开始，世界著名的品牌咨询公司Interbrand每年发布全球最佳品牌榜，它几乎成为全球范围内衡量那些拥有最高价值的品牌的风向标。在2020年发布的排行榜中，苹果以3 229.99亿美元的品牌价值蝉联榜首，比上年增长38%；而在2000年，苹果的品牌价值仅有66亿美元。品牌价值的高低、增长或下降，反映了品牌整体经营状况。把握战略品牌管理的实质，需要理解核心概念“品牌价值”（brand value）的来龙去脉。事实上，管理者需要重视的不是最终的财务数据，而是理解品牌是如何产生作用的，品牌价值是如何涨跌的，品牌的成长过程是怎样的。观察一家企业是否把品牌管理上升到公司战略，要看其是否把品牌价值作为品牌绩效的衡量指标。

一、厘清相关概念

品牌资产是品牌与品牌化理论领域的核心概念。品牌资产有两个不同的英文表达“brand equity”（有时也译为品牌权益）和“brand asset”，它们的区别和联系是什么？与品牌价值有何关系？学界对之的理论并不一致，常带来一些混淆。因此，我们首先要厘清这些相关概念，在此基础上，我们探讨顾客视角的品牌资产与企业视角的品牌价值究竟是如何产生关联的。

（一）品牌资产、品牌强度与品牌价值

根据卡普费雷尔的定义，品牌资产（brand asset）指品牌影响力（品牌知名度/突出性、情感、形象，与消费者的关系强度）以及专利权的来源。品牌强度（brand strength），则是在特定的市场、竞争环境和商业模式下，由这些品牌资产在某个特定时间点上形成的。品牌强度由竞争性行为指标决定，比如市场份额、市场领导地位、忠诚度和价格溢价（如果采用溢价策略）。品牌价值（brand value），指品牌获取利润的能力。只有能够产生利润，品牌才有财务上的价值。认为利润较低不是品牌问题而是业务问题的观点把品牌与业务割裂开来，这是一种误导。尽管品牌可以从社会学、心理学、符号学、人类学、哲学和神经科学的角度来分析，但是历史上品牌都为商业目的而产生，以创造利润为主导。三个概念之间的关系是：品牌价值是品牌资产的盈利潜力，品牌强度是二者之间的中介[①]，见表13－1。

表13－1 从品牌资产到品牌价值

品牌资产→	品牌强度→	品牌价值（特指财务资产）
品牌意识 品牌声誉（属性、利益、能力、技术机密等）及情感 感知的品牌个性 感知的品牌价值 反映的顾客形象 品牌偏好或依赖 专利和权利	市场份额 市场领导力 市场渗透 需求份额 增长率 忠诚度 价格溢价 在交易中不能退货的产品占比	品牌贴现后的净现金流量，除去用于生产的资本成本、业务成本和营销成本

资料来源：卡普费雷尔．战略品牌管理：第5版．何佳讯，等译．北京：中国人民大学出版社，2020：10–12.

在表13－1中，箭头表示有条件的结果，而非直接结果。同样的品牌资产随着时间可能会产生不同的品牌强度，这是由竞争压力和分销压力导致的。根据定义，即使有足够的市场份额和价格溢价，但是没有业务能成功地获得利润，那么这样的资产也许没有任何价值。比如，为了保持市场份额和溢价，需要投入很高的营销费用，假设没有剩余利润，那么品牌就没有价值。

表13－1也说明了这三个概念背后的时间维度。品牌资产是慢慢形成的心智联想和情

① 卡普费雷尔．战略品牌管理：第5版．何佳讯，等译．北京：中国人民大学出版社，2020：10–12.

感，因此需要一段时间，通过直接的或间接的、实质上的或象征性的品牌互动才能形成。

品牌强度测量品牌当前的地位，大多是行为上的（市场份额、市场领导力、忠诚度和价格溢价）。并非所有的品牌声誉都是由品牌资产导致的。有些品牌拥有很大的市场份额，却没有显著的品牌知名度，这是因为顾客看重价格。也有一些品牌的资产优于品牌强度，即品牌形象明显优于其市场地位（比如米其林）。相反的情况也成立，比如零售商的自有品牌被称作推式品牌。

（二）品牌权益与品牌资产

简单地说，品牌价值是财务性品牌权益（financial brand equity），是从对资本投入产生的销售额中去除用于生产的资本成本、业务成本和营销成本后，归属于品牌的贴现后的净现金流。这里涉及另一个重要概念“品牌权益”（brand equity）。为此，我们先需要明确财务上的“权益”的含义。从字面意义上理解，权益是“有关企业的所有者权利”，代表一个企业内的一种所有权利益。“品牌权益”概念是试图将营销视角的“品牌”概念与财务视角的“权益”概念结合在一起。

按照品牌权威戴维·阿克的定义，品牌权益（brand equity）是“一组与一品牌的名字及符号相连的品牌资产（assets）与负债（liabilities），它能增加或扣减某产品、服务所带给该企业或其顾客的价值”。这正是资产负债权益会计等式的体现：资产 = 负债 + 所有者权益（assets = liabilities + equity）。事实上，使用“权益”的概念，是将品牌与资产而非负债结合起来。因此，为了能够准确表达事实上的品牌资产（brand asset），我们可将 brand equity 称作品牌资产，而非品牌权益[①]。

在第 2 章中，我们介绍了凯勒提出的“基于顾客的品牌资产”概念，其定义为“消费者对品牌的知识而引起的对该品牌营销的不同反应”。该定义中品牌知识被概括为两个维度：一是品牌意识，可通俗地理解为品牌知名度；二是品牌形象，即消费者对品牌联想的结果。这个概念强调了品牌的力量依赖于顾客对品牌所了解的、感觉的、所见和所闻的，也就是经历时间的体验的结果。这里，我们可以把品牌知识理解为品牌资产（brand assets），即品牌影响力的来源。尽管凯勒的定义概括了两种最基本的品牌资产，但很多学者从不同方面提出了形形色色基于顾客感知和体验的品牌资产，包括品牌个性、品牌偏好、品牌情感、品牌信任、品牌依恋、品牌至爱等，不一而足。这种基于顾客的视角认为品牌资产是“顾客头脑中对品牌承载的东西”，因而把品牌中的产品（或服务）分离开来，强调品牌资产是产品（或服务）之外带给产品（或服务）的附加值。

在市场营销学中，与品牌资产（brand equity）相关的还有顾客资产（customer equity），它们都是营销资产（marketing asset）的构成[③]。

（三）财务性品牌资产与品牌价值

从财务会计学的角度看，资产是指企业由于过去的活动所形成的、现时拥有或掌握

① 在不进行概念的专门比较时，品牌权益可以等同于品牌资产。因此，本书依照惯例，对于“brand equity”统一使用“品牌资产”的表达。

② 有关它们之间的联系和区别请参见：Tim A，et al. Relating Brand and Customer Perspectives on Marketing Management. Journal of Service Research，2002，5（1）：13–25.

的、能够以货币计量的，并且在未来能够产生效益的经济资源或财产。财务会计学意义上的资产等价于经济学理论中狭义的资金或资本。这从财务会计学研究对象的定义中即可知道：会计核算的对象是企业的资金及其运动。财务意义上的资产依其流动性的大小或变现能力的强弱，大致可划分为流动资产、长期资产、固定资产和无形资产。而品牌资产是一种超越生产、商品等所有有形资产以外的无形资产。

品牌价值是"财务性品牌资产"。这一看法与基于顾客的品牌资产是不同的。在财务的观点看来，品牌是一项条件性资产，品牌要与其他物质资产（例如生产设施）一起才能发挥作用。品牌如果不附着在产品和服务上就毫无意义——产品和服务实际上就是品牌的化身，品牌也得以凭此真实存在。

站在财务的视角，资产是考虑到未来价值的要素，对其价值的估计等于扣除初始投资额后，该项资产所有的未来预期利润的净现值总和。因此，品牌资产是对品牌未来所有可取得的利润进行贴现后的价值总和。按卡普费雷尔的说法，"品牌价值是对未来的预测"。品牌财务评估的目的是估计品牌值多少钱，也即在未来能产生多少利润。品牌在未来能产生经济附加值（economic value added，EVA）才有价值，也就是说，必须有一部分经济附加值是归属于品牌本身，而非其他无形资产（如专利、技术机密或数据库）。这主要取决于商业模式面对未来的能力[①]。财务的观点强调，如果公司对于特定资产（有形资产和无形资产）的回报无法取得超额利润，品牌则不具有价值；如果无法提供可盈利的产品或服务，声誉或形象本身不能形成价值。

由上述内容可以看出，品牌资产的顾客视角与财务视角存在不同的取向。市场营销学的主流范式是采用顾客视角。要把品牌管理上升到战略高度，宜采用本书主张的企业与顾客协同理论视角，即把顾客视角与财务视角联合起来，也就是把无形的品牌情感维度与有形的经营要素结合起来，这是非常有必要的。举个例子，如果企业收购一家拥有强势品牌的企业，我们要考虑的不仅是这个品牌本身在顾客心目中的影响力如何，而且要评估收购该企业可能为公司带来的任何协同作用、成本节约作用、规模经济效应，以及可能影响经销商决策、品牌延伸可能性以及公司全球化进程的能力等。

二、为什么要评估品牌价值

对品牌价值认识和评估的热潮来自20世纪80年代后期一连串的企业并购案。例如，1988年，瑞士雀巢食品公司以总额10亿多美元的价格买下了英国罗特里公司，获得的是该公司财务报表上从未出现的东西：宝路、奇巧以及八点以后等产品品牌。雀巢愿意支付给罗特里公司的收购金额使得后者的股票在证券市场中不断升值，从475便士上涨到1 075便士。雀巢支付的10亿多美元是罗特里公司财务账面总值的6倍。这意味着雀巢公司乐于为富有未来获利潜力的品牌支付一大笔溢价。跨国公司亦乐于收购这些会"生金蛋"的品牌。评估品牌价值的理由我们可从两个方面加以认识：兴起的背景以及评估的好处。

① 卡普费雷尔. 战略品牌管理：第5版. 何佳讯，等译. 北京：中国人民大学出版社，2020：10-12.

（一）兴起的背景

评估品牌热潮兴起的背景是因为市场竞争和企业面临的压力发生了变化。这些变化有如下五个方面。

第一，兼并、收购和合资。长久以来，世界上每个产品类别和地理市场都作为一个独立的系统运作。然而逐渐地，公司发现自身受到了来自全世界其他市场或其他产品类别中的品牌和公司的冲击。规模化经济和营销效率的需求促使很多公司向全球竞争态势迈进。而兼并和收购是进入世界市场的重要战略，这使得许多公司意识到对现有品牌资产的价值进行更好的掌握是必要的，对所兼并或收购的公司的品牌价值掌握也同样重要。一家被收购的公司资产的账面价值，往往和收购价格之间存在很大差异，尤其当它拥有强势品牌和积极的增长预期时——这一差异被称为商誉，它实际测量出资本市场对公司未来发展的积极态度。从会计核算角度看，收购价格必须包含被收购公司企业资产负债表中可以实际购买的内容（即资产减去负债），这样收购价格才能和不同要素之间很好地匹配起来，见图 13 - 1①。

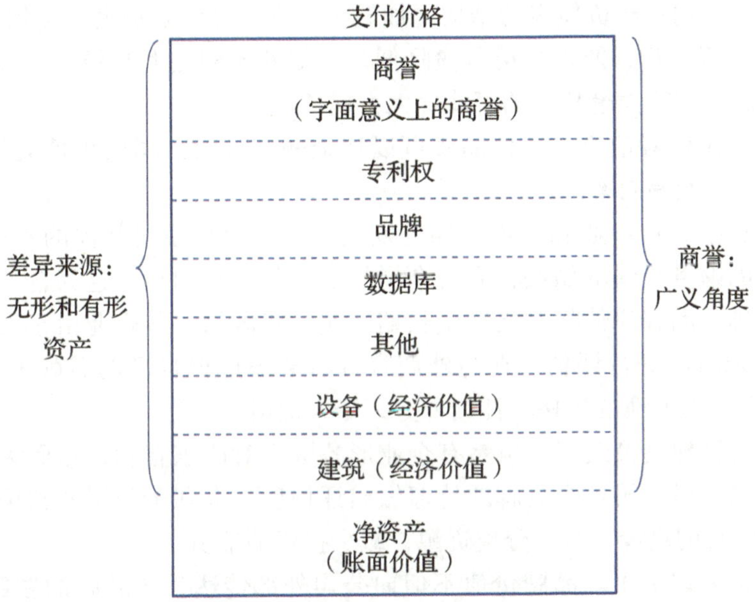

图 13－1　品牌的公允价值评估问题

第二，改变商业模式。不断增加的传播噪声和媒体渠道的细零化，导致接踵而来的媒体效率降低。这种效率上的损失意味着越来越多的品牌必须为赢得消费者的心智空间而竞争。广告预算的压力及促销角色的加重，削弱了许多传统品牌的忠诚度。那些处于这种双重压力中的公司开始寻找新的、非传统的建立品牌形象的方法。在产品差别化方面，取得并保持一项技术或产品的真正优势变得十分困难。这意味着公司需要改变成本结构和盈利模式，对品牌价值的增值更为关注。

第三，公司融资的需要。吸引投资是初创型企业谋求长远发展的必经之路。就像其

① 卡普费雷尔. 战略品牌管理：第 5 版. 何佳讯，等译. 北京：中国人民大学出版社，2020：463-464.

他任何一种类型的交易一样，公司的价值（确切地讲是“交易价值”）被量化，并以投资人愿意投入的金额表示。对于品牌的评估则是对于公司整体估值的一个重要环节。品牌可用作抵押以获得银行贷款，通常有三种方式：以无形资产做担保向银行借贷；以无形资产产生的经济利益做担保向银行借贷；以无形资产换取第三人做信用担保。

第四，品牌授权的需要。品牌授权又称品牌许可，是指授权者将自己所拥有或代理的商标或品牌等以合同的形式授予被授权者使用，并给予一定指导；被授权者按合同规定从事经营活动，并支付相应的费用：权利金。这项费用的大小是以品牌价值为基础的。

第五，品牌交易的需要。品牌是可以交易的，突出表现形式为商标这一外在符号的转让与交易。就商标本身的价值而言，仅仅是所花费的注册费用，但由于它是品牌的组成部分之一，所以品牌的价值会投射在它之上。在交易实践中，对于品牌的评估是不可或缺的。

（二）评估的好处

最初，评价品牌起因于企业为改善不佳的资产负债表采取的防御措施。很快大家认识到品牌评估确实具有重要价值，给公司带来多项好处。

第一，使得公司资产负债表的结构更加健全。资产负债表是银行贷款、股市的依据。评估品牌将品牌资产化，使得公司负债降低，贷款的比例也大幅降低，显示出公司资产的担保较好，获得银行大笔贷款的可能性大大提高。

第二，激励投资者信心。评估品牌可以让金融市场对公司的价值有较正确的看法，这可提高投资者的交易效率。

第三，有利于合资事业和品牌延伸的发展。将品牌从公司其他的资产中分离出来，当作可以交易的财务个体的做法，有日渐增加的趋势。很明显，这为合资与品牌发展奠定了稳定的基础。品牌评估将对之产生长期影响。我国的一些企业由于没有认识到知名品牌的价值，未对其进行评估，在与外商合资时草率地把自己的名牌（如洁花、孔雀、扬子、美加净等）以低廉的价格转让给外方，令人惋惜。

第四，提高管理决策效率。虽然有企业形象资产对股东有利，然而无法具体评估各项品牌经营实绩。对公司各个品牌的价值做出评估后，有利于公司的营销和管理人员对品牌投资做出明智的决策，合理分配资源，减少投资的浪费。

第五，激励公司员工。品牌价值不但向公司外部传达公司品牌的健康状态和发展，肯定品牌是公司长期发展的目标，更重要的是向公司内部所有阶层的员工传达公司的信念，激励员工的信心。

第六，提高公司声誉。经过自己的评估，或者经由第三方排行榜发布的结果，优势品牌可向公众显示自己在市场上的显赫地位。

三、两类品牌价值评估

需要强调的是，品牌不仅只有一项价值，而是具有多项价值，不同价值取决于不同的估值目标。出于预测目的得到的品牌价值数据，和依据资产负债表记录规则得到的数据肯定有差异。为了预测品牌价值，公司可以将未来发展计划、新制造工厂及商铺、向其他品类延伸的计划等因素纳入考量范围。这会让品牌的前景更为明朗。

如果估值目标在于衡量某项无形资产为企业做出的贡献（即出于会计目的），且估值内容将受到审计人员检查，则估值过程应该遵循谨慎性原则。由于计划中的工厂、商铺及延伸计划实际上不存在，也就不能将其纳入价值考评过程。

从用途上，品牌价值评估有两大类。第一类是企业自身产权变动或使用权拓展需要所进行的价值量化。这种评估必须根据评估目的，依据国家颁布的评估标准、方法，以个案的形式进行。第二类是用于价值比较所进行的价值量化，这种评估，必须是选择同一标准、方法、基准日，进行统一的群体评估。第一类评出的可称为“交易价值”；第二类评出的可称为“内在价值”，实际上是品牌市场竞争力的客观表现。内在价值不用于交易，它表明品牌资产所带来的超值创利能力，相当于政治经济学中的价值。交易价值则相当于价格。交易价值与内在价值存在密切的关系：交易价值的基础是内在价值，内在价值作为品牌的影子价格影响到交易价格的波动。

第 2 节　会计方法

品牌是重要的无形资产，完整的品牌价值评估可以填补短期财务评估和长期策略分析间的落差，取得一个平衡。进行品牌价值评估的会计方法主要有三种：成本法、市价法和收益法。下面详细介绍。

一、成本法

经济价值的概念以产出为基础，即品牌价值是基于品牌的产出结果而非消耗内容。但成本法仅仅关注要素的投入，而这是它的固有缺陷。

（一）历史成本法

历史成本法是依据品牌资产的购置或开发的全部原始价值估价。最直接的做法是计算一段时间内对该品牌的投资，包括设计、创意、广告、促销、研究、开发、分销等。这些支出可被客观确定，也在企业过去的损益表中有所反映。例如，美国的 EXXON 石油公司为了得到这个识别性极强的新名字，聘请各路专家历时数年，耗费巨资，从上万条候选名字中经反复斟酌才确定，并花费上亿美元推广这个新名字。

这种方法的主要问题是如何确定什么期间内的哪些成本需要考虑进去。品牌的成功归因于公司各方面的配合，我们很难计算出真正的成本。即使可以，历史成本的方法也存在一个最大的问题：无法反映现在的价值，因为它未将过去投资的质量和成效考虑进去。使用这种方法，会高估失败或较不成功的品牌的价值。

（二）重置成本法

重置成本法是按品牌的现实重新开发创造成本，减去其各项损耗价值来确定品牌价值的方法。重置成本是第三者愿意出的钱，相当于重新建立一个全新品牌所需的成本。其基本计算公式为：

品牌评估值＝品牌重置成本 × 成新率

按来源渠道，品牌可能是自创或外购的，其重置成本的构成是不同的。企业自创品牌由于财会制度的制约，一般没有账面价值，只能按照现时费用的标准估算其重置的价格总额。外购品牌的重置成本一般以品牌的账面价值为依据，用物价指数调整，计算公式为：

品牌重置成本＝品牌账面原值 ×（评估时物价指数 ÷ 品牌购置时物价指数）

成新率是反映品牌的现行价值与全新状态重置价值的比率，一般采用专家鉴定法和剩余经济寿命预测法。后者的公式为：

品牌成新率＝剩余使用年限 ÷（已使用年限＋剩余使用年限）×100%

这里要注意的是，品牌原则上不受使用年限的限制，但有年限折旧因素的制约，不过它不同于技术类无形资产的年限折旧因素。前者主要是受经济性贬值（外部经济环境变化）和形象性贬值（品牌形象落伍）的影响，后者主要是受功能性贬值（技术落后）的影响。

重置成本法是十分主观的，它需要众多专家的共同意见，实施过程的标准也比较模糊。

二、市价法

这种方法是通过市场调查，选择一个或几个与评估品牌相类似的品牌作为比较对象，分析比较对象的成交价格和交易条件，进行对比调整，估算出品牌价值。参考的数据有市场占有率、知名度、形象或偏好度等。应用市场价格法，必须具备两个前提条件。一是要有一个活跃、公开、公平的市场；二是必须有一个近期、可比的交易参照物。但该方法在执行上存在一些困难。因为对市场定义不同，所产生的市场占有率也就不同，且品牌的获利情况和市场占有率、普及率、重复购买率等因素并没有必然的相关性。这些市场资料虽然有价值，对品牌在财务价值的计算上却用处不大。此外，从抽象层面上而言，交易价格并非公司单纯为品牌支付的价格，价格中很重要的一部分反映了品牌可能带来的协同作用以及购买者的特殊目标。由于不同品牌购买者拥有不同的意图和想法，市场价格的参考价值可能受限。

三、收益法

收益法又称收益现值法，是通过估算未来的预期收益（一般是“税后利润”指标），并采用适宜的贴现率折算成现值，然后累加求和，得出品牌价值的一种评估方法。

在对品牌未来收益的评估中，有两个相互独立的过程：第一是分离出品牌的净收益，第二是预测品牌的未来收益。

收益法计算的品牌价值由两部分组成：一是品牌过去的终值（过去某一时间段上发

生收益价值的总和）；二是品牌未来的现值（将来某一时间段上产生收益价值的总和）。其计算公式为这相应两部分的相加：

$$\text{品牌价值}=\sum_{t=1}^{n}A_t(1+i)^{n-t}+\sum_{t=1}^{n}A_t(1+i)^{-t}$$

式中，A_t 为品牌的销售利润；i 为贴现率；t 为收益期。

对于收益法，有些人持怀疑态度，认为其不可靠性主要有三点：预计的现金流量无法将竞争对手新开发的优秀产品考虑在内；贴现率选取的主观性；时间段选取的主观性。

第 3 节　咨询公司的评估方法

全球有两大品牌价值排行榜：一是 Interbrand 每年 10 月发布的全球最佳品牌（Best Global Brands）百强排行榜；二是明略行公司每年 5 月发布的 BrandZ 全球最有价值品牌百强（Top 100 Most Valuable Global Brands）排行榜。下面，我们介绍这两大咨询公司的评价方法。

一、Interbrand 公司的方法

Interbrand 方法的一个基本假定是，品牌之所以有价值不全在于创造品牌花费了成本，也不全在于有品牌产品较无品牌产品可获得更高的溢价，而在于品牌可以使其所有者在未来获得较稳定的收益。Interbrand 方法中的三个关键要素为：品牌化产品或服务的财务绩效，品牌在购买决策中的作用，以及品牌竞争强度。

（一）财务分析

该方法的第一步是财务分析，即测量投资者的总体财务回报，或者说经济利润。它是一个品牌税后的营业利润减去用于产生品牌收入和利润的资本花费。Interbrand 方法是基于 5 年期的财务预测，将之作为品牌估值模型的基础。资本花费率依据产业加权后的资本平均成本确定。

（二）品牌作用分析

第二步是品牌作用的分析。它是测量购买决策过程中相对于其他因素（例如价格、便利性或产品属性）而言，归功于品牌的部分，用品牌作用指数（role of branding index，RBI）表示，采用百分比的形式。这个指数的确定视品牌不同而采用三种方法中的一种，包括一手资料研究、历史性评估或同行专家评估。品牌化产品或服务的经济利润乘上品牌作用指数，得到归功于品牌的收益。

美国《金融世界》从 1992 年起对世界著名品牌进行每年一次的跟踪评估，所采用的方法建立在 Interbrand 公司评估方法的基础上。对于上面两个步骤，《金融世界》的做法有所变通，但实质都是算出纯粹由品牌带来的收益。具体如下：

从公司报告、分析专家、贸易协会、公司人员那里可以得到有关品牌销售和营业利润的基本数据。例如，A 品牌剃须刀的销售额为 26 亿美元，营业利润为 9.61 亿美元。而我们所关注的是“A”这个品牌名称所带来的特定利润。

为此，首先要决定这个特定行业的资本产出率。产业专家估计，在个人护理业其资本产生率为 38%，即每投入 38 美元的资本，可产出 100 美元的销售额。这时我们可算出 A 品牌所需的资本额为 26 亿美元 ×38% = 9.88 亿美元。

然后，假设一个没有品牌的普通产品其资本生产可以得到的净利润率为 5%（扣除通货膨胀因素）。用 5% 乘以 9.88 亿美元，即 9.88 亿美元 ×5% ≈ 0.49 亿美元。

从 9.61 亿美元的盈利中减去这个 0.49 亿美元，我们就得到可归于“A”这个名字下的税前利润，即 9.61 亿美元 - 0.49 亿美元 = 9.12 亿美元。

算出品牌税前利润后，下一步就是确定品牌的净收益。为了防止品牌价值受整个经济或整个行业短缺波动的影响过大，采用最近两年税前利润的加权平均值，最近一年的权重是上一年的 2 倍。

最后，把品牌母公司所在国的最高税率应用于这一盈利的两年加权平均值，减去税收，得到 A 品牌的净收益。这个数字就是纯粹与 A 品牌相联系的净利润。

（三）确定品牌强度

第三步是确定品牌强度。这是测量品牌产生忠诚度的能力，是衡量品牌在未来保持产生需求和利润的潜力。Interbrand 综合分析十大因素（汇集了品牌的各个方面——人员、产品、定位和合作伙伴），用 0～100 分进行衡量[①]。品牌在这些因素方面的表现，是参考产业中的其他品牌或其他世界级品牌而计算分数。

这组因素可以分为 4 个内部要素和 6 个外部要素，说明强势品牌始于内在，并能改变它们的世界。以下按内外部因素的分类，依次进行说明。

1. 内部因素

品牌清晰度（clarity）。清晰度内在地阐明品牌代表什么，以及品牌的价值、定位和主张。清晰度也是关于品牌的目标顾客、顾客洞察和驱动因素的描述。正因为它涉及如此多的内容，这些内容相互联结并能在组织内部分享至关重要。

内部承诺度（commitment）。内部承诺度包括对品牌的内部承诺，以及内部认为品牌至关重要的信念，指一个品牌在多大程度上能获得本企业在时间、影响和投资方面的支持。

品牌保护性（protection）。这个要素衡量品牌的安全性，与以下这些维度有关：法律保护、专利成分或设计、规模或地理分布。

品牌响应度（responsiveness）。品牌响应度关注品牌响应市场变化、挑战和机会的能力。品牌应该在内部拥有一种领导力意识，以及自我持续发展和创新的欲望与能力。

2. 外部因素

品牌真实性（authenticity）。品牌充分地建立在内部的真实性和能力的基础之上。品牌真实性拥有一个被界定的世袭传统以及基础牢固的价值集合。它能够传达针对顾客有

---

① 在早期，Interbrand 评价品牌强度是基于七大方面，分别是领导力（leadership）、稳定力（stability）、市场力（market）、国际力（internationality）、趋势力（trend）、支持力（support）和保护力（protection）。

关品牌的（高）期望。

品牌相关性（relevance）。该要素主要衡量在所有相关的人口与地理统计因素下，品牌与消费者的需要和欲望以及决策标准相匹配的程度。

品牌差异性（differentiation）。这是衡量顾客 / 消费者感知到的该品牌的定位区别于竞争对手的程度。

品牌一致性（consistency）。这项指标衡量品牌的体验，不会在任何接触点和传播形式上出现未能做到情况的程度。

品牌存在性（presence）。该要素衡量品牌被感受到无所不在的程度，以及在传统的和社会化的媒体上，消费者、顾客和意见领袖们探讨上述问题的积极度。

品牌理解度（understanding）。品牌不仅仅要能被顾客辨认，还要让顾客对它与众不同的品质和特征有深入的知识和理解。（在相关的情况下，品牌理解度将延伸至消费者对拥有该品牌的公司的理解。）

（四）品牌强度转为贴现率

接下来的第四步最为关键。Interbrand 发展了一种 S 形曲线将品牌实际强度得分转化为品牌未来收益所适用的贴现率（见图 13 - 2），以衡量品牌在将其未来收益转变为现实收益过程中的风险。图中纵轴为品牌强度得分，横轴为适用于将品牌未来收益折为现值的贴现率。从图中可以看出，对于强度得分为 100 的“理想品牌”，假定其贴现率为 5%，类似于没有任何风险的长期投资所获得的回报。对于强度得分为 0，也就是没有任何品牌价值的品牌，贴现率为无穷大。与此同时，这一曲线还假定，适用于品牌未来收益的贴现率会随品牌强度的增强而降低，但当品牌强度达到一定水平后，贴现率下降速度呈递减趋势。

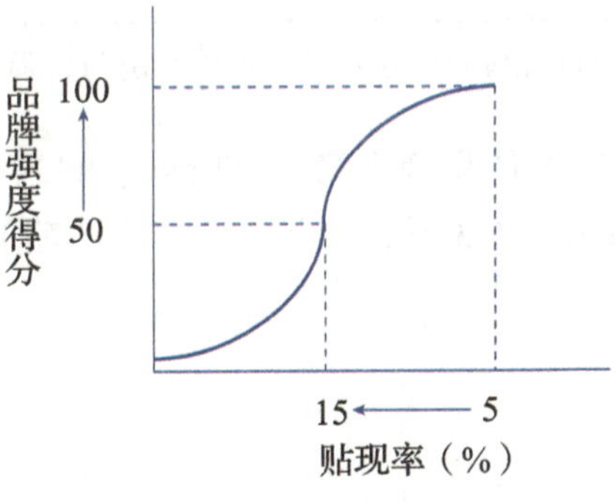

图 13 - 2　将品牌强度得分转化为贴现率的 S 形曲线

得到贴现率后，可以累加算出到第 5 年时品牌创造的总价值，再加上第 5 年后的品牌残值，就得到最终的品牌价值。

表 13 - 2 是运用 Interbrand 方法评价某一品牌价值的简单实例[①]。该实例有如下假定：净销售收入是用当前年度（即第 0 年）不变价计算的；净销售额不包括自有品牌和无品牌产品的销售；有形资产包括固定资产与流动资产，均以第 0 年不变价计价；有形资产的

① 符国群．Interbrand 品牌评估法评介．外国经济与管理，1999（11）：37–41．

收益排除了通货膨胀的影响；品牌所产生的未来收益按全部无形资产所创收益的 75% 计算；在对行业、市场和品牌分析基础上确定的贴现率为 15%；第 5 年之后品牌收益增长为零。

表 13－2 Interbrand 品牌评价法：简单实例 单位：万元

年份	前年	去年	第 0 年	第 1 年	第 2 年	第 3 年	第 4 年	第 5 年
净销售额	440.0	480.0	500.0	520.0	550.0	580.0	620.0	650.0
营运收益	66.0	72.0	75.0	78.0	82.5	87.0	93.0	97.5
使用的有形资产	220.0	240.0	250.0	260.0	275.0	290.0	310.0	325.0
有形资产计提收益（5%）	11.0	12.0	12.5	13.0	13.8	14.5	15.5	16.3
无形资产收益	55.0	60.0	62.5	65.0	68.8	72.5	77.5	81.3
品牌收益（占无形资产收益的 75%）	41.3	45.0	46.9	48.8	51.6	54.4	58.1	61.0
税率	33%	33%	33%	33%	33%	33%	33%	33%
税后品牌收益	27.6	30.2	31.4	32.7	34.6	36.4	38.9	40.8
贴现率			15%					
贴现因子			1.0	1.15	1.32	1.52	1.75	2.01
现值现金流			31.4	28.4	26.1	24.0	22.3	20.3
到第 5 年时品牌所创造的价值	152.5							
第 5 年后品牌残值	135.3							
品牌总价值	287.8							

资料来源：符国群．Interbrand 品牌评估法评介．外国经济与管理，1999（11）：37–41.

从表 13－2 中可看出，被评估品牌到第 5 年所创造的累积收益的现值为 152.5 万元，第 5 年后品牌残值折合现值为 135.3 万元（有关计算方法略），因此，该品牌的总价值为 287.8 万元。

二、明略行公司的方法①

明略行公司的计算方法与 Interbrand 方法在思路上是相似的，其核心也是由三大要素组成，分别是无形收益、品牌的贡献和品牌乘数。品牌价值即是由这三者相乘得到。

（一）无形收益

根据市场和消费者信息，结合各种不同来源（彭博（Bloomberg）、欧睿（Euromonitor International）等）的财务数据，计算特定品牌的无形收益。简单地说，就是从净销售额

① 何佳讯．品牌的逻辑．北京：机械工业出版社，2017：220–224.

中减去销售成本、总务费用、摊销费、税收和资本成本等。

（二）品牌的贡献

品牌的贡献，或者说产生业务收益的品牌有效性，这个测度考虑地区差异，反映来自产品或服务的最忠诚顾客或用户的收益分布。明略行公司利用 BrandZ 数据库确定无形收益中能够归属于品牌的比例，而非其他因素（如价格、可得性和绩效等）。品牌贡献结果表达为一个从 1 分到 5 分的指数，5 分为最高。这个分数基于三个 BrandZ 要素确定，分别是市场中的商品化程度、各种因素（如分销或转换成本）的影响、顾客-品牌关系的强度。

（三）品牌乘数

最后是基于“品牌动量”计算品牌乘数。在这个步骤中，使用三个品牌风险因素计算短期成长指数，用于预测未来收益，包括每个国家的“品牌电压”（brand voltage），即预测未来提升市场份额的品牌能力，还有品牌所在品类的增长率，以及品牌所在国家的增长率。按明略行公司的定义，“品牌动量”是一个品牌短期增长率（1 年）相对于 BrandZ 数据库中所有品牌的平均短期增长率的指数。品牌的增长率处于前 10% 的位置，那么其品牌动量即为 10；具有平均增长率的品牌，其得分为 5 分；品牌处于平均增长率之上，得分为 5 ～ 10 分；品牌处于平均增长率之下，为 0 ～ 5 分。基于品牌动量指数，明略行公司再通过一个未公开的算法把它转换成品牌乘数。

对比 Interbrand 和明略行两大公司的估值方法，我们可以总结如下：品牌价值来源于三大方面，即品牌的财务绩效、品牌的贡献力以及品牌的竞争强度。尽管思路相似，但两大公司对三大要素的具体计算处理并不统一。此外，Interbrand 是采用纵向时间维度（5 年期），各年加总得到品牌价值，而明略行公司的方法是采用横向空间维度，把各国市场上的品牌价值加总得到全球品牌价值。这些正是导致针对同一品牌其价值计算结果相差甚大的根本原因。

三、评估结果效度检验

我们不难发现，上述两个排行榜的结果存在较大差异，具体有两个方面。第一，同样的品牌，评估的价值相差很大。以 2020 年为例，在两个排行榜中，苹果和亚马逊均位居前两位，但在 Interbrand 的排行榜中，苹果位列榜首，其价值为 3 229.99 亿美元，亚马逊为 2 006.67 亿美元，两者相较上一年分别有 38% 和 60% 的涨幅。而在 BrandZ 排行榜中，苹果的价值为 3 522.06 亿美元（同比增长 14%），退居第二；亚马逊的价值则为 4 158.55 亿美元，同比涨幅达 32%。第二，品牌的排序位置存在较大差异。以 2020 年为例，在 Interbrand 的排行榜中，前十位是苹果、亚马逊、微软、谷歌、三星、可口可乐、丰田、梅赛德斯-奔驰、麦当劳、迪士尼。而在 BrandZ 排行榜中，前十位是亚马逊、苹果、微软、谷歌、Visa、阿里巴巴、腾讯、脸书、麦当劳、万事达卡。两个榜单的品牌重合率为 50%。

中国品牌中，只有华为进入了 Interbrand 排行榜百强，排名第 80 位。但有 17 个品牌进入 BrandZ 排行榜百强，前十依次为：阿里巴巴（第 6）、腾讯（第 7）、茅台（第 18）、中国工商银行（第 31）、中国移动（第 36）、中国平安（第 38）、华为（第 45）、京东（第 52）、美团（第 54）、中国建设银行（第 58）。Interbrand 与 BrandZ 两家排行榜 2020 年的前 20 位品牌对比，如表 13－3 所示。

表 13－3　2020 年度 Interbrand 与 BrandZ 排行榜前 20 位品牌比较　　单位：亿美元

排名	Interbrand 全球最佳品牌排行榜		BrandZ 最具价值全球品牌	
	品牌名称	品牌价值	品牌名称	品牌价值
1	苹果	3 229.99	亚马逊	4 158.55
2	亚马逊	2 006.67	苹果	3 522.06
3	微软	1 660.10	微软	3 265.44
4	谷歌	1 654.44	谷歌	3 236.01
5	三星	622.89	Visa	1 868.09
6	可口可乐	568.94	阿里巴巴	1 525.25
7	丰田	515.95	腾讯	1 509.78
8	梅赛德斯-奔驰	492.68	脸书	1 471.90
9	麦当劳	428.16	麦当劳	1 293.21
10	迪士尼	407.73	万事达卡	1 081.29
11	宝马	397.56	AT&T	1 058.33
12	英特尔	369.71	威瑞森	946.62
13	脸书	351.78	可口可乐	840.22
14	IBM	348.85	IBM	836.67
15	耐克	343.88	万宝路	582.47
16	思科	341.19	家得宝	575.85
17	路易威登	317.20	SAP	575.78
18	SAP	280.11	茅台	537.55
19	Instagram	260.60	路易威登	517.77
20	本田	216.94	UPS	507.48

每个排行榜都会有不同的结果。除了上面介绍的两大知名品牌价值排行榜外，还有很多形形色色的品牌排行榜。在评价方法上，它们基于相同思路或有差异性的思路。那么，我们究竟应该如何看待这些不同评价方法和评价结果呢？我们要重视评价方法的可靠性，这需要开展评价效度的验证工作。

在第 11 章第 3 节中，我们已经介绍了华东师大国家品牌战略研究中心正式发布的 2020 年大夏“国家冠军品牌强度排行榜”。该排行榜是最佳品牌“榜上榜”，即在 Interbrand 和 BrandZ 两大著名品牌榜的基础上，对共同进入其 2019 年“中国最佳品牌榜”的 40 大品牌，采用独创的“品牌-国家联结”新构念及测量方法，通过全国范围内大样本调查，得到“国家冠军品牌强度排行”结果。它们反映了消费者心目中“品牌”

对“中国”的代表性及“品牌”与“中国”产生关联性的程度。它由两个维度的评价指标合成：从中国联想到品牌的强度；从品牌联想到中国的强度。两维度的方差总解释率为 75.65%。

在大夏榜前十位的品牌依次是：华为、阿里巴巴、茅台、腾讯、小米、格力、五粮液、云南白药、百度、顺丰速运。从第 11 位到第 20 位的品牌分别是：海尔、中国银行、青岛啤酒、美的、京东、泸州老窖、中国移动、安踏、新东方、联想。我们对大夏榜的排行结果与 Interbrand 和 BrandZ 的排行结果进行相关性分析，分别在前 10 位、前 20 位和全部 40 个品牌中进行测算，发现存在不同的相关性：在越是排名靠前的小群体范围中，大夏榜与 Interbrand 和 BrandZ 的排行结果越是具有高相关性，见表 13 - 4。

表 13 - 4　大夏榜与 Interbrand 和 BrandZ 排行榜的相关性

Spearman 相关系数	前 10	前 20	前 40
与 BrandZ 排行榜	0.69*	0.61**	0.43**
与 Interbrand 排行榜	0.71*	0.46*	0.23

*$p < 0.05$，**$p < 0.01$。

上面的分析表明，品牌建设发展的终极目标，是要经得起消费者在内心的综合评价。真正伟大的品牌，无论在哪个排行榜上都名列前茅。中国已诞生一批伟大的品牌，它们在不同的品牌排行中，都位居前列、表现优秀，为中国品牌发展提供了极佳的范例。

品牌科学 13 - 1

品牌的社会价值

在全球化环境下，强势品牌尤其是全球品牌的发展，为社会创造的价值（societal value）以及体现的社会意识形态日益凸显。事实上互联网技术在促进全球化的一开始，就以免费的商业模式创造了品牌的社会价值，比如免费的邮箱和搜索。随着互联网技术、可持续清洁能源为代表的科技发展，当今社会涌现出一批极具特色与创新的品牌，比如阿里巴巴集团、特斯拉汽车、优步等。这些品牌以创新的商业模式改变了商业价值创造的规律，改写了人们对某种生活方式的认知，极大地影响了消费者的生活体验。更为重要的是，在获得消费者青睐占据市场份额的同时，这些品牌还以其独特方式创造了巨大的社会价值。因此，品牌的价值不再局限于为顾客和企业提供价值这个经典的二维模式（Aaker, 1991），而是将触角深入至体现、引领，甚至创造当前社会价值以及意识形态的层面。

笔者通过文献回顾，试图阐述品牌社会价值已有的文献支撑基础，并在此基础上建立起品牌社会价值理论。笔者把品牌社会价值定义为：品牌在为自己的市场（顾客）和企业自身创造的价值之外，为社会福祉、可持续发展和人类美好生活创造的价值。通过实证性研究，我们可以证明品牌社会价值的存在，界定超越品牌象征价值层面的品牌社会价值，并明确区分其有别于其他二维价值（对顾客的价值以及对企业的价值）的理论核心，进一步证明品牌社会价值对品牌自身以及消费者的影响，关注品牌本身为社会创造的福祉及其对消费者-品牌之间关系的影响，并为企业甚至政府公共部门提供管理和战略指引。

一、品牌资产的二维价值理论及其局限

面对全球化和互联网技术日新月异的革新与商业模式的改变，我们认为品牌的影响力正在逐步扩大，从最基本的满足消费者功用性需求到社交象征性需求，上升至社会价值观及意识形态层面。在传统模式下，不乏消费者由于商品本身的吸引力而惠顾该品牌，进而接受这种意识形态的影响，并内化为自我意识形态建设的一部分。现今，更多的消费者则是先于该品牌提供的产品或者服务，欣赏并认同特定品牌创造的社会价值或宣扬的意识形态，成为该品牌的忠实拥趸。比如，尽管特斯拉品牌旗下的电动汽车在包括中国在内的很多国家，并非所有消费者都能有渠道购买或有条件使用，但这并不影响其在全球范围内有过亿的支持者。再比如阿里巴巴集团，为小商户创造了成本与准入门槛较低的创业平台，创造了大量的就业机会，极大地促进了中国电子商务的繁荣。优步、摩拜共享单车等交通出行品牌，它们创造的社会价值体现在通过提供方便消费者绿色环保出行选择（拼车、自行车）的平台，减少了不必要的交通资源浪费，减少了机动车的空气污染，提高了城市的居住环境质量。此类品牌一方面创造了社会价值，另一方面通过这种有别于其他品牌的社会价值定位取向树立了自己独特的品牌形象。

然而，与之相对应的研究却乏善可陈，这使得品牌管理者在技术创新带来的品牌效益面前亦步亦趋、缺乏有效的创新管理策略。在理论方面，尽管以往国内外学者在企业社会价值（firm's societal value）以及积极营销学（positive marketing）等方面提出了相关概念（Lerman and Shefrin，2015），但由于研究分散，缺乏系统性，品牌的社会价值理论仍相对模糊。有别于品牌的经典二维价值理论（Aaker，1991）的社会价值从未被明确提出，品牌的社会价值对消费者-品牌关系以及基于顾客的品牌资产衡量等方面的研究问题亟待解决，导致这部分相关实证性研究及理论框架的严重缺失。

在阿克（Aaker，1991）的品牌资产模型中，他将品牌创造的价值分为两大维度：品牌对顾客创造的价值，它是通过提高顾客对于信息的理解和处理效率、增加顾客对购买决定的信心，以及提高用户满意度等来实现的；品牌对企业创造的价值，它是通过提高营销项目的效率及效益、品牌忠诚度、定价及收益率、品牌延伸、交易杠杆和竞争优势等来实现的。品牌作为连接企业与顾客的直接桥梁，同时为两者提供直接效益或创造价值，尽管这样的二维价值理论看似完整地涵盖了所有相关维度，但是在用传统二维价值理论架构模型解析如前所述的新兴商业模式时显得捉襟见肘。比如，微软作为计算机技术的里程碑式的存在，对人们的生活、社会各产业的进步产生了无法估量的巨大影响，创造了巨大的社会价值。仅仅用阿克（Aaker，1991）的二维理论来评估微软的品牌资产及价值显然是不够全面的。值得注意的是，由于技术的迅猛发展，像微软这样具有划时代意义的企业品牌正不断涌现。

为弥补这一空缺，我们提出品牌资产的第三维度价值，即社会价值。尽管以往的研究曾经提出积极营销的概念，并认为积极营销除了能为企业和顾客创造价值之外，还可以为社会创造价值，诸如环境与可持续发展的价值以及消费者的社交价值（Gopaldas，2015）。然而，我们提出品牌社会价值不是从企业形态运作的角度着眼，而是聚焦于品牌化原理的角度，探究从品牌战略和管理的角度如何使得品牌产生、创造或者拥有社会价值。站在消费者的角度，消费者使用某个具有鲜明社会价值的品牌，通过这种方式将这

种价值转嫁到自己的个人形象上，并内化为自我价值的一部分，从而实现对理想自我的追求。这种动力导致品牌可以获得来自消费者的特定的态度与行为，其收益可以让品牌有更强的实力和能力，进行更大的社会价值创造。

二、品牌资产价值的第三维度：社会价值

品牌的社会价值（societal value）是指品牌在为自己的市场（顾客）和企业自身创造的价值之外，为社会福祉、可持续发展和人类美好生活创造的价值。例如，阿里巴巴集团致力于帮助小型商业组织成功的电子商务模式，清洁能源驱动的特斯拉电动汽车创造环保出行方式等。从消费者的角度看，它体现于品牌在社会道德、意识形态与社会满意度等方面的象征性作用；从企业的角度看，它体现在为企业自身创造利润之外给社会福祉带来的整体影响和价值。消费者通过购买和使用该品牌的产品或服务与某种社会价值产生关联，并达到自我认知的一致性。这种自我认知将进一步强化消费者与品牌之间的关系。值得注意的是，购买商品的消费者并不是这部分价值的直接受益者，而是品牌对社会、世界与大环境积极改变的最终受益者。

值得注意的是，以往的研究就企业与社会价值之间的关系曾提出类似理念。莱尔曼和谢弗林（Lerman and Shefrin，2015）提出积极营销的概念，它是指不仅为企业、顾客更为社会创造价值的营销活动。比如，亚马逊的“无忧包裹”活动是一个在当代积极营销创新的典型案例。当时的亚马逊商品包装外观缺乏美观、热封并使用塑料外壳。这带来了三方面问题：需要进一步包装成方形纸板箱用于邮寄；对于消费者来说较难打开；无法回收再利用。为了解决这些问题，亚马逊与其供应商合作开发了一款极简主义纸板包装。这样的包装削减了成本（公司价值），易于打开（顾客价值），并且能够有效回收（社会价值）(Gopaldas，2015）。

显而易见，积极营销的概念虽然涵盖了企业创造的社会价值，但我们提出的品牌社会价值与之有三个基本区别：首先，企业创造社会价值的研究尚未上升至品牌，以此与其他品牌进行区分的象征性层面。亚马逊的“无忧包裹”通过有效回收纸板箱进而在环境可持续发展方面为社会创造了价值，然而这种环保可持续发展的社会价值是否成为亚马逊品牌形象的一部分？消费者对亚马逊品牌联想更多的是快速便捷的物流服务还是环境可持续发展？如何促进后者的联想，即消费者对特定品牌创造的独特社会价值的迅速而准确的品牌联想？其次，虽然从消费者的角度，品牌社会价值属于帕克、贾沃斯基和麦克利斯（Park，Jaworski，and Maclnnis，1986）提出的三类品牌概念中的象征性品牌概念，但以往社会价值方面的品牌象征性，其内涵局限于社交价值（social value)，而非真正的社会价值（societal value）。再次，以往的品牌社交价值面向的是消费者社会认同或群体认同的实现，而我们提出的品牌社会价值面向的是消费者理想自我与道德自我的实现。

三、品牌社会价值的性质与独特内涵：理论创新的方向和新机会

根据帕克、贾沃斯基和麦克利斯（Park，Jaworski，and Maclnnis，1986）提出的品牌概念管理理论，品牌概念由公司选定，致力于满足消费者三方面的基本需求：功能性需求、象征性需求和体验性需求。而这三方面也被纳入凯勒（Keller，1993）创建的基于顾客的品牌资产体系之中。凯勒（Keller，1993）认为消费者对于某品牌的知识包括品牌意识和品牌形象两个部分。除了品牌意识（包括品牌再认与品牌回忆两个维度)，品牌在消

费者心目中的形象占据着非常重要的位置。品牌形象是消费者从一个公司参与的一系列品牌相关的活动之中得出的对品牌的总体理解（Park，Jaworski，and Maclnnis，1986）。从另一个角度看，品牌形象是消费者对一个品牌的总体认知，而这个认知则是消费者记忆对该品牌相关联想的反映（Herzog，1963；Newman，1957）。简言之，品牌形象得益于消费者对品牌产生的相关联想，包括品牌属性、品牌利益以及品牌态度三种品牌联想形式。其中，品牌利益是指依附于产品或者服务属性的个人价值，也就是说，消费者认为某产品或者服务能为他们提供的价值。根据相关联的潜在动机不同，品牌利益（价值）可以被进一步分为三个类别，如上所述，包括功能性、象征性和体验性三类。

不同于品牌的企业价值，我们认为品牌的社会价值基于帕克、贾沃斯基和麦克利斯（Park，Jaworski，and Maclnnis，1986）提出的三种品牌概念带来的顾客价值而非独立存在。换言之，如果一个品牌无法满足消费者的功能性、象征性、体验性这三种基础需求中的一种或者多种，品牌的社会价值将无法传递。比如搜狐作为互联网行业的排头兵，开创了中国互联网时代，为中国互联网的繁荣提供了各种可能性，具有较大的社会价值；然而当其提供的产品与其竞争者相比在功能性方面失去优势时，这种社会价值就会被同类别竞争者稀释。消费者通过选择、购买、使用特定品牌将自己的价值观和生活方式与该品牌提供或者倡导的社会价值相关联。我们认为品牌的社会价值具有帮助消费者构建自身形象与价值观的重要意义。

值得进一步指出的是，我们所提出的品牌的社会价值与帕克、贾沃斯基和麦克利斯（Park，Jaworski，and Maclnnis，1986）所阐述的品牌象征性意义具有本质区别：品牌的象征性意义帮助人们提升自我形象，巩固社交群体定位，或者确认自我身份识别。这个过程基于品牌与某个特定群体、形象建立关联性。与此相对，品牌的社会价值是品牌本身具有的价值属性，这种价值独立于任何社会群体而存在，是品牌的内在价值体现。品牌社会价值并不需要作为桥梁将品牌与某个特定群体及其形象进行关联。因为消费者想要获得的价值观或者意识形态是品牌的内在体现，所以只需要消费者与品牌建立关联，不再需要品牌为了获得某种意识形态或特定的社交形象而人为设定与某个社交群体进行关联。

资料来源：何佳讯，张明月．品牌社会价值及其理论构建．上海：华东师范大学，2018．相关引用参见此文。

思考与讨论

1. 品牌资产、品牌强度与品牌价值概念之间的联系是什么？
2. 评估品牌价值的三种会计方法有何优缺点？
3. Interbrand 和明略行公司的品牌价值评估方法有何异同？它们对开展品牌战略有何指引？
4. 品牌价值评估方法与品牌资产测量之间有何联系？如何开展它们之间的关系检验？
5. 阅读“品牌科学 13－1”，如果要开展品牌社会价值方面的评估，你有哪些思路和路径？

第 14 章

品牌管理制度

制度是战略品牌管理的基本规范和重要保障。站在战略品牌管理的层面，要求制度的建立有前瞻性和整体性。在第 4 章第 4 节中，我们已经介绍了如何建立品牌平台制度。本章的管理制度与之有区别。前者是战略制度，本章的管理制度是战略制度的有效保障和支持。

在本章中，我们分别从组织和法律两大方面介绍相关理论和实践，特别涵盖国际和全球市场背景下的考虑和要求。在组织上，我们以品牌经理制度为基础，拓展介绍战略品牌管理架构以及全球品牌管理架构。在法律上，我们首先介绍知识产权制度，阐述商标权、无形资产与品牌资产的联系与区别，再着重介绍商标的国际注册与保护、驰名商标和地理标志的保护。

第 1 节　品牌组织制度

笔者从比较的角度，首先介绍品牌经理制度，以及它与传统做法的区别；接着介绍传统的品牌管理架构，以及战略品牌管理架构，阐述如何促进组织向品牌导向思维转变，建立品牌驱动的组织文化；最后，从组织模式和人员模式两个方面介绍全球品牌管理架构。

一、品牌经理制度

品牌经理制度反映了品牌作为战略平台（见第 4 章第 4 节）的本质要求。品牌战略需要企业全方位资源和活动的投入和协调，它是跨部门、跨职能的实践和行动。本书提出的企业与顾客协同品牌化理论正是强调了这一要求。从品牌组织制度的演变中，我们可以看出品牌经理制度的优势，但它也需要不断完善。

（一）品牌组织制度的演变①

从历史上看，先后产生过三种主要的品牌管理组织形式或制度，即业主负责制、职能管理制、品牌经理制。品牌经理制是主流的品牌管理组织制度，它的出现对市场营销战略的理解也产生了重要影响。

1. 业主负责制

20 世纪 20 年代以前，业主负责制是西方国家的企业中占统治地位的品牌管理组织形式。例如，亨氏（H.J.Heinz）为了创立 Heinz 这一品牌，将大部分时间花在产品的改进和重大促销活动的策划上。而可口可乐公司的业主和总经理坎德勒（Candler）从 1888 年买下可口可乐专有权后至 1916 年，他用一种几乎宗教般的激情建造全国性的分销网络，并亲自参与选择广告代理商等活动。

所谓业主（或公司经理）负责制，是指品牌（或产品层次）的决策活动乃至很多的组织实施活动全由业主（或公司经理）以及公司的高层领导承担，而只有那些低层次的具体活动才授权下属去执行的一种高度集权的品牌管理制度。它的优点是决策迅速、协调能力强，同时，可以注入业主的企业家精神，从而为品牌发展提供强大的策动力。但当企业规模扩大，需要与各方面的组织和机构打交道时，这种组织形式就显现出不足之处。

2. 职能管理制

职能管理制是指在公司统一领导协调下，品牌管理职责主要由公司各职能部门分担，各职能部门在各自的权责范围内行使权利、承担义务的品牌管理制度。这一制度在 20 世纪 20 年代至 50 年代的西方国家比较盛行，至今也仍被一些西方国家的企业采用。我国目前也有相当多的企业采用这种管理形式。

职能管理制的优点是，一方面可使公司领导摆脱很多具体事务的纠缠，集中力量思考和解决企业发展的重大问题，另一方面也可使品牌管理由传统的直觉与经验型转向以知识为基础的科学管理，从而提高管理水平。这种制度较之于业主负责制确实是一种进步。明确的分工和职能分配，极大地提高了工作效率。

但到了 20 世纪 20 年代中期，职能管理制开始暴露出它与品牌管理的新要求不相适应的一些问题，最为突出的问题有两个。一是彼此平行的职能部门之间如何有效沟通与协调。二是当公司拥有多个品牌时，尤其是同一业务内已发展出几个不同的品牌时，应当由谁对每个品牌的发展负主要责任。在这种情况下公司不得不将更多的决策权力下放，但不可能让彼此平行的各职能部门共同承担品牌经营的责任，于是导致各个品牌的定位和经营目标出现管理“真空”。

由于以上这两个突出问题的存在，品牌经理制开始孕育并最终形成一种新颖的正式管理制度。

3. 品牌经理制

品牌经理（brand manager）或称产品经理（product manager）的称谓是美国宝洁公司在 1931 年提出的。该公司设置“品牌经理”的专门职位，并赋予其专门职责。品牌经理

---

① “品牌组织制度的演变”和下面介绍的“品牌经理的职责”相关内容请参考：何佳讯．品牌形象策划：透视品牌经营．上海：复旦大学出版社，2000：146–152.

制不仅重写了宝洁的发展史，更改变了全美国的市场运作方式，掀开了美国营销史上新的一页。

1926 年，刚从哈佛大学毕业的尼尔·麦乐毅（Neil McElroy）被指派协助规划宝洁新上市的第二个香皂品牌佳美的广告活动。此前，宝洁已有一个招牌香皂品牌，也是宝洁的第一个品牌“象牙”。那时象牙和佳美的广告都是由黑人（Blackman）广告公司代理的。按照当时美国企业的规律，一种新产品在投入市场时，通常都是用来替代公司的某一老产品的。

麦乐毅全心全意想为佳美打开市场，但销售一直未见起色。宝洁便决定将佳美的广告业务转给新的代理商派乐·理扬（Pedlar & Ryan），麦乐毅也被公司正式任命为佳美香皂的“品牌经理”，这是宝洁也是美国企业历史上第一次设置品牌经理这样的职位。

在专任经理的照顾下，佳美的生意开始有了转机。麦乐毅对一个品牌由一个经理负责的做法深具信心。他在对品牌竞争进行观察和思考的基础上，于 1931 年 5 月初写下了一份长达三页的备忘录，得到了当时宝洁总裁杜布里（Deupree）的首肯，“品牌经理”也从试验性质转变为真正具有资源和职权保证的管理职位。

在这份备忘录中，麦乐毅坚称要把品牌做成功，品牌经理必须全心全意关注并执行品牌的所有营销活动，公司应有一个团队支援他；同时还要配备一位品牌助理，负责办公室的各种工作，并要培养这位助理成为品牌负责人；此外，也应增设“督察员”巡视卖场，以检查业务人员的工作成效。

宝洁公司的一条产品线上有很多品牌，例如洗发水产品线上的品牌包括海飞丝、飘柔、沙宣等。最初所有产品线上的品牌业务都交由相同的职能部门管理，这就导致一个问题，管理品牌的人不知道如何区分品牌间的差异从而投入不同的资源。所有品牌的广告宣传往往委托给同一家广告公司，而该广告公司对不同品牌的广告也没有明确定位，不知道各品牌的广告分别应该怎么做。建立了品牌经理制度之后，每个品牌的发展全过程都由专门的品牌经理负责——他清楚地知道，该品牌如何定位，如何区别于同类品牌。

“品牌经理”的管理观念与实践，彻底打破了宝洁原有的营销结构。原来宝洁的做法是以职能性来分工，业务人员必须同时销售公司的好几个品牌。除了工作时间被分割为好几段外，这样的分工法也常导致工作中出现责权不清的灰色地带，更有甚者常造成彼此间的矛盾和冲突。

由于麦乐毅的品牌管理系统确实相当有效，许多美国公司如庄臣公司、棕榄公司，甚至连服务业的银行、邮局也都竞相采用这种做法。品牌经理人成为 95% 的一般主管阶层的主要来源，并且是步上公司高层的必经之路。

（二）品牌经理的职责

品牌经理制度就是在企业管理组织中增加一个层次，为每个品牌的产品或者产品线配备一名具有高度组织能力的经理，全权负责品牌开发、产品销售与利润，并由他来具体协调产品开发研制、生产、包装设计、市场与消费者研究、业务拓展、广告与传播策略、促销支援及其他相关的部门。这些部门无须向品牌经理报告，而是直接对资深副总经理层级负责；品牌经理没有权力对工作人员提出像职能部门经理能提出的那种要求，但是他必须运用一切手段完成任务。因此，品牌经理为了执行职责所需维持的关系相当复杂，有时不免产生角色冲突。这就对品牌经理的素质提出了很高的要求，关键一点是要具有极强的沟通能力和自身的影响力，和所有相关的人员沟通并寻求支持，协调各部门并领导团队向前迈进，直到任务妥善完成。

品牌经理对负责的品牌承担战略和战术层面上的责任，包括承担品牌身份与定位的责任、获得维护品牌身份所必需的投资的责任、确保所有媒介的努力均与品牌形象保持一致的责任。简单来说，品牌经理的主要职能是计划和控制，使一个或几个品牌能在整个企业的利润中增加其比率。品牌经理向营销副总经理报告，接着由营销副总经理向执行副总经理报告。因此，品牌经理扮演着直线职能，具有有关其产品或数项产品所有的决策权。在决策过程中，品牌经理接纳来自其他部门的专家意见或建议，特别是来自销售、生产、技术、财务以及广告等部门的意见和建议。在品牌经理可以继续进行开发过程之前，所有决策都必须获得高层管理者的批准。品牌经理的主要工作有：

第一，市场调研。品牌经理必须进行必要的市场调研，掌握市场信息，善于分析处理，以获知如何获得和增加利润，然后才能进行品牌规划。

第二，战略规划。各种产品因为性质不同，消费对象不同，所要获得的市场份额不同，存在的问题也不同。设置品牌经理就是要对具体产品进行具体的规划，既可克服“一般化”“雷同化”而使效果更显著，又便于检查执行的效果。

第三，品牌定位。品牌经理的所有工作都是围绕建立一个清晰独特的品牌形象而进行的。例如，通用公司的品牌经理对中型轿车有不同的定位。具体是：雪佛兰Malibu——看重价值的消费者买得起的实用轿车；Pontiac 系列 Grand Prix 跑车——速度快，时髦，适合年轻人驾驶；别克 Century 豪华型轿车——驾驶舒适；Oldsmobile Intrigue——款式高雅，适合高端消费人群。

第四，组织协调。品牌经理虽然职有专司，但也不是孤立存在的。这种制度大大增强了各部门之间运作的协调性。而且一种品牌的市场需求、生产要求、销售量等信息能很快地反馈回品牌经理处，以便其能在科研生产、广告、公关等方面做出反应，修订品牌发展的计划。

实行品牌经理制后的品牌管理与传统的做法之间存在的区别，详见表 14－1。

表 14－1　品牌经理制与传统做法的比较

	传统做法	实行品牌经理制之后
产品开发	工程师考虑最多的是竞争，而非顾客	品牌经理与工程师们共同努力，确保产品满足消费者需要
市场定位	相似产品争夺同一消费群	每种产品必须明确自己的定位
市场营销	由不同的人来分管广告、定价和计划	一个人对某种产品的营销全权负责
产品形象	也许每年都会改变产品	一个连续的主题
承担责任	个人对某一产品的成功与否不负责任	品牌经理的收入与产品的成功与否挂钩

（三）品牌经理制度的完善①

品牌经理将所有的市场营销都协调整合起来，使得“1+1>2”；品牌的形象和主题也具备了延续性，变得更加明晰。这就是品牌经理的重要作用。由此可见，良好的品牌管理制度对品牌长期发展至关重要。

在公司的组织结构设置上，通常有两种方式，即中央集权制和分权制。而品牌经理制度是分权制组织的典型表现。分权制的组织结构意味着权力更多地分散在各个管理部门。随着公司逐渐成长壮大，运作新的品牌或产品需要有分公司，并在不同的地区或不同的国家建立分部，一个集权的广告部门就变得不那么实际了。在分权制组织中，各部门可根据公司的需要，由分部、子公司、产品、国家、地区、品牌或其他的类别所设置。每个分部几乎都像一个独立的公司那样设置，拥有它自己的研究和开发部门、生产工厂、广告部门、销售队伍以及金融和会计人员。在一个分部中的每个品牌都有它自己的品牌经理、两个品牌经理助理，以及一到两个助理人员。宝洁认为这种体制能够保证每个品牌一致地运行下去，人员能受到品牌的约束。

分权型的品牌组织体制，多年来一直受到宝洁的推崇。然而在 20 世纪 80 年代却由于它不能再满足飞速变化的市场空间的需要，以及过分的产品导向而非市场导向，受到了业界的批评。宝洁对品牌管理体制做了检讨，然后把它嫁接成“类别”品牌经理（经理们要了解整个产品目录）、“未来”的品牌经理（为未来计划的产品）和地区营销经理的形式。其目的是使品牌家族形成一个更具经济规模、更具发展潜力的品牌经营空间。在过去的体制下，品牌经理经常同其他品牌经理展开竞争；而现在，公司组织了一个包括生产、销售、研究人员的队伍，为共同的利益而工作。虽然该体制仍是分权型的，但许多活动由于经济、效力和控制的原因而慢慢集中起来。然而，分权型的部门易把注意力集中在各自的预算、问题和促销活动上，而忽视公司整体利益。由于缺乏统一性，公司层面的广告力量有所削弱。并且，品牌经理之间变得相互保密和嫉妒，一些品牌经理甚至拒用相同的公司标志。因此，为符合各自的特殊需要，大部分公司把集中制结构和分权制结构做恰当的调和。

品牌经理负责的通常是日复一日的战术层面的活动，容易导致其在面临危机时很难站在战略的高度思考。与此同时，品牌经理的薪酬不可避免地受到一些短期衡量指标（如销售和利润）的影响，致使他们缺乏必要的动机去投身增加长期品牌资产的活动或停止损害品牌资产的活动。此外，优秀品牌经理的职位升迁往往意味着被调离当前主管的品牌业务，这种做法削弱了品牌经理为打造长期品牌做贡献的积极性。因此，为了鼓励战略性的、长期的品牌战略和发展，应当在短期的销售额与利润指标以外，补充一些战略性目标（如品牌资产和延伸、品牌形象和品牌忠诚）及明确的品牌身份和强度目标。战略性的目标要具有足够的可操作性，使之能够真正地指导有关方案和战术，并成为绩效评估和报酬的基础。

---

① 何佳讯．品牌形象策划：透视品牌经营．上海：复旦大学出版社，2000：153-154；阿克．创建强势品牌．吕一林，译．北京：中国劳动社会保障出版社，2004：268-269.

二、战略品牌管理架构[①]

把品牌经理制度放在整体组织管理中考虑，品牌管理存在不同的地位。传统的品牌管理结构把品牌归为市场营销职能的范畴，而新型的品牌组织范式把品牌管理设定在企业的层面，反映了企业级品牌战略的要求，此即为战略品牌管理架构。它有助于建立品牌导向的组织文化，从超越市场营销职能的范畴出发建立品牌资产。

（一）传统的品牌管理结构

许多公司仅仅把认知度和回忆度视为品牌成功的标准，因此将所有的传播努力局限在市场营销和传播职能部门，或者认为品牌塑造是广告代理商的责任。传统的品牌管理结构如图 14－1 所示。高级营销副总裁控制整个局势，负责 1～3 年内的品牌规划，保证硬性的预算平衡；营销副总裁通常对于公司希望利用品牌达成的目标有着高层次的把握；产品类别经理（如无其他品牌，其头衔为部门经理）保证年度计划的执行和不同品牌间的协调，他拥有决策权，对目标和任务的完成负最终责任；品牌 / 产品经理负责品牌的日常运营和协调，他通常与销售人员、分销商和广告代理商关系密切，以保证促销与广告的实施；助理品牌经理负责收集统计数据，为高层决策提供依据。

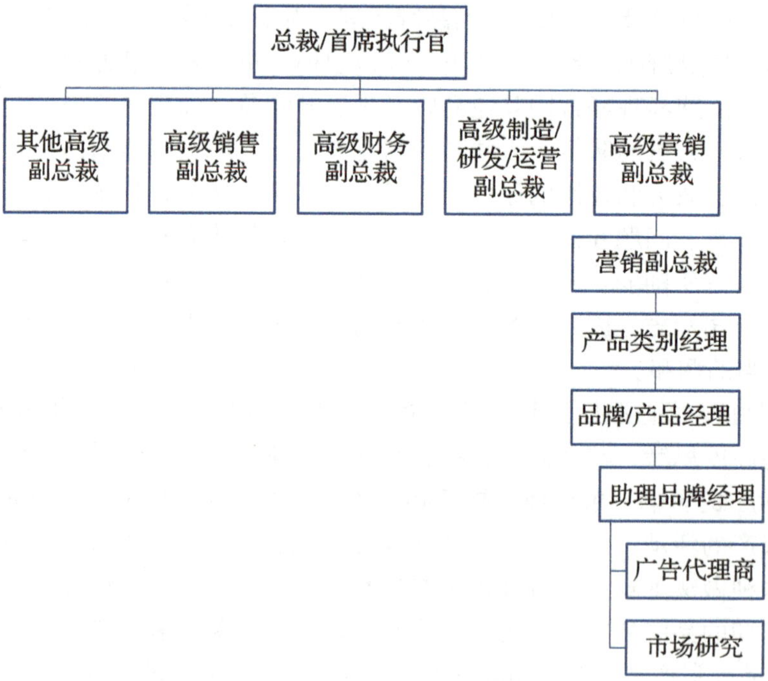

图 14－1　典型的传统品牌管理结构

资料来源：戴维斯．品牌资产管理．刘莹，李哲，译．北京：中国财政经济出版社，2006：211.

① 戴维斯．品牌资产管理．刘莹，李哲，译．北京：中国财政经济出版社，2006：209–215；Davis S M，Dunn M. Building the Brand-driven Business. San Francisco：Jossey-Bass，2002：246–265；阿克．创建强势品牌．吕一林，译．北京：中国劳动社会保障出版社，2004：268–272.

不难发现，传统的品牌管理方式将品牌责任沿层级结构下放，越是一线的员工反而承担越大的责任。

（二）战略品牌管理组织架构

在斯科特·戴维斯（Scott Davis）看来，一种跨职能团队的全新结构能帮助公司向基于品牌的组织转型。基于品牌导向的组织要求直接向组织最高层汇报品牌的状况，如图 14－2 所示。这样的结构意味着创立一种能增强品牌承诺的企业文化。企业的所有流程、职能和相关资源都用来增强这种承诺。

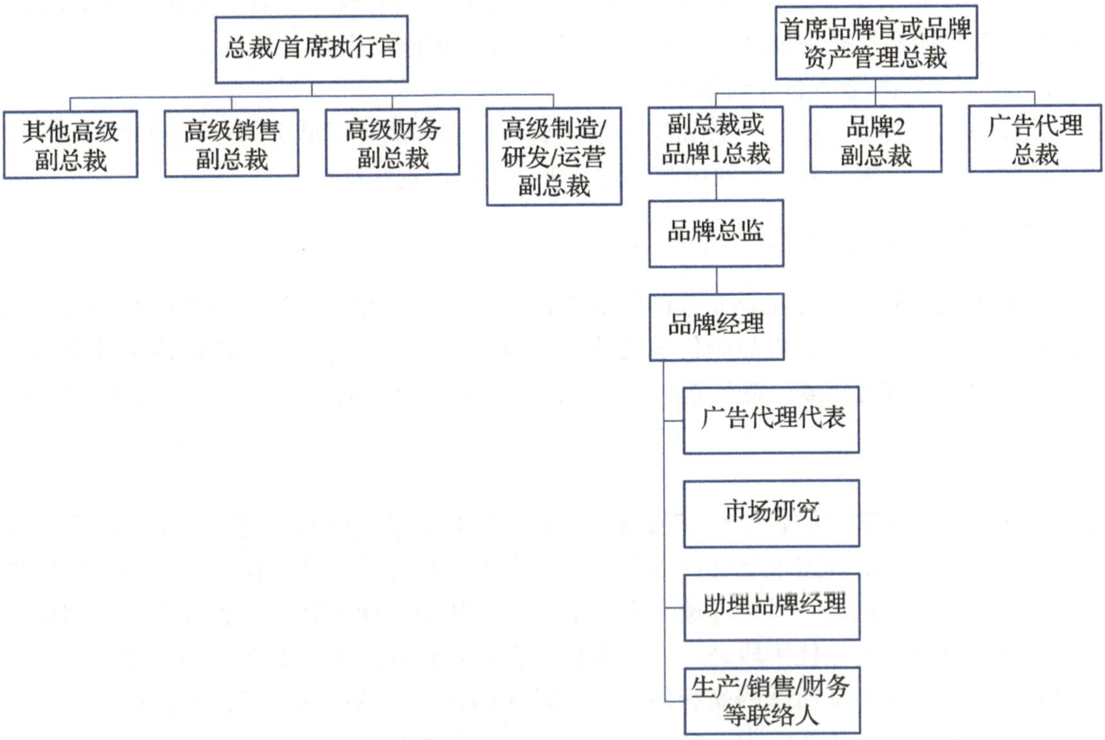

图 14－2　战略化的品牌资产管理组织

资料来源：戴维斯．品牌资产管理．刘莹，李哲，译．北京：中国财政经济出版社，2006：213.

（三）战略品牌管理的实体

在战略品牌管理架构中，除了基本的品牌经理制度外，公司可以考虑建立完整的品牌资产管理实体，促进组织向品牌导向思维转变。可行的方案包括如下这些管理实体形式。

1. 首席品牌官

在理想情况下，对组织中的每一个旗舰品牌都要任命一位首席品牌官。首席品牌官对品牌的绩效和相关战略负最终责任，应出面组建品牌资产管理指导委员会，并保证全球品牌决策的一致性。

2. 品牌资产管理指导委员会

该委员会包括跨职能部门的高层管理者。其主要目标是帮助建立职能战略和品牌资产管理战略间的联系。如果没有首席品牌官，那么该委员会应由首席执行官出面组建。

3. 品牌资产管理执行委员会

该委员会由跨职能的中高层管理者组成，主要负责确保品牌资产管理战略的执行，关注的重点在于行动。该委员会可能需要一位来自品牌资产管理指导委员会的联络人，确保在行动上取得成功。

4. 品牌资产管理团队

由组织内跨职能的日常人员组成，保证业务以基于品牌的方式经营。其中，核心团队涵盖了市场、研发、财务、销售、运营等职能，围绕核心团队则是监管一个或多个品牌的团队，涉及消费者服务、法律 / 调整、开发 / 技术可行性、设计 / 包装等多项职能。品牌资产管理团队拥有一位来自品牌资产执行委员会的联络人。

5. 品牌资产管理外部咨询委员会

该委员会由行业外的从业者和战略家组成，他们和品牌团队分享经验和教训。一个明智的做法是，让指导委员会和主管委员会进一步推广这些经验。

（四）建立品牌驱动的组织文化

企业级品牌战略是要在企业整体层面上把品牌的逻辑和手段渗透到经营管理和发展的所有环节与过程中，实现品牌价值增值和企业长期发展。这要求在组织内部建立品牌驱动的文化作为有力保障。在建立这一文化的过程中，有五大角色起到非常关键的作用，下面依次予以介绍[①]。

1. 首席执行官

建立以品牌为基础的企业最好由高层开始。公开承诺建设基于品牌的文化，是首席执行官信任品牌、认真建设品牌的根本标志。在理想情况下，首席执行官自然而然地将品牌视为资产，并把这一思想渗透于企业的日常运作中；他清楚地认识到品牌是实现长期财务和战略目标的最佳手段之一。首席执行官若想提升品牌在企业中的重要性，最有效的方法是自身成为最活跃的品牌倡导者，具体的行为包括：通过话语传播；收集顾客反馈；将品牌融入业务战略中；将品牌纳入企业的平衡计分卡中；将自身的部分薪酬与品牌表现挂钩；等等。

2. 首席级别的高管

每一位首席高管均应当推动企业向品牌驱动型组织转型，仅靠首席执行官是无法完成这一重大任务的。如果在组织最高层缺乏广泛的品牌责任心，则决策很可能得不到响应。如果所有高管都相信品牌是填补增长缺口的主要动力之一，那么每个人都参与到品牌建设中便是应有之义了。

例如，首席运营官着眼于企业的高效运转，通常掌握企业损益表的明细，那么他应当在充分理解品牌价值的基础上授权在品牌运作方面的投资。首席人力资源官应当运用品牌帮助定义核心竞争力、行为特点和其他员工成功的关键因素，从而选择能够有效传播品牌的雇员。而优秀的首席营销官不仅要提出一个伟大的品牌驱动计划，还必须引导企业中的每一个体通力合作以实现品牌承诺。

① Davis S M，Dunn M. Building the Brand-driven Business. San Francisco：Jossey-Bass，2002：248-265.

3. 品牌资产管理执行委员会

品牌资产管理执行委员会将业务部门和职能部门的领导聚合成一个团队，处理棘手的品牌问题。如品牌的收购与剥离，企业更名，为联合品牌、品牌延伸、子品牌和授权品牌制定指导方针。

4. 其他的品牌变革代理人

（1）首席品牌官。首席品牌官（chief branding officer）统筹把握品牌和品牌组合建设的短期及长期目标，他应当拥有关于品牌驱动的所有决策的权力和责任。他需要有助于推动品牌发展的战略、预算和团队。最关键的是，这个人必须监督企业的全部品牌、每个员工的个人表现、员工之间的关系，以及整体上品牌组合的维护情况。

（2）品牌大使或品牌先锋。品牌大使（brand ambassador）是指为每一个品牌都分配一个首席级别的高管——不仅首席营销官和首席执行官要负责一个品牌，首席人力官、首席财务官、首席运营官等也都要负责一个特定品牌并支持其管理者的工作。品牌大使的职责是：从企业的高层为品牌管理者赋能，并为之提供建议；向所有人展示首席级别的高管信任并拥护他们的品牌。这一角色有助于促使每一位高管或多或少地参与到品牌建设中。

对全球品牌，也应考虑任命一个高管兼任的品牌先锋（brand champion）。此人可以是负责某个国家的品牌事务的经理或公司总部的某个高级经理。他负责监控品牌定位在国际市场中的一致性，对所有主要的品牌战略方面都有批准权，并授权品牌延伸至其他产品和业务。品牌先锋必须熟悉当地的情况和当地的管理者，以权衡其对当地适应性要求的有效性①。

5. 员工基础

如果缺乏整体的组织一致性，没有意识到激励每一个员工去传播品牌承诺的重要性，那么企业的品牌建设很难取得成效。通过确保员工理解品牌的战略、实施品牌战略时每个人的作用，以及品牌建设的持久性，可以使品牌融入员工的日常生活中。成功建立了基于品牌的文化的组织，通常都有合适的职业生涯规划来激励员工长期为品牌服务。

三、全球品牌管理架构

对于拥有全球品牌的跨国公司而言，要建立全球品牌管理架构，这是超越地方性公司之外进行的跨地域品牌管理。我们从组织模式和人员模式两个方面进行介绍。

（一）组织模式②

根据斯廷坎普的研究，跨国公司使用不同的组织模式来支持其全球品牌，最为普遍的四种组织模式分别是：地理模式、职能模式、矩阵模式和网络模式。这些组织模式对于品牌活动的全球一体化与地方自治的权衡是不同的（见图 14－3）。当然，在实践中企业通常会将不同组织模式的元素混合，不过企业仍应识别出自己的主导组织模式。

---

①② 有关全球品牌的品牌先锋，参考：斯廷坎普．全球品牌战略．安斯琪，译．北京：清华大学出版社，2019：154–155；Steenkamp J B. Global Brand Strategy. London：Springer Nature，2017：184–185。

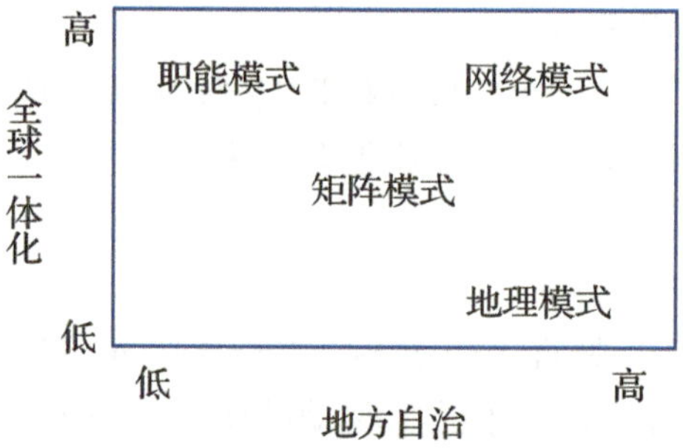

图 14－3　全球品牌组织结构设计

资料来源：斯廷坎普．全球品牌战略．安斯琪，译．北京：清华大学出版社，2019：131.

如表 14－2 所示，四种组织模式使用以下三个协调机制来区分程度：集中化、正规化及规范性文化控制（normative-cultural control）。为了解组织模式如何运作，我们首先需要了解这些协调机制如何运作。

首先，集中化表示“谁决定”。集中化是一种管理机制，即最高管理层分等级地做出全球品牌决策。这是成本最低的管理机制：总部做出大多数关键的战略和战术决策，并通过命令和持续监控来协调子公司。它只需很少的资源就能完成制度化，但需要许多的行政资源加以维持。

其次，正规化表示“决定是如何做出的”。正规化是指决策制定和资源分配的程序化，它通过以一套公正的规则取代决策制定，同时弱化了总部以及子公司的权力。因为高管需要耗费相当多的时间和精力来开发一套全面的决策制定规则和模板，所以正规化需要比集中化更多的资源来完成制度化。但一旦建立起来，该机制只需要少到可以忽略不计的行政资源来维持。

最后，规范性文化控制表示“什么使我们紧密相连”。前述两者都是通过行政管理机制来实现全球品牌的整合，而规范性文化控制是指通过将所有的品牌决策与共同价值观和目标联系在一起来约束行动。它与贯穿于总部以及当地子公司的强大企业文化一同发挥作用。该机制的建立花费最多，它涉及对于初始社会化和持续的文化忠诚度进行重大投资。

表 14－2　四种组织模式的对比

	地理模式	职能模式	矩阵模式	网络模式
使用协调机制的等级顺序	规范性文化控制（也可能为弱） 正规化 集中化	集中化 正规化 规范性文化控制	正规化 集中化 规范性文化控制	规范性文化控制 正规化 集中化
解决全球品牌矛盾的能力	低	高	中	不确定
全球一致性和效率	高	低	中	不确定
本地的响应能力	低	低 / 中	中	不确定

续表

	地理模式	职能模式	矩阵模式	网络模式
全球性的学习和创新	当地面临的机遇和风险高	当地面临的机遇和风险低	低	高
速度和灵活性	当地面临的机遇和风险低	当地面临的机遇和风险高	—	—
有利于其使用的条件	● 具有深厚的当地文化遗产的产品 ● 不同国家之间顾客需求明显不同 ● 低规模经济与低范围经济 ● 严格管制和政治敏感的行业	● 新产品类别 ● 全球需求细分支配着国家细分 ● 对于什么组成"最佳"产品达成普遍共识 ● 母国是行业的主导市场 ● 高规模经济与高范围经济	在顾客需求方面存在重大跨国差异的产品，但 COMET 因素*要求全球一体化	● "千禧一代"公司 ● 涉及物联网的公司 ● 数字化企业
不足	● 品牌无秩序状态 ● 规模与范围的不经济 ● 非自主发明综合征	● 失去当地的机会 ● 对于当地威胁中蕴含的全球潜力反应迟缓 ● 民族中心焦点可能在海外造成仇恨	● 复杂 ● 昂贵 ● 冲突的目标 ● 折中办法表现不佳	● 未经证实 ● 规范性文化控制是否足够 ● 文化凝聚力与国家规范之间的冲突 ● 高级管理层缺乏多样性 ● 英文水平 ● 跨文化交流的挑战
全球品牌类型	● 价值品牌 ● 大众品牌	所有五类全球品牌：价值品牌、大众品牌、高端品牌、声望品牌和趣味品牌	● 大众品牌 ● 高端品牌	所有五类全球品牌：价值品牌、大众品牌、高端品牌、声望品牌和趣味品牌
实例	金佰利、好市多、海尔	三星、宜家、路威酩轩集团	飞利浦、金宝汤业	IBM、爱彼迎

*COMET 因素是指全球品牌价值创造的五个维度，依次为：顾客偏好（customer）、组织性利益（organizational）、营销效益（marketing）、规模经济（economy）和跨国（transnational）创新。

资料来源：斯廷坎普．全球品牌战略．安斯琪，译．北京：清华大学出版社，2019：132-133.

1. 地理模式

随着品牌走向全球化，高管经常根据市场潜力，按照地域、地区或国家来组织营销和运营（见图 14－4）。这种结构高度分散化，最高管理层将决策权力赋予地区或当地的商业单位，然后监控其销售和利润。国家级分支机构的经理拥有相当多的自主权，对当地市场状况的变化做出快速反应。在这样的结构中，一个共享的企业文化可以成为全球品牌活动（例如形成一致的价值主张）的协调机制；但是，如果当地的商业文化不能与总部的文化相适配，那么全球品牌经理可能要努力地协调战略举措。

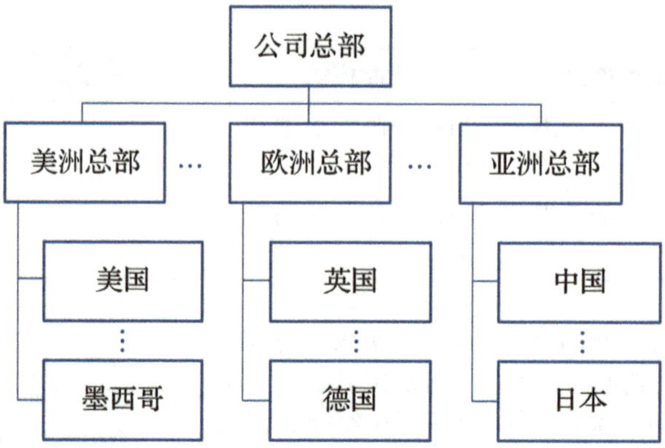

图 14-4　地理模式

资料来源：Steenkamp J B. Global Brand Strategy. London：Springer Nature，2017：163.

在当地顾客偏好根深蒂固的行业中，如零售业，尤其是食品零售业，地理模式可能是最有效的组织模式。

2. 职能模式

与地理模式截然相反的是职能模式（见图 14-5）：前者强调本土化，后者则强调全球化；前者授权给当地的管理人员，后者则将权力掌握在总部手中；前者主张权力下放，后者则采取集中制和一定程度的正规化。

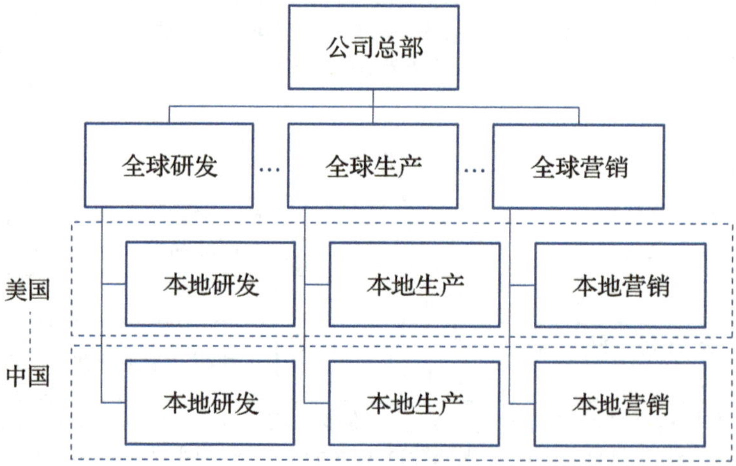

图 14-5　职能模式

资料来源：Steenkamp J B. Global Brand Strategy. London：Springer Nature，2017：165.

职能性组织制定单一品牌战略并在世界各地一致地加以贯彻，尽量减少地方差异，强调全球共同点，其品牌具有强大的全球识别度。本地的管理者可能认为这种模式相当僵化、缺乏本地适应性，但它确保了品牌一致性、高效率，并能快速推广新产品。因此，如果本国是该行业的主导市场，或者顾客需求在国家间没有显著差异时，该模式的优点多于缺点。

3. 矩阵模式

矩阵模式通过赋予职能和地理位置同等的权力和责任，将上述两种模式的优势结合在一起（见图 14－6）。矩阵模式中，全球营销副总裁管理全球营销战略、监督全球营销预算，并对当地业务单元的营销经理的决策和事业产生影响；而当地业务部门的总经理分配当地营销预算，并同样影响到当地营销经理的决策和事业。因此，中层管理者拥有一个职能上的上司和一个地域上的上司。

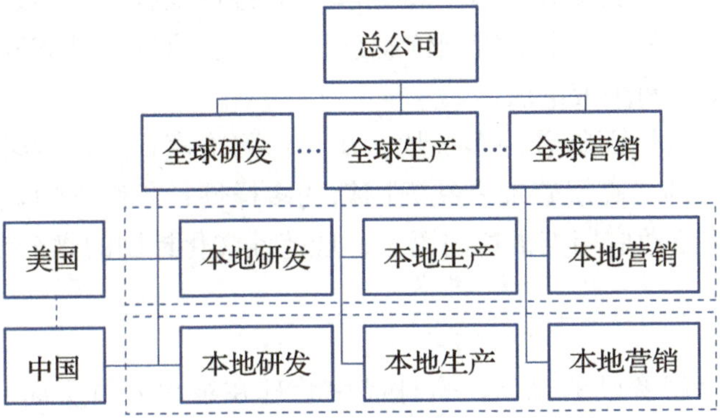

图 14－6　矩阵模式

资料来源：Steenkamp J B. Global Brand Strategy. London：Springer Nature，2017：167.

该矩阵将全球品牌一致性和效率、本地响应能力以及业务单元之间的协同效应的压力在内部进行化解。正规化机制对这些举措进行了协调。此外，由于矩阵模式明确地将全球性元素注入组织设计中（而非母国主导），所以它也提供了规范性文化控制。“双重上司”的层级结构有助于解决战略规划未能协调全球和本地营销计划之间的差异的问题；但是，两位上司的目标常会不一致。矩阵结构的弊端还在于它较为复杂，难以管理，不够快速敏捷。

4. 网络模式

网络模式最大的特征是相互依存的原则：各层级单元中的所有人员进行有意义的沟通。他们在价值链上下游的接触点相互学习，并分享品牌经验和创新（见图 14－7）。

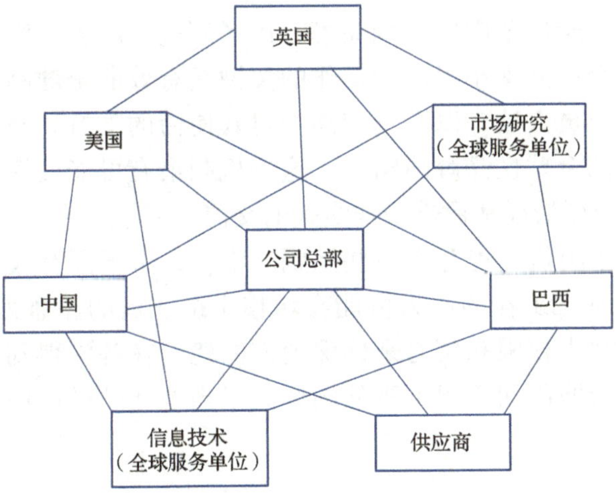

图 14－7　网络模式

资料来源：Steenkamp J B. Global Brand Strategy. London：Springer Nature，2017：170.

网络结构解决了矩阵结构向一维方向倾斜的固有趋势。在网络中，所有角色都拥有对竞争成功至关重要的市场智慧和能力。既不是地理位置也不是职能占据主导地位。

网络模式将效率视为实现全球竞争力的手段；利用当地的反应能力，使国际业务更具灵活性；并将品牌创新和最佳实践视为组织学习的成果。一些跨国企业将其网络扩展至其他公司、供应商、经销商及顾客。网络模式的特点是有一套明确定义和严格控制的运营系统（特别是一个透明的全球管理信息系统），以及有着全球和职能经理积极参与到子公司董事会中的单元间决策论坛。

全球网络模式有效性面临着许多挑战，比如：网络模式成功所必需的企业文化是强调平等而非强调等级的；高层管理者缺乏国籍的多样性；各级本地业务部门之间高强度的横向沟通，需要广泛地应用英语这门语言；规范性文化控制的黏合作用可能存疑。

（二）人员模式①

按照阿克和乔基姆塞勒的总结，全球品牌管理在组织人员层面有四种可能的方法，分别称为全球品牌小组、业务管理小组、全球品牌经理和品牌先锋。它们是根据执行权限级别和小组/个人负责来划分的，如表 14－3 所示。

表 14－3　全球品牌管理的四种方法

	中层管理级别	高层执行级别
小组	全球品牌小组	业务管理小组
个人	全球品牌经理	品牌先锋

资料来源：阿克，乔基姆塞勒．品牌领导．曾晶，译．北京：新华出版社，2001：375.

1. 全球品牌小组

全球品牌小组易于被接受并能搜集到大量的知识和经验，因为更多的人就意味着更多的渠道。该小组通常由来自世界各地、负责不同品牌发展阶段、身处不同竞争环境的品牌代表组成。

该小组的职责是在全球范围内管理品牌。市场调查、广告、赞助活动和促销也可能归于其工作范围内。全球品牌小组成功运作的关键是有效的全球品牌规划过程、全球品牌沟通系统、合适的成员人选，以及管理高层对其使命的支持。当运作良好的全球品牌计划产生了定义完善的全球性品牌战略时，这一机制最有可能发挥作用。品牌小组的重点则成为监督战略的遵循情况和促进最佳实践的交流。

不过，全球品牌小组机制也存在一些问题。第一，由于没有人对全球性品牌决策的执行情况负责，来自基本工作的压力可能会转移小组成员的注意力，并导致执行不力；第二，小组成员可能缺少权限和精力来确保他们的建议在各国得到实行；第三，小组成员可能由于政治或社会原因而不得不听从同事关于当地产品或市场的经验，最终未能形成全球品牌战略。

① 阿克，乔基姆塞勒．品牌领导．曾晶，译．北京：新华出版社，2001：375-380；Aaker D A，Joachimsthaler E. Brand Leadership. New York：The Free Press，2000：319-324.

2. 业务管理小组

如果高层管理者是那些视品牌为企业关键资产的营销或品牌管理人员，这种方法最为合适。20 世纪 90 年代的宝洁公司是运用该方法的典范。宝洁的每一个品类都有相应的全球小组，对该品类在其区域内的研发、制造和营销负有直线责任；每一个小组由四个经理组成，并由一位执行副总裁领导。因为有高管参与其中，该小组执行任何决定都不会遭遇组织结构上的障碍。

具体来讲，每一个全球品类小组的工作包括：在世界范围内定义该品类内的品牌身份和定位；本着尽可能建立全球品牌的宗旨，归纳总结那些能够成为全球性成功模式的各国品牌建设的优秀做法，并在世界范围内进行测试和应用；通过规划类别确认技术（category-identifying technologies）以及确定不同品牌获得什么技术来管理产品创新。

3. 全球品牌经理

全球品牌经理是负责制定能产生强势品牌和全球协作的品牌战略的人，对于建设和保护品牌资产发挥着重要作用。大多数全球品牌经理实际上没有授权，他们必须在这种情况下努力制定一个协同的、有凝聚力的全球品牌战略。该机制取得成功需要四个关键因素：第一，获得高层管理者的支持；第二，创建一个全球品牌规划流程或对现有的流程进行管理和利用；第三，发展、调整和管理内部品牌沟通系统；第四，任命有经验、有才华的人担任全球品牌经理职务。

4. 品牌先锋

品牌先锋指作为品牌的主要倡导者和培育者的高级经理人，可能是首席执行官。这一机制特别适用于那些拥有热衷于品牌战略且有相关才华的高管的公司。品牌先锋因为其组织能力、丰富的经验和敏锐的观察力而受到尊敬和信赖。他负责批准一切关于品牌延伸发展的决定，并监控品牌在全世界的表现和使用。他必须熟悉当地背景和管理人员，洞察最佳实践，并提出建议来推广它们（有时是强制性的）。

第 2 节　知识产权制度

在法律上，与品牌密切相关的领域是“知识产权”。在知识产权的范畴中，与品牌对应的概念是商标。尽管这两者常常互换使用，其实它们有着明确的分野。

“商标”（trademark）是一个静态、单一的概念，而“品牌”（brand）是一个动态、多元的概念。前者强调的是法律保护，而后者强调的是管理和战略。因此，品牌含有商标，但绝不仅仅是个商标而已。法律是品牌健康发展的重要保障。

一、知识产权与商标权

首先，让我们认识一下什么是知识产权（intellectual property，IP）。知识产权又称“智力成果权”，指在科学技术、文化艺术等领域从事智力活动所创造的精神财富在一定地域、一定时间内所享有的独占权利。它具有无形性、专有性、地域性、时间性等特点。

知识产权的权利范围划分如表 14－4 所示。

表 14－4　知识产权的权利范围

世界知识产权组织（WIPO）的界定	世界贸易组织（WTO）的界定
1. 与文学、艺术及科学作品有关的权利。这主要指作者权，或一般所称的版权（著作权） 2. 与表演艺术家的表演活动、与录音制品及广播有关的权利。这主要指一般所称的邻接权 3. 与人类创造性活动的一切领域的发明有关的权利。这主要指专利发明、实用新型及非专利发明享有的权利 4. 与科学发现有关的权利 5. 与工业品外观设计有关的权利 6. 与商品商标、服务商标、商号及其他商业标记有关的权利 7. 与防止不正当竞争有关的权利 8. 一切其他来自工业、科学及文学艺术领域的智力创作活动所产生的权利	1. 版权和相关权利 2. 商标 3. 地理标识 4. 工业设计 5. 专利 6. 集成电路布图设计（拓扑图） 7. 对未披露信息的保护 8. 对协议许可中限制竞争行为的控制

表 14－4 中所列的两大国际组织对知识产权的范围界定反映了一个广义的观点。而在实际操作中，一般采用狭义的观点，即知识产权包括工业产权与版权（著作权）。其中工业产权，又包括专利权、商标权、禁止不正当竞争（指 Know-How 权、禁止假冒他人产品的权利）等；版权则包括作者权与传播者权（即"邻接权"）等。

由此看出，商标权是知识产权的一种。依照 2019 年第四次修正后的《中华人民共和国商标法》有关条款，任何能够将自然人、法人或者其他组织的商品与他人的商品区别开的标志，包括文字、图形、字母、数字、三维标志、颜色组合和声音等，以及上述要素的组合，均可以作为商标申请注册①。商标所有人依法对其注册商标所享有的专有权利（即商标权），包括专有使用权、禁用权、续展权、转让权、许可使用权、注销权、起诉权、质押权、禁止侵权商品进出口权，其中专有使用权是基本的核心权利。注册商标的有效期为 10 年，自核准注册之日起计算。10 年届满后可以申请续展。

2008 年，我国颁布了《国家知识产权战略纲要》，将知识产权上升为国家战略。到 2020 年，《国家知识产权战略纲要》的目标任务都已基本实现：我国在知识产权创造方面实现了量质齐升，专利和商标等知识产权总量连续多年位居全球第一，正在向知识产权创造大国迈进②。据国家知识产权局数据，2020 年国内商标申请量达到了 911.6 万件，再创新高；有效注册商标量则为 576.1 万件，继续保持世界领先地位③。截至 2020 年 9 月，我国商标累计有效注册量达 2 823 万件④。

① 《中华人民共和国商标法》经 1982 年 8 月 23 日第五届全国人民代表大会常务委员会第二十四次会议通过，分别在 1993 年、2001 年、2013 年和 2019 年进行修正。

② 专利总数量和商标申请量连续多年位居全球第一 我国向知识产权创造大国迈进.（2020-12-02）[2021-03-11]. http://www.gov.cn/xinwen/2020-12/02/content_5566319.htm.

③ 2020 年四季度全国省市县商标主要统计数据.（2021-01-11）[2021-03-11]. http://sbj.cnipa.gov.cn/sbtj/202101/t20210111_325103.html.

④ 改革促商标公共服务水平提升 我国商标累计有效注册量达 2 823 万件.（2020-09-18）[2021-03-11]. http://www.gov.cn/xinwen/2020-09/18/content_5544589.htm.

二、知识产权与无形资产

知识产权表示一种创造性智力成果的归属和法律认可，而只有把这种独占的知识形态转化为物质生产力和可持续发展的资源，才算真正实现它的价值——这就引出了无形资产的概念。

按照国际通行的观点，无形资产的组成要素一般包括知识产权、技术秘密与经营秘密、特许经营权和商誉等内容。无形资产是相对于设备、厂房等有形资产而言的，二者的特征差异比较见表 14－5。

表 14－5　无形资产和有形资产的特征比较

	有形资产	无形资产
构成元素	厂房、机器、设备等	品牌、专利、渠道关系等
能被买卖	有形资产具有残值	如吉利收购沃尔沃
降低成本的方式	通过提高生产率降低产品制造成本	通过更好的技术和顾客关系降低销售和服务成本
提升价格和市场份额的方式	通过更高的产品质量和更多的功能	通过更高的附加价值
形成竞争壁垒的方式	其他公司必须付出相似的投资	以顾客的转移成本和忠诚度形成竞争壁垒
形成新竞争资源	如提供雇员及更高的产量	如使其他的资源产生更大的效益

获得知识产权只是表明得到了法律的认可，而无形资产则表示在法律认可的基础上，获得了市场对其的再认可。因此，知识产权与无形资产的区别在于：前者是以获得权利证书为标志；后者则是以取得经济效益为标准，即占领市场、获取收益或股权。

知识产权是无形资产的主体，但绝不是无形资产的全部；知识产权是法定无形资产必不可少的基础，但不等同于无形资产。知识产权并不一定能转化为无形资产。例如：企业虽拥有一件商标，但缺乏生产制造和市场开拓能力；某人拥有一件专利，但没有市场需求前景。

如果说知识产权是一种创造性智力投入结果的话，那么，把知识产权转化为无形资产，还需要第二种创造性智力的投入，即市场经营智慧。

三、商标权与品牌资产

从企业经营的角度看，若要把知识产权中的商标权转化为无形资产中的品牌资产，生产者、经营者仅有知识产权意识是不够的。“品牌资产”概念的提出，为企业经营者指明了把商标权转化为无形资产的方向和战略。站在市场营销的角度，品牌资产就是经营品牌与消费者之间的关系。消费者-品牌关系是商标权的溢出部分。知识产权与品牌资产的关系如图 14－8 所示。

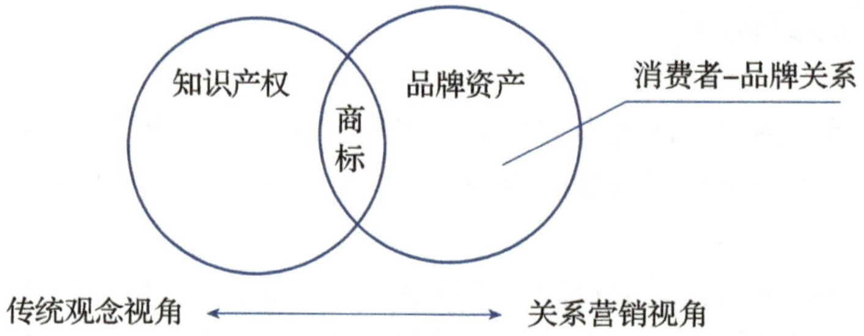

图 14-8 知识产权与品牌资产的关系

资料来源：何佳讯．品牌形象策划：透视品牌经营．上海：复旦大学出版社，2000：18.

品牌资产具有极强的管理导向。品牌资产好比在顾客心智中开设了品牌账户，各种相关的无形资产（如专利、形象权、技术和经营秘密）都归于其下。在执行上，我们可以把品牌资产分为两大部分："战略资产"和"执行资产"。前者是指品牌顶层设计要素，包括品牌定位与品牌身份，以及品牌所具备的个性特征等，意味着让品牌拥有一种独一无二的、对消费者具有专门意义的特质。后者是指通过品牌创新和经营赋予品牌的"后天"特征，它需要以专业水平进行品牌经营，投入智慧，并持之以恒。

第 3 节 商标的国际注册与保护*

前文提到，品牌是一种重要的无形资产，是企业的产权客体之一。品牌拥有者可以在合法的范围内自主地拥有对品牌的归属、占有、使用、收益和处分等各种法定权益。在法律的层面上，我们更多地使用"商标"（trademark）的概念。在品牌走向世界的过程中，还必须重视商标的国际保护惯例，以维护品牌在世界上尽可能广泛的合法地位。

在商标保护领域，一些重要的国际公约以及我国加入的情况如表 14-6 所示。本节介绍几种重要的国际公约以及关于驰名商标和地理标志的国际保护问题。

表 14-6 商标保护的国际公约与跨国公约

公约名称		缔结 / 签订地点	签订 / 生效时间	成员方*	我国加入情况
国际公约	《保护工业产权巴黎公约》	法国巴黎	1883 年 3 月 20 日签订；1884 年 7 月 7 日生效	177 个	1985 年 3 月 19 日
	《与贸易有关的知识产权协定》(TRIPs)	摩洛哥马拉喀什	1994 年 4 月 15 日签署；1995 年 1 月 1 日生效	164 个	2001 年 12 月 11 日
	《商标国际注册马德里协定》	西班牙马德里	1891 年 4 月 14 日签订	21 个（截至 2019 年 7 月 3 日）	1989 年 5 月 25 日
	《商标注册用商品和服务国际分类尼斯协定》	法国尼斯	1957 年 6 月 15 日签订	86 个（截至 2019 年 3 月 25 日）	1994 年 8 月 9 日

* 何佳讯．品牌形象策划：透视品牌经营．上海：复旦大学出版社，2000．更新了相关数据。

续表

公约名称		缔结 / 签订地点	签订 / 生效时间	成员方*	我国加入情况
跨国公约	《班吉协定》	中非班吉	1977 年 2 月	非洲法语国家	—
	《比荷卢经济联盟统一商标法》	比利时布鲁塞尔	1971 年 1 月	比利时、荷兰、卢森堡	—
	《卡塔赫纳协定》（又名《安第斯协定》）	哥伦比亚卡塔赫纳	1974 年 5 月颁布《工业产权适用规则统一条例》	厄瓜多尔、哥伦比亚、秘鲁、玻利维亚和委内瑞拉	—

* 此栏数字处于变化之中，仅作参考。

一、《保护工业产权巴黎公约》

《保护工业产权巴黎公约》（Paris Convention for the Protection of Industrial Property，简称《巴黎公约》）是国际上在保护工业产权方面订立最早、影响最大的公约，于 1883 年 3 月 20 日在巴黎缔结，截至 2017 年 5 月共有 177 个成员。从 1967 年起，《巴黎公约》由世界知识产权组织（WIPO，目前共有 193 个成员）管辖和监督执行。迄今为止，《巴黎公约》已经历了七次修订。该公约不是跨国实体法，只是规定各成员国必须奠定的基本原则和成员国国内法的最低要求，为成员国国民在其他成员国中申请工业产权保护提供了方便。该公约的适用范围是最广义的工业产权，包括发明、实用新型、工业品外观设计、商标、服务标记、厂商名称、产地标记或原产地名称以及制止不正当竞争等。其主要内容有：

（一）国民待遇原则

国民待遇原则的含义包括两个方面：一是每个成员国必须保证其他成员国国民的工业产权能平等地享受到本国国民所享受的待遇；二是对于非成员国国民，只要他在某一成员国内有住所，或有真实有效的从事工商业活动的营业场所，也享有与该成员国国民相同的法律待遇。其中“国民”一词的含义包括自然人和法人。国民待遇原则并不妨碍成员国的国内法给予外国国民以高于本国国民的待遇。

实行国民待遇的原则，为成员国国民在对方国家申请商标注册提供了便利，也为商标取得保护树立了基本准则。

（二）优先权原则

优先权原则的内容是，如果某个可享有国民待遇的人以一项商标（也包括专利）首先在任何一个成员国中提出了注册申请，那么自该申请提出之日起的 6 个月内（外观设计也是 6 个月，对发明专利或实用新型来讲是 12 个月），如果他在别的成员国也提出了同样的申请，则这些成员国都必须承认该申请在第一个国家递交的日期为本国的申请日。需要注意的是，为了取得优先权，申请人必须在第二次提交申请时正式提出优先权请求。

（三）商标独立性原则

商标独立性原则的含义是，如果一项商标没有能够在本国获得注册，或它在本国的注册被撤销，不得影响它在其他成员国的注册申请被批准（对于在其他国家已经批准了的注册商标来讲，不能影响它的注册效力）。

商标独立性原则有一个特殊之处，即商标所有人本国的商标注册，对于他就同一商标在其他成员国的注册虽不能有否定性的影响，但可以有肯定性的影响。也就是说，如果一项商标在其本国已经获得了合法的注册，那么在一般情况下，它在其他成员国的注册申请就不应当被拒绝。这个特殊规定有效地减少了在不同的国家里，来源相同的商品以不相同的商标作标示的情况发生。这无疑对品牌全球化产生了积极的作用。

（四）最低限度保护

《巴黎公约》要求成员国在根据本国工业产权保护法保护其他成员国国民的工业产权的同时，还必须满足对工业产权的“最低限度保护”。对商标来说，主要有三个方面的内容。首先，不得以商品的性质为由，拒绝给有关商品所使用的商标以注册。这条规定的作用在于避免因商品的销售活动而影响工业产权的获得。其次，对于驰名商标给予特别保护。最后，《巴黎公约》要求成员国一致禁用两种当作商标使用的标记。一是其他成员国的国徽、国旗或其他象征国家的标志；二是成员国政府间国际组织（指国家一级政府之间的组织）的旗帜、徽记、名称及其缩略语。

（五）临时保护

《巴黎公约》规定，成员国必须依本国法律，对于在任何一个成员国内举办的经官方承认的国际展览会上展出的商品可以申请注册的商标（也包括专利），给予临时保护。临时保护期为 6 个月（外观设计也为 6 个月，发明、实用新型为 12 个月）。

临时保护的作用与优先权原则有相似之处，但两者产生的依据不同；另外，优先权原则是所有成员国都必须遵循的，临时保护只是公约的多数成员国所采用的，而不是一切国家都如此，有些国家并不给展品以类似优先权期的临时保护。

（六）宽限期

《巴黎公约》规定，成员国应给商标权人（也包括专利）至少 6 个月交纳费用（年费或续展费）的宽限期，只要权利人在此期间补交了有关费用，就仍应维持其商标权的效力。

另外，《巴黎公约》还规定，如果有些成员国的商标法规定商标必须在商业活动中使用才能维持注册有效，那么因未使用而撤销注册时，也必须给予一定的宽限期。《中华人民共和国商标法》第四十九条第二款规定：“注册商标成为其核定使用的商品的通用名称或者没有正当理由连续三年不使用的，任何单位或者个人可以向商标局申请撤销该注册商标。商标局应当自收到申请之日起九个月内做出决定。有特殊情况需要延长的，经国务院工商行政管理部门批准，可以延长三个月。”这同样反映了这种宽限期的规定。

中国企业如去《巴黎公约》成员国进行个别商标国际注册，一般通过国家工商行政管理部门指定的涉外商标代理机构办理，要提供商标图样，签署商标代理委托书。如果要求优先权，还需要提供优先权证明文件。

二、《与贸易有关的知识产权协定》

世界贸易组织（WTO）的前身是关税与贸易总协定（General Agreement on Tariffs and Trade，GATT）。它是规定国际贸易准则的一项多边条约，对世界各国的贸易发展起到了非常重要的作用。

至 1993 年 12 月，关税与贸易总协定共进行了八个回合的谈判。其中最后一次的乌拉圭回合谈判历时 7 年，而只有这次谈判才真正触及了知识产权的议题，并最终签订了《与贸易有关的知识产权协定》（简称 TRIPs 协定）。TRIPs 协定是知识产权保护领域中涉及面广、保护水平高、保护力度大、制约力强的一个国际公约。该协定的序言表明了它的宗旨和目标，简单地说就是期望减少国际贸易中的扭曲和障碍，促进充分有效地保护知识产权，并确保执行保护知识产权的措施和程序本身不成为对合法贸易的障碍。

乌拉圭回合谈判的另一个重要成果是决定建立世界贸易组织，以取代曾在国际经济事务中发挥过巨大作用，但其本身却存在着一些组织结构上的局限，因此越来越难以适应日益复杂的国际经济贸易现实的关税与贸易总协定。1995 年 1 月 1 日，世界贸易组织正式成立，TRIPs 协定也就移交世界贸易组织管理并正式生效。该协定的第 15 ～ 21 条，是有关商标保护的专门规定。

（一）对商标的“使用要求”

TRIPs 协定对商标的“使用要求”包括两个方面。一是缔约方可以规定商标注册是为了使用，但是，使用不应是取得注册的先决条件。这从正面允许美国一类的少数国家把“使用商标”（在我国及大多数国家或地区，均只能靠注册获得商标权）作为行政机关判定可以批准注册的一条依据。二是提出注册商标如果连续 3 年无正当理由不使用，则行政管理机关可以撤销其注册。至于什么样的活动符合“使用要求”，可以由各成员方自己去依法确定。

（二）共同使用

TRIPs 协定在第 20 条中指出：“在贸易过程中使用商标不得受特殊要求的无理妨碍”。对于所谓的“特殊要求”，该条举了三个例子：要求与另一商标一起使用；以特殊的形式使用；要求以损害其将一企业的货物或服务区别于另一企业的货物或服务能力的方式使用。对于第一个例子，TRIPs 协定只是禁止以法律形式强制性要求把共同使用作为必要条件。例如，如果中外双方在合资企业合同或其他合同中，自行商定共同使用双方的商标，则 TRIPs 协定并不过问。

（三）保护期

TRIPs 协定在第 18 条规定，商标的首次注册及每次续展的期限均不得少于 7 年，续展次数应为无限。但这是有条件的，在各国均必须符合法定条件时才可能得到续展。在我国，续展至少应符合以下条件：符合使用要求，即没有连续三年时间连续不使用；该标识未变为商品通用名称；按照商标法要求去使用，如不擅自更改标识、注册人名义、注册人地址等；按时办理续展手续。

（四）其他规定

当商标注册违反《巴黎公约》第6条规定，即侵犯第三者权利、缺乏显著性和违反道德或公共秩序时，才能拒绝其注册或使之无效。

注册商标所有人有权禁止他人未经其同意在同一类或类似商品/服务上使用与其注册商标相同或近似的商标专有权利。

对驰名商标的保护可以扩大至在与该商标被注册的商品或服务不相类似的其他商品或服务上的使用。

成员国可以决定商品许可和转让的条件，但不允许规定强制许可。

三、《商标国际注册马德里协定》

1891年，由当时实行商标注册制度的法国、西班牙、比利时、瑞士等国家发起，《商标国际注册马德里协定》（简称《马德里协定》）在马德里缔结，次年生效。该协定遵循《巴黎公约》的基本原则，旨在解决商标的国际注册问题，力求简化申请人到协定成员国进行商标注册申请的程序，使申请人通过使用一种语言、缴纳一次费用以及不需要超过一年的时间，便可获得在两个以上国家的商标注册。国际注册与申请人在所指定的每一个国家提出的商标注册申请具有同等效力。不过要注意的是，《马德里协定》是商标权的申请公约，而非商标权的批准公约。它的适用客体是商标和服务标志。

（一）按照《马德里协定》进行国际注册的过程

《马德里协定》充分体现了国民待遇原则。凡是协定成员国国民，或者在成员国中有居所或在成员国中设有真实有效工商营业场所的非成员国的国民，都可以申请商标的国际注册。其申请和取得国际注册的程序是：

1. 获得本国注册

申请人先向本国商标主管部门申请商标注册并取得注册。这是一个前提条件。

2. 提交国际注册申请案

在取得本国注册后，申请人向本国主管部门提交该商标的国际注册申请案（international application filing），同时缴纳国际注册基本费和应向其他指定国缴纳的费用。申请国际注册的语言只能使用法语。

3. 本国主管机关审查核实

本国主管机关进行审查核实，确认国际申请案中的商标与申请人在国内已经获得注册的商标完全一致，并注明该商标有原属国的申请和注册的日期、号码及国际注册的申请日期，然后将申请案转交世界知识产权组织国际局。

4. 国际局审查

国际局进行形式审查，看申请案是否符合协定及其实施条例的要求。如果申请案未能通过形式审查，国际局将通知申请人所在国主管部门，要求在 3 个月内修改申请案，否则将予以驳回。如果通过了形式审查，申请案就获得了国际注册申请。

5. 通知和公告

一旦通过形式审查，国际局就立即通知申请人要求给予保护的各成员国，并在国际局的出版物上予以公告。

6. 指定国审查

指定成员国在收到通知后，按照本国法律进行审查，在一年内对是否给予保护做出决定。如在一年内不向国际局提出驳回在该国注册的声明，则默认该商标已在该国核准注册。这时，国际注册转变为指定国的国内注册生效。

如果接受国在一年的限期内做出否定声明，表示拒绝在其领土内对该商标给予保护，则必须说明理由；如果申请人对此声明不服，可以向该接受国的商标主管部门提出申诉，或者向法院起诉。

《巴黎公约》规定，在一个成员国已经获得合法注册的本国商标，其他成员国一般不能拒绝其注册申请；《马德里协定》的成员国不能违反这条基本原则。如声明拒绝，则只能以《巴黎公约》中开列的几个特殊理由为依据：该商标与本国已经确立的其他人的专有权相冲突；在本国市场上缺乏显著性；违反本国道德或公共秩序。

7. 保护期限

一旦某个指定国承认了某一商标的国际注册效力，那么不管该国的法律所规定的商标注册有效期为多长，该国必须遵守《马德里协定》的统一规定，为该商标提供 20 年的保护期，并为其不限次数地办理续展，续展期每次为 20 年。

8. 本国注册对国际注册的影响

《马德里协定》规定，从商标国际注册日算起的 5 年内，如果商标在本国的注册被撤销，则它在其他指定国的注册也将随之撤销，而不论该国际注册商标是否已经转让。在 5 年期限届满后，不论原注册商标在所属国的法律状态如何，一概不影响其国际注册所产生的权利。

（二）中国企业进行国际注册申请的有关要求

我国国家工商行政管理局于 1989 年制定了《关于申请马德里商标国际注册办法》，该办法为 1996 年施行的《马德里商标国际注册实施办法》所废止。根据后者的具体规定，申请人必须符合下列条件之一：在我国设有真实有效的工商营业场所；在我国有住所；拥有我国国籍。对于申请方式，规定中列有两种：直接制和代理制。目前主要采取代理制。

在填写商标的国际注册申请案中，除了一些基本的内容外，还可以要求优先权。即如果我国企业在向本国提出商标申请的 6 个月内，又在相同的商品或服务上就同一商标向其他成员国申请注册，可以主张优先权。

四、驰名商标的保护

俗语和生活中通常说的“名牌”，在法律上比较复杂，至少涉及“驰名商标”“著名商标”“知名商标”“公众熟知的商标”等几个法律概念；在专业理论上，又与“全球品牌”“国际品牌”“强势品牌”产生密切联系。

（一）相关概念之间的联系与区别

驰名商标是一个国际通用的法律概念，其英文对译为“well-known trademarks/marks”。但迄今为止，国际上尚未对这一概念下一确切的、公认的定义。最早提出这一概念的正式法律文本是《巴黎公约》1925年修订文本（海牙文本），TRIPs协定对之进行了继承和发展，并代表了当前驰名商标国际保护的最高标准。TRIPs协定认为知名度是认定一个商标是否驰名的首选标准。1999年世界知识产权组织和保护工业产权巴黎联盟《关于驰名商标保护规定的联合建议》也提及了驰名商标的认定因素：与商标有关的价值。我国有多项法律对驰名商标进行了界定和保护，详见后文介绍。

著名商标也是一个国际上常用的法律概念，其英文对译为“famous trademarks/marks”。对于这一概念，在正式生效的有关国际公约中尚未出现，原因主要是各国对这一概念有不同的理解。世界知识产权组织召开的驰名商标专家委员会会议提出的意见是，按照商标声誉和知名度由低到高分为五种：驰名商标、特别驰名商标（exceptionally well-known marks）、著名商标、声誉卓著商标（marks of high reputation）、高度著名商标（highly renowned marks）。我国在法律上没有对著名商标做出明文规定。

知名商标不是一个国际上通用的法律概念。如在日本，“知名商标”的声誉和知名度低于“驰名商标”。

公众熟知的商标是在我国商标法实施细则中提出的一个法律概念。在该实施细则的第25条第1款第2项中将“违反诚实信用原则，以复制、模仿、翻译等方式，将他人已为公众熟知的商标进行注册的”列为“以欺骗手段或者其他不正当手段取得注册的行为”之一，可以依据《商标法》第27条第1款，由商标局撤销该注册商标，或者请求商标评审委员会裁定撤销该注册商标。该细则为2002年施行的《中华人民共和国商标法实施条例》所废止。

（二）国际公约对驰名商标的保护

涉及的国际公约主要有两个：《巴黎公约》与TRIPs协定，而且只涉及驰名商标。上面已提到有关内容，这里给出有关具体条款。

1.《巴黎公约》对驰名商标的保护

《巴黎公约》对驰名商标的保护主要体现在第六条之二，目的是解决未注册驰名商标的抢注问题。原文如下：

（1）本联盟各国承诺，如本国法律允许，应依职权，或依有关当事人的请求，对商标注册国或使用国主管机关认为在该国已经属于有权享受本公约利益的人所有而驰名，并且用于相同或类似商品的商标构成复制、仿制或翻译，易于产生混淆的商标，拒绝或取消注册，并禁止使用。这些规定，在商标的主要部分构成对上述驰名商标的复制或仿制，易于产生混淆时，也应适用。

（2）自注册之日起至少 5 年的期间内，应允许提出取消这种商标的请求。本联盟各国可以规定一个期间，在这期间内必须提出禁止使用的请求。

（3）对于依恶意取得注册或使用的商标提出取消注册或禁止使用的请求，不应规定时间限制。

《巴黎公约》虽然规定了驰名商标的国际保护，但缺少关于驰名商标的认定标准，对认定的驰名商标不适用于服务商标，再加上公约将驰名商标的认定权赋予各成员国自己，所以没有形成一种规范性的具有约束力的制度。

2. TRIPs 协定对驰名商标的保护

在 TRIPs 协定中的对驰名商标的保护主要体现在第 16 条第 2、3 款：

（1）《巴黎公约》（1967）第六条之二在细节上作必要修改后应适用于服务。在确定一商标是否驰名时，各成员应考虑相关部门公众对该商标的了解程度，包括在该成员中因促销该商标而获得的了解程度。

（2）《巴黎公约》（1967）第六条之二在细节上作必要修改后应适用于与已注册商标的货物或服务不相类似的货物或服务，只要该商标在对那些货物或服务的使用方面可表明这些货物或服务与该注册商标所有权人之间存在联系，且此类使用有可能损害该注册商标所有权人的利益。

TRIPs 协定对驰名商标的特殊保护还体现在对假冒商标的打击措施和打击力度上。

相比于《巴黎协定》，TRIPs 协定在以下几方面有了发展：第一，肯定了《巴黎公约》第六条之二对于驰名商标的特殊保护原则，并将这一保护由货物商标拓展至服务商标；第二，明确了对驰名商标的认定标准；第三，对驰名商标提供跨类保护。TRIPs 协定有条件地扩大了对驰名商标特殊保护的范围，将《巴黎公约》规定的相同或类似的货物范围扩大到不相类似的货物和服务；但跨类保护只适用于注册的驰名商标。

（三）我国法律对驰名商标的保护①

我国《商标法》明确了认定驰名商标的基本标准，并将其分为未注册的驰名商标和已注册的驰名商标加以保护。

1. 驰名商标的认定

1995 年 2 月，国务院知识产权办公会议制定的《有效保护及实施知识产权的行动计划》正式对驰名商标保护做出明确的规定。自 2003 年 6 月 1 日起施行的《驰名商标认定和保护规定》第 2 条指出："本规定中的驰名商标是指在中国为相关公众广为知晓并享有较高声誉的商标。相关公众包括与使用商标所标示的某类商品或者服务有关的消费者，生产前述商品或者提供服务的其他经营者以及经销渠道中所涉及的销售者和相关人员等。"《商标法》第 14 条具体规定了认定驰名商标应当考虑的因素：相关公众对该商标的知晓程度；该商标使用的持续时间；该商标的任何宣传工作的持续时间、程度和地理范围；该商标作为驰名商标受保护的记录；该商标驰名的其他因素。

① 曹鸿星，杨桂莲. 品牌管理和知识产权保护. 北京：知识产权出版社，2019：148-149.

2. 对未注册驰名商标的保护

《商标法》第 13 条第 2 款规定："就相同或者类似商品申请注册的商标是复制、摹仿或者翻译他人未在中国注册的驰名商标，容易导致混淆的，不予注册并禁止使用。"虽然对于未注册驰名商标的保护局限于相同或类似商品，但已经突破了以往我国法律关于商标注册的原则，赋予了未注册驰名商标权人专用权。这体现了我国商标法与国际公约的接轨。

3. 对已注册驰名商标的保护

《商标法》第 13 条第 3 款规定："就不相同或者不相类似商品申请注册的商标是复制、摹仿或者翻译他人已经在中国注册的驰名商标，误导公众，致使该驰名商标注册人的利益可能受到损害的，不予注册并禁止使用。"这一规定同样实现了对已注册驰名商标的跨类保护。

五、地理标志的保护①

地理标志可以视为一种特殊的商标类型。在品牌实践中，地理标志对建立区域品牌、运用间接品牌联想杠杆策略建立品牌资产等具有重要作用。下面，我们分别介绍国际和国内法律制度对地理标志的保护。

（一）地理标志的概念

1958 年签订的《保护原产地名称及其国际注册里斯本协定》（简称《里斯本协定》）首次规定了地理标志的概念，见于第 2 条："原产地名称系指一个国家、地区或地方的地理名称，用于指示一项产品来源于该地，其质量或特征完全或主要取决于地理环境，包括自然和人为因素。"其后，TRIPs 协定对地理标志下了明确的定义，见于第 22 条第 1 款："识别一货物来源于一成员领土或该领土内一地区或地方的标识，该货物的特定质量、声誉或其他特性主要归因于其地理来源。"与之类似，我国《商标法》第 16 条第 2 款指出："前款所称地理标志，是指标示某商品来源于某地区，该商品的特定质量、信誉或者其他特征，主要由该地区的自然因素或者人文因素所决定的标志。"其中，自然因素指原产地的气候、土壤、水质等，人文因素则包括原产地特有的产品生产工艺、流程、配方等。

（二）地理标志的国际保护

《巴黎公约》虽然未给出地理标志的明确定义，但它将"货源标记或原产地名称"列为工业产权的保护对象之一，迈出了国际上保护地理标志的第一步。《里斯本协定》在首次规定地理标志的概念之外，还进一步拓宽了地理标志的保护范围，在第 3 条中禁止任何盗用或模仿原产地标识的行为。值得一提的是，在地理标志的国际注册程序方面，该协定规定各成员方应禁止未经许可使用通过国际注册的地理标志。TRIPS 协定可以说是迄今对于地理标志保护规定最完善的国际条约；这种保护主要从经济法角度出发，与地

① 曹鸿星，杨桂莲．品牌管理和知识产权保护．北京：知识产权出版社，2019.

理标志的私法属性相符合。具体体现在：第 22 条第 2 款“就地理标识而言，各成员应向利害关系方提供法律手段以防止：(a) 在一货物的标志或说明中使用任何手段标明或暗示所涉货物来源于真实原产地之外的一地理区域，从而在该货物的地理来源方面使公众产生误解；(b) 构成属《巴黎公约》(1967) 第 10 条之二范围内的不公平竞争行为的任何使用”；第 22 条第 3 款“如一商标包含的或构成该商标的地理标识中所标明的领土并非货物的来源地，且如果在该成员中在此类货物的商标中使用这一标识会使公众对其真实原产地产生误解，则该成员在其立法允许的情况下可依职权或在一利害关系方请求下，拒绝该商标注册或宣布注册无效”；第 22 条第 4 款“根据第 1 款、第 2 款和第 3 款给予的保护可适用于虽在文字上表明货物来源的真实领土、地区或地方，但却虚假地向公众表明该货物来源于另一领土的地理标识”。

(三) 我国的地理标志保护制度

于 1999 年颁布的《原产地域产品保护规定》是我国地理标志产品保护制度的第一部部门规章。2001 年，为配合加入世界贸易组织的需要，我国出台了《原产地标记管理规定》及其实施办法。国家质量监督检验检疫总局成立后，2005 年在上述两个规定的基础上修订发布了《地理标志产品保护规定》，使具有中国特色的地理标志保护制度更加科学规范。

目前，我国存在三套地理标志保护制度。第一，农产品地理标志。这是根据我国《农业法》《农产品质量安全法》《农产品地理标志管理办法》，由农业部批准登记的。第二，地理标志商标。这是根据我国《商标法》《商标法实施条例》《集体商标、证明商标注册和管理办法》，由原国家工商行政管理总局（现国家市场管理监督总局）批准作为集体商标、证明商标注册的。第三，地理标志产品。这是根据我国《产品质量法》《标准化法》《进出口商品检验法》《地理标志产品保护规定》，由原国家质量监督检验检疫总局批准实施保护的。

品牌实践 14－1 BURBERRY

2021 年 2 月，苏州市中级人民法院在英国奢侈品牌博柏利（BURBERRY）起诉中国时尚品牌 BANEBERRY 商标侵权案中做出保全裁定，禁止被告公司——新帛利商贸（上海）有限公司、绅途服饰（上海）有限公司、昆山开发区彭雅忠服装店——以及被告人彭某某使用被诉侵权标识开展经营。

BANEBERRY 的不正当竞争

苏州市中级人民法院认为，原告博柏利的英文商标“BURBERRY”以及“骑士”标志已经在中国市场形成辨识度，客观上具备被认定为驰名商标的可能性；而新帛利商贸旗下品牌 BANEBERRY 虽然通过法律途径注册了商标，但该行为依然可以被认定为对博柏利驰名商标的恶意复制，有构成商标侵权的可能性。两商标对比见图 14－9。

BANEBERRY 在设计上大量运用了博柏利经典的“Check Pattern”英伦格纹，并使用“起源于英国杰明街”“英式格子是时尚界的经典元素”等话语进行宣传。苏州中级人民法院在裁定中指出，BANEBERRY 此举存在被认定为构成不正当竞争的可能，同时会使消费者混淆其与博柏利的区别。

图 14－9　BANEBERRY 与 BURBERRY 的对比

天眼查资料显示，BANEBERRY 母公司新帛利商贸成立于 2019 年 5 月 28 日，经营范围包括服装服饰、鞋帽、箱包和皮革制品等。目前 BANEBERRY 已经在数个电商平台上开设销售渠道，并在过去一年半时间里开设 40 余家店铺，几乎与博柏利在中国的精品店数量持平。

值得注意的是，BANEBERRY 开店地域包括北京、上海、杭州、苏州和长沙等在奢侈品销售上有着良好表现的城市，并且多选址在具有一定规模的购物中心和奥特莱斯商城，与博柏利的销售渠道出现重合。

该品牌的商业行为，使得博柏利的市场在一定程度上受到挤压，并削弱消费者对其品牌高端形象的认知。苏州中级人民法院认为，在正式判决未出之前，做出行为保全裁定具有现实紧迫性，否则可能会对原告造成难以弥补的损害。

其他品牌的商标侵权纠纷案

值得注意的是，像博柏利这样能够在诉讼初期就取得裁定支持的海外时尚品牌并不多，打持久战是许多品牌在处理商标侵权纠纷时的常态。

2016 年，美国奢侈品牌拉夫劳伦（Ralph Lauren）在上海知识产权法院、上海徐汇区人民法院、上海黄浦区人民法院、上海杨浦区人民法院提起商标侵权、著作权侵权及不正当竞争诉讼，控告品牌在中国的分销商和广州爱驰皮件有限公司、上海睿发服饰有限公司等企业。

在上述民事诉讼进行的过程中，拉夫劳伦公司还针对广州爱驰皮件有限公司持有的大量商标向北京知识产权法院提起了无效宣告程序，该案的调查和审理过程持续将近三年。2018 年，拉夫劳伦全资子公司波罗/劳伦有限公司的诉讼请求被北京知识产权法院驳回，广州爱驰皮件有限公司“POLO SPORT”及图形商标的注册得到法律保护。

耐克集团旗下篮球运动品牌美国乔丹和中国乔丹之间的商标纠纷案则更为出名。该案从 2012 年持续到 2020 年，美国乔丹多次败诉，但在最高人民法院的支持下最终胜诉。

“乔丹案”经历的波折和八年后的胜诉，在一定程度上可以看作中国时尚商标维权领域发展的缩影，许多海外时尚品牌在这段时间内都接连取得维权的胜利。

2018 年，意大利奢侈男装品牌杰尼亚（Ermenegildo Zegna）结束了与中国时尚品牌伊夫·杰诺亚（Yves Zegnoa）长达五年的商标纠纷诉讼，后者被判侵犯杰尼亚版权，恶意使用其商标。《女装日报》将该案评论为“是海外时尚品牌在中国境内维护知识产权过程中，具有里程碑意义的判决”。

同年，瑞士历峰集团旗下男装品牌登喜路（Dunhill）也在对中国时装品牌 Danhuoli 的诉讼中获胜，Danhuoli 被判赔偿 1 000 万元人民币，如此高的金额在一众海外品牌的维权案中实属少见。

距离更近的案例则是美国“潮牌”Supreme New York 和意大利“潮牌”Supreme Italia 的商标纠纷。在 2019 年 3 月 Supreme Italia 于上海开店后，Supreme New York 的维权步伐加快。仅隔数月，Supreme Italia 就被裁定侵权，其门店也随之关闭。

资料来源：界面新闻．管自己叫 Baneberry？ Burberry：我起诉你侵权！．（2021-02-24）[2021-02-25]．https://baijiahao.baidu.com/s?id=1692568088353065066&wfr=spider&for=pc.

思考与讨论

1. 品牌经理制度对于企业开展品牌战略有何优势？应该如何改进和完善？
2. 战略品牌管理的组织架构和传统的品牌管理架构存在哪些区别？前者是如何支持品牌在企业运营和管理中建立领导地位的？
3. 结合第 2 章第 1 节的品牌资产理论，哪些知识产权属于品牌资产的范畴？
4. 在品牌全球化过程中如何开展商标的国际注册与保护工作？有哪些国际公约和跨国条约？它们的基本规定有哪些？
5. 选择我国某地的农产品，从地理标志保护的角度，谈谈如何开展品牌战略。

第15章

品牌商业化运营

本书的最后一章讲述品牌商业化运营。所谓品牌的商业化运营，是超越企业内部价值链，把品牌资产、资本运营和商业方法结合起来，通过各种生产和资源要素的运作和创新，实现品牌资产变现、品牌价值增值，最大程度获得品牌的经济效益。品牌的商业化运营建立在品牌自身具有良好品牌资产的基础上，是进一步强大品牌资产，而不是稀释品牌资产。

在本章中，我们重点介绍品牌商业化运营的四大方面，具体是：零售商的品牌化、品牌联盟与跨界合作、品牌授权与特许经营和品牌并购与整合。

第1节　零售商的品牌化

零售商品牌（retailer brand）泛指流通业者运用与消费者接触所得的信息，找国内外厂商合作，以制造销售联盟的方式或定牌生产（OEM）方式，生产仅在此通路出售的商品，冠以自己的商店名称或创立新品牌名称。通过建立和发展零售商品牌，零售商可以实现更大的价格差异、增加销售量、获得更丰厚的利润等。零售商的品牌化就是运用品牌化的原理和方法，把独特的含义添加在服务质量、产品的分类和销售，以及定价和信用政策上，建立商品之外的附加值和形象。

零售商品牌也可称为商店品牌（store brand）或自有品牌（private brand）。它是零售业走向大型连锁经营的产物。玛莎百货，这家英国最大的零售连锁集团最具有吸引力的经营特点是使用自有品牌“圣米高”（St. Michel）销售产品。它使用本店商标，将经过严格质量控制的商品在集团连锁店中销售，约占所有商品的80%。

一、零售商品牌的发展轨迹

零售商品牌出现在半个多世纪前的一些欧美国家，许多商店曾成功地将类似自有品牌的产品引进它们的货架。但 20 世纪 50 年代中期随着电视的普及和电视广告的流行，全国性品牌（national brand）普遍被消费者接受并成为购买的首选，零售商品牌则逐渐衰退。

到了 20 世纪 70 年代，由于全球性的经济低谷，欧美的零售商开始供应“普通品”（generics）。这些商品具有基本的品质，即能够满足消费者的基本需求（如食品合乎卫生要求但不好吃），包装十分简单，成本和售价很低，通常以自有标签（private label）的方式来操作。它与自有品牌的区别在于：前者是纯粹的价格导向，并不对品牌进行营销的“价值创造”；而后者则强调品牌化的工作和管理。

20 世纪 80 年代开始，经济复苏，消费者的购买又回到全国性品牌上来。零售业者也开始改善自有品牌产品的品质，并进行产品多样化的工作。为了迎合消费者的要求，一些零售业者开始销售超质（premium quality）的自有品牌产品。这些创新的产品在品质和价格上，有时甚至优于或高于全国性品牌的产品。

进入 20 世纪 90 年代，零售业的连锁和大型化趋势更为强烈，零售商品牌在欧美的发展也逐渐成熟。零售商品牌以市场和消费者为出发点，真正、快速地反映了消费者的意见和需求。它不但缩短了消费者与制造商之间的距离，也改善了消费者、制造商、流通业者三者间的沟通方式。消费者能以较低的价格买到符合自己需求的产品，这种需求也能反映给制造商；制造商能获得想要的市场信息和及时的消费者意见；流通业者能提升自身和其他通路的竞争力、改善产品组合、使服务符合消费者需求。可以说，自有品牌是一种完全营销导向的产物。

据资料显示，在各国自有品牌产品占零售业者销售的产品的比例方面，瑞士最高，约为 41.2%，英国为 37.1%，比利时、德国、法国和美国均在 16% ～ 20%，日本只有 5%。欧美国家自有品牌发达的原因可归纳为：大型零售业（集团）整体的市场占有率较高；自有品牌的历史较悠久；零售业较成熟、商业运作能力强；欧美消费者对本国产品品质较有信心；欧美消费者对价格较敏感；等等。

二、零售商自有品牌的类型[①]

零售商在发展自有品牌的过程中，也必须遵循品牌管理的基本原则，不能一味地贪图“省时、省力、省钱”。总体上要注意三大方面。

第一，认清品牌竞争的本质。品牌的战场并不在货架上，而在消费者的心智上。品牌是一种认同，更是一种承诺。如果认为把自有品牌产品塞满货架就能赢得消费者的话，注定会失败。

第二，强化自有品牌的个性。应注意将商店的个性与自有品牌的个性契合起来。两

① 本部分和下一部分的内容参考以下图书第一章：库马尔，斯廷坎普．自有品牌：狼来了：制造商如何应对销售商产品的挑战．段纪超，译．上海：商务印书馆，2010.

者若差异太大，常会造成消费者认知上的迷惑。因此，如果把自有品牌的发展列为本店长期投资经营的项目，首要任务是建立检测商店个性的评估系统，获得发展自有品牌正确的战略性决策依据。

第三，建立品牌运作机制。品牌是长期投资而非短期套利。只有对品牌进行日积月累的培育，才会产生真正自有的“品牌价值”。零售店往往有丰富的销售经验，但品牌运作可能是弱项，因此有必要在组织内建立品牌运作机制，以专项资金和专门人才作为保障。

一般而言，零售商品牌的消费者价值定位大致分为以下四类：原始状态型（generics）、跟随型（copycat）、高端卖场品牌型（premium store brand）以及价值创新型（value innovators）。前两种是比较传统且普遍存在的选择，后两种则更加新颖。当然，这四种类型处在变化和发展当中，四者的边缘也是有所重叠的。表 15－1 列举了四种零售商自有品牌类型在不同的战略战术维度下的异同点。

表 15－1　四种零售商自有品牌类型

维度	原始状态型	跟随型	高端卖场品牌型	价值创新型
战略	最便宜、无差别产品	更便宜的仿造者	增加价值	最高的性价比
目标	• 给消费者提供一个低价的选择 • 扩展客户群	• 增加与制造商谈判的力量 • 增加零售商在该类别产品分得的利润份额	• 提供高附加值的产品 • 商场差异化 • 增加销售量 • 提高边际利润	• 提供最大的价值 • 培养消费者对卖场的忠诚度 • 产生好口碑
品牌	没有品牌名称或者根据价格标签辨认	打上零售商店名或特定种类的自有标签	商场品牌或副品牌	通过无意义的自有标签展示不同
定价	高折扣，比品牌领先者价格低 20%～50%	一定的折扣，比品牌领先者低 5%～25%	定价接近或高于品牌领先者	高折扣率，比品牌领先者低 20%～50%
覆盖种类	基本的功能性产品	进入大量的、有强大的品牌领先者的产品种类	通常是新产品	所有种类
与品牌领先者的质量对比	低质量	质量与品牌制造商接近	质量等同或高于品牌领先者，至少在广告上宣称质量更好	基本功能与品牌领先者相同，但去除了一些无附加价值的产品特性
产品发展	无；根据制造商落后的技术制造产品	使用与制造商同样的技术再加工	在最好的产品中使用相近或更好的技术	在控制成本的情况下更高效地创新
包装	便宜、简约	尽可能与品牌领先者接近	独一无二、差异化	独一无二，但是花费很少
货架位置	差，不起眼的货架	紧邻品牌领先者	最吸引眼球的位置	普通
广告 / 促销	无	频繁的价格促销	有特色的广告，有限的价格促销	不进行自有品牌推广，普通的促销安排
消费者价值主张	当作最便宜的商品销售	相同质量但以较低价格销售	在市场上作为最好的产品销售	作为质量与品牌领先者相等但性价比更高的产品销售

资料来源：库马尔，斯廷坎普．自有品牌：狼来了：制造商如何应对销售商产品的挑战．段纪超，译．上海：商务印书馆，2010.

三、零售商自有品牌的战略

不论定位于哪种消费者主张，零售商推出自有品牌的最终战略目标均是市场份额、永续经营和盈利能力。下面，我们根据库马尔和斯廷坎普的研究，依次对四种类型做简要介绍。

（一）原始状态型

在这种战略下，在罐装食品与纸张等基本的、功能简单和低附加值的产品种类中，零售商向制造商购买范围有限的商品；这没有为其供应链管理带来复杂的工作。一般而言，原始状态型的自有品牌在零售商销售的产品中占比很小，所以它并不是零售商关注的战略重点。

无牌的自有产品最大的优势就是尽可能低的价格，它为价格敏感人群和低收入者提供了一个购买选择，相应地扩大了零售商的消费者基础。诚然，原始状态型的自有品牌不一定产生了匹配其货架空间的利润，但零售商希望被这一类产品吸引来的消费者也会购买其他更高利润的产品，以实现最终获利的目标。此外，原始状态型的自有品牌有助于应对以价格为导向的和自有品牌集中的高折扣零售商造成的威胁。

（二）跟随型

采取跟随型战略的零售商会模仿市场领先的制造商品牌，并在自有品牌产品上印上自己的名称，这样的产品又被称作卖场品牌产品。为保证质量，零售商分析领先的制造商品牌产品的组成，继而进行“逆工程”（reverse engineering），也即在制造商的创新、研发、产品推广和形象塑造方面都搭了便车，因而零售商在这些方面的开销大幅降低。并且，零售商在外部采购时也积极寻找最低成本的制造商。这些都使得跟随型产品在质量相当的情况下能以较低价格销售，零售商由此可以与品牌领导者展开有力竞争。

（三）高端卖场品牌型

高端型自有品牌和追随型自有品牌最重要的不同在于，前者的质量更优并且在包装上绝不抄袭领先的制造商品牌。平均而言，高端型自有品牌的质量与制造商品牌持平，有时还会更高。零售商希望自己的高端型自有品牌有效地区别于制造商品牌以及其他零售商品牌。

高端型自有品牌大致分为两种类型：一是“简化高端”自有品牌；二是“价格高端”自有品牌。简化高端自有品牌倡导物美价廉，它给消费者的定位是：在质量上与打折时的领先制造商品牌相当甚至更优。价格高端自有品牌的质量和价格则均高于领先的制造商品牌，它给消费者的定位是：所能买到的最好的商品。在现实中，前一类型的高端型自有品牌普遍流行，后一种类型较为罕见。

高端型自有品牌的管理要注意如下五大方面。第一，高端型自有品牌必须拥有提供高质量且独一无二的产品的能力。比如添加特别的风味、设计精美的包装、研发独特的产品，这些都要求零售商与最好的制造商达成合作。第二，明智的零售商会有选择地与品牌制造商竞争——高端型自有品牌基于市场的需求而生，旨在填补那些没有被品牌制造商满足的消费者需求。第三，自有品牌零售商需要提升市场营销能力。第四，零售商需要从多种战略中挑选最适合自身情况的战略加以实施。为了增加高端品牌的辨识度，许多零售商采用了子品牌（subbrand）战略，或者有助于区分高端产品线和标准产品线的单独高端品牌（separate premium brand）战略。而当零售商无法通过自身的能力获得消费者对于自己高端品牌的认可时，一些零售商采取了共同品牌（co-brand）战略，与杰出品牌制造商达成合作；另一些则淡化高端品牌与卖场之间的联系，使其独立性增强。第五，零售商可以签订一些排他性协议，比如挑选品牌专属的设计者或是代言人。

高端型自有品牌带来的好处是显而易见的。由于零售商在广告、销售队伍等方面的投入费用不需像制造商品牌那般多，如果产品研发和市场推广的成本得到很好的控制，并且消费者相信高端型自有品牌产品质量更优，那么零售商将收获丰厚的利润。此外，高端型自有品牌也提升了零售商旗下所有自有品牌产品的形象。

然而，打造高端自有品牌所面临的成本结构问题和风险是不容忽视的。比如打造符合高端定位的品牌形象会耗费数量可观的金钱。并且，零售商只能在自己的店铺中销售这些商品，因而相比于销售通路广阔的品牌制造商而言更难收回投资。

（四）价值创新型

这种类型的零售商自有品牌以足够低的价格提供最好品质的产品。第一条重要的经验是持续降低成本。例如使用更有效率的生产方式和更便宜的原料。第二条重要的经验是节省相关运营费用。比如控制存货，使其保持在极低水平，以及要求顾客自助购物。

价值创新型零售商的利润非常丰厚，如宜家、奥乐齐。然而，价值创新型模式成功的关键因素恰恰也是其面临的主要挑战。第一，精确定位于某一有限的消费者群体，这在帮助实现物流和其他价值链阶段的高效率的同时，也限制了价值创新型零售商的成长空间。第二，削减了一些本应提供给消费者的功能，这在降低运营成本的同时，也增加了顾客总体上的购物成本。例如，价值创新型零售商提供的产品种类有限，顾客可能需要去其他制造商品牌那里才能买到所需的全部商品。

第 2 节　品牌联盟与跨界合作 *

品牌联盟或合作品牌化，指品牌与品牌之间通过合作形成联盟，其通常是公开使用参与品牌的名义，彼此经过精心考虑，创造出新价值或新成果，包括产品、服务或公司，实现促进双方或多方利益的目的。

Interbrand 公司对合作品牌化给出的定义是：两个或两个以上消费者高度认可的品牌进行商业合作的一种方式，其中所有参与者的品牌名称都被保留。它的合作期限通常是中期到远期，由于它创造纯粹价值的潜力太小，因而不值得建立一个新的品牌或合资企

* 何佳讯，张倩，吴静娴．品牌跨界态度的差异：品牌价值观感知、消费者群体特征与跨界产品的态度评价．上海：华东师范大学，2020；何佳讯．理性看待品牌联名．中国名牌，2019（12）：58–60.

业[①]。合作品牌化的结果，是形成品牌联盟——意味着以各自品牌的能力和专才所无法实现的目标，联合在一起就可以办到。

近年来，上海冠生园大白兔频频开展跨界品牌合作，几乎已成为“现象级”的热搜话题。例如，2016 年 3 月，大白兔推出与法国时装设计师阿尼亚斯贝（Agnès B）合作的成果“粉蓝”经典原味和“粉红”红豆味两款产品，定价是普通包装产品的 10 倍；2019 年 9 月，大白兔携手歌帝梵在上海“GODIVA× 大白兔”联名快闪店推出全新大白兔冰品系列，共三款产品。这些大胆创新的做法，与传统上消费者对老字号品牌的刻板印象对照，形成了极大的反差，从而引发人们热议和关注，取得了显著积极的市场成效。

一、品牌联盟的基本原理

品牌联盟在 20 世纪末开始流行起来后，学界对于品牌联盟的研究已经有一段时间，西莫宁（Simonin）和鲁思（Ruth）将其定义为两个或更多个品牌在产品或其他独特专有资产方面的短期或中长期的关联或合作[②]。品牌联盟可以在营销、产品开发，甚至产品生产等方面进行合作。当然，品牌联盟的双方最好具有一定的互补性，这样联盟才能更加成功。品牌联盟包含多种形式，比如交叉推广、营销合作、品牌合作等，而品牌跨界联盟就是品牌联盟的一种独特形式[③]，其是指两个不同行业品牌间的联盟。

品牌联盟的有效性基于在感知匹配度上的评价。感知匹配度是研究品牌合作与联盟的重要理论构念。这个构念源于几个基本理论：图式理论[④]、社会适应理论[⑤]等。匹配假设认为，当代言人的形象与代言的产品相匹配时，广告会更有效[⑥]。应用于品牌跨界联盟的背景下，对两种不同产品类别之间、两个品牌之间以及两个品牌来源国之间的匹配的看法都会影响消费者评估[⑦]。

（一）产品匹配度

在关于联合品牌评估因素的研究中，西莫宁和鲁思的品牌联盟评估模型是最经典的。研究人员利用此模型通过分析汽车与计算机芯片的品牌联盟，证实了产品匹配度和品牌匹配度是影响消费者评价的主要因素。从合作方式层面来看，跨界可以分为三种形式，其中之一为产品跨界策略。具体而言，产品跨界策略意味着联盟发生在不同的产品类别

① 布莱科特，博德．品牌联合．于珕，译．北京：中国铁道出版社，2006：10.

② Simonin B L，Ruth J A. Is a Company Known by the Company It Keeps Assessing the Spillover Effects of Brand Alliances on Consumer Brand Attitudes. Journal of Marketing Research，1998，35（1）：30–42 .

③ Ahn S K，Kim H J，Forney J C. Co-marketing Alliances between Heterogeneous Products：Perceived Match-up Effects in Product，Brand and Alliance Levels. European Institute of Retail & Services Studies International Conference，2009.

④ Lynch J，Schuler D. The Matchup Effect of Spokesperson and Product Congruency：A Schema Theory Interpretation. Psychology and Marketing，1994，18（2）：417–445.

⑤ Kahle L R.，Homer P M. Physical Attractiveness of the Celebrity Endorser：A Social Adaptation Perspective. Journal of Consumer Research，1985（4）：954–961.

⑥ Till B D，Busler M. The Match-up Hypothesis：Physical Attractiveness，Expertise，and the Role of Fit on Brand Attitude，Purchase Intent and Brand Beliefs. Journal of Advertising，2000（29）：1–13.

⑦ 同③.

之间，从而为公司创造新的卖点。而感知的产品匹配度是指消费者对品牌跨界联盟下两个配对产品类别之间的相关程度或对应关系的看法①。

在关于品牌延伸和品牌联盟的研究中，产品匹配度大多是根据阿克和凯勒提出的在品牌延伸中两种产品之间匹配的三个维度来衡量的：互补性、可替代性和可转移性②。在品牌联盟中，匹配度主要与互补性和可替代性有关。互补性表示当两个产品类别被联合消费以满足某些特定需求时，消费者将一种产品类别视为另一种产品类别的补充品的程度。可替代性是消费者将两种产品类别视为替代品的程度，这些替代品往往具有共同的用途以满足相同的需求。如果消费者可以很容易地想象在某种情况下同时使用两种不同类别的产品，他们可能会认为两种产品类别在品牌联盟下匹配得很好③。因此，两种不同产品的互补性和可替代性可能会影响消费者对品牌跨界联盟匹配度的认知。

（二）品牌匹配度

品牌匹配度主要是指品牌形象和合作品牌声誉的匹配程度④。帕克等人将品牌匹配度定义为概念一致性⑤，认为其反映了品牌和合作伙伴品牌之间的形象相似性、认为其抽象意义和利益一致性。在不同类型的品牌联盟中，成分品牌是一种常见的做法，即其中一个品牌的关键属性混合到另一个品牌中作为联盟品牌的一部分⑥。嵌入的合作伙伴品牌的成分增强了主品牌的形象，成分品牌也通过向消费者发出高度认可主品牌的强烈信号，帮助建立积极的合作品牌形象。当品牌相互联系性较强时，品牌形象可以从一个品牌转移到另一个品牌。

如果联盟中两个品牌形象在某种程度上不一致，消费者可能会质疑为什么这两个品牌相关联⑦。如果消费者对两个品牌之间的总体看法是“适合”或“有凝聚力的”，那么他们对品牌联盟的评估将比品牌及其合作品牌不一致或不相容时更积极⑧。在衡量品牌匹配度时，衡量标准包括品牌形象、品牌联想、品牌个性和品牌声誉四个方面⑨。

（三）品牌来源国 / 地区匹配度

除了产品匹配度和品牌匹配度之外，当品牌联盟的两个品牌来源于不同国家或地区时，来源国 / 地区匹配度也会对联盟匹配度产生影响。来源国 / 地区效应代表了消费者对

---

① Ahn S K，Kim H J，Forney J C. Co-marketing Alliances between Heterogeneous Products：Perceived Match-up Effects in Product，Brand and Alliance Levels. European Institute of Retail & Services Studies International Conference，2009.

② Aaker D A，Keller K L. Consumer Evaluations of Brand Extensions. Journal of Marketing，1990，54（1）：27–41.

③ 同①.

④ Ji X F，Shen H N. The Research of “Crossover” Marketing Strategy//The 19th International Conference on Industrial Engineering and Engineering Management. Berlin: Springer，2013：1363–1370.

⑤ Park C W，Milberg S，Lawson R. Evaluation of Brand Extensions：The Role of Product Feature Similarity and Brand Concept Consistency. Journal of Consumer Research，1991，18（2）：185–193.

⑥ Desai K K，Keller K L.The Effects of Ingredient Branding Strategies on Host Brand Extendibility. Journal of Marketing，2002，66（1）：73–93.

⑦ 同②.

⑧ Simonin B L，Ruth J A. Is a Company Known by the Company It Keeps Assessing the Spillover Effects of Brand Alliances on Consumer Brand Attitudes. Journal of Marketing Research，1998，35（1）：30–42.

⑨ 同④.

待来自特定国家 / 地区的产品的方式，这体现了产品信息对产品购买者的声誉、态度和购买意愿的影响[①]。李（Lee）等人[②]研究了现有汽车品牌，结果表明，品牌来源、合作伙伴的品牌来源国 / 地区、品牌熟悉度都会影响消费者对品牌联盟的态度。布卢梅尔休伯（Bluemelhuber）等将来源国 / 地区匹配度描述为：消费者对涉及品牌联盟的两个原籍国 / 地区形象整体匹配度的看法[③]。因此，如果两个品牌来源国 / 地区的形象匹配度较高，消费者可能对主品牌和合作伙伴品牌形成良好的态度。相反，如果消费者认为这两个品牌来源国 / 地区的形象匹配度不高，则可能会出现不利的消费者态度[④]。因此，来源国 / 地区匹配度会影响消费者对品牌联盟匹配度的感知。

二、品牌跨界合作

品牌跨界合作是合作品牌化或品牌联盟的特殊方式。所谓跨界，是强调合作品牌各自所处的品类、行业或领域，彼此跨度大、相似性小，甚至看起来毫不相干，但运用创新性的水平思维，找到了联结点。在传统模式中，品牌或企业的联合或合作通常发生在相似或相关行业间，或者是产业链上下游之间，体现的是垂直思维。跨界合作对老字号品牌形象创新有很大的正面作用。但同时，人们也担心过度的跨界是否会透支品牌价值，稀释品牌资产。那么，我们究竟该如何正确认识品牌跨界合作，进而发挥其积极功效呢？

（一）品牌跨界合作的方式和功效

品牌跨界合作成为品牌营销的普遍方式，反映了互联网环境下社会观念发生的微妙变化。互联网具有广泛的链接性，例如社交媒体，可以让人们接触到在传统环境下接触不到的广泛的人、事、物，人们的心态逐步变得包容和宽容，对跨界联结的接受度自然变得更高。而老字号品牌的跨界营销，也反映出了老字号当家人在新时代背景下经营心态的变化。他们更加积极地去寻求老品牌与当下时代的关联，结合社会的趋势和需求变化，更着力于和年轻人互动、建立密切的联系。那么，品牌跨界合作通常有哪些方式，实现哪些功效呢？

第一，提升品牌知名度的跨界合作。这是品牌跨界合作的基本方式，目标是实现品牌知名度的提升。实现的方式通常是一方品牌具有很高的曝光度或关注度，从而带来另一方品牌的高关注度，例如大白兔与纽约时装周的合作，新华社民族品牌工程入选企业今世缘的高端品牌“国缘 V9”与珠海欧比特公司进行卫星冠名的合作。或者，由双方合作在一起的新奇性带来高关注度或话题效应，从而提升双方知名度，例如大白兔与美加净合作推出联名款的奶糖味润唇膏。这个方式对于老字号品牌振兴具有基础性的作用和

① Lee J K，Lee B K，Lee W N. Country-of-origin Fit’s Effect on Consumer Product Evaluation in Cross-border Strategic Brand Alliance. Journal of Business Research，2013，66（3）：354–363.

② 同①.

③ Bluemelhuber C，Carter L L，Lambe C J. Extending the View of Brand Alliance Effects. International Marketing Review，2013，24（24）：427–443.

④ 同①.

意义。很多老字号的产品领域比较狭窄，地域特征强，总体知名度不高，通过跨界活动引发热度，能够有效提升消费者对老字号品牌的关注度。

第二，创新品牌联想与形象的跨界合作。品牌跨界合作，是公开利用合作的品牌的名义，因此合作品牌各自拥有的品牌意义会产生互动和转移，带给对方品牌新的联想和感觉。品牌可以寻找拥有那些自己迫切需要补上的联想内涵的其他品牌进行合作。如果战略目标清晰、持续时间长久，久而久之就会改变品牌形象。这对于老字号品牌来讲，又是非常重要的进行品牌活化的路径。老字号品牌具有传统、真诚、保守的形象感知，迫切需要改变形象，向年轻化方向发展。跨界合作给老字号品牌带来新感觉，人们会觉得老字号品牌变得新奇、大胆、有趣。

上述提升品牌知名度和创新品牌联想的跨界合作，可以采用促进 IP 输出的方式。IP 即是知识产权，它通常包括三个方面：专利、商标和著作权。现在流行的 IP 的输出，主要是指商标和著作权的输出。对于品牌来讲，独特的核心形象要素就是它的商标权（品牌标识图案）或著作权。前者通常是形象人物或象征符号，是由独特的文字和图案形成的形象权。比如，大白兔奶糖和时装女鞋品牌 Laber Three 的跨界联合，在鞋子上突出大白兔的形象，实现了品牌形象资产的输出，进而通过消费者购买和使用 Laber Three，提升大白兔的知名度，给大白兔带来了时尚年轻化的联想。

第三，借力成分和性能优势的跨界合作。在这种合作方式中，通常一方的品牌具有市场领先的产品质量和性能，另一方品牌通过合作，在产品上使用这种成分，从而赢得独特的功能性优势。这本是一种常见的品牌合作方式，最经典的例子是 Intel Inside。但是，跨界合作与通常的产业链上下游之间的合作不同，它是并不常见的创新性合作方式。例如，奢侈品牌万宝龙与意大利高端轮胎制造商倍耐力（Pirelli）合作，推出限量联名款旅行箱，采用轻质材料外壳而非镁铝合金，倍耐力的“彩色轮胎”成分在旅行箱上清晰可见，售价高达 6 000 元人民币。双方秉承的是对创新技术、卓著性能和设计之美的共同追求。

第四，扩大市场覆盖的跨界合作。这种合作方式，目的在于扩大合作方的市场覆盖，彼此引流，通过合作把各自的顾客汇聚到一起，成为共同的顾客。这种跨界合作最典型的就是各大银行发行的各种联名卡。例如，招商银行的个性联名卡有：QQ 钱包卡、滴滴联名借记卡、饿了么信用卡、初音未来信用卡、芒果联名借记卡、Hello Kitty 花样年华信用卡等。这种跨界合作的有效性前提在于，合作品牌的市场具有顾客特征上的相似性，从而使这些顾客成为合作品牌的共同顾客。

（二）避免跨界合作的负面影响

品牌跨界合作其实是企业间商业合作在品牌名称联合使用上的体现，具有广泛性。但需要注意的是，商业合作通常着眼于有形利益，而品牌是一种无形资产，因此，涉及品牌名义的使用时，需要谨慎评估双方的合作是否会对某方的品牌资产造成不利影响。具体来说，需要注意如下一些问题。

第一，要把品牌跨界合作控制在一定的范围内。也就是说，对公开使用品牌名义的合作要谨慎评估，合作不能过频。过频的品牌跨界可能带来一些负面效应，会让消费者觉得品牌不够严肃，损害品牌的真实性。所谓真实性，就是让消费者感受到品牌是正宗可靠的，这就需要品牌保持原来的传统、精髓和核心意义。如果过度地进行跨界营销，广泛地涉足各个行业的话，会让人觉得品牌发展比较随意，会改变品牌本身的意义。

第二，要把品牌跨界控制在潜在一致的层面上。品牌跨界，不同的是品牌各自所属的行业和领域，即有形资产不一致；彼此合作是基于能力和优势互补以取得共赢。但是，在获得有形收益的同时，要注意是否会对品牌资产造成不利影响。适得其反的情况往往是潜在的、在无形资产上的不一致造成的，包括品牌地位反差、品牌联想冲突、品牌价值观不融、品牌个性差异等。

（三）创新跨界合作的新思维

品牌跨界合作已极为普遍，但大多数合作还停留在营销活动的层面上。事实上，品牌跨界可以从战术走向战略，以获得持久的新价值。下面简述两点：

第一，从短期合作走向长期联盟。如果把跨界合作看作营销活动，那么通常是短期的、不断更新的，品牌之间的合作处在变化中：不断寻找新合作方，开展新活动。但是，如果发展为长期的品牌联盟，跨界合作就可以创立新的价值共同体，以合资公司或联合品牌的形式存在。合作方的品牌名称同时出现在组织名称或新产品上。

第二，从前台合作走向后台合作。所谓前台合作，就是以顾客看得见的形式合作，通常是营销战术的各种方式；而后台合作，则是顾客看不见的合作，是品牌运营管理上的合作。与前台合作不同的是，后台合作不是基于品牌资产层面的相互利用，而是通过品牌所拥有的能力和资源的互补，在运营管理的各个领域给对方带来新的优势和突破可能。

第 3 节　品牌授权与特许经营

品牌授权（licensing）和特许（franchising）是基于品牌及相关财产权利，通过合同和法律约束，借助商业合作和运作，使得授权方和特许方、被授权方和被特许方都获益的品牌经营模式。在经营和管理得当有效的前提下，品牌授权和特许经营是提升品牌价值的重要路径。两者虽有共同之处，但在经营模式上存在基本差异。本节首先对品牌授权和特许经营进行界定，概括它们的异同之处，再分别介绍其基本步骤和方法。

一、品牌授权与特许经营的界定

品牌授权和特许经营都涉及知识产权。知识产权是用以保护有著作权的产品、商标、专利发明及商业秘密等人类智力创造成果的无形财产权利。知识产权的形式众多，涵盖音乐作品、文学作品、美术作品、设计作品、专利、商标、标识等。广义的授权意味着一项知识产权的所有者授予他人使用该知识产权，以换取对方履行某种形式的承诺（即对价）或者支付某种费用。当一个企业的品牌成为标的物，它通常被称为狭义的“品牌授权”。特许经营也涉及对品牌产权使用的特许，但还涉及更广的商业经营约束。

（一）品牌授权

品牌授权是指品牌所有者（许可方）通过签订协议，以生产、推广、分销或销售使用该品牌名称的产品等方式，授予另一家公司（被许可方）使用该品牌的权利。它是企业部署有价值资产以产生收入的一种手段，也使企业能够保护国际市场中的品牌，甚至可以帮助提高品牌在新市场的资产。作为对品牌授权的回报，品牌所有者通常会收到一笔版税，数额一般按通过授权资产产生收入的百分比，即版税税率确定。

授权经营协议通常与国际扩张目标有关。在一些情况下，授权方没有资源独自渗透到一个新的市场，就会寻找一个熟悉该市场并在该地区有既定基础设施的“合作伙伴”。从被授权人的角度来看，授权经营协议可以为其提供获得无形资产利益的机会。否则对其来说，存在很难克服的障碍或壁垒，付出的成本也非常高昂。①

许可方投入可以提供价值的资产、品牌和其他支持，而被许可方利用其知识和资源与许可品牌开展业务。由于双方都提供了有价值的投入，品牌授权的成功取决于这种安排是否符合双方的目标。目标不一致与信息不对称往往导致品牌授权存在潜在的双边道德风险。被许可方可能会以稀释品牌资产的方式行事，而许可方可能会逃避对被许可方的支持。因此，通过平衡双方的利益来控制机会主义行为的风险非常重要。

授权方可以通过激励或监督来控制道德风险：当知识产权保护较高时，授权方通过降低版税税率激励被授权方限制机会主义行为；当知识产权保护较低时，授权方投入更多的资金进行监督，当然也导致更高的特许权使用费。有研究表明，与国家相关因素相比，版税税率对品牌实力（如品牌声誉和许可方能力）的依赖性可能更小。当被许可方市场的知识产权水平越高时，许可方所提供的版税税率越低。②

（二）特许经营

特许经营是特许人和被特许人之间的一种合同安排，通过使用操作手册、场地审批、人事政策、会计程序、合作广告、运营培训等手段对被特许人的运营进行全方位控制，用特许人的商标、商号、专利和商业模式经营企业。因此，特许经营往往涉及比许可证和强制性费用更严格的报告要求。相比之下，品牌授权的被许可方在业务活动方面拥有更多的自主权。

特许经营是一种持续的关系。在这种关系中，特许经营商向被特许经营商提供特许经营的特权，并在组织、培训、商品销售、营销和管理方面提供帮助，以换取金钱报酬。特许经营是一种商业形式，产品、服务或方法的所有者（特许经营商）通过附属经销商（affiliated dealers）（加盟商）获得分销。

随着许多特许经营服务的国内市场趋于饱和，更多的特许经营商将寻求国际市场来维持其增长和收入。因此，对于特许经营商来说，确定国际特许经营所需的关键能力至关重要。很显然，国际特许经营需要一套不同于国内特许经营所需的特定能力，这些能力涉及动态管理能力与行政效率理论和风险管理理论。在这两个领域中，国际发展需要

---

① Johnson H E. Establishing Royalty Rates in Licensing Agreements. CMA Management, 2001，75（1）：16-19.

② Jayachandran S，Kaufman P, Kumar V，et al. Brand Licensing：What Drives Royalty Rates?. Journal of Marketing，2013，77（5）：108-122.

的具体技能包括距离管理、文化适应性、东道国政策评估和汇率管理[①]。

在品牌授权中，授权方的目标包括保护和提升品牌，同时赚取额外收入。在特许经营中情况与此类似，许可方的目标是保护品牌，以确保品牌不被稀释。在表 15－2 中，笔者总结了品牌授权与特许经营的差异。

表 15－2 品牌授权与特许经营的比较

比较	品牌授权	特许经营
概念界定	指拥有一个品牌的公司（授权方）与另一个公司（被授权方）签订协议，以生产、推广、分销或销售使用该品牌名称的产品的过程	指特许人和被特许人之间通过合同安排，使用特许人的商业模式经营业务
商业模式	品牌授权不涉及采用商业模式，可能涉及授权方熟悉和不熟悉的产品品类和市场	特许人对被特许人有更多的控制权，而被特许人必须完全采用特许人的商业模式
管理方式	被授权方在其业务活动中获得了更多自主权，通常涉及使用品牌进入不相关的业务领域	特许人通过使用经营手册、场地审批、人事政策、会计程序、合作广告、运营培训等手段，对加盟商的经营进行管理控制
收益来源	授权方的收益通常仅限于收取监督授权的正确使用和特许权使用费	通过特许人对被特许人的经营进行控制获得收益

（三）品牌授权和特许经营的益处

品牌授权和特许经营对合作的双方都有益处。对于授权方或特许商来说，有如下方面的益处。首先，通过丰富产品线、进入新品类或者进入新市场，使企业获得原有业务之外的收入，有助于实现企业增长。其次，增强本企业品牌的曝光度和知名度，强化商标权和品牌资产。世界上最成功的授权项目之一可口可乐拥有超过 300 家被授权商和数以千计的授权产品，强化了可口可乐的商标价值。对于制造商或被授权商来说，它们也能从很多方面获益。通过使用众所周知、广受信赖的品牌，较快地为自己树立商业信誉；在一定程度上可以说是找到一条进入市场的捷径，节省自己创建新品牌的时间和成本。

在酒店业中，自 1960 年以来，随着假日酒店（Holiday Inn）和其他知名企业的扩张，特许经营开始形成，这极大地促进了这些酒店业巨头的增长。特许经营带来很大优势，在特许方和特许经营伙伴之间建立了非常好的杠杆作用。特许方向特许经营伙伴提供一整套运营知识，包括成功的运营系统（产品或服务、商标、企业形象、预订系统）和必要的帮助（定位、融资、开业前准备、设备、培训、管理和技术），使加盟商更容易获得市场准入，降低大宗采购的成本，实现了规模经济，共享大规模广告活动。通过特许经营，特许经营者可以在有限的资源下实现快速而巨大的扩张，可以尽早进入市场，获得更大的市场份额，从而增强其在市场中的地位，同时降低了开发风险。

① Fladmoe-Lindquist K. International Franchising：Capabilities and Development. Journal of Business Venturing, 1996，11（5）：419–438.

二、品牌授权经营①

下面我们介绍品牌授权的主要步骤和考虑的方面，包括知识产权的确认、清权和保护、确定授权商和被授权商的协议。

（一）知识产权的确认与清权

首先要评估知识产权的授权潜力。品牌授权是一项有风险的投资。对授权商来说，一开始的任务是确认为何有人来投资自己的知识产权。对被授权商来说，任务则是决定该知识产权是否值得投资。无论是哪一方，成功的授权要求准确判断该知识产权是否具有合法授权潜力，确保使用知识产权不会产生冲突或侵犯任何人的权利。

潜力评估首先要求品牌主准确地评估自身的知识产权，并现实地确定若由另一方使用，能否帮助其促进销售，其支付的版税是否值得。因为客观性非常重要，引入一个独立的品牌授权顾问通常是必要的。品牌授权顾问所考虑的因素包括：知识产权的知名度；是否具有以其形象吸引力发展被授权商的潜力；是否至少在主要产品类目下得到合法保护；来自其他知识产权的竞争情况；等等。

在进行后续工作之前，确认品牌主的确拥有或控制即将授权的知识产权至关重要，否则负面后果是巨大的。品牌主必须考虑以下三点：一是确定不仅拥有在自己的产品上使用商标的权利，还拥有或即将拥有在被授权商产品或服务上使用商标的权利。二是在规划全球品牌授权项目时，要考虑商标权是否受到地域限制。三是确保实际拥有商标的实体是开展授权项目的实体，否则必须在相关授权协议中允许该实体从事授权产品的开发和转授权工作。

接下来的工作是厘清知识产权的范畴，目的是保证被授权商在实际使用知识产权时，这样的使用不会侵犯第三方的权利。获得和使用特定类别产品的商标权，其权利通常局限在该类目。品牌主应确定没有其他实体在产品上应用或开始使用其所希望授权的标识。此外，还要注意商标是有地域限制的。厘清的具体做法简单来讲就是进行检索，如美国专利和商标局网站、主流搜索引擎、国际数据库、国内乃至国际的商标局记录。通常可以委托代理公司完成检索工作。

（二）知识产权的保护

品牌主确认将要授权的品牌，确定自己是知识产权的真正所有者，并且没有与之冲突的第三方，并证实被授权商使用品牌将不会侵犯其他实体的知识产权后，下一步就是在实际开始授权项目前，采取必要的保护措施。

防止未经授权的使用对授权品牌来说很关键，而保护的具体形式取决于品牌的类型。知识产权保护的三个法定形式为专利、版权和商标。销售领域的大多数授权品牌都是作为商标或版权而受到保护的。商标可能包含任何文字、名称、设计图案、标识或形状，指示产品或服务的来源、起源或赞助功能。版权则保护作者用有形传播手段进行的原始

---

① 本部分内容参考了以下图书的第4～8章：赛丹杰，巴特比斯．品牌授权原理．北京：清华大学出版社，2017.

创作，如文学作品、图片或图形设计、电影和录音。

商标和版权有各自的优缺点。版权保护是立竿见影的，它的登记便宜、容易，并为所有者提供一定程度的国际保护。不过，版权只在有限的时间期限内有效。商标保护也是有期限的，但可以续展，不过注册过程更复杂、昂贵，并最终只在注册地保护品牌主。

（三）确定授权商和被授权商的协议

品牌授权本质上是两个彼此独立的实体协同创造产品、服务或开展推广活动的过程。品牌主 / 授权商与被授权商签署的授权协议，定义了双方的业务关系。而双方自觉履行授权协议中的义务是取得成功不可或缺的条件。

1. 授权交易

品牌授权的前提是双方均能获得一些价值；双方提供的价值越相称，授权关系运作得就越理想。为了从授权关系中获利，双方都必须预先进行一定的投资。授权商的投资是指将知识产权开发成被授权商认为有价值的品牌，并对其给予必要的法律保护。被授权商在获得授权之后，则有义务去开发理想的产品，设计富有吸引力的包装，承担生产、营销、销售授权产品并将其交付零售商或消费者的相关责任。

由于不断上涨的费用、更加复杂的零售环境和为实现销售所面临的更大不确定性，以往支付高额预付款和保证金的行业惯例被打破。如今，被授权方的主流态度是版税必须根据产品的实际销售额而非产品上市前所做的销售预测来支付。

2. 设置支付条款

在任何授权协议的谈判过程中，双方最关注的往往是版税报酬的相关条款。而版税报酬最主要的三个方面是：最低保证金、预付款和版税税率。

（1）保证金。设置保证金的基本原理是：没有人能保证授权产品在零售市场可以成功，或者被授权商在协议期间将最大限度地使用授权机会。保证金的设置确保了只要被授权商成功或充分利用所持有的授权，授权商都会得到一定的最低金额的版税。难点在于如何设置合理的保证金金额——它必须体现合理的销售预期。

（2）预付款。通常，一旦签订品牌授权协议，被授权商就要支付预付款。它代表了被授权商根据未来的版税义务所提前支付给授权商的版税，其金额一般是实现商定的最低保证金的某个百分比。至于是签订授权协议之后立即支付还是在一段时间内分期支付，则根据双方谈判结果而定。预付款可用来冲抵未来应缴版税。

（3）版税税率。品牌授权中，授权商所关切的核心是版税，即从被授权商销售的授权产品的收入中应得的部分。版税税率一般是被授权商批发授权产品价格的某个百分比。在绝大多数的产品品类中，都已存在一个版税税率的平均范围；而当事双方敲定的版税税率低于、高于或是在该范围之内，通常反映了消费者对于这个品牌和这类产品的需求情况。

3. 产品研发

在授权协议生效后，焦点就转移到授权产品的开发上。相关工作包括：制订设计风格指南，其包含质量标准，用来指导被授权商开发授权产品；确定法律声明，被授权商需要在产品和包装上体现出合法性信息，其内容、格式、放置位置等由授权商规定；产品报审，几乎所有的授权协议都会规定，被授权商要把所有的产品、外包装、与授权项目有关的促销和广告材料报呈授权商审核通过后才能使用。被授权商需要在开发出一款授权产品之前或随后的很短时间内，将每个品项的样品提交给授权商存档。

4. 版税支付条款

当品牌授权产品报审通过即进入批量生产，产品最终上架之后，被授权商面临的下一个任务是及时、足额缴纳版税，并随附详细的版税报告。

被授权商如何从授权产品的销售中计算应付版税，这个问题会在授权协议中明确定义。一般而言，品牌授权行业根据授权产品的总净销售额来计算，也即毛收入减去某些约定的成本和抵扣项目。

5. 产品责任保险

规定授权商为授权产品的产品责任保险（product liability insurance）的被保人是必不可少的。授权协议上需要说明被授权商须履行的最低限度的产品责任保险，要求被授权商把授权商（如有授权代理商，也要加上）列为被保人之一。被授权商必须在任何授权商品开始分销之前向授权商提供责任保险证书。

6. 授权期限和延续

申请延长授权期限的前提通常是被授权商满足一些预设的条件，如实现某个最低的版税目标。如果被授权商有权续签品牌授权协议，一般会在原始授权期限结束前的某个时候向授权商发出通知。

上述工作最终体现在品牌授权协议中。任何品牌授权协议中最核心的条款都是“权利的授予”（grants of rights）条款，因为它是涉及授权商正式赋予被授权商使用其知识产权的部分。这一条款是用来确认授权的知识产权的具体元素有哪些，以及用于什么目的。具体包括：明确授权的类型——独家或非独家的；协议的期限；版税条款；转授权；以及其他方面（会计方面的规定、产品质量控制、陈述与保证、赔偿和保险、终止条款和标准合同条款等）。

三、特许经营

如前已述，拥有经营权和专利的人（或组织），将自己的商标、商号和整套内部经营运作手法的使用权，授予另一个人（或组织），让后者有权以前者的商标、商号和整套商业计划进行经营，可以帮助从未受过有关行业训练的人创业，这就是特许经营。

（一）开展特许经营的方式

特许经营一般涉及三个方面：总店、地区性的总加盟店（即拥有地区特许经营权的店铺）和加盟店（即在某一区域向总加盟店购买经营权的店铺）。特许经营并不是新鲜事物，在欧美已有一百多年的历史，各种特许经营的加盟店遍布大街小巷，在零售业、餐饮业、服务业都可以找到成功的范例。在特许经营领域，国际上一些有名的品牌如：世界上规模最大的三明治特许经营商赛百味（Subway），菲律宾最大的快餐连锁经营机构快乐蜂食品集团（Jollibee Food Corporation），建材装饰业的欧倍德（OBI），从事教育培训的英孚（Education First），以及住宅物业代理特许经营体系 21 世纪不动产（Century 21），等等。

在实践中，特许经营有两种常见的形式：直接特许和区域特许。直接特许是特许者将特许经营权直接授予特许经营申请者。获得特许经营权的被特许者按照特许经营合同设立特许网点，开展经营活动，不得再行转让特许权。区域特许是由特许者将在指定区域内的独家特许经营权授予被特许者，该被特许者可以将特许经营权再授予其他申请者，也可以由自己在该地区开设特许网点，从事经营活动。

无论是哪种形式，特许者（又称总店主）将自己所拥有的商标（包括服务商标）、商号、产品、专利和专有技术、经营模式、培训教育等整套必备元素以特许经营合同的形式授予被特许者（又称加盟店）使用，被特许者按合同规定，在特许者统一的业务模式下从事经营活动，并向特许者支付相应的费用。在表 15－3 中，我们可以看到不同行业开展特许经营的费用构成。

表 15－3　部分加盟店开业资金一览表（币种：人民币）

A. 医药连锁店		B. 培训机构	
加盟费	50 万元	加盟费	125 万元
铺位租金（3 个月）	30 万元	学校建设费	约 125 万元
装修工程	约 50 万元	（包括房租、装修、教学设备、流动资金等）	
宣传费、杂费	25 万元起步	品牌使用费	营业额的 5%
购货款	105 万元		
申办牌照费用	10 万元		
收款按金	5 万元		
C. 红茶店		**D. 干洗店**	
加盟费	80 万元	加盟费	35 万元
设备	100 万元	设备投资	300 万元
出货押金	10 万元	辅助材料费	50 万元
装修费	100 万元	装修费	50 万元
租金及押金（3 个月）	12 万元	品牌使用费	营业额的 3%
申办牌照费用	5 万元	流动资金	15 万元

在国际上，麦当劳堪称最成功的特许经营企业之一。公司直接拥有的分店只占 60%，海外的销售额却每年持续以两位数的速度递增。麦当劳成功的秘诀之一就在于特许经营。

每开设一家分店，麦当劳总部都自行派员选择地址，组织安排店铺的建筑、设备安装和内外装潢。受许人一旦与公司签订合同，必须先付首期特许费；此后，每年交一笔特许权使用费（年金）和房产租金，前者为年销售额的 3%，后者为 8.5%。特许合同期限为 20 年。公司对受许人负有如下责任：在公司的汉堡包大学培训员工、管理咨询、广告宣传、负责公共关系和财务咨询，提供人员培训所需的各种资料、教具和设备，向特许分店供货时提供优惠等。麦当劳对加盟者严格挑选。具有企业家精神和强烈的成功欲望，善于处理人际关系，擅长财务管理的人被公认为是加入麦当劳特许经营的最佳候选人。

（二）特许经营与品牌管理

对于社会而言，特许经营能刺激投资及鼓励善用资源。它的生命力在于它是一种

“双赢”的经营之道。对于特许者来说，可以借之在短时间内扩大经营规模，扩大市场占有率并巩固品牌地位，同时也享受到自己对品牌投资的回馈。对于有志于创业的个体来说，无需行业经验，只需一定资金，凭借总部的成功经验、技术和商誉，就能够大大减少和降低进入某个行业的障碍和风险，增加了成功机会。特许经营是集团式作战经营，形象建设可以资源共享，货源可以相互调剂，这是其与传统经营方式的分散作战的根本区别。总之，特许经营能够将不同的投资者组成一个团体，在竞争中壮大力量，使其掌握主动权。

然而开展特许经营，特许者和被特许者都需要具备一些基本的条件。这些条件都围绕着一个问题：如何经营品牌。对于特许者来说，需要建立起自己稳固的事业基础，包括成熟的产品 / 服务和管理经营，以及有力的品牌形象。像麦当劳、肯德基等都是发展了几十年后才有特许经营的。对于加盟者来说，要求有良好的道德品性，恪守总部的经营规范。双方还都必须具备精诚合作的精神。

特许经营的基本原则是，加盟店必须按照总部（特许商）的统一要求经营；不但统一使用品牌识别和门店形象装潢设计，还要秉持统一的经营理念和运作模式，提供统一品质的标准化产品。总部通过为加盟者提供一整套服务和监督机制来实现这些要求。例如，经营红茶店的特许方要为每一家新加盟店从选店址、办执照、采购设备到传授经验、培训员工等都给予协助；开业后，还要定期探访门店服务质量。

在特许经营中，团队合作精神非常重要，为的是共同建设特许商形象。一个加盟者的经营会影响总部（特许商）的形象，而总部如何运作又会牵动每一个加盟者的行动。为此，总部与加盟者之间必须保持充分的、经常性的沟通。在业务开展过程中，加盟者常有创新想法和做法，但很可能与特许方总体形象不符，与总部系统的基本标准相悖。这时，需要特许方“倾听”，然后经过研究分析，快速给加盟者以明确的答复，是创新还是保持原样。

第 4 节　品牌并购与整合

自 2005 年 5 月联想以 12.5 亿美元完成对 IBM 全球 PC 业务收购之后，中国领先企业对来自发达国家的企业（品牌）并购活动愈演愈烈。例如：2013 年，双汇国际以 71 亿美元收购美国史密斯菲尔德食品公司，成为全球最大的猪肉加工企业；2015 年，TCL 通讯从惠普手中收购 Palm 品牌；2016 年，海尔集团以 55.8 亿美元收购了通用电气（GE）的家电业务；2017 年，由厚朴投资、高瓴资本、中银集团、万科集团和普洛斯管理层组成的中国财团收购了亚洲最大的物流地产巨头普洛斯（GLP）；2019 年，安踏集团完成了对芬兰著名运动品牌亚玛芬体育（Amer Sports）的收购；2020 年，腾讯控股两次牵头财团，共计收购了世界著名的唱片公司之一——环球音乐集团（Universal Music Group）20% 的股权。中国企业海外并购持续活跃，与并购交易相关的决策也变得越来越重要。

传统并购的目的往往是降低成本，而来自像中国这样的新兴市场的领先企业对发达国家的企业并购，其目的是获得新技术、品牌以及国外市场。品牌并购中需要科学决策的两大关键问题为：在并购之前，主并方如何根据公司品牌战略，寻找合适的品牌（组合）进行并购；在并购之后，主并方如何将收购来的品牌（组合）与已有品牌（组合）进行整合，从而提升品牌组合收益和企业绩效。

一、并购前的目标品牌选择[①]

品牌并购是企业实施扩张、获取战略资源和应对全球化竞争的重要路径。关键问题是，主并方为什么选择某个品牌，而不选择另一个品牌来进行并购。在品牌并购前，主并方首先应决定选择相似品牌，还是互补品牌；选择强势品牌，还是弱势品牌；选择国际品牌，还是本地品牌等。

（一）相似性与互补性

目标品牌与主并方品牌在战略、目标市场、产品特性、顾客态度等方面可能具有相似性，也可能具有互补性。根据双方品牌细分市场和地域市场不同可以分为四种情况：顾客细分市场和地域市场均重叠；顾客细分市场重叠、地域市场互补；顾客细分市场互补、地域市场重叠；顾客细分市场和地域市场均互补[②]。

一些研究认为应选择相似品牌进行并购，因为密切相关的品牌之间存在潜在的协同效应。双方业务相关程度等对成本降低和效率提高有显著的正向影响[③]，主并方会通过控制广告等来降低营销成本，形成规模经济和范围经济效应。而且，并购前顾客对双方公司品牌的态度越类似，合并后品牌资产越高；顾客对双方公司品牌感知匹配度越高，合并后品牌资产一般也会越高。但是，双方相似性越高，品牌间的冗余度会更大，员工抵制、内部干扰和员工离职可能性更大。为了避免冲突，应该并购有一定差异的品牌，这样可以减少并购整合阶段组织的冲突，削减冗余资源和裁员的可能性也较低，从而可以有效缓解员工抵制情绪，预期的协同效应也更可能实现。

另外一些研究认为应选择互补品牌进行并购。互补性的重要好处来源于跨组织知识分享和转移的潜在可能，可能是由主并方向被并方转移，也可能是由被并方向主并方转移，还可能相互转移。与同类信息源相比，公司从多样性的信息源中能够获得更多的知识[④]。品牌营销能力弱的公司，可以通过并购品牌来获得相关营销团队，即从交易的另一方获得熟悉品牌战略的人才，以提高其营销能力。缺乏多样性品牌组合的公司，可以并购品牌组合多样性水平较高的目标方，利用目标方更精准的品牌定位能力和营销能力，提升市场或产品品类的竞争力；主并方品牌组合多样性程度较高时，不管并购单一品牌

① 丁利剑，何佳讯．中国企业跨国品牌并购战略：决策框架与建议．华东师范大学学报（哲学社会科学版），2016，48（2）：136-145.

② Vu D A，Shi Y，Hanby T. Strategic Framework for Brand Integration in Horizontal Mergers and Acquisitions. Journal of Technology Management in China，2009，4（1）：26-52.

③ Wiles M A，Morgan N A，Rego L L. The Effect of Brand Acquisition and Disposal on Stock Returns. Journal of Marketing（A Quarterly Publication of the American Marketing Association），2012，76（1）：38-58.

④ Haunschild P，Sullivan B N. Learning Complexity：Effects of Prior Accidents and Incidents on Airlines' Learning. Social Science Electronic Publishing，2002：47（4）.

还是多样性品牌组合，其更有能力充分发挥出目标品牌的价值。锦江酒店集团并购美国州际酒店，完全具有互补性，锦江酒店集团主要希望能够分享和借鉴州际集团对各类品牌的全球化管理运作经验，实现其星级酒店品牌和连锁酒店品牌的国际化，这也是该并购最有价值的地方。

（二）强势品牌与弱势品牌

根据目标方品牌与主并方品牌在价格水平、质量定位，以及品牌相关资源等方面的差异，可将目标方品牌分为相对强势品牌或相对弱势品牌。购买比主并方现有品牌质量和价格定位更高的品牌，会提高主并方品牌组合的平均感知质量和价格定位，也会提升公司价值[①]，因为当更高的价格被感知为与高感知质量一致时，它们可以转化为品牌组合更高的现金流[②]。中国民族品牌兼并国外强势品牌被称为“蛇吞象”式的品牌并购，有利于提升原品牌的公司综合形象。海尔并购通用电气家电业务、吉利并购沃尔沃、联想收购 IBM 个人电脑业务、三一重工收购德国普茨迈斯特（Putzmeister）、TCL 收购汤姆逊，都是弱并强的典型案例。

但是，强势品牌与弱势品牌混搭在一起，会导致品牌侵蚀（brand corrosion）的现象，弱势品牌会稀释强势品牌，或者强势品牌弱化弱势品牌，也就是弱势品牌可能被强势品牌遮盖而受“伤害”。在品牌并购中，如果采用品牌联合策略，这种强势品牌稀释弱势品牌的可能性同样存在。

除了与主并方相对的强弱以外，从目标方品牌的健康程度上也可区分其强弱。并购状态各异的品牌，在实现市场份额增长、营收增长、成本降低等方面存在很大不同。根据市场增长率和市场份额两个维度上的强弱，斯瓦米纳坦（Swaminathan）、达瓦尔（Dawar）和赫兰（Hulland）将目标品牌分为四种类型，即明星品牌、利基品牌、衰退品牌和休眠品牌，他们通过评估 1979—2003 年 195 项纯品牌并购案例发现，并购以上四种不同类型的品牌，其回报率存在差异；即使是同一状态的品牌，其短期回报率与长期回报率也存在差异[③]。

（三）国际品牌与本地品牌

国际品牌在全球所有的目标市场上采用统一名称、定位和相同的营销策略，最大的优势是规模效应，以及在市场上发布新产品的速度等。而本地品牌则具有更易满足某个地域内特定顾客的需求、更灵活的价格策略、更快进入当地市场等优势[④]。企业应根据自身需要，选择并购本地品牌或国际品牌，以实现品牌组合的扩展。三一重工收购德国混凝土行业龙头普茨迈斯特，看重的不仅是这家德国企业的产品，而是从战略性角度看待

① Wiles M A，Morgan N A，Rego L L.The Effect of Brand Acquisition and Disposal on Stock Returns. Journal of Marketing（A Quarterly Publication of the American Marketing Association），2012，76（1）：38–58.

② Morgan N A，Rego L L. Brand Portfolio Strategy and Firm Performance. Journal of Marketing，2009，73（1）：59–74.

③ Swaminathan V，Dawar N，Hulland J. So You Want To Buy A Brand?. Research Memorandum，2007.

④ Schuiling I，Kapferer J N. Executive Insights：Real Differences between Local and International Brands：Strategic Implications for International Marketers. Journal of International Marketing，2004，12（4）：97–112.

该收购对象所带来的国际品牌及先进技术，以及它全球的销售和服务体系；而光明食品集团并购的以色列最大的综合食品公司特鲁瓦（Tnuva），占据以色列 70% 的乳制品市场，在当地的品牌优势相当明显。

对于主并企业来说，品牌并购不仅仅是获得品牌，也传承了被并购品牌所处的制度环境因素，包括其与所有利益相关者的关系。除了正式制度外，非正式的制度，如地区之间、母国与东道国之间在发展程度、文化语言及其他多方面的差异，对并购绩效的影响也非常明显。一个国家或地区的市场潜力，会吸引企业跨过制度、文化等方面的距离去实施品牌并购。虽然一般公司都会首选文化上更接近自己国家或地区的企业作为并购的目标，但当目标国家的市场潜力较大时，文化距离对并购的影响会减弱[①]。

二、并购后的品牌整合

值得注意的是，中国的企业在收购来自发达国家的企业或品牌后，对这些品牌的使用方式是不同的。举两个例子。联想收购 IBM 的 PC 业务后，得到了 ThinkPad 品牌的所有权，以及 IBM 标志的 5 年使用权。联想采取的战略是，先利用 IBM 保持 ThinkPad 的销售势头，然后强调 ThinkPad 品牌，将其与联想建立联系，不断壮大联想和 ThinkPad，提早结束对 IBM 品牌的使用。同时，联想借势推出面向个体消费者的 IdeaPad 新品牌。2010 年，吉利以 18 亿美元收购瑞典的沃尔沃，当时业界十分关心吉利如何处理与沃尔沃的关系。公司董事长李书福用了形象的比喻形容：吉利与沃尔沃是兄弟关系，不是父子关系。在营销活动中，吉利汽车和沃尔沃汽车的官方微博、微信账号都是独立的，彼此并没有链接。在天猫、苏宁易购、京东商城等网上商城中，吉利旗舰店仅仅是吉利品牌旗舰店，并未涉及沃尔沃品牌汽车的线上销售。而沃尔沃汽车也在各大电商有售，独立于吉利旗舰店，但并未建立沃尔沃品牌的旗舰店。

并购活动发生后通常涉及一系列整合工作，包括品牌、研发、设计、生产、组织结构、人力资源和企业文化等各个方面。其中，被收购的品牌与收购方的品牌如何有效整合需要慎重考虑。下面，笔者展开谈谈这方面的管理要点。

（一）进行品牌整合战略分析

收购品牌后，双方的品牌可能在目标市场、定位、产品线、定价、渠道等方面存在重叠，从而在销售方面发生相互蚕食的情况。因此，必须对此进行仔细检查，进行必要的调整。我们可以从顾客细分（重叠还是互补）以及地理覆盖（重叠还是互补）两个维度建立分析框架，存在如下四种情况：品牌和市场重叠、品牌重叠但市场互补、品牌互补但市场重叠，以及品牌和市场互补。对这些重叠和互补的处理方式，存在不同的动机，其中两个主要的目的是收入增长和成本节约。此外，另有两个大方向是资产剥离和资源重新配置。

① Malhotra S，Sivakumar K，Zhu P C. Distance Factors and Target Market Selection：The Moderating Effect of Market Potential. International Marketing Review，2009，26（6）：651–673；Malhotra S，Sivakumar K，Zhu P C. A Comparative Analysis of the Role of National Culture on Foreign Market Acquisitions by U.S. Firms and Firms from Emerging Countries. Journal of Business Research，2011，64（7）：714–722.

（二）制定品牌整合总体战略

总体上有四种战略：一是选择，即放弃某个品牌；二是增长最大化，对并购的品牌联合起来管理，实现增长的最大化；三是协调，调整并购的品牌，以规模化实现成本节约和运营效益改进；四是衬底，即基于并购的品牌或它们的元素，开发新品牌或新能力。对于新兴市场中的龙头企业来说，并购方必须决定是将并购来的品牌作为其品牌组合中的一个独立品牌来运作，还是将其与并购方的品牌融合在一起，取消某个品牌。从大量实际案例来看，中国的并购方通常保留来自发达国家的品牌。通常，如果被并购的品牌满足如下五个条件，则并购方将对方的品牌保留下来。这些条件包括：在不同的地区和渠道中实力强大；覆盖不同的顾客细分市场；具有独特的品牌形象和文化遗产；在定位和定价方面存在实质性差异；产品重叠很少。如果并购方品牌和被并购品牌都是公司品牌，并购后存在四种战略可以选择：单一品牌战略（A 或 B）、联合品牌战略（A-B）、灵活品牌战略（A&B）以及新品牌战略（C）。

（三）确定并购后的品牌组合战略

如果决定保留并购后的品牌，那么则需要确定品牌组合战略。品牌并购后的组合存在四种架构战略：一是岛形架构，公司拥有的产品品牌相互独立隔离，形成岛型组合；二是伞形架构，各个产品品牌相互独立，但都在公司品牌之下；三是梯子架构，产品品牌以价格或质量等级形成梯子组合；四是网状结构，产品品牌各具特色，但相互存在某种联系。通常，拥有国际品牌的大公司会采用品牌屋（branded houses）战略，将主品牌加于所有收购的品牌上，以增强其品牌资产；地区性公司则倾向于使用多品牌（houses of brands）战略，被并购的公司保留自己的品牌在当地市场开展经营。中国企业并购国外品牌后通常使用多品牌战略。

（四）对双方的品牌元素进行整合

对此我们可以建立这样的两维分析框架，即并购方的品牌名称以及符号是保留还是改变（8 种不同情况），与此同时，被并购方的品牌名称以及符号是保留还是改变（同样存在 8 种不同情况）。这两个维度结合就形成很多种不同形式的整合处理情况。值得注意的是，在现实中并不是各种情况都会出现。某项调查表明，出现最多的形式是并购方和被并购方的品牌符号均保留。品牌元素的调整与整合，结果是向它的顾客、员工和投资者传达了根本性的不同信息。这些信息总体上可以分为四种类型：采用更强势一方的品牌元素；采用双方最佳的品牌元素；过渡后创立新的品牌元素；各自保留，品牌名称和符号均不改变。

品牌实践 15-1 锦江集团

锦江集团近年实施的品牌并购战略，不仅让自己走上多品牌活化之路，而且清楚地实现了自身的低、中、高端品牌布局。在多品牌战略初步实现之后，锦江集团朝着其“全球布局、跨国经营”的战略目标继续前行，在国外市场收购法国卢浮酒店集团，为其国际化扩张打下了坚实的基础；在国内市场战略投资铂涛酒店集团，获取丰富的品牌资源以壮大自身品牌体系；收购中端酒店第一品牌维也纳，加速品牌多元化布局，实现长期发展。

锦江之星走向海外

锦江之星酒店是锦江集团国际化扩张下的练兵品牌，从 2011 年开始，锦江之星就开始走国际化道路。2011 年 9 月 2 日，锦江之星与上好佳（国际）正式签约，通过品牌授权经营正式落户菲律宾，开创了探索海外品牌输出模式的第一例。在菲律宾，采取品牌授权经营的模式，即把品牌加盟和特许加盟权利全部外包出去。上好佳（国际）成了锦江之星品牌在菲律宾发展的独家代理商。此种模式的收益在于，上好佳需向锦江之星缴纳品牌使用费、软件费、管理费、新开店费用等，并进行经营分成。在中国市场，一家经济型酒店的投资额约 700 万～1 000 万元，投资回报期约 3 年。菲律宾市场由于投资成本与中国市场基本持平，而房价略高于中国市场，因此投资回报期更短。

时隔两个月，锦江之星与法国卢浮酒店集团签约，以品牌联盟的方式正式亮相法国，这是锦江之星进驻欧洲市场的关键一步。对于法国的合作项目，锦江之星非常重视，因为这对锦江集团下一步在欧美市场的收购具有重大意义。而由于欧债危机的影响，欧洲本地游客数量急转直下，中国游客的复合增长率却达到了两位数。因而，法国卢浮酒店集团非常希望与锦江之星合作，吸引更多的中国客源，提高酒店的入住率，这种动机促使了法国卢浮酒店集团主动牵手锦江之星。

品牌联盟模式是锦江之星品牌国际化的第二次探索。在这种模式下，锦江之星和法国的联盟品牌酒店——卢浮酒店集团旗下的经济型酒店康铂（Campanile）保持各自经营，同时互相推荐客源。国内消费者入住法国锦江之星的联盟酒店时，可以享受到和国内同样的服务品质，尤其是茶水、早餐（专门增加了 2 ～ 3 种中式品种）、中文频道等都结合了国人的习惯。卢浮酒店集团把锦江之星放在了面对企业客户的采购平台上，使锦江之星共享卢浮酒店集团的企业客户，同时锦江之星的会员可在联盟品牌酒店享受 9 折优惠。

锦江之星海外项目的第三站是进驻韩国。与菲律宾、法国的项目不同，在韩国，锦江之星采取的是单店特许经营的模式。所谓单店特许，指的是特许人授权加盟商在某地开设一家加盟店，加盟商的权利仅在于开设店面，无权授权他人再加盟。签订合同之后，首家特许经营店将由 SANG WON HOUSING CO.LTD 公司按照锦江之星的海外标准，在韩国首尔投资建造。到 2017 年，双方计划在中国游客出游较多的韩国城市开设约 10 家锦江之星。此前，由于本地经济消费强劲，加上 SANG WON HOUSING CO.LTD 公司认可锦江之星的酒店经营理念和看好中国的客源，频频与锦江之星接触，最终促成了这次合作。SANG WON HOUSING CO.LTD 公司没有独立经营权，并要按合同约定向锦江之星支付特许经营费。在这种模式下，锦江之星没有放弃自己的品牌专有权，而是坚持派驻店长、提供订房和会员系统植入、定期做相关的硬件检查、建立与国内锦江之星统一的许多服务标准等权利。

继进军菲律宾、法国和韩国市场后，锦江之星再一次迈出国门。2014 年 1 月 15 日，锦江之星品牌的第四个海外拓展项目——印度尼西亚项目正式签约，方式是将在印度尼西亚的锦江之星品牌特许经营总代理权授予当地的金锋集团，由该集团负责当地直营店和加盟店发展。根据合同，在印度尼西亚境内，由金锋集团根据授权要求设立直营店和发展加盟店。品牌授权期限为15年，在整个合同期及续约期内，金锋集团应总共发展不少于100家锦江之星酒店；其中，前3年不少于5家，前5年不少于10家，前15年不少于30家；直营店与加盟店应按照至少2∶8的比例，前3年所开设的酒店中直营店应不少于两家。此次印度尼西亚市场的做法与菲律宾一致——寻找一个大型区域特许代理商，由该代理商负责当地所有加盟店和直营店的发展，锦江之星输出品牌和管理，代理商则缴纳品牌使用费并且对收益分成。

并购卢浮酒店集团

随着中国经济的快速发展和公民出境游的需要愈加旺盛，海外的旅游及酒店市场迎来了新的发展契机。2015年3月1日，锦江股份发布公告称，公司对欧洲第二大酒店集团——法国卢浮酒店集团100%股权的全额收购完成了交割工作。至此，锦江股份“走出去”战略再下一城，国际化的品牌运营格局初显。

卢浮酒店集团总部位于法国巴黎，于1976年成立并自2005年起由美国喜达屋资本集团持有。卢浮酒店旗下运营着四大系列七大品牌，分别为：Première Classe、康铂、凯里亚德（Kyriad）、Kyriad Prestige、金熙（Tulip Inn）、郁锦香（GoldenTulip）和皇家金煦（RoyalTulip）。其品牌架构如图15－1所示，主要为中高端及经济型的有限服务酒店。按照报告数据，截至2014年6月30日，卢浮酒店集团共运营和管理1 115家酒店，客房总数达91 154间，其中58%的客房位于法国。按照法国约60万间的客房总数（其中26.4万间连锁酒店客房数），以及欧洲约680万间的客房总数（其中190万间连锁酒店客房数），卢浮酒店在法国连锁酒店的客房市场份额为20%，在欧洲连锁酒店的客房市场份额为2.8%。因此，本次锦江收购卢浮酒店集团，将完善其在欧洲尤其是法国地区的市场布局。加上此前锦江在韩国、菲律宾和印度尼西亚项目的落地，公司海外拓展更进一步。本次收购顺利完成后，锦江股份已经开业的有限服务连锁酒店数量预计将超过2 000家，酒店客房总数超过20万间，业务规模大幅增加。

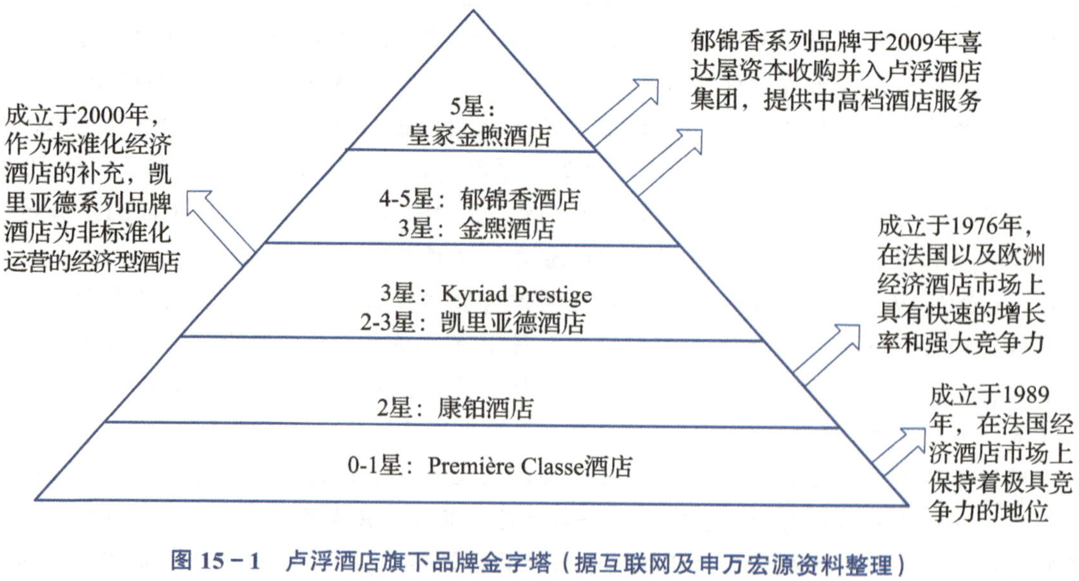

图15－1 卢浮酒店旗下品牌金字塔（据互联网及申万宏源资料整理）

前文已经提到，早在 2011 年 11 月，锦江集团就与卢浮酒店集团建立品牌酒店战略联盟，在中法两国主要城市推出锦江和卢浮的复合品牌酒店。所谓复合品牌，顾名思义就是公司所生产的产品同时采用两个品牌名称。复合品牌策略的主要考虑是想借助公司形象或品牌名称的加持，达到品牌应用的相乘效果。锦江与卢浮主要采取的是复合品牌策略中的合作品牌策略，即两个公司的品牌同时出现在一个产品上。但是在主导品牌的选择上主要考虑地域的区别，比如在欧洲，卢浮酒店的品牌是主导品牌，而在中国，锦江酒店的品牌是主导品牌。这种策略可以充分借助双方品牌在当地市场的知名度扩大品牌在世界范围内的影响力和曝光率。同时，锦江酒店与卢浮酒店还在各自网站和呼叫中心为对方的合作酒店提供预订功能服务。双方多年良好合作是此次并购成功的重要基础。锦江国际董事长俞敏亮表示，“作为战略投资者，我们很高兴在过去多年密切合作的基础上与喜达屋资本就此交易达成共识”。在他看来，“战略投资卢浮酒店集团，是适应经济全球化和把握旅游发展战略机遇期，促进中法、中欧旅游市场互联互通的重要举措”。目前双方合作良好，锦江已着手将卢浮酒店旗下七大品牌中的两个引入中国。其中，酒店品牌康铂、郁锦香将在上海开出样板店。

此外，据锦江集团公布的 2015 年半年度报告显示，2015 年 1—6 月份，锦江集团实现合并营业收入 24.9 亿元，比上年同期增长 81.90%；实现营业利润 3.9 亿元，比上年同期增长 74.44%。锦江股份副总裁俞萌在接受媒体采访时称，有限服务酒店和对于法国卢浮酒店集团的全资收购是期内收益和利润上升的原因。“锦江实施上述并购的目的，就是希望在全球实现规模化，在规模上成为全球酒店排名第三的企业。”

收购铂涛酒店集团

2015 年 9 月 18 日，锦江国际与铂涛集团正式签订战略合作协议，同时公布《重大资产购买报告书（草案）》。根据协议，锦江集团将作为投资主体，战略投资铂涛集团 81% 股权，本次交易标的公司价值超过 100 亿元人民币。这也标志着国内酒店业积淀最深的锦江集团将携手铂涛集团，一跃成为首家跻身全球第四（洲际、万豪、希尔顿分别位列第一至三位）的中国酒店集团。

铂涛集团是全国第二大经济型酒店连锁公司，开业酒店 2 291 家、开业客房 21 万余间。直营酒店比例 22%，60% ～ 70% 的酒店分布于华南、华东两大区域。2014 年直营酒店出租率 80%、平均房价 170 元；收入、净利润分别为 34 亿元、2.67 亿元。铂涛酒店目前约 7 500 万名有效会员，金卡和白金卡会员消费占会员总消费 40%。铂涛目前每年新增酒店数量可达到 800 家左右，专注体验消费领域，深入消费者真实需求，从独特的出行与休闲生活体验和价值诉求出发，打造会员和品牌创建两大战略平台。目前，铂涛集团已成为中国拥有酒店品牌数最多的企业，业务涵盖酒店、公寓、咖啡连锁、艺术品公益平台等，覆盖全国 300 多个城市，并积极扩张至东南亚、欧洲、非洲等海外市场。本案例主要从铂涛官方网站上获取酒店品牌信息。到目前为止，铂涛旗下拥有 13 个酒店品牌，几乎覆盖了标准化与个性化市场，且仍在不断尝试新的细分个性品牌。其品牌架构如图 15－2 所示。

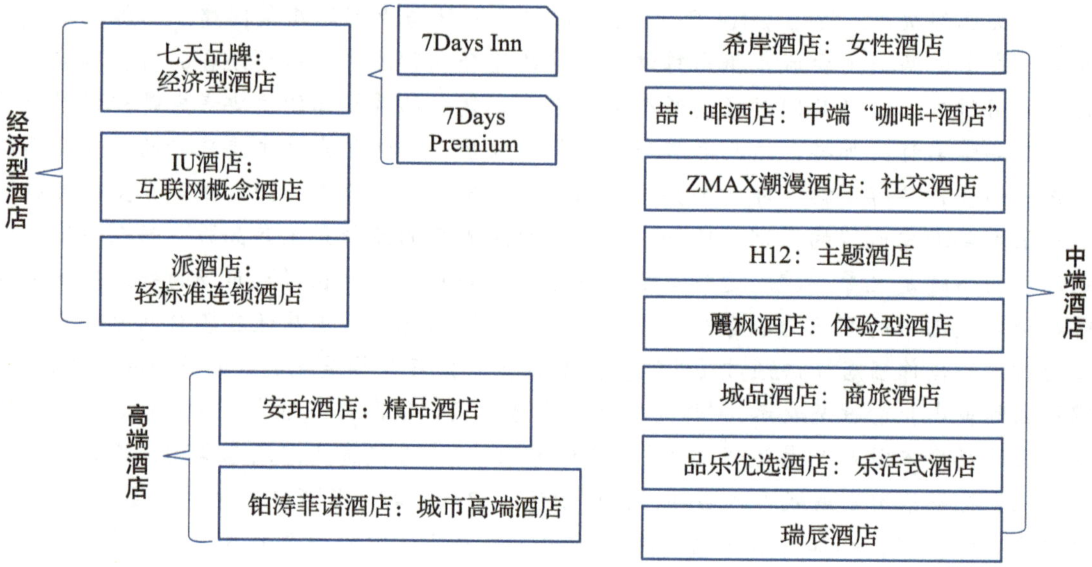

图 15－2 铂涛集团品牌架构图

资料来源：据铂涛公司官网资料整理。

早前锦江集团的主要酒店品牌为锦江之星。由于酒店市场竞争激烈，锦江之星之后细分了锦江都城、百时快捷等不同层级的细分品牌，整体酒店数量 1 300 多家，锦江集团另外还有一些星级饭店。而铂涛集团基于 7 天酒店的基础开发了诸多中高端细分品牌，铂涛集团拥有高中低以及文化精品等一系列完善的品牌体系，这些新品牌都可以覆盖不同的空白市场，与锦江集团实现了完美的品牌体系互补。锦江集团拿下铂涛集团大部分股权，可以短时间内扩大锦江集团在酒店市场的份额以及获得更多的细分品牌。并且铂涛集团的酒店专业管理队伍，在业内一直都是被津津称道的；其灵活、创新的互联网化运营模式，同样也是作为国字号的锦江集团所缺少的。这样的一种强强联手，没有明显短板缺陷，在进军国际化道路上，才会走得更加稳健。

作为被投资方，对于此次携手，铂涛联席董事长兼首席品牌架构师郑雁南认为，双方均是中国进行海外酒店扩张的代表，此次强强联合有助于在全球市场扩张方面形成更大合力，也能够为会员的出境商旅提供更有保障、更接地气的服务。

本次交易完成后，锦江合计拥有超过 6 000 家酒店，客房逾 64 万间，覆盖全球 55 个国家或地区，同时，锦江品牌系列将覆盖高、中、经济型不同档次，包含 J·HOTEL、锦江、锦江都城、昆仑、岩花园、锦江之星、康铂、郁锦香、麗枫酒店、喆·啡酒店、7 天酒店、IU 酒店等知名品牌，会员超过 1 亿名。

收购维也纳酒店

2016 年 4 月 28 日，锦江股份发布公告，以人民币 17.488 亿元收购黄德满先生持有的维也纳酒店有限公司 80% 股权，以人民币 80.00 万元收购黄德满先生持有的深圳市百岁村餐饮连锁有限公司 80% 股权。这是继成功收购卢浮、战略投资铂涛后，锦江股份完善有限服务型酒店产品线的又一战略举措。这一举措进一步确立了集团的规模优势，并将有效提升锦江股份的中档酒店占比。

维也纳是扎根华南的老牌中档经济型酒店。首家维也纳酒店于 1993 年于深圳市开业。维也纳酒店有限公司成立于 2004 年，控股股东为黄德满。2015 年全国酒店规模排名第七，是国内中档酒店行业的标杆，已形成在营的 5 个品牌系列，包括维纳斯皇家酒店、维也纳国际酒店、维也纳酒店、维也纳智好酒店、维也纳三好酒店，品牌架构见图 15－3。此外正在筹备的品牌包括维也纳度假村酒店、维也纳好眠酒店、维也纳公寓以及维也纳大健康酒店，品牌丰富度相对较高。在全国超过 20 个省和直辖市、70 多个大中城市拥有开业酒店 303 家，其中直营店 46 家，加盟店 257 家；拥有已开业客房 48 575 间，其中直营店客房 11 012 间，加盟店客房 37 563 间；拥有各类会员共计 1 250 余万人，其中活跃会员为 157 余万人；已签约未开业酒店 262 家，未开业酒店客房 3.92 余万间。中档经济型酒店受益于消费升级和连锁率提升趋势，在整体酒店行业疲弱的情况下仍取得高速增长。2015 年，维也纳的收入增长 26% 至 14.6 亿元，净利润增长 169% 至 1.4 亿元。公司目前在国内中端商务型酒店排名首位，市场占有率达到 17.84%。

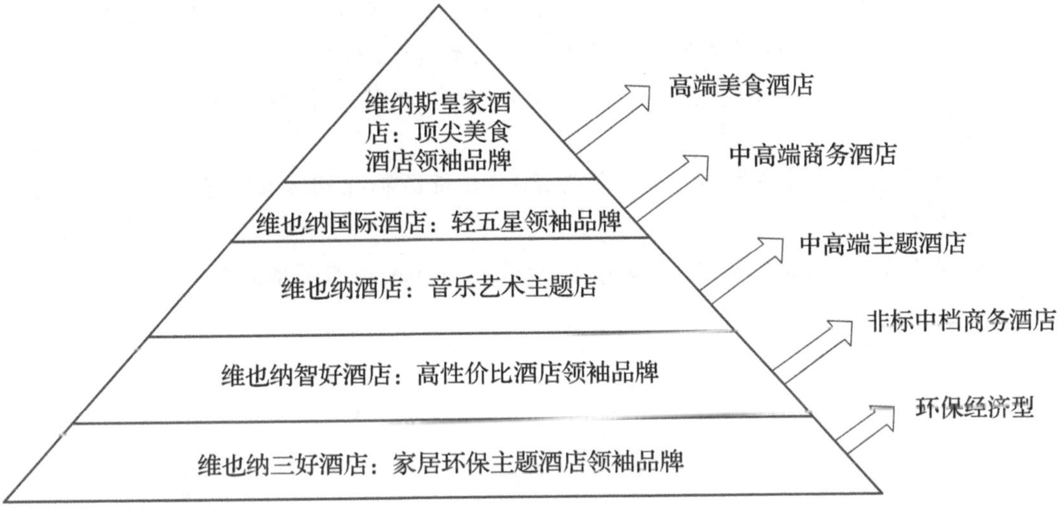

图 15－3　维也纳集团品牌架构

资料来源：据国信证券经济研究所资料整理。

谈及此次缘何将股权出售给锦江，黄德满告诉《第一财经》记者："我们的合作，是基于政策主张混合所有制深化改革的背景下进行的。维也纳酒店品牌与锦江酒店品牌，有着共同的愿景与核心使命。维也纳品牌有良好的公司治理机制和创新精神，锦江品牌有较强的资本运营能力，合作后能充分发挥双方的优势并互补。维也纳品牌处于目前中档酒店的领先地位，锦江品牌在高档品牌和经济型酒店品牌上实力较强，互补性极强，有利于提高锦江品牌的国际竞争优势。"

锦江股份与维也纳在行业优势、品牌效应、创新机制等多个方面均具有较好的互补性，有利于双方创造更大的协同价值。行业优势方面，维也纳作为国内中端商务酒店连锁品牌，在中端酒店领域有明显的规模及市场占有率的优势。通过本次交易，锦江股份将有力地拓展有限服务酒店市场的服务深度和业务广度，区域布局更加广阔。在品牌方面，维也纳已建立成熟的品牌体系。本次收购维也纳，锦江股份将进一步完善现有品牌体系，锦江在国内已有连锁酒店1 073家，但中端商务酒店锦江都城品牌自身酒店仅有32家；而维也纳在全国超过70多个大中城市拥有303家门店，收购后锦江有望迅速提升中端酒店市场份额，成为不可撼动的No.1，同时维也纳旗下五大品牌加之锦江自有品牌，产品线实现战略纵深，品牌层次趋于完善。此外，维也纳作为国内中端商务酒店龙头，在团队文化、市场把握、品牌孵化、管理模式等方面拥有独特的创新机制和市场化理念，收购后有利于锦江借鉴吸收维也纳创新机制和品牌运营经验，从而提升上市公司市场化运作能力，促进其转型升级。

资料来源：何佳讯，何盈．锦江集团品牌战略：多品牌架构发展与品牌并购．中国工商管理国际案例库，2016-08-01，GC-15-040.

思考与讨论

1. 观察国内零售商的自有品牌，指出它们属于零售商自有品牌中的哪些类型。
2. 列举品牌跨界的成功案例，运用品牌联盟原理进行解释。
3. 结合长期品牌管理理论（第10章），分析品牌授权应该要注意哪些方面。
4. 运用企业级品牌战略理论（第2章），分析品牌并购和整合应该开展的工作。
5. 运用品牌架构理论（第8章），分析开展品牌并购的基本战略方向。

图书在版编目（CIP）数据

战略品牌管理：企业与顾客协同战略 / 何佳讯著. -- 北京：中国人民大学出版社，2021.6
高等学校经济管理类主干课程教材. 市场营销系列
ISBN 978-7-300-29585-5

Ⅰ. ①战… Ⅱ. ①何… Ⅲ. ①品牌战略－企业管理－高等学校－教材 Ⅳ. ① F273.2

中国版本图书馆 CIP 数据核字（2021）第 130639 号

高等学校经济管理类主干课程教材 • 市场营销系列
战略品牌管理——企业与顾客协同战略
何佳讯 著
Zhanlüe Pinpai Guanli ——Qiye yu Guke Xietong Zhanlüe

出版发行	中国人民大学出版社		
社　　址	北京中关村大街 31 号	**邮政编码**	100080
电　　话	010－62511242（总编室）		010－62511770（质管部）
	010－82501766（邮购部）		010－62514148（门市部）
	010－62511173（发行公司）		010－62515275（盗版举报）
网　　址	http://www.crup.com.cn		
经　　销	新华书店		
印　　刷	固安县铭成印刷有限公司		
开　　本	787 mm × 1092 mm　1/16	**版　　次**	2021 年 6 月第 1 版
印　　张	28.75 插页 1	**印　　次**	2025 年 6 月第 4 次印刷
字　　数	648 000	**定　　价**	69.00 元

中国人民大学出版社　管理分社

教师教学服务说明

中国人民大学出版社管理分社以出版工商管理和公共管理类精品图书为宗旨。为更好地服务一线教师，我们着力建设了一批数字化、立体化的网络教学资源。教师可以通过以下方式获得免费下载教学资源的权限：

★ 在中国人民大学出版社网站 www.crup.com.cn 进行注册，注册后进入“会员中心”，在左侧点击“我的教师认证”，填写相关信息，提交后等待审核。我们将在一个工作日内为您开通相关资源的下载权限。

★ 如您急需教学资源或需要其他帮助，请加入教师 QQ 群或在工作时间与我们联络。

中国人民大学出版社　管理分社

教师 QQ 群： 648333426（工商管理）　114970332（财会）　648117133（公共管理）
教师群仅限教师加入，入群请备注（学校＋姓名）

联系电话： 010-62515782，82501868，82501048，62514760

电子邮箱： glcbfs@crup.com.cn

通讯地址： 北京市海淀区中关村大街甲 59 号文化大厦 1501 室（100872）

管理书社　　人大社财会　　公共管理与政治学悦读坊